Aus Freude am Lesen

btb

Buch

Verehrt, umkämpft, geheimnisumwittert – Jerusalem ist die Heilige Stadt der Juden, Christen und Muslime. In ihr bündeln sich die Ideen der drei großen abrahamitischen Weltreligionen – und ihre Alpträume. Die »Stadt Gottes«, die die Kartographen des Mittelalters ins Zentrum der Welt rückten, scheint ein Geheimnis zu bergen, ihre geradezu magische Anziehungskraft ist bis heute ungebrochen. Karen Armstrong erzählt die Geschichte Jerusalems von den ersten vorjüdischen Spuren vor gut viertausend Jahren bis zur Gegenwart. Im Zentrum ihres Buches steht die religiöse Bedeutung der heiligen Stadt. Daneben beschreibt sie ihre politische Rolle in den verschiedenen Epochen, aber auch Kunst und Architektur, die außergewöhnliche geographische Lage sowie den Alltag ihrer Bewohner. In ihrem Buch geht es ebenso um »objektive« Geschichte wie um Mythen und Geschichten, die diese Stadt seit jeher begleitet haben.

Autorin

Karen Armstrong lebte sieben Jahre lang als katholische Nonne, bevor sie 1969 ihren Orden verließ, um in Oxford zu studieren. Danach lehrte sie Moderne Literaturwissenschaft an der Universität London. Seit 1982 arbeitet sie als freie Journalistin für Zeitschriften und den Rundfunk.

Karen Armstrong

Jerusalem –
die Heilige Stadt

Aus dem Englischen
von Angelika Felenda

btb

Die Originalausgabe erschien 1996 unter dem Titel
»The History of Jerusalem« bei Heinemann, London

FÜR MEINE MUTTER
EILEEN ARMSTRONG

Umwelthinweis:
Alle bedruckten Materialien dieses Taschenbuches
sind chlorfrei und umweltschonend.

btb Taschenbücher erscheinen im Goldmann Verlag,
einem Unternehmen der Verlagsgruppe Bertelsmann.

1. Auflage
Genehmigte Taschenbuchausgabe Mai 1998
Copyright © 1996 by Karen Armstrong
Copyright © für die deutschsprachige Ausgabe 1996 by
C. Bertelsmann Verlag GmbH, München
Umschlaggestaltung: Design Team München
Satz: Uhl + Massopust, Aalen
RK · Herstellung: Augustin Wiesbeck
Made in Germany
ISBN 3-442-72313-2

Inhalt

Einleitung

Mehr als an jedem anderen Ort, den ich besucht habe, ist in Jerusalem Geschichte eine Dimension der Gegenwart. Vielleicht trifft dies auf alle umkämpften Gebiete zu, aber mir wurde dies schlagartig bewußt, als ich 1983 zum erstenmal in Jerusalem zur Arbeit ging. Anfänglich überraschte mich die Intensität meiner Reaktion auf die Stadt. Es war seltsam, an einem Ort herumzuspazieren, der meine Phantasie seit meiner Kindheit stark beschäftigt hatte. Als junge Nonne war ich gelehrt worden, mir bei der morgendlichen Meditation die Bibelstelle, über die ich meditieren wollte, bildhaft vorzustellen, und so erfand ich meine eigenen Bilder vom Garten Gethsemane, dem Ölberg oder der Via Dolorosa. Nun, da ich an ebendiesen Stätten meiner Arbeit nachging, entdeckte ich, daß die tatsächliche Stadt ein weitaus turbulenterer und verwirrenderer Ort war. Ich mußte mir beispielsweise klarmachen, daß Jerusalem auch für Juden und Muslime von großer Bedeutung ist. Als ich sah, wie Juden in Kaftanen oder hartgesottene israelische Soldaten die Steine der Westmauer küßten, oder wenn ich die Massen muslimischer Familien beobachtete, die in ihren besten Kleidern zum Freitagsgebet auf den Haram al-Scharif strömten, wurde mir zum erstenmal das Problem der religiösen Vielfalt bewußt. Die gleichen Symbole konnten auf ganz verschiedene Weise gedeutet werden. Es gab keinen Zweifel, daß sich alle diese Menschen mit ihrer heiligen Stadt verbunden fühlten, doch in *meinem* Jerusalem waren sie nicht vorgekommen. Dennoch blieb es auch immer *meine* Stadt: Meine persönlichen Bilder biblischer Szenen bildeten bestän-

Sowohl Israelis wie Palästinenser, die eine jahrzehntelange Feindschaft trennt, beanspruchen Jerusalem für sich. Dieses Problem könnte die Kluft zwischen den beiden Völkern vertiefen und Frieden und Koexistenz unmöglich werden lassen.

dig ein Gegengewicht zu meinen Erfahrungen des gegenwärtigen Jerusalem. Und auf diese Weise ist Jerusalem zu einem wesentlichen Bestandteil meiner Identität geworden.

Doch als britische Bürgerin hatte ich im Gegensatz zu meinen neuen Kollegen und Freunden keinen politischen Anspruch auf die Stadt. Wenn mir Israelis und Palästinenser ihre Argumente vortrugen, war ich jedesmal aufs neue von der Unmittelbarkeit vergangener Ereignisse überrascht. So wußten alle, zuweilen in detailliertester Form, über die Vorgänge Bescheid, die 1948 zur Gründung des Staates Israel oder 1967 zum Sechstagekrieg geführt hatten. Immer wieder fiel mir auf, wie sehr sich diese Beschreibungen vergangener Ereignisse auf die Frage konzentrierten, wer *zuerst* etwas getan hatte. Wer hat als erster Gewalt angewendet, die Zionisten oder die Araber? Wer hat zuerst die Möglichkeiten Palästinas erkannt und das Land aufgebaut? Wer hat zuerst in Jerusalem gelebt, die Juden oder die Palästinenser? Bei der Diskussion über die schwierige Gegenwart wandten sich sowohl Israelis wie Palästinenser unwillkürlich der Vergangenheit zu, und im Lauf ihrer Streitgespräche durcheilten sie mühelos die Zeiten vom Bronzezeitalter übers Mittelalter bis zum 20. Jahrhundert. Und wenn mir Israelis und Palästinenser *ihre* Stadt zeigten, wurden selbst die Bauwerke in diesen Konflikt mit einbezogen. An meinem ersten Morgen in Jerusalem wurde ich von meinen israelischen Kollegen auf die typisch abgeschrägten Steine aufmerksam gemacht, die König Herodes verwendet hatte. Sie schienen allgegenwärtig zu sein und beständig an die jüdische Verpflichtung gegenüber Jerusalem zu erinnern, die bis zum 1. Jahrhundert v. Chr. zurückreicht – lange bevor der Islam die Szene betrat. Immer wenn wir in der Altstadt an Bautrupps vorbeikamen, wurde mir erklärt, wie sehr Jerusalem unter der Herrschaft der Osmanen vernachlässigt worden war. Erst im 19. Jahrhundert sei es, hauptsächlich dank jüdischer Investitionen, wieder zum Leben erwacht; ich wurde auf die Windmühle hingewiesen, die Sir Moses Montefiore erbaut hat, oder auf die Hospitäler, die von der Familie Rothschild gegründet worden waren. Israel sei es zu verdanken, daß die Stadt eine Blüte erreicht habe wie nie zuvor. Meine palästinensischen Freunde zeigten mir ein anderes Jerusalem. Sie hoben die Herrlichkeit des Haram al-Scharif und der wundervollen Madresen hervor, die von den Mameluken als Ausdruck der muslimischen Bindungen an Jerusalem erbaut worden waren. Sie brachten mich zum Schrein des Nabi Musa in der Nähe Jerichos, der erbaut wurde, um Jerusalem gegen die Christen zu verteidigen, und zu den außergewöhnlichen Palästen der Omaijaden, die sich ebenfalls dort befinden. Als wir einmal durch Bethlehem fuhren, hielt mein palästinensischer Gastgeber neben dem Grab Rachels an und erklärte mir mit leidenschaftlichen Worten, daß die Palästinenser jahrhundertelang diese jüdische Stätte gepflegt hätten – eine Pietät, die ihnen schlecht gedankt worden sei.

Ein Wort wurde beständig wiederholt. Selbst die weltlichsten Israelis und Palästinenser betonten, daß Jerusalem für ihr

Volk »heilig« sei. Die Palästinenser nennen ihre Stadt sogar *al-Quds*, »die Heilige«, obwohl die Israelis dies geringschätzig abtaten, indem sie betonten, Jerusalem sei *zuerst* für die Juden eine heilige Stadt gewesen und habe für die Muslime nie den Stellenwert Mekkas und Medinas eingenommen. Aber was bedeutete das Wort »heilig« in diesem Zusammenhang? Wie konnte eine Stadt, in der fehlbare Menschen wohnten und höchst profane Handlungen verrichteten, heilig sein? Warum kümmerten sich Juden, die sich zu militantem Atheismus bekannten, um die Heiligkeit der Stadt, und warum äußerten sie hinsichtlich der Westmauer solchen Besitzanspruch? Warum sollte ein ungläubiger Araber, der zum erstenmal in der Moschee von al-Aqsa stand, zu Tränen gerührt sein? Ich verstand, warum die Stadt den Christen als heilig gilt, da Jerusalem als Schauplatz von Jesu Tod und Auferstehung die Geburtsstätte ihres Glaubens ist. Aber die wesentlichen Ereignisse, die sowohl für das Judentum wie den Islam ausschlaggebend waren, hatten sich weit entfernt von Jerusalem zugetragen – auf der Halbinsel von Sinai oder dem arabischen Hidjas. Warum etwa ist der Zionsberg in Jerusalem ein heiliger Ort für die Juden und nicht der Berg Sinai, wo Gott Mose die Gesetzestafeln gab und seinen Bund mit Israel schloß? Offensichtlich hängt die Heiligkeit einer Stadt nicht von ihrer Verbindung mit den Ereignissen der Heilsgeschichte ab, wie ich vereinfachenderweise geglaubt hatte. Um herauszufinden, wie eine Stadt zu einer heiligen Stadt wird, habe ich dieses Buch geschrieben.

Ich habe festgestellt, daß das Wort »heilig«, das in bezug auf Jerusalem so freizügig verwendet wird, daß man es für selbstverständlich erachten könnte, in Wirklichkeit höchst komplex ist. Jede der drei monotheistischen Religionen hat hinsichtlich der Stadt Traditionen entwickelt, die sich erstaunlich gleichen. Darüber hinaus ist die Verehrung einer heiligen Stätte oder einer heiligen Stadt ein praktisch universales Phänomen. Religionsgeschichtler nehmen an, daß es eine der frühesten Manifestationen von Religiosität überhaupt ist. Schon früh haben Menschen *sakrale Räume* geschaffen, Bezirke, die nichts mit der wissenschaftlichen Verzeichnung des Landes zu tun haben, sondern mit ihrem Innenleben. Irdische Städte, Wälder und Berge wurden Symbole dieser Spiritualität, die so allgegenwärtig war, daß sie ein tiefes menschliches Bedürfnis zu befriedigen schien, gleichgültig, welcher Form der Glaube an »Gott« auch sein mochte. Jerusalem wurde für Juden, Christen und Muslime – aus jeweils verschiedenen Gründen – ein zentraler Ort innerhalb ihres sakralen Raums. Aufgrund dessen wurde es für die Anhänger der drei Glaubensrichtungen sehr schwierig, die Stadt objektiv zu sehen, da sie zu einem integralen Bestandteil ihrer Persönlichkeit und ihrer Spiritualität geworden war.

Es sind drei miteinander verknüpfte Begriffe, die im folgenden immer wieder thematisiert werden. Als erstes geht es um den umfassenden Begriff »Gott« oder »das Heilige«. Die westliche Welt tendiert zu einem eher anthropomorphen und personalen Gottesbild, wodurch der gesamte Begriff des Göttlichen meist inkohärent und unglaubwürdig erscheint. Aufgrund der inflationären und oft naiven Verwendung des Wortes »Gott« ist es vielleicht besser, den Begriff »heilig« zu benutzen. Beim Nachdenken über die Welt hat menschliche Wesen immer eine Ahnung der Jenseitigkeit und des Mysteriums beschlichen. Sie haben gespürt, daß dies zutiefst mit ihrem Selbst und der Natur verbunden ist, gleichzeitig aber beides übersteigt. Gleichgültig, wie wir es bezeichnen – es mag Gott, Brahman oder Nirwana heißen –, dieses Gefühl der Erhabenheit war immer eine Tatsache menschlichen Lebens. Unabhängig von unseren religiösen Ausrichtungen haben wir alle schon ähnliches erfahren, wenn wir etwa großartige Musik oder ein schönes Gedicht hören: Wir fühlen uns im Innersten berührt und für Momente über uns selbst erhoben. Wir neigen dazu, nach solchen Erfahrungen zu suchen, und wenn wir sie an einem bestimmten Ort, sei es in einer Kirche oder Synagoge, nicht finden, suchen wir anderswo danach. Das Heilige wurde auf die verschiedenste Weise erfahren: Es hat Furcht, Ehrfurcht, Überschwang, Frieden und Grauen ausgelöst oder zu moralischem Handeln gezwungen. Es repräsentiert eine erfülltere, »höhere« Existenz, die uns das Gefühl vermittelt, zu vollständigem Menschsein zu gelangen. Das Heilige wird jedoch nicht nur als eine außerhalb unseres Selbst liegende Kraft empfunden, sondern kann auch in der Tiefe unseres Wesens erspürt werden. Aber wie jede ästhetische Erfahrung muß auch das Gefühl für das Heilige kultiviert werden. In unserer modernen, säkularen Gesellschaft hat dies nicht immer Vorrang gehabt und neigte ebenso zur Verkümmerung wie andere ungenutzte Fähigkeiten. Doch in traditionelleren Gesellschaften war die Fähigkeit, das Heilige zu verstehen, von entscheidender Bedeutung. Tatsächlich hatten die Menschen den Eindruck, daß ohne dieses Gespür für das Heilige das Leben keinen Sinn habe.

Das kommt zum Teil daher, daß der Mensch die Welt immer als außerordentlich schmerzlichen Ort erfahren hat. Wir sind Naturkatastrophen, der Sterblichkeit und Ausrottung, der menschlichen Ungerechtigkeit und Grausamkeit unterworfen. Die religiöse Frage setzte gewöhnlich mit der Erkenntnis ein, daß etwas nicht in Ordnung war, daß, wie Buddha es ausdrückte, »das Leben nicht im Lot ist«. Abgesehen von den bekannten Leiden, denen der Körper ausgeliefert ist, erdulden wir psychische Qualen, die offensichtlich unerhebliche Rückschläge in überwältigenden Kummer verwandeln. Es herrscht ein Gefühl der Verlassenheit, das Erfahrungen wie Tod, Scheidung und zerbrochene Freundschaften, sogar den Verlust einer geliebten Sache, als Teil eines innewohnenden universalen Übels erscheinen läßt. Oft wird dieses innere Unbehagen durch ein Gefühl des Abgetrenntseins gekennzeichnet. Es scheint, als würde unserem Leben etwas fehlen; unsere Existenz kommt uns fragmentarisch und unvollständig vor. Wir haben das unbestimmte Gefühl, daß das Leben nicht so gedacht gewesen sei und daß wir etwas verloren haben, was für unser Wohlbefinden unabdingbar ist – auch wenn es uns schwerfallen würde, das rational zu erklären. Dieses Gefühl des Verlusts wurde auf vielfältige Weise ausgedrückt. Es zeigt sich im platonischen Bild der Zwillingsseele, von der wir bei der Geburt getrennt wurden, oder im universalen Mythos vom verlorenen Paradies. In vergangenen Jahrhunderten haben sich die Menschen der Religion zugewandt, um diesen Schmerz zu besänftigen und in der Erfahrung des Heiligen ihr Heil zu finden. In der westlichen Welt wenden sich einige Menschen der Psychoanalyse zu, die dieses Gefühl des Urverlusts in eher wissenschaftlicher Begrifflichkeit ausgedrückt hat. Hier wird es mit den Erinnerungen an den Mutterleib und dem traumatischen Schock der Geburt in Zusammenhang gebracht. Unserer Auffassung nach liegen dieses Gefühl der Trennung und die Sehnsucht nach Versöhnung aller Verehrung von heiligen Stätten zugrunde.

Der zweite Begriff, den es zu untersuchen gilt, ist der des Mythos. Beim Versuch, über das Heilige oder die Leiden der irdischen Existenz zu sprechen, waren die Menschen nicht in der Lage, ihre Erfahrungen in logischen, folgernden Begrifflichkeiten auszudrücken, sondern mußten auf Mythologien zurückgreifen. Sogar Freud und Jung, die als erste die sogenannte wissenschaftliche Seelenerforschung betrieben, wandten sich den Mythen der klassischen Welt oder der Religion zu, als sie diese inneren Vorgänge zu beschreiben versuchten. Sie schufen sogar ein paar neue Mythen. In unserer Kultur hat das Wort »mythisch« einen negativen Klang angenommen. Es steht für etwas, was nicht der Wahrheit entspricht. Ereignisse werden abgetan, weil sie »nur« Mythen sind. Dies trifft auch vor allem für den Streit um Jerusalem zu. Die Palästinenser behaupten, es gebe absolut keinen archäologischen Beweis für ein von König David gegründetes jüdisches Königreich und es sei keine Spur vom Tempel Salomos gefunden worden. Das Königreich Israel werde in keiner zeitgenössischen Quelle erwähnt, außer in der Bibel. Daher sei es ziemlich wahrscheinlich, daß es sich bloß um »Mythen« handle. Ebenso haben Israelis die Geschichte von Mohammeds Himmelfahrt, die vom Haram al-Scharif aus stattgefunden haben soll, als absurd abgetan – ein Mythos, der im Zentrum der muslimischen Verehrung für al-Quds steht. Doch meiner Ansicht nach ver-

Der Schrein des Buches in Westjerusalem beherbergt die Schriftrollen vom Toten Meer. Die sexuelle Symbolik, die in dem Schrein zum Ausdruck kommt, zeigt, wie tief der säkulare Staat Israel die antiken Mythen des sakralen Raums in sich aufgenommen hat.

fehlt dies den Kern der Sache. Mythen waren nie darauf ausgerichtet, historisch verifizierbare Tatsachen darzulegen. Es war der Versuch, eine innere Wahrheit auszudrücken oder die Aufmerksamkeit auf Realitäten zu lenken, die sich logischer Verarbeitung entzogen. Mythologien wurden zu Recht als antike Form der Psychologie bezeichnet, denn sie beschreiben die Bereiche des Innenlebens, die für uns geheimnisvoll und faszinierend sind. Daher drücken die Mythen des »sakralen Raums« Wahrheiten unseres inneren Seins aus. Sie rühren an die verborgenen Quellen menschlicher Schmerzen und Wünsche und sind daher in der Lage, machtvolle Emotionen freizusetzen. Geschichten über Jerusalem sollten nicht deswegen abgetan werden, weil sie »bloß« Mythen sind: Sie sind gerade deswegen so wichtig, *weil* sie Mythen sind.

Die Jerusalem-Frage birgt deswegen soviel Zündstoff in sich, weil die Stadt mythischen Stellenwert angenommen hat. Es überrascht nicht, daß sowohl Angehörige beider Konfliktparteien wie die internationale Öffentlichkeit beständig nach einer sachlichen Auseinandersetzung über Rechte und Souveränität rufen, die sich von all diesen emotionalen Fiktionen freihalten soll. Es wäre schön, wenn das möglich wäre. Dennoch trifft es nicht zu, wenn wir behaupten, wir seien über unser Bedürfnis nach Mythen hinausgewachsen. In der Vergangenheit ist oft versucht worden, mythische Inhalte aus der Religion zu tilgen. Im antiken Israel etwa haben sich Propheten und Reformer stark bemüht, ihren Glauben von der Mythologie der einheimischen Kanaaniter abzugrenzen. Ihnen war jedoch kein Erfolg beschieden. Die alten Überlieferungen und Legenden traten in der Mystik der Kabbala wieder stark zutage, ein Prozeß, der als Triumph des Mythos über die mehr rational betonten Formen der Religion beschrieben wurde. In der Geschichte Jerusalems erkennen wir, daß sich Menschen unwillkürlich Mythen zuwenden, wenn das Leben schwierig wird und in rational ausgerichteten Ideologien kein Trost gefunden werden kann. Gelegentlich schienen äußere Ereignisse so perfekt mit inneren Bedürfnissen übereinzustimmen, daß sie sofort mythischen Status annahmen und eine entsprechende Begeisterungsflut auslösten. Zwei solcher Ereignisse waren die Entdeckung des Grabes Christi im 4. Jahrhundert n. Chr. und die Eroberung Jerusalems 1967 durch die Israelis. In beiden Fällen waren die Betroffenen davon überzeugt, derlei primitive Denkmuster längst überwunden zu haben, aber die Ereignisse erwiesen sich als zu mächtig. Die Katastrophen, die in unserem Jahrhundert über das jüdische und das palästinensische Volk gekommen sind, waren von solcher Tragweite, daß das Wiedererstehen mythischen Denkens nicht verwundert. Daher ist eine Betrachtung der mythischen Dimension Jerusalems in jedem Fall angebracht, und sei es nur, daß sie dazu dient, die Sehnsucht und das Verhalten von Menschen zu untersuchen, die zu dieser Art der Spiritualität neigen.

Der letzte Begriff, den es zu betrachten gilt, bevor wir uns der Geschichte Jerusalems zuwenden, ist der des Symbols. In unserer naturwissenschaftlich orientierten Welt denken wir natürlich nicht mehr in Bildern und Symbolen. Wir haben eine stärker logisch und diskursiv ausgerichtete Methode des Denkens entwickelt. Anstatt auf natürliche Phänomene mit unserer Einbildungskraft zu reagieren, entkleiden wir die Objekte all ihrer emotionalen Assoziationen und konzentrieren uns auf die Sache selbst. Dies hat die religiöse Erfahrung für Menschen des Westens verändert und verdankt sich einer Entwicklung, die, wie wir sehen werden, im 16. Jahrhundert n. Chr. einsetzte. Wir neigen zu der Aussage, etwas sei »nur« ein Symbol und wesentlich unterschieden von der geheimnisvolleren Realität, die es repräsentiert. In der vormodernen Welt war dies jedoch ganz anders. Ein Symbol hatte teil an der Realität, die es ausdrückte; ein religiöses Symbol hatte daher die Kraft, den Frommen ins Reich des Heiligen einzuführen. Zu allen Zeiten wurde das Heilige nie direkt erfahren – abgesehen vielleicht von ein paar wenigen Menschen mit besonderen Gaben. Es ist immer in Form von etwas anderem wahrgenommen worden. So wurde das Göttliche etwa in einem menschlichen Wesen erfahren, das das Heilige offenbarte oder verkörperte; es wurde auch in heiligen Texten, einem Gesetz oder einer Lehre gefunden. Eines der frühesten und überall verbreiteten Symbole des Göttlichen war ein Ort. Menschen spürten das Heilige an Bergen, Wäldern, Städten und Tempeln. Wenn sie diese Orte betraten, hatten sie das Gefühl, in eine andere Dimension einzutauchen, die sich von der physischen Welt unterschied, aber mit dieser vereinbar war. Für Juden, Christen und Muslime ist Jerusalem ein solches Symbol des Göttlichen.

Dies ist jedoch kein automatisch ablaufender Prozeß. Sobald ein Ort als heilig empfunden wurde und sich als fähig erwiesen hatte, Menschen den Zugang zum Göttlichen zu eröffnen, haben Gläubige viel schöpferische Kraft darauf verwandt, dieses Gefühl der Erhabenheit auch anderen zu vermitteln. Wir werden sehen, daß die Architektur der Tempel, Kirchen oder Moscheen in symbolischer Hinsicht wichtig war und oft bildhaft jene innere Reise widerspiegelte, die ein Pilger unternehmen mußte, um zu Gott zu gelangen. Liturgie und Rituale haben dieses Gefühl für den heiligen Ort befördert. Im Westen empfinden Protestanten zuweilen Mißtrauen gegenüber religiösen Zeremonien und sehen sie als bloßen Hokuspokus an. Aber wahrscheinlich ist es zutreffender, Liturgie als eine Form des Theaters aufzufassen, das selbst in vollkommen weltlichen Zusammenhängen zu intensiven Erfahrungen des Geistigen führen kann. Im Westen hatte das Drama seinen Ursprung in der Religion: in den heiligen Festen des antiken Griechenland und den Osterfeiern der Kirchen des mittelalterlichen Europa. Genauso wurde mit Hilfe von Mythen die innere Bedeutung Jerusalems und seiner heiligen Stätten ausgedrückt.

Einen dieser Mythen hat der rumänisch-amerikanische Gelehrte Mircea Eliade den »Mythos der ewigen Wiederkehr« genannt, den er in fast allen Kulturen angetroffen hat. Gemäß dieser Denkart haben alle irdischen Objekte ihr Gegenstück in der göttlichen Sphäre. Dieser Mythos kann als Ausdruck des Gefühls verstanden werden, daß unser irdisches Leben unvollständig und abgetrennt ist von einer befriedigenderen Existenz an einem anderen Ort. Auch alle menschlichen Handlungen und Fähigkeiten haben ihre Entsprechungen im Göttlichen: Indem Menschen die Handlungen der Götter nachahmen, haben sie Anteil an deren Leben. Diese *imitatio dei* wird bis auf den heutigen Tag befolgt. Die Menschen ruhen am Sabbat oder essen Brot und trinken Wein in der Kirche, weil sie glauben, daß Gott einst dasselbe getan hat. Die Rituale an einer heiligen Stätte sind eine andere Art der symbolischen Nachahmung der Götter und des Eintritts in deren erfülltere und mächtigere Seinsform. Der gleiche Mythos ist entscheidend für den Kult der heiligen Stadt, die als Replik der göttlichen Wohnstatt im Himmel angesehen werden kann; ein Tempel ist die Nachahmung des himmlischen Palastes einer bestimmten Gottheit. Indem sein himmlisches Vorbild möglichst genau nachgebildet wird, kann der Tempel auch auf Erden den Gott beherbergen.

Im kalten Licht modernen rationalen Denkens erscheinen solche Mythen als lächerlich. Aber diese Vorstellungen wurden nicht systematisch konzipiert und dann auf einen bestimmten »heiligen« Ort angewandt. Sie waren ein Versuch, eine Erfahrung zu erklären. Im religiösen Bereich geht die Erfahrung der theologischen Erklärung immer voraus. Als erstes spürten die Menschen, daß sie das Göttliche in einem Wald oder auf dem Gipfel eines Berges wahrgenommen hatten. Manchmal trugen ästhetische Mittel wie Architektur, Musik und Liturgie dazu bei, sie in andere Empfindungsebenen zu versetzen. Dann versuchten sie, diese Erfahrung in der poetischen Sprache der Mythologie oder mit Hilfe der Symbole des sakralen Raums auszudrücken. Jerusalem hat sich als einer jener Orte erwiesen, der Juden, Christen und Muslimen gleichermaßen geeignet erschien, um sie dem Göttlichen nahezubringen.

Noch etwas ist anzufügen. Die Praktiken der Religion sind mit denen der Kunst eng verwandt. Sowohl Kunst als auch Religion versuchen einer mit Fehlern und Leid behafteten Welt Sinn zu verleihen. Doch Religion unterscheidet sich von Kunst darin, daß ihr eine ethische Dimension innewohnen muß. Religion kann vielleicht als moralische Ästhetik beschrieben werden. Es genügt jedoch nicht, das Göttliche zu erfahren oder übersinnliche Erlebnisse zu haben; diese Erfahrungen müssen sich in unserem Verhalten gegenüber unseren Mitmenschen zeigen. Alle großen Religionen beharren darauf, daß der Prüfstein wahrer Spiritualität in praktischer Nächstenliebe besteht. Nach seiner Erleuchtung sagte Buddha, ein Mensch müsse den Berggipfel verlassen und auf den Marktplatz zurückkehren, um dort sein Mitgefühl für alle Lebewesen zu praktizieren. Dies gilt auch für die Spiritualität eines heiligen Ortes. Maßgeblich für den Kult um Jerusalem war von Anfang an die Bedeutung der praktischen Nächstenliebe und der sozialen Gerechtigkeit. Die Stadt kann nicht heilig sein, wenn sie nicht gleichzeitig den Schwachen und Armen gegenüber Mitgefühl und Anteilnahme zeigt. Traurigerweise ist diese moralische Forderung oft übersehen worden. Einige der schlimmsten Greueltaten sind geschehen, als Menschen die Reinheit Jerusalems und den Wunsch, Zugang zu seiner großartigen Heiligkeit zu erlangen, über die Forderung nach Gerechtigkeit und Barmherzigkeit gestellt haben.

All diese untergründigen Strömungen haben Anteil an der langen und wechselvollen Geschichte Jerusalems. Dieses Buch wird über die Zukunft der Stadt kein endgültiges Urteil fällen. Das wäre bloße Vermutung. Es handelt sich ausschließlich um den Versuch herauszufinden, was Juden, Christen und Muslime meinen, wenn sie behaupten, die Stadt sei für sie »heilig«; gleichzeitig wird versucht darzustellen, wie sich diese Heiligkeit in den jeweiligen Traditionen ausdrückt. Dies ist sicher genauso wichtig, wie zu einem Urteil darüber zu gelangen, wer *zuerst* in die Stadt gekommen ist und wem sie infolgedessen gehören soll, vor allem angesichts der Tatsache, daß die Ursprünge Jerusalems weitgehend im dunkeln liegen.

Der alte
Nahe Osten

Donan

MAZEDONIEN   Schwarzes Meer   Kaukasus

                    HATTI

Troja
PHRYGIA   MITANNI
LYDIA KILIKIA   ASSYRIEN
        Antiochia Harran
                              Assur   Ninive
KRETA   ZYPERN   Euphrat
        Sidon   AKKAD   MEDIEN
Mittelmeer   Damaskus Babylon Nippur ELAM
        Jerusalem   SUMER   Susa
LIBYEN   Ur
        Gaza   Eridu
        Sinai
ÄGYPTEN
al-Amarna
                    Najd (Yathrib)
Theben
                    Mekka
    Syene

Kaspisches Meer

Rotes Meer

Persischer Golf

N
W   O
S

0   Meter   200

1
Zion

Wir wissen nichts über die Menschen, die sich als erste auf den Hügeln und in den Tälern angesiedelt haben, aus denen schließlich die Stadt Jerusalem entstand. In den Grabstätten auf dem Berg Ophel, südlich der gegenwärtigen Mauern der Altstadt, hat man Tongefäße gefunden, die auf das Jahr 3200 v. Chr. datiert wurden. Dies war die Zeit, als in anderen Teilen Kanaans, dem heutigen Israel, Städte aufzutauchen begannen; so haben Archäologen etwa in Megiddo, Jericho, Ai, Lachis (heute: Tell ed-Duwer) und Bet Schean Tempel, Häuser, Arbeitsstätten, Straßen und Wasserleitungen ausgegraben. Aber bis heute gibt es keinen Beleg, daß sich im Jerusalem dieser Zeit städtisches Leben auszubilden begonnen hätte. Ironischerweise befand sich die Stadt, die von Millionen Juden, Christen und Muslimen einmal als Zentrum der Welt angesehen werden sollte, abseits der Entwicklungsgebiete des alten Kanaan. Im Hochland gelegen und schwierig zu besiedeln, nahm es eine Randposition ein. In der frühen Bronzezeit war die Entwicklung auf die Küstenebene, das fruchtbare Jezreeltal und den Negev beschränkt, wo die Ägypter Handelsniederlassungen gegründet hatten. Kanaan war ein potentiell reiches Land: Die Einwohner exportierten Wein, Öl, Honig, Bitumen und Korn. Es hatte auch strategische Bedeutung, da es Asien mit Afrika verband und eine Brücke bildete zwischen den Kulturen Ägyptens, Syriens, Phöniziens und Mesopotamiens. Doch obwohl die Quellen rund um den Berg Ophel immer Jäger, Ackerbauern und zeitweise Siedler anzogen – es wurden Feuersteine und Tonscherben aus der Altsteinzeit gefunden –, scheint Jerusalem während dieser ersten Blütezeit keine Rolle gespielt zu haben.

In der antiken Welt war die Zivilisation stets gefährdet. Um etwa 2300 v. Chr. waren in Kanaan fast keine Städte mehr erhalten. Das städtische Leben verschwand, sei es wegen klimatischer Veränderungen, Invasionen durch Fremde oder Kämpfen zwischen den einzelnen Stämmen. Gleichzeitig war es eine Periode des Umbruchs und der Instabilität im ganzen Nahen Osten. In Ägypten kam es zur Zerstörung des Alten Königreichs. Die akkadische Dynastie Mesopotamiens wurde von den Amoritern, einem westsemitischen Volk, das Babylon zu seiner Hauptstadt machte, hinweggefegt. In ganz Kleinasien wurden städtische Siedlungen aufgegeben, und Ugarit und Byblos an der phönizischen Küste wurden zerstört. Aus unbekannten Gründen blieben Syrien und nahe liegende Städte im nördlichen Kanaan wie Megiddo und Bet Schean verschont und hatten länger Bestand als ihre südlichen Nachbarn. Doch in all diesen Regionen hielt der Kampf um sichere Siedlungsgebiete an. Neue Städte und Dynastien kamen auf, und alte Siedlungsorte wurden wieder aufgebaut. Am Beginn des 2. Jahrtausends v. Chr. waren die alten Städte Kanaans wieder bewohnt.

Wir wissen sehr wenig über das Leben in Kanaan während dieser Periode. Es entwickelte sich keine zentrale Regierungsform im Land. Jede Stadt war autonom, hatte ihren eigenen Herrscher, der auch das umliegende Land regierte, ähnlich wie in Mesopotamien, der Wiege der Zivilisation. Kanaan blieb auf seine Region beschränkt. Es gab keine ausgedehnten Handelsbeziehungen, und die Boden- und Klimaunterschiede waren so groß, daß es praktisch keinerlei Verbindungen zwischen den verschiedenen Gebieten gab. Es lebten nur wenige Menschen in den judäischen Steppen oder im Tal des Jordan, der nicht befahrbar war und nirgendwohin führte. Die Verkehrsverbindungen waren schwierig, daher reisten die Menschen nicht viel im Land herum. Die Hauptverbindungsstraße zwischen Ägypten und Damaskus führte von Gaza nach Jaffa an der Küste entlang, bog dann aber, um die Sümpfe am Berg Karmel zu umgehen, ins Landesinnere ab, wo sie in Richtung Megiddo, Jezreeltal und Galiläisches Meer weiterführte. Verständlicherweise waren diese Regionen am dichtesten besiedelt, und dieses Gebiet reizte die Pharaonen der 12. Dynastie, als sie im 20. Jahrhundert v. Chr. begannen, ihren Einflußbereich nach Norden in Richtung Syrien auszudehnen. Kanaan, das die Ägypter als »Gefolge« bezeichneten, wurde nicht direkt zu einer Provinz Ägyptens, aber die Pharaonen beherrschten das Land politisch und ökonomisch. Sie zögerten nicht, die Küstenstraße hinaufzumarschieren, um einen lokalen Herrscher zu unterwerfen, der zu mächtig und unabhängig geworden war, doch sie zeigten wenig Interesse an anderen Teilen Kanaans. Trotz dieser ägyptischen Kontrolle entwickelten sich Städte wie Megiddo, Hazor und Akko zu befestigten Stadtstaaten. Am Ende des 19. Jahrhunderts v. Chr. waren Siedler auch ins Bergland vorgedrungen und erbauten dort Städte. Die mächtigste dieser befestigten Hochlandstädte wurde Sichem: Es hat vielleicht eine Fläche von fünfzehn Hektar umfaßt und beherrschte einen beträchtlichen Teil des Umlandes. Auf den südlichen Hügeln entwickelten sich Städte wie Hebron und Jerusalem.

Dies war der Zeitpunkt, an dem Jerusalem in die Geschichte eintrat. 1961 hat die britische Archäologin Kathleen Kenyon eine zwei Meter dicke Mauer entdeckt, die entlang der östlichen Hügelseite des Ophel verlief und nahe der Gichonquelle ein großes Tor besaß. Sie folgerte daraus, daß dieser Stadtwall um das südliche Ende des Hügels verlief und entlang des westlichen Abhangs weiterführte. Im Norden verschwand er unter einer späteren, größeren Stadtmauer. Zwischen dem Wall und der Felsenböschung fand Kenyon auch Tongefäße, die etwa aus der Zeit 1800 v. Chr. stammen. Im Norden war die Stadt ungeschützt, und später wurde dort die Zitadelle von Zion erbaut: Es ist möglich, daß sich während des 18. Jahrhunderts v. Chr. im Norden der Stadt auch eine Festung befand. Auf der östlichen Hügelseite reichten die Mauern sehr weit den Ophel hinunter, möglicherweise um den Zugang zu einem unterirdischen Tunnel zur Gichonquelle mit einzuschließen.[1] 1867 hat der britische Ingenieur Charles Warren diesen Tunnel entdeckt. Er nahm in einer Felsenöffnung innerhalb der Stadt seinen Anfang, fiel schräg nach unten ab und verlief dann vertikal, um auf das Wasser zu treffen, das mit Hilfe eines anderen horizontalen Tunnels von der Gichonquelle hergeleitet wurde. Während einer Belagerung konnten Krüge und Eimer hinuntergelassen werden, ohne daß die Einwohner die Stadt verlassen mußten. Ähnliche Einrichtungen wurden in Megiddo, Gezer und Gibeon entdeckt. Kenyon nahm an, daß der Schacht während der Bronzezeit benutzt wurde, aber ihre Theorie wurde später bestritten. Es wurde bezweifelt, daß die Einwohner der damaligen Zeit die technischen Fertigkeiten besaßen, ein solches System anzulegen. Jüngste geologische Funde deuten jedoch darauf hin, daß der Warren-Schacht nicht gänzlich von menschlicher Hand stammt; es handelt sich um eine natürliche Höhlung im Kalkgestein, die die frühen Einwohner Jerusalems sehr wohl verändert und vergrößert haben konnten.[2]

Vermutlich war der Ophel wegen seiner Nähe zur Gichonquelle als Siedlungsort begehrt. Der Ort besaß auch strategische Vorteile, da er sich an der Stelle befand, wo die Ausläufer des Hochlandes in die Wüste Juda übergehen. Allerdings konnte der Ophel keiner großen Einwohnerschaft Platz bieten – die Stadt umfaßte eine Fläche von wenig mehr als sechsunddreißigtausend Quadratmetern –, aber drei tiefe Täler boten den Siedlern Schutz: das Kidrontal im Osten, das Hinnomtal (oder Gehennatal) im Süden und im Westen das inzwischen zum größten Teil aufgeschüttete Zentraltal, das der jüdische Historiker Flavius Josephus »Käsemachertal« (Tyropöontal) nannte.[3] Obwohl die Stadt nicht zu den wichtigsten Siedlungen in Kanaan gehörte, scheint sie für die Ägypter von Interesse gewesen zu sein. 1925 wurden in Luxor Scherben erworben, die nach ihrer Zusammensetzung etwa achtzig Schalen und Vasen ergaben, die mit Hieroglyphen beschriftet waren. Nach

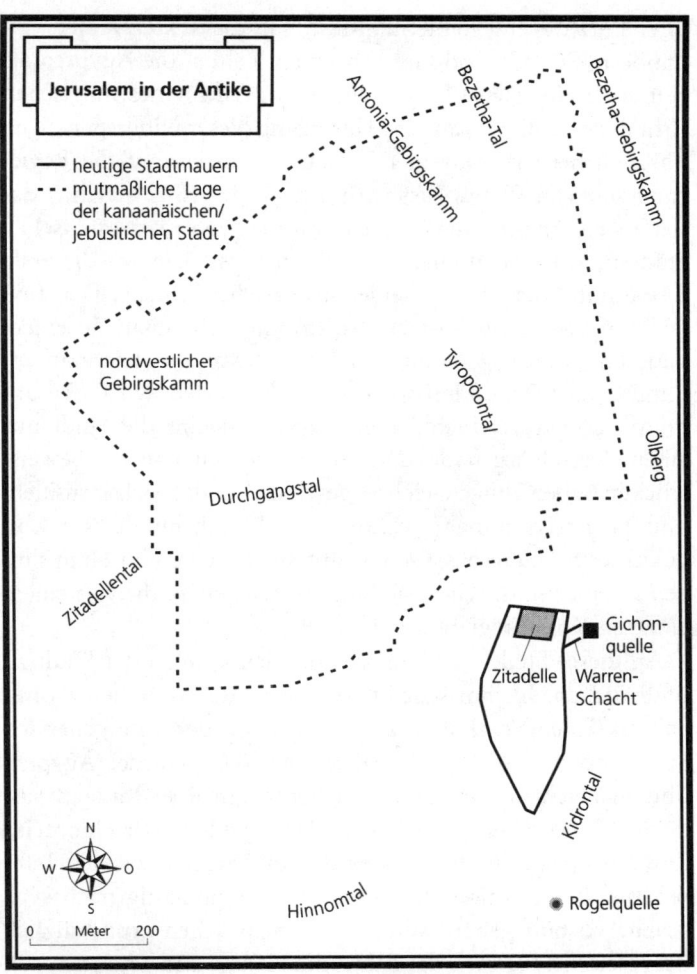

Jerusalem in der Antike

— heutige Stadtmauern
···· mutmaßliche Lage
der kanaanäischen/
jebusitischen Stadt

Antonia-Gebirgskamm

Bezetha-Tal

Bezetha-Gebirgskamm

nordwestlicher
Gebirgskamm

Tyropöontal

Ölberg

Durchgangstal

Zitadellental

Zitadelle

Gichon-
quelle

Warren-
Schacht

Kidrontal

N
W ✦ O
S

0   Meter   200

Hinnomtal

● Rogelquelle

ihrer Entzifferung stellte man fest, daß die Texte Namen von Ländern, Städten und Herrschern enthielten, die Ägypten als Feinde ansah. Diese Vasen wurden in Form eines magischen Rituals zerschlagen, um den Untergang dieser widerspenstigen Vasallen herbeizuführen. Die Gefäße wurden auf die Regierungszeit von Pharao Sesostris III. (1879–1842 v. Chr.) datiert; sie enthalten die Namen von neunzehn kanaanäischen Städten, von denen eine »Rusalimum« ist. Dies ist die erste Erwähnung der Stadt in einer historischen Quelle. Der Text benennt zwei ihrer Fürsten: Yq'rm und Schaschan. In einem anderen dieser sogenannten Ächtungstexte, die, wie man annimmt, ein Jahrhundert später verfaßt wurden, wird »Rusalimum« erneut verflucht, aber diesmal scheint die Stadt nur einen Herrscher gehabt zu haben. Aus diesen mageren Beweisstücken haben einige Gelehrte geschlossen, daß sich Jerusalem und das übrige Kanaan während des 18. Jahrhunderts v. Chr. aus einer Stammesgesellschaft mit einer Reihe von Häuptlingen zu einer städtischen Siedlung entwickelten, die von einem einzigen König regiert wurde.[4]

An dieser Stelle ist es notwendig, den Namen der Stadt zu untersuchen. In ihm scheint der Name des syrischen Gottes Salimu (Salem) enthalten zu sein, der mit der untergehenden Sonne oder dem Abendstern gleichgesetzt wurde. Ägypten übte vielleicht die politische Vorherrschaft über Kanaan aus, doch in kultureller und religiöser Hinsicht kam der Haupteinfluß aus Syrien. In Hazor, Megiddo und Sichem wurden Tempel aus dieser Periode ausgegraben, die eindeutig nach syrischem Vorbild gebaut waren. Sie entsprachen grundsätzlich dem gleichen Plan wie der Palast des Königs und betonten, daß alle Herrschaft von den Göttern stammte. Laien war es verboten, die Hekal, die kultische Halle, zu betreten, genauso wie ihnen der Zugang zum König verboten war. Sie durften vom Hof aus durch die offenen Türen der Hekal einen Blick auf die Statue des Gottes werfen, die am Ende der Halle in einer Nische stand. In Jerusalem wurde kein bronzezeitlicher Tempel ausgegraben, aber der Name der Stadt beweist, daß die

Einwohner auch gegenüber der syrischen Religion offen waren. Die Namen der Jerusalemer Fürsten in den »Ächtungstexten« deuten darauf hin, daß die Einwohner Jerusalems, genauso wie diejenigen Syriens, westsemitischen Ursprungs waren und die gleiche Weltanschauung teilten.

Der Name »Rusalimum« kann grob als »Haus des Salimu« übersetzt werden.[5] In der antiken Welt des Nahen Osten und des Mittelmeergebiets wurden Besiedlung und Städtebau als göttliche Werke begriffen. Auch wenn der Berg Ophel die ersten Siedler wegen seines Wasservorrats und der strategischen Vorteile reizte, zeigt der Name der Stadt, daß die Initiative von einem Gott ausging. Zu diesem Zeitpunkt wurden alle Städte als heilige Orte angesehen. Denn lange bevor Menschen ihre Welt nach wissenschaftlichen Gesichtspunkten einteilten, hatten sie sakrale Raumauffassungen entwickelt, um ihre Stadt emotional und spirituell im Universum zu verankern. Der rumänisch-amerikanische Forscher Mircea Eliade, der auf dem Gebiet der Untersuchung sakraler Räume bahnbrechende Arbeit geleistet hat, betont, daß die Verehrung für einen heiligen Ort allen anderen Spekulationen über die Natur der Welt vorausging.[6] Sie ist in allen Kulturen anzutreffen und bildete den Uranfang religiösen Glaubens. Der Glaube, ein Ort sei heilig und daher als Siedlungsort günstig, basierte weder auf rationalen Überlegungen noch metaphysischen Annahmen über die Natur des Kosmos. Statt dessen wurden die Menschen bei der Betrachtung der sie umgebenden Welt unwiderstehlich von Orten angezogen, die sie als grundsätzlich verschieden von allen anderen erfuhren. Dies war eine Grunderfahrung hinsichtlich ihrer Weltauffassung, die weit tiefer reichte als das rein verstandesmäßige Begreifen. Selbst heutzutage ist es unserem wissenschaftlichen Rationalismus nicht gelungen, die alte sakrale Raumauffassung vollständig zu ersetzen. Wir werden sehen, daß das antike Verständnis von heiligen Räumen in Jerusalem noch immer wirksam ist und von Menschen vertreten wird, die sich normalerweise nicht als religiös bezeichnen würden. Im Lauf der Jahrhunderte hat der Mensch seine Auffassungen von heiligen Orten auf verschiedene Weise formuliert, aber innerhalb der Diskussion über den Status Jerusalems tauchen immer wieder bestimmte Themen auf, die anzeigen, daß es sich dabei um ein fundamentales menschliches Bedürfnis handelt.[7]

Sowohl in der antiken Welt wie in den überkommenen Gesellschaften unserer Tage wurde versucht, den sakralen Raum mit der These zu erklären, die Welt sei als von Göttern geschaffen begriffen worden. Daher handelte es sich um keinen neutralen Bereich: Die Landschaft hatte den Menschen etwas mitzuteilen. Wenn Menschen den Kosmos betrachteten, nahmen sie eine Seinsstufe wahr, die die Schwächen und Begrenzungen des eigenen Lebens überstieg. Er repräsentierte eine erfülltere und kraftvollere Dimension, eine Realität, die gleichzeitig eins mit ihnen und verschieden von ihnen war, aber dennoch als tief vertraut angesehen wurde. Um diese Verbundenheit mit dem Reich des Heiligen zu verdeutlichen, wurde der Raum mit Gottheiten ausgestattet, deren Persönlichkeiten den Menschen ähnlich waren. Weil man dieses göttliche Element auch in der natürlichen Welt verspürte, wurden diese Gottheiten mit Sonne, Wind oder lebenspendendem Regen in Verbindung gebracht. Es wurden Geschichten über diese Gottheiten erzählt, die nicht darauf abzielten, tatsächliche Ereignisse wiederzugeben: Es handelte sich eher um den Versuch, das Mysterium auszudrücken, das die Menschen in der Welt erfuhren. Vor allem wollte man so nahe wie möglich an diesen von göttlicher Kraft erfüllten Orten siedeln. Zu sagen, die Menschen hätten nach dem Sinn des Lebens gesucht, könnte mißverständlich sein, denn dieser Ausdruck beinhaltet einen abstrakten Begriff von menschlicher Befindlichkeit. Tatsächlich bestand aber das Ziel religiöser Suche immer in Erfahrung und nicht in Botschaften. Wir wollen uns wahrhaft lebendig fühlen und unser ganzes Menschsein verwirklichen, indem wir so leben, daß wir im Einklang mit den tieferen Strömungen unseres Seins stehen. Dieses Streben nach einem umfassend erfüllten Leben – das sich in den mächtigen, unsterblichen

Göttern symbolisiert – ist in allen großen Religionen anzutreffen: Der Mensch wollte die Vergänglichkeit und Trivialität irdischer Erfahrungen überwinden, um eine Realität aufzufinden, in der sich seine menschliche Natur vervollkommnet. In der antiken Welt wurde ein Leben ohne Verbindung mit diesem göttlichen Element als unerträglich empfunden.[8]

Wie Eliade gezeigt hat, siedelte man daher an Orten, an denen sich das Heilige manifestiert hatte, und durchbrach damit die Barriere, die die Götter von den Menschen trennte. Vielleicht hatte sich der Gott Salimu auf dem Berg Ophel offenbart und damit den Ort zu seinem Besitz erklärt. In dem Bewußtsein, dort mit dem Gott in Verbindung treten zu können, wurde dieser Ort aufgesucht. Doch das Heilige zeigte sich in der irdischen Welt nicht nur in Form von Erscheinungen. Alles, was sich von seiner Umgebung abhob oder der natürlichen Ordnung zuwiderlief, konnte eine Offenbarung des Göttlichen sein. Auch Felsen oder Täler von großer Schönheit oder Majestät konnten auf die Gegenwart des Göttlichen hinweisen. Ihre bloße Gegenwart war Ausdruck von *etwas anderem*.[9] Das Unbekannte, Fremde gleichwie das Vollkommene schien den Angehörigen antiker Gesellschaften auf etwas hinzudeuten, was anderer Natur war als sie selbst. Berge, die sich über die Erde erhoben, galten als besonders mächtige Symbole des Übersinnlichen; indem die Gläubigen deren Gipfel erklommen, hatten sie das Gefühl, eine andere Ebene, die Mitte zwischen Himmel und Erde, erreicht zu haben. Die großen Tempelpyramiden in Mesopotamien waren so angelegt, daß sie Bergen glichen; die sieben Stufen dieser riesigen Steinleitern symbolisierten die sieben Himmel. Die Pilger stellten sich daher vor, den Kosmos zu durchsteigen und an der Spitze auf ihre Götter zu treffen.[10] In Syrien, einem gebirgigen Gebiet, war es nicht notwendig, künstliche Hügel zu schaffen: Vorhandene Berge wurden als heilige Orte angesehen. Einer dieser Berge, der in der Geschichte Jerusalems sehr bedeutsam werden sollte, war der Berg Zaphon, der heutige Jebel al-Aqra, dreißig Kilometer nördlich von Ugarit an der Mündung des Orontes.[11]

Auch in Kanaan wurden die Berge Hermon, Karmel und Tabor als heilige Orte verehrt. Wie wir aus den hebräischen Psalmen wissen, wurde auch der Berg Zion, nördlich des Ophel, als heiliger Ort verehrt. Die ursprüngliche Form des Berges ist wegen der weitläufigen Plattform, die König Herodes im 1. Jahrhundert v. Chr. anlegen ließ, heute nicht mehr zu erkennen. Doch zuvor hat der Berg wahrscheinlich so eindrucksvoll alle umgebenden Hügel überragt, daß er das heilige »Andere« zu beherbergen schien.

Sobald ein Ort als heilig erfahren wurde, unterschied er sich auf grundsätzliche Weise von seiner profanen Umgebung. Weil sich dort das Heilige offenbart hatte, wurde der Ort zum Zentrum der Welt. Dies wurde nicht im buchstäblichen Sinn verstanden. Den Einwohnern Jerusalems war es gleichgültig, daß das nahe gelegene Hebron ebenfalls als heiliges »Zentrum« angesehen wurde. Genausowenig ließen sich die Psalmisten oder später die Rabbiner, die behaupteten, der Berg Zion sei der höchste Berg der Welt, durch die Tatsache beirren, daß der westliche Hügel auf der anderen Seite des Tyropöontals offensichtlich höher war. Sie betrieben keine wissenschaftliche Geographie, sondern verorteten ihre Stadt auf einer spirituellen Landkarte. Wie viele andere heilige Berge, auf denen sich das Göttliche offenbart hatte, wurde Zion erhöht, weil man sich dort dem Himmel näher fühlte. Aus dem gleichen Grund war es der »Weltmittelpunkt«: Es war einer der Orte, an dem man den Kontakt mit dem Göttlichen herstellen konnte, und allein dies verlieh dem Leben Sinn und Ziel.

Archaische Gesellschaften siedelten nur an Plätzen, an denen eine solche Verbindung möglich war. Bei Eliade ist zu lesen, daß der australische Stamm der Achilpa vollkommen die Orientierung verlor, als der heilige Stab, den die Stammesmitglieder auf ihren Wanderungen mit sich trugen, zerbrochen wurde. Er symbolisierte ihre Verbindung mit dem Heiligen. Nachdem er zerbrochen war, legten sich die Achilpa einfach zum Sterben nieder.[12] Wir sind Wesen, die nach Sinn suchen, und wenn wir einmal die Orientierung verloren haben, wissen wir nicht mehr, wie wir leben oder unseren Platz in der Welt finden sollen. Daher wurden die Städte der antiken Welt um Schreine und Tempel gebaut, die das Göttliche beherbergten. Das Heilige war die stabilste Realität, die im unvollkommenen Leben Halt versprach. Das Heilige konnte als furchterregend und als »das Andere« erfahren werden. In seinem klassischen Werk »Das Heilige« (1917) stellt der deutsche Historiker Rudolf Otto fest, daß das Heilige zuweilen Angst und Schrecken auszulösen vermochte. Aber gleichzeitig war es ein *mysterium fascinans*, das unwiderstehliche Anziehungskraft ausübte, weil es als zutiefst verwandt und unentbehrlich empfunden wurde. Nur indem sich die Menschen mit diesem mächtigeren Sein in Verbindung setzten, konnten sie sicherstellen, daß ihre Gesellschaften überlebten. Kultur war anfällig. Fast über Nacht konnten Städte verschwinden, wie es im Bronzezeitalter in Palästina tatsächlich geschehen war. Es gab keine Hoffnung auf Bestand, außer man hatte am mächtigeren, erfüllteren Leben der Götter teil.

Zuweilen wurden diese Suche nach dem Heiligen und die Verehrung der heiligen Stätten mit der Sehnsucht nach dem Paradies erklärt. Fast jede Kultur besitzt einen Mythos vom Goldenen Zeitalter, das am Anfang der Zeiten stand und in dem Menschen und Götter friedlich zusammenlebten. Das Göttliche wurde nicht als ferne, plötzlich zum Vorschein tretende Kraft empfunden, sondern als eine Tatsache des alltäglichen Lebens. Und die Menschheit war im Besitz höherer Kräfte: Es gab keinen Tod, keine Krankheit, keine Zwietracht. Die Menschen sehnten sich danach, in diesen Zustand ursprünglichen Glücks und Einklangs zurückzukehren, weil sie fühlten, daß das Leben so gewesen wäre, hätte es am Anfang keine Sünde gegeben.[13] Heute glauben wir vielleicht nicht mehr an ein irdisches Paradies, aber die Sehnsucht nach etwas, was sich von dem als mangelhaft empfundenen Zustand der Gegenwart unterscheidet, bleibt bestehen. Man ist im Innersten davon überzeugt, daß das Leben ursprünglich nicht so angelegt war: Wir sehnen uns nach dem, was hätte sein können, bedauern die vergängliche Natur irdischer Existenz und empfinden den Tod als empörend. Uns quält das Verlangen nach vollkommeneren Beziehungen, und wir erträumen uns eine Welt von Harmonie und Ganzheit, in der wir uns völlig im Einklang mit unserer Umgebung befinden, statt gegen sie ankämpfen zu müssen. Diese Sehnsucht nach einem Paradies, das für immer verloren ist, äußert sich heutzutage in Schlagern, Romanen und den utopischen Phantasien von Philosophen, Politikern und Werbeleuten. Psychoanalytiker erklären diese Sehnsucht mit dem Trennungsschmerz, den wir bei der Geburt erleben. In der heutigen Zeit versuchen viele Menschen, diese paradiesische Harmonie in Kunst, Drogen oder im Sex zu finden; in der antiken Welt versuchte man dieses Gefühl des Verlustes und der Trennung dadurch zu besänftigen, daß man an einem Ort lebte, von dem man annahm, daß er diese verlorene Vollkommenheit wiederherstellen könne.

Wir besitzen jedoch keine direkten Informationen über das religiöse Leben im Jerusalem des 18. Jahrhunderts v. Chr. Tatsächlich wird Jerusalem nach den »Ächtungstexten« für einige Zeit nicht mehr erwähnt. In Kanaan folgte eine Periode des Wohlstands. Während des 17. Jahrhunderts v. Chr. waren die Pharaonen zu sehr mit den inneren Angelegenheiten Ägyptens beschäftigt, um sich um das »Gefolge« zu kümmern. Es kam zu keinen weiteren gewaltsamen Zusammenstößen, und die Kultur konnte aufblühen. Einige Siedlungen Kanaans entwickelten sich zu Stadtstaaten: In Städten wie Megiddo, Hazor und Sichem wurden Baudenkmäler, Möbel, Tongeschirr und Schmuck ausgegraben. In Jerusalem jedoch wurden aus der Zeit zwischen dem 17. und 15. Jahrhundert v. Chr. keine Tonwaren gefunden. Vielleicht hat die Stadt während dieser Jahre gar nicht mehr existiert.

Erst im 14. Jahrhundert v. Chr. können wir wieder mit Sicherheit davon ausgehen, daß der Ort besiedelt war. Zu dieser Zeit war es den Ägyptern erneut gelungen, in Kanaan Fuß zu fassen. Die Pharaonen befanden sich nun in Konflikt mit dem neuen Reich der Hethiter in Anatolien und dem

Mitannireich der Hurriter im oberen Mesopotamien. Sie mußten sicherstellen, daß Kanaan, ein wichtiges Durchgangsland,
fest unter ihrer Kontrolle blieb. 1486 v. Chr. mußte Pharao
Thutmosis III. in Megiddo einen Aufstand der kanaanäischen
und syrischen Fürsten niederschlagen und machte aus dem
»Gefolge« einen bloßen Vasallenstaat Ägyptens. Das Land
wurde in vier Verwaltungsbezirke eingeteilt, und die Fürsten
der Stadtstaaten von Kanaan wurden Abhängige des Pharaos.
Sie waren durch persönlichen Eid an ihn gebunden und gezwungen, hohen Tribut zu bezahlen. Als Gegenleistung scheinen sie mehr Hilfe und Unterstützung erwartet zu haben, als
der Pharao tatsächlich zu geben bereit war. Dennoch genossen
die Fürsten ein gewisses Maß an Unabhängigkeit: Ägypten
verfügte nicht über die Mittel, um das Land vollständig zu
kontrollieren. Die Fürsten konnten Truppen ausheben, gegeneinander kämpfen und neue Gebiete für sich erobern. Doch
auch andere Mächte begannen sich für Kanaan zu interessie-
ren. Zu Beginn des 15. Jahrhunderts v. Chr. hatten sich Hurriter aus dem Königreich Mitanni im Land niedergelassen. Es
handelt sich um das Volk, das in der Bibel »Hiwiter« oder
»Horiter« genannt wird. Im Gegensatz zur ansässigen Bevölkerung war es arischer Abstammung, und obwohl sie nicht als
Eroberer gekommen waren, übten sie so starken Einfluß aus,
daß die Ägypter Kanaan als »Hurru« oder »Land der Hurriter« bezeichneten. Die Hurriter nahmen oft hohe Positionen in
den Stadtstaaten ein; sie lebten mit der einheimischen Bevölkerung zusammen und lehrten sie ihre akkadische Sprache, die
die offizielle Amtssprache wurde, sowie die Keilschrift.

Der Einfluß der Hurriter in Jerusalem, das sich im 14. Jahrhundert v. Chr. zu einem Stadtstaat – wenn auch von geringe-
rer Bedeutung als Hazor und Megiddo – entwickelt hatte, war
stark.[14] Sein Territorium erstreckte sich nun bis zum Gebiet
von Sichem und Gezer. Sein Herrscher trug einen hurritischen
Namen: Abdi-Chepa. Unser Wissen über das Jerusalem dieser
Periode stammt von den Keilschrifttafeln, die 1887 in al-
Amarna in Ägypten entdeckt wurden und offensichtlich zu den

Archiven von Pharao Amenhotep III. (1386–1349 v. Chr.) und seinem Sohn Echnaton (1350–1334 v. Chr.) gehörten. Sie bestehen aus etwa hundertfünfzig Briefen von Fürsten von Kanaan an ihren Oberherrn, den Pharao, und zeigen, daß sich das Land in Aufruhr befand. Zwischen den Stadtstaaten herrschte Krieg: Fürst Labay'aym von Sichem etwa verfolgte eine rücksichtslose Expansionspolitik und hatte sein Territorium im Norden bis zum Galiläischen Meer und im Westen bis nach Gaza ausgedehnt. Die Fürsten beklagten sich auch über innere Feinde und baten den Pharao um Hilfe. Offensichtlich bekamen sie wenig Unterstützung, da sich Ägypten gerade mit den Hethitern im Krieg befand. Der Aufruhr in Kanaan kam dem Pharao wahrscheinlich ganz gelegen, denn er bedeutete, daß sich die Stadtstaaten nicht gemeinsam gegen die ägyptische Vorherrschaft erheben konnten.

Sechs der Amarna-Briefe stammen von Abdi-Chepa aus Jerusalem, der offensichtlich nicht zu den mächtigsten Regenten Kanaans gehörte. In blumigen Worten versichert er dem Pharao seine Loyalität und bittet flehentlich um Hilfe gegen seine Feinde – die ihm nicht gewährt wurde. Abdi-Chepa konnte Sichem nicht angreifen und verlor schließlich alle seine Verbündeten. Auch in Jerusalem selbst kam es zu Aufständen. Doch Abdi-Chepa wollte nicht, daß ägyptische Truppen nach Jerusalem entsandt wurden. Er hatte unter den schlecht ausgebildeten und ungenügend versorgten ägyptischen Soldaten bereits genug zu leiden gehabt, die, wie er sich beschwerte, sogar in seinen Palast eingedrungen waren und ihn zu töten versucht hatten. Statt dessen bat er den Pharao, Verstärkung nach Gezer, Lachis oder Askalon zu schicken. Denn ohne Hilfe aus Ägypten würde das Land mit Sicherheit an seine Feinde fallen.[15]

Abdi-Chepa hat seine Truppen sicherlich nicht bekommen: Das Hügelland wurde in dieser Zeit sehr schnell zu einer entmilitarisierten Zone.[16] Die befestigte Stadt Silo etwa wurde aufgegeben, und achtzig Prozent der kleineren Siedlungen im Hochland waren bis zum frühen 13. Jahrhundert v. Chr. ver-

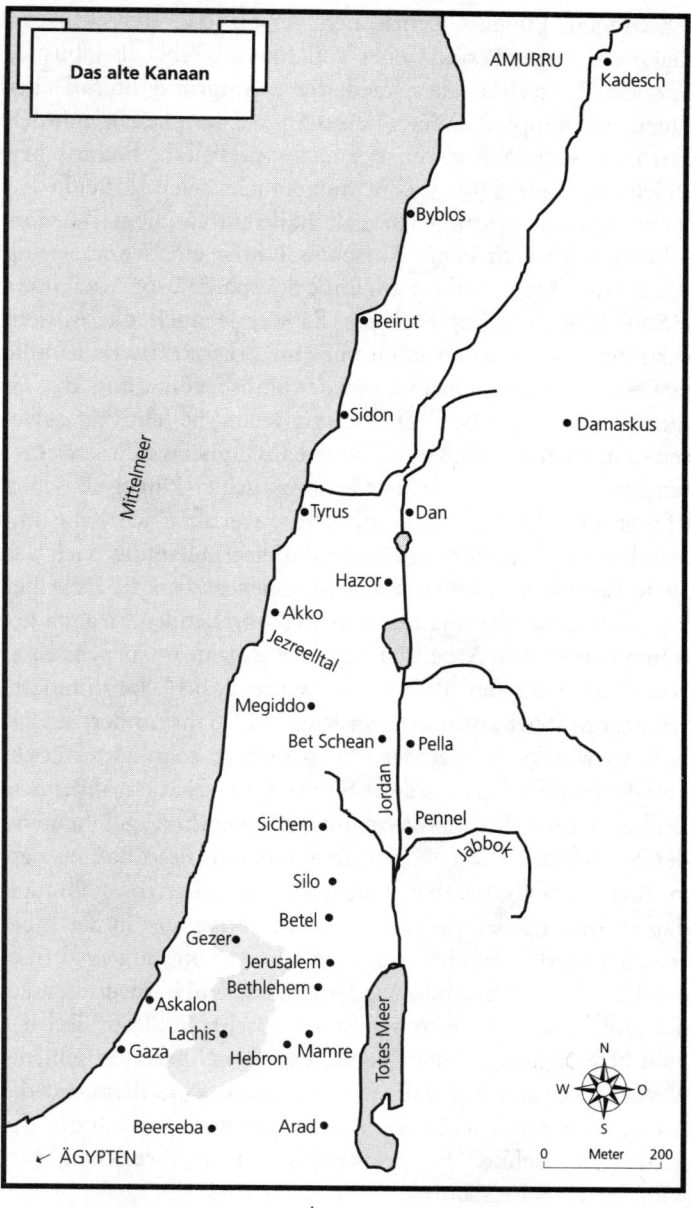

Das alte Kanaan

schwunden. Einige Gelehrte nehmen an, daß sich während dieser unruhigen Periode jenes Volk, das die Bibel als Jebusiter bezeichnet, in Jerusalem niederließ. Aufgrund literarischer Quellen behaupten andere, daß die Jebusiter, die eng mit den Hethitern verwandt waren, erst nach dem Fall des hethitischen Reichs im Jahr 1200 v. Chr. aufgetaucht seien.[17] Beides ist nicht bewiesen. Auf jeden Fall haben archäologische Forschungen bis jetzt keine Aufschlüsse über eine Veränderung der Bevölkerungsstruktur am Ende des späten Bronzezeitalters (1500–1200 v. Chr.) ergeben. Es wurde auch die Ansicht vertreten, die Jebusiter seien nur eine aristokratische Familie gewesen, die, abgeschieden von der Stadtbevölkerung, die Zitadelle bewohnt habe.[18] Daher könnten es die Jebusiter gewesen sein, die die alten Befestigungen am Ophel wieder errichteten und einen neuen Stadtteil am östlichen Hügel zwischen Mauer und Gipfel erbauten. Kenyon grub eine Reihe mit Schotter gefüllter Terrassen aus, die ihrer Meinung nach das steile Terrain bewohnbar gemacht haben und an die Stelle der verstreut stehenden Häuser und steil abfallenden Straßen getreten waren. Die Arbeit nahm lange Zeit in Anspruch; Kenyon behauptet, das Projekt sei Mitte des 14. Jahrhunderts v. Chr. begonnen, aber erst im frühen 13. Jahrhundert v. Chr. beendet worden. Einige der Mauern waren zehn Meter hoch, und die Bauarbeiten wurden oft durch Naturkatastrophen wie Erdbeben oder Bodenerosion unterbrochen.[19] Abgesehen von der Schaffung neuen Wohnraums dienten diese Bauten vermutlich auch als Teil der Stadtbefestigung. Kenyon nahm an, daß es sich um den »Millo« handeln könne, der in der Bibel erwähnt wird.[20] Da sich einige der Könige von Juda ausdrücklich bemühten, den Millo wiederherzustellen, hatte er vermutlich militärische Bedeutung. Er kann sehr wohl ein Teil der Stadtbefestigung auf dem Gipfel des Ophel gewesen sein. Es wurde angenommen, daß sich der Name Zion nicht auf die ganze Stadt Jerusalem beziehe, sondern ursprünglich nur die Festung bezeichne, die die Stadt auf ihrer nördlichen, verwundbaren Seite schützte.

Während der Periode, auf die sich die Amarna-Briefe beziehen, scheint Jerusalem dem Salimu, seinem Gründergott, treu geblieben zu sein. Abi-Chepa spricht in seinen Briefen an den Pharao von »der Stadt des Landes Jerusalem, dessen Name Beit Sulmani (das Haus Salimus) ist«[21]. Historiker nehmen jedoch an, daß die Hurriter einen neuen Gott in die Stadt mitbrachten: den Sturmgott Baal, der von den Bewohnern Ugarits an der syrischen Küste verehrt wurde.[22] Über den Baalskult wissen wir aufgrund der Keilschrifttafeln Bescheid, die 1928 in Ras Schamra (der modernen Stadt an der Stelle des alten Ugarit) gefunden wurden. Da der Baalskult für das geistige Leben Jerusalems von großer Bedeutung werden sollte, müssen wir an dieser Stelle näher darauf eingehen. Baal war nicht der oberste Gott im syrischen Pantheon. Sein Vater war El, der auch in der Bibel genannt wird. El wohnte in einem Zeltschrein auf einem Berg nahe dem Zusammenfluß zweier großer Flüsse, die die Quelle der irdischen Fruchtbarkeit darstellten. Jedes Jahr versammelten sich dort die Götter, um an der göttlichen Ratsversammlung teilzunehmen, in der die Gesetze des Universums aufgestellt wurden. El war somit der Ursprung des Gesetzes, der Ordnung und der Fruchtbarkeit, ohne die keine menschliche Gesellschaft zu überleben vermochte. Doch ähnlich wie andere hohe Gottheiten wurde El in den Hintergrund gedrängt, und viele Menschen fühlten sich von seinem dynamischeren Sohn Baal angezogen, der auf den Wolken ritt, Blitze aus dem Himmel schleuderte und den lebenspendenden Regen auf die verdorrte Erde sandte.

Doch Baal mußte auf Leben und Tod kämpfen, um die Fruchtbarkeit der Erde zu garantieren. Im Nahen Osten wurde das Leben oft als verzweifelter Kampf gegen die Mächte des Chaos, der Dunkelheit und Sterblichkeit begriffen. Kultur und Ordnung konnten nur gegen große Widerstände errungen werden. Die Menschen erzählten sich Geschichten über große Kämpfe, die von den Göttern am Anfang der Zeit ausgefochten wurden, um Licht aus dem Dunkel zu bringen und Ordnung aus dem Chaos zu schaffen und die gesetzlosen Elemente des

Kosmos innerhalb angemessener und beherrschbarer Grenzen zu halten. Daher erinnerte der Kult in Babylon an den Kampf des jungen Gottes Marduk, der das Meeresungeheuer Tiamat erschlug, dessen Panzer entzweite und die Welt schuf. Ähnliche Geschichten gab es über Baal. Eine Sage berichtet, er habe das siebenköpfige Meeresungeheuer Lotan bezwungen, das in der hebräischen Bibel als »Leviathan« bezeichnet wird. In fast allen Kulturen symbolisiert der Drache oder das Ungeheuer das Ungeformte und Undifferenzierte. Indem er Lotan erschlug, hatte Baal das Zurückgleiten in das verschlingende Chaos, aus dem alles Leben – sowohl menschliches wie göttliches – entstanden war, verhindert. Die Sage veranschaulicht die Angst vor Auslöschung und Vernichtung, die vor allem in diesen frühen Zeiten der Zivilisation eine beständige Bedrohung darstellte.

Die gleiche Angst zeigt sich in den Geschichten der anderen Kämpfe Baals, die er gegen das Meer und die Wüste ausficht – zwei Naturkräfte, die diese frühen nahöstlichen Städte bedrohten. Das Meer repräsentierte alles, was die zivilisierte Welt nicht war, und alles, was sie fürchtete: Es hatte keine Grenzen und keine feste Form. Es war von unendlicher Weite, offen und ungestaltet. Gleichzeitig drohten die öden Wüsten beständig über das fruchtbare Land hereinzubrechen, das allein besiedelbar war. Die Sagen von Ugarit erzählten von Baals verzweifeltem Kampf mit Jam, dem Gott der Meere und Flüsse, und mit Mot, dem Gott des Todes, der Unfruchtbarkeit und Dürre. Vor allem in Mot zeigte sich der Tod als verschlingende Kraft, die beständig nach menschlichem Fleisch und Blut verlangte. Baal hat diese Gegner nur unter großen Schwierigkeiten überwunden: Der Kampf mit Mot war besonders furchterregend, denn es scheint, daß Baal in Mots Reich, in der Unterwelt, »dem Abgrund des erschreckenden Nichts«, gefangengehalten wurde. Während Baals Gefangenschaft wurde die Erde von Dürre heimgesucht und in eine Wüste verwandelt. Schließlich hat Baal gesiegt. Doch sein Sieg war nicht vollständig. Beide, Jam und Mot, überlebten. Die furchterregenden Kräfte des

Chaos blieben zusammen mit der unausweichlichen Sicherheit des Todes bestehen. Götter und Menschen mußten ihre Kräfte vereinigen, um einen ewigen Kampf gegen sie zu führen.

Um seinen Sieg zu feiern, bat Baal El um Erlaubnis, sich einen Palast bauen zu dürfen – ein in der antiken Sagenwelt üblicher Vorgang. Nachdem Marduk die Welt erschaffen hatte, arbeiteten Götter und Menschen zusammen, um im Zentrum der Welt die Stadt Babylon zu erbauen. Am *Bab-ilani* (Tor der Götter) konnten sich die Gottheiten jedes Jahr versammeln, um an der göttlichen Ratsversammlung teilzunehmen: Es war ihre Heimstatt in der Welt der Menschen, die wußten, daß sie dort Zugang zu ihnen hatten. Im Zentrum der Stadt wurde auch Marduks großer Tempel von Esagila erbaut, sein Stadtpalast. Dort wohnte er und übte mit Hilfe seines Vizeregenten, des Königs, seine königliche Macht aus. Architektur wurde daher als eine von Gott inspirierte Fähigkeit angesehen. Die großen, aus Stein erbauten Städte und Tempel erschienen als so kolossale Taten, daß ihre menschlichen Erbauer über sich selbst hinausgewachsen sein mußten. Sie waren die beständige Erinnerung an den gemeinsamen Sieg von Göttern und Menschen über das Formlose und die Unordnung.

Ebenso konnte Baal nicht über die Götter herrschen, wenn er keinen Palast besaß. Doch sobald er seinen himmlischen Palast aus Gold und Lapislazuli auf dem Berg Zaphon bezogen hatte, wurde er wahrhaft der »Herr«, wie sein Name es ausdrückt. Von da an herrschte Baal allein über Götter und Menschen. Ganz so, wie er verkündete:

> (Denn) ich allein werde der sein, der König sein wird über
> die Götter,
> (der) wahrhaft Götter und Menschen nährt,
> der die Vielen der Erde befriedigt.[23]

In seinem Tempel feierten Baal und seine Gemahlin Anat ihre großen Siege, die die Weltordnung wiedererrichtet haben:

*Im Nahen Osten bedeutete Kultur immer den Kampf gegen die
Unfruchtbarkeit und Dürre der Wüste, die beständig alle menschlichen Errungenschaften auszulöschen drohte.*

> Habe ich nicht Jam, den Liebling von El, zerstört...
> Wurde nicht der Drache gefangen und vernichtet?
> Ich vernichtete die sich windende Schlange,
> die Tyrannin mit den sieben Köpfen.[24]

Die Einwohner von Ugarit, die nur etwa zwanzig Meilen entfernt von Baals Wohnstatt auf dem Berg Zaphon lebten, hatten
das Gefühl, an Baals Sieg teilzuhaben, weil sie in seinem Territorium siedelten. In den Hymnen von Ugarit bezeichnet Baal
den Zaphon als »den heiligen Ort, den Berg, der mir zukam...,
den erwählten Platz,... den Hügel des Sieges«. Der Zaphon
war das Zentrum ihrer Welt. Es war ein »heiliger Berg«, eine
»wunderbare Höhe« und »die Freude der gesamten Welt«[25].
Weil Baal dort wohnte, hatte er aus dem Zaphon ein irdisches
Paradies des Friedens, der Fruchtbarkeit und der Harmonie
geschaffen. Von dort aus würde er den »Krieg von der Erde
tilgen, Frieden in die Tiefen der Erde verströmen, Liebe in den
Tiefen der Felder blühen lassen«[26]. Um sicherzustellen, daß

40

auch sie an der göttlichen Fruchtbarkeit und dem Frieden teilhatten, bauten die Einwohner von Ugarit einen Tempel, der eine Nachbildung von Baals Palast auf dem Berg Zaphon war. Gemäß den Offenbarungen, die ihnen zuteil geworden waren, bildeten sie ihn bis ins letzte Detail so nach, daß ihr Gott, entsprechend dem Prinzip der *imitatio dei*, auch unter ihnen leben würde. Auf diese Weise wurde der Himmel auf die Erde, in ihre Stadt gebracht, und sie schufen inmitten einer gefahrvollen Welt einen Hort sicheren Lebens.

Aufgrund von Baals Gegenwart in seinem Tempel wurde in Ugarit menschliches Leben möglich. Wenn die Menschen den Tempel betraten, hatten sie das Gefühl, unmittelbar in eine andere Dimension des Seins einzutauchen und wieder in Einklang mit den natürlichen und göttlichen Lebensrhythmen zu stehen, die ihnen normalerweise verborgen waren. Sie hörten:

Die Sprache des Holzes und das Wispern der Steine,
die Gespräche des Himmels mit der Erde
aus der Tiefe der Sterne
... Erleuchtung, die die Himmel nicht kennen,
... Sprache, die die Menschen nicht kennen
und die Menge der Erde nicht versteht.[27]

In der antiken Welt wurde der Tempel oft als Ort der Schau erfahren, wo Menschen lernten, tiefer und auf andere Weise zu sehen. Mit Hilfe ihrer Vorstellungskraft versuchten sie die Geheimnisse des Lebens zu ergründen. Liturgie und Architektur des Tempels trugen dazu bei, sich eine erfülltere und intensivere Seinsweise vorzustellen. Aber gleichzeitig ging es auch um Handlungen. Im Ritual, in Form eines sakralen Dramas, setzten sie erneut die Kämpfe Baals und seine Inthronisation auf dem Berg Zaphon in Szene. Dieses herbstliche Fest markierte den Beginn des neuen Jahres: Baals Siege wurden wiederholt und nachgeahmt, damit der lebenspendende Regen wieder fiel und die Stadt vor den Kräften der Zerstörung bewahrt blieb. Diese Zeremonie der Inthronisation machte Ugarit auch zu einem Teil von Baals »ewigem Erbe«[28], zu einem Hort von Frieden und Überfluß – wie sie hofften.

Innerhalb der Liturgie hatte die Person des Königs großes Gewicht; als Repräsentant Baals saß er auf dem Thron, das Haupt glänzend vom Öl des Sieges. Wie andere Könige des Nahen Osten wurde er als Stellvertreter des Gottes angesehen und hatte klar umrissene Pflichten. Zu dieser Zeit hegten die Völker des Nahen Osten keine übersteigerten religiösen Hoffnungen. »Erlösung« bedeutete für sie nicht Unsterblichkeit – dies war ein alleiniges Vorrecht der Götter. Ihr Ziel war bescheidener. Es bestand darin, den Göttern zu helfen, auf Erden ein gerechtes Maß an geordnetem Leben aufrechtzuerhalten und feindliche Kräfte im Zaum zu halten. Kriegsführung gehörte zu den wesentlichen Pflichten des Königs. Die Feinde der Stadt wurden oft mit den Kräften des Chaos gleichgesetzt, weil sie genauso zerstörerisch sein konnten. Doch Krieg wurde mit dem Ziel des Friedens geführt. Bei seiner Krönung schwor ein nahöstlicher König, Tempel für die Götter seiner Stadt zu erbauen und sie in gutem Zustand zu halten. Auf diese Weise sollte die Verbindung der Stadt zu den Göttern erhalten bleiben. Aber er hatte auch die Pflicht, Kanäle zu bauen und sicherzustellen, daß die Stadt zu allen Zeiten genügend befestigt war. Keine Stadt taugte etwas, wenn sie ihre Einwohner nicht vor Feinden beschützen konnte. Am Anfang und Ende des babylonischen Gilgamesch-Epos werden die Einwohner von Uruk ermahnt, die Stärke und Kunstfertigkeit der Stadtmauern zu bewundern:

> Prüfe die Gründung, besieh das Ziegelwerk!
> Ob ihr Ziegelwerk nicht aus Backstein ist.
> Ihren Grund legten nicht die sieben Weisen![29]

König Gilgamesch hatte versucht, über den Bereich des Menschlichen hinauszugehen; er hatte seine Stadt verlassen, um nach ewigem Leben zu suchen. Sein Versuch schlug fehl, erzählt uns der Dichter, aber zumindest war er in der Lage, seine Stadt vor Angriffen zu sichern und sich selbst in Uruk, dem Ort auf der Erde, der ihm zugewiesen war, fest zu verankern.

Aber ein König des Nahen Osten hatte noch weitere Aufgaben. Er mußte dem Recht Geltung verschaffen, das als göttliches Werk angesehen wurde und dem König von den Göttern offenbart worden war. Auf einer berühmten Stele wird der große babylonische König Hammurapi aus dem 18. Jahrhundert v. Chr. vor dem Thron des Gottes Schemesch gezeigt, wie er von ihm die Gesetze erhält. In diesem Kodex behauptet er, von den Göttern eingesetzt worden zu sein:

> ... damit Gerechtigkeit im Land herrsche,
> um die Schlechten und Bösen zu vernichten,
> damit die Starken nicht die Schwachen unterdrücken.[30]

Neben der Erhaltung der baulichen Substanz war der König verpflichtet, die soziale Ordnung zu garantieren. Es nützte nichts, gegen äußere Feinde Festungswerke aufzurichten, wenn es innerhalb der Stadt durch Ausbeutung, Armut und Unzufriedenheit zu Instabilität kam. Der König präsentierte sich daher als der Hirte seines Volkes, wie Hammurapi es im Epilog zu seinem Gesetzeswerk ausdrückt:

> Ich schenkte dem Volk Ruhe in freundlichen Behausungen;
> ich gestattete nicht, daß irgendwer sie bedrängte...
> So wurde ich der gute Hirte, dessen Herrschaft gerecht ist;
> mein gütiger Schatten ruhte über der Stadt.
> An meinem Busen barg ich die Menschen von Sumer
> und Akkad;
> sie blühten auf unter meinem Schutz;
> ich habe sie in Frieden regiert;
> durch meine Stärke habe ich sie bewahrt.[31]

Da städtische Zivilisation auf der Arbeit von Bauern beruhte, stand im Nahen Osten zur Zeit der Antike die Frage der sozialen Gerechtigkeit im Mittelpunkt des Ideals einer heiligen Stadt des Friedens.

Auch in Ugarit wurde vom König erwartet, für Witwen und Waisen zu sorgen,[32] indem er sicherstellte, daß in der Stadt Gerechtigkeit herrschte; gleichzeitig sorgte er dafür, daß Hunger und Dürre abgehalten wurden und das Land fruchtbar blieb. Beides war wesentlich für die göttliche Ordnung. Eine Stadt konnte kein friedlicher, blühender Ort sein, wenn das Wohlergehen ihrer Einwohner nicht an erster Stelle stand.[33] Im ganzen Nahen Osten war dieses Ideal der sozialen Gerechtigkeit entscheidend für den Begriff des Gottkönigtums und der heiligen Stadt. Den Menschen war sehr wohl bewußt, daß nur eine privilegierte Oberschicht in der Lage war, die Segnungen der Zivilisation zu genießen. Die brüchige Ordnung konnte durch eine unzufriedene Landbevölkerung leicht zerstört werden. Aus diesem Grund war der Kampf um soziale Gerechtigkeit für das Ideal der *Stadt des Friedens* von entscheidender Bedeutung.

Wie entscheidend es war, kann an der Geschichte von Ugarit studiert werden, wo etwa siebentausend Stadtbewohner, die hauptsächlich vom Palast abhängig waren, von nur fünfund-zwanzigtausend Landbewohnern der Umgebung versorgt wurden. Diese hochdifferenzierte Kultur war auf dem Rücken der Armen errichtet worden – eine Tatsache, die sich vielleicht in den Geschichten von Baals Kämpfen widerspiegelt, in denen gezeigt wird, daß Schaffenskraft und Ordnung von der Unter-drückung anderer abhängig sind. Schließlich erwies sich dieses System als unhaltbar, und im 13. Jahrhundert v. Chr. erfolgte der wirtschaftliche Zusammenbruch: Die Dörfer wurden ver-lassen, und die Stadtstaaten konnten sich gegen die Invasionen der sogenannten Seevölker von den Ägäischen Inseln und aus Anatolien nicht mehr zur Wehr setzen. Die Suche nach größe-rer sozialer Gleichheit war jedoch nicht nur ein frommes Ideal. Sie war wesentlich für den gesunden »Betrieb« einer heiligen Stadt. Wir werden sehen, daß unterdrückerische Regime sehr oft den Nährboden für ihren Untergang selbst bereiteten.

Wir besitzen keine unmittelbaren Quellen über das religiöse Leben im Jerusalem der Bronzezeit. Archäologen haben keine Spuren eines jebusitischen Tempels gefunden, und es wurden keine Texte ähnlich denjenigen von Ugarit gefunden, die uns genauere Informationen über den Kult auf dem Berg Zion liefern würden. Doch es gibt erstaunliche Ähnlichkeiten zwi-schen den Texten von Ugarit und einigen hebräischen Psalmen, die beim Kult auf dem Berg Zion benutzt wurden. Sätze aus den ugaritischen Hymnen tauchen in den Psalmen auf, die die Inthronisierung des Gottes der Israeliten auf dem Berg Zion preisen. Sie preisen seinen Sieg über »Leviathan« und den Drachen am Tag der Schöpfung. Der Berg Zion wird auch als »Stadt des Friedens« bezeichnet, als heiliger Berg und ewige Wohnstatt seines Gottes. Gelegentlich wird in der hebräischen Bibel »Zion« sogar »Zaphon« genannt. Wir wissen, daß die Hurriter ebenfalls Geschichten von Baal und seinem Tempel auf dem Zaphon erzählt haben, woraus Gelehrte geschlossen haben, daß sie den Kult nach Jerusalem brachten und dadurch der ugaritische Begriff einer heiligen Stadt des Friedens in den israelitischen Kult auf dem Berg Zion einging.[34]

In der Antike sehnten sich die Menschen des Nahen Osten nach Sicherheit, und es scheint, daß Jerusalem ihnen diese bieten konnte. Die Stadt überlebte die Unruhen des 13. Jahrhunderts v. Chr., als eine große Anzahl von Siedlungen im Hügelland von Kanaan aufgegeben wurde. Die Bibel weist darauf hin, daß die jebusitische Zitadelle auf dem Berg Zion als uneinnehmbar angesehen wurde. Im 12. Jahrhundert v. Chr. gab es neue Bedrohungen und neue Feinde. Wiederum begann Ägypten, die Kontrolle über Kanaan zu verlieren; das hethitische Reich war zerstört, und Mesopotamien wurde von Krankheiten und Hunger heimgesucht. Wiederum erwiesen sich die Errungenschaften der Zivilisation als schwach und unzureichend. Es kam zu großen Wanderungsbewegungen, da die Menschen nach einem neuen Hort suchten. Mit dem Niedergang der großen Mächte erhoben sich neue Völker, um ihren Platz einzunehmen. Eines davon waren die Philister an der Südküste von Kanaan. Die Philister gehörten vielleicht zu den »Seevölkern«, die in Ägypten eindrangen, zurückgeschlagen und Vasallen des Pharaos wurden. Ramses III. hat die Philister möglicherweise in Kanaan angesiedelt, damit sie das Land an seiner Statt regierten. In ihrem neuen Territorium nahmen sie die lokale Religion an und teilten sich in die fünf Städte Askalon, Asdod, Ekron, Gat und Gaza auf. Als Ägypten an Macht verlor, wurden die Philister praktisch unabhängig und vielleicht sogar de facto die Herrscher über Kanaan. Aber während des 11. Jahrhunderts v. Chr. mußten sich die Einwohner Kanaans mit einer neuen Macht im Land auseinandersetzen. Im Hügelland bildete sich ein Königreich heraus, das größer und in seiner Art vollkommen verschieden von allen vorangegangenen Herrschaften war. Schließlich war der jebusitische Berg Zion von einer feindseligen neuen Macht umzingelt: vom Königreich Israel, das die Bestimmung des Berges für immer verändern sollte.

2
Israel

Wer waren die Israeliten? Die Bibel behauptet, daß sie ursprünglich aus Mesopotamien kamen. Eine Zeitlang siedelten sie in Kanaan, aber um 1750 v. Chr., während einer Hungersnot, wanderten die zwölf Stämme Israels nach Ägypten aus. Anfänglich hatten sie Glück in Ägypten, aber ihre Lage verschlechterte sich, und sie wurden versklavt. Um etwa 1250 v. Chr. flohen sie unter der Führung von Mose aus Ägypten und zogen als Nomaden auf der Sinaihalbinsel umher. Doch ihr Gott Jahwe hatte ihnen das fruchtbare Land Kanaan versprochen. Mose starb, bevor die Israeliten das Gelobte Land erreichten, aber unter seinem Nachfolger Josua drangen die Stämme in Kanaan ein und eroberten im Namen ihres Gottes das Land mit dem Schwert – ein Ereignis, das gewöhnlich auf die Zeit von 1200 v. Chr. datiert wird. Die Bibel berichtet von schrecklichen Massakern. Von Josua wird gesagt, er »schlug alles Land auf dem Gebirge und gegen Mittag und in den Gründen und an den Abhängen mit allen ihren Königen und ließ niemanden übrigbleiben und verbrannte alles, was Odem hatte...«[1]. Jedem der zwölf Stämme wurde ein Teil Kanaans zugewiesen, aber zwischen den Gebieten der Stämme Juda und Benjamin hatte sich eine Stadt behauptet: »Die Jebusiter aber wohnten in Jerusalem, und die Kinder Juda konnten sie nicht vertreiben. Also blieben die Jebusiter mit den Kindern Juda zu Jerusalem bis auf diesen Tag.«[2] Jerusalem, das künftig für die Religion Israels zentralen Stellenwert haben wird, scheint zum Zeitpunkt seiner Erwähnung in der Bibel in Feindesland gelegen zu haben.

In jüngerer Zeit haben Gelehrte jedoch die biblischen Angaben angezweifelt. Archäologen haben Anzeichen der Zerstörung in einigen kanaanäischen Orten gefunden, aber nichts läßt sich eindeutig mit Israel in Verbindung bringen. Es gibt keinerlei Anzeichen für eine Invasion durch Fremde im Hochland, das das Herzland der Israeliten werden sollte.[3] Selbst in der Bibel wird zugestanden, daß die Eroberung durch Josua nicht vollständig war. Wir erfahren, daß er weder die kanaanäischen Städte unterwerfen noch gegen die Philister ziehen konnte.[4] Eine sorgfältige Untersuchung der ersten zwölf Kapitel des Buches Josua zeigt, daß die Aktionen im wesentlichen auf ein sehr kleines Gebiet im Land des Stammes Benjamin beschränkt blieben.[5] Tatsächlich vermittelt uns die Bibel den deutlichen Eindruck, daß die Eroberungen Josuas relativ unbedeutend waren.

Es besteht kein Zweifel, daß es am Ende des 13. Jahrhunderts v. Chr. Israeliten in Kanaan gegeben hat. In einer Stele zum Andenken an den erfolgreichen Feldzug von Pharao Mernephtah im Jahr 1207 v. Chr. finden wir unter anderem folgende Inschrift: »Israel ist verwüstet, seine Nachkommenschaft nicht.« Doch dies ist die einzige Erwähnung Israels außerhalb der Bibel. Bislang wurde angenommen, daß die *hapiru* oder *apiru*, die in mehreren Inschriften und Dokumenten des 14. Jahrhunderts v. Chr. erwähnt werden, Vorläufer von Josuas *hebräischen* Stämmen waren. Doch wie es scheint, waren die *hapiru* keine ethnische Gruppe, sondern wohl eher eine Klasse innerhalb der Gesellschaft Kanaans. Es waren Ausgestoßene, die aus politischen oder wirtschaftlichen Gründen aus den Stadtstaaten verbannt worden waren. Manchmal wurden sie zu Räubern, manchmal ließen sie sich als Söldner anheuern.[6] Sicherlich wurden sie als störend empfunden: Abdi-Chepa war sehr beunruhigt über die *hapiru*. Die Israeliten wurden als »Hebräer« bezeichnet, als sie in Ägypten eine nichtzugehörige Gruppe darstellten, aber sie waren nicht die einzigen *hapiru* in der Region.

Heute tendiert die Wissenschaft dazu, die Geburt Israels mit der neuen Besiedlungswelle im zentralen Hochland Kanaans in Verbindung zu bringen. Archäologen haben die Überreste von etwa hundert befestigten neuen Dörfern im Hügelland nördlich von Jerusalem entdeckt, die auf das Jahr um 1200 v. Chr. datiert werden. Bis dahin war dieses unfruchtbare Land für den Ackerbau ungeeignet gewesen, aber technische Fortschritte hatten eine Besiedlung möglich gemacht. Die neuen Siedler schufen sich durch Schaf-, Ziegen- und Ochsenzucht eine kärgliche Existenz. Es gibt keinerlei Hinweise, daß diese Siedler Fremde waren: Die materielle Kultur ist im wesentlichen die gleiche wie in den Küstenebenen. Daraus haben Archäologen geschlossen, daß die Siedler mit an Sicherheit grenzender Wahrscheinlichkeit aus Kanaan stammten.[7] Es war eine Zeit großer Unruhe, vor allem in den Stadtstaaten. Einige Menschen mögen es durchaus vorgezogen haben, ins Hügelland auszuweichen. Dort war das Leben zwar hart, aber zumindest mußten sie nicht unter Kriegen und wirtschaftlicher Ausbeutung leiden, wodurch nun das Leben in den niedergehenden Küstenstädten gekennzeichnet war. Einige der Siedler mochten *hapiru* gewesen sein, andere Nomaden, die während dieser turbulenten Zeiten gezwungen waren, ihre Lebensweise zu ändern. Konnte diese Auswanderung aus den sich auflösenden kanaanäischen Städten zur Bildung Israels geführt haben? Mit Sicherheit ist dies das Gebiet, in dem sich im 11. Jahrhundert v. Chr. das Königreich Israel herausgebildet hat. Wenn diese Theorie zutrifft, stammten die »Israeliten« aus Kanaan, sie siedelten sich im Hochland an und entwickelten allmählich eine klare Identität. Unvermeidlich gerieten sie von Zeit zu Zeit mit anderen Städten in Konflikt, und die Geschichten dieser Geplänkel bilden den Nährboden der Erzählungen im Buch Josua und im Buch der Richter.

Doch wenn die Israeliten tatsächlich Kanaaniter waren, warum besteht dann die Bibel so nachdrücklich darauf, daß sie von außen kamen? Der Glaube an ihren fremdländischen Ursprung war ein zentraler Punkt der israelitischen Identität. Tatsächlich steht im Pentateuch, den fünf Büchern Mose, die

Suche Israels nach einem Heimatland im Mittelpunkt. Man kann sich kaum vorstellen, daß die ganze Geschichte des Exodus reine Erfindung ist. Vielleicht sind einige *hapiru* tatsächlich dem Frondienst des Pharaos entflohen und haben sich später den kanaanäischen Siedlern im Hochland angeschlossen. Sogar die Bibel deutet an, daß nicht alle Anhörigen des Volkes Israel am Exodus teilgenommen haben.[8] Schließlich wurden die Religion und die Mythologie dieser Aussiedler aus Ägypten zur beherrschenden Ideologie Israels. Die Geschichten von der göttlichen Befreiung aus der Sklaverei und der besondere Schutz des Gottes Jahwe mögen den Kanaanitern entsprochen haben, da sie selbst unterdrückerischen und verderbten Regimes entflohen waren, und gleichzeitig mag ihnen bewußt geworden sein, daß sie in ihren Hochlandsiedlungen an einem aufregenden neuen Experiment beteiligt waren.

Die Israeliten begannen mit der Niederschrift ihrer eigenen Geschichte erst, als sie die beherrschende Macht im Land waren. Gelehrte haben gewöhnlich auf vier Quellen verwiesen, aus denen sich der Pentateuch speist. Die beiden frühesten Autoren sind als Jahwist (»J«) und Elohist (»E«) bekannt, weil sie entweder »Jahwe« oder »Elohim« als Namen für den Gott Israels benutzen. Sie mögen im 11. Jahrhundert v. Chr. geschrieben haben, obwohl sie zuweilen bis ins 8. Jahrhundert v. Chr. verlegt wurden. Der Deuteronomist (»D«) und der Verfasser der Priesterschrift (»P«) haben beide im 6. Jahrhundert v. Chr. während und nach der Babylonischen Gefangenschaft geschrieben. Diese Art der Quellenkritik hat in den letzten Jahren bei verschiedenen Wissenschaftlern Widerspruch hervorgerufen, und es wurden radikalere Theorien vorgebracht. So wurde etwa behauptet, der ganze Pentateuch sei im späten 6. Jahrhundert v. Chr. von einem einzigen Autor verfaßt worden. Dennoch stellt die Vierquellentheorie gegenwärtig immer noch die gängige Annäherungsform an diese frühen Bibeltexte dar. Die geschichtlichen Bücher, die sich mit der späteren Geschichte Israels und Judas beschäftigen – Josua, Richter und die Bücher Samuels und der Könige –, wurden

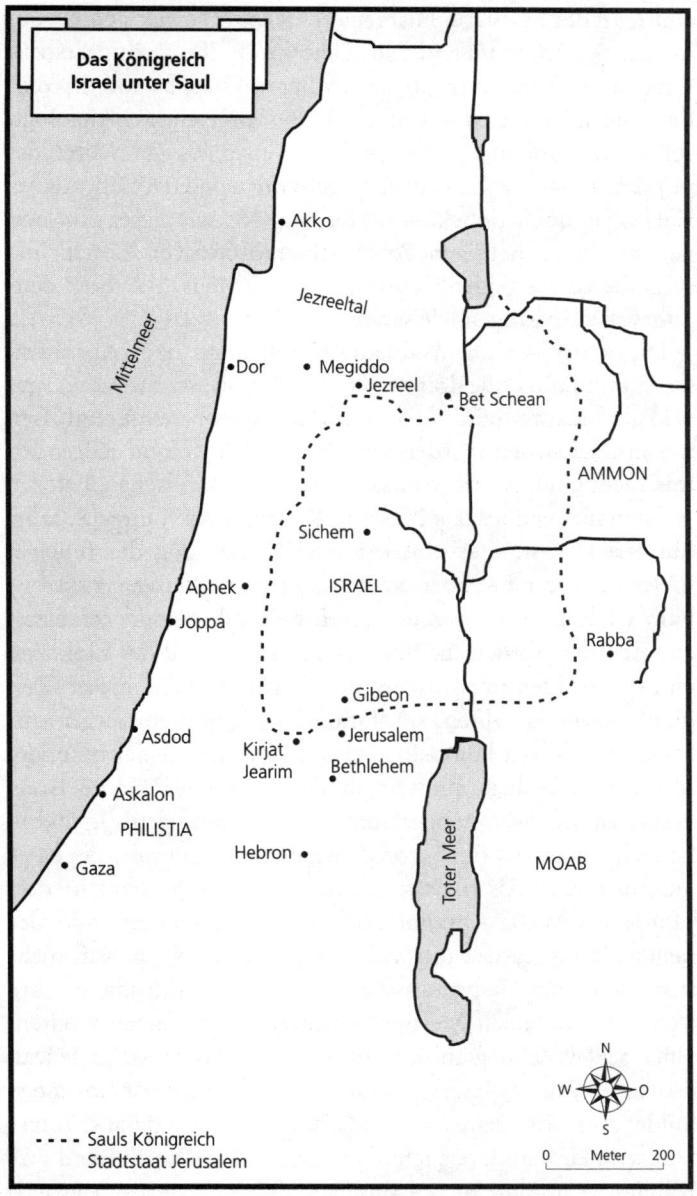

Das Königreich Israel unter Saul

Mittelmeer

Akko

Jezreeltal

Dor • Megiddo
• Jezreel
Bet Schean

AMMON

Sichem •

Aphek •
Joppa

ISRAEL

Rabba •

Gibeon •

Asdod •

Kirjat Jearim • Jerusalem
Bethlehem

Askalon •

Hebron •

PHILISTIA

Gaza •

Toter Meer

MOAB

N
W O
S

- - - Sauls Königreich
Stadtstaat Jerusalem

0 Meter 200

während des Exils von Historikern der Schule des Deuteronomisten (»D«) verfaßt, deren Ziele im 4. Kapitel untersucht
werden. Sie arbeiteten oft mit früheren Quellen und Chroni-
ken, die sie jedoch zur Unterstützung ihrer eigenen theologischen Interpretation nutzten. Der Chronist, der Mitte des
4. Jahrhunderts v. Chr. schrieb, geht mit seinem Quellenmate-
rial sogar noch unbekümmerter um. Keiner dieser Autoren
genügt daher heutigen Ansprüchen objektiver Geschichts-
schreibung. Sie zeigen vielmehr, wie die Menschen ihres Zeitalters die Vergangenheit sahen.

Dies trifft vor allem auf die Geschichten über Abraham,
Isaak und Jakob, die drei Patriarchen Israels, zu. Sie mögen gut
und gern fast tausend Jahre nach den angeblichen Ereignissen
niedergeschrieben worden sein. Es handelt sich um Legenden
und nicht um Historie in unserem Sinn. Die biblischen Autoren
wußten nichts über das Leben in Kanaan im 19. und 18. Jahrhundert v. Chr. – es gibt keinerlei Erwähnung der Bibel in
diesem Zeitraum –, aber die Patriarchenerzählungen sind deshalb wichtig, weil sie zeigen, auf welche Weise die Israeliten
zur Zeit der Niederschriften des Jahwisten und des Elohisten
eine klare Identität auszubilden begannen. Zu dieser Zeit
glaubten die Israeliten, sie stammten alle von einem gemeinsamen Vorfahren Jakob ab, dem zum Zeichen seiner besonderen Verbundenheit mit seinem Gott der neue Name Israel
verliehen wurde (»Möge Gott seine Kraft zeigen!«). Jakob/
Israel hatte zwölf Söhne, von denen jeder der Stammvater eines
Stammes war. Als nächstes erinnerten sich die Israeliten an
Jakobs Großvater Abraham, der von Gott zum Begründer der
neuen Nation auserwählt war. Ihre Überzeugung, daß sie nicht
kanaanäischen Ursprungs waren, war so stark, daß sie ihre
Vorfahren bis nach Mesopotamien zurückverfolgen wollten.
Um 1850 v. Chr. glaubten sie, Gott sei Abraham in Haran
erschienen und habe ihm befohlen: »Gehe aus deinem Vater-
lande und von deiner Freundschaft und aus deines Vaters
Hause in ein Land, das ich dir zeigen will.«[9] Dieses Land war
Kanaan. Abraham tat, wie ihm befohlen, und verließ Mesopo-

tamien, aber er lebte als Nomade in Kanaan. Er besaß kein Land dort, bis er in Hebron die Höhle Machpela als Grabstätte für seine Frau erwarb.

Entscheidend für die Patriarchenerzählungen ist die Suche nach einem Heimatland. Abraham, Isaak und Jakob blieb stets bewußt, daß sie in Kanaan Fremde waren.[10] Sobald der Jahwist die Ankunft Abrahams beschreibt, erinnert er den Leser ausdrücklich: »Es wohnten aber zu der Zeit die Kanaaniter im Land.«[11] Dies ist ein wichtiger Punkt. In der Geschichte Jerusalems und des Heiligen Landes haben Juden, Christen und Muslime immer andere Menschen vorgefunden, die Besitzer des Landes waren. Sie alle mußten mit der Tatsache umgehen, daß die Heilige Stadt und das Land für Menschen vor ihnen heilig gewesen waren, und die Rechtmäßigkeit ihres Besitzes hing zum großen Teil davon ab, wie sie ihre Vorgänger behandelten.

Die Erkenntnis, daß andere Menschen vor dem auserwählten Volk in situ waren, zeigt sich vielleicht darin, daß Gott jeweils den zweiten Sohn anstelle des ersten erwählt hat. Daher hatte Abraham zwei Söhne. Der erste war Ismael, den ihm seine Konkubine Hagar gebar. Doch als wundersamerweise Sara, Abrahams bejahrte und unfruchtbare Frau, Isaak gebar, befahl ihm Gott, den ältesten Sohn zu opfern. Ismael wäre auch der Vater einer großen Nation geworden, aber Abrahams Name mußte durch Isaak weiterleben. Infolgedessen schickte der Patriarch Hagar und Ismael in die Wüste östlich von Kanaan, wo sie sicher gestorben wären, hätte Gott sie nicht beschützt. Die biblischen Autoren schenkten ihnen kein weiteres Interesse, aber im 11. Kapitel werden wir sehen, daß Jahrhunderte später ein Volk in Israel auftrat, das behauptete, von Ismael abzustammen. Auch in der nächsten Generation bevorzugte Gott den zweiten Sohn Isaaks. Sein Weib Rebekka spürte, daß die Zwillinge in ihrem Leib miteinander kämpften, und Gott erklärte ihr, daß zwei Nationen in ihrem Leib Krieg führten. Als die Zwillinge geboren wurden, hielt der zweite die Ferse seines Bruders Esau fest. Folgerichtig wurde er Ya'aquob, der Fersenhalter oder Rivale, genannt.[12] Als die Zwillinge heranwuchsen, gelang es Jakob, den bejahrten Isaak durch einen Trick dazu zu bewegen, ihm die Rechte abzutreten, die von Rechts wegen dem älteren Sohn zugestanden hätten. Daher wurde auch Esau in die östlichen Länder geschickt. Doch weder der Jahwist noch der Elohist bestreiten die Rechte der zurückgewiesenen älteren Söhne. Die Geschichte von Hagar und Ismael ist von echter Anteilnahme erfüllt, und im Fall von Esaus Leid wird der Leser zu echtem Mitgefühl bewegt. Zu der Zeit, als der Jahwist und der Elohist schrieben, begriffen die Israeliten den Besitz des Gelobten Landes nicht als Anlaß für groben Chauvinismus: Der Prozeß, sich selbst als Nation im eigenen Land zu etablieren, war für andere schmerzhaft und moralisch bestürzend.

Darin zeigt sich nichts von jenem kämpferischen Eifer eines Josua, dem von Gott befohlen wurde, alle Altäre und religiösen Symbole der in Kanaan ansässigen Menschen zu zerstören. Dies war ein späteres Ideal der Israeliten. Sowohl der Jahwist als auch der Elohist zeigen, daß sich die Patriarchen zum größten Teil respektvoll gegenüber den Kanaanitern verhielten und deren religiöse Traditionen ehrten. Soweit man von ihnen hört, haben die Patriarchen nicht versucht, dem Land ihren Gott aufzuzwingen oder die Altäre der eingeborenen Bevölkerung niederzureißen. Abraham scheint El, den höchsten Gott des Landes, verehrt zu haben. Erst später verschmolz El in der Vorstellung mit Jahwe, dem Gott Moses. Wie Gott selbst Mose aus dem brennenden Dornbusch verkündete: »Und bin erschienen Abraham und Isaak und Jakob als der allmächtige Herr (El Saddai). Aber mein Name Herr (Jahwe) ist ihnen nicht offenbart worden.«[13] In der Zwischenzeit mußte das Land Kanaan seine Heiligkeit den Patriarchen offenbaren, die darauf warteten, daß El sich ihnen an den bekannten Orten zeigte.

Daher trat Jakob unwissentlich auf das Heiligtum von Bet El. Er legte sich auf einem vermeintlich unbedeutenden Platz zum Schlafen nieder und benutzte einen Stein als Kissen. Aber dieser Ort war in Wirklichkeit ein *bamah* (ein »Platz«) – ein

Wort mit kultischer Bedeutung. In dieser Nacht träumte Jakob von einer Leiter, die auf dem Boden neben ihm stand und in den Himmel reichte. Es handelt sich um eine klassische Vision, die uns an die Pyramiden von Mesopotamien erinnert. Am oberen Ende der Leiter befand sich der Gott Abrahams, der nun Jakob seines Schutzes und seiner Gunst versicherte. Als Jakob erwachte, wurde er von jener Furcht befallen, die oft die Begegnung mit dem Göttlichen begleitet: »Gewiß ist der Herr an diesem Ort, und ich wußte es nicht«, sagte er voll heiliger Scheu. Was ein gewöhnlicher Platz gewesen zu sein schien, hatte sich als spiritueller Mittelpunkt erwiesen, von dem aus Menschen Zugang zur Welt des Göttlichen erlangen. »Wie heilig ist diese Stätte! Hier ist nichts anderes denn Gottes Haus (Bet El), und hier ist die Pforte des Himmels.«[14] Bevor er ging, richtete Jakob den Stein auf, auf dem er geschlafen hatte, und goß Öl darüber, um ihn deutlich von seiner Umgebung abzuheben.

Spätere Generationen der Israeliten verurteilten die kanaanäischen *bethel*-Steine, die als Symbol des Göttlichen dienten. Doch der Jahwist und der Elohist hatten an Jakobs frommer Handlung nichts auszusetzen. Zu der Zeit, als sie schrieben, waren die Israeliten keine Monotheisten in unserem Sinne. Jahwe, der Gott Moses, war ihr Gott, und einige glaubten, daß die Israeliten ihn allein verehren sollten. Aber sie glaubten auch, daß andere Götter existierten, und wie wir aus den Schriften der Propheten und den geschichtlichen Büchern wissen, verehrten viele Israeliten weiterhin andere Gottheiten. Es erschien absurd, Götter zu vernachlässigen, die sich seit langem an den heiligen Orten Kanaans gezeigt, dem Land Fruchtbarkeit geschenkt hatten und an den heiligen »Plätzen« (*bamot*) angetroffen werden konnten. Wir wissen, daß die Israeliten in Jerusalem bis zur Zerstörung der Stadt durch Nebukadnezar im Jahr 586 v. Chr. auch andere Götter verehrten. Wir werden sehen, daß sie in ihrem Tempel in Jerusalem die Fruchtbarkeitsgöttin Aschera, die Gemahlin Els, verehrten sowie eine Fülle syrischer Sternengottheiten; sie nahmen auch an den

Fruchtbarkeitsriten des Baal teil. Erst zur Zeit der Babylonischen Gefangenschaft (597–539 v. Chr.) gelangte das Volk Israel zu der Überzeugung, daß Jahwe der *einzige* Gott sei und keine andere Gottheit existiere. Ab diesem Zeitpunkt standen sie jeglicher *heidnischen* Götterverehrung äußerst ablehnend gegenüber. Aber als der Jahwist und der Elohist, die frühesten biblischen Verfasser, über die Religion ihrer Vorväter schrieben, fanden sie nichts Anstößiges an der Vorstellung, daß Jakob seinem Gott an einem heidnischen *bamah* begegnet war und diese Erscheinung mit einem *bethel* gekennzeichnet hatte.

Daher mögen einige der religiösen Erfahrungen der Patriarchen – vor allem diejenigen, die der Jahwist beschrieben hat – späteren Generationen von Israeliten fragwürdig erschienen sein. Aus diesem Grund glaubten die Juden schließlich, daß es blasphemisch sei, ihren Gott in menschlicher Form abzubilden, doch der Jahwist beschreibt ihn als Mann, als er Abraham erschien. Abraham saß vor seinem Zelt in Mamre in der Nähe von Hebron, als drei Fremde am Horizont auftauchten. Mit typisch orientalischer Höflichkeit lud der Patriarch sie ein, sich zu setzen, während er ein Mahl für sie bereitete. Dann aßen die vier Männer, und im Lauf der Unterhaltung stellte sich heraus, daß die drei Besucher tatsächlich der Gott Abrahams und zwei seiner Engel waren.[15] Doch die Juden liebten diese Geschichte, die auch für die Christen sehr wichtig wurde: Sie erkannten darin eine frühe Manifestation der göttlichen Dreifaltigkeit. Einer der Gründe, warum diese göttliche Erscheinung von Mamre so wichtig ist, liegt darin, daß sie eine Wahrheit ausdrückt, die für den Monotheismus von zentraler Bedeutung ist. Das Heilige zeigt sich nicht nur an heiligen Stätten. Wir können das Heilige auch in anderen menschlichen Wesen erfahren. Daher ist es wichtig, daß wir Männern und Frauen, mit denen wir in Kontakt kommen – selbst vollkommen Fremden –, mit größtem Respekt begegnen, weil auch sie das göttliche Mysterium in sich tragen. Ebendies hat Abraham entdeckt, als er fröhlich heraustrat, um die drei Reisenden zu begrüßen, und darauf bestand, ihnen alle Annehmlichkeiten zu bieten, die ihm zur Verfügung standen. Dieser Akt des Mitgefühls und der Höflichkeit führte zu einer göttlichen Begegnung.

Soziale Gerechtigkeit und Sorge für die Armen und Schwachen waren, wie wir gesehen haben, für den Begriff des Heiligen im Nahen Osten von entscheidender Bedeutung. Sie waren ein wesentlicher Bestandteil des Ideals einer heiligen Stadt des Friedens. Schon sehr früh findet sich in der israelitischen Tradition ein sogar noch tieferes Verständnis für die Heiligkeit der Nächstenliebe. Etwa in der schrecklichen Erzählung von Abrahams Versuchung durch Gott. Er befahl dem Patriarchen, Isaak zu nehmen – »deinen Sohn, deinen einzigen Sohn, den du liebhast« – und ihn als menschliches Opfer »im Land Moria« darzubringen.[16] Nachdem Abraham gerade seinen älteren Sohn Ismael verloren hatte, schien dies zu bedeuten, daß Gottes Versprechen, Abraham zum Vater einer großen Nation zu machen, nicht mehr bestand. Dadurch schien sein ganzes Leben der Gläubigkeit und Hingabe zum Hohn geworden zu sein. Dennoch schickte sich Abraham an zu gehorchen, und er brachte Isaak auf den Berggipfel, den Gott ihm bezeichnet hatte. Aber in dem Moment, als er das Messer in Isaaks Brust stoßen wollte, befahl ihm ein Engel des Herrn innezuhalten. Statt dessen mußte Abraham einen Widder opfern, der sich mit den Hörnern in einem nahen Dickicht verfangen hatte. Jerusalem wird in diesem Text nicht erwähnt, doch später, bereits im 4. Jahrhundert v. Chr., wird das »Land Moria« mit dem Berg Zion in Verbindung gebracht.[17] Es wurde angenommen, der jüdische Tempel sei an dem Ort erbaut worden, an dem Abraham Isaak hätte opfern sollen; auch der muslimische Felsendom erinnert an Abrahams Opfer seines Sohnes. Der Grund dafür ist darin zu suchen, daß es sich um ein Ereignis handelt, in dem Jahwe klarstellt, daß innerhalb seines Kultes keine Menschen geopfert werden dürfen – ein Verbot, das in der antiken Welt keineswegs durchgängig war –, sondern nur die Opferung von Tieren erlaubt ist. Heutzutage finden wir sogar die Opferung von Tieren abstoßend, aber wir sollten uns klarmachen, daß diese Praxis für die alte Religion von zentraler

Bedeutung war und keine Mißachtung der Tiere ausdrückte. Im Opfer sollte die schmerzliche Tatsache zum Ausdruck kommen, daß menschliches Leben von der Tötung anderer Wesen abhing – eine Einsicht, die auch dem Kampfmythen von Marduk und Baal zugrunde liegt. Die fleischessende Menschheit verschlang Pflanzen und Tiere, um zu überleben. Es gab Schuldgefühle, Dankbarkeit und Verehrung für die Tiere, die auf diese Weise geopfert wurden – eine Vielzahl von Emotionen, die vielleicht für die prähistorischen Malereien in den Höhlen von Lascaux verantwortlich waren. Heutzutage wollen wir nicht wahrhaben, daß die sauber abgepackten Fleischstücke aus dem Supermarkt von lebendigen Wesen stammen, die ihr Leben für uns hingegeben haben. Was die antike Welt betrifft, ist es aber auch bemerkenswert, daß man in späteren Jahren den Beginn des Jerusalemer Kults mit dem Moment gleichsetzte, als das unwiderlegliche Verbot bestand, niemals Menschenleben zu opfern, gleichgültig, wie erhaben die Ziele auch sein mochten.

Nach seiner Prüfung nannte Abraham den Ort, an dem er Isaak gefesselt hatte, »Der Herr siehet«, und der Elohist erläutert: »Auf dem Berge, da der Herr siehet.«[18] Auf dem heiligen Berg, in der Mitte zwischen Himmel und Erde, konnten die Menschen sowohl sehen wie von ihren Göttern gesehen werden. Es war ein Ort der Visionen, wo Menschen auf andere Art zu sehen lernten. Sie konnten die Augen ihrer Einbildungskraft öffnen und bekamen jenseits der irdischen Bedingungen Einsicht in das ewige Mysterium, das allen Dingen zugrunde lag. Wir werden feststellen, daß der Berg Zion in Jerusalem für die Israeliten ein Ort der Vision wurde, obwohl er in einer früheren Phase ihrer Geschichte nicht ihr einziger heiliger Ort war.

Jerusalem spielte keine Rolle bei den ausschlaggebenden Ereignissen, die zur Gründung der neuen Nation Israel führten. Wir haben gesehen, daß sogar zu der Zeit, als das Buch Josua und das Buch der Richter geschrieben wurden, einige Israeliten die Stadt als wesentlich fremden Ort, als eine vorrangig jebusitische Siedlung begriffen. Die Patriarchen wurden

Der Sarg von Ministerpräsident Jitzak Rabin. Er wurde am 4. November 1995 von einem Juden getötet, der behauptete, im Namen Gottes zu handeln. Ein abschreckendes Beispiel für die Gefahr, die jedem religiösen Denken innewohnt, das nicht anerkennt, daß sich das Heilige in jedem menschlichen Wesen verkörpert.

mit Betel, Hebron, Sichem und Beerseba in Verbindung gebracht, Jerusalem schienen sie auf ihren Wanderungen nicht bemerkt zu haben. Doch bei einer Gelegenheit traf Abraham auf Melchisedek, den König und Priester von »Salem«, nach dessen Rückkehr von einem Kriegszug. Der König ließ ihm Brot und Wein vorsetzen und segnete ihn im Namen von El Eljon, dem Gott Salems.[19] In der jüdischen Tradition wird »Salem« mit Jerusalem identifiziert, obwohl dies keineswegs sicher ist,[20] und man nahm an, daß das Treffen an der Rogelquelle (heute als Bir Ayyub, Hiobs Brunnen, bekannt) an der Vereinigung der Täler von Kidron und Hinnom stattfand.[21] Rogel war sicherlich eine Kultstätte im antiken Jerusalem und scheint mit der Krönung städtischer Könige in Verbindung gestanden zu haben. Lokale Legenden machten Melchisedek zum Begründer Jerusalems, und dessen Könige wurden als seine Abkömmlinge angesehen.[22] Später, wie wir aus den hebräischen Psalmen ersehen, wurde den davidischen Königen von Juda bei ihrer Krönung gesagt: »Du bist ein Priester ewiglich nach der Weise Melchisedeks«[23] – also hatten sie diesen alten Titel zusammen mit vielen anderen jebusitischen Traditionen des Bergs Zion übernommen. Die Geschichte vom Treffen Melchisedeks und Abrahams wurde möglicherweise zuerst zur Zeit der Eroberung der Stadt durch König David erzählt, um damit seinen Titel zu legitimieren: Sie zeigt, wie seine Vorfahren den Gründer Jerusalems ehrten und von ihm geehrt wurden.[24] Aber die Geschichte zeigt auch, mit welcher Höflichkeit sich Abraham gegenüber dem damaligen Regenten der Stadt verhielt. Er bot ihm den Zehnten seines Besitzes an, um so seine Anerkennung auszudrücken und die Segnung eines fremden Gottes anzunehmen. Gleichzeitig drücken sich darin wiederum der Respekt gegenüber den vorherigen Bewohnern Jerusalems und die Achtung vor ihren Traditionen aus.

Melchisedeks Gott wurde als El Eljon bezeichnet: »Gott, der Höchste« – ein Titel, der später auf Jahwe überging, nachdem er der höchste Gott Jerusalems geworden war. El Eljon war auch einer der Titel Baals vom Berg Zaphon.[25] In der antiken Welt wurden Gottheiten oft miteinander verschmolzen. Dies wurde nicht als Betrug oder unwürdiger Kompromiß angesehen. Götter wurden nicht als Individuen mit eindeutigen und unveräußerlichen Persönlichkeitsmerkmalen verstanden, sondern als Symbole des Heiligen. Wenn Menschen an einem neuen Ort ankamen, verschmolzen sie oft ihre Gottheit mit der ortsansässigen. Der neu hinzugekommene Gott nahm einige Merkmale und Funktionen seines Vorgängers an. Wir haben gesehen, daß in der Vorstellung von Israel Jahwe, der Gott Moses, mit El Saddai, dem Gott Abrahams, eins wurde. Nachdem die Israeliten in Jerusalem angekommen waren, wurde Jahwe auch mit Baal El Eljon verbunden, der mit ziemlicher Sicherheit auf dem Berg Zion verehrt wurde.

In den Geschichten über den Auszug aus Ägypten, die einen zentralen Stellenwert im Glauben der Israeliten einnehmen sollten, kommt Jerusalem überhaupt nicht vor. Die biblische

Erzählung hat diese Ereignisse mythologisiert, um ihre spirituelle, überzeitliche Bedeutung hervorzuheben.

Doch die Form ihrer Darstellung entspricht nicht den Anforderungen moderner Geschichtswissenschaft. Es handelt sich im wesentlichen um eine Geschichte der Befreiung und der Heimkehr, die für Juden in den vielen dunklen Momenten ihrer langen und tragischen Historie tröstlich war; die Botschaft des Exodus bewegt aber auch Christen, die gegen Ungerechtigkeit und Unterdrückung kämpfen. Obwohl Jerusalem in dieser Geschichte keine Rolle spielt, sollten die Überlieferungen des Exodus für das geistige Leben der Israeliten auf dem Berg Zion bedeutsam werden. Die Ereignisse können auch als eine Version der nahöstlichen Schöpfungs- und Kampfmythen aufgefaßt werden, mit dem Unterschied, daß sie sich nicht in vorzeitlichen Welten, sondern hier auf Erden zugetragen haben und anstelle eines Kosmos eine Nation geschaffen wird.[26] Die Kampfmythen von Baal und Marduk enden mit der Errichtung einer Stadt und eines Tempels, die Mythen des Exodus mit der Schaffung eines Heimatlandes. Während dieser Jahre entwickelte sich Israel aus einem Zustand des Chaos zu einer von Gott gefügten Realität. Statt wie Marduk den Panzer des Seeungeheuers zu sprengen, um die Welt zu erschaffen, teilte Jahwe die Fluten des Roten Meeres, um sein Volk vor dem Pharao und dessen nachsetzenden Truppen zu bewahren. Statt wie Marduk die dämonischen Horden zu erschlagen, ertränkte Jahwe die Ägypter – wie die Neuerschaffung immer die Zerstörung von anderem bedeutete: ein Motiv, das sich traurigerweise in der Geschichte Jerusalems noch oft wiederholen sollte. Schließlich hatte das Volk Israel durch die geteilten Wasser Sicherheit und Freiheit erlangt. In allen Kulturen bedeutet Eintauchen in Wasser die Rückkehr zum ursprünglichen Element, die Aufhebung der Vergangenheit, die neue Geburt.[27] Wasser besaß daher die Kraft der Wiederherstellung, die ursprüngliche Reinheit des Anfangs. Der Durchzug durchs Rote Meer machte Israel zu Jahwes neuer Schöpfung. Als nächstes zogen die Israeliten zum heiligen Berg von

Zu Moses Zeiten, als sich die Israeliten inmitten verlassener Wildnis befanden, vermittelte ihnen das Gesetz den Zugang zum Göttlichen. Jüdische Siedler auf der West-Bank, die seit 1967 von Israel besetzt ist, vertiefen sich heute in Gebete und in das Studium der Thora und glauben, damit das heilige Band zwischen dem auserwählten Volk und Gott wiederherzustellen.

Sinai. Dort erstieg Mose den Gipfel, um seinen Gott zu treffen, und Jahwe ließ sich inmitten eines gewaltigen Sturmes und vulkanischen Feuerregens herab. Wie befohlen, hielt das Volk Abstand, denn das Heilige kann dem Nichteingeweihten gefährlich werden, und nur eine sorgfältig ausgebildete Schar – das gilt zumindest für die israelitische Tradition – darf sich ihm nähern. Auf dem Berg Sinai machte Jahwe Israel zu seinem Volk, und als Siegel dieses Bundes gab er Mose das Gesetz der Thora, das die Zehn Gebote beinhaltete, obwohl die Thora für das religiöse Leben Israels erst nach dem babylonischen Exil zentrale Bedeutung anzunehmen begann.

Bevor den Israeliten schließlich gestattet wurde, das Gelobte Land zu betreten, mußten sie die Prüfung eines vierzigjährigen Aufenthalts in der Wüste durchstehen. Dies war kein romantisches Zwischenspiel. Die Bibel macht deutlich, daß sich wäh-

62

rend dieser Jahre das Volk ständig beklagte und gegen Jahwe auflehnte. Sie sehnten sich nach dem im Rückblick leichteren Leben, das sie in Ägypten geführt hatten. Wüste wurde im Nahen Osten mit Tod und urzeitlichem Chaos identifiziert. Wir haben gesehen, daß Mot, der syrische Gott der Wüste, auch der verschlingende Gott des Abgrunds war, die dunkle Leere des Todes. Die Wüste war daher ein heiliges Gebiet, das jedoch negative dämonische Bedeutung angenommen hatte.[28] In der israelitischen Vorstellung blieb sie ein Raum völliger Verlassenheit. Es gab keine nostalgischen Erinnerungen an die Jahre in der Wildnis, wie einige Bibelkritiker angenommen haben. Statt dessen erinnern sich die Propheten und biblischen Verfasser, daß Gott Israel »in der heulenden Wildnis der Wüste« zu seinem Volk machte;[29] die Wüste war ein »unbebautes Land«, wo »niemand lebte«; es war »von menschlicher Siedlung leer«, das Land »keiner Königreiche«[30]. Sie drohte sich immer über das besiedelte Land auszubreiten und es wieder in urzeitliche Leere zu verwandeln. Die Zerstörung einer Stadt bedeutete für die Israeliten immer Rückverwandlung in Wüste, in »bleierne Leere«, Raubvögeln und Satyrn ausgeliefert, »wo kein Mensch« war.[31] Vierzig Jahre lang – ein Ausdruck, der nur eine sehr lange Zeit bezeichnen soll – mußte sich Israel durch dieses dämonische Reich kämpfen, wurde es in einen Zustand symbolischer Auslöschung versetzt, bevor sein Gott es nach Hause führte.

Doch Gott hatte sein Volk in der Wildnis nicht völlig verlassen. Wie andere nomadische Völker führten die Israeliten ein tragbares Symbol ihrer Verbundenheit mit dem Göttlichen mit sich, das sie am Leben erhielt. Wie die australischen Aborigines einen heiligen Stab bei sich hatten, trugen die Israeliten die Bundeslade mit sich. Die meisten biblischen Beschreibungen der Lade stammen aus späteren Quellen; daher ist es schwierig festzustellen, wie sie ursprünglich ausgesehen hat. Es scheint eine Truhe gewesen zu sein, die die Gesetzestafeln enthielt und mit zwei goldenen Cherubim geschmückt war, deren ausgebreitete Flügel die Thronlehne Jahwes bildeten.[32] Ein leerer

Thron galt oft als Symbol des Göttlichen: Er lud den Gott ein, unter seinen Gläubigen Platz zu nehmen. In der jüdischen Tradition wurde der Thron zu einem Symbol göttlicher Gegenwart. Die Lade war ein äußeres Zeichen von Jahwes Präsenz. Sie wurde von den Angehörigen des Stammes Levi getragen, die die erwählte Priesterkaste Israels bildeten: Aaron, der Bruder Moses, war der Hohepriester. Ursprünglich scheint die Bundeslade Schutz im Krieg gewährt zu haben, denn ihre heilige Kraft – die tödlich sein konnte – bewahrte Israel vor seinen Feinden. Der Jahwist berichtet uns, daß sich jeweils am Beginn des Tagesmarsches der Israeliten die Wolke, die Jahwes Gegenwart repräsentierte, über die Lade gesenkt und Mose ausgerufen habe: »Herr, stehe auf, laß deine Feinde zerstreut und die dich hassen, flüchtig werden vor dir!« Und nachts, wenn sie die Zelte aufschlugen, rief er: »Komm wieder, Herr, zu der Menge der Tausende Israels!«[33] Die Bundeslade bot somit den Israeliten Sicherheit; sie verwandelte die leere Wüste in bewohnbaren Raum, weil sie die Verbindung zur göttlichen Realität herstellte.

Wir wissen sehr wenig über das frühe Leben der Israeliten in Kanaan. Der Verfasser der Priesterschrift nahm an, daß sie nach ihrer Ansiedlung im Hügelland in Silo ein Zelt für die Lade aufstellten. Er glaubte, daß Jahwe auf dem Berg Sinai Mose sehr genaue Anweisungen über diese Stiftshütte gegeben hat. Jahwe hatte große Ähnlichkeit mit El, der auch in einem Zeltschrein wohnte, er war die Quelle des Gesetzes, und als er als El Sabaoth erschien (»El der Heerscharen«), wachten Cherubim über seinem Thron. Im Buch Samuel jedoch scheint die Lade in einer Hekal (Kulthalle) eines normalen Tempels untergebracht gewesen zu sein.[34] Die Israeliten scheinen aber auch in einer Reihe von anderen Tempeln ihre Andacht verrichtet zu haben – in Dan, Betel, Mizpa, Ophra und Gibeon, ebenso an *bamot*, die sich im Freien befanden. Einige Israeliten dienten neben Jahwe, der immer noch als fremde, nicht in Kanaan verwurzelte Gottheit angesehen wurde, auch anderen Göttern. Noch immer brachte man ihn mit den südlichen Regionen des

Sinai, mit Paran und Seir in Zusammenhang. Man nahm an, daß er sein Land verlassen habe, als sich sein Volk in Gefahr befand, um ihnen, auf Wolken reitend, zu Hilfe zu kommen. In dieser Form erscheint er in einigen der frühesten Passagen der Bibel.[35] Die Israeliten haben möglicherweise sogar eine Liturgie entwickelt, mit der die göttliche Erscheinung auf dem Berg Sinai nachgestellt wurde: schmetternde Trompeten als Ausdruck des Donners und Weihrauch als Zeichen der dichten Wolke, die sich über den Berggipfel senkte. Diese Elemente tauchen auch im späteren Kult in Jerusalem wieder auf. Auf diese Weise versinnbildlichte die Zeremonie die entscheidende Erscheinung Jahwes auf dem Sinai und erweckte in seinem Volk aufs neue das Gefühl seiner Gegenwärtigkeit.[36] Im Gegensatz zu den meisten Göttern des Nahen Osten wurde Jahwe anfänglich als eine mitwandernde Gottheit angesehen, die nicht an einen festen Ort, einen bestimmten Schrein gebunden war. Doch die Israeliten gedachten auch ihrer Befreiung aus Ägypten. Im Lauf der Jahre wurde das althergebrachte Frühlingsfest dazu benutzt, ihres letzten Mahles in Ägypten zu gedenken, als der Todesengel sie verschont, aber alle erstgeborenen Söhne der Ägypter getötet hatte. Dieses Familienfest wurde schließlich Passafest genannt.

Um etwa 1030 v. Chr. hatte sich unter den Menschen im nördlichen Hügelland ein starkes Gefühl der Verwandtschaft und Zusammengehörigkeit entwickelt. Sie betrachteten sich als einiges Volk mit gemeinsamen Vorfahren. Sie wurden von einer Reihe von »Richtern« oder Stammesführern regiert, doch schließlich entschlossen sie sich, eine Art Monarchie zu begründen, ähnlich den anderen Völkern der Region. Die Verfasser der Bibel betrachten diesen Schritt mit gemischten Gefühlen. Sie zeigen, wie sich Samuel, der letzte der Richter, heftig dagegen wehrte. Er warnte das Volk vor der Unterdrückung und Grausamkeit, die ein König über es bringen würde.[37] Tatsächlich jedoch war die Schaffung des Königreichs Israel eine natürliche und daher vielleicht unvermeidliche Entwicklung.[38] Die großen Mächte in Assyrien, Mesopotamien und

Ägypten befanden sich zu dieser Zeit im Niedergang, und andere, kleinere hatten begonnen, das Machtvakuum zu füllen: Ammon, Moab und Edom. Die Israeliten sahen sich von feindseligen Streitmächten umgeben, die begierig waren, das kanaanäische Hochland zu erobern. Aus dem Osten drangen Ammoniter und Moabiter in ihr Territorium ein, und im Westen wurden sie von den Philistern bedrängt. Die Philister eroberten und zerstörten sogar die Stadt Silo und führten die Bundeslade als Kriegstrophäe mit sich fort. Sie gaben sie jedoch schnell wieder zurück, nachdem sie die tödliche Kraft dieses Palladiums erfahren hatten. Von nun an wurde die Bundeslade nicht mehr in einem Schrein oder einem Tempel aufbewahrt, sondern in einem Privathaus in Kirjat Jearim an der Grenze ihres Landes, da die Israeliten die Heiligkeit der Lade selbst als angsteinflößend empfanden.[39] All diese politischen Umwälzungen mögen die Israeliten davon überzeugt haben, daß sie der starken Führungskraft eines Königs bedurften, und zögernd ernannte Samuel Saul aus dem Stamm Benjamin zum ersten König Israels.

Saul herrschte über ein größeres Gebiet als jeder König in Kanaan vor ihm. Beiderseits des Jordan umfaßte es das gesamte zentrale Hochland nördlich des Stadtstaates Jerusalem, der immer noch von den Jebusitern regiert wurde (siehe Karte). In der Bibel wird Saul als tragische Gestalt dargestellt. Sein Gott verläßt ihn, weil er in einer kultischen Frage wagt, die Initiative zu übernehmen, er wird das Opfer lähmender Depressionen und muß zusehen, wie ihm langsam die Macht entgleitet. Doch selbst dieser kritischen Darstellung können wir entnehmen, daß Sauls Errungenschaften beträchtlich waren. Von seinem Herrschaftssitz in Gibeon aus, das den wichtigsten Tempel Jahwes in Israel beherbergte, dehnte er sein Territorium beständig aus, und die Menschen des Hochlands schlossen sich ihm freiwillig an. Nahezu zwanzig Jahre vermochte er das Königreich gegen seine Feinde zu verteidigen, bis er und sein Sohn Jonathan um etwa 1010 v. Chr. in der Schlacht am Berg Gilboa von den Philistern getötet wurden.

Nach seinem Tod wurde er in der Bibel mit bewegenden Versen gerühmt:

> Saul und Jonathan, holdselig und lieblich in ihrem Leben,
> sind auch im Tode nicht geschieden; schneller waren sie
> denn die Adler und stärker denn die Löwen.[40]

Dieses Klagelied wurde nicht von einem loyalen Gefolgsmann Sauls gesungen, sondern von einem Rebellen, der seinem Hof entflohen war. David war in Sauls Königreich ein hochprivilegierter Krieger gewesen; er war der Vertraute Jonathans und hatte die Hand von Sauls Tochter Michal erhalten. Er war der einzige, der Saul in seiner Niedergeschlagenheit zu trösten und mit Gesang und Poesie seine Verzweiflung zu vertreiben vermochte. Doch die Bibel berichtet uns, daß Saul auf David wegen dessen Beliebtheit und Ansehen eifersüchtig wurde und David fliehen mußte, um sein Leben zu retten. Zuerst lebte er mit einer Gruppe von Freischärlern als *hapiru* in den verlassenen Hügeln südlich von Jerusalem. Schließlich verbündete er sich mit den Philistern, den Todfeinden Israels. Als er von Sauls Tod hörte, lebte David, der dem Stamm Juda angehörte, in der Stadt Ziklag im Negev, die ihm von seinem Oberherrn Achis, dem König von Gat, überlassen worden war.[41] David ist eine der komplexesten Gestalten der Bibel. Er ist Dichter, Musiker, Krieger, Rebell, Verräter, Ehebrecher und Terrorist; er war sicher kein Vorbild an Tugendhaftigkeit, auch wenn er später als Idealtypus israelitischen Königtums verehrt wurde. Nach Sauls Tod regierte Isch-Boschet, der überlebende Sohn Sauls, das nördliche Königreich seines Vaters, während David im karg besiedelten Süden ein eigenes Königreich mit der Hauptstadt Hebron errichtete. Die Philister mögen diese Unternehmung begünstigt haben, denn auf diese Weise gelang es ihnen, sich mit Hilfe ihres Vasallen im Hochland einen Brückenkopf zu schaffen. Aber David spielte ein doppeltes Spiel und hatte weiterreichende Ambitionen.

Die Jebusiter in Jerusalem sahen sich so von zwei rivalisierenden Königreichen umzingelt: dem Königreich Israel im Norden, das von Isch-Boschet regiert wurde, und dem Königreich Juda im Süden, das unter Davids Herrschaft stand. Aber Isch-Boschet war ein schwacher Regent. Sein Königreich war vermutlich kleiner als das seines Vaters Saul, und er überwarf sich mit seinem wichtigsten Heerführer, der zu David überlief. Siebeneinhalb Jahre nachdem David in Hebron zum König über das Haus Juda gesalbt worden war, wurde Isch-Boschet ermordet, und die Mörder flohen an Davids Hof. Jetzt war Davids Stunde gekommen. Er distanzierte sich von der Bluttat an Isch-Boschet, indem er dessen Mörder hinrichten ließ. Als Gatte der Tochter Sauls hatte er rechtmäßigen Anspruch auf den Thron des Königreichs Israel. Bald kamen Vertreter der Stämme des nördlichen Königreichs zu David, schlossen im Jahwetempel zu Hebron einen Bund mit ihm und salbten ihn zum König über Israel. David war jetzt der Herrscher der vereinigten Königreiche Juda und Israel, doch inmitten seines Territoriums befand sich die Jebusiterstadt Jerusalem, die er zu seiner Hauptstadt zu machen gedachte.

3
Die Stadt Davids

Die Jebusiter waren überzeugt, daß David ihre Stadt niemals einnehmen könne. Jerusalem war vielleicht nicht der ehrwürdigste oder mächtigste der kanaanäischen Stadtstaaten, aber verglichen mit Davids emporkömmlingshaftem Königreich besaß es ein beträchtliches Alter, war stark befestigt und hatte sich über die Jahre hinweg den Ruf erworben, uneinnehmbar zu sein. Als Davids Truppen am Fuß des Ophel auftauchten, höhnten die Jebusiter voller Verachtung: »Du wirst nicht hier hereinkommen, sondern Blinde und Lahme werden dich abtreiben.«[1] Vielleicht ließen sie sogar Blinde und Lahme auf den Stadtmauern aufmarschieren, wie das hethitische Heer es getan hatte, als Warnung für jeden Soldaten, der es wagte, in die Festung einzudringen.[2] Aber David ließ sich nicht einschüchtern. Der erste, der einen Jebusiter erschlagen würde, schwor er, sollte der Führer seines Heeres werden. Sein alter Gefährte Joab, Sohn des Zeruja, nahm die Herausforderung an, indem er wahrscheinlich den Warren-Schacht, die Wasserleitung, die von der Gichonquelle in die Stadt führte, hinaufkletterte.[3] Wir wissen nicht genau, wie David Jerusalem eroberte – der biblische Text ist sowohl unvollständig wie ungenau. Aber seine Eroberung der Stadt markiert einen Wendepunkt, dessen Auswirkungen bis heute zu spüren sind. Eine Stadt, die bis dahin in Kanaan von nur zweitrangiger Bedeutung war, wurde für eine Tradition, aus der schließlich der Monotheismus entstehen sollte, von zentraler Bedeutung. Dieses Ereignis sollte sie zu einem der heiligsten – und daher umstrittensten – Orte der ganzen Welt werden lassen.

Für David war dies nicht vorhersehbar. Als er die Stadt um etwa 1000 v. Chr. bezwang, war er wahrscheinlich nur erleichtert, die jebusitische Enklave im Herzen seines Königreichs erobert und eine weitaus passendere Hauptstadt für sein Reich gefunden zu haben. Die Union von Israel und Juda war eine brüchige Angelegenheit. Das nördliche Königreich betrachtete sich weiterhin als unabhängige Einheit, und die Menschen hatten gegenüber David, dem einstigen Verräter, zwiespältige Gefühle. Die Herrschaft von Hebron aus weiterzuführen wäre unklug gewesen, weil David damit zu deutlich mit seinem südlichen Königreich Juda in Verbindung gestanden hätte. Der alte Stadtstaat Jerusalem hingegen war neutrales Gebiet, da er weder zu Israel noch zu Juda gehörte und keinerlei Verbindung mit den alten Stammestraditionen gehabt hatte. Weil David die Stadt mit seinen eigenen Soldaten erobert hatte, wurde sie zu seinem persönlichen Eigentum, und im Einklang mit den Gepflogenheiten der Region nannte er sie *ir David*, Stadt Davids.[4] Auf diese Weise blieb sie neutral, wurde weder mit Juda noch mit Israel in Verbindung gebracht, und David konnte die Stadt und deren Umgebung als königliche Domäne behandeln. Sie besaß auch strategische Vorteile. Jerusalem war stark befestigt und lag zentraler als Hebron. Hoch oben in den Bergen war sie auch vor plötzlichen Angriffen der Philister, der Stämme des Sinai und des Negev sowie der neuen Königreiche am Ostufer des Jordan geschützt. In seiner neuen Hauptstadt war David nun der unumstrittene König eines von allen fremden Mächten befreiten Gebietes, des größten vereinigten Staatsgebildes, das je in Kanaan existiert hatte.

Wie sah Davids Stadt aus? Verglichen mit heutigen Maßstäben war die Stadt winzig, sie umfaßte etwa sechzigtausend Quadratmeter und bestand wie andere Städte der Region nur aus als einer Zitadelle, einem Palast und Häusern für die Soldaten und das Zivilpersonal. Jerusalem konnte nicht mehr als zweitausend Einwohner beherbergt haben. Die Bibel sagt nicht, daß David »die Stadt« erobert habe, sondern die Verfasser heben hervor, daß er die »Festung von Zion« eingenommen habe und fortan in der »Zitadelle« lebte.[5] Sie sagt nicht, daß er die Stadt belagert habe. Im Buch Josua gibt es eine Stelle, die Jerusalem als »die Mittagsseite der Jebusiter« (die Flanke) bezeichnet, was darauf hindeutet, daß die Siedlung »Jerusalem« als unabhängig von der »Feste Zion« angesehen wurde.[6] David hat daher vielleicht nur die jebusitische Zitadelle unter seine Kontrolle gebracht. Das Alte Testament weiß nichts von einem Massaker an der Bevölkerung in der Art und Weise, wie sie an verschiedenen Stellen des Buches Josua beschrieben werden. Auch gibt es keinen Hinweis darauf, daß die Jebusiter aus der Stadt vertrieben wurden. Höchstwahrscheinlich war Davids Eroberung nur ein »Palastcoup«, durch den er und ein paar seiner engsten Mitstreiter den jebusitischen König und dessen unmittelbare Umgebung ersetzten, das jebusitische »Establishment« aber nicht anrührten. Die Leute aus Juda und die Jebusiter lebten in Jerusalem weiterhin friedlich zusammen.

Wenn das zutrifft, dann war David, der für seine Schlächtereien an Philistern und Edomitern berüchtigt war, im Falle Jerusalems ein gerechter und barmherziger Eroberer. Er behandelte nicht nur die ansässigen Einwohner mit Respekt, sondern arbeitete auch eng mit ihnen zusammen, indem er sie in seine Verwaltung eingliederte. Josua hätte die Altäre der Jebusiter niedergerissen und ihre heiligen Symbole entehrt. Im Gegensatz dazu gibt es keine Quelle, die von Davids Einmischung in den lokalen Kult berichtet. Vielmehr werden wir sehen, daß die religiösen Vorstellungen der Jebusiter in den Jahwekult eingeflossen sind. Der Jahwist sieht David als einen zweiten Abraham: Er glaubt, daß Davids Königreich die alten Versprechungen wahr gemacht habe, da die Nachkommen Abrahams tatsächlich eine mächtige Nation wurden und das Land Kanaan beerbten.[7] Doch ebenso wie Abraham achtete David den Glauben der im Land ansässigen Menschen.

In *ir David* kam es somit zu einem schöpferischen Austausch zwischen jebusitischen und israelitischen Traditionen. Aravna, dem vermutlich letzten König der Jebusiter, wurde gestattet, seinen Besitz außerhalb der Stadtmauern auf dem Berg Zion zu behalten. David übernahm auch die alten jebusitischen Verwaltungseinrichtungen. Die kanaanäischen Stadtstaaten hatten im Lauf von Jahrhunderten eine politische und fiskalische Bürokratie entwickelt, während die Israeliten und Judäer des Berglands weder die Erfahrung noch das Können besaßen, einen Stadtstaat zu verwalten. Die meisten von ihnen waren vermutlich Analphabeten. Daher war es sinnvoll, die alten Strukturen beizubehalten und sich der jebusitischen Beamten zu bedienen, die sowohl die Geschäfte weiterführten als auch gute Beziehungen zu den neuen Untertanen herstellten. Davids Auftreten in Jerusalem zeigt, daß die Israeliten es noch nicht als ihre heilige Pflicht ansahen, gegenüber der einheimischen Bevölkerung Distanz zu wahren; dies wurde in Israel erst nach der Babylonischen Gefangenschaft die Regel. Als Kanaan unter der Kontrolle der Ägypter stand, brachten sie den Einwohnern vermutlich ihre Verwaltungsmethoden bei: Aus der Bibel läßt sich ersehen, daß der Hof Davids und Salomos mit dem Ägyptens identisch war. Es gab einen Großwesir, einen »Außenminister«, einen Schriftführer für innere Angelegenheiten und einen »Freund des Königs«. Und das System der Amarna-Periode fand noch während der Regierung von Davids Sohn Salomo Anwendung. Einige der Beamten Salomos trugen nichtsemitische Namen,[8] und mit großer Sicherheit hat David das stehende Heer der Jebusiter übernommen. Dies waren die Kreter und Peleter, die aus der Bibel bekannt sind. Sie waren Söldner, die Davids persönliche Leibwache bildeten. So entstand nach der Eroberung der Stadt, die ihren jebusitischen Charakter beibehielt, praktisch kein Bruch. Der neue Name – *ir David* – setzte sich nie durch. Die Stadt behielt ihre alten Namen Jerusalem und Zion.

Wahrscheinlich floß auch in der königlichen Familie jebusitisches Blut, da David möglicherweise eine Jebusiterin zur Frau nahm. Später gab es strenge Gesetze, die Israeliten verboten, Fremde zu heiraten, aber weder David noch Salomo hatten in dieser Hinsicht Skrupel. David hatte Bathseba, die Frau von

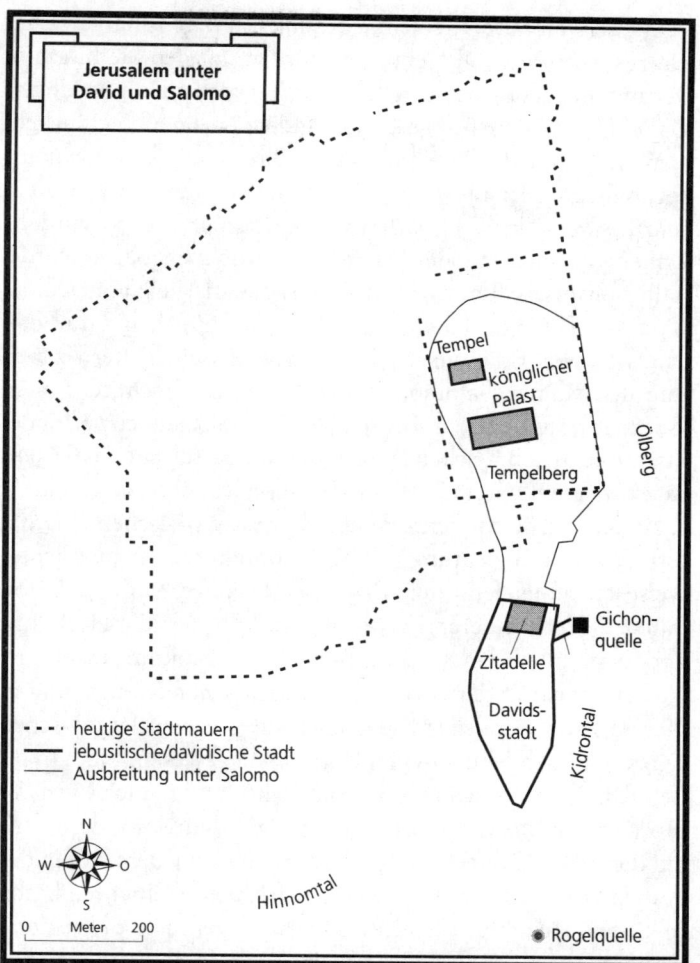

Jerusalem unter David und Salomo

Tempel
königlicher Palast
Tempelberg

Ölberg

Zitadelle
Gichonquelle
Davidsstadt
Kidrontal

- - - heutige Stadtmauern
——— jebusitische/davidische Stadt
——— Ausbreitung unter Salomo

N
W - O
S

0   Meter   200

Hinnomtal

● Rogelquelle

»Uria dem Hethiter«, einem jebusitischen Befehlshaber seines Heeres, verführt. (Die Jebusiter wurden mit den Hethitern in Verbindung gebracht.) Um Bathseba heiraten zu können, hatte David Uria in den Tod geschickt, indem er ihn am gefährlichsten Abschnitt der Front einsetzte. Bathsebas Name war ursprünglich vielleicht »Tochter der sieben Götter« (was in Keilschrift *sibbiti*, in Hebräisch aber zu *schewa*, sieben, wurde).[9] Daher war der Sohn, der David und Bathseba geboren wurde, halb jebusitisch. Ihm wurde der gute israelitische Name Jedidja (»der Geliebte von Jahwe«) gegeben, zum Zeichen dafür, daß er als Davids Erbe ausersehen war. Aber seine Eltern gaben ihm den Namen Salomo, der vielleicht von Salem, der alten Gottheit Jerusalems, herrührte. Der Chronist jedoch verbindet ihn mit dem hebräischen Wort *schalom*, da Salomo im Gegensatz zu seinem Vater ein Mann des »Friedens« werden sollte.[10]

Andere berühmte Jerusalemer, die in der jüdischen Überlieferung große Bedeutung erlangen sollten, waren möglicherweise ebenfalls Jebusiter. Etwa der Prophet Nathan.[11] Von nahezu jedem anderen Propheten erfahren wir die Herkunft, aber Nathan wird in der Bibel ohne Patronymikum eingeführt. Vielleicht war er der Berater des jebusitischen Königs, und in diesem Falle wäre er ein sehr hilfreicher Vermittler zwischen David und den jebusitischen Untertanen gewesen. Nathan tadelt David nach dem Tod Urias sehr heftig, nicht weil er mosaischen Moralbegriffen angehangen hätte, sondern weil ein derart schändlicher Machtmißbrauch bei jedem König des Nahen Osten tadelswert gewesen wäre, der geschworen hatte, in seinem Reich für Gerechtigkeit zu sorgen. Die provozierte Tötung Urias hatte möglicherweise auch die Beziehungen zur jebusitischen Bevölkerung schwer gestört. Zadok, der Hohepriester Jerusalems, war vielleicht ebenfalls Jebusiter, obwohl dies in der Vergangenheit heftig bestritten wurde.[12] Wie wir sehen werden, mußten später alle Priester Israels belegen, daß sie Zadoks Nachfahren waren, was schließlich ein Symbol echten Judentums werden sollte. Aber Zadok ist ein jebusitischer Name. Später verlieh ihm der Chronist einen makellosen

Stammbaum, der bis zu Aaron zurückreichte. Aber dieser Stammbaum ist fünf Generationen länger als die Zahl der Generationen, die angeblich zwischen David und Aaron verstrichen waren.[13] Vielleicht hat der Chronist auch Zadoks persönlichen Stammbaum aufgenommen. Den Hohenpriester von El Eljon auszulassen hätte die einheimische Bevölkerung befremden können. Um die Israeliten zufriedenzustellen, ernannte David Ebjatar zum zweiten Oberpriester neben Zadok. Ebjatar entstammte der alten Priesterschaft von Silo. Aber er überlebte David nicht lange, und Zadok wurde der alleinige Hohepriester Jerusalems. Trotzdem war die Tatsache, daß ein israelitischer und ein jebusitischer Priester gemeinsam das Amt ausübten, ein Ausdruck friedlichen Zusammenlebens, das David in Jerusalem verwirklichen wollte. Er brauchte Symbole, um sein Königreich, das zunehmend von Gegensätzlichkeiten gekennzeichnet war, zu einigen und dessen verschiedene Elemente in Einklang zu bringen. David nannte einen seiner Söhne Beeljada, um zu zeigen, daß er gegenüber den überlieferten Traditionen von Zion aufgeschlossen war, und viele der alten jebusitischen Kultpraktiken verschmolzen in Jerusalem auf erfolgreiche Weise mit den israelitischen Traditionen des Jahweglaubens.

Eine der ersten Handlungen Davids bestand darin, die Bundeslade, die immer noch in Kirjat Jearim an der Grenze des Königreichs stand, nach Jerusalem zu bringen. Das war ein glänzender Einfall, wenn auch eine gefährliche Entscheidung. Auf die Menschen des nördlichen Königreichs, die David immer noch mit einem gewissen Unbehagen begegneten, würde die Anwesenheit der Bundeslade großen Eindruck machen, da sie das höchste Heiligtum enthielt. Sie würde seine Herrschaft legitimieren und gleichzeitig Jerusalem, das für die Anhänger Jahwes keine religiöse Bedeutung hatte, in eine heilige Stätte verwandeln. Aber Davids erster Versuch, die Lade zu überführen, endete mit einer Tragödie. Es stand menschlichen Wesen nicht zu, nach eigenem Gutdünken einen heiligen Ort zu schaffen: Die Heiligkeit des Orts mußte sich erst erweisen. Jahwe war in der Vergangenheit zwar als mitwandernde Gottheit angesehen worden, aber er konnte nicht einfach auf die Laune eines Königs hin an einen anderen Ort gebracht werden. Ein heiliger Gegenstand war potentiell gefährlich, und nur diejenigen, die die richtigen Vorkehrungen getroffen hatten, durften sich ihm nähern. Das zeigte sich auf fatale Weise während des ersten Versuchs der Überführung, als Usa, einer der Begleiter, die Hand ausstreckte, um die Lade festzuhalten, die vom Wagen zu fallen drohte, und sofort getötet wurde. Die Bundeslade symbolisierte Jahwes Gegenwart, und der Vorfall zeigt, daß David versuchte, eine starke und nicht kalkulierbare Kraft in die Stadt zu bringen, kein frommes Souvenir. Wenn Jahwe in Zion wohnen sollte, dann allein, weil er es so gewollt hatte.

Drei Monate später versuchte es David erneut. Diesmal erlaubte Jahwe, daß die Bundeslade ohne Zwischenfälle nach Jerusalem gebracht wurde. David, wie ein Priester, nur mit einem leinenen Leibrock bekleidet, tanzte vor der Lade. Immer wieder hielt er die Prozession an und opferte ein Schaf oder eine Ziege. Schließlich wurde die Lade mit großer Feierlichkeit und unter riesigem Jubel in einen Zeltschrein gebracht, der neben der Gichonquelle errichtet worden war.[14] Mit seiner Zustimmung, in der Stadt Davids zu wohnen, hatte Jahwe ein eindeutiges Zeichen gegeben, daß er tatsächlich David zum König Israels erkoren hatte. Seit dieser Zeit war Jahwes Entscheidung, den Berg Zion zu seiner beständigen Wohnstatt zu machen, unlöslich mit seiner Erwählung des Hauses David verbunden. Dies zeigte sich, als David beschloß, einen Tempel für Jahwe in Jerusalem zu erbauen. Als er seinen Entschluß Nathan mitteilte, war der Prophet begeistert. Es war die Pflicht eines nahöstlichen Herrschers, für den Gott, von dem seine Herrschaft abhing, ein Haus zu errichten. Aber Jahwe hatte andere Pläne. Er erklärte Nathan, daß er immer das Leben eines Wanderers geführt habe. Er wolle kein Haus für sich, statt dessen würde er ein Haus für David bauen, für eine Dynastie, die von ewiger Dauer sein sollte.[15]

Vielleicht befürchtete Nathan, daß es zu früh war, El Eljon

Bis zum heutigen Tag dient im Nahen Osten Religion als Rechtfertigung für die Aneignung von Land. Jüdische Siedler der von Israel besetzten West-Bank marschieren am Passafest durch arabisches Gebiet, eine »Wallfahrt«, mit der auf aggressive Weise jüdische Präsenz ausgedrückt wird.

zu enthronen, indem innerhalb des jebusitischen Jerusalem ein Tempel für einen fremden Gott gebaut wurde. Möglicherweise hat David den Ort an der Gichonquelle außerhalb der Stadtmauern gewählt, weil er die Jebusiter nicht verletzen wollte. Vielleicht waren auch die Stämme Israel und Juda dagegen, weil sie am nomadischen Charakter Jahwes festhielten und nicht wollten, daß er wie die anderen Götter Kanaans mit einem bestimmten Heiligtum in Verbindung gebracht wurde. Vielleicht fürchteten sich die Menschen auch vor der Macht, die ein solcher Tempel David verleihen würde. Die biblischen Verfasser haben die Geschichte von Jahwes Ablehnung vielleicht deshalb aufgenommen, weil sie daran Anstoß nahmen, daß es David, ihr idealer König, versäumt hatte, einen Tempel für seinen Gott zu erbauen. Der Chronist nahm an, daß David die hohe Ehre versagt worden war, weil er zuviel Blut vergossen hatte, und daß Salomo das Privileg zukam, weil er ein Mann des Friedens war.[16] Wie wir gesehen haben, hatte in den Städten der antiken Welt die Errichtung von Bauten religiöse Bedeutung. David hatte andere Bauwerke in Jerusalem errichtet, ganz wie es einem König zukam. Er hatte sich einen Palast aus Zedernholz gebaut, das aus dem Libanon kam; er hatte den Millo instand gesetzt – ein Begriff, den die biblischen Verfasser wunderlich zu finden scheinen, der sich wahrscheinlich aber auf die alten Terrassen des Ophel bezieht. Er hatte auch den Davidsturm, die neue Zitadelle, errichtet. Um die wachsende Zahl der Beamten, Handwerker und Soldaten unterzubringen, die das größer werdende Reich brauchte, hatte er die Stadt vergrößert und zu diesem Zweck an einer Stelle die Mauer durchbrochen. Aber genau wie Mose, der sein Volk aus Ägypten geführt hatte, an der Schwelle zum Gelobten Land jedoch gestorben war, hatte David das Volk Jahwes nach Jerusalem gebracht, doch ihm war nicht vergönnt gewesen, den Tempel zu bauen, der eines Tages diese jebusitische Stadt zum heiligsten Ort der jüdischen Welt machen sollte.

Zumindest aber war er in der Lage, die Voraussetzungen dafür zu schaffen, indem er von Aravna, dem vielleicht letzten jebusitischen König, den Grund für den zukünftigen Tempel erwarb. David hatte gesündigt, erzählt uns der biblische Verfasser, als er eine Volkszählung anordnete: eine Maßnahme, die immer unpopulär war, weil sie gewöhnlich Steuereintreibung und Zwangsarbeit ankündigte. Als Strafe schickte Gott die Pest über das Königreich, die in drei Tagen siebzigtausend Menschen dahinraffte. Schließlich sah David Jahwes »Engel« neben der Tenne Aravnas auf dem Berg Zion stehen, der die Arme über die darunterliegende Stadt ausgestreckt hatte. Wie ihm von einem Seher mitgeteilt wurde, konnte David die Plage nur dadurch abwehren, daß er am Ort der Erscheinung einen Altar für Jahwe errichtete. Die biblischen Verfasser zeigen, wie harmonisch David und Aravna während dieser Krise zusammenarbeiteten. Der Vorfall erinnert an Abrahams Kauf der

Grabstätte Machpela von Ephron, dem Hethiter. Wie Ephron wollte Aravna den Platz weggeben, ohne von David einen Schekel zu verlangen, aber David, der den Grund einfach hätte beschlagnahmen können, verhielt sich bewunderswert höflich und respektvoll gegenüber seinem Vorgänger, indem er darauf bestand, den vollen Preis zu bezahlen.[17] Heute glauben viele Wissenschaftler, daß die Stelle wahrscheinlich eine der heiligen Stätten des jebusitischen Jerusalem war; Tennen wurden in Kanaan oft für öffentliche Versammlungen, Prophezeiungen oder im Rahmen des Baalschen Fruchtbarkeitskultes genutzt, und ein exponierter Ort wie dieser, der Eingang zur Stadt, könnte sehr wohl innerhalb des Kultes eine Rolle gespielt haben.[18] Die biblischen Verfasser erwähnen dies nicht, weil sie Anstoß daran genommen haben mögen, daß ihr Tempel möglicherweise auf einem heidnischen *bamah* erbaut worden war, aber derartige Kontinuitäten waren in der Antike durchaus üblich. Aravna zeigte keinen Ärger, sondern scheint ganz bereitwillig diesen heiligen Raum mit David geteilt zu haben; er bot sogar an, das erste Opfer zu bezahlen, das auf dem neuen Altar dargebracht wurde. Heiligkeit war nichts, was Menschen in Besitz nehmen oder eifersüchtig für sich allein in Anspruch nehmen konnten. Die göttliche Erscheinung hatte bewiesen, daß der Ort den Göttern gehörte, und in der nächsten Generation sollten die Kinder Davids und Aravnas gemeinsam auf dem Berg Zion beten.

David soll auch das Material für den neuen Tempel bereitgestellt haben, indem er von seinem Verbündeten Hiram, dem König von Tyrus, Zedern- und Wacholderholz liefern ließ. Vor allem der Chronist kann den Gedanken nicht ertragen, daß David am Bau des Tempels keinen Anteil gehabt haben sollte. Er berichtet, daß Jahwe den Plan des zukünftigen Heiligtums in allen Einzelheiten enthüllt und David diese göttlichen Anweisungen an seinen Sohn Salomo weitergegeben habe.[19] So konnte der Tempel gebaut werden: »Das alles ist mir beschrieben gegeben von der Hand des Herrn, daß es mich unterweise über alle Werke des Vorbilds.«[20] Ein König konnte den Ort eines Tempels nicht auswählen. Er mußte an einer Stelle erbaut werden, die sich als »Zentrum« der Welt erwiesen hatte. Daher wählten Könige so oft Orte früherer Tempel, die bekannt dafür waren, Zugang zum Göttlichen zu gewähren. Auf gleiche Weise wurde von einem Architekten keine originäre Leistung beim Entwurf eines Tempels erwartet. Er war ein *Symbol*. Die griechische Bedeutung dieses Wortes ist, daß zwei Dinge zusammengefügt werden, und in der vormodernen Welt wurde dies sehr ernst genommen. Darauf beruhte eine alte Religion. Ein Tempel mußte Abbild der himmlischen Wohnung des Gottes sein, und aufgrund ihrer Ähnlichkeit waren das himmlische Urbild und die irdische Nachbildung miteinander verbunden, indem gleichsam aus beiden eines gemacht wurde. Gerade die Ähnlichkeit ermöglichte es der Gottheit, in ihrem irdischen Heiligtum Wohnung zu nehmen. Daher mußten die Pläne eines Tempels, ganz so wie es im Falle Davids geschehen war, offenbart werden, so daß die Ausmaße und Einrichtungen der göttlichen Heimstatt auf Erden aufs genaueste mit der himmlischen übereinstimmten.

Doch die ganze Unternehmung beinhaltete auch ein starkes politisches Element. Nachdem die Bundeslade nach Jerusalem gebracht worden war, eignete sich David die Stadt allmählich an. Zuerst hatte er den heiligsten Gegenstand seines Volkes an den Fuß des Ophel gebracht, und dann schaffte er die Voraussetzung für die Inthronisierung Jahwes im Tempel auf dem Berg Zion, indem er die Tenne von Aravna erwarb. Unter Salomo sollte Jahwe der El Eljon Jerusalems, der höchste Gott, werden. Auf gleiche Weise baute sich David Schritt für Schritt ein kleines Reich auf. Zuerst bezwang er die Philister. Wahrscheinlich hat er sie vor der Eroberung Jerusalems in der Ebene von Rephaim, nahe dem heutigen Baq'a, geschlagen. Zu einem bestimmten Zeitpunkt muß er auch die anderen kanaanäischen Stadtstaaten seinem Reich einverleibt haben, obwohl die Bibel nichts darüber berichtet. Sie mögen ihren Status als Vasallen akzeptiert haben. Schließlich unterwarf er neben einem großen Teil Syriens die Nachbarkönigreiche Moab und Edom

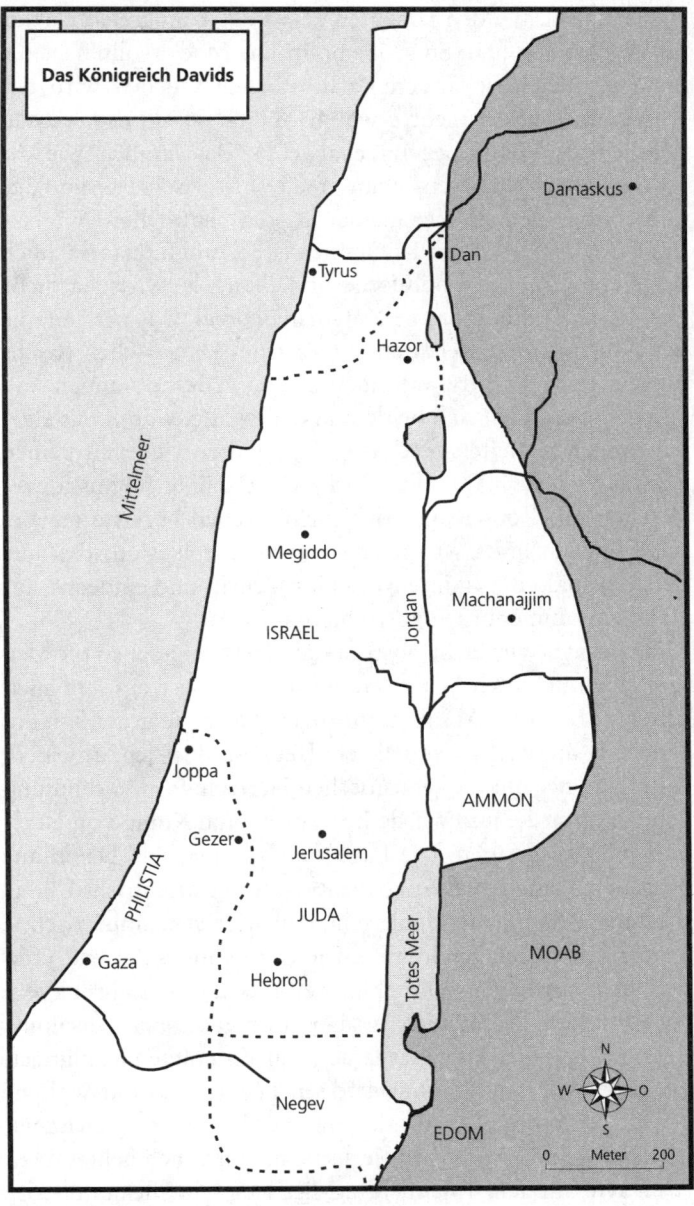

Das Königreich Davids

(siehe Karte). Bei den Israeliten geriet das Königreich Davids nie in Vergessenheit: So große politische Macht sollten sie nie mehr erreichen. In anderen nahöstlichen Quellen wird das Königreich jedoch nicht erwähnt; daher wurde es verschiedentlich als Phantasiegebilde abgetan, das ähnlich wie die Patriarchenerzählungen keine reale historische Grundlage habe. Aber gemäß allgemeiner wissenschaftlicher Übereinkunft hat das Vereinigte Königreich Israel und Juda tatsächlich bestanden. Zu viele politische und (handels-)wirtschaftliche Details in der Bibel stimmen mit dem überein, was wir über die nahöstlichen Gesellschaften zur Zeit des Davidischen Reichs wissen, um völlig frei erfunden zu sein. Mesopotamien und Ägypten befanden sich beide im Niedergang, waren mit eigenen Angelegenheiten beschäftigt und hatten vielleicht keinen Kontakt mit dem Davidischen Reich. Darüber hinaus idealisiert die Bibel das Königreich nicht. Neben begeisterten Beschreibungen lesen wir genauso von einer Nation, die aufs tiefste gespalten war, ihre Mittel überschritt und eindeutig auf einen Zusammenbruch zustrebte.

David mag vielleicht posthum als Held angesehen worden sein, aber zu seinen Lebzeiten wurde er keineswegs von allen geliebt. Sein Sohn Absalom führte eine Revolte gegen ihn an, errichtete an der Rogelquelle ein Denkmal für sich, an einem Kultplatz, der mit der jebusitischen Herrschaft in Verbindung gebracht wurde, und wurde in Hebron zum König von Israel und Juda ausgerufen. Die Lage war so ernst, daß David aus Jerusalem fliehen mußte und die Revolte, die öffentliche Unterstützung bekam, nur dank seiner überlegenen militärischen Macht niederschlagen konnte. Die Union aus Israel und Juda war auch deswegen so brüchig, weil David offensichtlich sein angestammtes Königreich Juda bevorzugte. Nach Absaloms Revolte löste sich das ganze Israel vom Vereinigten Königreich ab, und wiederum konnte David seine Macht nur mit Waffengewalt behaupten. Am Ende seines Lebens war es zwischen Jebusitern und Israeliten in Jerusalem zum Bruch gekommen. Als David auf dem Totenbett lag, ließ sich sein ältester überlebender Sohn Adonia mit Unterstützung der alten Garde von Hebron, einschließlich Joabs, des Feldherrn, und Ebjatars, des Priesters, zum König krönen. Diejenige Partei, die man vielleicht als jebusitische bezeichnen könnte, bekam Davids Unterstützung für einen Gegenschlag. Nathan, Zadok und Bathseba, begleitet von den alten jebusitischen Kretern und Peletern, brachten Salomo zum Schrein an der Gichonquelle und krönten ihn dort unter lautem Posaunenklang. Adonia und Joab ergaben sich sofort und wurden schließlich hingerichtet, während Ebjatar, der Priester, verbannt wurde. Man könnte sagen, daß zum Zeitpunkt von Davids Tod die jebusitische Partei über die ehemaligen Eroberer triumphierte.

Unter David war Jerusalem kein zweitrangiger kanaanäischer Stadtstaat mehr, sondern zur Hauptstadt eines Reiches aufgestiegen. Unter Salomo, der um etwa 970 v. Chr. die Herrschaft übernahm, hatte Jerusalem internationalen Stellenwert erreicht und seine Größe verdoppelt. Salomo besaß einen riesigen Harem von Prinzessinnen, den Töchtern verbündeter oder unterworfener Könige. Ihm wurde auch die seltene Auszeichnung zuteil, eine der Töchter des Pharaos zur Gemahlin zu bekommen. Das Königreich besaß nun ein mächtiges Heer mit Streitwagenlenkern – das Neueste auf dem Gebiet der Kriegsführung – und in Eziongeber sowie im Golf von Akaba eine Flotte. Salomo wurde Waffenhändler, er verkaufte Streitwagen und Pferde nach Ägypten und Sizilien. Die berühmte Geschichte des Besuchs der Königin von Saba (dem heutigen Jemen) in Jerusalem spiegelt die wachsende Bedeutung seines Königreichs wider, denn wenn er im Roten Meer Handel aufgenommen hätte, hätte dies die Wirtschaft von Saba beeinträchtigen können. Salomo erreichte legendäres Ansehen; sein Reichtum und seine Weisheit galten als überragend, und er begann – wie es sich für einen erfolgreichen König gehörte – riesige Bauprojekte, indem er die alten Festungsstädte Hazor, Megiddo und Arad wiederherstellte.

Jerusalem war eine kosmopolitische Stadt geworden und der Schauplatz von Salomos ehrgeizigsten Bauplänen. Indem er die

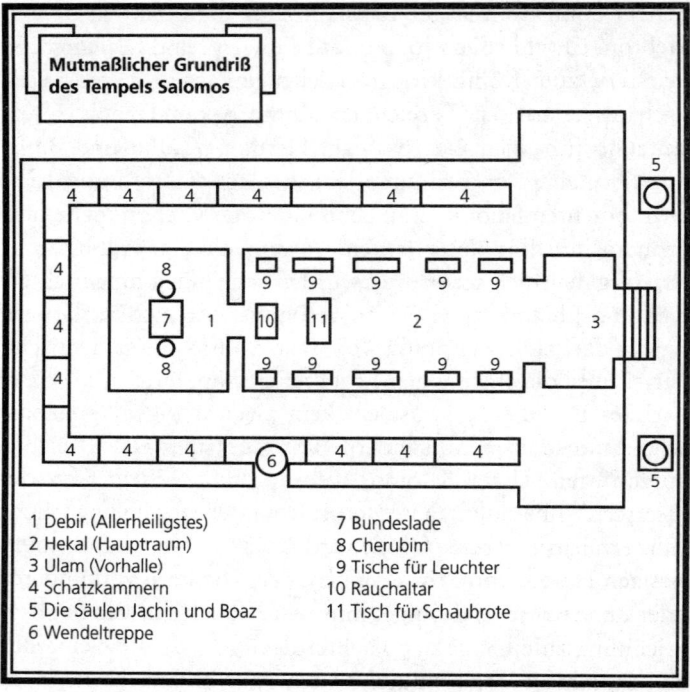

Mutmaßlicher Grundriß des Tempels Salomos

1 Debir (Allerheiligstes)
2 Hekal (Hauptraum)
3 Ulam (Vorhalle)
4 Schatzkammern
5 Die Säulen Jachin und Boaz
6 Wendeltreppe

7 Bundeslade
8 Cherubim
9 Tische für Leuchter
10 Rauchaltar
11 Tisch für Schaubrote

Stadt nach Norden ausdehnte, erbaute sich Salomo an der Stelle von Aravnas altem Besitz auf dem Gipfel des Berges Zion eine königliche Akropolis. Soweit sich aus den biblischen Quellen ersehen läßt, stimmt ihr Plan mit anderen Akropolen des 10. Jahrhunderts v. Chr. voll überein, die an verschiedenen Stellen in Syrien und dem nordwestlichen Mesopotamien ausgegraben wurden. Sie bestand aus einem herrlichen Tempel für Jahwe und einem Palast für den König, dessen Bauzeit bezeichnenderweise zweimal so lang dauerte wie die des Tempels.[21] Es gab auch andere Gebäude: das auf Zedernsäulen ruhende »Haus des Waldes Libanon«, dessen Funktion nicht ganz klar ist, eine Schatzkammer, eine Gerichtshalle, in der Salomos herrlicher Elfenbeinthron stand, und ein eigener Palast für die Tochter des Pharaos, Salomos erlauchte Gattin.

Nichts davon ist erhalten. Unser Wissen über den Tempel, das wichtigste dieser Gebäude, stammt ausschließlich aus der Bibel, die sehr ausführlich alle Details beschreibt, an die man sich noch lange nach der Zerstörung des Tempels erinnerte. Er war Jahwe geweiht und sollte zur Aufbewahrung der Bundeslade dienen. Im Gegensatz zu den meisten nahöstlichen Tempeln gab es kein Standbild des Gottes, da Jahwe, nachdem er sich Mose im brennenden Dornbusch gezeigt hatte, nicht mehr erlaubte, daß man ihn in menschlicher Form abbildete. Doch in jeder anderen Hinsicht entsprach der Tempel den üblichen kanaanäischen und syrischen Vorbildern. Vermutlich wurde er von phönizischen Handwerkern entworfen und erbaut und scheint ein typisches Beispiel syrischer Herrschaftsarchitektur gewesen zu sein.[22] Die gewöhnlichen Gläubigen betraten den Tempel nicht, und die Opfer wurden in dem außerhalb liegenden Hof vollzogen. Das Heiligtum selbst war ziemlich klein und bestand aus drei Teilen: der Vorhalle (Ulam), die nach Osten zur aufgehenden Sonne gerichtet war, dem Hauptraum (Hekal) und – an dessen westlichem Ende, durch einige Stufen erhöht – dem Allerheiligsten (Debir), das die Bundeslade enthielt und hinter einem blauen, karmesinroten und purpurnen Leinenvorhang verborgen war[23] (siehe Diagramm). Die Einrichtung zeigt, wie eng sich der Jerusalemer Jahwekult in die geistig-religiöse Landschaft des Nahen Osten einfügte. Abgesehen von der Bundeslade gab es keine sichtbaren Symbole des Exodus. Statt dessen standen im Hauptraum zwei riesige goldene Leuchter, ein goldener Tisch für die Schaubrote und ein Weihrauchaltar aus vergoldetem Zedernholz. Wir hören auch von einer bronzenen Schlange, von der später behauptet wurde, sie sei eine Nachbildung derjenigen, die Mose in der Wüste gefertigt hatte, um die Menschen von der Pest zu heilen, aber vermutlich stand sie in Zusammenhang mit dem alten jebusitischen Kult.[24] Der Eingang der Vorhalle wurde von zwei freistehenden Säulen flankiert, die rätselhafterweise als »Jachin« und »Boaz« bezeichnet wurden. Draußen[25] im Vorhof standen der Brandopferaltar aus unbehauenem Stein und ein massives bronzenes Wasserbecken, das von zwölf Bronzestieren getragen wurde und Jam, das Urmeer, symbolisierte. Die inneren und äußeren Wände waren mit geschnitzten Cherubim, Palmen und Blumengirlanden geschmückt.[26] Der syrische Einfluß ist dabei ganz deutlich. Das bronzene Wasserbecken erinnert an Baals Kampf mit Jam, die Stiere waren das herkömmliche Symbol von Göttlichkeit und Fruchtbarkeit, während die Säulen Jachin und Boaz ebenfalls Fruchtbarkeitssymbole dargestellt haben mochten (massebot), die in Kanaan weit verbreitet waren, später jedoch von den Propheten aufs heftigste verurteilt wurden. Die biblischen Verfasser beziehen sich eher auf den kanaanäischen als den hebräischen Kalender, wenn sie den Bau des Tempels und dessen Einweihung im Monat Etanim (September/Oktober) ansetzen, was vielleicht mit dem Herbstfest des Baal zusammenfiel, der zu diesem Zeitpunkt seinen Sieg über Mot und seine Inthronisation auf dem Berg Zaphon feierte. In der israelitischen Tradition wurde dieses Fest als Sukkot (Laubhüttenfest) bekannt, und wir werden später sehen, daß dieses bäuerliche Fest umgedeutet und mit dem Exodus in Verbindung gebracht wurde.

Doch dieser Tempel, der offenbar eine Fülle »heidnischer« Bildwerke enthielt, wurde die wichtigste sakrale Stätte Israels.

Einigen Propheten und Reformern war dies höchst zuwider, und sie drängten die Menschen, zur reineren Religion des Exodus zurückzukehren; aber nachdem Salomos Tempel von Nebukadnezar zerstört worden war, kam dies für die meisten Israeliten einem Weltuntergang gleich. Vielleicht sollte es uns nicht verwundern, daß die meisten Menschen diese Symbole aus der syrischen und kanaanäischen Mythologie mit der Bundeslade und dem Exodus vereinbar fanden. Wie wir gesehen haben, haben die Legenden des Exodus große Ähnlichkeit mit den alten Mythen von Baal und Marduk. Wenn wir die Geschichte des Exodus nur als ein historisches Ereignis ansehen, das »wahr« ist, dann ist Baals Kampf mit Jam eine bloße Phantasie, die »falsch« ist. Wenn wir uns aber auf die tiefere Bedeutung der Ereignisse und Erfahrungen des Exodus konzentrieren, liegt eine zeitlose Wahrheit zugrunde, und wir erkennen, daß das bronzene Wasserbecken im Hof von Salomos Tempel nicht völlig unangebracht war. Sowohl der Exodus wie Baals Kampf künden vom endlosen Ringen mit den Mächten der Finsternis und stellen ein Durchgangsritual dar. Genauso wie sich bei den Juden jede Generation daran erinnern soll, daß ihre Vorväter der Sklaverei in Ägypten entkommen waren, war die Gegenwart von Jam eine Mahnung, daß die Kräfte des Chaos niemals gänzlich besiegt werden. Durch seine Position an der Schwelle des Tempels diente er als Mahnung für die Herausforderung und Anstrengung, die Schöpferkraft erforderte.

Wir wissen aus den Psalmen des Jerusalemer Jahwekults, daß der Tempel mit dem Berg Zion in Zusammenhang gebracht wurde. Nachdem man die Bundeslade dort untergebracht hatte, wurde der Ort für die Israeliten zu einem »Zentrum«, das Himmel und Erde miteinander verband, aber gleichzeitig seine Wurzeln auch in der Unterwelt hatte, die durch das Urmeer versinnbildlicht wurde. Wie der heilige Berg war der Tempel ein Symbol jener Macht, die den Kosmos am Leben erhält. Wie Jakobs Leiter repräsentierte er eine Brücke zur Quelle des Seins, ohne die die hinfällige irdische Welt nicht überdauern konnte. Da er an einem Ort erbaut war, an dem sich in der Vergangen-

Ein Rabbiner im heutigen Jerusalem betet in der Nähe des Tempelbergs. Immer noch angezogen von der großen Heiligkeit des Tempels Salomos, versucht er, dessen Fundamenten, die heute unter dem muslimischen Haram al-Scharif liegen, so nahe wie möglich zu sein.

heit das Göttliche gezeigt hatte, konnten die Gläubigen hoffen, hier mit der göttlichen Kraft Verbindung aufnehmen zu können. Wenn sie die heiligen Bezirke betraten, befanden sie sich in einer anderen Dimension, die jedoch gleichzeitig mit der irdischen Welt verbunden war und diese am Leben erhielt. Der Berg Zion unterschied sich daher auf radikale Weise von dem Land, das ihn umgab: Das hebräische Wort »heilig« *(kaddosch)* bedeutet »anders«, »verschieden«. Allein die Anlage des Tempels mit den drei Stufen der Heiligkeit, die im Debir (dem Allerheiligsten) gipfeln, symbolisierte die Transzendenz des Sakralen. Der Zutritt zum Allerheiligsten war außer den Hohenpriestern allen versagt; es blieb still, leer und unzugänglich. Da es jedoch die Bundeslade und die göttliche Gegenwart beherbergte, war es gleichzeitig der Beweis, daß sich das Heilige in der Welt der Menschen zeigen konnte: Es war sowohl immanent wie transzendent.

Wie der Jahwist es im 2. und 3. Kapitel der Genesis beschreibt, stellt der Tempel auf dem Gipfel des Bergs Zion auch den Garten Jahwes dar.[27] Die großen Kerzenleuchter glichen Bäumen, die mit Mandeln und Blüten bedeckt sind; die Palmen und Blumen auf den Türen und an den Wänden des Hauptraums erinnern an den Garten, in dem am Anfang der Zeiten die Cherubim gewandelt waren; es gab sogar eine Schlange. Vielleicht hat der Jahwist während der Regierungszeit Salomos geschrieben, aber selbst wenn er zu einem späteren Zeitpunkt gelebt hat, war er eindeutig von der Spiritualität des Tempels beeinflußt. Nachdem Marduk die Welt erschaffen hatte, erbaute er einen Tempel, aber wie uns der Jahwist berichtet, pflanzte Jahwe nach Abschluß der Schöpfung einen Garten, in dem er in der Abendkühle wandelte und vertrauten Umgang mit den ersten Menschen pflegte.[28]

Aus der Geschichte vom Garten Eden können wir ersehen, was das Göttliche für die gläubigen Israeliten in Salomos Tempel bedeutete. Wie in allen Mythen vom verlorenen Paradies war Eden ein Ort, an dem der Zugang zur himmlischen Welt einfach zu finden war. Eden selbst war eine Erfahrung des Göttlichen. Der Jahwist sagt, es war die Quelle der irdischen Fruchtbarkeit, die von einem Fluß gespeist wurde, der sich in vier Ströme teilte, nachdem er den Garten verlassen hatte, und damit den Rest der Erde befruchtete: Einer dieser Ströme wurde Gichon genannt. Im Tempel standen zwei große Leuchter; in Eden standen zwei Bäume, die sich jedes Jahr aus eigener Kraft erneuerten und damit ein Symbol des Göttlichen darstellten. Eden war ein Sinnbild jener ursprünglichen Einheit, die die Menschen überall auf der Welt an ihren heiligen Stätten zu erfahren suchten. Gott und Menschheit waren nicht getrennt, sondern lebten an einem Ort zusammen; Mann und Frau wußten nicht, daß sie verschieden waren; es gab keine Unterscheidung von Gut und Böse. Adam und Eva lebten daher in einem Bereich, in dem alle Gegensätze aufgehoben waren: Es handelt sich um eine Einheit, die jenseits unserer Erfahrung liegt und unserer unvollständigen Existenz, außer in den seltenen Momenten der Ekstase oder Einsicht, gänzlich unzugänglich ist. Es handelt sich um eine mythenhafte Beschreibung jener Harmonie, die nach Meinung von Menschen aller Kulturen den Sinn des Menschseins ausmacht. Adam und Eva haben sie verloren, nachdem sie sündigten und aus dem Garten Eden vertrieben wurden. Doch wenn die Gläubigen Salomos Tempel betraten, gelang es ihnen mit Hilfe der Bildwerke, sich in den Garten Jahwes zurückzuversetzen und – wenn auch nur für Momente – eine Ahnung des Paradieses zu erlangen, das für immer verloren war. Der Schmerz der Trennung wurde besänftigt, der, wie wir gesehen haben, jeder religiösen Suche zugrunde liegt. Sowohl Architektur wie Liturgie waren bei der spirituellen Reise zu jenem Gefühl der Einheit behilflich, das untrennbar mit der Realität verbunden ist, die wir »Gott« oder »das Heilige« nennen.

Auf diese Weise verhalf der Tempel Pilgern und Gläubigen zu einer Erfahrung Gottes. Im folgenden Kapitel werden wir sehen, daß viele hofften, dort eine Vorstellung von Jahwe zu gewinnen, und daß sie sich im Tempel zu Hause und aufgehoben fühlten. Als Symbol des Heiligen war er gleichzeitig jedoch auch die Quelle der Fruchtbarkeit und Ordnung der Welt.[29] Daher war seine große Heiligkeit auch untrennbar mit dem Streben verbunden, das wir heute als »soziale Gerechtigkeit« bezeichnen würden. Nachdem sie nun selbst ein politisches Königtum hatten, übernahmen Israel und Juda natürlicherweise den Begriff des sakralen Königtums. Der König war Jahwes Stellvertreter; sein Palast stand auf dem Berg Zion neben dem Tempel, und sein Richterstuhl stand neben Jahwes Thron im Allerheiligsten. Die Psalmen sagen ganz deutlich, daß der König Jahwes Gesetz Geltung verschaffen muß: »Er wird das elende Volk bei Recht erhalten und den Armen helfen und die Lästerer zermalmen.«[30] Wenn er gerecht war, würden Frieden, Harmonie und Fruchtbarkeit im Königreich herrschen.[31] Der König wurde bei seiner Krönung von Jahwe selbst »auf dem Berg Zion, meinem heiligen Berg« eingesetzt, Jahwe hatte ihn als seinen Sohn angenommen, so daß jeder, der gegen

Jahwes Messias, seinen Erwählten, rebellierte, sich gegen Gott selbst auflehnte.[32] Gerechtigkeit war daher ein wesentlicher Bestandteil des Kults von Zion: Es war ein Ideal, das in den Jerusalemer Psalmen immer wiederkehrt: *mishpat, zedek* und *schalom*.[33] Das Wort *mishpat* bezog sich auf die Herrschaft Jahwes auf seinem heiligen Berg – der König war nur Gottes Stellvertreter. Der Begriff *zedek* war im alten Kanaan ein Attribut des Sonnengotts, der verborgene Verbrechen ans Licht brachte, das Unrecht sühnte, das den Unschuldigen widerfuhr, und der als Richter über die Welt wachte. Nachdem Jahwe auf dem Zion inthronisiert worden war, wurde *zedek* zu einer seiner Eigenschaften. Er achtete darauf, daß im Königreich Gerechtigkeit herrschte, er zerschlug Israels Feinde und schickte rechtzeitig den notwendigen Regen.

Nachdem die Bundeslade von der Gichonquelle in das Allerheiligste gebracht worden war, war Jahwe formell auf dem Zion inthronisiert worden. Dieser Inthronisationszeremonie wurde in Jerusalem möglicherweise beim alljährlichen Laubhüttenfest gedacht. Wir haben auch festgestellt, daß die Tempeleinweihung vielleicht mit dem Fest zusammenfiel, das Baals Sieg über seine Feinde und dessen Inthronisation auf dem Berg Zaphon feierte. Indem Baal seinen Palast auf dem Zaphon errichtete, machte er sich das Land zu eigen: Es war zu seinem unveräußerlichen Erbe geworden, es war sein heiliger Berg, die »Stadt des Großen Königs«. Nachdem nun Zaphon und dessen Umgebung Baal gehörten, war das Land vor allen Feinden sicher. Das gleiche galt für Zion. Indem Jahwe Zion erwählt hatte und nachdem er dort inthronisiert worden war, wurde es zu seinem Erbe, zur »Stadt des Großen Königs«, zur Festung des Herrn. Wie auf dem Zaphon vertrieb auch hier die Gottheit alle Feinde, und Jerusalem stand für immer unter »Gottes Schutz«[34]. Und weil Jahwe der Gott Israels und Judas war, gehörte sein Land nun deren irdischen Königen. Der Tempel war ein beständiges Zeichen dafür, daß Israel der Besitzer des Landes war. Indem Salomo den Tempel baute und Jahwe dort inthronisierte, machte er das Land zum unveräußerlichen Besitz des Hauses David. Der Tempelbau war daher ein Akt der Eroberung, ein Mittel, sich das Land mit göttlicher Zustimmung anzueignen.

Doch Salomo erwies sich letztlich als Enttäuschung. Der Deuteronomist, der im 6. Jahrhundert v. Chr. schrieb, sah in ihm einen Götzendiener. Er hatte in Jerusalem Schreine für die Götter all seiner ausländischen Gattinnen errichtet; er opferte auch den Göttern seiner Nachbarländer: Astarte etwa, der Göttin von Sidon; Milkom, dem Gott von Ammon; und Kamosch, dem Gott von Moab. Für Milkom und Kamosch gab es in den Hügeln östlich von Jerusalem sogar Altäre.[35] Wegen dieser Untreue, so meinte der Deuteronomist, zerfiel das Vereinigte Königreich Israel und Juda. Aber der Deuteronomist sprach aus der Perspektive eines späteren Zeitalters. Zum damaligen Zeitpunkt wandelte sich der Glaube der Israeliten zum wahren Monotheismus. Sie glaubten nun, daß Jahwe der *einzige* Gott war und alle anderen Gottheiten daher »falsch« sein mußten. Salomo und seine Untertanen dagegen teilten diesen Glauben noch nicht. Genausowenig wie sich jemand daran stieß, daß der Tempel voller heidnischer Bildwerke war, galten auch die anderen Schreine und Tempel, die Salomo in Jerusalem baute, wahrscheinlich nur als Ausdruck der Höflichkeit gegenüber seinen Frauen. Sie beeinträchtigten Jahwes Stellung nicht. Er blieb der König von Zion und herrschte über die geringeren Gottheiten in ihren kleineren Wohnstätten, ähnlich wie in der Beschreibung der Psalmisten, wo Jahwe im göttlichen Rat den Vorsitz vor den anderen Göttern einnahm.

Wenn Salomo scheiterte, dann vermutlich deswegen, weil er nicht nach *zedek* strebte. Die Wirtschaftspolitik des Landes war schlecht. Reiche zerfallen, wenn sie ihre Ressourcen erschöpft haben, und trotz Salomos angeblichen Reichtums war die Nation bis über die Grenzen ihrer Möglichkeiten belastet worden. Salomo hatte teure Baumaterialien von Hiram, dem König von Tyrus, gekauft und konnte seine Schulden nicht bezahlen. Statt dessen mußte er Tyrus zwanzig Städte überlassen, die vermutlich im westlichen Galiläa lagen. Trotz seines mächtigen Heeres konnte Salomo die Grenzen des Landes nicht halten, das er von David geerbt hatte. Zuerst fielen Edom und dann Damaskus ab. Doch noch schwerwiegender waren die Unzufriedenheit und der Mißstand innerhalb des Königreichs. David hatte sein angestammtes Königreich Juda bevorzugt und daher fast jede Verbindung zum Königreich Israel verloren. Salomo hatte daraus nichts gelernt. Allem Anschein nach beutete er Israel aus und behandelte es als erobertes Gebiet und nicht als gleichwertigen Partner. Er hatte den nördlichen Teil des Landes in zwölf Verwaltungsbezirke eingeteilt, von denen jeder jährlich einen Monat den Hof versorgen und Männer für den Frondienst stellen mußte. Eine ähnliche Regelung ist für das südliche Königreich Juda nicht bekannt.[36] Darüber hinaus kam es wegen des Frondienstes zu bittersten Klagen. Zwangsarbeit war in der Antike etwas ganz Alltägliches. Auch David hatte sich ihrer bedient, ohne daß jemand Einspruch erhob. Salomo jedoch brauchte für seine umfangreichen Bauvorhaben ungeheure Mengen an Arbeitskräften. Das ruinierte die Wirtschaft, da nicht in produktive Zweige investiert wurde, und aufgrund des Frondiensts wurden Männer vom Land und aus den Städten abgezogen, obwohl dort der Reichtum des Landes erwirtschaftet wurde. Schlimmer noch: Die Zwangsarbeit stellte ein schreiendes Unrecht dar. Wir hören, daß dreißigtausend Männer aus Israel zur Fron gezwungen wurden, doch bezüglich Judas sind derlei Maßnahmen nicht bekannt.[37] Die Einwohner von Israel waren darüber sehr aufgebracht, und einige träumten sogar davon, sich von Jerusalem abzuspalten.

Wir haben gesehen, daß das Ideal der Gerechtigkeit in der antiken Welt nicht bloß ein Traum war. Es beruhte auf gesundem politischen Denken. Königreiche waren wegen sozialer Unruhen untergegangen. Ugarit war im 13. Jahrhundert v. Chr. zerstört worden, weil der Landbevölkerung zu große Lasten aufgebürdet worden waren. Auch Salomos Königreich sollte zerfallen, weil der König seine Untertanen nicht gleichwertig behandelt hatte – eine heilsame Lektion für seine Nachfolger. Salomo war bewußt, daß sein Reich in Gefahr war. Wir lesen, daß in den letzten Jahren seines Lebens Jerobeam, einer der israelitischen Aufseher des Frondienstes, mit dem König in Konflikt geriet. Es wird berichtet, daß einer der Propheten aus dem Nordreich vorausgesagt habe, Salomos Königreich würde zweigeteilt werden und Jerobeam die zehn nördlichen Stämme von Israel regieren.[38] Daher ist es naheliegend, daß Jerobeam einen Aufstand geplant hatte. Salomo versuchte, ihn töten zu lassen, aber Jerobeam floh nach Ägypten und nahm Zuflucht am Hof des Pharaos Sisak. Er mußte nicht lange im Exil bleiben. Kurz darauf, um etwa 930 v. Chr., starb Salomo nach einer Regierungszeit von vierzig Jahren. Neben seinem Vater wurde er in *ir David* begraben, und sein Sohn Rehabeam folgte ihm auf dem Thron. Und sofort wurde das Vereinigte Königreich Israel und Juda von dem Unglück getroffen, das Salomo befürchtet hatte.

4

Die Stadt Judas

Rehabeam hatte ein verarmtes und gespaltenes Königreich geerbt. Seine Herrschaft wurde in Juda anerkannt, aber das nördliche Königreich Israel war aufgrund der ehrgeizigen Bauprojekte Salomos ausgeblutet. Als sich Rehabeam in Sichem mit den Ältesten Israels traf, um seine Regentschaft bestätigen zu lassen, erklärten sie, sie würden ihn nur dann als König akzeptieren, wenn er die Last der Besteuerung und der Fronarbeit verringere. Es war eine schwierige Entscheidung. Mit der Erfüllung dieser Bitte hätte Rehabeam den imperialen Traum seines Großvaters David für immer aufgegeben und sich am Hof mit einem niedrigeren Lebensstandard zufriedengeben müssen. Kaum ein Herrscher hätte sich dafür entschieden, und es ist nicht verwunderlich, daß Rehabeam nicht auf seine erfahreneren älteren Ratgeber hörte, sondern die unnachgiebige Haltung seiner jüngeren Anhänger einnahm, die erkannten, daß eine niedrigere Besteuerung Israels empfindliche Einbußen ihrer eigenen Lebensführung zur Folge gehabt hätte. Rehabeam beschied die Ältesten Israels mit einer höhnischen Antwort: »Mein Vater hat euch mit Peitschen gezüchtigt, ich will euch mit Skorpionen züchtigen.«[1] Sofort sagten sich die Ältesten vom Vereinigten Königreich los, der Aufseher des Frondienstes wurde gesteinigt, und Rehabeam mußte sich eiligst nach Jerusalem in Sicherheit begeben.

Von nun an gingen die Königreiche Israel und Juda getrennte Wege. Jerobeam wurde König des Nordreichs Israel, residierte in Tirza und machte aus den alten Heiligtümern von Bet El und Dan königliche Tempel. Später baute König Omri von Israel (885–874 v. Chr.) in Samaria eine neue Hauptstadt, die die eleganteste und luxuriöseste Stadt der ganzen Region wurde. Das Königreich Israel war weitaus größer und reicher als Juda. Es befand sich nahe der Hauptverkehrsstraßen und umfaßte einen Großteil des Gebiets, in dem sich die reichsten alten Stadtstaaten befanden. Im Gegensatz dazu war das Königreich Juda isoliert und besaß keine Ressourcen, es bestand fast ausschließlich aus Steppe und Bergland, das schwer zu bebauen war. Natürlich bedauerten die Könige von Juda den Verlust Israels aufs tiefste und beschuldigten das nördliche Königreich, abtrünnig geworden zu sein, obwohl nur der Zustand vor der Vereinigung durch David wiederhergestellt worden war. Etwa fünfzig Jahre nach der Trennung der beiden Königreiche befanden sich Israel und Juda im Krieg, und Juda, der schwächere Staat, war besonders leicht zu erschüttern. Rehabeam konnte einen Angriff des Pharaos Sisak nur dadurch abwehren, daß er ihm einen beträchtlichen Anteil des Tempelschatzes überließ. Während der Regierung des Königs Asa von Juda (911–870 v. Chr) hatte das Heer Israels bereits das fünf Kilometer vor Jerusalem liegende Rama erreicht. Diesmal rettete der König die Stadt, indem er den aramäischen König von Damaskus zu Hilfe rief, der Israel im Rücken angriff. Von nun an war Israel in eine Reihe blutiger Grenzkriege mit Damaskus verwickelt und ließ von Juda ab.

Auf allen Seiten von mächtigen Feinden umringt, die ihr Königreich vernichten wollten, wandten sich die Einwohner Judas verstärkt an Jahwe um Hilfe. Wir wissen, daß sie ähnlich wie die anderen Völker des Nahen Ostens dazu neigten, ihre Feinde – Israel, Ägypten oder später Damaskus – mit den urzeitlichen Kräften des Chaos zu identifizieren. Wie das Meer oder die Wüste waren diese irdischen Feinde in der Lage, ihren geschwächten Staat zu vernichten und Juda in jene Art von Wüstenei zurückzuverwandeln, die geherrscht hatte, bevor die Götter die bewohnbare Erde geschaffen hatten.

So gedachten die Einwohner Jerusalems Jahwes Kampf gegen die Kräfte des Chaos am Anfang der Zeiten. Im ganzen

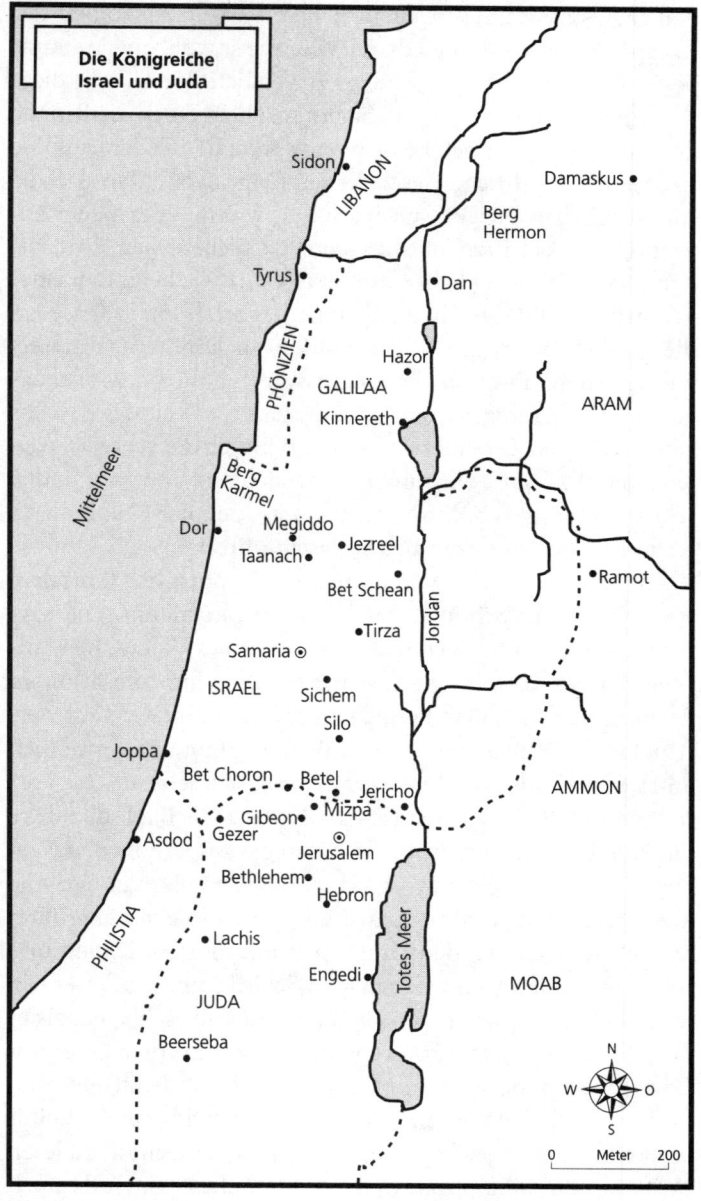

Die Königreiche
Israel und Juda

Sidon

LIBANON

Damaskus •

Berg
Hermon

Tyrus •

• Dan

PHÖNIZIEN

• Hazor

GALILÄA

ARAM

Kinnereth •

Berg
Karmel

Mittelmeer

Dor •

Megiddo •

• Jezreel

• Ramot

Taanach •

Bet Schean •

Jordan

• Tirza

Samaria ⊙

ISRAEL

Sichem •

Silo
•

Joppa •

Bet Choron • Betel •

Jericho •

AMMON

Gibeon • Mizpa •

Asdod •

Gezer •

⊙
Jerusalem

Bethlehem •

Hebron •

PHILISTIA

Lachis •

Engedi •

Totes Meer

MOAB

JUDA

Beerseba
•

N

W   O

S

0   Meter   200

Nahen Osten wurde in alljährlichen Tempelzeremonien der Kämpfe Marduks und Baals gedacht, die sowohl eine freudige Feier des göttlichen Siegs wie den Versuch darstellten, diese Kraft für die Gegenwart nutzbar zu machen. Doch die Rituale der antiken Welt waren keine bloßen Akte des Gedenkens. Sie stellten das mythische Geschehen auf eine Weise dar, daß die Menschen den ewigen, unsichtbaren Kampf, der allem zugrunde lag, erfahren und an dem göttlichen Sieg über die Kräfte des Chaos teilhaben konnten. Ganz wie beim Bau eines Tempels wurde Ähnlichkeit als Identität erfahren. Indem man die göttlichen Schlachten symbolisch im Drama nachstellte, wurden diese Taten in die Gegenwart geholt, oder, genauer gesagt, die Gläubigen wurden in die zeitlose Welt des Mythos versetzt. In den Zeremonien offenbarten sich die Schwierigkeiten realer Existenz, die immer auf Leiden und Tod zu gründen schien, aber gleichzeitig machten sie deutlich, daß dieser Kampf immer zu einem neuen Anfang führte.

Vor dem Bau des Salomonischen Tempels in Jerusalem stand Jahwe als Schöpfergott kaum im Blickpunkt. Die Mythen des Exodus zeigen ihn als Schöpfer eines Volkes, nicht als Schöpfer des Kosmos. Nach seiner rituellen Inthronisation im Allerheiligsten auf dem Berg Zion jedoch nimmt der Kult viele Aspekte des früheren Kults von Baal El Eljon an. Vermutlich unter dem Einfluß Zadoks vermischten sich jebusitische Vorstellungen mit alten israelitischen Mythen. Wie Baal soll Jahwe nun mit dem Meeresungeheuer Lotan gekämpft haben, das im Hebräischen »Leviathan« genannt wurde.[2] Er bändigte die urzeitlichen Wasser des Chaos, die sonst die Erde überflutet hätten: »Da ich ihm den Lauf brach mit meinem Damm und setzte ihm Riegel und Türen.«[3] Wie Marduk mußte er ein weiteres Seeungeheuer namens Rahab zu Tode schlagen, als er die Welt begründete.[4] Später wurden diese Mythen einer mit Gewalt verbundenen Schöpfung durch die »friedliche« priesterschriftliche Erzählung von der Errichtung einer urzeitlichen Ordnung abgelöst, wie im 1. Kapitel der Genesis zu lesen ist. Doch die Bibel zeigt, daß die Menschen von Juda auch

Mythen hatten, die sich enger an die Überlieferungen ihrer Nachbarn anlehnten, und daß sie sich in Krisenzeiten bereitwillig dieser »heidnischen« Mythenwelt zuwandten. Der Kampfmythos war tröstlich, denn er zeigte, daß die Ordnung sich immer durchsetzen würde, gleichgültig, wie mächtig die Kräfte der Zerstörung auch sein mochten. Allerdings nicht von selbst. Es lag in der Verantwortung von Priestern und Königen, diesen uranfänglichen Sieg jedes Jahr im Tempel aufs neue zu vollziehen, um dem befestigten Jerusalem göttliche Kraft zukommen zu lassen. Ihre Aufgabe bestand darin, ihrem Volk jenes große, weltverbürgende Mysterium nahezubringen, sich dem unvermeidlichen Schrecken des Seins zu stellen, und die Einsicht zu vermitteln, daß das, was als furchterregend und verderblich erschien, einen positiven Aspekt hatte. Leben und Ordnung würden über Gewalt und Tod siegen, Fruchtbarkeit würde auf eine Periode der Dürre folgen, und die Gefahr des Untergangs würde abgewehrt werden, weil die göttliche Macht in ihrer Mitte weilte.

Die frühen Psalmen zeigen, wie gründlich das Volk Juda diese Geisteshaltung in sich aufgesogen hatte. Zuweilen handelt es sich nur um eine Umformulierung der alten Mythen von Ugarit:

> Groß ist der Herr und hochberühmt in der Stadt unseres
> Gottes, auf diesem heiligen Berge.
> Schön ragt empor der Berg Zion,
> des sich das ganze Land tröstet; an der Seite
> gegen Mitternacht liegt die Stadt des großen Königs.
> Gott ist in ihren Palästen bekannt,
> daß er der Schutz sei.[5]

Jahwe würde für Jerusalem kämpfen, genauso wie Baal für seinen Besitz in Ugarit gekämpft hatte: Seine Anwesenheit machte die Stadt unangreifbar für alle draußen lauernden Feinde. Die Einwohner Jerusalems werden aufgefordert, die Befestigung Zions zu bewundern – »Machet euch um Zion und umfanget sie; zählet ihre Türme, achtet mit Fleiß auf ihre Mauern, durchwandelt ihre Paläste...« –, genauso wie das Volk von Uruk die von Gilgamesch erbauten Bastionen bewundert hatte. Nach der Inspektion wird der Schluß gezogen: »Gott ist hier!«[6] Am Anfang der Zeit hatte Jahwe Grenzen gezogen, um alles am rechten Ort zu belassen: Mauern und Sicherheitsvorkehrungen dienen hinsichtlich der Abwehr von Vernichtung und Chaos einem ähnlichen Zweck. Die Stadt würde nie fallen. Jahwe war die Zitadelle seines Volkes und würde den Bogen und die Spieße seiner Feinde zerbrechen.[7] Es hätte auch dann nichts zu befürchten, »wenngleich die Welt unterginge und die Berge mitten ins Meer sänken, wenngleich das Meer wütete und wallte und von seinem Ungestüm die Berge einfielen«[8]. Innerhalb seiner Stadt hatte Jahwe einen Hort des Friedens und der Sicherheit errichtet. In der Liturgie Jerusalems sahen die Menschen die alten Mythen des Exodus im Kontext von Jahwes Erschaffung der Welt. Er hatte sich zum König der ganzen Erde gemacht, indem er Leviathan und Rahab besiegte, und er erhielt sie am Leben. Die Erlösung des Volkes aus ägyptischer Sklaverei offenbarte seine Pläne hinsichtlich der ganzen Menschheit.[9]

Einige Wissenschaftler haben versucht, die Liturgie aus den Psalmen zu rekonstruieren, aber ihre ins Detail gehenden Behauptungen sind wahrscheinlich verstiegen. Wir wissen sehr wenig über den Kult in Jerusalem während dieser frühen Phase. Doch es scheint tatsächlich so, daß Jahwes Königtum auf dem Berg Zion einen Mittelpunkt darstellte. Möglicherweise wurde die Einweihung des Tempels durch Salomo im jährlichen Sukkotfest auf dem heiligen Berg begangen. Genauso wie Baal nach dem Sieg über Mot in seinen Palast auf dem Berg Zaphon zurückgekehrt war und damit die Fruchtbarkeit des Landes wiederhergestellt hatte, sicherte Jahwe die Fruchtbarkeit von Zion und dessen Umgebung, und dies wurde in dem alten bäuerlichen Fest gefeiert. Mit Musik, Jubel und Jauchzen, begleitet vom Schall der Posaunen, nahm Jahwe seinen Thron im Allerheiligsten ein.[10] Vielleicht stellten die

Juden im heutigen Jerusalem wählen Palmzweige für die Riten des Laubhüttenfestes. Obwohl es heute in erster Linie an den vierzigjährigen Aufenthalt der Israeliten in der Wüste erinnert, hat das Laubhüttenfest die Verbindung zu dem ursprünglichen Erntefest nicht verloren.

schmetternden Instrumente, die kultischen Rufe und die Wolken von Weihrauch, die den Tempel erfüllten, die göttliche Erscheinung auf dem Berg Sinai dar, als Jahwe seinem Volk inmitten von Feuer und Blitzen erschienen war.[11] Vielleicht gab es eine Prozession von der Gichonquelle zum Tempel, die Jahwes Überführung auf den Berg Zion versinnbildlichte. Innerhalb dieser Kulthandlungen wurde er als so mächtig erfahren, daß er nicht nur als König von Zion, sondern als »König auf dem ganzen Erdboden« galt.[12] Er nahm den Vorrang vor allen anderen Gottheiten ein:

> Denn du, Herr, bist der Höchste in allen Landen:
> Du bist hoch erhöht über alle Götter.[13]

Lange bevor die Israeliten die reine Lehre des Monotheismus entwickelten, hatten die Rituale und Zeremonien auf dem Berg

101

Zion das Volk auf emotionale, wenn auch nicht auf begriffliche Weise gelehrt, daß Jahwe der einzige Gott war, der zählte. Der Zionskult war jedoch mehr als eine lautstarke Zeremonie. Die frühen Pilgerpsalmen zeigen, daß er imstande war, tiefe spirituelle Erfahrungen auszulösen. Ein Besuch im Tempel wurde als Aufstieg *(alijjah)* erfahren. Wenn die Pilger vom Hinnomtal über die steilen Hügel von Jerusalem zum Gipfel des Zionsbergs hinaufstiegen, bereiteten sie sich auf eine »Begegnung« mit Jahwe vor.[14] Es war nicht nur ein physisches Erklimmen, sondern ein »innerer Aufstieg« zu dem Ort, an dem die diesseitige Welt auf die Welt des Transzendenten traf. Es war ein Gefühl des Heimkommens:

> Denn der Vogel hat ein Haus gefunden
> und die Schwalbe ihr Nest, da sie Junge hecken;
> deine Altäre, Herr Zebaoth, mein König und mein Gott.[15]

Die Vorstellung von friedlicher Ruhe und der Errichtung einer beständigen Wohnstatt war seit Davids frühesten Plänen, für Jahwe ein Haus in Jerusalem zu errichten, in allen Überlegungen gegenwärtig gewesen.[16] Der Tempelkult half den Menschen von Juda, ihren Platz in der Welt zu finden. Die Schöpfungserzählungen sagten ganz deutlich, daß alles im Universum seinen ihm zugewiesenen Platz habe. Jahwe hatte die Meere begrenzt, damit sie das trockene Land nicht überfluteten. Nun war Jahwe an seinem ihm eigenen Platz auf dem Zion, und dies machte den Ort zu einer sicheren Heimstatt der Judäer. Als heiliges Volk befanden auch sie sich an ihrem ihnen speziell zugewiesenen Platz. Außerhalb der Stadtmauern gab es zerstörerische Feinde, die die Welt ins Chaos zu stürzen vermochten, aber innerhalb dieser Enklave konnte das Volk seine eigene Welt errichten. In dem Gefühl der Freude und Zugehörigkeit, das der Tempel auslöste, drückte sich die Befriedigung aus, sowohl emotional wie physisch am richtigen Ort zu sein. Ein Besuch im Tempel war keine lästige Pflicht. Der Psalmist »verlangt und sehnt« sich nach Jahwes Höfen, sein Leib und seine Seele erfreuen sich daran.[17] Die Pilger fühlten sich gestärkt, weil sie eine Ausrichtung gefunden hatten; sie fühlten sich befreit aus dem endlosen Fluß von Bedingtheit und Bedeutungslosigkeit. In ihren Mythen wurde von den langen Wanderjahren in der Wildnis erzählt, in der man kaum auf Überleben hoffen durfte. Jetzt im Tempel, dem Ruhepol innerhalb einer rastlosen Welt, konnten die Pilger sich wahrhaftig lebendig fühlen und ihr Dasein in intensivster Form erfahren: »Denn ein Tag in deinen Vorhöfen ist besser denn sonst tausend.«[18]

Doch dies bedeutete nicht, daß Jahwe der einzige Gott war, der in Jerusalem verehrt wurde. Der Deuteronomist beurteilt die Könige von Israel und Juda nach einem einzigen Kriterium: Gute Könige sind diejenigen, die die alleinige Verehrung Jahwes fördern und die Kulte rivalisierender Gottheiten unterdrücken. Schlechte Könige unterstützten diese fremden Kulte. Doch trotz der weitschweifigen Erzählungen des Deuteronomisten wissen wir sehr wenig über die Ereignisse in Jerusalem während dieser Periode, da wir praktisch gar nichts über anderweitige Leistungen der Könige erfahren. Wenn der Deuteronomist uns sagt, daß einige Könige es tatsächlich allein mit Jahwe hielten, kann selbst er nicht verbergen, daß weiterhin andere Kulte in der Stadt verbreitet waren. Daher wird der König Josaphat (870–848 v. Chr.) für seine Treue zu Jahwe gepriesen, aber der Deuteronomist muß zugeben, daß die *bamot* anderer Götter immer noch in Gebrauch waren. Darüber hinaus hatte Josaphat keinerlei Skrupel, seinen Sohn Joram mit Prinzessin Athalja, der Tochter von König Ahab und Königin Isebel von Israel, zu verheiraten, die eine fromme Verehrerin Baals war. Sie brachte den phönizischen Kult mit nach Jerusalem, und in der Stadt wurde für Baal ein Tempel erbaut, dem der sidonische Priester Mattan vorstand. Die Ehe zwischen Joram und Athalja mag einen Vertrag besiegelt haben, wonach das Königreich Juda der Vasall Israels wurde, denn beide, Josaphat und Joram, kämpften von nun an an Israels Seite gegen Damaskus. Im 9. und 8. Jahrhundert v. Chr. kam es im

Mittelmeerraum und im Nahen Osten zu einer neuen Blütezeit. Selbst Judas Schicksal besserte sich, da Josaphat bemerkenswerte Siege über Moab, Ammon und Seir erzielte. Die unablässigen Rivalitäten zwischen diesen Kontrahenten fanden allerdings vorübergehend ein Ende, als sie feststellten, daß sie damit nur dem aufsteigenden assyrischen Reich in die Hände spielten. Israel und Damaskus schlossen mit anderen kleinen Staaten Anatoliens und der Steppe ein Bündnis, um den assyrischen Vormarsch nach Westen zu stoppen, aber sie wurden im Jahr 863 v. Chr. in der Schlacht von Oarqar am Fluß Orontes geschlagen. Sowohl Israel wie Damaskus wurden Vasallen Assyriens, doch das Königreich Juda war zu abgelegen und unbedeutend, um Assyriens Begehrlichkeit zu wecken, und behielt seine Unabhängigkeit.

Aber Jerusalem fühlte sich von inneren und äußeren Feinden aufs heftigste bedroht. Als Königin Athalja nach dem Tod ihres Sohnes im Jahr 841 v. Chr. Regentin geworden war, versuchte sie, die davidische Dynastie auszurotten, indem sie alle legitimen Thronerben ermorden ließ. Die Tempelpriester und die ländliche Aristokratie organisierten etwa sechs Jahre später einen Putsch und riefen Joas, Athaljas kleinen Enkel, der dem Blutbad entrinnen konnte, zum König aus. Dann richteten sie Athalja hin und rissen ihren Baalstempel nieder. Die Stadt wurde aber auch von äußeren Feinden bedroht. Joas mußte große Zahlungen aus dem Tempelschatz leisten, um den König von Damaskus vom Angriff auf Jerusalem abzuhalten, und während der Regierung von König Amazja von Juda (796–781 v. Chr.) plünderte das Heer Israels den königlichen Palast und den Tempel von Jerusalem und zerstörte einen Teil der Stadtmauer, bevor es wieder nach Samaria zurückkehrte. Doch dies erschütterte nicht den Glauben an Zions Unantastbarkeit. Tatsächlich erstarkte die Stadt unter König Ussia (781–740 v. Chr.)[19], obwohl der König mit Lepra geschlagen war. Die Mauern, die während des Angriffs durch Israel zerstört worden waren, wurden wiederhergestellt, und die alte Zitadelle auf dem Millo wurde durch eine neue Festung ersetzt, die

Ophel genannt wurde. Jerusalem wurde ein Wirtschaftszentrum, und die Bevölkerung vermehrte sich. Es scheint, daß sich die Stadt außerhalb der Mauern ins Tyropöontal und auf den Hügel gegenüber dem Berg Zion auszudehnen begann. Zu diesem Zeitpunkt befand sich Assyrien gerade in einer Schwächephase und mußte sich aus der Region zurückziehen. Daher erlebte auch das Königreich Israel eine vorübergehende Blüte und besaß de facto Unabhängigkeit.

Doch dieser Aufschwung führte zu sozialer Unruhe: Die große Kluft zwischen Reich und Arm wurde zum Stein des Anstoßes, und sowohl im Nordreich wie im Südreich erhoben sich Propheten, die Ungerechtigkeit und Unterdrückung verdammten. Bei der Krönung schworen die Könige des Nahen Osten, die Armen und Schwachen zu beschützen, aber dieses Ideal schien verlorengegangen zu sein. Seit der Zeit, als Abraham seinen Gott in Mamre bewirtet hatte, forderte die Religion Jahwes, daß das Heilige nicht nur in Tempeln und an heiligen Orten, sondern auch im Mitmenschen erfahren werden sollte. Die neuen Religionen, die sich während dieser Periode (die die Historiker Axialzeit nennen) nun überall in der zivilisierten Welt zu entwickeln begannen, beharrten darauf, daß sich jeder *wahre* Glaube durch praktische Anteilnahme auszeichnen mußte. Auch die Religion Jahwes begann sich zu wandeln, um sich den neuen Lebensumständen der Menschen anzupassen. Die Propheten des Alten Testaments beharrten nun auf der vorrangigen Bedeutung von sozialer Gerechtigkeit: Nur zu leicht konnte ein religiöses Symbol wie der Tempel zu einem Fetisch, zum Selbstzweck verkommen und ein Objekt falscher Sicherheit und Selbstgerechtigkeit werden. Keiner der Propheten der Axialzeit verehrte den Jerusalemer Tempel so sehr wie Jesaja, der 740 v. Chr., im Jahr von König Ussias Tod, in dem Heiligtum zum Propheten berufen worden war. Jesaja war Mitglied der königlichen Familie und muß gleichzeitig auch Priester gewesen sein, denn er stand in der Hekal, beobachtete, wie der Weihrauch die Halle füllte, und lauschte den großen kultischen Gesängen, als er plötzlich Jahwes gewahr wurde. Er sah Jahwe auf seinem himmlischen Thron, von Seraphim umringt. Der Tempel war ein Ort der Vision, und Jesaja wurde plötzlich die Heiligkeit bewußt, die vom Allerheiligsten auf die übrige Welt ausstrahlte: »Heilig, heilig, heilig ist der Herr Zebaoth, alle Lande sind seiner Ehre voll!«[20]

Daher war der Tempel für Jesajas Vision entscheidend. Der heilige Berg Zion war das Zentrum der Erde, denn er war der Ort, an dem Gott in die irdische Welt getreten war, um den Menschen Erlösung zu bringen. Der Zionskult hatte Jahwes universales Königtum gefeiert, und nun blickte Jesaja auf den Tag, an dem »alle Nationen« zum Tempelberg Jahwes strömen und sich gegenseitig drängen würden, die *alijjah* nach Jerusalem zu machen: »Kommt, laßt uns auf den Berg gehen, zum Hause des Gottes Jakobs.«[21] Dies käme einer allgemeinen Rückkehr in den Garten Eden gleich, wo alle Wesen in Harmonie lebten, der Wolf mit dem Lamm, der Panther mit dem Bock, das Kalb mit dem Löwenjungen.[22] Der heilige Berg von Jerusalem würde die Schaffung einer neuen Weltordnung erleben und die Wiederherstellung jener verlorenen Einheit, nach der die Menschheit sich sehnte. Jesajas Vision eines Neuen Jerusalem wurde nie vergessen. Seine Hoffnung auf einen auserwählten König (Messias), der diese Ära des Friedens begründete, war der Beginn jener messianischen Hoffnung, von der alle drei Religionen Abrahams ergriffen werden sollten. Alle, Juden, Christen und Muslime, sahen Jerusalem als den Ort, an dem Gott zum letztenmal in die menschliche Geschichte eingreifen würde. Es würde einen großen Gerichtstag geben, einen Entscheidungskampf am Ende der Zeit, und eine Prozession reuiger Ungläubiger würde sich nach Jerusalem aufmachen, um sich Gottes Willen zu unterwerfen. Diese Vorstellungen beeinflussen die Geschicke Jerusalems bis auf den heutigen Tag.

Doch Jesajas um den Tempel kreisende Prophezeiungen beginnen mit einem Orakel, das den gesamten Zionskult zu verdammen scheint:

> Was soll mir die Menge eurer Opfer? spricht der Herr.
>
> Ich bin satt der Brandopfer von Widdern und des Fettes von den Gemästeten...
>
> wer fordert solches von euren Händen, daß ihr auf meinen Vorhof tretet?[23]

Selbst verfeinerte Riten sind zwecklos, wenn sie nicht von einem Mitgefühl begleitet werden, das vor allem nach Gerechtigkeit strebt und den Unterdrückten, den Witwen und Waisen Hilfe bringt.[24] Gelehrte nehmen an, daß die Prophezeiung vielleicht nicht von Jesaja selbst stammte, sondern von den Herausgebern seinen Weissagungen beigefügt wurde. Sie spiegelt allerdings eine Auffassung wider, die von anderen Propheten geteilt wurde. Im Nordreich hatte der Prophet Amos ebenfalls bestritten, daß die Tempelrituale einen ursprünglichen Teil der Exodusreligion bildeten. Wie Jesaja hatte Amos im Tempel von Betel eine Erscheinung Jahwes gehabt, aber ein Kult, der zum Selbstzweck verkam, interessierte ihn nicht. Er ließ Gott fragen: »Habt ihr vom Haus Israel mir in der Wüste die vierzig Jahre lang Schlachtopfer und Speiseopfer gebracht?« Jahwe wollte das Geplärr der Lieder und das Psalterspiel nicht mehr hören; statt dessen sollte das Recht offenbart werden wie Wasser, und die Gerechtigkeit sollte fließen wie ein starker Strom.[25] Amos glaubte, daß aufgrund der Ungerechtigkeit, die Gott in den umliegenden Ländern sah, seine Stimme laut aus seinem Heiligtum in Jerusalem erschalle: Die Ungerechtigkeit lasse seine Verehrung zum Hohn werden.[26] Mit dem Wandel von Jahwes Religion während der Axialzeit wurden Gerechtigkeit und Mitgefühl wesentliche Tugenden, ohne die die Verehrung einer heiligen Stätte wertlos war. Auch der Jerusalemer Kult nahm diese Werte in sich auf und verkündete, daß Jahwe vor allem um die Armen und Schutzlosen bekümmert sei. Zion sollte eine Zuflucht für die Armen sein, und wie wir sehen werden, nannten sich die Juden, die sich als die wahren Söhne Jerusalems betrachteten, *ebionim*, die Armen. Doch es scheint, daß in Jerusalem »Armut« nicht nur materielle Not meinte. Das Gegenteil von »arm« war nicht »reich«, sondern »hoffärtig«. In Jerusalem sollte das Volk nicht auf menschliche Stärke, Bündnisse mit fremden Mächten oder militärische Überlegenheit bauen, sondern allein auf Jahwe. Er allein war die Festung und Zitadelle von Zion, und es war Götzendienst, sich hochmütig auf irdische Streitkräfte und Burganlagen zu verlassen.[27]

Auch damals gab es Menschen, die den leichteren Weg vorzogen und ihr religiöses Engagement lieber auf heilige Stätten verwandten als auf die schwierige Aufgabe, Mitgefühl zu zeigen. Jesajas lange Wirkungszeit als Prophet führt einige der Gefahren vor Augen, die aus der Grundhaltung Jerusalems erwachsen konnten. Während der Regierungszeit König Ahas' von Juda (736–716 v. Chr.) war Assyrien wieder erstarkt, und die Könige von Damaskus und Israel schlossen ein Bündnis, um König Tiglatpileser III. von Assyrien daran zu hindern, die Region zu unterwerfen. Als König Ahas sich weigerte, diesem Bündnis beizutreten, marschierten Israel und Damaskus nach Süden, um Jerusalem zu belagern. Jesaja versuchte, Ahas zu überreden, der Belagerung standzuhalten. Er prophezeite, daß der Sohn, den seine Frau empfangen würde, das Königreich Davids wiedererrichten werde. Er würde »Emanu-El« (»Gott mit uns«) genannt werden, denn er würde das Reich des Friedens stiften, in dem die Menschen wieder im Einklang mit dem Göttlichen leben könnten. Bevor dieses Kind erwachsen wäre, wären die Königreiche Damaskus und Israel zerstört. Es gebe keinen Grund, in Panik zu verfallen oder Bündnisse mit fremden Herrschern zu schließen.[28] Ahas solle allein auf Jahwe vertrauen. Doch Ahas glaubte, das Risiko nicht eingehen zu können; er beschloß, sich Tiglatpileser zu ergeben, und wurde ein Vasall der Assyrer, die prompt in die Gebiete von Damaskus und Israel einfielen und eine große Anzahl von Einwohnern verschleppten. Bis zum Jahr 733 v. Chr. war Israel auf einen kleinen Stadtstaat um Samaria geschrumpft, auf dessen Thron ein Marionettenkönig saß. Assyriens Politik bestand nicht darin, seinen Vasallen die eigene Religion aufzuzwingen, aber Ahas schien seinem neuen Oberherrn gegenüber eine

Die militärische Macht Assyriens: Auf dieser Stele (etwa 745 v. Chr.) belagern Soldaten eine Stadt mit Rammböcken und zeigen gegenüber den Besiegten keine Gnade.

freundliche Geste machen zu wollen. Im Tempelhof wurde der alte Opferaltar durch einen Altar im assyrischen Stil ersetzt, und in Juda kam es zu einer neuen Begeisterung für Kulte, die in anderen Teilen des Nahen Osten entstanden waren und Sonne, Mond und andere Gestirne verehrten.

Jesaja hatte nichts für Ahas übrig, aber zumindest hatte dieser sein Land gerettet. Von dem Kind, das Jesaja als Emanu-El verheißen hatte, kann das nicht gesagt werden. Hiskia folgte um 716 v. Chr. auf seinen Vater Ahas, und der Deuteronomist erzählt uns anerkennend, daß er allein Jahwe gedient habe. Er schloß all die heidnischen Schreine, die anderen Göttern geweiht waren, riß die *massebot* nieder und zerschlug die bronzene Schlange in der Hekal des Jerusalemer Tempels. Der Chronist berichtet, daß die Priester die führende Rolle bei dieser Reformbewegung innehatten und all das Beiwerk fremder Kulte aus dem Tempel warfen. Er berichtet auch, daß Hiskia alle Einwohner Israels und Judas aufgefordert habe, sich in Salomos Tempel zu versammeln, um das Passafest zu feiern, das bisher zu Hause gefeiert worden war.[29] Dies ist unwahrscheinlich, da das Passafest vor dem ausgehenden 6. Jahrhundert v. Chr. nicht im Tempel gefeiert wurde, und der Chronist hat vermutlich die religiösen Praktiken seiner Zeit in die Tage Hiskias, den er sehr verehrte, zurückverlegt. Tatsächlich wissen wir nicht genau, was Hiskia mit dieser Reform beabsichtigte. Sie scheint auch keine bleibende Wirkung gehabt zu haben. Vielleicht wollte er sich von der synkretistischen Vorgehensweise seines Vaters lösen und einen ersten Schritt in Richtung Befreiung von assyrischer Vorherrschaft tun. Die angebliche Einbestellung des Volkes Israel nach Jerusalem könnte auf den Traum eines Vereinigten Königreichs deuten, das Jesaja vorhergesagt hatte. Israel war keine Bedrohung mehr, und in Juda muß über den Niedergang des einstigen Feindes eine gewisse Schadenfreude geherrscht haben. Zum erstenmal seit der Trennung der beiden Königreiche war Juda in der stärkeren Position, und Hiskia mag Jesajas messianische Vision genährt haben, indem er die verbliebenen Israeliten in die Stadt Davids rief.

Sollten derlei Hoffnungen bestanden haben, so wurden sie 722 v. Chr. vernichtet, als nach einer vergeblichen Revolte gegen Assyrien Samaria durch Salmanassar V. geschlagen und zerstört wurde. Das Königreich Israel wurde in eine assyrische Provinz ungewandelt, die Samerina genannt wurde. Über sie* benundzwanzigtausend Israeliten wurden nach Assyrien verschleppt, von denen nie mehr gehört wurde. Sie wurden durch Siedler aus Babylonien und Syrien ersetzt, die neben ihren eigenen Göttern Jahwe verehrten. Von nun an war Israel keine geographische Bezeichnung mehr, sondern nur noch ein Begriff, der in Juda rein kultische Bedeutung hatte. Aber nicht alle Israeliten waren deportiert worden. Einige waren in ihren alten Städten und Dörfern zurückgeblieben und versuchten, mit Hilfe der Neuansiedler ihr zerstörtes Land wiederaufzubauen. Andere kamen wahrscheinlich als Flüchtlinge nach Juda und siedelten sich in und um Jerusalem an. Sie brachten Ideengut mit sich, das wahrscheinlich im Norden verbreitet gewesen war und nun auf die Geisteswelt Jerusalems bedeutenden Einfluß gewinnen sollte.

Möglicherweise war es diesem Zuzug zu verdanken, daß sich Jerusalem am Ende des 8. Jahrhunderts v. Chr. auf die drei- oder vierfache Größe ausdehnte. Zwei neue Vorstädte wurden gebaut: eine auf dem westlichen Hügel gegenüber dem Tempel, die »Misne«, »zweite Stadt«, genannt wurde. Die andere entwickelte sich im Zentraltal und wurde »Maktes«, »Mörser«, genannt. Der neue assyrische König Sargon II. betrieb eine liberalere Politik gegenüber seinen Vasallen, wodurch Jerusalem besondere Privilegien und wirtschaftliche Vorteile erlangte. Aber anstatt aus dem Schicksal des Nordreichs eine Lehre zu ziehen, schien Hiskia der materielle Wohlstand zu Kopf gestiegen zu sein. Als Sargon 705 v. Chr. starb, agierte Jerusalem als Drahtzieher eines neuen Bündnisses unzufriedener Vasallen, die hofften, das assyrische Joch abschütteln zu können. Ihm schlossen sich Askalon und Akkaron an, und der Pharao versprach Hilfe. In Mesopotamien hatten sich weitere Aufständische verbündet, die vom babylonischen König Merodach-Baladan angeführt wurden, der Gesandte nach Jerusalem schickte, um dessen Lagerhäuser und Befestigungen zu überprüfen. Hiskia hatte sorgfältige Kriegsvorbereitungen getroffen. Er hatte die Wasserversorgung verbessert, indem er durch den Felsen von der Gichonquelle bis zum Siloateich einen neuen, sechzig Meter langen Tunnel graben ließ; außerdem wurde eine neue Stadtmauer errichtet, um diesen Teich und möglicherweise auch die Misne zu schützen. Der Stolz auf seine militärischen Leistungen war weit entfernt von dem Geist, der in Jerusalem mit »Armut« in Verbindung gebracht wurde.

Seine Vermessenheit sollte ihm bald klarwerden: Jerusalem konnte der Macht Assyriens nicht standhalten. Nachdem Sanherib, der neue König, die Aufstände in Babylon und anderen Teilen Mesopotamiens niedergeschlagen hatte, zog er nach Westen gegen Jerusalem, Ägypten schickte keine Truppen, die Städte jenseits des Jordan und Phönizien waren schnell geschlagen, und schließlich standen Sanheribs Soldaten vor der Stadt. Hiskia sandte Geschenke und entrichtete Tribut, um das Unheil abzuwenden, aber ohne Erfolg. Der Prophet Micha, ein Schüler Jesajas, hatte vorausgesagt, daß Jerusalem in Kürze zu einem Steinhaufen und Zion wie ein Acker umgepflügt werde.[30] Aber Jesaja beharrte darauf, daß noch nicht alles verloren sei. Jahwe, die Feste Zion, würde die Stadt beschützen. Das Vertrauen auf Diplomatie und militärische Vorbereitungen hätten sich tatsächlich als nutzlos erwiesen, aber Jahwes Gegenwart würde den Feind zurückschlagen.[31] Und trotz aller Aussichtslosigkeit erfüllten sich Jesajas Weissagungen auf dramatische Weise. Wir wissen nicht genau, was passiert ist. Der Chronist sagt nur, daß Jahwe seinen »Engel« geschickt habe, um das assyrische Heer zu vernichten, und Sanherib war gezwungen, sich zurückzuziehen.[32] Die naheliegendste Erklärung ist, daß die Assyrer von der Pest dezimiert wurden, aber niemand in Jerusalem wollte eine »natürliche« Erklärung gelten lassen. Selbstverständlich sahen sie ihre Errettung als ein Wunder an. Jahwe hatte sich tatsächlich als der Mächtige erwiesen, der seinem Volk Rettung brachte, ganz wie es im Kult immer behauptet worden war.

Dieses außergewöhnliche Ereignis hatte fatale Folgen für die Politik Jerusalems. In früheren Jahren hatten Könige wie Rehabeam und Asa die Geschicke ihrer Stadt mittels Diplomatie gelenkt. Sie glaubten nicht, daß sie aufgrund des Jahwekults alle Vorsicht in den Wind schlagen durften; im Gegenteil: Sie mußten mit aller Kraft gegen ihre Feinde streiten und alles tun um Jahwe bei seinem titanischen Kampf zu helfen. Doch spätere Generationen glaubten, ihre Stadt sei so unantastbar, daß sie durch Wunderkraft errettet werden würde – eine Form von Religiosität, die das Geistige auf Magie reduziert. Hiskia wurde nach Sanheribs Rückzug als Held gepriesen, aber seine rücksichtslose Politik hatte das Land an den Rand des Ruins gebracht. In den assyrischen Annalen behauptet Sanherib, er habe sechsundvierzig von Hiskias befestigten Städten und unzählige Dörfer geplündert; ein großer Anteil der Bevölkerung wurde verschleppt, und Hiskia hatte fast sein ganzes Territorium verloren. Jerusalem war erneut ein kleiner Stadtstaat. Dies war ein schweres Erbe für seinen jungen Sohn Manasse, der 698 v. Chr. auf den Thron kam. Um sich von Hiskia zu distanzieren, betrieb er eine vollkommen gegenteilige religiöse Politik; er versuchte, die umliegenden Gebiete stärker zu integrieren und den gefährlichen Bestrebungen nach Partikularismus entgegenzutreten. Er stellte Altäre für Baal auf und errichtete auf dem Land erneut die *bamot*. Im Hinnomtal wurde die Praxis des Menschenopfers eingeführt, welche von da an eine Aura des Schreckens umgab. Im Tempel, möglicherweise im Allerheiligsten selbst, wurde ein Standbild Ascheras aufgestellt, und im Vorhof baute Manasse Häuser für Tempelprostituierte. Zion war nun dem Fruchtbarkeitskult Ascheras geweiht; es gab auch andere Altäre für astrale Gottheiten.[33] Die glühenden Anhänger Jahwes waren von diesen Maßnahmen natürlich entsetzt, aber vermutlich fand sich ein Teil der Bevölkerung damit ab. Durch den Propheten Hosea wissen wir, daß der Fruchtbarkeitskult Baals im Nordreich weit verbreitet war. Aber zweihundertsiebzig Jahre lang war Jahwe der Eljon in Jerusalem gewesen, und für die Propheten, die gräßliche Strafen prophezeiten, war diese Entthronung eine scheußliche Greueltat und zeugte von Undankbarkeit für die Errettung im Jahre 701 v. Chr. Doch Manasse glaubte offensichtlich, daß dies notwendig sei, um Assyrien gnädig zu stimmen und dem jahwistischen Chauvinismus seines Vaters abzuschwören. Seine lange Regierungszeit gab Juda Zeit, sich zu erholen, und

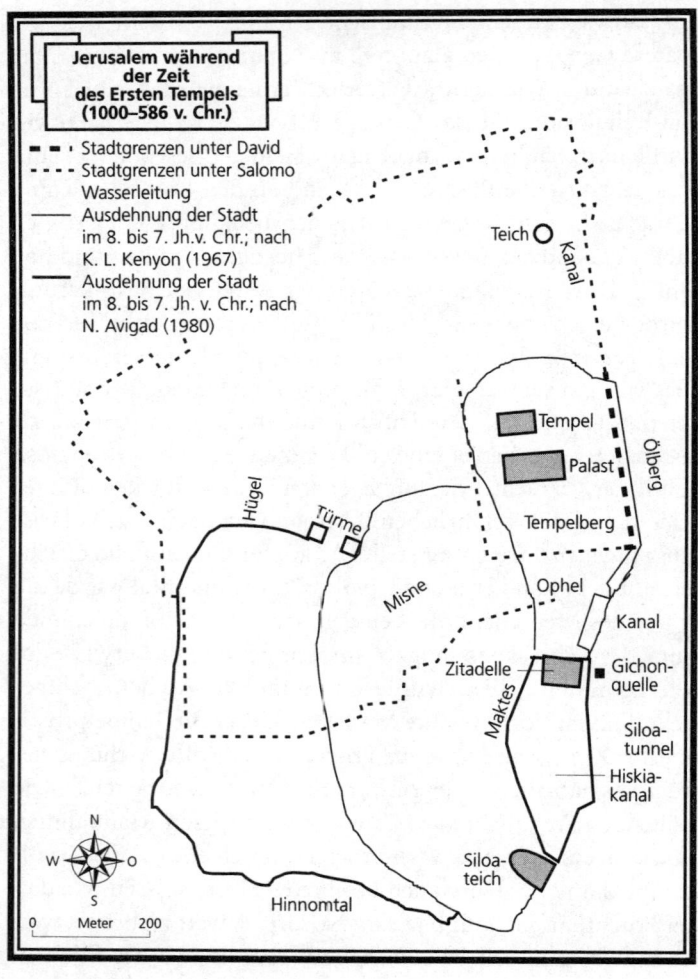

Jerusalem während der Zeit des Ersten Tempels (1000–586 v. Chr.)

- ▪ ▪ Stadtgrenzen unter David
- ▪ ▪ ▪ Stadtgrenzen unter Salomo
  Wasserleitung
  Ausdehnung der Stadt
  im 8. bis 7. Jh.v. Chr.; nach
  K. L. Kenyon (1967)
  Ausdehnung der Stadt
  im 8. bis 7. Jh. v. Chr.; nach
  N. Avigad (1980)

Teich

Kanal

Tempel

Palast

Ölberg

Tempelberg

Hügel

Türme

Misne

Ophel

Kanal

Zitadelle

Gichonquelle

Maktes

Siloatunnel

Hiskiakanal

N
W O
S

Siloateich

Hinnomtal

0   Meter   200

Manasse war in der Lage, einige Gebiete, die Hiskia verloren hatte, zurückzuerobern.

Manasses schärfste Kritiker waren wahrscheinlich die deuteronomistischen Reformer, die während seiner Regierungszeit eine neue Form des Jahwismus entwickelten. Sie waren vermutlich nach der Katastrophe von 722 v. Chr. nach Jerusalem gekommen und betrachteten den Zionskult voller Mißtrauen. Sie hatten gesehen, wie die alten Tempel Israels von den Assyrern niedergerissen worden waren, und glaubten nicht mehr, daß ein von Menschen gefertigter Schrein eine Verbindung zwischen Himmel und Erde herstellen und Schutz vor Feinden gewähren könne. Viele Menschen der Axialzeit erfuhren das Heilige zunehmend als etwas Verborgenes: Eine neue Kluft hatte sich zwischen Himmel und Erde aufgetan. Die Vertreter der deuteronomistischen Schule fanden die Vorstellung unerträglich, daß Gott in einem von Menschen errichteten Bauwerk wohnen sollte. Wenn der Deuteronomist die Einweihung des Jerusalemer Tempels durch König Salomo beschreibt, legt er dem König Worte in den Mund, die an die Grundfesten des Zionskults rühren. »...sollte in Wahrheit Gott auf Erden wohnen?« sinniert Salomo ungläubig. »Siehe, der Himmel und aller Himmel Himmel können dich nicht fassen. Wie sollte es denn dies Haus tun, das ich gebaut habe?«[34] Gott wohnte im Himmel, und es war nur sein »Name« – gleichsam ein Schatten seiner selbst –, der auf der Erde gegenwärtig war. Für die Vertreter der deuteronomistischen Schule knüpfte der Zionskult zu eng an die alten kanaanäischen Religionen an. Sie wollten eine Religion, die auf Geschichte gründete und nicht auf Mythen, die aller faktischen Grundlagen entbehrten. In vieler Hinsicht waren sie uns Heutigen im modernen Westen näher. Sie glaubten beispielsweise nicht, daß Israels Anspruch auf das Heilige Land durch Jahwes Inthronisation auf dem Zion begründet war. Statt dessen entwickelten sie die Geschichte von Josuas göttlich inspirierter Eroberung Kanaans, um zu zeigen, daß die Israeliten das Land mit Jahwes Hilfe durch Waffengewalt gewonnen hatten. Das

Laubhüttenfest war ihrer Überzeugung nach nichts anderes als ein Erntefest. Damit wurde nicht Jahwes Inthronisation auf dem Berg Zion gefeiert.[35]

Vor allem aber wollten die Vertreter der deuteronomistischen Schule, daß die Israeliten allein Jahwe verehrten und sich von allen anderen Göttern lossagten. Propheten des Nordreichs wie Elias und Hosea hatten diese Botschaft schon lange verkündet, aber seit der Regierungszeit Salomos hatte in Jerusalem eine Tradition des Synkretismus geherrscht. Was die Vertreter der deuteronomistischen Schule anging, so brachte die Vorgehensweise Manasses das Faß zum Überlaufen. Sie waren überzeugt, daß die Israeliten zur Zeit des Exodus allein Jahwe verehrt hatten, und im 24. Kapitel des Buches Josua schilderten sie, wie die Israeliten dies mit einem formalen Bündnisvertrag besiegelten. Unter Anleitung Josuas hatten sie allen fremden Göttern abgeschworen und ihre Herzen Jahwe geweiht. Die Vertreter der deuteronomistischen Schule waren noch keine reinen Monotheisten. Sie glaubten, daß andere Götter existierten, waren aber überzeugt, daß Israel aufgerufen sei, allein Jahwe zu dienen.[36]

Wir haben gesehen, daß die Erfahrung des Kults im Jerusalemer Tempel einige Menschen in Juda bereits zu dieser Überzeugung geführt hatte. Das Zionsritual verkündete, daß Jahwe der alleinige König und allen anderen Göttern übergeordnet war. Doch in den Augen der Vertreter der deuteronomistischen Schule war der Zionskult befleckt und verfälscht. Sie wollten die Tempel nicht rundum abschaffen, dazu nahmen sie in der Religion der antiken Welt einen zu zentralen Platz ein, und zu diesem Zeitpunkt war es wahrscheinlich unvorstellbar, ohne sie auszukommen. Statt dessen schlugen sie vor, daß Israel nur *ein* Heiligtum haben sollte, das genau überwacht werden konnte, um zu verhindern, daß sich fremdes Beiwerk in den Kult einschlich. Ursprünglich mögen sie vielleicht an Sichem oder Betel gedacht haben, aber nach 722 v. Chr. war der Jerusalemer Tempel die einzige Stätte Jahwes, die ein zentrales Heiligtum werden konnte, und die Reformer mußten sich zögernd damit abfinden. Doch sogar wenn sie Moses Freude an dem zukünftigen zentralen Heiligtum im Gelobten Land beschreiben, vermeiden sie sorgfältig jede Erwähnung von »Zion« oder »Jerusalem«. Vielmehr bezieht sich bei ihnen Mose ganz vage auf »das Land, das der Herr, deiner Väter Gott, dir gegeben hat einzunehmen«[37].

Unter Manasse ließ sich das deuteronomistische Ideal nicht durchsetzen, aber während der Regierung seines Enkels Josia (640–609 v. Chr.) bekamen sie ganz unerwartet ihre Chance. Der Zeitpunkt war richtig. Überall im Nahen Osten wurde den Menschen allmählich bewußt, daß die alte Ordnung im Schwinden war. Die Lebenserfahrung in dem neuen riesigen assyrischen Reich mit dessen aufstrebendem Widersacher Babylon hatte der Bevölkerung zu einer weiträumigeren, umfassenderen Perspektive verholfen denn je zuvor. Auch der technische Fortschritt hatte größere Kontrollmöglichkeiten über die Umwelt gebracht. Man konnte die Welt nicht mehr mit den Augen der Vorfahren sehen, und zwangsläufig wandelten sich auch die religiösen Inhalte. Auch in anderen Teilen der alten Welt war es notwendig geworden, die überkommenen heidnischen Religionen zu reformieren. Während der Axialzeit traten Taoismus, Konfuzianismus, Hinduismus, Buddhismus und schließlich der griechische Rationalismus an die Stelle der alten Glaubensformen, und in Juda zeigte eine ähnliche Bewegung in Richtung eines Wandels. Aber mit dem Untergang des Alten wurden die Menschen von Ägypten bis Mesopotamien von einer fin-de-siècle-haften Nostalgie erfaßt, die die Vergangenheit verklärte. Dies entsprach der deuteronomistischen Vision eines Goldenen Zeitalters während des Exodus und der Zeit der Richter; es war eine Vergangenheit, die größtenteils fiktiv, aber anziehender war als die Wirren der Gegenwart.

Als Ausdruck dieser nostalgischen Hinwendung zur Vergangenheit entschied Josia, den Tempel Salomos zu restaurieren, der nach dreihundert Jahren wahrscheinlich reparaturbedürftig war. Im Lauf dieser Arbeiten entdeckte der Hohepriester Hilkia eine Schriftrolle, die vielleicht ein Teil des Textes war, den wir heute als Deuteronomium kennen. Als die Schrift Josia vorgelesen wurde, mußte der junge König entsetzt feststellen, daß Gottes Gunst, trotz seiner Erwählung des Hauses David, Israel nicht vorbehaltlos galt. Sie hing vielmehr gänzlich von der Einhaltung der mosaischen Gesetze ab.[38] Es genügte nicht mehr, auf Jahwes Gegenwart in seinem Tempel auf dem Zionsberg zu vertrauen. Josias heftige Reaktion auf diese neue »Theologie« zeigt, daß die Thora im religiösen Leben Judas noch keinen zentralen Stellenwert eingenommen hatte. Bislang waren der Kult und die Herrschaft des Königs, Jahwes *maschiah*, die Grundlagen der politischen Ordnung Judas gewesen: Jetzt sollte die Thora, das Gesetz Moses, zur Richtschnur werden.

Entsprechend begann Josia mit seiner Reform, und wie alle derartigen Reformen war es ein Versuch, die Vergangenheit wiederherzustellen. Als erstes wurden alle Ältesten Judas zusammengerufen, um im Tempel den alten Bund zu erneuern. Die Gläubigen versprachen, allen fremden Göttern abzuschwören und nur Jahwe allein zu verehren. Als nächstes mußte der Kult gereinigt werden, und der deuteronomistische Bericht zeigt, wie allgegenwärtig diese »heidnischen« Formen der Verehrung in Jerusalem waren. All die Gegenstände, die beim Kult von Baal, Aschera und den astralen Gottheiten verwendet worden waren, wurden aus der Stadt getragen und im Kidrontal verbrannt. Auch der Tempel wurde von den *massebot* und dem Haus der Tempelprostituierten befreit:

Er verunreinigte auch das Topheth im Tal der Kinder Hinnom, daß niemand seinen Sohn oder seine Tochter dem Moloch durchs Feuer ließe gehen.
Und tat ab die Rosse, welche die Könige Judas hatten der Sonne gesetzt am Eingang des Hauses des Herrn ... und die Wagen der Sonne verbrannte er mit Feuer.
Und die Altäre auf dem Dach, dem Söller des Ahas, die die Könige Judas gemacht hatten, und die Altäre, die Manasse gemacht hatte in den zwei Höfen des Hauses des Herrn,

brach der König ab und lief von dannen und warf ihren Staub in den Bach Kidron.

Auch die Höhen, die vor Jerusalem waren, zur Rechten am Berge des Verderbens, die Salomo, der König Israels, gebaut hatte der Astarte, dem Greuel von Sidon, und Kamosch, dem Greuel von Moab, und Milkom, dem Greuel der Kinder Ammon, verunreinigte der König.

Und zerbrach die Säulen und rottete aus die Ascherabilder und füllte ihre Stätte mit Menschenknochen.[39]

Dieser Aufzählung des Zerstörungswerks wohnt eine beängstigende Gewalttätigkeit inne. Es markiert den Beginn des Abscheus, den Israel vor »Götzenbildern« hatte und der die Propheten, Weisen und Psalmisten bis zum Ekel entrüstete. Vielleicht fühlten sich die Israeliten so sehr von diesen alten religiösen Symbolen angezogen, daß sie sie nicht einfach gelassen beiseite stellen konnten, wie Buddha dies hatte tun können, als er das alte Heidentum Indiens reformierte. Doch »Götzendienst« ist ein Teil der religiösen Suche, weil sich das Heilige den Menschen nie direkt zeigt, sondern immer nur durch etwas anderes: durch Mythen, Bauwerke, Mitmenschen oder in Ideen und Lehren. Alle diese Symbole des Göttlichen sind notwendigerweise unzureichend, denn sie verweisen auf eine Realität, die unzugänglich und größer ist, als Menschen erfassen können. Aber die Geschichte der Religionen zeigt, daß den Menschen die alten heiligen Symbole nichts mehr bedeuteten, wenn sich ihre Lebensumstände veränderten. Sie offenbaren dann das Göttliche nicht mehr. Sie können sogar ein echtes Hindernis für die religiöse Erfahrung darstellen. Es kann auch sein, daß die Menschen das Symbol – den Stein, den Baum oder die Lehre – für das Heilige selbst halten.

Während der Zeit Josias war es in Juda ganz deutlich zu einer derartigen Veränderung des Verständnisses von Religion gekommen. Dreihundert Jahre lang hatten die Menschen Jerusalems in anderen religiösen Symbolen Kanaans geistige Unterstützung gefunden, aber jetzt erschienen sie ihnen so unzureichend, daß sie als böse angesehen wurden. Anstatt *durch* die *massebot* auf die Welt dahinter zu sehen, die sie symbolisierten, erkannten Josia und Hilkia nur Verwerfliches darin. Dies ist ein Zug, der in den späteren monotheistischen Traditionen noch deutlicher hervortreten wird. Diese Abwehrhaltung kam in den nördlichen Territorien, dem einstigen Königreich Israel, mit besonderer Heftigkeit zum Ausdruck. Assyrien befand sich inzwischen im Niedergang und hatte keine Kontrolle mehr über seine Provinz Samerina. Josias Reformbestrebungen waren dort vermutlich Teil eines weiteren Versuchs, das Vereinigte Königreich Davids wiederherzustellen. Aber hier nahm seine Reform grausame und brutale Züge an. Josia zerstörte den alten Altar in Betel, den der »abtrünnige« Jerobeam zum königlichen Heiligtum von Israel gemacht hatte. Aus Rache zerschlug Josia dessen Steine zu Staub. Dann entweihte er das *bamah*, indem er aus einem nahe gelegenen Friedhof Leichen ausgrub und die Gebeine auf dem Altar verbrannte. Diesen Akt wiederholte er an allen alten Kultstätten Israels, er ermordete ihre Priester und verbrannte deren Knochen auf den eigenen Altären. Diese Grausamkeit, diese fanatische Intoleranz ist weit entfernt von der Höflichkeit, die Abraham anderen religiösen Traditionen entgegenbrachte. Darin findet sich auch kein Zeichen jenes bedingungslosen Respekts für die heiligen Rechte anderer, den die Propheten als den Prüfstein wahrer Religiosität angesehen hatten. Dies ist der Geist, den die Verfasser des deuteronomistischen Geschichtswerks in Josua priesen, als er rücksichtslos im Namen seines Gottes alle Vorgänger der Israeliten in Kanaan erschlug. Traurigerweise sollte dieser Geist ein Teil des religiösen Klimas in Jerusalem werden.

Denn Josias Reform war gleichzeitig eine Kampagne für Zion. Er versuchte, das Ideal des Deuteronomiums dafür zu nutzen, Jerusalem zum einzigen Heiligtum Jahwes in ganz Israel und Juda zu machen. Alle anderen heiligen Stätten sollten zerstört und entweiht werden, um dieses zentrale Heiligtum zu sichern. Josias besonders heftiges Vorgehen in Betel rührte zum Teil daher, daß dieser königliche Tempel für den

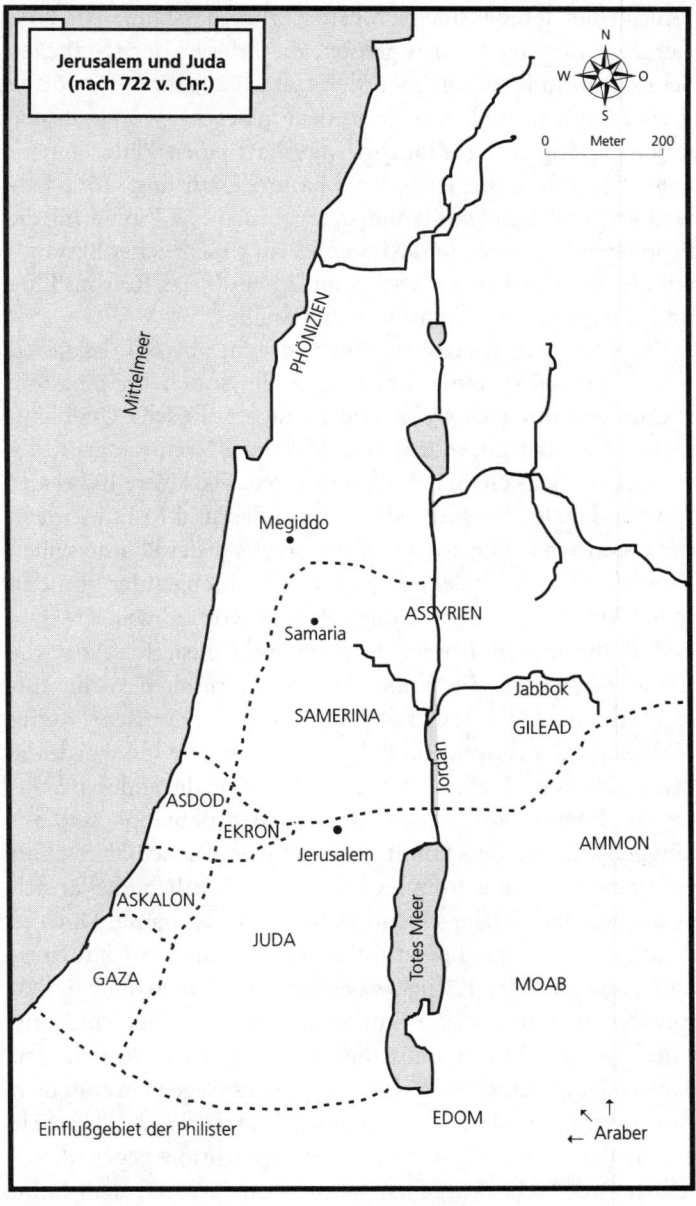

Jerusalem und Juda
(nach 722 v. Chr.)

N
W O
S

0   Meter   200

Mittelmeer

PHÖNIZIEN

Megiddo

ASSYRIEN

Samaria

SAMERINA

Jabbok

GILEAD

Jordan

ASDOD

EKRON

Jerusalem

AMMON

ASKALON

JUDA

Totes Meer

GAZA

MOAB

EDOM

Einflußgebiet der Philister

Araber

Jerusalemer Tempel eine Herausforderung darstellte. Die Priester des Nordens wurden getötet, die Priester der ländlichen Schreine in Juda dagegen wurden einfach aus ihren zerstörten *bamot* entfernt und nach Jerusalem gebracht, wo sie in den unteren Rängen der Zionspriesterschaft einen Platz einnahmen. Die Erhöhung Jerusalems hatte Zerstörung, Tod, Entweihung und Enteignung mit sich gebracht. Während für die Propheten Erbarmen und Mitgefühl ein wesentlicher Bestandteil des Kults gewesen waren, standen bei Josias Reform Ehre und Integrität Jerusalems an erster Stelle.

Die Kultreform setzte sich nicht durch, obwohl der Geist, der sie ausgelöst hatte, von Dauer sein sollte. Im Jahr 609 v. Chr. bemühte sich Josia, vollständige politische Unabhängigkeit zu erlangen, indem er den Pharao Necho angriff, der versucht hatte, sich im Land festzusetzen. Die Heere Judas und Ägyptens trafen bei Megiddo aufeinander, und Josia wurde in der ersten Schlacht getötet. Sofort verstärkte der Pharao seinen Zugriff auf Juda, indem er Josias Sohn Joahas, der von den freien Vollbürgern zum König erhoben worden war, absetzte und dafür dessen Bruder Jojakim inthronisierte. Aber die Ägypter konnten die Kontrolle über Jerusalem nicht aufrechterhalten. 605 v. Chr. besiegte der babylonische König Nebukadnezar Assyrien und Ägypten, und Babylon wurde die beherrschende Macht im Nahen Osten. Wie die anderen Staaten der Region wurde Juda zum Vasallen Babylons, und anfänglich schien es, als könnte es unter dieser neuen Herrschaft gedeihen. Jojakim war immerhin so zuversichtlich, daß er sich in der Vorstadt Misne einen herrlichen Palast baute. Doch es dauerte nicht lange, bis Jerusalem wieder fatalem Chauvinismus zuneigte. Der König wechselte die Fronten und lief zu Ägypten über, das wieder Einfluß zu gewinnen versuchte, und trotzte so der Macht Babylons. Die Propheten versicherten dem Volk auf bekannte Weise, daß Jahwes Gegenwart auf dem Zion sie vor Nebukadnezar genauso schützen würde, wie er sie vor Sanherib beschützt hatte. Die Opposition gegen dieses selbstmörderische Vorgehen wurde von Jeremia, dem Sohn von Josias Priester Hilkia, angeführt. Er warnte das Volk, daß Jahwe ganz im Gegenteil Jerusalem vernichten würde, wie er einst Silo zerstört hatte, und für diese Blasphemie wurde er zum Tode verurteilt. Er wurde zwar dann begnadigt, aber er wanderte weiterhin durch die Straßen Jerusalems und warnte vor der drohenden Katastrophe. Man würde Zion als einen Fetisch ansehen, behauptete er, wenn man beständig wie einen Zauberspruch wiederhole: »Dies ist der Tempel von Jahwe!«[40] Aber Jahwe würde sie nur beschützen, wenn sie sich von den fremden Göttern abwandten, der Barmherzigkeit folgten, sich gegenseitig gerecht behandelten und die Mitmenschen, die Witwen und Waisen nicht ausbeuteten.

Bevor Nebukadnezar eintraf, um seinen aufsässigen Vasallen zu bestrafen, starb Jojakim, und sein Sohn Jojachin folgte ihm auf dem Thron. Kurz darauf wurde Jerusalem vom babylonischen Heer belagert und ergab sich drei Monate später (596 v. Chr.). Da sich die Stadt ergeben hatte, kam es zu keinen Massenhinrichtungen, und die Stadt wurde nicht zerstört. Nebukadnezar gab sich damit zufrieden, den Tempel zu plündern und die judäische Elite nach Babylon zu verschleppen. Der Deuteronomist berichtet, daß nur die Ärmsten zurückgelassen wurden. Der König und seine Beamten wurden deportiert, dazu zehntausend Angehörige der Aristokratie und des Militärs sowie alle Schmiede und Handwerker, die mit Metall arbeiteten.[41] Dies war ein erprobtes Vorgehen in der Antike, um zukünftige Rebellionen und die Herstellung von Waffen zu verhindern. Doch die Zurückgelassenen hatten ihre Lektion immer noch nicht gelernt. Nebukadnezar setzte Zedekia, einen anderen Sohn Josias und Onkel von Jojachin, als neuen König ein, und nach etwa acht Jahren Regierungszeit lehnte auch er sich auf. Diesmal gab es keine Gnade mehr. Jerusalem wurde von den babylonischen Soldaten achtzehn Monate lang belagert, bis im August des Jahres 586 v. Chr. die Mauern durchbrochen wurden. Der König und seine Getreuen versuchten zu fliehen, wurden aber bei Jericho gefangengenommen, und Zedekia mußte zusehen, wie seine Söhne hingerichtet wurden, bevor man ihn selbst blendete und in Ketten nach Babylon schaffte. Dann begann der babylonische Befehlshaber mit der systematischen Zerstörung der Stadt; er brannte den Tempel Salomos nieder, den königlichen Palast und alle Häuser Jerusalems. Die kostbaren Tempeleinrichtungen wurden nach Babylon gebracht, doch seltsamerweise wird nirgends die Bundeslade erwähnt, die einfach verschwand und über deren Verbleib später viele Spekulationen angestellt werden sollten.[42] In der Antike war die Zerstörung eines königlichen Tempels gleichbedeutend mit der Zerstörung des Staates, der ohne ein »Zentrum«, das ihn mit dem Himmel verband, keinen Bestand haben konnte. Jahwe war durch Marduk, den Gott Babylons, geschlagen worden, und das Königreich Juda existierte nicht mehr. In drei Schüben wurden weitere achthundertdreiundzwanzig Menschen deportiert und nur Arbeiter und Bauern zurückgelassen.

Jeremia befand sich nicht unter den Deportierten, vermutlich wegen seiner probabylonischen Haltung. Nachdem die Katastrophe eingetreten war, wurde Jeremia, der Prophet des Untergangs, zum Tröster seines Volkes. Es sei durchaus möglich, Jahwe in einem fremden Land zu dienen, schrieb er den Vertriebenen. Sie sollten sich niederlassen, Gärten anlegen, Häuser bauen und einen Beitrag zum Leben in ihrem neuen Land leisten.[43] Niemand vermißte die Bundeslade: Ihre Tage waren vorüber. Man solle »ihrer nicht mehr gedenken noch davon predigen, noch nach ihr fragen; und sie wird nicht wieder gemacht werden«[44]. Eines Tages würden die Vertriebenen zurückkehren, man werde »Äcker um Geld kaufen und verbriefen, versiegeln und bezeugen im Land Benjamin und um Jerusalem her und in den Städten Judas, in Städten auf den Gebirgen, in Städten in Gründen und in Städten gegen Mittag«[45]. Die Zerstörung des Tempels hätte das »Ende« Jahwes bedeuten können; er hatte beim Schutz seiner Stadt versagt; er hatte gezeigt, daß er nicht die sichere Feste Zion war. Jerusalem war tatsächlich in eine Wüste verwandelt worden. Die Mächte des Chaos hatten triumphiert, und der Zionskult hatte nicht gehalten, was er versprochen hatte. Doch selbst in Ruinen liegend, sollte sich die Stadt Jerusalem als ein religiöses Symbol erweisen, das Hoffnung auf die Zukunft hervorzubringen vermochte.

5

Exil und Rückkehr

Die Zerstörung Jerusalems und seines Tempels bedeutete in
tieferem Sinn das Ende der Welt. Jahwe hatte seine Stadt
verlassen, und Jerusalem war eine Wüste geworden, ähnlich
dem Chaos, das der Schöpfung vorausgegangen war. Die Zerstörung war ein Akt der Schöpfungsvernichtung, wie die Sintflut, die zur Zeit Noahs die Erde überschwemmt hatte. Gemäß
der Prophezeiung Jeremias schien das Land, vor dem sogar die
Vögel geflohen waren, auf eine Umkehrung der kosmischen
Ordnung hinzudeuten: Die Sonne und der Mond gaben kein
Licht, die Erde erbebte, und auf Erden ward kein Mensch
gesehen.[1] Dichter erinnerten sich mit Entsetzen an die babylonischen Soldaten, die durch die Tempelhöfe gestürmt waren,
und an den gräßlichen Lärm ihrer Äxte, die die Zedernpaneele
abschlugen.[2] Sie sehnten sich nach Rache und träumten davon,
die Köpfe babylonischer Kinder an einem Felsen zu zerschmet-
tern.[3] Das Volk von Juda war zur Zielscheibe des Spotts geworden. Kein Wunder, daß andere Völker höhnisch fragten:
»Wo ist ihr Gott?«[4] Ohne Tempel gab es in der antiken Welt
keine Möglichkeit, Verbindung mit dem Göttlichen herzustellen. Jahwe war verschwunden, Jerusalem ein Schutthaufen,
und das Volk Gottes war in einem fremden Land verstreut.

Wenn im Nahen Osten eine Stadt zerstört worden war,
setzten sich die Überlebenden auf die Ruinen und sangen Klagelieder wie beim Begräbnis eines geliebten Verwandten. Die
zurückgebliebenen Judäer und Israeliten scheinen ihre Stadt
zweimal im Jahr betrauert zu haben: am neunten Tag des
Monats Ab, dem Tag der Zerstörung, und beim Laubhütten-

fest, dem Tag der Tempeleinweihung. Einmal kamen achtzig Pilger mit geschorenen Köpfen und zerrissenen Kleidern aus den nördlichen Städten Sichem, Silo und Samaria in die zerstörte Stadt.[5] In den Klageliedern Jeremias mögen sich einige dieser Gesänge erhalten haben, die von den Alten, in Trauerhaltung auf dem Boden sitzend, in Sackleinen gekleidet und mit Asche auf der Stirn, gesungen wurden. Die Lieder liefern ein anschauliches Bild der Verlassenheit des Ortes. Statt einer lebendigen Stadt, in deren Straßen sich die Gläubigen drängten, waren nur öde Plätze, eingestürzte Mauern und zerbrochene Tore übriggeblieben, um die Schakale strichen. Aber die Klagelieder beschwören auch auf schmerzliche Weise die psychologischen Auswirkungen der Katastrophe, die den Überlebenden Entsetzen vor sich selbst einflößte. Diejenigen, die 586 v. Chr. umgekommen waren, waren die Glücklichen. Jetzt suchten Menschen, die im Wohlstand aufgewachsen waren, in Schutthaufen nach Eßbarem; liebende Mütter hatten ihre eigenen Kinder getötet und gekocht, und schöne junge Männer wanderten mit geschwärztem Gesicht und zum Skelett abgemagert durch die zerstörten Straßen.[6] Vor allem herrschte lähmende Scham. Jerusalem, die Heilige Stadt, war unrein geworden. Menschen, die sie früher bewundert hatten, sahen nun mit Verachtung auf sie herab. »Sie aber seufzt und hat sich abgewendet. Ihr Unflat klebt an ihrem Saum.«[7] Doch selbst in der Beschwörung der Verzweiflung gehen die Klagelieder über eine Schuldzuweisung an die Babylonier hinaus. Die Verfasser wußten, daß Jahwe wegen der Sünden des Volkes Israel die Stadt zerstört hatte.

Jerusalem war nicht mehr bewohnbar, und das Land südlich der Stadt war zu stark verwüstet, um besiedelt zu werden. Im äußersten Süden des früheren Königreichs Juda waren die Edomiter eingefallen, die dort die Voraussetzungen für das spätere Königreich Idumäa schufen. Die meisten der 586 v. Chr. zurückgebliebenen Judäer wanderten entweder nach Samaria aus oder siedelten sich nördlich von Jerusalem in Mizpa, Gibeon oder Betel an. Die Babylonier hatten Gedalja, einen Enkel von König Josias Sekretär, zum Statthalter der Region eingesetzt, und von seinem Amtssitz in Mizpa aus versuchte er, ein gewisses Maß an Normalität herzustellen. Auch die Babylonier versuchten, das Land aufzubauen, indem sie die Ländereien der Verschleppten an die Zurückgebliebenen gaben, an Leute, die früher zu den Ärmsten und am meisten Ausgebeuteten in Juda gehört hatten. Doch dieses Werben um die Loyalität zum früheren Königreich Juda schlug fehl. Im Jahr 582 v. Chr. kehrten die Überreste des alten jüdäischen Heeres zurück, das jenseits des Jordan geflohen war, und Jismael, ein Angehöriger des Hauses David, ermordete Gedalja und viele seiner Gefolgsleute. Der Coup schlug jedoch fehl, denn Jismael gelang es nicht, die Unterstützung der einfachen Leute zu gewinnen, und er entfloh nach Ammon. Die politisch aktiveren Einwohner wanderten ebenfalls nach Ägypten aus, um dem Zorn der Babylonier zu entgehen. Während der folgenden fünfzig Jahre hören wir nichts mehr über das Schicksal Jerusalems und Judas.

Trotz der schmerzlichen Deportation hatten die Vertriebenen ein leichteres Leben. Sie wurden in Babylon nicht drangsaliert, und König Jojachin lebte am Hof und erhielt seinen Titel wieder.[8] Die Vertriebenen wurden in einigen der schönsten und wichtigsten Gebiete in und um Babylon in der Nähe des »großen Kanals« angesiedelt, der das Wasser des Euphrat in die Stadt führte. Vermutlich übersetzten sie die babylonischen Ortsnamen ins Hebräische: So lebten einige beispielsweise in einer Gegend, die Tel Aviv, »Frühlingshügel«, hieß. Die Vertriebenen hielten sich an Jeremias Rat und fügten sich in die babylonische Gesellschaft ein. Sie durften sich frei versammeln, Land kaufen und Geschäfte einrichten. Viele wurden sehr schnell wohlhabend und angesehene Handelsleute; einige erhielten Ämter bei Hofe. Möglicherweise schlossen sich ihnen die Nachkommen der Israeliten an, die 722 v. Chr. nach Babylon verschleppt worden waren, denn eine Reihe der Deportierten, die in der Bibel erwähnt werden, waren Angehörige der zehn Stämme des ehemaligen Nordreichs.[9] Babylon war glei-

Der Deuteronomist drängte die Israeliten, ihre Kinder die göttlichen Gebote zu lehren (Deuteronomium 6,7). Der Tempel wurde zerstört, aber in Babylon lernten die Vertriebenen, Gott im Gesetz Moses zu finden, und der heilige Text wurde so zu einem neuen Schrein.

chermaßen ein Schock wie eine Herausforderung. Die großartige Stadt war eleganter und weltoffener als alle Städte, die die Judäer in ihrem Land je gesehen hatten. Mit seinen fünfundfünfzig Tempeln war die religiöse Welt Babylons weitaus breiter gefächert als das alte heidnische Kanaan. Doch einige der Mythen erschienen seltsam vertraut. Jahwe war von Marduk besiegt worden, und nun, da sie in Marduks Land lebten, mag es einigen Vertriebenen natürlich erschienen sein, den dortigen Glauben anzunehmen. Andere dienten wahrscheinlich sowohl Jahwe als auch babylonischen Gottheiten und gaben ihren Kindern Namen wie Samesledin (»Mag der Gott Sames richten!«) oder Beliadach (»Bel beschützt!«).[10] Andere aber hielten sich an ihre alten Traditionen. Die Vertreter der deuteronomistischen Schule fühlten sich durch die Tragödie von 586 v. Chr. wahrscheinlich bestätigt: Sie hatten auf ganzer Linie recht behalten. Der alte kanaanäische Mythos, der die

Judäer annehmen ließ, Zion sei unbezwingbar, hatte sich tatsächlich als Illusion erwiesen. Statt dessen drängten sie ihre Landsleute, sich auf das mosaische Gesetz und den Bund zu konzentrieren, den Jahwe mit seinem Volk geschlossen hatte, lange bevor es von Jerusalem gehört hatte. Das Gesetz würde die Vertriebenen davor bewahren, im Schmelztiegel Babylons ihre Identität zu verlieren. In diesen Jahren legten die Vertriebenen Regeln und Praktiken fest, die sie von ihren heidnischen Nachbarn unterschieden. Sie beschnitten ihre männlichen Kinder, verrichteten am Sabbat keine Arbeit und unterwarfen sich bestimmten Speisevorschriften, die sie als Volk des Bundes auszeichneten. Sie wollten ein »heiliges« Volk sein, genauso herausgehoben und einzigartig wie ihr Gott.

Und dann offenbarte sich Jahwe in Tel Aviv. Unter den ersten Vertriebenen, die 597 v. Chr. nach Babylon gekommen waren, befand sich der Priester Hesekiel. Die ersten fünf Jahre war er allein in seinem Haus geblieben und hatte mit keinem Menschen gesprochen. Dann wurde er von einer Erscheinung Jahwes buchstäblich zu Boden geworfen, die ihn während der ganzen folgenden Woche betäubte. Ihm war, als hätte sich ihm eine Lichtwolke von Norden genähert, in deren Mitte er einen riesigen, von vier Cherubim gezogenen Wagen sah – seltsame Wesen, nicht unähnlich den *karibu*, die die Palasttore von Babylon schmückten. Die Beschreibung dieser Erscheinung fiel ihm schwer, denn sie überforderte herkömmliche Worte und Begrifflichkeiten. Was er geschaut hatte, war »das Ansehen der Herrlichkeit *(kabod)* des Herrn«[11]. Wie Jesaja hatte Hesekiel die übersinnliche Wirklichkeit geschaut, die hinter den Symbolen des Tempels verborgen war. Die Bundeslade – Jahwes irdischer Thron – befand sich immer noch im Tempel von Jerusalem, aber seine »Herrlichkeit« war nun in Babylon. Die Erscheinung war im wahrsten Sinn des Wortes eine »Enthüllung«: Der große Vorhang, der in Salomos Tempel die Hekal vom Debir getrennt hatte, stellte die äußerste Grenze menschlicher Wahrnehmung dar. Nun war der Schleier beiseite gezogen worden. Dabei unterscheidet Hesekiel sorgfältig zwischen

Jahwe selbst und dessen »Herrlichkeit«, der Manifestation seiner Erscheinung, die die unbegreifliche Realität des Heiligen für menschliche Wesen wahrnehmbar werden läßt. Die Vision war eine verblüffende Wiederkehr einer älteren Gottesauffassung. In den frühesten Tagen hatte Israel Gott als mitwandernd erfahren. Er war auf den Schwingen der Cherubim von Sinai nach Kanaan gekommen. Nun hatten ihn die Cherubim zu seinem vertriebenen Volk getragen. Er war weder auf den Tempel noch das Gelobte Land beschränkt wie so viele der heidnischen Gottheiten, die untrennbar mit einem bestimmten Gebiet verbunden waren.

Darüber hinaus hatte Jahwe beschlossen, bei seinem Volk im Exil zu weilen, nicht bei den Judäern, die noch in Jerusalem lebten. Hesekiel hatte seine Erscheinung im Jahr 592 v. Chr., etwa sechs Jahre vor der Zerstörung der Stadt durch Nebukadnezar, doch in einer späteren Vision erfuhr er, daß Jerusalem dem Untergang geweiht war, weil die Judäer, trotz der nahenden Katastrophe, immer noch fremden Göttern dienten und die Gesetze des Bundes mit Jahwe mißachteten. Eines Tages, als Hesekiel mit den Ältesten der aus Juda Vertriebenen vor seinem Haus in Tel Aviv saß, fiel »die Hand des Herrn« auf ihn, und er wurde im Geist nach Jerusalem versetzt. Dort wurde er in den Tempel geführt und war entsetzt, als er Menschen sah, die sich vor fremden Göttern verbeugten. Diese »schändlichen Gebräuche« hätten Jahwe aus seinem Haus vertrieben, wurde ihm verkündet, und Hesekiel sah, wie die Cherubim ihre Flügel ausbreiteten, wie die Räder des großen Wagens sich zu bewegen begannen, wie die »Herrlichkeit des Herrn« aus der Stadt Jerusalem getragen wurde und über den Ölberg nach Osten verschwand. Gott hatte sich entschieden, zu seiner Gemeinde ins Exil zu kommen, und nun, da Jahwe nicht mehr in Zion wohnte, war die Zerstörung Jerusalems nur noch eine Frage der Zeit.[12]

Aber Jahwe hatte dem Propheten auch versprochen, eines Tages in seine Stadt zurückzukehren. Ein neuer Exodus würde stattfinden, wenn die versprengten Vertriebenen heimgebracht würden, und eine neue Schöpfung, in der das Land aus einer verlassenen Wüste in einen »Garten Eden« verwandelt werden würde. Es wäre eine Zeit der Heilung und des Zusammenwachsens. Juda und Israel würden unter einem König aus dem Hause David wiedervereinigt werden, und wie in Eden würde Gott unter seinem Volk wohnen.[13] Dies wäre das Ende von Trennung, Entfremdung und Gesetzlosigkeit und die Wiederkehr jener uranfänglichen Einheit, nach der die Menschen sich sehnten. Jerusalem nahm in dieser Vision eine zentrale Stellung ein. Etwa vierzehn Jahre nach der Zerstörung der Stadt durch Nebukadnezar hatte entweder Hesekiel oder einer seiner Schüler die Vision einer Stadt »auf einem sehr hohen Berg«, deren Name *Jahwe sham*, »Jahwe ist hier«, war.[14] Die Stadt war ein irdisches Paradies, ein Ort des Friedens und der Fruchtbarkeit im alten Sinn. Ebenso wie inmitten von Eden der Strom entsprungen war, der den heiligen Berg hinunterfloß, um die Erde zu befruchten, sah Hesekiel unter dem Tempel einen Fluß entspringen, der dem umliegenden Land Leben und Heilung brachte. Entlang den Ufern dieses Flusses würden grüne Bäume wachsen, deren »Blätter nie verwelken noch ihre Früchte ausgehen...«, sie würden »zur Speise dienen und ihre Blätter zur Arznei«[15]. In ihrem Leid wandten sich die Menschen im Exil wieder den alten mythologischen Vorstellungen zu, um sich die Rückkehr an den Ort zu vergegenwärtigen, an dem sie eigentlich zu Hause waren.

Doch Hesekiel klammerte sich nicht nur an Vergangenes, er schuf auch eine neue Vision der Zukunft: Mit der Stadt *Jahwe sham* war auch eine neue sakrale Raumaufteilung verbunden. Der Tempel in der Mitte der Stadt war eine Nachbildung des Salomonischen Tempels, der jetzt in Schutt und Asche lag. Der Vorraum (Ulam), die Kulthalle (Hekal) und das Allerheiligste (Debir) repräsentierten die Grade der Heiligkeit. Jeder Bereich war heiliger als der vorhergehende.[16] Wie von alters her konnte man sich dem Heiligen nur schrittweise nähern, und nicht jedem war es erlaubt, das Allerheiligste zu betreten. Dieses Konzept nahm in Hesekiels Vision zentralen Stellenwert ein und bildete die Basis seiner neuen Karte einer idealen Welt. Doch in zwei wichtigen Punkten unterschied sich sein Tempel von dem Salomos. Der Palast des Königs stand nicht mehr unmittelbar daneben, und die Tempelgebäude wurden von zwei ummauerten Höfen umgeben.[17] Die Heiligkeit Jahwes mußte von der profanen Welt sorgfältiger abgeschirmt werden als früher. Die Gotteserfahrung wurde transzendenter, war radikaler geschieden (*kaddosch*) von der irdischen Welt. Der Jahwist, der erste biblische Autor, sah Jahwe bei Abraham sitzen und wie einen Freund mit ihm sprechen, aber für Hesekiel, einen Menschen der Axialzeit, war das Heilige ein tiefes Geheimnis geworden, das alles Menschliche überstieg. Doch trotz dieser grundlegenden »Andersartigkeit« des Göttlichen war es immer noch das Zentrum der menschlichen Welt, die Quelle ihres Lebens und ihrer Kraft, eine Wirklichkeit, die sich in Hesekiels Vision des paradiesischen Flusses ausdrückt. Hesekiel beschrieb das Gelobte Land nun auf eine Weise, die keine Verbindung mehr zur realen Geographie hatte. Im Gegensatz zu Jerusalem lag *Jahwe sham* genau in der Mitte des Landes, das außerdem viel größer war, als es das Vereinigte Königreich Israel und Juda je gewesen war. Es erstreckte sich im Norden bis Palmyra und im Westen bis zur Grenze Ägyptens.[18] Hesekiel versuchte keine reale Beschreibung seiner Heimat, sondern schuf eine geistige Wirklichkeit. Die göttliche Kraft, die in Form konzentrischer Kreise die Stadt *Jahwe sham* umgab, strahlte auf das Land und das Volk Israel aus, wobei die Heiligkeit jedes Bereichs mit der Entfernung vom Kern abnahm. Der Tempel war der Mittelpunkt der Welt; der nächste Bereich war die Stadt, die ihn umgab. Um Stadt und Tempel lag ein besonderer Bereich, der von den Dienern des Göttlichen bewohnt wurde: dem König, den Priestern und den Leviten. Dieser Bereich war heiliger als der Rest des Landes, den die zwölf Stämme Israels besiedelten. Außerhalb des heiligen Bereichs lag die übrige Welt, die von anderen Nationen (*gojjim*) bewohnt wurde.[19] Genauso wie Gott von allen anderen Wesen radikal geschieden ist, so muß auch Israel, das heilige Volk, diese heilige Abgeschiedenheit mit ihm teilen und getrennt von der heidnischen Welt leben. Es war ein Bild desjenigen Lebens, das einige der Vertriebenen in Babylon führen wollten.

Wir wissen nicht, ob Hesekiel mit dieser Vision ein Abbild des irdischen Jerusalem beabsichtigte. Jedenfalls war sie eindeutig utopisch. Zu diesem Zeitpunkt lagen Stadt, Tempel und der überwiegende Teil des Landes in Schutt und Asche, und es schien keine Hoffnung zu geben, daß es je wiederaufgebaut werden würde. Hesekiels Modell könnte daher als eine Art Mandala, als Mittel zur Meditation gedacht gewesen sein. Als ihm sein geheimnisvoller Führer den neuen Tempel zeigte, befahl dieser nicht, daß der nächste Tempel nach diesem Vorbild gebaut werden solle. Die Vision hatte eine ganz andere Funktion:

> Und wenn sie sich nun all ihres Tuns schämen, so zeige
> ihnen die Gestalt und das Muster des Hauses und seine
> Ausgänge und Eingänge und alle seine Weise und alle seine
> Sitten und alle seine Weise und alle seine Gesetze.[20]

Wenn die Judäer im Exil genauso leben wollten wie in Jerusalem, wenn Jahwe in ihrer Mitte sein sollte, dann mußten sie sich selbst einen heiligen Bezirk schaffen. Es durfte keine gefährliche Verbrüderung mit den *gojjim* geben, keine Liebäugelei mit Marduk und anderen falschen Göttern. Das Haus Israel mußte sich selbst in das Haus Gottes verwandeln. In der Besinnung auf diese ideale Landkarte, auf der jeder Mensch und jede . Sache ihren bestimmten Platz einnahm, würden die Israeliten die Natur und Bedeutung von Heiligkeit verstehen lernen. Sie mußten ihrem Leben einen neuen Mittelpunkt geben und neue Orientierung finden. Für die Vertriebenen, die sich in Babylon oft an den Rand gedrängt fühlten, muß es tröstlich gewesen sein festzustellen, daß sie dem Mittelpunkt des Seins näher waren als ihre heidnischen Nachbarn, die auf jener Karte nicht einmal verzeichnet waren.

Was dieses Leben nach heiligem Vorbild eigentlich bedeutete, verstehen wir besser, wenn wir die Priesterschrift (»P«) untersuchen, deren Ursprünge ebenfalls ins Exil zurückreichen. Sie ist im ganzen Pentateuch gegenwärtig, vorrangig in den Büchern Levitikus und Numeri. Der Verfasser der Priesterschrift schrieb die Geschichte Israels aus priesterlicher Perspektive neu und hat mit Hesekiel vieles gemeinsam, der ebenfalls Priester war. Als der Verfasser die Wanderungen in der Wüste beschrieb und die Gesetze aufzeichnete, die Gott auf dem Sinai seinem Volk gab, stellte er sich eine ähnliche Abfolge von heiligen Bezirken vor. Im Herzen des israelitischen Lagers in der Wüste befand sich die Stiftshütte, die die Bundeslade und die »Herrlichkeit« Jahwes beherbergte. Dies war der heiligste Bezirk, und nur Aaron, dem Hohenpriester, war es erlaubt, dieses Allerheiligste zu betreten. Doch auch das Lager war heilig und wegen der Gegenwart des Göttlichen in seiner Mitte von aller Verunreinigung verschont geblieben. Außerhalb des Lagers war der gottlose Bereich der Wüste. Wie Hesekiel sah auch der Verfasser der Priesterschrift Jahwe als mitwandernden Gott. In seinem tragbaren Schrein befand er sich mit seinem Volk ständig auf der Reise. Jerusalem wird vom Verfasser der Priesterschrift nie erwähnt. Das liegt zum Teil daran, daß seine Erzählungen enden, bevor die Israeliten das Gelobte Land betreten und lange bevor die Stadt von David erobert wurde. Aber im Gegensatz zum Deuteronomisten scheint der Verfasser der Priesterschrift keinen besonderen Ort im Auge gehabt zu haben, dem Jahwe seinen Namen geben würde. Aus priesterschriftlicher Sicht hat Jahwe kein festes Haus: Seine »Herrlichkeit« kommt und geht, und sein »Haus« ist inmitten seiner Gemeinde. Für den Verfasser der Priesterschrift wurde Israel in dem Augenblick ein Volk, als Jahwe sich entschied, unter ihm zu wohnen. Er glaubte, daß diese beständige Anwesenheit so wichtig war wie das Gesetz selbst: In der priesterschriftlichen Darstellung offenbart Jahwe auf dem Berg Sinai den Plan seiner tragbaren Stiftshütte gemeinsam mit der Thora. Die priesterschriftliche Sehweise war zudem tröstlich. Sie versicherte den Menschen im Exil, daß Jahwe bei seinem

Volk weilte, gleichgültig, wo es war. War er nicht schon in der Wüste Sinai bei ihnen gewesen?

Vermutlich hatte die Jerusalemer Priesterschaft immer schon ihr eigenes Gesetz besessen. Die priesterschriftliche Darstellung war ein Versuch, dieses Gesetz zu popularisieren und der Laienschaft zugänglich zu machen. Weil ihre alte Welt zerstört worden war, mußte im Exil eine neue aufgebaut werden. Die Schöpfung nahm in der priesterschriftlichen Sehweise eine zentrale Stellung ein, aber die alten Kampfmythen, die eng mit Tempeln und festen heiligen Stätten verknüpft waren, wurden über Bord geworfen. Statt dessen konzentrierte sie sich auf das Wesentliche dieser Geschichten: auf die Ordnung des Chaos, aus dem ein neuer Kosmos geschaffen wurde. In der priesterschriftlichen Schöpfungserzählung im 1. Kapitel der Genesis erschafft Gott die Welt, ohne einen tödlichen Kampf mit Leviathan, dem Meeresungeheuer, zu führen. Vielmehr scheidet er auf friedliche Weise die Elemente aus dem anfänglichen *tohu bohu* voneinander. Er scheidet die Nacht vom Tag, das Licht vom Dunkel, das Meer vom trockenen Land. Grenzen werden gezogen, jedem Teil im Kosmos wird ein Platz zugewiesen. Das gleiche Prinzip liegt der Thora zugrunde: Wenn den Israeliten befohlen wurde, im Rahmen ihrer Speisevorschriften Milch von Fleisch zu trennen, ahmten sie Jahwes Schöpfungswerk am Beginn der Zeiten nach. Es war eine neue Form der *imitatio dei*, die keines Tempels und keiner ausgefeilten Liturgie bedurfte, sondern im alltäglichen Leben befolgt werden konnte. Indem die Menschen diesen göttlichen Schöpfungsakt wiederholten, bauten sie eine neue Welt und brachten Ordnung in ihr zerrissenes Leben im Exil.

Viele der Gebote *(mitzvoth)* beschäftigen sich damit, die Dinge an ihren rechten Platz zu stellen. Die Anthropologin Mary Douglas hat gezeigt, daß die Gegenstände und Wesen, die als »unrein« bezeichnet wurden, dem priesterlichen Kodex zufolge aus ihrer ordnungsgemäßen Zugehörigkeit getreten und in einen Bereich eingedrungen waren, der nicht der ihre war. »Schmutz« war etwas, was sich am falschen Ort befand, was den Bereich der Natur verlassen und in die Welt menschlicher Kultur eingedrungen war – mochte es sich um einen fremden Gott in Jahwes Tempel oder um Moder in den Kleidern handeln. Der Tod ist die größte Verunreinigung überhaupt, denn er erinnert aufs dramatischste an die Hinfälligkeit von Kultur und an die Unfähigkeit, die Welt zu ordnen und zu kontrollieren.[21] Aufgrund ihres Lebens in einem geordneten Kosmos würden die Israeliten die Art von Welt erbauen, die Hesekiel sich vorgestellt hatte. Der Tempel in Jerusalem hatte ihnen den Zugang zum Göttlichen verschafft. Nun würden die *mitzvoth* jene Vertrautheit mit Jahwe wiederherstellen, die Adam und Eva im Garten Eden genossen hatten. Mit Hilfe der *mitzvoth* würden die vertriebenen Judäer einen heiligen Ort schaffen, der die Wirren des Chaos abhielt. Doch dem Verfasser der Priesterschrift ging es nicht nur um rituelle Reinheit. Entscheidend für sein heiliges Gesetz waren die Gebote, die sich auf die Behandlung der Mitmenschen bezogen. Neben den Gesetzen, die den Kult und den Ackerbau im Heiligen Land betrafen, standen so strenge Gebote wie:

Ihr sollt nicht stehlen noch lügen, noch fälschlich handeln einer mit dem anderen.
Ihr sollt nicht falsch schwören.
Ihr sollt ... nicht vorziehen den Geringen noch den Großen ehren.
Du sollst kein Verleumder sein unter deinem Volk. Du sollst auch nicht stehen wider deines Nächsten Blut. Du sollst deinen Bruder nicht hassen in deinem Herzen ...
Du sollst nicht rachgierig sein noch Zorn halten gegen die Kinder deines Volkes. Du sollst deinen Nächsten lieben wie dich selbst.[22]
Wenn ein Fremdling bei dir in eurem Lande wohnt, den sollt ihr nicht schinden. Er soll bei euch wohnen wie ein Einheimischer unter euch, und sollst ihn lieben wie dich selbst; denn ihr seid auch Fremdlinge gewesen in Ägyptenland.[23]

Die Forderung nach sozialer Gerechtigkeit ist immer ein Bestandteil des Kults in Tempeln und an heiligen Stätten gewesen: sowohl in den kanaanäischen Religionen, dem Zionskult wie in den Orakeln der Propheten. Der Verfasser der Priesterschrift geht jedoch weiter. Es geht nicht nur um Gerechtigkeit, sondern auch um Liebe, und dieses Mitgefühl muß sich auch auf Menschen erstrecken, die nicht dem Hause Israel angehören. Die *gojjim* mögen zwar auf Hesekiels Karte des Heiligen nicht vorkommen, aber sie müssen in den Kreis von Israels Liebe und sozialer Fürsorge aufgenommen werden.

Nachdem es im Exil zu einer Idealisierung des Tempels gekommen war, gewannen auch die Priester neues Ansehen. Sowohl der Verfasser der Priesterschrift als auch Hesekiel betonen die Rolle der Priesterschaft in der Gemeinschaft. Ursprünglich hatte es in Israel keine Priesterkaste gegeben. David und Salomo hatten beide priesterliche Funktionen erfüllt, aber allmählich wurden der Tempeldienst und die Auslegung der Gesetze dem Stamm Levi übertragen, der angeblich die Bundeslade durch die Wüste getragen hatte. Hesekiel war noch rigider. Da die Leviten den Götzendienst im Tempel zugelassen hatten, wurde ihnen eine untergeordnete Rolle zugewiesen. Von nun an verrichteten sie im neuen Tempel nur niedere Dienste, sie bereiteten die Tiere zum Opfer vor, sangen im Chor oder bewachten die Tempeltore. Nur jene Priester, die direkte Nachkommen Zadoks waren, durften den Tempel betreten und die heiligen Handlungen vollziehen.[24] Diese Verfügung sollte später in Jerusalem zu häufigen Zwistigkeiten führen, und es entbehrt nicht einer gewissen Ironie, daß die ehrwürdigen Traditionen Israels dem Hause Zadok – also ursprünglich Jebusitern – anvertraut wurden. Die strengeren Auswahlkriterien für die Priesterschaft spiegeln die wachsende Transzendenz des Begriffs »Gott« wider, dessen Heiligkeit für den Nichteingeweihten und Unvorsichtigen als gefährlicher denn je aufgefaßt wurde. Sowohl der Verfasser der Priesterschrift als auch Hesekiel geben detaillierte Anweisungen für das Verhalten der Priester im Allerheiligsten. Wenn sie die

Hekal betraten, mußten sie die Kleider wechseln, denn sie betraten das Reich des Sakralen, das einen höheren Grad der Reinheit verlangte. Nur der Hohepriester durfte das Allerheiligste betreten, und das auch nur einmal im Jahr zu besonderem Anlaß. Die neuen Gebote vertieften das Verständnis der Heiligkeit Jahwes, der sich nun von allen anderen Wesenheiten radikal unterschied und dem man sich nicht auf gewöhnliche Art nähern konnte.

Es ist verblüffend, daß diese ausführlichen Beschreibungen des Heiligtums, der Liturgie und der Priesterschaft zu einer Zeit verfaßt wurden, als es keinerlei Hoffnung auf deren reale Umsetzung gab. Der Tempel lag in Trümmern, aber die Kreativsten unter den Vertriebenen stellten sich eine reibungslos funktionierende Einrichtung vor und entwarfen ein ausgeklügeltes System von Gesetzen, nach denen verfahren werden sollte. Im 8. Kapitel werden wir sehen, daß die Rabbiner das gleiche taten. Die detailliertesten jüdischen Texte, die sich auf die Heiligkeit Jerusalems beziehen, beschrieben eine Situation, die zur Zeit der Abfassung gar nicht mehr gegeben war. »Jerusalem« war für die Judäer im Exil zu einem verinnerlichten Wert geworden: Es stand als Symbol für eine Erlösung, die unabhängig von der realen Stadt im verwüsteten Land von Juda erreicht werden konnte. Zur selben Zeit entdeckte Buddha in Indien, daß die höchste Wirklichkeit mit Hilfe von Meditation und Mitgefühl erreicht werden konnte. Es war nicht mehr notwendig, einen Tempel oder einen anderen heiligen Bezirk zu betreten, um in die transzendente Dimension vorzudringen. Die Spiritualität der Axialzeit ermöglichte es, die Symbole zu umgehen und das Heilige in der Tiefe des Selbst zu erfahren. Wir wissen nicht, wie die Prophezeiungen Hesekiels und die priesterschriftliche Darstellung von ihren Zeitgenossen verstanden wurden. Zweifellos hofften sie, daß der Tempel eines Tages wieder aufgebaut und Jerusalem wiederhergestellt würde. Doch als sie schließlich die Chance hatten, nach Jerusalem zurückzukehren, blieben viele der Deportierten in Babylon. Sie hatten nicht das Gefühl, unbedingt in

Jerusalem wohnen zu müssen, da sie gelernt hatten, die Werte Zions auf andere Weise zu verstehen. Der Glaube, den wir als jüdische Religion kennen, stammt nicht aus dem Land Juda, sondern aus der Diaspora und wurde durch Männer wie Nehemia, Esra und Hillel ins Heilige Land gebracht.

Doch plötzlich schien es, als sollte es auch zu einer politischen Befreiung kommen. Tatsächlich rückte die Heimkehr der Vertriebenen in greifbare Nähe. Die Einwohner Babylons waren mit der Regierung des Königs Nabonid, des Nachfolgers von Nebukadnezar, zunehmend unzufrieden und beobachteten mit Interesse den Aufstieg Kyros' II., des jungen persischen Königs. Seit seiner Eroberung des Mederreiches hatte er sich ein großes Herrschaftsgebiet angeeignet, und im Jahr 451 v. Chr. war Babylon vollkommen von den Ländereien Kyros' umgeben. Die Priester des Marduk waren für Kyros' Propaganda besonders empfänglich, da Nabonid ihrer Ansicht nach ihren Kult vernachlässigt hatte. Im Gegensatz dazu versprach Kyros, die alten Tempel wiederherzustellen und die Götter zu ehren. Er wollte die zerstörten Städte wiederaufbauen und allgemein Frieden im Reich schaffen. Diese Botschaft fand auch bei dem namentlich unbekannten Propheten Anklang, der gemeinhin als Deuterojesaja (zweiter Jesaja) bekannt ist. Er pries Kyros als Messias. Dieser sei von Gott erwählt, um Jerusalem und dessen Tempel wiederaufzubauen. Deuterojesaja griff instinktiv auf die alten Mythen und den früheren Zionskult zurück. Mit Hilfe von Kyros, seinem Werkzeug, würde Jahwe eine neue Schöpfung und einen neuen Exodus bewerkstelligen. Er würde die Feinde Israels vernichten, wie er einst Leviathan und Rahab vernichtet hatte, und die judäischen Vertriebenen würden durch die Wüste, die ihre dämonischen Kräfte verloren habe, nach Zion zurückkehren.[25]

Diese Rückkehr sei für die ganze Menschheit folgenreich: Die aus dem Exil Zurückkehrenden würden die Pioniere einer neuen Weltordnung sein. Sie würden den Jerusalemer Tempel wieder aufbauen, und die »Herrlichkeit« des Herrn würde auf dem heiligen Berg wieder Einzug halten. Wiederum würde er in seiner Stadt regieren, »im Angesicht aller Völker«[26]. In der Liturgie Jerusalems war schon lange zuvor verkündet worden, Jahwe sei nicht nur König von Israel, sondern auch der König der ganzen Welt. Nun, dank Kyros, sollte dies Wirklichkeit werden. Die babylonischen Gottheiten Bel und Nebo würden sich vor Schreck ducken: Ihre Standbilder würden auf schimpfliche Weise auf dem Rücken von Tragtieren davongetragen werden.[27] Die fremden Gottheiten, die über Jahwe zu thronen schienen, würden erniedrigt werden. Von nun an würden alle Nationen der Welt – von Ägypten über Kusch und Saba – gezwungen sein, sich Israel zu unterwerfen, sie würden in Ketten nach Jerusalem geschleppt, wo sie eingestehen müßten: »Bei dir ist Gott, und sonst ist kein Gott mehr.«[28] Im Zionskult war immer schon behauptet worden, daß Jahwe der einzige Gott sei, der zähle; bei Deuterojesaja hatte sich diese Einsicht zum reinen Monotheismus verdichtet. Jerusalem, der Schauplatz dieses universalen Triumphs, würde herrlicher sein denn je zuvor. Es würde von Edelsteinen erstrahlen: Rubine auf den Zinnen, Kristall an den Toren, und die Stadtmauern würden mit Edelsteinen besetzt sein – eine Pracht, die Jahwes Heiligkeit hinlänglich demonstrierte.[29]

Im August 539 v. Chr. kamen diese Hoffnungen ihrer Erfüllung einen Schritt näher, nachdem Kyros die Babylonier am Tigris endgültig besiegt hatte. Einen Monat später marschierte Kyros in Babylon ein und wurde als Repräsentant Marduks im Tempel von Esagila inthronisiert. Sofort erfüllte er seine Versprechungen. Zwischen August und September 538 v. Chr. wurden alle Standbilder der assyrischen Götter, die die Babylonier geraubt hatten, in ihre angestammten Städte zurückgebracht und die Tempel wieder aufgebaut. Zur selben Zeit verfügte Kyros, daß der Jerusalemer Tempel wiedererrichtet werden sollte und die verschleppten Tempelgeräte zurückgebracht würden. Kyros' Perserreich wurde nach vollkommen anderen Maßstäben regiert als die Reiche Assyriens und Babyloniens. Er beließ seinen Untertanen ein gewisses Maß an Autonomie, weil sich dies als vorteilhaft erwiesen hatte: Es gab weniger Haß und Rebellion. Die Tempel der Götter wiederaufzubauen war eine der Hauptaufgaben eines jeden Königs, und Kyros glaubte vermutlich, daß er damit nicht nur die Dankbarkeit seiner Untertanen, sondern auch göttliche Gunst ernten würde.

Einige Monate nach seiner Krönung in Babylon überreichte Kyros die Silber- und Goldgefäße, die Nebukadnezar beschlagnahmt hatte, Sesbazzar, einem »Fürsten« (nasi) von Juda. Mit zweiundvierzigtausenddreihundertsechzig Judäern, deren Dienern und zweihundert Tempelsängern machte er sich auf den Weg.[30] Sollten sie an die Prophezeiungen Deuterojesajas gedacht haben, wurden sie bei ihrer Ankunft in Juda sehr schnell desillusioniert. Viele von ihnen waren im Exil geboren und inmitten der Pracht und Eleganz Babylons aufgewachsen. Juda muß ihnen als ödes, fremdes Land erschienen sein. An einen sofortigen Aufbau des Tempels war nicht zu denken. Zuerst mußten die Rückkehrer ein funktionierendes Gemeinwesen aufbauen. Nur wenige blieben in Jerusalem, das immer noch in Trümmern lag, der Hauptteil siedelte sich in den wegsameren Gebieten Judas und Samarias an. Einige von denen, die geblieben waren, mögen sich in der Altstadt niedergelassen haben, während sich andere auf dem Land südlich von Jerusalem niederließen, das seit 586 v. Chr. unbewohnt war.

Bis 520 v. Chr., dem zweiten Jahr der Regierung des persischen Königs Darius, hören wir nichts mehr über die golah, die Gemeinde der ehemaligen Exilierten. Zu dieser Zeit war Sesbazzar nicht mehr der Führer der golah. Wir wissen nicht, was mit ihm geschah. Die Bautätigkeit war zum Stillstand gekommen, aber neue Begeisterung kam auf, als kurz nach Darius' Thronbesteigung Serubbabel, der Enkel Jojakins, zusammen mit Josua, dem Enkel des letzten Hohenpriesters des alten Tempels, aus Babylon in Jerusalem eintraf. Serubbabel war zum persischen Kommissar der Provinz Juda ernannt worden. Er war dem neuen Machthaber verantwortlich, aber zugleich ein Sproß des Hauses David, was die golah mit neuem Mut erfüllte. Alle Einwanderer versammelten sich in Jerusalem, um an der Stelle des alten Altars einen neuen zu bauen. Doch die Fortführung des Baus verzögerte sich, weil das Leben in Jerusalem immer noch sehr hart war. Die Ernte war schlecht ausgefallen, die Wirtschaftslage war betrüblich, und es war schwer, sich für einen Tempel zu begeistern, wenn es nicht genug zu essen gab. Doch im August 520 v. Chr. verkündete der Prophet Haggai, daß die Heimkehrer falsche Prioritäten setzen würden. Die Ernten könnten sich nicht verbessern, solange der Tempel nicht gebaut war. Das Haus Jahwes sei immer die Quelle der Fruchtbarkeit im Gelobten Land gewesen. Wie kämen sie überhaupt dazu, für sich Häuser zu bauen, während das Haus Jahwes in Trümmern lag?[31] So getadelt, machte sich die *golah* wieder ans Werk.

Im Herbst 520 v. Chr. wurden die Grundfesten des Zweiten Tempels gelegt. Beim Laubhüttenfest wurden sie in einer besonderen Zeremonie neu geweiht. In einer Prozession zogen die Priester, gefolgt von den Leviten, die Psalmen sangen und Zimbeln schlugen, in den heiligen Bezirk ein. Einige von ihnen waren alt genug, um sich an den Tempel Salomos zu erinnern, und als sie das bescheidene Bauwerk sahen, brachen sie in Tränen aus.[32] Von Anfang an war der Zweite Tempel für viele Menschen eine Enttäuschung und ein Zeichen des Verlusts. Haggai versuchte, die Moral zu heben. Er versicherte ihnen, daß der Zweite Tempel größer sein würde als der Erste. Bald würde Jahwe die Welt regieren, ganz wie Deuterojesaja prophezeit hatte. Serubbabel würde der Messias sein, der an Jahwes Stelle alle *gojjim* regieren würde.[33] Der Prophet Sacharja stimmte ihm zu. Er freute sich auf den Tag, wenn Jahwe wieder auf dem Zion wohnen und durch die beiden Messiasse herrschen würde: durch Serubbabel, den König, und Josua, den Priester. Die Mauern Jerusalems dürften nicht wieder aufgebaut werden, damit die Stadt in der Lage sei, die große Einwohnerschaft zu beherbergen, die sich bald einfinden würde.[34]

Aber nicht alle teilten diese Vorstellung einer offenen Stadt. Sobald die Menschen in Samaria, das ehemals zum Nordreich Israel gehört hatte, hörten, daß Jahwes Tempel tatsächlich wieder aufgebaut wurde, kamen sie zu Serubbabel und boten ihre Dienste an. Der Chronist berichtet, daß sie die Nachkommen der Fremden waren, die 722 v. Chr. von den Assyrern dort angesiedelt worden waren. Manche waren wahrscheinlich auch Israeliten, Angehörige der zehn nördlichen Stämme, andere die Kinder der Judäer, die 586 v. Chr. zurückgeblieben waren. Natürlich wollten diese Anhänger Jahwes beim Tempelbau mithelfen, aber Serubbabel lehnte dies schroff ab.[35] Die *golah* allein repräsentiere das »echte« Israel; sie allein sei von Kyros beauftragt worden, den Tempel aufzubauen. In Zukunft wurden diese Jahweanhänger nicht als Brüder, sondern als »Feinde« angesehen, als *am ha-aretz* (Leute vom Land). In Babylon hatten Hesekiel und der Verfasser der Priesterschrift alle zwölf Stämme Israels zum heiligen Volk gezählt. Nur die *gojjim*, die heidnischen Nationen, waren aus dem heiligen Bezirk ausgeschlossen gewesen. Aber die aus dem Exil Zurückgekehrten zogen noch engere Grenzen. Die *am ha-aretz* wurden als Fremde angesehen und in der Stadt nicht willkommen geheißen, wie das Gesetz es eigentlich befahl. Statt dem Land Frieden zu bringen, provozierte das neue Jerusalem Spannungen im Heiligen Land. Die biblischen Verfasser berichten uns über die *am ha-aretz*:

> Da hinderte das Volk im Lande die Hand des Volkes Juda und schreckten sie ab im Bauen.[36]

Die Samaritaner versuchten, die Unterstützung der persischen Beamten zu gewinnen, und um 486 v. Chr. warnte der Statthalter von Samaria König Xerxes in einem Schreiben, daß die Judäer ohne Erlaubnis die Mauern von Jerusalem wiedererrichten würden. In der Antike wurde dies gemeinhin als Akt der Rebellion gegen königliche Macht angesehen, und die Arbeit wurde zwangsweise eingestellt, bis das Originaledikt Kyros' im königlichen Archiv von Ekbatana gefunden wurde.

Inzwischen ging der Bau des Zweiten Tempels schleppend voran. Von Serubbabel hören wir nach seiner Zurückweisung

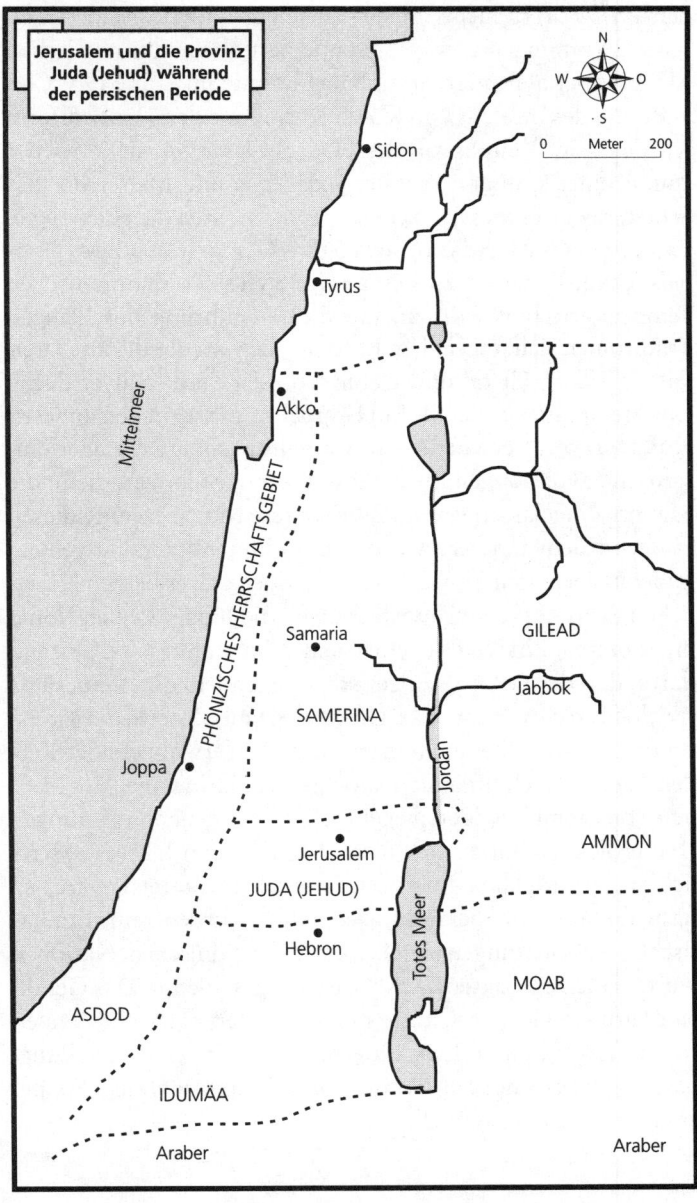

Jerusalem und die Provinz Juda (Jehud) während der persischen Periode

N
W O
S

0   Meter   200

Sidon

Tyrus

Mittelmeer

Akko

PHÖNIZISCHES HERRSCHAFTSGEBIET

Samaria

GILEAD

SAMERINA

Jabbok

Joppa

Jordan

Jerusalem

AMMON

JUDA (JEHUD)

Totes Meer

Hebron

MOAB

ASDOD

IDUMÄA

Araber

Araber

der *am ha-aretz* nichts mehr. Vielleicht hatten die messianischen Hoffnungen von Haggai und Serubbabel die persischen
Machthaber alarmiert. Serubbabel könnte im Jahr 519 v. Chr.
während des Besuchs von König Darius aus dem Amt entfernt
worden sein. Kein Sproß des Hauses David wurde je wieder
zum Kommissar der Provinz Juda ernannt. Aber trotz des
Scheiterns ihres messianischen Traums stellten die ehemaligen
Exilierten am 23. Adar (März) 515 v. Chr. den Bau ihres Tempels fertig. Er war natürlich an der Stelle des Salomonischen
Tempels errichtet worden, um die Fortführung der heiligen
Traditionen sicherzustellen. Er hatte auch wieder die alte Drei-
teilung Ulam, Hekal und Debir. Von der Stadt war er durch
eine Steinmauer getrennt. Ein Doppeltor führte in den äußeren
Hof, der von verschiedenen Verwaltungsbauten, Lagerhäu-
sern und Wohnungen für die Priester umgeben war, die in die
Mauern eingelassen waren. Eine weitere Mauer trennte diesen
Hof von dem inneren, wo der Brandopferaltar aus weißem
unbehauenen Stein stand. Diesmal jedoch gab es keinen königlichen Palast auf dem Zionsberg, weil die Judäer keinen König
mehr hatten. Ein weiterer entscheidender Unterschied bestand
darin, daß der Debir jetzt leer stand, nachdem die Bundeslade
spurlos verschwunden war. Die Leere symbolisierte die Transzendenz Jahwes, der nicht in irdischen Bildern abgebildet werden konnte, doch für andere mochte sich darin seine Abwesen-
heit vom Tempel widerspiegeln. Die verwegenen Hoffnungen
Deuterojesajas hatten sich nicht erfüllt. Wenn Jahwes »Herrlichkeit« tatsächlich über den Tempel gekommen wäre, so
hätte dies niemand bemerkt. Den *gojjim* wurden keine dramatischen Erleuchtungen zuteil, und die heidnischen Nationen
wurden nicht in Ketten nach Jerusalem geschleppt. Das Gefühl
einer großen Gottferne hatte sich verbreitet, und in den ersten
Jahren des Zweiten Tempels erschien allein die Vorstellung,
daß die transzendente Gottheit im Tempel wohnen könne,
zunehmend als lächerlich:

146

So spricht der Herr:
Der Himmel ist mein Stuhl und die Erde meine
Fußbank; was ist's denn für ein Haus, das ihr
mir bauen wollt, oder welches ist die Stätte,
da ich ruhen soll?[37]

Die Menschen konnten nur hoffen, daß Gott sich gnädig zu ihnen herabließ.

Statt wie in der Vergangenheit von prachtvollen Tempeln angezogen zu werden, wandte sich Jahwe mehr den »Elenden« und denjenigen, die »gebrochenen« Geistes waren, zu.[38] Die Zeremonien im alten Tempel waren lautstark und bewegt gewesen. Der Kult im Zweiten Tempel war eher still und nüchtern. Im Exil war sich die *golah* bewußt geworden, daß ihre eigenen Sünden für die Zerstörung Jerusalems verantwortlich waren, und der Kult spiegelte das »gebrochene und zerknirschte Herz« der *golah* wider. Dies wurde besonders am Jom Kippur, dem Versöhnungstag, deutlich, wenn der Priester in einem symbolischen Akt die Sünden des Volkes einem Ziegenbock auflud, der in die Wüste getrieben wurde. Doch dies ermöglichte wiederum die Annäherung an das Heilige. Der Jom Kippur war der einzige Tag im Jahr, an dem der Hohepriester als Repräsentant seines Volkes den Debir betrat. Auch in den Opfern, die täglich im Tempelhof dargebracht wurden, war das Element der Sühne vorherrschend. Die Menschen brachten Stiere, Schafe, Ziegen oder Tauben als »Sündenopfer«. Sie legten ihre Hände auf den Kopf des Tieres, als Zeichen für dessen Unterwerfung unter Jahwe. Nachdem das Tier getötet worden war, wurden Teile davon der Person gegeben, die es gebracht hatte, und die wurden mit der Familie und Freunden geteilt. Das gemeinsame Mahl auf Erden stellte die Harmonie mit dem Göttlichen wieder her.

Auch wenn Jahwe nie mehr auf die Weise auf den Zion zurückkehrte, wie es Deuterojesaja prophezeit hatte, träumten die Menschen weiterhin von dem Tag, an dem Jahwe in Jerusalem »einen neuen Himmel auf Erden« schaffen würde. Die alten Sehnsüchte lebten weiter, Jerusalem wurde ein Symbol aller Erlösungshoffnungen: Einheit, Harmonie und Vertrautheit mit Gott sowie die Rückkehr ins Paradies. Das neue Jerusalem würde sein wie keine andere Stadt. Jeder würde lange und glücklich dort leben, jeder an seinem eigenen Platz. Es gäbe kein Wehklagen in der Stadt, und alle Qualen der Vergangenheit wären vergessen. Die Heiden würden staunen angesichts der Stadt des Friedens, in der das Leben so eingerichtet wäre, wie es ursprünglich gedacht gewesen sei.[39] Andere Menschen machten sich weniger Illusionen. Wie manche Propheten hervorhoben, gab es soziale Probleme in der Stadt, und die Einwohner waren noch immer für das alte Heidentum anfällig.[40] Es gab Klagen über den Ausschließlichkeitsanspruch der *golah*. Sollte die Stadt eigentlich nicht jedem offenstehen, wie Sacharja gemeint hatte? Vielleicht sollte Jerusalem seine Tore den Fremden, Ausgestoßenen und Aussätzigen öffnen – Menschen, die von den Priestern als »unrein« angesehen wurden. Jahwe hatte verkündet: »Mein Haus wird heißen ein Bethaus allen Völkern.« Eines Tages würde er diese Ausgestoßenen in die Stadt führen und sie auf dem Berg Zion Opfer darbringen lassen.[41]

Doch im 5. Jahrhundert v. Chr. waren die Chancen gering, daß Jerusalem ein gemeinsames Kulturzentrum für Judäer und Heiden werden würde. Die Stadt bestand noch immer hauptsächlich aus Ruinen und war unterbevölkert. Vielleicht hatte Jerusalem sogar während der Unruhen, die bei der Thronbesteigung Xerxes' im Persischen Reich entstanden waren, erneut Schaden erlitten. Um etwa 445 v. Chr. erreichte die Nachricht von der Zwangslage Jerusalems die persische Hauptstadt Susa und beunruhigte die dort lebenden Judäer. Eines der führenden Mitglieder der dortigen Gemeinde war Nehemia, der bei König Artaxerxes I. den Posten des Mundschenks innehatte. Er war so betrübt über die Demütigung der *golah* in Jerusalem, daß er mehrere Tage reuevoll die Sünden beweinte, die sein Volk und seine Familie begangen hatten und die der Grund für die schrecklichen Zustände waren. Dann bat er den

König, nach Juda gehen zu dürfen, um die Stadt seiner Väter wiederaufzubauen. Der König gewährte ihm die Bitte und ernannte Nehemia zum Statthalter der Provinz Judäa. Er versprach ihm, sich mit Holz und anderen Baumaterialien aus den königlichen Speichern versorgen zu dürfen.[42] Artaxerxes hoffte offensichtlich, Nehemia könne Judäa stabilisieren, denn eine verläßliche persische Bastion in der Nähe der ägyptischen Grenze wäre der Sicherheit seines Reiches zuträglich gewesen.

Die Bücher Esra und Nehemia bestehen aus einer Reihe unzusammenhängender Dokumente, die ein Herausgeber in eine neue Ordnung zu bringen versuchte. Er hielt Esra und Nehemia für Zeitgenossen und ließ Esra vor Nehemia in Jerusalem eintreffen. Aber es gibt gute Gründe, Esras Mission ins Jahr 398 v. Chr. zu verlegen, während Artaxerxes II. an der Macht war.[43] Nehemia verließ Susa wahrscheinlich im Jahr 455 v. Chr. Vermutlich hat er seine Aufgabe als religiöse Herausforderung angesehen, da der Bau von Befestigungsanlagen im Nahen Osten von alters her als heilige Pflicht galt. In Jerusalem hielt er sich drei Tage lang inkognito auf und ritt dann eines Nachts heimlich um die Stadtmauern. Er schildert den bedauerlichen Zustand des alten Mauerwerks mit »seinen Rissen und ausgebrannten Toren«. An einer Stelle findet sein Pferd nicht einmal mehr einen Weg.[44] Am nächsten Tag stellte er sich den Ältesten vor und drängte sie, dieser Schande und Ehrlosigkeit ein Ende zu bereiten. Die ganze Stadt half zusammen, Priester und Laien arbeiteten Seite an Seite, und in einer Rekordzeit von fünfundvierzig Tagen wurde eine neue Stadtmauer errichtet. Dies war eigentlich ein gefährliches Unternehmen. Die Beziehungen zu den *am ha-aretz* waren ernsthaft gestört, und Nehemia mußte sich ständig mit den Intrigen verschiedener Regenten herumschlagen: so etwa mit Sanballat, dem Statthalter von Samaria, mit Tobia, einem von dessen Beamten, und mit Gersen, dem Statthalter von Edom. Die Lage war so angespannt, daß die mit den Bauarbeiten Beschäftigten ständig einen Angriff befürchteten: »Und ein jeglicher, der da baute, hatte sein Schwert an seine Lenden gegürtet und baute also.«[45] Die alte Vorstadt von Misne auf dem westlichen Hügel wiederaufzubauen wurde nicht versucht. Nehemias Stadt umfaßte nur die alte *ir David* auf dem Ophel. Dem biblischen Text können wir entnehmen, wie sie angelegt war. Die Märkte befanden sich entlang der westlichen Mauern der Stadt; die Priester und Tempeldiener wohnten neben dem Tempel an der Stelle der alten Ophelbefestigung. Künstler und Handwerker bewohnten den südöstlichen Teil, während sich das Militär auf den nördlichen Teil konzentrierte, wo die Stadt am ehesten verwundbar war. Nehemia baute auch eine Zitadelle, vermutlich östlich vom Tempel an der Stelle, die später von den Festungen der Hasmonäer und Herodianer eingenommen wurde. Am 25. Elul (früher September) 445 v. Chr. wurden die neuen Mauern eingeweiht. Leviten und Sänger aus den umliegenden Dörfern wurden in zwei große Chöre eingeteilt, die, Psalmen singend, in entgegengesetzter Richtung um die Mauern zogen, bevor sie in die Tempelhöfe traten. Die Musik und der Jubel waren meilenweit zu hören.

Nehemia hatte Jerusalem neue Hoffnung gegeben, aber es war noch immer keine blühende Stadt. Die Menschen zögerten, dorthin zu ziehen. Aus ständiger Furcht vor Angriffen der *am ha-aretz* mußten die Bewohner ihre Stadttore bewachen. Nehemia gelang es, die Einwohnerschaft auf etwa zehntausend zu erhöhen, indem jeder zehnte Mann in die Stadt ziehen mußte, was durch das Los bestimmt wurde.[46] Den Siedlern, die sich freiwillig meldeten, wurde dies als fromme Tat angerechnet. Während der zwölf Jahre, die Nehemia in Jerusalem zubrachte, wurde Mizpa als Hauptstadt der Provinz allmählich verdrängt, nicht zuletzt deswegen, weil er einen Amtssitz für den Statthalter baute. Langsam entwickelte sich die Stadt im Zentrum des Lebens der *golah* in Judäa. Doch innerhalb der Stadt gab es einen Machtkampf. Einige der Priester hatten enge Verbindungen mit den *am ha-aretz*, einschließlich Sanballats, der offensichtlich der gefährlichste von Nehemias Widersachern war. Nehemia mußte auch der Gier einiger reicher Bürger Einhalt gebieten, die die Armen versklavten und deren

Weinberge und Felder an sich rissen, wenn sie ihre Darlehen nicht mit Zinsen zurückzahlen konnten. Mit breiter öffentlicher Unterstützung zwang Nehemia die Vornehmen und Beamten, einen heiligen Eid zu leisten, keine Zinsen mehr zu nehmen.[47] Dies war wiederum ein Versuch, Jerusalem zu einer Zufluchtsstätte für die Armen zu machen, was natürlich von der Oberschicht abgelehnt wurde, die immer mehr dazu tendierte, sich ihren Verbündeten im Nachbarland zuzuwenden. Im ganzen Land scheint es zu großen Spannungen gekommen zu sein. Sanballat, Tobia und Gersen erkannten sehr klar, daß die Befestigung der Stadt das Streben nach politischer Kontrolle und Vormachtstellung bedeutete.

In seiner zweiten Amtsperiode, die um etwa 432 v. Chr. begann, erließ Nehemia neue Gesetze, die der *golah* verboten, sich mit Ansässigen zu verheiraten. Er entließ den Hohenpriester Eljasib, der mit Sanballats Tochter verheiratet war; dieser ließ sich in Samaria nieder, wohin ihm wahrscheinlich andere Unzufriedene aus der Priesterschaft folgten. Die Frage der Mischehen wurde in Jerusalem zunehmend zu einem Streitpunkt. Nehemias Gesetzgebung zielte nicht auf Rassenreinheit im Sinne des 20. Jahrhunderts, sondern war ein Versuch, die neue sakrale Geographie auf das soziale Leben der *golah* zu übertragen. In Babylon hatten die Vertriebenen darauf geachtet, ihre Identität zu bewahren, indem sie sich auf die Gegenwart Jahwes in Israel konzentrierten. Eine ähnlich zentrifugale Kraft war im sozialen Leben spürbar. Die Thora gebot dem Volk Israel, sich außerhalb des Familienkreises zu verheiraten, aber es wurde als vorteilhaft angesehen, jemanden zu heiraten, der einem so nahe stand, wie gesetzlich erlaubt war. Angehörige des Familienverbandes wurden als akzeptable Ehepartner angesehen, außerhalb Stehende als unerwünscht. Der Bereich des Heiligen fand an den Grenzen Israels sein Ende: Da die *gojjim* nicht auf der heiligen Karte verzeichnet waren, befanden sie sich außerhalb der Grenzen des Erlaubten.[48] Eine Heirat mit jemandem von »draußen« war gleichbedeutend mit dem Verlassen der heiligen Enklave und dem Eintritt in die

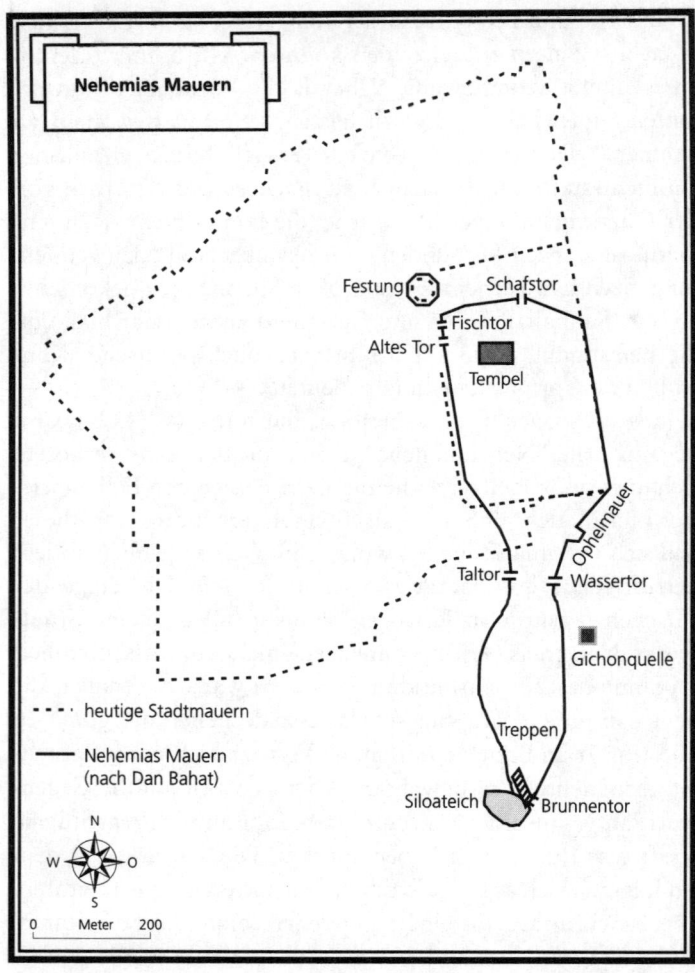

Nehemias Mauern

Festung
Schafstor
Fischtor
Altes Tor
Tempel
Ophelmauer
Taltor
Wassertor
Gichonquelle
Treppen
Siloateich
Brunnentor

- - - heutige Stadtmauern

—— Nehemias Mauern
(nach Dan Bahat)

N
W O
S

0   Meter   200

gottlose Wüste, in die am Jom Kippur der Sündenbock gejagt wurde. Nehemias Gesetzgebung war der Versuch, Israel zu einem »heiligen« Volk zu machen und die judäische Identität zu definieren, indem andere Menschen als »außenstehend« und nicht zugehörig bezeichnet wurden. Doch in Judäa mußte die *golah* Leute ablehnen, die einst Mitglieder der israelitischen Familie waren, nun aber in die Rolle von Fremden und Feinden gedrängt worden waren.

Während des 5. Jahrhunderts v. Chr. hatten die Judäer im babylonischen Exil wichtige religiöse Reformen durchgeführt, die die jüdische Religion speisten. Die Frage der Identität war immer noch entscheidend: Die Vertriebenen gaben ihren Kindern keine babylonischen Namen mehr, sondern bevorzugten Namen, in denen sich ihre neuen religiösen Symbole widerspiegelten. Die Thora spielte nun eine zentrale Rolle im religiösen Leben und hatte den Platz des Tempels eingenommen. Durch die Beachtung der *mitzvoth* gelang es den Judäern, sich in Babylon zu einer heiligen Gemeinschaft zu formen, die Gott in ihrer Mitte hatte und dessen Gesetze auf Erden verwirklichte. Aber das bedeutete, daß einfache Juden von Kundigen mit den Schwierigkeiten der Thora vertraut gemacht werden mußten. Einer dieser »Experten« war Esra: »Esra aber war ein geschickter Schriftgelehrter im Gesetz Moses, das der Herr, der Gott Israels, gegeben hatte.«[49] Möglicherweise war er auch für jüdische Angelegenheiten am persischen Hof zuständig. 398 v. Chr. wurde er von Artaxerxes II. mit mehrfachen Aufgaben nach Jerusalem geschickt. Er sollte eine Gruppe von Juden begleiten, die in ihre Heimat zurückkehren wollten, ferner sollte er die Spenden der babylonischen Juden für den Jerusalemer Tempel mitnehmen; nachdem er dort eingetroffen war, sollte er »besichtigen Juda und Jerusalem nach dem Gesetz Gottes«, und schließlich sollte er die Juden der Levante in diesem Gesetz unterrichten.[50] Zu dieser Zeit wurden auch die Gesetze anderer unterworfener Völker überprüft. Artaxerxes unterstützte den Kult des jüdischen Tempels, der in der Provinz Judäas eine zentrale Stellung einnahm. Er mußte sicherstellen, daß dieser Kult sich mit den Interessen und der Sicherheit des Reiches vertrug. Als Rechtsexperte in Babylon hat Esra vermutlich einen zufriedenstellenden Modus vivendi zwischen Thora und persischem Rechtssystem erarbeitet; schließlich mußte Artaxerxes gewährleistet werden, daß dieses System auch in Judäa funktionierte. Esra machte die Thora in Jerusalem öffentlich bekannt, und sie wurde das offizielle Gesetz des Landes.[51]

Der biblische Verfasser sieht in Esras Mission einen Wendepunkt in der Geschichte seines Volkes. Esras Reise nach Judäa wird als neuer Exodus beschrieben und Esra selbst, der Gesetzgeber, als neuer Mose. Er zog im Triumph in Jerusalem ein, war aber entsetzt, als er feststellte, daß Priester und Leviten mit den *am ha-aretz* immer noch unter einem Dach lebten und weiterhin fremde Frauen heirateten. Die Menschen Jerusalems mußten mit ansehen, wie sich der Beauftragte des persischen Königs das Haar raufte und sich einen ganzen Tag lang in Trauerhaltung auf die Straße setzte. Dann befahl er alle Mitglieder der *golah* zu einer Versammlung: Wer nicht erschien, sollte aus der Gemeinschaft ausgestoßen und sein Besitz konfisziert werden. Am Neujahrstag brachte Esra die Thora auf den Platz vor dem alten Wassertor und verlas und erklärte den vornehmen Bürgern und der Menge das Gesetz.[52] Wir wissen nicht, was er ihnen tatsächlich vorgelesen hat – den ganzen Pentateuch, das Deuteronomium oder die Zehn Gebote. Was immer es auch war, es war auf jeden Fall ein Schock für die Menschen, die dergleichen offensichtlich noch nie gehört hatten. Sie weinten so bitterlich, daß Esra sie daran erinnern mußte, daß dies ein Festtag war, und laut verlas er ihnen den Abschnitt aus der Thora, in dem den Israeliten befohlen wird, im Monat des Sukkot zum Gedenken an den vierzigjährigen Aufenthalt ihrer Vorfahren in der Wüste in besonderen Hütten zu wohnen. Er schickte die Leute auf die Hügel, um Myrten-, Oliven-, Pinien- und Palmzweige zu brechen, und bald darauf waren in ganz Jerusalem die Laubhütten errichtet. Das neue Fest war an die Stelle der alten jebusitischen Sukkotriten getreten; es hatte nun eine Auslegung erfahren, die es mit den

*»Israel erkennt uns nicht an.« Da sie aus Jerusalem ausgeschlossen
wurden, bauten die am ha-aretz einen eigenen Tempel auf dem Berg
Garizim in Samaria. Ihre Nachkommen, die Samaritaner, beten
noch heute dort und praktizieren ihre eigene Form des Judentums.*

Traditionen des Exodus verband. Eine fröhliche Stimmung
erfüllte die Stadt während der nächsten sieben Tage, und jeden
Abend versammelten sich die Menschen, um Esras Lesungen
des Gesetzes zu lauschen.

Die nächste Versammlung galt einem traurigeren Anlaß.[53]
Sie wurde auf dem Platz vor dem Tempel abgehalten, und die
Menschen zitterten, während die winterlichen Regen nieder-
gingen. Esra befahl ihnen, ihre fremden Frauen fortzuschicken,
wobei jeder Fall von einem eigens eingerichteten Gremium
untersucht werden sollte. Frauen und Kinder wurden aus der
golah ausgestoßen: Sie sollten sich den *am ha-aretz* anschließen. Die Zugehörigkeit zum Volk Israel wurde auf die Nachfahren derjenigen beschränkt, die im babylonischen Exil gewesen waren und sich nun bereit zeigten, sich der Thora zu
unterwerfen, die jetzt das offizielle Gesetzeswerk Jerusalems
darstellte. Die Klagen der Menschen, die nun zu Ausgestoßenen geworden waren, sind uns im Buch Jesaja überliefert:

Bist du doch unser Vater. Denn Abraham weiß von uns
nichts, und Israel kennt uns nicht. Du aber, Herr,
bist unser Vater und unser Erlöser; von alters her
ist das dein Name.[54]

Von nun an war die Geschichte Jerusalems von rücksichtsloser
Ausgrenzung anderer Menschen gekennzeichnet, obwohl dies
gegen einige der wichtigsten Traditionen Israels verstieß. Man
kann davon ausgehen, daß dieser neue Rigorismus von vielen
abgelehnt wurde. Sie wollten nicht alle Verbindungen zu den
Menschen Samarias und der umliegenden Länder verlieren. Sie
befürchteten, daß Jerusalem alle Weltläufigkeit einbüßen und
die Stadt wirtschaftlichen Schaden nehmen könnte. Andere
aber begrüßten die neue Gesetzgebung mit Begeisterung. Wir
wissen sehr wenig über das Jerusalem der Generationen, die
auf Esra folgten, aber im Lauf der nächsten acht Generationen
hatte das Gesetz im geistig-religiösen Leben Judäas einen
ebenso zentralen Stellenwert eingenommen wie der Tempel.
Als diese beiden heiligen Werte in Gefahr gerieten, kam es in
Jerusalem zu einer Krise, die fast dazu geführt hätte, daß die
Stadt ihre neue jüdische Identität verlor.

6

Antiochia in Judäa

Als Alexander von Makedonien im Oktober des Jahres 333 v. Chr. bei Issus Darius III. von Persien besiegte, waren die Juden Jerusalems entsetzt, denn sie waren zweihundert Jahre lang treue Vasallen des Persischen Reiches gewesen. Flavius Josephus, der jüdische Historiker des ersten nachchristlichen Jahrhunderts, berichtet, daß sich der Hohepriester anfänglich geweigert habe, sich Alexander zu unterwerfen, weil er dem persischen König einen Eid geleistet hatte. Doch er gab schließlich nach, nachdem Alexander versprochen hatte, daß die Juden seines ganzen Reiches weiterhin nach ihrem eigenen Gesetz regiert werden würden.[1] Tatsächlich ist es jedoch höchst unwahrscheinlich, daß Alexander je Jerusalem besucht hat. Anfangs machte sich die makedonische Eroberung im Leben der Menschen von Judäa kaum bemerkbar. Die Thora blieb das offizielle Gesetzeswerk der Provinz, und die Verwaltung wurde wahrscheinlich ebenfalls nicht ausgewechselt. Doch die Legende von Alexanders Abkommen mit dem Hohenpriester ist bemerkenswert, weil sich darin die Vielschichtigkeit der jüdischen Reaktion auf den Hellenismus widerspiegelt. Manche Juden schreckten instinktiv vor der griechischen Kultur zurück und wollten an der alten Ordnung festhalten; andere sahen im Hellenismus ein System, das sich mit den eigenen Traditionen hervorragend verbinden ließ. Der Kampf zwischen diesen beiden gegnerischen Parteien sollte die Geschichte Jerusalems fast drei Jahrhunderte lang beherrschen.

Schon Jahrzehnte vor dem Sieg Alexanders hatte sich der Hellenismus im Nahen Osten ausgebreitet. Die Jerusalemer

Priesterschaft hatte unter der Bezeichnung »Jehud« Münzen ausgegeben, die die Silbermünzen Athens nachahmten. Die alten Kulturen der Region begannen zu zerfallen und gerieten unwillkürlich unter den Einfluß griechischen Geistes. Die Juden Jerusalems jedoch hatten vermutlich kaum direkte Verbindung mit Griechenland. Die Elemente der hellenistischen Kultur, die bei ihnen Aufnahme fanden, waren durch die phönizischen Küstenstädte vermittelt worden und hatten bereits vertrautere Formen angenommen. Jerusalem lag wieder einmal abseits der Hauptströmungen und war ziemlich rückständig. Es lag an keiner der Haupthandelsrouten. Die Karawanen, die in den nahe gelegenen Städten Petra und Gaza haltmachten, sahen keinen Grund, ins arme Jerusalem zu kommen, dem zur Entwicklung von Gewerbe alle Voraussetzungen fehlten. Das Jerusalemer Leben drehte sich um den Tempel und die vermeintlich von alters her überlieferte Thora, man interessierte sich wenig für internationale Politik und orientierte sich eher an der Vergangenheit als an den neuen Ideen, die von Westen her in die Region eindrangen.

All dies änderte sich, nachdem Alexander der Große am 13. Juni 323 v. Chr. in Babylon gestorben war. Der einzige in Frage kommende Erbe war ein Minderjähriger, und sofort stritten sich die führenden Befehlshaber um die Kontrolle über das Reich. Während der folgenden zwei Jahrzehnte wurde das Reich von den Kämpfen dieser sechs Diadochen (»Nachfolger«) erschüttert. Aufgrund seiner Wichtigkeit als Durchgangsland fielen ständig Streitkräfte in Judäa ein, die sich auf dem Marsch von Kleinasien oder Syrien nach Ägypten befanden. Während dieser Jahre wurde Jerusalem nicht weniger als sechsmal erobert, und den Einwohnern wurde auf schmerzliche Weise klar, daß die lange Periode friedlicher Abgeschiedenheit vorüber war. Anfänglich erlebten die Juden Jerusalems den Hellenismus als zerstörerisch, gewalttätig und militaristisch. Die makedonischen Diadochen waren als hochmütige Eroberer ins Land eingefallen und interessierten sich für die dortige Bevölkerung nur im Hinblick auf ihre Ambitionen.

Griechische Kunst, Philosophie und Literatur, die in der Entwicklung der westlichen Kultur eine so große Rolle spielten, hätten die Einwohner Jerusalems dieser Zeit kaum beeindruckt. Vermutlich hätten sie mit dem sanskritischen Autor übereingestimmt, der die Griechen als »mächtig und bösartig« beschrieben hatte.

Im Jahr 301 v. Chr. kamen Samaria, Phönizien und die gesamte Küstenebene unter die Kontrolle von Ptolemaios I. Soter, dem Diadochen, der sich kurz zuvor eine Machtgrundlage in Ägypten geschaffen hatte. Während der nächsten hundert Jahre befand sich Jerusalem daher unter der Herrschaft der Ptolemäer, die die Provinz (*strategos*) Syrien als militärische Pufferzone gegen Angriffe aus dem Norden brauchten. Wie die meisten antiken Herrscher mischten sich die Ptolemäer in lokale Angelegenheiten nicht sonderlich ein, obwohl sie ein effizienteres Verwaltungssystem einführten, das flexibel genug war, die verschiedenen Regionen ihres Königreichs auf unterschiedliche Weise zu behandeln. Einige Teile der Provinz waren Kronland und wurden von königlichen Beamten direkt regiert; auch wurden die neuen Häfen in Joppe und Stratonsturm sowie die neuen militärischen Siedlungen bei Bet Schean, Philoteria und Pella von den Ptolemäern gegründet. Dem Rest des Landes wurde mehr Freiheit zugestanden. Den phönizischen Städten Tyros, Sidon, Tripolis und Byblos wurden bedeutende Rechte und Privilegien gewährt. Griechische Kolonisten kamen nach Syrien und errichteten in Gaza, Sichem, Marisa und Philadelphia (heute: Amman) *poloi*, die sich an den demokratischen Vorbildern ihrer Heimat orientierten und praktisch Eigenverwaltung besaßen. Eine Menge griechischer Soldaten, Händler und Geschäftsleute ließen sich in diesen Siedlungen nieder, um die neuen Möglichkeiten im Osten zu nutzen; die ansässige Bevölkerung, die Griechisch sprechen und schreiben lernte, wurde zu »Hellenen« und durfte die unteren Ränge in Heer und Verwaltung einnehmen. Diese *poloi* standen in schroffem Gegensatz zu den alten Traditionen der Region. Hellenistische Kultur war säkular. Sie wurde von einer Schicht Intellektueller getragen, die sowohl von Palast wie Tempel unabhängig war. Die *polis* wurde weder von einem göttlich erwählten Herrscher noch einer Priesterkaste regiert, sondern von Politikern, die mit Religion nichts zu tun hatten. Auch das sogenannte Gymnasion wurde in diesen neuen Städten errichtet; dort wurden junge Männer nach hellenistischem Vorbild erzogen. Sie studierten griechische Literatur und wurden einer strengen körperlichen und militärischen Ausbildung unterzogen, die gleichermaßen Körper und Geist formte. Das Gymnasion war diejenige Institution, die den Griechen in ihrem weiträumigen Reich Zusammenhalt gab. Es war von einem eigenen religiösen Ethos bestimmt. Wie die Olympischen Spiele waren die athletischen Wettkämpfe Veranstaltungen zu Ehren von Hermes und Herakles, den Schirmherren des Gymnasions. Gewöhnlich war es der ansässigen Bevölkerung nicht erlaubt, das Gymnasion zu betreten; dies war ein Vorrecht der Griechen. Doch unter den Ptolemäern waren Fremde zugelassen.

Anfänglich wurde Jerusalem von diesem neuen Geist nicht beeinflußt. Es war keine *polis* und hatte daher kein Gymnasion. Die meisten Einwohner wären bei der Vorstellung, daß in der Stadt Jahwes Hermes verehrt würde und die Jugend nackt trainierte, entsetzt gewesen. Judäa war für die Ptolemäer von geringem Interesse. Die Juden bildeten ein eigenes *ethnos* (Nation) und wurden von der *gerusia*, der Notablenversammlung, regiert. Die Thora war das Gesetz dieses *ethnos*, das blieb, was es unter den Persern gewesen war: ein Tempelstaat, von seinen Priestern regiert. Die Ptolemäer haben wahrscheinlich einen lokalen Vertreter (*oikonomos*) ernannt, der die Vorgänge im Auge behielt, und zumindest während Kriegszeiten wurde vermutlich eine Garnison in der Stadt stationiert. Aber ansonsten durften die Juden frei schalten und walten. Die Hauptverbindung mit der ägyptischen Oberherrschaft bestand in einem jährlichen Tribut von zwanzig Talenten.

Aber es war unvermeidlich, daß Jerusalem schließlich unter griechischen Einfluß geriet, der sich bereits auf das ganze umliegende Land ausgedehnt hatte. Während der Regierungszeit von Ptolemaios II. (282–246 v. Chr.) erhielt ein Jerusalemer Bürger namens Joseph die Berechtigung, im ganzen *strategos* von Syrien die Steuern einzutreiben. Über zwanzig Jahre lang war er einer der mächtigsten Männer im Land. Joseph gehörte zu der Adelsfamilie der Tobiaden und war vielleicht ein Nachkomme jenes Tobia, der Nehemia solche Schwierigkeiten bereitet hatte. Wenn das zutrifft, hatte dieser Clan noch immer keine engen Verbindungen zu Thora und Tempel, er hielt noch immer Kontakt mit Fremden und weigerte sich, sich den strengen jüdischen Geboten zu unterwerfen. Außerdem war die Niederlassung der Tobiaden in Amathus im Ostjordanland zu einem der größten ptolemäischen Militärstützpunkte geworden. Joseph war offensichtlich in der griechischen Welt zu Hause, denn er war in der Lage, das Finanzsystem der Hellenen in Jerusalem einzuführen, und wurde der erste jüdische Bankier. Viele seiner jüdischen Mitbürger waren stolz auf diesen Erfolg. In einer Geschichte, die Flavius Josephus überliefert hat, werden mit deutlichem Stolz seine Klugheit, Gerissenheit und unternehmerische Fähigkeit herausgestellt.[2] Der Historiker rühmt Joseph, weil er sein Volk vor Armut bewahrte und es befähigte, an dem ökonomischen Aufschwung teilzuhaben, den die Ptolemäer der Region brachten.

Die Tobiaden wurden die Pioniere des Hellenismus in Jerusalem. Sie wollten, daß sich die Stadt von den alten Traditionen befreite, die sie als hinderlich und provinziell ansahen. Damit standen sie nicht allein. Viele Menschen im griechischen Reich hatten ebenfalls den Wunsch, alte überkommene Bräuche abzuwerfen, die plötzlich als Hindernis erschienen. Statt ihre Welt als eine Enklave zu begreifen, in der Grenzziehungen von entscheidender Bedeutung waren, hielten sie nach größeren Horizonten Ausschau. Die *polis* war eine geschlossene Welt, aber viele Griechen hielten sich jetzt für Kosmopoliten. Statt ihre Heimat als höchstes Gut zu betrachten, wurden sie Kolonisten und Weltreisende. Die Eroberungen Alexanders hatten ihnen weite Bereiche eröffnet, die *polis* dagegen erschien klein und beengend. Ebenjene Grenzenlosigkeit, die ihren Vorfahren als bedrohliches Chaos erschienen war, wurde nun als aufregend und befreiend empfunden. Auch die Juden der griechischen Welt teilten dieses Gefühl und wollten lieber Weltbürger als Mitglieder eines auserwählten Volkes sein, dessen Gesetz zunehmend als Einschränkung erfahren wurde. Am Ende des 3. Jahrhunderts v. Chr. hatten sich einige Juden rudimentär griechische Bildung angeeignet und gaben ihren Kindern griechische Namen. Andere empfanden dies als extrem bedrohlich. Sie hielten sich an die alten, auf den Tempel bezogenen Traditionen. Vor allem die unteren Schichten konnten an dem neuen Reichtum nicht teilhaben und wandten sich noch eifriger der Thora zu, die allen Dingen und Menschen einen bestimmten Platz sicherte. Auch die konservativen Juden neigten natürlicherweise den Priestern zu, den Hütern der Thora und des Tempels. Ihre Führer waren die Oniaden, eine von Zadok abstammende Priesterfamilie, deren Mitglieder einige Zeit die Hohenpriester in Jerusalem gestellt hatten. Doch sogar die Oniaden fühlten sich von griechischen Idealen angezogen. Einige von ihnen trugen griechische Namen, aber sie waren entschlossen, die alten Gesetze und Traditionen zu bewahren, von denen ihre Macht und ihre Vorrechte abhingen.

Gegen Ende des 3. Jahrhunderts v. Chr. wurde deutlich, daß die Ptolemäer Syrien an die Seleukiden verlieren würden, die von Mesopotamien aus regierten. 219 v. Chr. besetzte der junge, ehrgeizige Seleukidenkönig Antiochus III. Samaria und die phönizische Küstenregion und konnte diese Territorien vier Jahre lang halten. Obwohl er schließlich von Ptolemaios IV. Philopator zurückgeschlagen wurde, war es wahrscheinlich, daß er zurückkommen würde. Während die Tobiaden seit Joseph, dem obersten Steuereintreiber der Ptolemäer, eng mit diesen verbunden waren, unterstützten die konservativeren Juden die Seleukiden und hofften, daß sie das Land unter ihre Kontrolle bringen würden. Weil aber die Tobiaden in einen Familienzwist verwickelt waren, gewann der tatkräftige Hohepriester Simon II. aus der Oniadenfamilie beträchtlichen Einfluß in der Stadt und stellte sich auf die Seite der Seleukiden. Nachdem Antiochus 203 v. Chr. erneut ins Land eingefallen war, halfen ihm seine jüdischen Sympathisanten, im Jahr 201 v. Chr. die Zitadelle von Jerusalem zu erobern. Im Jahr darauf allerdings wurden seine Soldaten von den Ptolemäern wieder aus der Stadt vertrieben. Im Jahr 200 v. Chr. wurde Jerusalem lange belagert und erlitt schwere Schäden, bevor Antiochus es wieder zurückerobern konnte.

Zu diesem Zeitpunkt hatten die Seleukiden bereits das ganze Land erobert, das sie als »Satrapie Kölesyrien und Phönizien« bezeichneten. Wiederum wurden für die unterschiedlichen Regionen, die griechischen und phönizischen Städte, die Militärstützpunkte und die Kronländer, eigene Regelungen getroffen. Mit Hilfe von jüdischen Schriftgelehrten verfaßte Antiochus einen speziellen Freibrief für das *ethnos* von Judäa, womit er seine Anhänger in Jerusalem belohnte. Simon wurde zum Oberhaupt des *ethnos* ernannt; das bedeutete, daß die konservative Partei gegen die hellenistischen Tobiaden gewonnen hatte. Die Thora blieb weiterhin das Gesetz im Land, und die Notablenversammlung (*gerusia*) führte die Regierungsgeschäfte. Die Urkunde traf spezielle Regelungen für den Tempel, in denen sich die sakralen Raumvorstellungen der Juden ausdrückten, führte aber gleichzeitig noch strengere Richtlinien ein, als unter Nehemia und Esra gegolten hatten. Um die Reinheit des Heiligtums zu garantieren, mußte die Stadt von allen Verunreinigungen befreit werden. Eine Bekanntmachung an den Stadttoren verbot die Aufzucht und das Schlachten »unreiner« Tiere in Jerusalem. Männliche Juden durften den inneren Hof des Tempels nicht betreten, außer sie unterzogen sich denselben rituellen Waschungen wie die Priester. Auch Heiden war es verboten, den inneren Hof zu betreten. Dies war eine Neuerung, die in der Thora keine Grundlage hatte, aber die zunehmende Ablehnung der konservativen Juden gegenüber der heidnischen Welt ausdrückte. Auf die griechischen Besucher der Stadt mußte dies höchst befremdlich gewirkt haben. Sie hätten es als natürlich angesehen, daß die Laien von den Tempelgebäuden ausgeschlossen blieben, denn in fast jedem Tempel der Antike durften nur die Priester das Allerheiligste betreten. Aber in Griechenland durfte jeder die Tempelhöfe betreten, vorausgesetzt, er hatte sich den üblichen Reinigungsritualen unterzogen. In Jerusalem wurden die Griechen zusammen mit den Frauen und den Männern, die sich im Zustand der Unreinheit befanden, in den äußeren Hof verwiesen. Weil sie die Thora nicht beachteten, galten Fremde als »unrein«. Sie mußten an ihrem Platz jenseits der Grenzen des Heiligen bleiben.

Die Juden, die Zutritt zum Bereich des Heiligen hatten, machten im Tempelkult eine Erfahrung des Göttlichen, die deutlich eine neue Klarheit und ein reiches Lebensgefühl mit sich brachte. Ben Sira, ein Schriftgelehrter, der während der seleukidischen Periode in Jerusalem lebte, vermittelt uns etwas von dem Eindruck, den der Tempelkult auf den Gläubigen machte, wenn er beschreibt, wie Simon die Zeremonien des Jom Kippur vollzog. Dies war der einzige Tag im Jahr, an dem der Hohepriester als Vertreter der Gläubigen das Allerheiligste betreten durfte. Nachdem er es wieder verlassen hatte, brachte er dessen große Heiligkeit quasi für die Menschen mit. Die Aura, die Simon umgeben habe, wird mit der Sonne verglichen, die auf das goldene Tempeldach scheint, mit einem Regenguß inmitten leuchtender Wolken, mit fruchtbeladenen Olivenbäumen und einer Zypresse, die in den Himmel aufragt.[3] Die Realität wurde überhöht und intensiver erfahren. Das Heilige brachte seine ganze ihm innewohnende Kraft zum Ausdruck. In Simons Tagen hatte das Amt des Hohenpriesters einen völlig neuen Rang erhalten. Es war ein Symbol der Einheit des Judentums geworden und spiegelte die zunehmend wichtigere Rolle in der Politik der Stadt wider. Ben Sira war der Ansicht, daß allein der Hohepriester die Thora verbindlich auslegen könne.[4] Er war ein Symbol der Kontinuität: Die Herrschaft des Hauses David hatte nur ein paar Generationen angedauert, aber die Priesterschaft Aarons würde ewig sein.[5] Jahwe war inzwischen

zu einem so erhöhten Wesen stilisiert worden, daß es gefährlich war, seinen Namen auszusprechen. Wenn man nun in der
Thora auf die hebräischen Konsonanten YHWH traf, wurden
sie durch ein Synonym wie »Adonai« (Herr) oder »El Eljon«
(Der Höchste) ersetzt. Nur der Hohepriester durfte einmal im
Jahr an Jom Kippur den göttlichen Namen aussprechen. Ben
Sira pries Simon auch für seine Bautätigkeit in Jerusalem. Er
erneuerte die Stadtmauern und Tempeltore, die während der
Belagerung im Jahr 200 v. Chr. beschädigt worden waren. Er
ließ auch nördlich vom Tempelberg ein großes Becken ausheben – »so groß wie einen See« –, das den Namen Bethesdateich
(aramäisch: Haus der Barmherzigkeit) erhielt. Traditionell
wurde die Errichtung von Bauwerken als die Aufgabe eines
Königs angesehen, aber Antiochus hatte die Kosten für diese
Erneuerungen nicht übernehmen wollen. Er ließ sie nur von
den Steuern der Stadt absetzen. Also war Simon in die Bresche
gesprungen und hatte als König und Priester von Jerusalem
gehandelt.[6]

Ben Sira war ein Konservativer. Er beklagte den Materialismus, der sich in der Stadt verbreitet hatte, nachdem so viele
vom Händlergeist der Griechen befallen worden seien. Die
Griechen bezichtigten die Levantiner gerne der Käuflichkeit,
aber dies war ein Laster, das sie selbst aus dem Westen eingeschleppt hatten. In alten Zeiten hatte der Zionskult darauf
beharrt, daß Jerusalem eine Zufluchtsstätte für die Armen sei;
aber nun, so klagte Ben Sira, betrachteten die Jerusalemer
Bürger Armut als Schande, und die Armen wurden mitleidlos
an den Rand gedrängt.[7] Doch obwohl Ben Sira den Juden
mißtraute, die sich von griechischer Kultur beeinflussen ließen,
war er selbst gegen die Verlockungen des Hellenismus nicht
gefeit. Warum sollten junge Juden nicht die Werke Moses
studieren, wie junge Griechen im Gymnasion die Werke Homers studierten? Dies war ein revolutionärer Vorschlag. Bislang durften Laien nur Auszüge aus der Thora auswendig
lernen, sie aber nicht selbst lesen. Das Gesetz wurde ihnen von
den Priestern erklärt. Ben Sira war jedoch kein Priester. Er war

ein jüdischer Intellektueller, der glaubte, die Thora könne die Grundlage einer freiheitlichen Erziehung für alle männlichen Juden werden. Fünfzig Jahre später war für Ben Siras Enkel, der sein Buch ins Griechische übersetzte, ein solches Studium etwas ganz Normales.[8] Durch die Berührung mit der griechischen Welt gerieten die alten Religionen des Nahen Ostens, die sich der hellenistischen Herausforderung zunächst verweigerten, dennoch allmählich unter deren Einfluß. Das Judentum machte dabei keine Ausnahme. Juden wie Ben Sira hatten bereits begonnen, das griechische Ideal der *paideia* (Bildung) in ihre eigenen Traditionen aufzunehmen, und legten damit den Grundstein für das rabbinische Judentum. Sogar die Methode von Frage und Antwort, die später von den Rabbinern entwickelt wurde, zeigte den Einfluß sokratischen Vorgehens.

Andere Juden wollten jedoch weitergehen: Sie erhofften sich eine umfassende griechische Erziehung und hielten das mit dem Judentum durchaus für vereinbar. Bald gerieten sie darüber in Konflikt mit den Konservativen Jerusalems. Die ersten Anzeichen des Zwists zeigten sich um 180 v. Chr., als der Hohepriester Onias III., ein Sohn Simons II., beschuldigt wurde, eine große Geldsumme im Tempelschatz zu horten. König Seleukos IV. sandte sofort seinen Großwesir Heliodor nach Jerusalem. Die Begeisterung für die Seleukiden hatte sich zu diesem Zeitpunkt bereits gelegt. Im Jahr 199 v. Chr. hatte Antiochus III. durch die Römer eine demütigende Niederlage erlitten, die Griechenland und einen Großteil Anatoliens annektiert hatten. Seinen Thron durfte er nur unter der Bedingung behalten, daß er eine extrem hohe Entschädigungssumme und jährlichen Tribut bezahlte. Seine Nachfolger waren daher beständig in Geldnöten. Seleukos IV. nahm wahrscheinlich an, da ihn der Vertrag mit Jerusalem verpflichtete, die Kosten des Kults zu tragen, daß er dann auch das Recht habe, die Finanzen des Tempels zu kontrollieren. Er hatte jedoch nicht mit der Empfindlichkeit der Juden im Hinblick auf Tempelangelegenheiten gerechnet. Als Heliodor in Jerusalem das Geld im Tempelschatz konfiszieren wollte, waren die Menschen entsetzt.

Onias wurde leichenblaß und verfiel in Zuckungen, Frauen, in Sackleinen gekleidet, liefen durch die Straßen, und junge Mädchen lehnten sich aus den Fenstern und riefen den Himmel um Hilfe an. Wie durch ein Wunder wurde der Tempel vor einer Entweihung verschont. Als sich Heliodor der Schatzkammer näherte, wurde er von einem Schlaganfall niedergestreckt. Später bezeugte er, er habe den jüdischen Gott mit eigenen Augen gesehen.

Vielleicht hat Heliodor nur auf die Hysterie in der Stadt reagiert. Aber der Vorfall markierte eine wichtige Erkenntnis: Jeder Übergriff auf den Tempel konnte in Zukunft einen Aufstand in Jerusalem auslösen. Im Lauf der Jahre war der Tempel ein Symbol jüdischer Identität geworden. Er wurde als das Herzstück der Nation, als Quelle des Seins, der Schaffenskraft und des Bestandes angesehen. Noch immer übte der Tempel eine Anziehungskraft auf diejenigen Juden aus, die sich an die Richtlinien der Thora hielten. Selbst in der Diaspora wandten sich die Juden beim Gebet nun in Richtung Jerusalem, und sie unternahmen Pilgerfahrten in die Heilige Stadt, um die großen Feste im Tempel mitzufeiern. In allen Psalmen, Gebeten und heiligen Schriften wurden sie ermuntert, den Tempel als Paradies auf Erden anzusehen, als Entsprechung Gottes selbst. Im Lauf des Prozesses, in dem die Juden versuchten, inmitten einer Welt, die sie zur Anpassung drängte, ihre Identität zu wahren, waren Tempel und Stadt zu einer unantastbaren Enklave geworden. Heiden durften in der Nähe des Tempels keine Bauwerke errichten, und jeder Versuch, diesen heiligen Bezirk zu verletzen, wurde als Schändung betrachtet. Darin drückte sich kein rationales Denken aus, sondern Gefühle, Instinkt und Intuition.

Doch die Krise des Jahres 180 v. Chr. war mit dem Schlaganfall Heliodors nicht beigelegt. Es gab Gerüchte, Onias sei für dessen Anfall indirekt verantwortlich gewesen, und er fühlte sich genötigt, sich an den seleukidischen Hof zu begeben, um seinen Namen reinzuwaschen. Traurigerweise zogen seine Feinde Vorteil daraus. Während er in Antiochia war, schmeichelte sich sein Bruder Josua – oder Jason, wie er oft genannt wurde – beim König Seleukos ein und bot ihm als Gegenleistung für das Amt des Hohenpriesters eine große Bestechungssumme. Seleukos stimmte nur allzu bereitwillig zu: Onias mußte vom Hof fliehen und wurde später ermordet. Doch der Hohepriester Jason war nicht so konservativ wie sein Bruder. Die Thora bedeutete ihm nichts, und durch die Übernahme griechischen Lebensstils strebte er für sein Volk größere Freiheiten an. Bald nach seiner Amtsübernahme wurde auch König Seleukos von seinem Bruder Antiochus IV. Epiphanes ermordet, Jason bot auch dem neuen König Geld an und buhlte um die Erneuerung des alten Vertrages aus dem Jahr 200 v. Chr. Er wollte nicht, daß Judäa ein altmodischer, auf der Thora basierender Tempelstaat blieb. Jerusalem sollte eine *polis* werden, die nach ihrem königlichen Schirmherrn »Antiochia« genannt werden sollte. Antiochus, der immer in Geldnöten war, nahm die Summe an und erklärte sich mit Jasons Vorhaben einverstanden, das, wie er hoffte, seine Position in Judäa stärken würde.

Aber Jerusalem wurde nicht über Nacht zu einer *polis*. Um hellenistisch zu werden, mußte sich erst eine gewisse Zahl von Bürgern mit der griechischen Kultur vertraut machen, damit das demokratische Ideal in der Stadt Fuß fassen konnte. In der Zwischenzeit gelang es Jason vermutlich, eine Gruppe von »Antiochenern« um sich zu scharen, die sein Konzept der Hellenisierung unterstützten. Provozierend nahe beim Tempel wurde ein Gymnasion errichtet, wo die jungen Juden Homer, griechische Philosophie und Musik studieren konnten; außerdem nahmen sie nackt an sportlichen Wettkämpfen teil. Doch bis Jerusalem eine voll ausgebildete *polis* wurde, blieb die Thora das Gesetz des Landes, und daher ist es unwahrscheinlich, daß im Jerusalemer Gymnasion Hermes und Herakles verehrt wurden. Anfangs erhielt Jasons Plan relativ große öffentliche Unterstützung. Die biblischen Quellen berichten von keiner Opposition gegen das Gymnasion. Sobald der Gong für die athletischen Übungen ertönte, eilten die Priester den Tem-

An der Westmauer in Jerusalem weihen Juden eine neue Thora-rolle für ihre Synagoge. Nach der Verfolgung durch Antiochus Epiphanes wurde in Judäa dem Gesetz noch größere Verehrung zuteil.

pelberg hinab, um daran teilzunehmen. Priester, Landbesitzer, Händler und Handwerker, alle waren von der Herausforderung des Hellenismus angezogen und hofften vermutlich, eine offenere Gesellschaft würde Jerusalems Wirtschaft verbessern. Gegen die isolationistische Politik Nehemias und Esras hatte es immer Widerstand gegeben, und viele Juden der Stadt neigten dem griechischen Ideal des Weltbürgertums zu. Ihrer Ansicht nach war das Judentum nicht notwendigerweise unvereinbar mit der hellenistischen Welt. Konnte Mose vielleicht mit einem Gesetzgeber wie Lykurg verglichen werden? Die Thora war keineswegs sakrosankt: Abraham etwa hatte die *mitzvoth* nicht befolgt. Hatte er nicht in Mamre, als er Jahwe bewirtete, Milch und Fleisch vermischt? Für die Juden bestand keine Veranlassung, sich so fanatisch streng von den *gojjim* fernzuhalten. Durch Freundschaften und kulturellen Austausch mit ihnen konnten Juden möglicherweise wieder jene uranfängliche Einheit erleben, die vor dem Bau des Turmes von Babel geherrscht hatte, bevor die Menschen in verschiedene Stämme und Religionsgemeinschaften zerfallen waren. Als König Antiochus IV. Epiphanes im Jahr 173 v. Chr. Jerusalem besuchte, wurde er begeistert empfangen. Zu Ehren seines neuen Schirmherrn führte Jason einen Fackelzug an.

Doch dann ging die hellenistische Partei zu weit. Im Jahr 172 v. Chr. sandte Jason einen Priester namens Menelaos mit dem Geld, das er Antiochus versprochen hatte, nach Antiochia. Menelaos hinterging seinen Auftraggeber, indem er dem König eine weitere Bestechungssumme anbot, wenn er selbst das Amt des Hohenpriesters bekäme. Als er nach Jerusalem zurückkehrte, mußte Jason fliehen, um sein Leben zu retten; in Amathus, der Niederlassung der Tobiaden im Ostjordanland, fand er Zuflucht. Aber die Menschen akzeptierten Menelaos als Hohenpriester nicht. Er war zwar Mitglied einer Priesterfamilie, stammte aber nicht von Zadok ab und war daher für das Amt ungeeignet. Menelaos zog sich ihren Unwillen zu, indem er den Tempelschatz plünderte, um sich das Geld wiederzubeschaffen, das er Antiochus gegeben hatte. Enttäuscht wandten sich die meisten Jerusalemer Juden von der Gruppe der »Antiochener« ab, die nun zu einer vollständig vom seleukidischen König abhängigen Minderheit wurde.

Die hellenistische Partei hatte sich zweifelhafter Taktiken bedient, aber es wäre ein Fehler, sie als Zyniker anzusehen, die sich nur nach gutem Leben und den Fleischtöpfen Griechenlands sehnten. Die meisten hatten vermutlich den aufrichtigen Wunsch, Jerusalem aus seiner Isolation zu befreien. Auch in unserer Zeit haben Juden Reformen angestrebt und viele Anhänger gefunden. Einer der Hauptfehler der hellenistischen Reformer bestand darin, daß sie Antiochus nicht ausreichend über die grundlegenden Veränderungen in Jerusalem informierten, so daß dieser wahrscheinlich nicht richtig einschätzen konnte, wie unpopulär das Konzept der Hellenisierung in Judäa geworden war. Menelaos verfolgte weiterhin den Plan, die Stadt in eine *polis* umzuwandeln. Er benannte sie in »Antiochia in Judäa« um und unterstützte weiterhin das Gymnasion und die hellenistischen Spiele. Doch 170 v. Chr. erlitt die Reform einen schweren Rückschlag, als infolge der Nachricht, Antiochus sei in Ägypten im Kampf gegen die Römer getötet worden, Jason einen Umsturz versuchte, in Jerusalem einmarschierte und Menelaos samt seinen Anhängern in der Zitadelle festsetzte. Antiochus war jedoch quicklebendig: Voller Zorn kam er über die Stadt und schlug Jason in die Flucht. Da er den Umsturzversuch als Rebellion gegen seine Herrschaft verstand, plünderte er den Tempelschatz und entwendete Tempelgeräte – auch den Vorhang des Debir und alle Gefäße und Schalen, deren er habhaft werden konnte. Diese Schändung des Allerheiligsten wurde ihm nie verziehen, und in Zukunft galt Antiochus als Inbegriff des Feindes der Juden. Jerusalem wurde daraufhin von einer *polis* zum bloßen Militärstützpunkt degradiert, der von Menelaos mit Hilfe einer syrischen Garnison regiert wurde. Doch dies genügte nicht, um in der Stadt Recht und Ordnung aufrechtzuerhalten. Im folgenden Jahr mußte Antiochus ein weiteres Regiment schicken, das am Sabbat in Jerusalem einmarschierte und einen Teil der Stadtmauern schleifte. Dann wurde eine Festung namens Akra errichtet, die die Tempelanlagen überragte und das Hauptquartier des seleukidischen Besatzungskorps in Jerusalem wurde. Tatsächlich wurde die Akra zu einem abgeschlossenen Bezirk, der von heidnischen Truppen und hellenistischen Juden bewohnt war und in dem griechische Götter verehrt wurden.

Doch das war nicht alles. Vermutlich auf Geheiß von Menelaos und seinen Anhängern ergriff Antiochus Maßnahmen, die es vielen Juden unmöglich machten, sich in der heidnischen Welt einzurichten. Er hob die Privilegien des Jahres 200 v. Chr. auf und verbot die Ausübung der jüdischen Religion in Judäa. Dies war die erste religiöse Verfolgung der Geschichte. Der Tempeldienst, die Ruhe am Sabbat, die Beschneidung und die Einhaltung der Reinheitsgebote waren untersagt. Jeder, der sich nicht daran hielt, wurde mit dem Tod bestraft. Die Frauen, die ihre Söhne beschnitten, wurden um die Stadt geführt und zusammen mit ihren Kindern von den Mauern ins Tal hinuntergestürzt. Eine Mutter sah zu, wie ihre sieben Söhne starben, bevor sie selbst hingerichtet wurde. Ein neunzig Jahre alter Mann namens Eleazar ging lieber in den Tod, als ein Stück Schweinefleisch zu essen. Nachdem Menschen für die Thora gestorben waren, wurde sie von den Juden auf ganz neue Weise geheiligt.

Infolge der Zwangsmaßnahmen wurde der Tempelberg umgestaltet. Antiochus brach die Tore und Mauern nieder, die den heiligen Bezirk von der übrigen Stadt getrennt hatten, und in bewußter Verletzung der Vorschriften der Thora pflanzte er Bäume, die das Heiligtum in einen Hain griechischen Stils verwandelten. Die Tempelgebäude, die Antiochus zwei Jahre zuvor geplündert hatte, blieben leer und verlassen. Am 25. Chislew (Dezember) hörten die konservativen Juden mit Entsetzen, daß ein »Greuel«, vermutlich ein *bethel*, ein stehender Stein, über dem Brandopferaltar aufgebaut und daß darauf geopfert worden war. Mit den Bäumen und dem offenen Altar glich das Heiligtum nun einem alten *bamah*; tatsächlich gab es in Mamre und auf dem Berg Karmel immer noch solche Stätten. Der Tempel war nun dem Zeus Olympicus geweiht, aber dies hieß nicht notwendigerweise, daß die Juden gezwungen wurden, der griechischen Gottheit zu dienen. »Olympicus« war damals nur ein Synonym für »Himmel«. Der Bezirk war damit Gott im Himmel geweiht, eine Titulierung, die sowohl auf Jahwe als auch auf jede andere hohe Gottheit zutreffen konnte.[9]

Die hellenistischen Juden nahmen wahrscheinlich an, sie seien damit zur einfacheren Religion Abrahams zurückgekehrt, zu den Zeiten, als man Gott an ähnlichen Stätten verehrte, bevor Mose die komplizierten Gesetze der Thora eingeführt hatte.[10] In späteren Kapiteln wird gezeigt werden, daß auch andere Monotheisten ganz ähnliche Pläne zur Wiederherstellung der ursprünglichen Religion hatten. Die Verehrung eines Gottes im Himmel scheint den Versuch dargestellt zu haben, einen mehr rational ausgerichteten Kult zu schaffen, der sich an alle Menschen guten Willens wandte – sowohl an

172

die Griechen in der Akra wie an die Gruppe der »Antiochener«. Dieses Programm hatte Ähnlichkeit mit dem Deismus der französischen Philosophen des 18. Jahrhunderts, des Zeitalters der europäischen Aufklärung. Doch diese Ideen waren den meisten Juden ein schreckliches Greuel. Zum erstenmal kam eine apokalyptische Frömmigkeit im Judentum auf, die mit Freude dem Sieg der Gerechten am Ende der Zeit entgegenblickte. Diese Richtung sollte sich in allen drei monotheistischen Religionen immer dann ausbilden, wenn eine Lebensform in Gefahr geriet, die sich hoher Wertschätzung erfreute. Statt das rationale, weltliche Ethos der Griechen zu übernehmen, wandten sich die apokalyptischen Schriftsteller trotzig den Werten der alten Mythen zu. Nachdem die Gegenwart hoffnungslos erschien, fanden viele Juden Trost in der Vision einer siegreichen Zukunft. Um diesen »Erleuchtungen« Gewicht zu geben, wurden sie oft so hehren Gestalten der Vergangenheit wie dem Propheten Daniel oder Henoch zugeschrieben, dem Patriarchen, der gemäß der Überlieferung am Ende seiner Tage in den Himmel aufgenommen wurde.

Das Szenario der Letzten Tage verläuft bei diesen Sehern immer nach einem ähnlichen Muster. Gott würde die über alle Länder versprengten zwölf Stämme Israels in Jerusalem versammeln. Dann würde er sie in schrecklichen Schlachten zum Sieg führen – eine Erinnerung an die göttlichen Kämpfe am Beginn der Zeit. Daraufhin würde das Volk Israel alle seine Feinde, die das Böse des Chaos und der Zerstörung in sich trugen, auslöschen und eine bessere Welt schaffen. Einige jedoch erhofften sich die Bekehrung der *gojjim* zur Religion Jahwes. Der Schauplatz dieses letzten Erlösungsaktes war immer Jerusalem. Jetzt, da der Zionsberg von Heiden und abtrünnigen Juden entweiht war, erwarteten die apokalyptischen Verfasser der Bücher Daniel und Henoch eine Zeit, in der die Stadt gereinigt und Gott einen neuen Tempel erbauen würde. Zu einer Zeit, als es im griechischen Reich keine jüdischen Könige gab, erhofften sich die Menschen einen jüdischen Messias, der sie zu ihrem letzten Sieg führen würde. Diese Visionen

173

waren eine trotzige Behauptung jüdischer Identität in einem Moment besonderer Gefährdung. Es war ein Versuch, auch unter hoffnungslosen Umständen den Glauben zu bewahren, und dieser Glaube beschränkte sich nicht auf eine kleine Minderheit. Die meisten religiösen Bewegungen des 1. und 2. Jahrhunderts v. Chr. waren von apokalyptischer Frömmigkeit durchdrungen und inspirierten nüchterne Intellektuelle wie etwa Ben Sira und Revolutionäre gleichermaßen. Auch standen die Juden nicht allein mit ihrem visionären Eifer. Die Griechen waren durch die geheimnisvolle Aura der Priester Ägyptens, der Magier Persiens und der Brahmanen Indiens tief beeindruckt worden, die über weitaus größere Geistigkeit zu verfügen schienen als ihre Weisen. Dies gab den unterworfenen Völkern des Ostens einen Teil ihrer Selbstachtung zurück. Die Griechen mochten sehr scharfsinnig sein, aber ihre ausgefeilte Dialektik war bloß »anmaßend« und letztlich unzureichend. Wie ein geheimer Text der Zeit behauptete, könnten die Griechen »leere Begriffe« entwickeln und hätten die Fähigkeit, überzeugend zu argumentieren, »aber in Wirklichkeit besteht die Philosophie der Griechen nur aus leeren Worten«. Die Betonung der eigenen Traditionen war ein Versuch, die gebildeten Eroberer auf ihren Platz zu verweisen.[11]

Einige dieser Visionäre stellten sich vor, daß sie, die Lüfte durcheilend, bis in den höchsten Himmel fliegen könnten. Die Vorstellung eines Gottes, der im Tempel wohnte, hatte in vielen Teilen des Nahen Osten ihre zwingende Kraft verloren. In Ägypten und Persien hatten Seher des 1. und 2. Jahrhunderts v. Chr. begonnen, die irdischen Symbole hinter sich zu lassen und direkt in die himmlische Welt der Götter einzugehen. In diesen mystischen Reisen spiegelt sich das Gefühl der Entwurzelung des Zeitalters wider: Spiritualität war an keinen besonderen Platz mehr gebunden. Einige Menschen – wenn auch keineswegs alle – suchten eine Freiheit, die nicht von dieser Welt war, und eine andere Art des geistigen Ausdrucks. Auch jüdische Mystiker begaben sich auf visionäre Flüge. Das Wort »Apokalypse« bedeutet »Entschleierung«: Ebenso wie

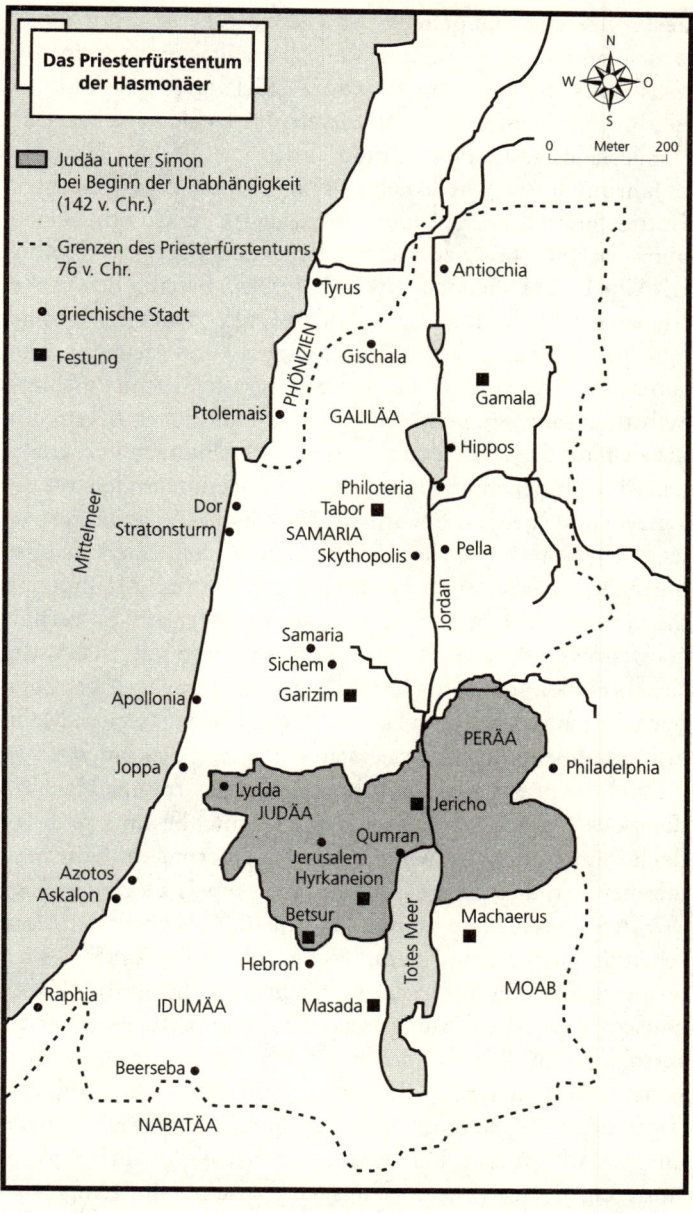

Das Priesterfürstentum der Hasmonäer

Judäa unter Simon bei Beginn der Unabhängigkeit (142 v. Chr.)

--- Grenzen des Priesterfürstentums 76 v. Chr.

● griechische Stadt

■ Festung

N / W–O / S

0 — Meter — 200

Tyrus
Antiochia
Gischala
Gamala
PHÖNIZIEN
GALILÄA
Ptolemais
Hippos
Philoteria
Tabor
Dor
Pella
Stratonsturm
SAMARIA
Skythopolis
Mittelmeer
Jordan
Samaria
Sichem
Garizim
Apollonia
PERÄA
Joppa
Philadelphia
Lydda
JUDÄA
Jericho
Qumran
Azotos
Jerusalem
Askalon
Hyrkaneion
Betsur
Machaerus
Hebron
Totes Meer
Raphia
IDUMÄA
Masada
MOAB
Beerseba
NABATÄA

die Propheten behaupteten diese Visionäre, geschaut zu haben, was sich hinter dem Schleier des Allerheiligsten verbarg. Genauso wie bei Amos, Jesaja und Hesekiel waren ihre Visionen tief im Jerusalemer Kult verwurzelt. Im Debir hatte einst die Bundeslade gestanden, Gottes irdischer Thron. Nun, im 2. Jahrhundert v. Chr., stellten sich Visionäre vor, direkt in Gottes himmlischen Palast aufzusteigen und sich seinem himmlischen Thron zu nähern. Eine dieser frühen Visionen wird im 1. Buch Henoch (etwa 150 v. Chr.) beschrieben. Angetrieben von den Winden, fliegt er zu Gottes großem Marmorhaus im Himmel, das von »Feuerzungen« und »feurigen Cherubim« umringt ist. Dabei handelte es sich nicht um bloße Selbsttäuschungen. Später lesen wir von jüdischen Mystikern, die sich auf diese Flüge mittels spezieller Übungen vorbereiteten, ähnlich denen, die von Yogis und Meditierenden auf der ganzen Welt entwickelt wurden. Ein jüdischer Visionär fastete, legte den Kopf zwischen die Knie, und ähnlich einem Mantra murmelte er bestimmte Lobpreisungen Gottes. Als Ergebnis dieser geistigen Übungen schaut der Mystiker »in die verborgensten Winkel seines Herzens, und es wird so sein, als sähe er sieben Hallen des göttlichen Palastes mit eigenen Augen und bewege sich von Halle zu Halle«[12]. Wie bei jeder echten Meditation handelte es sich um einen »Aufstieg nach innen«.

Auch wenn der Visionär fühlte, daß er die irdische Nachbildung des Tempels hinter sich lassen konnte, bestimmte dieser doch immer noch die Weise seiner Annäherung an Gott, und dies beweist, daß die Architektur des Tempels als eine geistige Wirklichkeit erfahren wurde. Er hatte die Innenwelt der Menschen verkörpert, und daran sollte sich nichts ändern, auch wenn der Tempel in Jerusalem gar nicht mehr existierte. Genauso wie sich der Gläubige seinem Gott näherte, indem er die verschiedenen Bezirke der Heiligkeit in Jerusalem durchschritt, muß sich Henoch seinem Gott durch die sorgfältig abgestuften Bereiche der himmlischen Welt nähern. Zuerst mußte er die profane Welt verlassen und in die göttliche Sphäre eintreten, genauso wie der Pilger in Jerusalem die Tempelvorhöfe betrat. Die meisten mußten dort haltmachen, doch Henoch betrachtet sich als spirituellen Hohenpriester. Zuerst wird er in ein Haus gebracht, das wie die Hekal einen kristallinen Boden hat und mit Cherubim erfüllt ist. Schließlich wird er in einen zweiten, größeren Palast geführt, die himmlische Entsprechung des Debir, wo er den Thron sieht, auf dem »große Herrlichkeit« sitzt, inmitten eines Stroms lebendigen Feuers.[13] Dort wird Henoch eine Botschaft an sein Volk anvertraut, und ähnlich wie der Hohepriester am Jom Kippur verläßt er den Thronsaal, kehrt zurück und bringt Heil über seine jüdischen Mitmenschen. Diese Art des Mystizismus inspirierte die jüdischen Seher, bis er im Mittelalter in die Kabbala einging.

Einige Juden wehrten sich mit Visionen gegen die Griechen, andere mit Waffen. Nachdem sich die seleukidischen Soldaten in der Akra niedergelassen und den Tempelberg entweiht hatten, waren viele fromme Juden der Meinung, nicht länger in Jerusalem leben zu können. Unter diesen Emigranten befanden sich der bejahrte Priester Mattathias und seine fünf Söhne aus dem Geschlecht der Hasmonäer. Sie siedelten sich in dem Dorf Modein an, doch als die königlichen Beamten kamen, um den neuen Kult Gottes im Himmel einzurichten, flohen Mattathias und seine Söhne in die Berge. Ihnen folgten andere fromme Jahweanhänger, die all ihren Besitz zurückließen, wie »wilde Tiere in den Bergen lebten und nichts außer wilden Pflanzen aßen, um sich nicht zu verunreinigen«[14]. Sie hetzten auch gegen diejenigen Juden, die sich den Anordnungen Antiochus' unterworfen hatten; sie zerstörten die griechischen Altäre und beschnitten die männlichen Kinder zwangsweise. Als im Jahr 166 v. Chr. Mattathias starb, übernahm sein Sohn Judas, der den Beinamen Makkabi (Hammer) trug, die Führung der Bewegung und begann, die seleukidischen und syrischen Truppen anzugreifen. Da die Seleukiden in Mesopotamien gebunden waren, wo die Parther versuchten, sie zu vertreiben, war dem Kampf des Judas unerwarteter Erfolg beschieden.[15] Im Jahr 164 v. Chr. war

Antiochus gezwungen, seine Zwangsmaßnahmen zurückzunehmen, und Judas gewann die Kontrolle über Jerusalem, obwohl er die syrischen Truppen und die Gruppe der »Antiochener« nicht aus der Akra vertreiben konnte.

Als Judas und seine Gefährten die verbrannten Tempeltore und den griechischen Hain auf dem Zionsberg sahen, zerrissen sie ihre Kleider und warfen sich in Trauer zu Boden. Sie reinigten den Tempel, richteten die Tempelgebäude wieder ein und entzündeten die Lichter des siebenarmigen Leuchters in der Hekal. Am 25. Chislew, am selben Tag, an dem drei Jahre zuvor die Seleukiden den Tempel entweiht hatten, wurde er wieder neu eingeweiht.[16] Die Untergrundkämpfer schritten wie am Laubhüttenfest mit Palmen und Zweigen durch die Tempelhöfe. Schließlich legten sie fest, daß dieses Fest der Chanukka (Einweihung) jedes Jahr vom ganzen jüdischen Volk gefeiert werden sollte.

Die Rebellion der Makkabäer war wegen interner Machtkämpfe im seleukidischen Lager erfolgreich gewesen. Indem sie die verschiedenen Thronanwärter gegeneinander ausspielten, konnten Judas und sein Nachfolger ihre Position festigen. 161 v. Chr. gelang es Judas, ein Bündnis mit Rom zu schließen, das ihm sicherlich mehr Rückhalt gab.[17] Im Jahr 152 v. Chr. erreichte die Bewegung der Hasmonäer offizielle Anerkennung, als einer der seleukidischen Thronanwärter Jonathan, Judas' Bruder und Nachfolger, zum Statthalter des *ethnos* machte. Um nicht ins Hintertreffen zu geraten, ernannte dessen Rivale Jonathan zum Hohenpriester. Am Laubhüttenfest im Jahr 152 v. Chr. legte Jonathan zum erstenmal die heiligen Kleider an, und die Menschen waren aufgrund des unerwarteten Umschwungs von Ehrfurcht ergriffen.[18] Jonathan behielt sein Amt bis 143 v. Chr., als er von einem weiteren Thronanwärter entführt und getötet wurde, aber seinem Bruder Simon gelang es, die Macht für die Hasmonäer zurückzugewinnen, und er wurde vom neuen seleukidischen König Demetrios zum Regenten und Hohenpriester ernannt. Judäa wurde innerhalb des seleukidischen Reichs unabhängig, und zum erstenmal seit

Jahrhunderten waren die Judäer von heidnischer Herrschaft befreit. Im folgenden Jahr ergaben sich die syrischen Truppen und die »Antiochener«, die immer noch die Akra besetzt hielten: Die Zitadelle wurde dem Erdboden gleichgemacht – was laut Flavius Josephus drei Jahre dauerte –, und der Jahrestag der Zerstörung wurde als nationales Fest begangen.[19]

Die Bewegung der Hasmonäer hatte als Rebellion des Volkes begonnen, das sich leidenschaftlich gegen die griechische Großkultur zur Wehr setzte. Aber das Staatsgebilde, das unter Simon und seinen Nachfolgern entstand, trug bald viele der Züge, die die Rebellen anfänglich so empört hatten. Fromme Juden waren schockiert gewesen, als Menelaos das Amt des Hohenpriesters übernahm, weil er kein Nachkomme Zadoks war. Nun waren die hasmonäischen Regenten Hohepriester geworden, die zwar einer Priesterfamilie entstammten, aber ebenfalls keine Nachkommen Zadoks waren. Außerdem schien zwischen diesem jüdischen Regime und den heidnischen Dynastien wenig Unterschied zu bestehen. Die Hasmonäer waren gute Soldaten und schlaue Diplomaten, aber keine Vorbilder an Tugend. Tatsächlich wurde Simon von seinen eigenen Söhnen ermordet. Aber nach Jahrhunderten der Bedeutungslosigkeit und Erniedrigung waren die meisten Juden stolz auf die Leistungen der Hasmonäer. Als Simons Sohn Johann Hyrkan (134–104 v. Chr.) einen Teil des angrenzenden Landes eroberte, muß dies den Eindruck erweckt haben, als wären die glorreichen Tage König Davids wiedergekehrt. Um 125 v. Chr. waren die Seleukiden durch innere Machtkämpfe und Kriege gegen die Parther so geschwächt, daß es Johann Hyrkan nicht schwerfiel, die Kontrolle über Samaria zu erlangen. Seine erste Tat bestand darin, den Tempel zu zerstören, den die Samaritaner für Jahwe auf dem Berg Garizim in der Nähe von Sichem gebaut hatten. Auch im Süden erweiterte er die Grenzen bis nach Idumäa und zwang die Einwohner, zum Judentum überzutreten und die Beschneidung durchzuführen. Wie bei vielen Revolutionen unterschied sich das Regime der Rebellen kaum von dem, das es ersetzt hatte. Wie die Seleukiden waren die

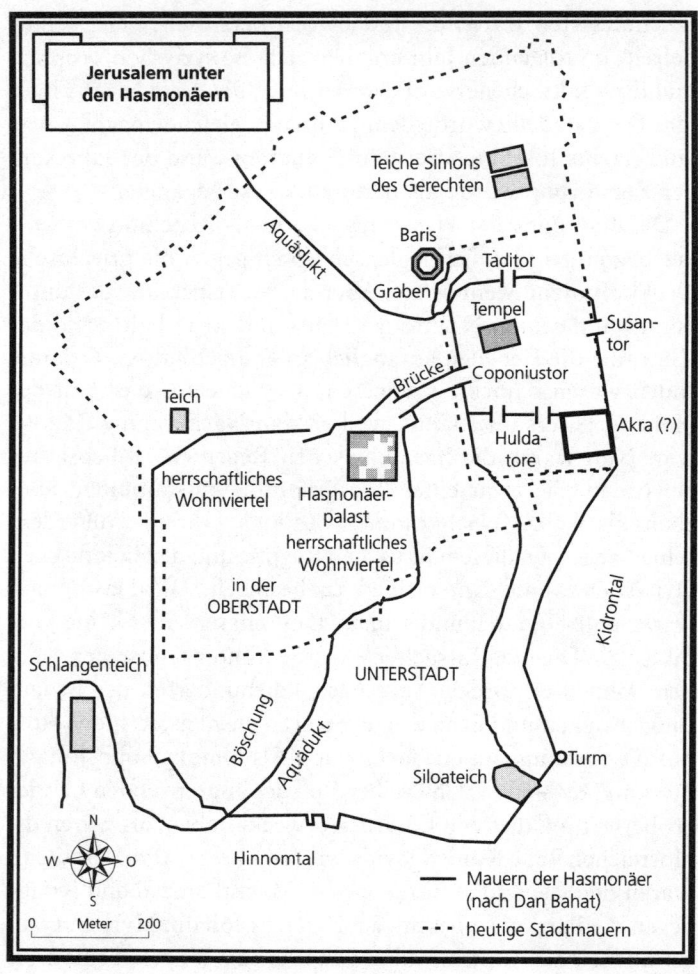

Jerusalem unter
den Hasmonäern

Teiche Simons
des Gerechten

Aquädukt

Baris

Taditor

Graben

Tempel

Susan-
tor

Brücke

Coponiustor

Teich

Akra (?)

Hulda-
tore

herrschaftliches
Wohnviertel

Hasmonäer-
palast

herrschaftliches
Wohnviertel

Kidrontal

in der
OBERSTADT

UNTERSTADT

Schlangenteich

Böschung

Aquädukt

Turm

Siloateich

N

W   O

S

Hinnomtal

Mauern der Hasmonäer
(nach Dan Bahat)

heutige Stadtmauern

0   Meter   200

Hasmonäer Machtpolitiker geworden und achteten die religiösen Traditionen der von ihnen Unterworfenen nicht.

Ironischerweise war der Staat zudem gründlich vom Hellenismus durchdrungen. Unter Johann Hyrkan hatte sich Jerusalem erneut auf dem Westhügel ausgebreitet, von wo aus man den Tempelberg überblickte. Hier wohnten die reiche Aristokratie und die Familien der Priester, die im Gegensatz zu den ärmeren Einwohnern der alten *ir David* die kühlere und gesündere Luft genossen. Dieser westliche Stadtteil wurde einer griechischen Stadt immer ähnlicher. Es gibt nur wenige Funde aus der hasmonäischen Periode, aber es ist ziemlich sicher, daß es auf dem höchsten Punkt des Westhügels einen Marktplatz (*agora*) gab. Die Hasmonäer hatten natürlich Jasons Gymnasion geschlossen, aber im westlichen Teil der Stadt gab es einen *xystos,* einen Platz, der in der *polis* üblicherweise für athletische Wettkämpfe genutzt wurde, in Jerusalem jedoch wahrscheinlich als öffentlicher Versammlungsort diente. Eines der hasmonäischen Bauwerke, das erhalten blieb, ist das Grab der Priesterfamilie Bene Hesir im Kidrontal, das eine interessante Mischung aus griechischem und orientalischem Stil zeigt. Am östlichen Abhang des Westhügels bauten sich die Hasmonäer schließlich einen Palast, von dem aus man einen herrlichen Blick auf den Tempel hatte;[20] er war mit der Altstadt und dem Tempelberg durch eine Brücke verbunden, die das Tyropöontal überspannte.

Doch trotz dieser hellenistischen Züge beherrschte der Tempel sowohl äußerlich wie politisch und geistig die Stadt. Ebendieser Tempel beeindruckte den Verfasser (Aristeus, wie er sich selbst nannte) einer romantischen Erzählung, die in der Zeit von König Ptolemaios II. spielt und in der frühen hasmonäischen Periode verfaßt wurde.[21]

Doch nicht alle Juden in Judäa teilten diese Bewunderung. Zwar fühlten sich alle eng mit dem Tempel verbunden, aber eine beträchtliche Anzahl von Menschen hatte das Gefühl, daß die Hasmonäer seine Reinheit nicht gewahrt hatten. Während dieser schwierigen Jahre hatten sich in Judäa drei Parteien gebildet; ihnen gehörte zwar nur ein geringer Prozentsatz der Bevölkerung an, aber sie waren äußerst einflußreich. Aufgrund ihrer weit auseinanderklaffenden Sichtweisen war es für die Juden in Judäa zukünftig fast unmöglich, gegen äußere Feinde gemeinsam Stellung zu beziehen, obwohl wir im nächsten Kapitel sehen werden, daß sie bei Bedrohungen des Tempels sofort zusammenstanden. Bei der Gruppe der Sadduzäer fanden die Hasmonäer die größte Unterstützung. Die Mitglieder dieser Gruppe stammten aus der reicheren Priesterschaft, die in der Oberstadt auf dem Westhügel lebte. Sie waren Hellenisten geworden, strebten gute Beziehungen mit ihren heidnischen Nachbarn an, hielten aber auch an den alten Symbolen ihrer Nation wie dem König, dem Tempel und dessen Kult fest. Ähnlich wie andere nationalistische Bewegungen dieser Zeit im Nahen Osten war ihr Judentum vergangenheitsorientiert: Dank treuen Festhaltens an einer idealisierten Vergangenheit sollte die Verbindung zwischen Griechentum und eigener Tradition gelingen. Die Sadduzäer akzeptierten keinerlei Anpassung der Thora an veränderte Lebensbedingungen. Die Hasmonäer nahmen für sie die gleiche Stellung ein wie König David, der ebenfalls das Priesteramt mit dem Königtum verbunden hatte. Andere Juden jedoch waren von den Hasmonäern so entsetzt, daß sie sich völlig aus dem jüdischen Leben zurückzogen und wiederum zu einem Exodus in die Wildnis aufbrachen. Ihr Anführer, der als »Lehrer der Gerechtigkeit« bekannt wurde, war vielleicht der Hohepriester, der nach Jonathans Ernennung seines Amtes enthoben worden war. Nur ein Nachkomme Zadoks durfte dieses hohe Amt bekleiden, und Jonathan hatte daher die Heiligkeit des Tempels beschmutzt. Einige seiner Anhänger, die als Essener bekannt wurden, lebten in mönchischer Gemeinschaft in Qumran am Toten Meer. Andere waren weniger radikal, sie lebten in den Dörfern und Städten Judäas und verrichteten weiterhin ihre religiösen Pflichten im Tempel, obwohl sie überzeugt waren, daß er hoffnungslos verunreinigt worden war. Die Essener gaben sich den apokalyptischen Träumen eines Jüngsten Gerichts hin, in dem Gott die Heilige Stadt erretten und ihren Tempel wieder aufbauen würde. Während der Regierungszeit Johann Hyrkans wuchs ihre Zahl auf etwa viertausend an, und auch in Jerusalem wurde eine Essenergemeinde gegründet.

Die populärste und einflußreichste dieser drei Gruppen waren jedoch die Pharisäer, die sich einer strengen Beobachtung der Thora verschrieben hatten. Sie waren überzeugt, daß die hasmonäischen Herrscher nicht das Amt des Hohenpriesters bekleiden durften, und fanden, daß das Volk unter fremder Herrschaft weniger leiden würde als unter schlechten jüdischen Regenten. Die Pharisäer mögen auch hinter der Revolte gestanden haben, die zu Beginn von Johann Hyrkans Herrschaft ausbrach und vom König erbarmungslos niedergeschlagen wurde.[22] Sie opponierten auch gegen die Herrschaft seines Sohnes Alexander Jannai (105–76 v. Chr.) und könnten unter den Rebellen gewesen sein, die den König mit Zitrusfrüchten bewarfen, als er im Tempel die Zeremonien des Laubhüttenfestes vollzog. Kurz darauf ließ Alexander sechstausend Menschen hinrichten.[23] Nach einer weiteren Revolte ließ Alexander achthundert Aufständische in Jerusalem kreuzigen und ihre Frauen und Kinder vor ihren Augen abschlachten, wobei er persönlich zusah und mit seinen Konkubinen zechte.[24] Dieses entsetzliche Ereignis war für viele Menschen der Beweis, daß das Priesterfürstentum der Hasmonäer, in das man so große Hoffnungen gesetzt hatte, nichts anderes als hellenistische Despotie geworden war.

Alexander hatte neues Land erobert und herrschte über ein beachtlich erweitertes Königreich auf beiden Seiten des Jordan (siehe Karte). Wenn er ein neues Gebiet eroberte, hatten die nichtjüdischen Einwohner die Wahl, zum Judentum überzutreten oder das Land zu verlassen. Er war sich dessen bewußt, daß er nicht sonderlich beliebt war, und auf dem Totenbett befahl er seiner Gemahlin Salome Alexandra, die ihm auf dem Thron folgen sollte, die Macht den Pharisäern zu übertragen. Er wußte um deren großen Einfluß und hoffte, »sie könnten das Land günstig für sie (Salome) stimmen«[25]. Das tat Salome,

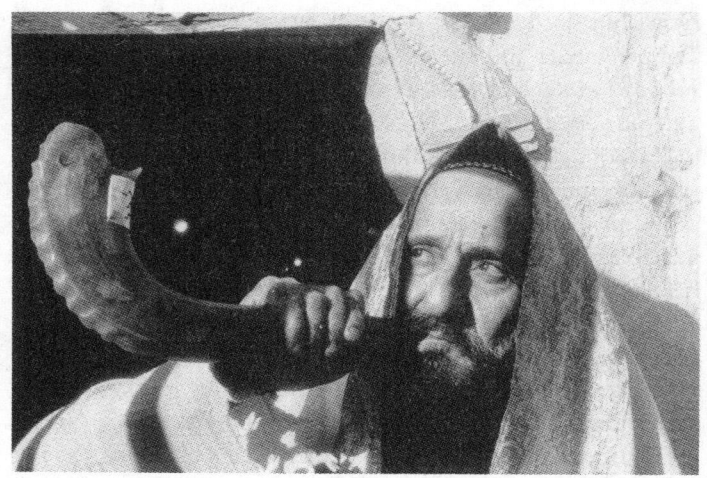

Der Klang des schofar, *eines Widderhorns, das dieser Rabbiner an der Westmauer bläst, um das jüdische Neujahr anzukündigen, soll Ehrfurcht einflößen. In diesem uralten Brauch, der zu Reue aufruft und an den Jüngsten Tag gemahnt, drücken sich die Ernsthaftigkeit und strenge Feierlichkeit des Rituals zur Zeit des Zweiten Tempels aus.*

aber dies rettete das Priesterfürstentum nicht. Nach ihrem Tod im Jahr 67 v. Chr. verstrickten sich ihre beiden Söhne Hykran (II.) und Aristobul unter Mithilfe verschiedener ausländischer Mächte in einen mörderischen Kampf um den Thron und das höchste Priesteramt. Der wichtigste der Bündnispartner war Antipater, der Sohn des idumäischen Statthalters Antipas; Antipater unterstützte Hyrkan. Sowohl Hyrkan wie Aristobul wandten sich an Pompeius, den römischen Feldherrn, der 64 v. Chr. in Antiochia eingetroffen war und den letzten König der Seleukiden abgesetzt hatte. Die Pharisäer schickten eine Delegation zu Pompeius und baten ihn, in ihrem Land das Priesterfürstentum abzuschaffen, da es mit den religiösen Traditionen ihres Landes nicht übereinstimme.

Jerusalem wurde zum Kampfplatz dieser sich gegenseitig bekriegenden Parteien. Aristobul und seine Anhänger verschanzten sich im Tempel und verbrannten die Brücke über das Tyropöontal. Hyrkan und Antipater hatten sich der Oberstadt bemächtigt und holten die römischen Soldaten als Verbündete in die Stadt. Im Palast der Hasmonäer wurde eine römische Garnison untergebracht, und Pompeius schlug sein Lager nördlich vom Tempelberg an der verwundbarsten Stelle der Stadt auf. Aristobul hielt drei Monate stand. Flavius Josephus berichtet, daß der römische Feldherr über den Eifer der Tempelpriester erstaunt gewesen sei, die mit den Opferungen fortfuhren, ohne von den Wurfgeschossen, die auf die Tempelhöfe herabregneten, Notiz zu nehmen. Die Priester stellten ihre Tätigkeit auch nicht ein, als im September 63 v. Chr. die Römer die Verteidigungslinien durchbrachen und, gefolgt von Hyrkans' Soldaten, in die Tempelhöfe einfielen.[26] Zwölftausend Juden wurden daraufhin abgeschlachtet, und zum Entsetzen aller Juden betrat Pompeius die Tempelgebäude, schritt durch die Hekal und warf einen Blick ins Allerheiligste. Um die Menschen nicht zu beunruhigen, zog er sich sofort wieder zurück und gab Anweisung, daß das Heiligtum gereinigt werden sollte. Aber die römische Besetzung des Landes, das forthin »Palästina« hieß,[27] hatte mit einer Entweihung des Tempels begonnen, und die Juden beobachteten ihre neuen Herren mit Mißtrauen, damit sich dieses Sakrileg nicht wiederholte.

7
Zerstörung

Nach seinem Sieg erlegte Pompeius dem unterlegenen Priesterfürstentum der Hasmonäer harte Bedingungen auf. Das Gebiet der Jerusalemer Gemeinde beschränkte sich auf Judäa, Idumäa, Peräa und Galiläa; die Juden Samarias, die heidnischen Bewohner der Küstenebene, die griechischen Kolonien, die phönizische Küste und die Dekapolis dagegen sollten sich selbst verwalten. Die Menschen, die sich geweigert hatten, zum Judentum überzutreten, und aus dem Land vertrieben worden waren, durften zurückkehren. Aristobul wurde in Ketten nach Rom gebracht, seine Verbündeten belohnte Pompeius. Antipater wurde Oberbefehlshaber des Heeres und führte die Regierungsgeschäfte in Judäa, war aber der römischen Obrigkeit in Damaskus verantwortlich. Hyrkan wurde als Hoherpriester eingesetzt, worüber diejenigen erfreut waren, die noch immer Sympathien für die Hasmonäer hegten. Doch Jerusalem hatte an politischer Bedeutung erheblich verloren.

Die Hasmonäer versuchten jedoch, wieder an die Macht zu kommen. Aristobul gelang es tatsächlich, sich aus der Gefangenschaft zu befreien und in Jerusalem wieder Fuß zu fassen, wo er mit der Wiedererrichtung der Mauern begann, die Pompeius hatte schleifen lassen. Im Jahr 57 v. Chr. machte Gabinius, der römische Statthalter in Syrien, dieser Auflehnung ein Ende, und Aristobul und sein Sohn Alexander wurden wieder nach Rom gebracht. Doch Palästina war für die Römer von strategischer Bedeutung, und sie wollten die jüdischen Untertanen nicht allzusehr gegen sich aufbringen. Die anderen Kinder des Aristobul durften in Palästina bleiben, Hyrkan blieb

Hoherpriester, und die Hasmonäer bildeten weiterhin einen wichtigen Machtfaktor im Land. Antipater hielt allerdings noch immer die meiste Macht in Händen. Er war ein gerissener Herrscher und wurde von den Juden respektiert, obwohl sich seine Familie erst vor kurzem zum Judentum bekehrt hatte und Idumäer als ethnisch andersartig empfunden wurden. Antipater und seine Söhne vergaßen nie, daß sie ihre Position Rom verdankten. Mit wachsamen Augen beobachteten sie die umwälzenden politischen Vorgänge im Reich und wechselten geschickt die Seiten, wenn einer ihrer Gönner die Macht verlor. Als Pompeius im Jahr 49 v. Chr. von Julius Cäsar besiegt wurde, war Antipater geistesgegenwärtig genug, sich wieder auf die Gewinnerseite zu stellen. Cäsar belohnte ihn, indem er ihn zum römischen Prokurator über Judäa machte, ihm erlaubte, die Mauern Jerusalems wieder aufzubauen, und den Hafen von Joppe sowie das Jezreeltal an die Juden zurückgab. Antipaters beide Söhne wurden zu Tetrarchen (Gebietsverwaltern) ernannt: Herodes wurde Tetrarch von Galiläa und Phasael Tetrarch von Judäa. Sie hatten die politische Schläue ihres Vaters geerbt. Als Antipater im Jahr 44 v. Chr. von einem alten Feind der Familie ermordet wurde, gelang es Phasael und Herodes, den Bürgerkrieg zu überstehen, der nach Cäsars Ermordung im Reich ausbrach. Zunächst hielten sie zu Cassius und dann, nachdem dieser und Brutus geschlagen worden waren, zu Mark Anton.

Im Jahr 40 v. Chr. verloren die Römer vorübergehend die Kontrolle über Palästina, als die Parther aus Mesopotamien ins Land einfielen und den hasmonäischen Fürsten Antigonus in Jerusalem als Vasallen einsetzten. Phasael wurde gefangengenommen und zum Selbstmord gezwungen, doch Herodes gelang die Flucht nach Rom, wo er den Senat davon überzeugte, das Land im Namen Roms halten zu können. Die Senatoren ernannten Herodes zum König der Juden, und 39 v. Chr. kehrte er nach Palästina zurück, eroberte mit Hilfe von Mark Anton Galiläa, belagerte im Jahr 37 v. Chr. Jerusalem und nahm vier Monate später, nach einem schrecklichen Massaker, die Stadt ein. Tausende von Juden wurden in den engen Straßen und in den Tempelhöfen, wo sie Zuflucht gesucht hatten, erschlagen. Antigonus, der Hasmonäer, wurde auf Herodes' Bitte von Mark Anton hingerichtet; dies war das erstemal, daß die Römer über einen unterworfenen König das Todesurteil verhängten.

Nachdem Herodes in Jerusalem als König der Juden über Palästina eingesetzt worden war, wurde ihm völlig freie Hand gelassen. Die Römer zogen sich zurück und nahmen zu Recht an, daß die Provinz unter seiner Führung gedeihen würde. Trotz der brutalen Eroberung Jerusalems hatte Herodes unter den Juden viele Anhänger. Die Pharisäer waren noch immer Gegner der Hasmonäer und hatten auf seiner Seite gekämpft. Herodes war auch so vorausschauend gewesen, Mariamne, eine hasmonäische Prinzessin, zu heiraten, die seiner Herrschaft in den Augen der hasmonäischen Partei eine gewisse Legitimität verlieh. Im Jahr 36 v. Chr. setzte er Mariamnes jüngeren Bruder Jonathan als Hohenpriester ein, stellte aber bald fest, daß dies ein Fehler gewesen war. Die Menschen waren vor Rührung in Tränen ausgebrochen, als Jonathan am Laubhüttenfest die heiligen Gewänder anlegte, und sie jubelten ihm in den Straßen frenetisch zu.

Herodes ließ Jonathan sofort ermorden und ersetzte ihn durch einen weniger gefährlichen Kandidaten seiner Wahl. Sein ganzes Leben lang beseitigte Herodes rücksichtslos jeden, der seine Herrschaft zu gefährden schien; dennoch war er ein fähiger König, der in seinem für Unruhen anfälligen Reich Frieden herzustellen vermochte. Bis zum Ende seiner Regierungszeit gab es keine Aufstände mehr im Land, und es ist bezeichnend für seine Macht, daß er Hohepriester einsetzen und absetzen konnte, ohne einen Aufruhr auszulösen. Wir haben gesehen, daß das Amt des Hohenpriesters, das auf Lebenszeit ausgeübt wurde, emotional stark befrachtet war. Unter Herodes jedoch wurde das Hohepriestertum zu einem Amt, zu dem man von politischer Seite berufen wurde – dennoch verlor es nichts von seiner Würde. Der Hohepriester wurde nie als reine Marionette der Politik angesehen. Herodes fand es jedoch notwendig, die heiligen Gewänder des Hohenpriesters in der Zitadelle verschlossen zu halten, und gab sie nur zu den großen Festtagen heraus. Sobald der Priester die heiligen Gewänder angelegt hatte, war er von himmlischer Aura umgeben und hatte die Kraft, sich im Namen seines Volkes Jahwe zu nähern. Die Kontrolle über diese Kleider blieb in Jerusalem eine wichtige Frage, und nur der Herrscher konnte erlauben, daß sie an die Priesterschaft übergeben wurden. Denn der Mann, der sie anlegte, war von göttlicher Macht umhüllt und konnte zur Bedrohung für den Thron werden.

Herodes war auf seine Weise ein frommer Jude, doch er hatte auch nichts dagegen, daß sich in und um Palästina andere Religionen ausbreiteten. Im Gegensatz zu den Hasmonäern mischte er sich in die religiösen Angelegenheiten seiner Untertanen nicht ein; er hielt die hasmonäische Politik der Zwangsbekehrungen für politisch unklug. Herodes baute in den heidnischen Städten Tempel für griechische und römische Götter, und als sich Kaiser Oktavian für »göttlich« erklärte, war Herodes einer der ersten, der ihm in Samaria ein Heiligtum errichtete, das er »Sebaste« – die griechische Entsprechung für den Titel »Augustus« – taufte. Zu diesem Zeitpunkt hatte Herodes wieder einmal die Seite gewechselt, nachdem sein Gönner Mark Anton in der Schlacht von Aktium von Oktavian geschlagen worden war. Im Jahr 22 v. Chr. begann Herodes, zu Ehren des Augustus im alten Hafen von Stratonsturm die Stadt Caesarea zu erbauen. Die Stadt enthielt Tempel zu Ehren römischer Gottheiten, ein Amphitheater und eine Hafenanlage, die Piräus übertraf. Es war ein Geschenk an seine heidnischen Untertanen. Herodes, der König der Juden, wurde daher in der heidnischen Welt eine geachtete Gestalt. Eine der letzten griechisch-römischen Ehren, die ihm zuteil wurden, war der Vorsitz bei den Olympischen Spielen.

Doch Herodes achtete gleichermaßen darauf, die Juden nicht zu verschrecken, und er hätte sich nicht im Traum einfallen lassen, in Jerusalem einen heidnischen Tempel zu erbauen.

Als Teil seines ehrgeizigen Bauprogramms – des größten, das ein Herrscher seines Zuschnitts je durchführte – gestaltete er die Heilige Stadt um und machte sie zu einer der wichtigsten Metropolen des Ostens. Immer auf Sicherung bedacht, bestand Herodes' erste Tat darin, eine massive Festung zu bauen, womit 35 v. Chr. nördlich vom Tempelberg, am Ort von Nehemias Zitadelle, an der verwundbarsten Stelle der Stadt, begonnen wurde. Da er damals noch ein Freund Mark Antons war, benannte er sie nach seinem Gönner »Antonia«. Sie wurde auf einem steilen, dreißig Meter hohen Felsen errichtet, dessen Abhang mit glatten Steinen überzogen wurde, um ein Erklimmen unmöglich zu machen. Darüber erhob sich die dreißig Meter hohe Zitadelle mit vier Ecktürmen. Darin konnte eine große Garnison untergebracht werden, doch trotz ihres militärischen Erscheinungsbilds war die Burg Antonia so luxuriös wie ein Palast. Sie war von einem tiefen Graben namens Struthion (Schwalbe) umgeben, der die Festung von der neuen Vorstadt Bezetha trennte, die sich im Norden entwickelte. Dort baute er vermutlich das doppelte Wasserbecken, das heute noch zu sehen ist, vielleicht an der Stelle des Bethesdateichs, den Simon der Gerechte angelegt hatte.

Mit der deutlich sichtbaren Veränderung Jerusalems begann Herodes allerdings erst um 23 v. Chr., nachdem er sich während der Hungersnot 25/24 v. Chr. durch die Beschaffung von Nahrungsmitteln genügend Respekt in Palästina verschafft hatte. Viele Einwohner Jerusalems hatten alles verloren und fanden nun Anstellung als Bauleute. Herodes begann mit dem Bau eines Palastes in der Oberstadt auf dem Westhügel. Er wurde durch drei Türme befestigt, die er nach seinem Bruder Phasael, seiner Frau Mariamne und seinem Freund Hippikos benannte. Sie waren an die fünfzehn Meter hoch, und das Fundament von Hippikos (heute als Davidsturm bekannt) kann in der Jerusalemer Zitadelle noch immer besichtigt werden. Der Palast selbst bestand aus zwei großen Gebäuden, von denen eines zu Ehren Oktavians »Caesareum« benannt wurde. Daran schlossen sich herrliche Wassergärten an, an deren Kanälen und Zisternen Bronzestatuen aufgestellt und Brunnen gebaut worden waren. Herodes scheint auch die Straßen der Oberstadt gitterförmig angelegt zu haben, was den Verkehr und die Stadtplanung erleichterte. Zusätzlich erhielt die Oberstadt ein Theater und ein Hippodrom, obwohl die genaue Lage dieser Bauwerke nicht bekannt ist. Alle fünf Jahre wurden zu Ehren von Augustus Spiele abgehalten, die viele ausgezeichnete Athleten nach Jerusalem führten.

Unter Herodes wurde Jerusalem eine eindrucksvolle, elegante Stadt, die etwa hundertzwanzigtausend Einwohner beherbergte. Er baute auch die Stadtmauern neu auf, obwohl sich die Fachleute über deren tatsächlichen Verlauf immer noch uneinig sind. Flavius Josephus behauptet, die erste Mauer habe die Oberstadt und die Unterstadt, die alte *ir David*, eingeschlossen. Die zweite Mauer war ein zusätzlicher Schutz und umgab das neue Handelsviertel, die Vorstadt, die sich von der Feste Antonia zum alten Nordwall erstreckte, den die Hasmonäer erbaut hatten.[1] In der Unterstadt gab es weitere, bescheidenere Paläste, vor allem den der königlichen Familie von Adiabene aus Mesopotamien, die zum Judentum übergetreten war. Sie erbaute auch ein großes Mausoleum außerhalb der Stadtmauern, das heute als »Königsgräber« bekannt ist. Auf den Hügeln und in den Tälern um die Stadtmauer wurden weitere Grabanlagen errichtet, damit die Körper der Verstorbenen die Heilige Stadt nicht verunreinigten. Sie wurden oft durch einen Stein geschützt, der vor den Eingang des höhlenartigen Grabes gerollt wurde. Das berühmteste dieser herodianischen Gräber kann noch heute im Kidrontal, in der Nähe des Grabs des Bene Hesir, besichtigt werden. Es besteht aus einem Gedenkstein und einem Felsengrab, das die Pilger später als »Denkmal Absaloms« oder »Josaphatgrab« bezeichneten.

Um etwa 19 v. Chr. entschloß sich Herodes, den Tempel neu zu gestalten. Die Menschen waren natürlich besorgt: Würde der König die vorhandenen Gebäude abreißen und vielleicht nicht genügend Mittel haben, um weiterzubauen? Würde er sich getreu an die Vorschriften der Thora halten? Schließlich

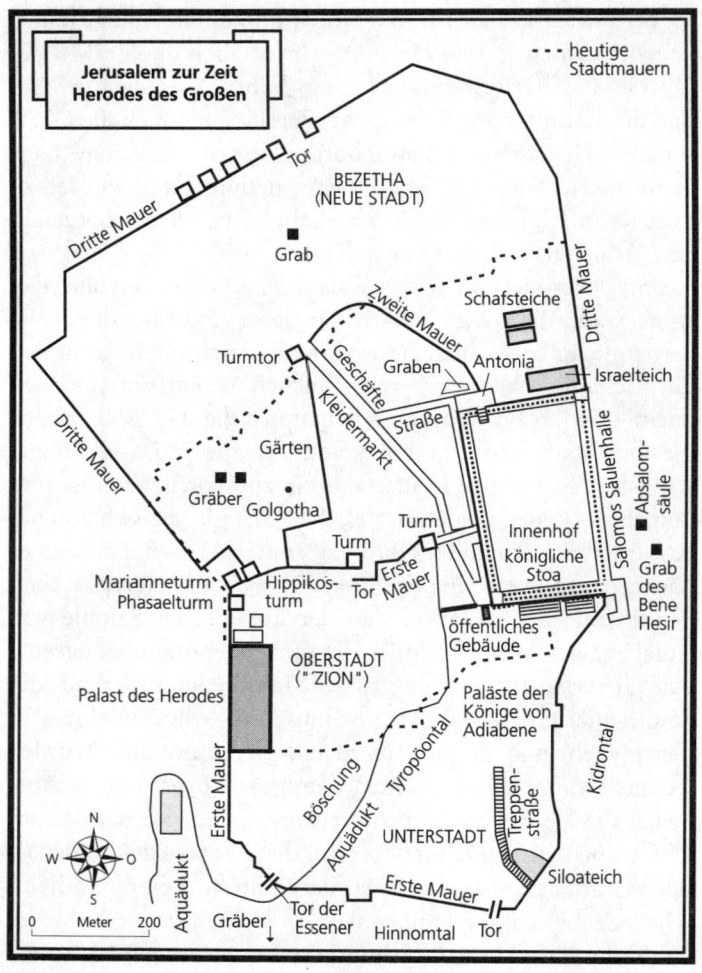

Jerusalem zur Zeit Herodes des Großen

hatte Gott selbst Mose und David den Plan des Tempels offenbart, daher war keinerlei Eigenmächtigkeit erlaubt.

Herodes bemühte sich, all diesen Bedenken Rechnung zu tragen. Die Arbeiten wurden erst begonnen, nachdem alles Material beigebracht war, und der Bau richtete sich streng nach den alten Vorgaben. Um sicherzustellen, daß kein Laie die verbotenen Bezirke betrat, ließ Herodes tausend Priester zu Maurern und Zimmerleuten ausbilden, so daß sie allein für Hekal und Debir verantwortlich waren. Herodes selbst betrat das Bauwerk nie, das immer als sein Hauptwerk in Erinnerung bleiben sollte. Die Bauarbeiten waren so geplant, daß die Opferungen keinen Tag unterbrochen werden mußten, und nach achtzehn Monaten war der Bau fertiggestellt. Da der Tempelkult nicht unterbrochen wurde, wurde der Bau des Herodes als Zweiter Tempel bezeichnet, obwohl er tatsächlich der Dritte war. Herodes konnte weder Größe noch Form des Heiligtums verändern, aber er konnte es schöner machen. Die Wände waren mit weißem, rot- und blaugeädertem Marmor bedeckt, »wie die Wellen des Meeres« [2]. Die Türen der Hekal waren mit Gold überzogen, und darüber befand sich ein Schmuck aus »goldenen Weinstöcken, von denen mannsgroße Trauben herunterhingen« [3]. Die Türen waren mit kostbaren Vorhängen aus scharlachfarbenem, blauem und purpurfarbenem Leinen behängt, in die Sonne, Mond und die Planeten eingestickt waren.

Obwohl die Tempelgebäude ziemlich klein waren, konnte Herodes seinen Drang nach Größe befriedigen, indem er die Tempelplattform erweiterte. Dies war ein Vorhaben, das schließlich an die achtzig Jahre in Anspruch nahm, achtzehntausend Arbeiter erforderte und dessen Abschluß Herodes nicht mehr erlebte. Als die Plattform fertig war, umfaßte sie etwa hundertvierzigtausend Quadratmeter, ein Vielfaches ihrer ursprünglichen Größe. Da sich der Platz nun weit über den Gipfel des Zionsbergs hinauserstreckte, mußte er durch massive Pfeiler gestützt werden. Laut Flavius Josephus waren die Stützmauern »die größten, von denen man jemals gehört hatte« [4]. Einige der Steine wogen zwischen zwei und fünf Ton-

nen. Da Herodes die Plattform nicht nach Osten erweitern wollte, blieben dort die alten Stadtmauern bestehen. Seit dieser Zeit wurde diese Seite des Tempelbergs mit Salomo, dem ersten Erbauer von Zion, in Verbindung gebracht. Die westliche Stützmauer war die längste und maß von der Feste Antonia bis zum südlichen Ende vierhundertfünfundachtzig Meter. Am Fuß dieser Mauer befand sich der Untere Markt, der den Priestern gehörte und bei Reisenden und Pilgern sehr beliebt war. Hier wurden Geschäfte errichtet, die bis zu den ersten drei Steinreihen hinaufreichten. Auch die Gebäude der Stadtverwaltung und des Nationalarchivs befanden sich am Fuß der westlichen Mauer. Auf der Tempelplattform selbst befanden sich Kolonnaden im griechischen Stil, die den heutigen Säulengängen auf dem Haram al-Scharif ähnelten. Der ganze südliche Teil der Plattform bestand – ähnlich der Basilika auf einem römischen Forum – aus einem großen, säulenbestandenen Bezirk, der die Menschen vor Regen und Sonne schützte. Diese königliche Basilika hatte etwa die gleiche Größe wie die Kathedrale von Salisbury, war etwa zweihundert Meter lang und dreißig Meter hoch. Hoch über der südlichen Stützmauer gelegen und mit blendendweißem Marmor überzogen, bot sie einen ehrfurchtgebietenden Anblick. Aus der Ferne betrachtet, leuchtete der Tempelberg auf höchst eindrucksvolle Weise. Das Gold des Heiligtums »gab einen Glanz wie Feuer von sich, so daß der Beschauer, auch wenn er absichtlich hinsah, sein Auge wie vor den Strahlen der Sonne abwandte«, schreibt Flavius Josephus. »Tatsächlich hatten die Fremden, die sich Jerusalem näherten, den Eindruck eines Schneegipfels; denn wo er des Goldes entbehrte, da war er leuchtend weiß.«[5] Es verwundert nicht, daß die Rabbiner lange nach seiner Zerstörung behaupteten: »Wer den Tempel des Herodes nicht gesehen hat, hat nie in seinem Leben ein herrliches Bauwerk gesehen.«[6]

Die Pilger konnten die Tempelhöfe auf zwei Seiten betreten: entweder über die imposante Treppe, die zur königlichen Basilika hinaufführte, oder über die beiden Brücken, die sich über die Straße zu Füßen der westlichen Stützmauer spannten. Oben fanden die Besucher ein komplexes Gebilde von Höfen vor, die immer heiliger wurden, je näher sie am Debir lagen (siehe Diagramm). Als erstes betraten die Pilger den Hof der Heiden, der jedem offenstand. Durch eine herrliche Balustrade davon abgetrennt, befand sich der Hof der Israeliten (für männliche Juden im Zustand der Reinheit). Schilder warnten Fremde, nicht weiterzugehen, da darauf die Todesstrafe stand. Hinter der Barriere befand sich der Hof der Frauen, ein durch Vorhänge abgetrennter Bereich mit erhöhter Galerie, die es ihnen ermöglichte, den Opfern im Altarhof zuzusehen. Als nächstes folgte der Hof der Leviten und schließlich der Hof der Priester, der den großen Opferaltar beherbergte.

Diese schrittweise Annäherung an das Allerheiligste erinnerte die Pilger und Gläubigen daran, daß sie eine *alijjah* zu einem ganz anders gearteten Wesen unternahmen. Die verschiedenen Reinigungsrituale, denen sie sich unterziehen mußten, verstärkten dieses Gefühl noch. Vor allem galt es, sich von jeglicher Verunreinigung durch den Tod zu befreien, der schlimmsten Unreinheit überhaupt, die im täglichen Leben allerdings kaum zu vermeiden war, da man immer auf ein altes Grab getreten sein konnte. Das gleiche galt für Frauen nach der Geburt. Sie wurde zwar nicht als schmutzig oder sündig angesehen, aber Gott war jenseits so veränderlicher Erscheinung wie Geburt und Tod, und dem mußte der Pilger in Jahwes Haus auf symbolische Weise Rechnung tragen. Wer sich nicht schon am Heimatort dem Reinigungsritual unterzogen hatte, mußte in Jerusalem sieben Tage warten, bevor er den Tempelberg besteigen durfte. Während dieser Zeit durfte man keinen Geschlechtsverkehr haben, und am dritten und siebten Tag wurde der Pilger mit Wasser und Asche besprengt und mußte ein rituelles Bad nehmen. Diese Wartezeit sollte der geistigen Vorbereitung der Selbstprüfung dienen. Sie erinnerte den Pilger an die innere Reise, die es zu unternehmen galt, um zur höchsten Wirklichkeit »aufzusteigen« und in eine vollkommen andere Dimension einzudringen.

Wenn die Pilger schießlich mit dem Opfertier unterm Arm zur Tempelplattform hinaufgestiegen waren, hatten sie das Gefühl, eine höhere Seinsebene erreicht zu haben. Der Symbolcharakter des Tempels hatte sich zu diesem Zeitpunkt bereits gewandelt. Er wurde nun als Mikrokosmos begriffen, der das gesamte Universum symbolisierte. Flavius Josephus, der als Tempelpriester diente, beschreibt dieses kosmische Bild: Der Hof der Heiden wurde immer noch mit Jam, dem uranfänglichen Meer, in Verbindung gebracht, das gegen die geordnete Welt des Sakralen stand – eine beständige Herausforderung, die immer aufs neue bestanden werden mußte. Im Gegensatz dazu repräsentierte die Hekal das Ganze der geschaffenen Welt; ihr Vorhang symbolisierte die vier Elemente und den

»gesamten Anblick der Himmel«; die Lichter auf den großen Leuchtern standen für die sieben Planeten, und die zwölf Schaubrote erinnerten an die Zeichen des Tierkreises und die zwölf Monate im Jahr. Der Rauchaltar mit den dreizehn Gewürzen von See und Land (bewohnt und unbewohnt) stand für alles, was von Gott kam und für Gott war.[7] Auch Philo von Alexandrien (ca. 30 v. Chr. – 41 n. Chr.), der einst als Pilger nach Jerusalem kam, war mit diesen Symbolen vertraut.[8] Als Platoniker wies er darauf hin, daß die Geräte der Hekal die himmlischen Archetypen repräsentierten und die Ideale, die jenseits unserer Erfahrung liegen, verstehbar und sichtbar werden ließen.[9] Die Anlage des Tempelbergs zeigte so den Weg zu Gott. Ausgehend von der Alltagswelt durchschritt man die Grenzbereiche des Chaos, das Urmeer und den Bereich der *gojjim* zur geordneten Welt, die Gott geschaffen hatte, die aber jetzt auf andere Weise wahrgenommen wurde: Ebenso wie der Priester durch die Hekal schritt, wurde die Welt bis zur höchsten Seinsebene durchmessen, die zwar im Jenseitigen lag, dem Irdischen aber Sinn und Bedeutung verlieh. Dieses Höchste war im Allerheiligsten symbolisiert, das von der Hekal und der sichtbaren Welt durch einen weiteren Schleier abgetrennt war. Der Debir war leer, denn er stand für eine Welt, die die menschlichen Sinne und Begriffe überstieg. »... er war vollkommen leer«, sagt uns Flavius Josephus, »niemand durfte seinen Fuß hineinsetzen, niemand durfte mit der Hand daran rühren oder auch nur hineinschauen.«[10]

Diese äußerste Abgeschiedenheit des heiligen Gottes wurde durch die Tatsache betont, daß sich nur die Priester dem Innern des Tempels nähern durften. Flavius Josephus beschreibt, daß auch die Gewänder des Hohenpriesters kosmische Bedeutung hatten. Sein Untergewand symbolisierte Himmel und Erde und das Obergewand die vier Elemente. Denn der Hohepriester waltete in der Hekal nicht nur als Repräsentant der »ganzen menschlichen Rasse, sondern auch für die Teile der Natur, für Erde, Wasser, Luft und Feuer«[11]. Doch wenn der Hohepriester am Jom Kippur den Debir betrat, legte er weiße Leinengewänder an, die Kleider der Engel, die ebenfalls Mittler zwischen den himmlischen und irdischen Sphären waren. Die verschiedenen Grade der Heiligkeit glichen den Plattformen einer mesopotamischen Pyramide. Auch der Tempelberg war ein symbolischer heiliger Berg, der ins Reich des Göttlichen führte. Das Bild des Tempels brachte dem Gläubigen die wirkliche Bedeutung der irdischen Welt näher, die im innersten Kern des Seins lag. Das Ganze des Lebens – einschließlich der zerstörerischen Mächte des Jam – führte unausweichlich zur verborgenen Heiligkeit des Debir.

Während der Regierungszeit des Herodes kamen mehr Pilger aus Palästina und der Diaspora nach Jerusalem denn je zuvor. Etwa dreihunderttausend bis fünfhunderttausend Menschen versammelten sich während der großen religiösen Feste.[12] Trotz der strengen Reinigungsvorschriften waren diese Festlichkeiten keine düsteren, traurigen Veranstaltungen. Die Pilgerfahrten boten den Familien Gelegenheit, zusammen Ferien zu machen. Während der langen Reise wurde am Abend gemeinsam gegessen und getrunken, man scherzte, lachte und sang bekannte Lieder. In Jerusalem angekommen, wurden die Pilger in Privatunterkünften oder in Synagogen untergebracht. Einige zogen es vor, in der Umgebung zu zelten. Sie mußten einen bestimmten Pilgerzoll in der Stadt ausgeben: Man konnte Fleisch, Wein oder andere Dinge dafür kaufen. In dieser entspannten Atmosphäre wurden Freundschaften geknüpft, und die Pilger gingen mit einem gestärkten Gefühl jüdischer Zusammengehörigkeit nach Hause: Sowohl die religiöse Bindung an Gott wie auch die Nächstenliebe wurden gestärkt.[13] Vor allem während der acht Tage des Laubhüttenfestes herrschte eine Art Ferienstimmung in der Stadt. Besonders beliebt war das Passafest. Jede Familie opferte ein Passalamm im Tempel, das am Abend zum Gedenken an die Befreiung aus Ägypten bei einem feierlichen Mahl verspeist wurde. Besonders beschwingt ging es bei der »Wasserschöpfungsfeier« am zweiten Abend des Sukkotfestes zu, bei der symbolisch die Ober- und Unterwelt vereinigt wurden. In der israelitischen Kosmologie wurde die Erde nun als eine Kapsel gesehen, die von Wasser umringt war. Die oberirdischen Wasser waren männlich, während die gefährlichen, unterirdischen Wasser weiblich waren, wie Tiamat; sie sehnten sich danach, vereinigt zu werden. Da Jerusalem das »Zentrum« der Welt war, konnten sich dort alle Seinsformen treffen. Einmal im Jahr wurden die »Verschlüsse« zur Unterwelt symbolisch geöffnet, und die oberen und unteren Wasser vermischten sich, während die Menschen ausgelassen feierten. Später sollten die Rabbiner sagen, wer dieses Fest nicht erlebt habe, wisse nicht, was Freude sei.[14] Es war eine Anerkennung der Macht des ursprünglichen Chaos, das die Welt überfluten mußte, um im kommenden Jahr Lebendigkeit und Fruchtbarkeit zu garantieren.

Der Tempel blieb der Mittelpunkt des geistlichen jüdischen Lebens während der Regierungszeit des Herodes, aber einige Juden begannen, andere Wege zu Gott zu erforschen. Wir haben gesehen, daß einige, vor allem in der Diaspora, den Tempel »umgingen« und sich mittels mystischer Flüge dem Allerhöchsten näherten. Juden versammelten sich auch in Synagogen und an anderen Orten, wo sie die Thora studieren und ins Reich des Spirituellen vordringen konnten, ohne nach Jerusalem zu reisen.[15] Selbst in Palästina hatten Juden begonnen, Gott in der Gemeinde der Gläubigen zu erfahren. Doch die Pharisäer betrieben weiterhin strenge Tempelverehrung. Zur Zeit des Herodes drängte die Schule des Sammaj die Pharisäer, sich noch deutlicher als zuvor von der heidnischen Welt abzugrenzen. Sie sollten mit Heiden nicht essen und trinken, kein Griechisch sprechen und von Heiden keine Geschenke annehmen. Zum Teil zielte dies darauf ab, die Reinheit des Tempels gewissenhafter zu bewahren, der lange von der Unterstützung heidnischer Herrscher abhängig gewesen war. Aber diese geschlossene Gemeinde des Sammaj war auch ein Spiegelbild des archaischen sakralen Raums, der die *gojjim* außerhalb des Bereichs des Heiligen gestellt hatte. Sammajs Gegenspieler Hillel war ebenso an Reinheit und Abgrenzung interessiert,

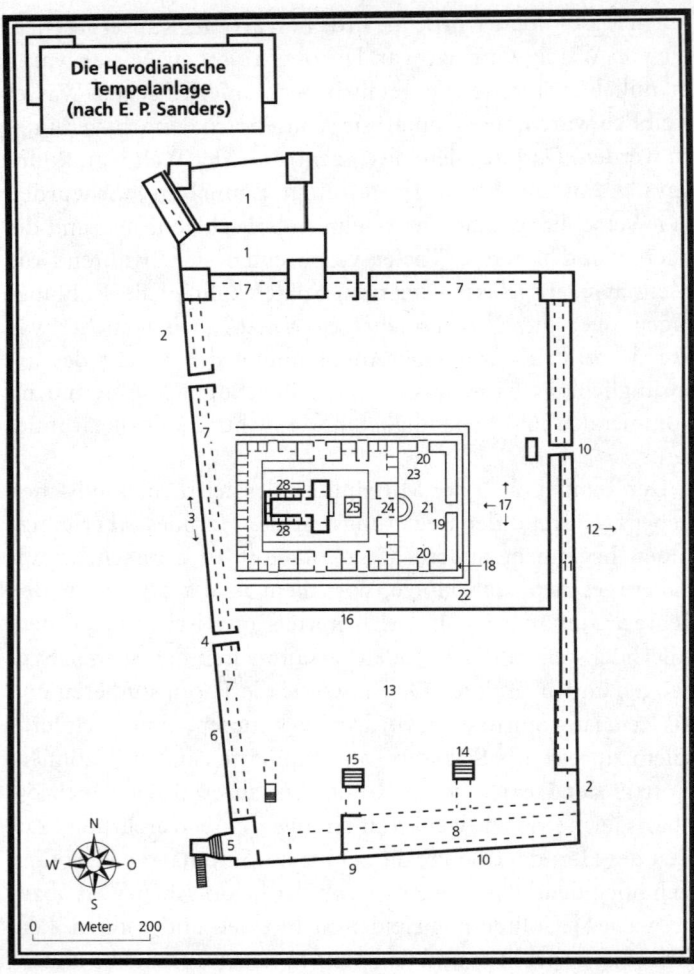

Die Herodianische Tempelanlage (nach E. P. Sanders)

N
W O
S

0   Meter   200

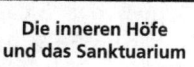

Die inneren Höfe und das Sanktuarium

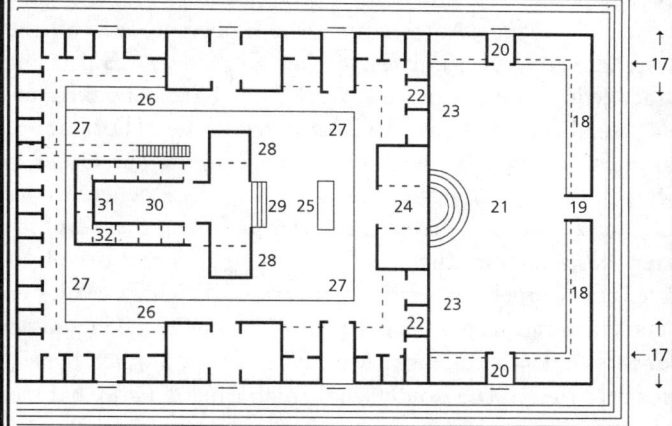

1 Die Festung Antonia
2 Stützmauer
3 Straße neben der westlichen Stützmauer
4 Wilson-Bogen über das Tyropöontal
5 Robinson-Bogen
  zur darunterliegenden Straße
6 Läden
7 Säulengang
8 Das königliche Tor
9 Ausgangstor
10 Eingangstor
11 Salomos Tor
12 Ölberg
13 Hof der Heiden
14 Eingang zum Vorhof
15 Ausgang vom Vorhof
16 Balustrade und Stufen,
  um die Heiden abzutrennen

17 Innere Plattform und Stufen
18 Innere Mauer
19 Östliches Tor für männliche Israeliten
20 Südliches und nördliches Tor für
  weibliche Israeliten
21 Hof der Frauen
22 Innerer Säulengang
23 Mauer zur Trennung von Männern
  und Frauen
24 Zweites östliches Tor für
  männliche Israeliten
25 Brandopferaltar
26 Hof der Israeliten
27 Brüstung zur Trennung von Priestern
  und Laien
28 Hof der Priester
29 Eingang zum Sanktuarium
30 Hekal
31 Debir
32 Obere Stockwerke

0   Meter   200

aber er betonte gleichzeitig die Bedeutung der Nächstenliebe. Während der hasmonäischen Periode schien das Ideal der Nächstenliebe verlorengegangen zu sein. Nach den Zwangsmaßnahmen Antiochus Epiphanes' hatte die Reinheit Jerusalems und seines Tempels im Vordergrund gestanden, nicht jedoch die soziale Anteilnahme, die immer als wesentlicher Bestandteil des Zionskults angesehen worden war. Hillels Pharisäer jedoch sahen nun die Werke der Barmherzigkeit und Nächstenliebe als die wichtigsten *mitzvoth* der Thora an: Sie konnten eine ebenso wirksame Buße sein wie das Opfer im Tempel.[16] Einige Pharisäer schlossen sich zu speziellen Bruderschaften zusammen, deren Mitglieder (*haberim*) sich verpflichteten, beständig im Zustand der Reinheit zu leben, der für die Riten im Tempel vorgeschrieben war. Vielleicht war dies ein Versuch, immerwährende göttliche Nähe herzustellen und den häuslichen Tisch zu einem Altar zu machen, ähnlich dem im Hof der Priester. Die Bruderschaftsmahle der *haberim* nahmen sakralen Charakter an, vergleichbar den Mahlen der Priester, die die Opfertiere verspeisten.[17] Diese Art der Frömmigkeit machte jedes Heim, auch das bescheidenste, zu einem Tempel.

Auch die Qumransekte, die sich am Ende der Regierungszeit Herodes' des Großen bildete, betrachtete ihre Gemeinde von wahren Israeliten als neuen spirituellen Tempel. Mit dem verunreinigten Tempel in Jerusalem wollten sie nichts zu tun haben. In ihrem selbstgewählten Exil begaben sie sich in den Speiseraum wie in einen heiligen Schrein. Sie lebten auch wie Priester, die beständig den Tempel bewohnten. Vor dem Essen badeten sie in kaltem Wasser und banden sich, genau wie die Priester beim Verspeisen des Opferfleisches, leinene Lendenschurze um. Die Gebete der Gruppe wurden als Ersatz für die Opferung angesehen – doch nur vorläufig. Die Sektenmitglieder ersehnten den Tag, an dem zwei Messiasse, ein Priester und ein Laie, den letzten Kampf anführen würden, in dem der Fürst der Finsternis besiegt und Jerusalem befreit werden würde. Dann würde Gott den Tempel wieder errichten. Die Qumraner nannten sich selbst *ebionim,* die Armen. Sie allein waren die wahren Bewohner Zions, das immer schon als Wohnstatt der Armen und Erniedrigten gegolten hatte. Während sie sich nach diesem neuen Jerusalem sehnten, benutzten sie Ausdrücke, die üblicherweise auf Gott angewandt wurden:

> Du, o Zion, wirst meine Gnade sein;
> dich liebe ich mit all meiner Macht;
> dein Angedenken ist gesegnet immerdar.[18]

In der Thora wurde den Juden aufgetragen, allein YHWH zu lieben, er war die einzige Quelle der Gnade, und allein sein Angedenken war ewig gesegnet. Die Wahl der Worte war jedoch nicht zufällig: Die Sektenanhänger waren eifrige Monotheisten. Doch das Göttliche zeigte sich den Menschen nie unverhüllt und direkt, und seit Jahrhunderten war Jerusalem eines der vorrangigen Symbole gewesen, das den Juden ihren verborgenen Gott erfahrbar gemacht hatte. Für die Qumransekte war Zion untrennbar mit den Begriffen des Friedens, Segens und der Erlösung verbunden, die integrale Bestandteile ihrer Gotteserfahrung waren, und obwohl sich das historische Jerusalem unter Herodes in einem beklagenswerten Zustand befand, verkörperte es immer noch höchste religiöse Würde.

Die Qumransekte verkörperte jedoch das militante Judentum, das in Palästina zunehmend aufkam. Überall in der griechisch-römischen Welt begannen die Menschen, von ehemaliger nationaler Größe zu träumen. Tempel wurden restauriert und alte Mythen wiederbelebt, besonders solche, denen ein Motiv des »Widerstands« innewohnte. Die apokalyptischen Visionen der Qumrangemeinde erweckten die uralten Kampfmythen zu neuem Leben, die zur Gründung eines Tempels, zum Bau einer Stadt und zur Schaffung der Weltordnung geführt hatten. Daher sah der gewöhnliche Gläubige in den großen Festen die Feier der Heiligkeit seiner Nation und des Heimatlandes. Das Passafest war ein Fest der nationalen Befreiung; das »Wochenfest« (Schawuot) erinnerte die Juden, daß das Land allein YHWH gehörte – nicht den Römern. Das

Laubhüttenfest (Sukkot), das an die Jahre in der Wüste erinnerte, war gleichzeitig der Jahrestag der Tempeleinweihung. Wenn sich das Volk in großer Zahl im nationalen Heiligtum versammelte, schlugen die Gefühle hohe Wellen, doch Herodes war ein so mächtiger Herrscher, daß die Bürger erst im Jahr 4 v. Chr. wagten, ihrem Unmut öffentlich Ausdruck zu geben, als sie hörten, er liege auf dem Totenbett.

Dies war bezeichnend. Kurz zuvor hatte Herodes einen goldenen Adler, ein Symbol Jupiters und Roms, über dem Tempeltor anbringen lassen. Er war zu weit gegangen. Als sich die Nachricht verbreitete, Herodes liege im Sterben, gaben Judas und Matthias, zwei angesehene Gelehrte, ihren Schülern zu verstehen, dies sei eine hervorragende Gelegenheit, den Adler zu entfernen. Es sei ein gefährliches Unternehmen, doch wie herrlich wäre es, für das »Gesetz der Väter« zu sterben! Die jungen Männer erklommen also das Dach der königlichen Basilika, ließen sich an starken Seilen herunter und »zerschlugen den goldenen Adler mit Beilen«. Aber sie waren zu voreilig gewesen. Durch schiere Wut wieder zum Leben erweckt, erhob sich Herodes vom Totenbett und ließ die jungen Männer und ihre Lehrer hinrichten. Als er ein paar Tage darauf starb, wurde behauptet, seine Agonie sei die Strafe für den »Mord an den Gelehrten« gewesen.[19] Es muß betont werden, daß es sich dabei um einen begrenzten Protest handelte. Es gab noch keinen Versuch, nicht einmal den Willen dazu, Herodes umzubringen oder die römische Herrschaft abzuschütteln. Der Grund für die genannte Tat lag in der Verunreinigung des Tempels, und das Ziel bestand nur darin, diese Besudelung zu beseitigen. Das sollte auch weiterhin so sein. Solange ein Herrscher den Tempel nicht anrührte, waren die Juden bereit, ihn zu tolerieren, aber jegliche Bedrohung des Tempels konnte zu Gewalt, Blutvergießen und schrecklichen Vergeltungsmaßnahmen führen.

Herodes hatte drei seiner Söhne und sein geliebtes Weib Mariamne getötet, da er glaubte – mit einiger Berechtigung –, daß sie gegen ihn konspirierten. Seine drei anderen Söhne,

Archelaos, Philippos und Herodes Antipas, hatte er so streng im Zaum gehalten und so wenig an der Macht beteiligt, daß er nicht wußte, wer von ihnen seinen Platz einnehmen sollte. Als er starb, hinterließ er zwei Testamente, so daß Kaiser Augustus über das Schicksal von Herodes' Königreich entscheiden mußte und die drei Söhne nach Rom befahl. Doch am Vorabend ihrer Abreise, während Pilger zum Passafest in die Stadt strömten, war das Klima wegen des Todes der beiden Gelehrten noch immer angeheizt. Die einheimischen Juden formierten sich zu einem Trauerzug, der die Stadt mit Weinen und Wehklagen erfüllte. Die Empörung griff auch auf die Pilger über. Als die Menge nicht mehr zu kontrollieren war, schickte Archelaos seine Truppen in die Tempelhöfe, und zwar kurz nachdem das erste Passalamm geopfert worden war. Dreitausend Menschen wurden getötet. Wiederum war das Heiligtum entweiht worden – diesmal nicht durch ein heidnisches Symbol, sondern durch jüdische Soldaten, die jüdisches Blut vergossen hatten. Fünf Wochen später, als Archelaos in Rom war, kam es in Jerusalem während des jüdischen Erntefests wieder zu einem Aufstand, und Sabinus, der Statthalter von Syrien, mußte eine Legion nach Judäa entsenden. Als sie in Jerusalem eintraf, verbarrikadierten viele tausend Juden und Pilger die Straßen und griffen die römischen Soldaten an. Sabinus konnte der Menge nur Herr werden, indem er die Säulengänge auf dem Tempelberg anzündete. Anschließend kreuzigten die Römer zweitausend der Rebellen an den Stadtmauern.[20]

Auch in anderen Teilen Palästinas kam es zu Unruhen, und dies muß den Senat in Rom davon überzeugt haben, daß Herodes als König der Juden unersetzlich war. Archelaos kehrte als bloßer Ethnarch nach Judäa zurück; Herodes Antipas und Philippos wurden zum Tetrarch von Galiläa und Peräa bzw. Trachonitis, Batanaia und Auranitis ernannt. Sie erwiesen sich als erfolgreiche Gebietsverwalter und konnten ihre Stellung viele Jahre halten. Doch Archelaos verfolgte gegenüber Juden und Samaritanern eine so rücksichtslose Politik, daß er im Jahre 6 n. Chr. abgesetzt und verbannt wurde. Von nun an wurde Judäa von einem römischen Prokurator (Land-pfleger) regiert, der die neue Stadt Caesarea zu seinem Amtssitz machte – in sicherer und respektvoller Entfernung vom auf-rührerischen Jerusalem. Während der ersten Tage der römi-schen Besetzung kam es in Galiläa zwar zu Unruhen, doch wäre es falsch anzunehmen, daß das ganze jüdische Palästina Rom erbitterten Widerstand geleistet hätte. Das sollte nie der Fall sein. Nach dem Tod Herodes' des Großen hatten Juden eine Abordnung zu Augustus geschickt, die ausdrücklich um die Entsendung eines römischen Statthalters nach Palästina bat. Vor allem die Pharisäer waren immer noch strikt gegen jede Form jüdischen Priesterfürstentums. Die römische Besat-zungsmacht in Palästina war nicht ideal, doch ein gut Teil besser als einige andere Mächte, die in der Vergangenheit über die Juden geherrscht hatten. Abgesehen von ein paar bekla-genswerten Ausnahmen taten die römischen Beamten ihr Be-stes, um den religiösen Empfindlichkeiten der Juden Rechnung zu tragen, und gleichzeitig versuchten sie, mit dem Hohenprie-ster zu kooperieren. Auch die Hohenpriester waren daran interessiert, den Frieden aufrechtzuerhalten. Sie hielten ein wachsames Auge auf Störenfriede, nicht weil sie eine feige Beschwichtigungspolitik verfolgten, sondern weil sie nicht wollten, daß Juden so sinnlos starben wie während der Auf-stände nach Herodes' Tod. Jetzt war es wichtig, daß der Hohe-priester ein Mann von Format war; im Jahr 18 n. Chr. über-nahm Kaiphas das Amt – er sollte sich als der fähigste Hohe-priester während der römischen Fremdherrschaft erweisen.

Doch nicht einmal Kaiphas konnte die wütende Menge im Zaum halten, als im Jahr 26 n. Chr. der neue Prokurator Pontius Pilatus den Tempel erneut schändete, indem er im Schutz der Dunkelheit Soldaten nach Jerusalem schickte, die in ihren Standarten das Bildnis des Imperators mit sich führten. Diese wurden in der Feste Antonia aufgestellt, einen Steinwurf vom Debir entfernt. Als die Juden am nächsten Tag dieses Greuel entdeckten, kamen die alten, auf Antiochus Epiphanes zurückgehenden Ängste wieder hoch: Eine wütende Menge

**Palästina unter der
Herrschaft der Römer**

PROVINZ SYRIEN

TRACHONITIS

Tyrus

GAULANITIS

BATANÄA

Ptolemais
(Akko)

Kapharnaum

GALILÄA

Galiläisches
Meer

Tiberias

Sepphoris

Nazareth

Gadara

Mittelmeer

Caesarea

Skythopolis
(Bet Schean)

Pella

SAMARIA

Gerasa

Sebaste

Jabbok

Antipatris

Phasaelis

PERÄA

Joppa

Jordan

Philadelphia

Jericho

Lydda

Qumran

Jerusalem

JUDÄA

Bethlehem

Machaerus

Totes Meer

Hebron

Gaza

IDUMÄA

Masada

Beerseba

N

W O

S

0   Meter   200

zog bis nach Caesarea und umlagerte den Amtssitz des Pilatus. Gewöhnlich waren die Juden Judäas zu gespalten, um eine einheitliche Front zu bilden, aber eine Bedrohung des Tempels einigte sie sofort. Diesmal kam es allerdings zu keinen gewaltsamen Ausschreitungen. Vielleicht hatten die Juden im Jahr 4 v. Chr. ihre Lektion gelernt. Diesmal verlegten sie sich auf passiven Widerstand. Fünf Tage lang umlagerten sie einfach Pilatus' Haus, bis er sie ins Amphitheater von Caesarea rief und ihnen sagte, daß er nun zu einer Antwort bereit sei. Sobald sich die Menge eingefunden hatte, gab Pilatus seinen Soldaten ein Zeichen, die daraufhin von allen Seiten mit gezogenen Schwertern auftauchten. Wenn Pilatus angenommen hatte, er könne die Juden damit zum Einlenken zwingen, hatte er sich bitter getäuscht. Alle fielen zu Boden, entblößten ihren Hals und riefen, sie wollten lieber sterben als ihre Gesetze brechen. Pilatus war verblüfft und erkannte, daß er nachgeben mußte.[21] Die anstößigen Standarten wurden entfernt, der Friede war wiederhergestellt; doch der Vorfall hatte die Juden Judäas in noch größere Angst um die Sicherheit des Tempels versetzt.

Vier Jahre später wurde der Tempel erneut bedroht. Angeführt von einem Mann, der auf einem Esel den Ölberg herunterritt, durchquerte eine kleine Menschengruppe das Kidrontal auf dem Weg nach Jerusalem. »Hosianna!« wurde gerufen und »Rette uns, Sohn Davids!«. Einige schnitten Zweige ab und schwangen Palmenblätter. Es verbreitete sich die Nachricht, der junge Mann sei Jesus, ein Prophet aus Nazareth in Galiläa. Man sagte, Jesus habe geweint, als er sich der Stadt näherte, da er wußte, Jerusalem würde ihn nicht aufnehmen und die Stadt würde bald eine schreckliche Strafe erleiden. Sie würde von Feinden umringt, bis auf die Grundmauern zerstört, ihre Einwohner würden erschlagen werden. Kein Stein würde auf dem anderen bleiben. Ganz so, als wollte er seinen Worten Nachdruck verleihen, begab sich Jesus direkt zum Tempel. Er nahm eine Peitsche und vertrieb die Geldwechsler und Händler von Opfertauben aus dem Hof der Heiden. »Steht nicht geschrieben: Mein Haus soll heißen ein Bethaus allen Völkern?« fragte er.[22] Es war die Woche vor dem Passafest, und Jesus verbrachte lange Zeit betend in den Tempelhöfen. Seiner Weissagung gemäß sollte der herrliche Tempel des Herodes bald zerstört werden. »Siehst du wohl all diesen großen Bau?« sagte er zu einem seiner Jünger. »Nicht ein Stein wird auf dem anderen bleiben, der nicht zerbrochen würde.«[23] Markus, der Verfasser des ersten Evangeliums, berichtet, daß die Hohenpriester, nachdem sie von Jesu Vorgehen im Hof der Heiden gehört hatten, entschlossen waren, ihn loszuwerden. Jegliche Bedrohung des Tempels, vor allem während des Passafestes, bei dem sich riesige Menschenmassen versammelten und die Wellen der Erregung hochschlugen, konnte leicht in Gewalttätigkeit umschlagen, die wiederum zu harten Vergeltungsmaßnahmen führen würde. Jesus stellte einen Risikofaktor dar, den sich das jüdische Volk nicht erlauben konnte.

Welches Ziel verfolgte Jesus mit seinem provokativen Auftreten im Tempel? In den kleinen Städten und Dörfern Galiläas, wo er als Heiler und Teufelsaustreiber gewirkt hatte, hatte er bereits eine Anhängerschaft gefunden. Die Menschen bezeichneten ihn als Propheten. Wir wissen nicht, ob sich Jesus als Messias bezeichnet hat – die Quellen sind widersprüchlich. Ganz sicher unternahm er keinen Versuch, seine Anhänger zu bewaffnen, um die Römer aus Palästina zu vertreiben, wie es nach dem Tod des Herodes von manch anderem vermeintlichen Messias versucht worden war. Sacharja hatte vorhergesagt, daß der Messias in Armut und auf einem Esel reitend zu ihnen kommen würde. Vielleicht sollte Jesu Einzug in die Stadt demonstrieren, daß Gottes Königreich Jerusalem von den Armen, nicht von einer Militärmacht, wie Herodes sie darstellte, regiert werden würde. Jesus glaubte offensichtlich, daß das Jüngste Gericht bevorstehe. Wie andere apokalyptische Propheten sah er die Rückkehr der zwölf Stämme nach Israel voraus und behauptete, daß es von zwölf seiner Jünger regiert werden würde.[24] Gleichzeitig wurde allgemein angenommen, daß YHWH nach seinem endgültigen Sieg einen Tempel in Jerusalem bauen würde, in dem ihn alle Völker verehrten.

Indem er die Geldwechsler und Taubenkrämer aus dem Tempel vertrieb, hatte Jesus nicht gegen die kommerzielle Nutzung des sakralen Bezirks protestiert. Solche Händler waren in der Spätantike für den Tempelbetrieb unerläßlich und hätten keinen Widerspruch hervorgerufen. Jesus wollte wahrscheinlich viel eher darauf hinweisen, daß das Ende unmittelbar bevorstand und der herrliche Tempel des Herodes durch ein Heiligtum ersetzt würde, das nicht von Menschenhand gebaut war. Die Äußerungen Jesu waren nicht verblüffend neu, doch während eines Fests der nationalen Befreiung befürchteten die jüdischen Oberen wahrscheinlich, sie könnten antirömische Demonstrationen auslösen.

Kaiphas waren die apokalyptischen Bezüge im Vorgehen Jesu so vertraut wie jedermann in Judäa. Aber so kurze Zeit nach dem Zusammenstoß mit Pilatus, der das Land an den Rand der Katastrophe geführt hatte, durfte er keinerlei provozierende Äußerungen über den Tempel zulassen. Am ersten Tag des Festes ließ er Jesus festnehmen, seine Jünger jedoch nicht – ein Zeichen, daß er seine Bewegung nicht als tatsächlich ernstzunehmende politische Bedrohung ansah. Vor Gericht wurde Jesus beschuldigt, er habe geschworen, den Tempel zerstören zu wollen, was von den Zeugen nicht bestätigt wurde. Daraufhin wurde die Anklage fallengelassen. Kaiphas schaffte es jedoch, eine Verurteilung wegen Gotteslästerung durchzusetzen, und da die Juden die Todesstrafe nicht verhängen durften, wurde Jesus Pilatus überstellt. Pilatus ließ Jesus geißeln, verurteilte ihn zum Tod am Kreuz und zwang ihn, sein Kreuz vom Prätorium durch die Straßen Jerusalems bis zu einem Hügel außerhalb der Stadt zu tragen, der Golgotha, Schädelstätte, hieß (lateinisch: Calvarius). Dort wurde Jesus zusammen mit zwei Aufrührern hingerichtet. Der Tod am Kreuz konnte Stunden dauern, Jesus jedoch starb relativ schnell. Da der Sabbat bevorstand, beeilten sich seine Freunde, ihn vor Sonnenuntergang zu beerdigen; daher bekam Joseph von Arimathäa, ein Mitglied des Sanhedrins (des Hohen Rats), von Pilatus die Erlaubnis, den Leichnam in einem eigenen Grab

Der Garten von Gethsemane auf den unteren Hängen des Ölbergs, in dem Jesus vor seiner Festnahme in Todesangst gebetet hatte, war einer der ersten Orte, die von den Christen Jerusalems verehrt wurden: Die meisten der ersten heiligen Stätten, die von den Christen verehrt wurden, befanden sich außerhalb der Stadtmauern.

beizusetzen. Dabei handelte es sich um eines der höhlenartigen Gräber, die in der Nähe von Golgotha in den Felsen geschlagen waren. Jesus wurde hastig beigesetzt, ein Stein wurde vor das Grab gerollt, und seine Freunde beschlossen, nach dem Sabbat zurückzukommen, um den Leichnam vorschriftsmäßig zu salben.

Damit hätte die Angelegenheit beendet sein sollen, aber bald kamen Gerüchte auf, Jesus sei von den Toten auferstanden. Es wurde behauptet, Frauen hätten das Grab leer vorgefunden, als sie am frühen Sonntagmorgen hingekommen waren. Einige seiner Jünger und Verwandten hatten Erscheinungen, in denen sie Jesus gehen, sprechen und essen sahen, als wäre er am Leben. Viele Menschen glaubten, daß die Gerechten am Jüngsten Tag von den Toten auferstehen würden. War Jesus schon vor diesem Tag erweckt worden? Vielleicht war er der Messias, der Vorläufer der kommenden Erlösung. Während des jüdischen »Wochenfests«, als die Jünger in einem Raum in Jerusalem saßen und beteten, hatten sie das Gefühl, vom Geist YHWHs ergriffen zu sein, und sie waren überzeugt, daß dies der Beginn eines neuen Zeitalters sei, das die Propheten vorhergesagt hatten – eine Zeit, in der Gottes Gegenwart unmittelbarer verspürt werden würde als je zuvor. Die Jesusanhänger schienen diese Gegenwart zu bestätigen: Sie vollbrachten Heilungswunder, sprachen in fremden Zungen, prophezeiten und hatten Erscheinungen. Die Vorstellung, daß ein Mann, der den schändlichen Tod am Kreuz erlitten hatte, der Messias sein sollte, war verblüffend; aber die Jesusbewegung gewann neue Mitglieder und wurde schließlich auf Geheiß des angesehenen Pharisäers Gamaliel vom Sanhedrin als echte jüdische Bewegung anerkannt.[25] Die Jünger Jesu waren nicht der Meinung, eine neue Religion gegründet zu haben: Sie lebten weiterhin als fromme Juden und gingen jeden Tag in den Tempel, um dort zu beten. Wie die Qumrangemeinde nannten sie sich *ebionim,* die Armen. Sie gaben ihren Besitz fort, lebten in Gemeinschaften, und was ihren Unterhalt anging, vertrauten sie auf ihren Gott wie die Vögel in der Luft und die Lilien auf dem Feld.[26] Ihre besondere Frömmigkeit wurde von vielen Juden bewundert. Sie glaubten, daß Jesus bald in Herrlichkeit zurückkehren und jedermann deutlich würde, daß das Königreich Gottes gekommen war.

Die Bewegung breitete sich in den nahe liegenden Dörfern und Städten aus. In Lydda, Joppe, Caesarea, in Galiläa und Damaskus hatten sich große Gemeinden gebildet. Die Gemeinde von Jerusalem wurde in den frühen Tagen von drei Jüngern Jesu geleitet – von Petrus, Jakobus und Johannes –, die als die »Säulen« bezeichnet wurden.[27] Ein besonders wichtiges Mitglied war der Herrenbruder Jakobus, als »der Gerechte« bekannt. Er war kein Anhänger Jesu während dessen Lebenszeit gewesen, aber nach der Kreuzigung sah er als einer der ersten den Auferstandenen; er sollte ein wichtiges Mitglied der Gemeinde werden, und um das Jahr 50 n. Chr. war er ihr Leiter. Jakobus war in Jerusalem hoch angesehen. Er führte ein besonders strenges Leben und hielt sich so strikt an die Reinheitsregeln, daß er, wie berichtet wird, Priestergewänder tragen und im Hof der Priester beten durfte. Er hatte auch gute Beziehungen zu den Pharisäern und wurde von der Qumrangemeinde geschätzt. An Jakobus dem Gerechten zeigt sich, wie stark die Jesusgemeinde ins religiöse Leben Jerusalems integriert war. Weit davon entfernt, die Thora aufzugeben, unterwarfen sich Jakobus und die Jerusalemer Gemeinde *allen* Geboten. Nichts durfte übergangen werden. Die Anhänger Jesu mußten sogar noch über die Vorschriften der Thora hinausgehen, um vollkommene Juden zu werden. Während die Thora befahl: »Du sollst nicht töten«, durften sie nicht einmal ärgerlich werden; während die Thora Ehebruch verbot, durften sie eine Frau nicht einmal begehrlich ansehen.[28] Ihre Pflicht war es, als vorbildliche Juden zu leben und jeden Tag im Tempel zu beten, bis Jesus zurückkehren würde.

Doch im Jahr 36 n. Chr. kam es zwischen den Jesusanhängern und anderen Juden offensichtlich zu einem Zusammenstoß wegen des Tempels. Der Jerusalemer Gemeinde gehörten einige griechischsprechende Juden aus der Diaspora an, die sich gegenüber den Judäern benachteiligt fühlten.[29] Ihr Führer war Stephanus, ein charismatischer Redner, dessen Predigten zu großem Aufruhr in der Stadt führten. Wie Jesus wurde er vor den Sanhedrin befohlen und angeklagt, gegen die Thora und den Tempel gepredigt zu haben. Die Rede, die Lukas, der nach der Überlieferung als Verfasser der Apostelgeschichte gilt, Stephanus in den Mund legt, ist historisch nicht verbürgt, aber sie spiegelt seine Tendenz wider, die sich später in den Gemeinden der Diaspora durchsetzte und ihre Wurzeln in diesem frühen Konflikt hatte. Lukas läßt Stephanus mehrmals darauf anspielen, daß sich Gott seinem Volk *außerhalb* von Jerusalem gezeigt hat: in Mesopotamien, Haran, Ägypten, Midian und Sinai. Selbst Salomo habe erkannt, daß Gott nicht in einem von Menschenhand errichteten Gebäude wohnen könne.[30] Stephanus erzürnte den Hohen Rat so sehr, daß sie ihn aus der Stadt jagten und zu Tode steinigten. Wie Lukas berichtet, richtete sich dann ihr Zorn gegen die übrige junge

Gemeinde, jedoch offensichtlich nicht gegen die »Säulen« und die ersten palästinensischen Anhänger Jesu.[31] Es waren wahrscheinlich nur die Hellenen, die griechischsprechenden Juden, die aus der Stadt fliehen mußten, zuerst auf dem Land Zuflucht suchten und dann in Phönizien, auf Zypern und in Antiochien Gemeinden gründeten.

In Antiochien wurden die Anhänger Jesu auch zum erstenmal als »Christen« bezeichnet, weil sie der Überzeugung waren, Jesus sei der *christos,* der Gesalbte, der Messias gewesen.[32] Den Christen Antiochiens schloß sich etwa im Jahr 40 n. Chr. ein anderer Jude der Diaspora an, der anfangs ein fanatischer Gegner der christlichen Bewegung gewesen war, aber auf dem Weg nach Damaskus, wo er die Jesusgemeinde verfolgen wollte, ein Bekehrungserlebnis hatte. Paulus von Tarsus wurde einer der christlichen Leiter in der Stadt. Seine Vorstellung vom Christentum unterschied sich vollkommen von der der »Säulen« in Jerusalem. Im letzten Kapitel haben wir gesehen, daß viele Menschen innerhalb der griechischen Welt die von ihren Vorfahren übernommenen Traditionen als beengend empfanden. Paulus gehörte zu denjenigen, die nach neuen Wegen suchten. Er hatte unter Gamaliel die Thora studiert, hatte sich den Pharisäern angeschlossen, war aber zu der Erkenntnis gelangt, daß die Thora eine Last sei und die persönliche Freiheit einschränke. Sie konnte keine Erlösung, keinen Frieden und keine Vereinigung mit Gott bringen.[33] Nach seiner Bekehrung glaubte Paulus, daß Jesus die Thora ersetzt habe: Mit Jesu Tod und Auferstehung war ein neues Kapitel der Heilsgeschichte aufgeschlagen worden. Sowohl Juden wie Heiden konnten nun mit Hilfe des Initiationsrituals der Taufe, das sie auf mystische Weise mit Christus vereinte, dem Neuen Israel angehören. Für Christen bestand daher keine Notwendigkeit, die Speisevorschriften zu beachten, sich von den *gojjim* fernzuhalten oder die Beschneidung durchzuführen, denn dies waren Zeichen des Alten Bundes, die jetzt überholt waren. Alle, die »in Christus« lebten, waren Söhne Gottes und Kinder Abrahams, gleichgültig, welchem Volk sie angehörten.

Die fesselnde Neuinterpretation der christlichen Botschaft durch Paulus gewann viele Anhänger in der Diaspora – nicht weil sie rational bewiesen werden konnte oder mit den historischen Fakten von Jesu Leben und Tod übereinstimmte. Die Sichtweise des Paulus war deswegen überzeugend, weil sie so tiefgreifende Ähnlichkeit mit anderen religiösen Entwicklungen innerhalb der griechisch-römischen Welt hatte. Wie der amerikanische Wissenschaftler Jonathan Z. Smith darlegt, kam es in der Spätantike zu einer geistigen Bewegung, die die alten Tempelkulte allmählich veränderte und dem Kosmos eine humane Gestalt zu geben begann.

> Anstelle einer Stadtmauer werden die Menschen nun durch eine Gruppe, eine religiöse Vereinigung oder Geheimgesellschaft vor den äußeren feindlichen Mächten geschützt. Statt als Rückfall ins Chaos, als bedrohliche Auflösung der Schöpfung, wird der Feind nun in Gestalt von Menschen oder Dämonen wahrgenommen, die Unheil und Tod bringen. Anstelle eines heiligen Ortes besteht das neue Zentrum, der Hauptzugang zum Göttlichen, in einem göttlichen Menschen...[34]

Smith untersucht diesen Wandel an der Geschichte von Thessalos, dem ägyptischen Magier, der erwartungsvoll dem Kult des heiligen Mannes in Syrien im 4. und 5. Jahrhundert n. Chr. entgegensieht. Wir haben aber auch gesehen, daß sich diese Tendenz bereits im palästinensischen Judentum gezeigt hatte: Die Pharisäer und die Qumrangemeinde hatten ihre religiöse Gemeinschaft als neuen Tempel verstanden. Nun begannen die Christen, den Übergang vom Tempel zum göttlichen Menschen zu vollziehen. Anstelle der alten Rituale von Pilgerschaft und Reinigung bestanden die neuen christlichen Übergangsriten in Bekehrung, Initiation und Identifikation mit dem Menschen Jesus, der von Gott durch die Auferweckung von den Toten erhöht worden war.[35] Paulus lehrte die Christen, daß Jesus der *Ort* der Erlösung sei; er würde die Menschen nicht vor dem uranfänglichen Chaos, aber vor den dämonischen Mächten der Sünde und des Todes erretten.

Diese Behauptung ist sicherlich vielen Juden – und ebenso den drei »Säulen« samt ihrer Anhängerschaft in Jerusalem – blasphemisch erschienen. Die Vorstellung, daß das Göttliche in einem Menschen erfahren werden sollte, war schockierend für sie. Aber wie wir gesehen haben, manifestiert sich das Heilige immer in etwas anderem als sich selbst. Objektiv betrachtet war eine Stadt oder ein Tempel genausowenig angemessen wie ein menschliches Wesen. Jedes Symbol des Heiligen – sei es ein Gebäude, eine Stadt, ein literarischer Text, ein Gesetzeswerk oder ein Mensch – ist notwendigerweise unzulänglich. Das entscheidende Paradox, das der religiösen Suche zugrunde liegt, besteht darin, daß sich das Heilige im Profanen manifestiert, das Absolute im Relativen, das Ewige im Zeitlichen. Doch wie in bestimmten Formen des indischen Mystizismus erlebte die Christenheit den schockierenden Widerspruch auch als erlösend: Das Göttliche offenbart seine Liebe wie seine souveräne Freiheit darin, daß es sich in einem niedrigen Wesen darstellt.[36] Das wahre Mysterium besteht darin, daß sich das Heilige überhaupt manifestieren kann. Die dramatische Bekehrung des Paulus auf dem Weg nach Damaskus illustriert die Umkehrung, die diese neue Sichtweise beinhaltete. Diese Umkehrung stellte die alten heiligen Werte auf den Kopf, und dies erfuhren viele Menschen als Befreiung.

Von nun an war das Christentum an keinen bestimmten Ort mehr gebunden. Der neue Held war nicht Jakobus der Gerechte im Jerusalemer Tempel, sondern der reisende Paulus, der keine feste Wohnstatt in dieser Welt hatte, sondern immer unterwegs war. Aber die Trennung von Jerusalem war schmerzlich. Es kam zu heftigen Auseinandersetzungen zwischen Paulus und der Urgemeinde, nachdem Jakobus bekannt geworden war, daß die Christen Antiochiens kein koscheres Fleisch aßen und unbefangenen Verkehr mit den *gojjim* pflegten. Indem Paulus die Leitung der Heidenmission übertragen wurde, wurde ein Kompromiß gefunden. Die Propheten hatten sich immer darauf gefreut, daß die heidnischen Völker eines Tages YHWH in Jerusalem die Ehre erweisen würden. Paulus gelang es nicht, die »Säulen« davon zu überzeugen, daß die *gojjim* nun in Jahwes Tempel eingekehrt waren. Seiner Meinung nach waren sie genauso im Besitz des Heiligen Geistes wie die Judenchristen. War es also gerecht, daß Jakobus sie zurückstieß, indem er unrealistische Forderungen wie Beschneidung und Befolgung der gesamten Thora forderte? Als Gegenleistung dafür, daß er im Rahmen der Heidenmission freie Hand hatte, versprach Paulus, daß seine Bekehrten den *ebionim*, den Armen von Jerusalem, helfen würden. Während seiner ganzen Missionstätigkeit hatte die Kollekte für die Jerusalemer Gemeinde bei Paulus obersten Stellenwert. Sie war ein wichtiges Symbol der Kontinuität, eine Möglichkeit für die Bekehrten, ihre geistige Schuld an das Judentum abzutragen – und eine Erfüllung der Prophezeiung:[37] Die Heiden brachten tatsächlich Geschenke nach Jerusalem, also mußte auch die Erlösung tatsächlich bevorstehen.

Als Paulus im Jahr 58 n. Chr. während des jüdischen »Wochenfests« in Jerusalem mit dem Geld eintraf, verursachte seine Anwesenheit im Tempel einen Aufruhr, und er wurde von den Römern wegen Unruhestiftung festgenommen. Er wurde angeklagt, einen seiner Heidenchristen über die Balustrade in den Hof der Israeliten gebracht zu haben.[38] Es ist höchst unwahrscheinlich, daß Paulus auf diese Weise das Gesetz mißachtet haben sollte, da er immer auf die religiösen Empfindlichkeiten der Menschen Rücksicht nahm. Doch er war tatsächlich überzeugt, daß die alten Barrieren keinen Bestand mehr hatten und die Heiden keine Fremden mehr im Königreich Gottes waren. Nicht nur die Thora war durch Christi Auferstehung aufgehoben; auch die überkommenen Vorstellungen eines sakralen Raums, nach denen die *gojjim* an die Grenzbereiche des Heiligen verwiesen wurden, galten nicht mehr. Wie Paulus den Christen in Ephesus erklärte, hatte Jesus »abgebrochen den Zaun, der dazwischen war«: Daher »seid ihr nun nicht mehr Gäste und Fremdlinge, sondern Bürger mit

den Heiligen und Gottes Hausgenossen«. Die Christen bildeten nun einen geistigen Tempel, »auf welchem auch ihr mit
erbauet werdet zu einer Behausung Gottes im Geist«[39]. Wie die
Qumrangemeinde glaubten die Christen paulinischer Prägung,
daß Gott nun auf Erden in der Gemeinde der Gläubigen weile.
Wie allgemein in der Spätantike verlor auch für die Christen
der irdische Tempel an Bedeutung, da sie bereits das Gefühl
hatten, ins Reich des Geistes, »das himmlische Jerusalem«,
eingetreten zu sein, das er symbolisierte.[40] Doch für diejenigen
Juden, die überzeugt waren, daß der Tempel auf dem Zionsberg den sichersten Weg zu Gott darstellte, war dies Gotteslästerung. Allein die Anwesenheit Paulus' im Tempel im Jahr 58
n. Chr. wurde als Bedrohung empfunden, genauso wie die von
Jesus und Stephanus, und Paulus verlor seine Freiheit und
schließlich sein Leben, weil er die Heiligkeit Zions gefährdet
hatte. Er wurde als Gefangener nach Rom gebracht, da er seine
Rechte als römischer Bürger eingefordert hatte, der nur vom
Imperator selbst gerichtet werden konnte. Wie die jüdischen
Reformer zur Zeit des Antiochus Epiphanes wollte Paulus, der
entwurzelte Mensch der Spätantike, ein Weltbürger und kein
Sohn Jerusalems sein. Vermutlich starb er während der Verfolgung durch Kaiser Nero im Jahr 64 n. Chr., aber die Kirchen,
die er in der Diaspora gegründet hatte, blieben der Prägung
seines Christentums treu, obwohl ironischerweise eines Tages
gerade diese Heidenchristen Anspruch auf Jerusalem erheben
sollten.

Während der Zeit Pilatus' als Prokurator waren die Juden
hinsichtlich ihres Tempels sogar noch empfindlicher geworden, da dessen Heiligkeit erneut ernsthaft gefährdet war. Im
Jahr 41 n. Chr. hatte Kaiser Gaius Caligula angeordnet, daß
seine Statue im Jerusalemer Tempel aufgestellt werden sollte.
Als Petronius, der Statthalter von Syrien, im Hafen von Ptolemais ankam, um diese schwierige Aufgabe durchzuführen,
stand er »Zehntausenden von Juden« mit ihren Frauen und
Kindern gegenüber, die sich vor der Stadt versammelt hatten.
In den folgenden Verhandlungen gaben sie keinen Fußbreit

nach, obwohl Caligula drohte, die ganze Bevölkerung gefangenzunehmen, wenn sie weiterhin Widerstand leisteten. Wiederum verlegten sich die Juden auf gewaltfreie Methoden, weigerten sich, die Ernte einzubringen, was zur Folge hatte, daß die Römer den jährlichen Tribut nicht eintreiben konnten. Einige glaubten, Gott würde eingreifen und sie retten, was sich tatsächlich zu bewahrheiten schien, als der Kaiser in Rom einem Attentat zum Opfer fiel, bevor er seine Drohungen wahr machen konnte.[41]

Um die Juden zu beruhigen, ernannte Kaiser Claudius, Caligulas Nachfolger, Agrippa, den Enkel des Herodes, zum König des jüdischen Palästina, und unter seiner kurzen Regierung blühte Jerusalem auf. Agrippa erweiterte die oberen und unteren Märkte im Tyropöontal und plante eine dritte Stadtmauer um Bezetha, den nördlichen Teil. Sein Tod im Jahr 44 n. Chr. war ein herber Verlust. Sein Sohn Agrippa II. war zu jung, um zu regieren; also schickte Claudius einen neuen Statthalter nach Judäa, diesmal jedoch mit dem niedrigeren Rang eines Prokurators. Der junge König Agrippa II. behielt seinen hohen Rang. Es gab jedoch Anzeichen von Unruhe in Palästina. Ein Prophet namens Theudas überredete etwa vierhundert Leute, ihm in die Wüste zu folgen, wo Gott Erlösung bringen und die Juden von den Römern befreien würde. Unter dem Prokurator Felix (52–59 n. Chr.) gab es einen weiteren Propheten, der versprach, die Römer aus Jerusalem zu vertreiben. Keiner der Propheten verfügte über große Anhängerschaft, und die Römer konnten sie ohne Mühe unterdrücken. Während der großen nationalen Feste konnte es allerdings immer noch zu Gefühlsausbrüchen kommen. Während Cumanus das Amt des Prokurators innehatte (48–52 n. Chr.), wurden beim Passafest Tausende von Juden in den Tempelhöfen zu Tode getrampelt, als einer der Wachsoldaten auf dem Dach der Säulenhalle sich entblößte und obszöne Gesten in Richtung der Pilgerscharen machte. Aber trotz solcher Unruhen blühte Jerusalem weiter auf. Es gab Fanatiker, die sich auf Terror verlegten, um die Heilige Stadt vom römischen Joch zu befreien; dennoch scheint es während dieser Jahre zu einem Modus vivendi mit Rom gekommen zu sein. Im Jahr 59 n. Chr. wurde es König Agrippa II. erlaubt, den alten Palast der Hasmonäer zu beziehen – der Palast des Herodes war inzwischen der Amtssitz des Prokurators, wenn er Jerusalem besuchte. Der Tempel war schließlich fertiggestellt, und die achtzehntausend Arbeiter wurden zur Pflasterung der Straßen eingesetzt. Jerusalem war eine gewisse Unabhängigkeit gewährt worden: Agrippa und der Hohepriester regierten die Stadt gemeinsam und kooperierten mit dem Prokurator in Caesarea.

Doch im Jahr 60 n. Chr. begann Rom, weniger fähige Männer als Prokuratoren bzw. Statthalter in Judäa einzusetzen. So soll der Prokurator Albinus (60–62 n. Chr.) von jüdischen Aufrührern, die alle terrorisierten, die mit Rom zusammenarbeiteten, Bestechungsgelder angenommen haben, und der Prokurator Gessius Florus (64–66 n. Chr.) soll diese Praxis fortgeführt haben. Als zwischen den jüdischen und syrischen Einwohnern Caesareas Unruhen ausbrachen, war Gessius Florus der Ansicht, noch mehr Bargeld zu brauchen, und verfiel fatalerweise auf die Idee, sich Geld aus dem Tempelschatz anzueignen. Sofort kam es zu Gewalttätigkeiten, und die Juden kämpften in den Straßen mit römischen Kohorten. Als er die Ordnung nicht wiederherstellen konnte, zog sich Gessius Florus zurück und bat den Statthalter von Syrien, Cestius Gallus, um Hilfe. Kampfbereit traf Cestius Gallus Mitte November in Palästina ein. Er lagerte auf dem Berg Skopus und rückte auf die nördliche Vorstadt Bezetha vor, zog sich dann aber aus unerfindlichen Gründen nach Emmaus zurück, erbittert verfolgt von jüdischen Partisanen. Dort wurde seine Legion geschlagen, und die Juden töteten über fünftausend römische Soldaten.

Während dieser Krise waren die Juden Jerusalems mit internen Kämpfen beschäftigt. König Agrippa II. und die Pharisäer waren für Frieden und Ausgleich. Im Gegensatz dazu stand die neue Partei der Zeloten, die überzeugt waren, gute Erfolgsaussichten gegen Rom zu haben, das sich zu dieser Zeit im Niedergang zu befinden schien. Sie betrachteten die Friedenspartei als Verräter Zions und erlaubten ihnen nicht, am Tempelgottesdienst teilzunehmen. Sie verschanzten sich im Tempel und vertrieben die Römer aus der Antonia, spalteten sich dann aber in zwei sich heftig befehdende Gruppen. Einige der besonders radikalen Zeloten verließen Jerusalem, sammelten sich auf der Festung Masada am Toten Meer und nahmen an den Auseinandersetzungen in Jerusalem nicht mehr teil. Dort wurde der Bürgerkrieg auch nach der Niederlage von Cestius Gallus fortgesetzt, als sich bereits abzeichnete, daß nun ein ernsthafter Krieg mit Rom bevorstand. Zu diesem Zeitpunkt verließen die Judenchristen vermutlich die Stadt. Es hatte inzwischen verschiedene Spannungen zwischen ihrer Gemeinde und dem jüdischen Establishment gegeben. Jakobus der Gerechte, eine der »Säulen«, war vom Hohenpriester eigenmächtig zum Tod verurteilt worden, weil er »das Gesetz gebrochen« habe. Die Führung der Jerusalemer Gemeinde war nun auf Simeon, den Vetter Jesu, übergegangen. Er führte seine Gemeinde nach Pella im Ostjordanland: Jesus hatte die Zerstörung Jerusalems prophezeit, und die Christen wußten, daß die Stadt dem Untergang geweiht war. Andere Juden waren entschlossen zu kämpfen, des Sieges gewiß. Während sie darauf warteten, daß Rom für die Niederlage des Cestius Gallus Rache nehme, erbauten die Jerusalemer Juden hastig die Stadtmauer um Bezetha, die von Agrippa I. geplant worden war.

Unglücklicherweise entsandte Rom seinen fähigsten Feldherrn, um die jüdische Revolte niederzuschlagen. Im Jahr 67 n. Chr. traf Vespasian in Palästina ein und begann, systematisch die Widerstandsnester in Galiläa auszuheben. Im Jahr 70 n. Chr. jedoch wurde Vespasian römischer Kaiser; er kehrte nach Rom zurück und überließ seinem Sohn Titus die Führung des Jüdischen Krieges. Titus begann im Februar desselben Jahres mit der Belagerung Jerusalems. Bis zum Mai hatte er die nördliche Mauer durchbrochen, eine Woche später die zweite Mauer um die Vorstadt. Der Kampf konzentrierte sich nun um den Tempel. Im Spätjuni eroberten die Römer die Burg Antonia und begannen, die Tempelhöfe zu beschießen. Am 6. August wurde das letzte Opfer dargebracht. Aber die Juden gaben immer noch nicht auf. Viele der Zeloten glaubten, da Gott in der Stadt wohne, könne sie nicht fallen. Ein Prophet beharrte darauf, daß zur elften Stunde Gott auf wunderbare Weise eingreifen und sein Volk und seinen Tempel retten werde.[42]

Als die Römer schließlich am 28. August in die inneren Tempelhöfe einbrachen, standen sie sechstausend Juden gegenüber, die bereit waren, bis zum Tod zu kämpfen. Der griechische Historiker Dio Cassius (gest. 230 n. Chr.) behauptet, die Juden hätten sich mit außerordentlichem Mut verteidigt, da sie es als Ehre erachteten, in Verteidigung ihres Tempels zu sterben. Bis zum Ende befolgten sie die Reinheitsgebote, jeder kämpfte an dem ihm zugewiesenen Platz, und trotz der Gefahr weigerten sie sich, verbotene Bezirke zu betreten: »Die einfachen Leute kämpften im Vorhof, die Aristokratie in den inneren Höfen, während die Priester die eigentlichen Tempelgebäude verteidigten.«[43] Schließlich sahen sie, wie der Tempel Feuer fing, und ein schreckliches Wehgeheul erhob sich.[44] Einige stürzten sich in die Schwerter der Römer, andere warfen sich in die Flammen. Doch nachdem der Tempel verloren war, ergaben sich die Juden. Sie zeigten keinerlei Bereitschaft, die Oberstadt zu verteidigen oder den Kampf von nahe liegenden Festungen aus fortzuführen. Einige baten um Erlaubnis, in die Wüste gehen zu dürfen – in der vermeintlichen Hoffnung, dieser neue Exodus würde zu einer neuen nationalen Befreiung führen. Der Rest sah zu, wie die Offiziere des Titus zerstörten, was von den Tempelgebäuden noch übrig war, obwohl behauptet wurde, daß die Westmauer des Debir stehengeblieben sei. Da hier nach traditioneller Überzeugung der Ort der Gegenwart Jahwes war, fanden die Juden einen gewissen Trost darin.[45] Doch der war gering. Jahrhundertelang hatte der Tempel im Mittelpunkt der jüdischen Welt gestanden und innerhalb der jüdischen Religion zentrale Bedeutung eingenommen. Wiederum war er zerstört worden, doch diesmal sollte er nicht wieder aufgebaut werden.

8
Aelia Capitolina

Nach der Niederlage der Juden war vom Tempelberg nur noch ein Schutthaufen übrig. Allein die Westmauer des Debir war stehengeblieben. Dann gab Titus den Befehl, den Rest der Stadt zu zerstören und niederzubrennen. Archäologische Ausgrabungen haben gezeigt, wie gründlich die Truppen bei ihrer Arbeit vorgegangen sind. Häuser, die verbrannt worden waren, stürzten ein und blieben unter Schuttbergen begraben, die nie weggeräumt wurden. Auch der wundervolle Gartenpalast des Herodes und all die eleganten Häuser in der Oberstadt wurden zerstört. Die Stadtmauern wurden niedergerissen, bis auf ein kleines Stück in der Nähe des Palastes; auch drei der herodianischen Türme wurden stehengelassen, um der Zehnten Legion Fretensis Schutz zu gewähren, die hier, am höchsten Punkt der Stadt, ihr Lager aufschlug. Die mächtigen Stützmauern des Tempelbergs blieben ebenfalls stehen, doch der Rest von Herodes' einstmals so stolzer Stadt war verwüstet, so daß spätere Besucher kaum glauben wollten, sie sei jemals bewohnt gewesen.

Doch die Römer hatten nicht nur aus Rachsucht gehandelt. Vielmehr sollten die Juden in ihrem Reich lernen, wie gefährlich künftige Rebellionen sein konnten. Noch jahrelang nach der Zerstörung Jerusalems ließen die flavischen Kaiser Münzen prägen, die den römischen Sieg feierten: Sie zeigten eine jüdische Frau, die mit gebundenen Händen unter einem Palmbaum saß, und trugen die Aufschrift JUDAEA DEVICTA oder JUDAEA CAPTA. Gleichzeitig verfügten die römischen Kaiser, daß jeder Jude, der sich in provokanter Weise als Nachkomme König Davids ausgab, des Landes verwiesen wurde. Formell war jetzt alles jüdische Land Eigentum Roms, in der Praxis jedoch behielten die Einwohner ihren Besitz. Der Landadel war zu einem großen Teil dem Krieg ablehnend gegenübergestanden, und die Römer waren bereit, dies anzuerkennen. König Agrippa erhielt seinen Titel und Galiläa zurück, allerdings unter der Bedingung, daß es nach seinem Tod an Rom fiel. Doch trotz des Entgegenkommens auf römischer Seite erinnerte die Juden vieles an die Schmach ihrer vernichtenden Niederlage. In Rom wurde zu Ehren von Titus' Sieg ein Triumphbogen errichtet, auf dem die Tempelgeräte dargestellt waren, die man fortgeschleppt hatte. Voller Stolz wurden diese Gerätschaften noch ein Jahrhundert später in der kaiserlichen Stadt ausgestellt. Rabbi Eleazar behauptete, er habe den Tempelvorhang gesehen, auf dem noch die Blutspuren der Opfertiere zu erkennen gewesen seien, sowie das Stirnband des Hohenpriesters mit der Aufschrift »YHWH geweiht«[1]. In Jerusalem konnten die Soldaten der Zehnten Legion nun ungehindert die kaiserlichen Adler zur Schau stellen und in den zerstörten Straßen ihren Göttern opfern. Möglicherweise haben sie auch in der Nähe des Bethesdateichs einen Schrein für Serapis-Asklepios, den Gott der Heilkraft, errichtet.[2]

Jerusalem, das Zentrum der Welt, war nun wenig mehr als ein römischer Militärstützpunkt. Doch trotz ihres langen Aufenthalts hat die Zehnte Legion wenige Spuren hinterlassen, da sie vermutlich in Hütten und Zelten neben den drei größten herodianischen Türmen – Hippikos, Phasael und Mariamne – kampierte. Neben römischen Soldaten wurden syrische und griechische Zivilisten in der verlassenen Stadt angesiedelt. Aber auch ein paar Juden waren geblieben. Auf dem Hügel südlich des römischen Lagers, den Flavius Josephus fälschlicherweise als »Berg Zion« bezeichnete, waren ein paar Häuser stehengeblieben. Zur Zeit Flavius Josephus' hatte man bereits vergessen, daß sich die ursprüngliche *ir David* auf dem Ophel befunden hatte; man nahm an, David habe in der Oberstadt, dem besseren Teil der Stadt, gelebt, wo die späteren Könige und die Oberschicht ihre Residenzen hatten. Heute heißt dieser westliche Hügel immer noch »Zionsberg«, und um ihn vom ursprünglichen zu unterscheiden, schlage ich vor, ihn als »Berg Sion« zu bezeichnen. Nachdem in der Region eine gewisse Ruhe eingekehrt war, ließ sich eine Anzahl Juden auf dem Berg Sion nieder. Es war ihnen nicht möglich, den Gottesdienst auf dem Tempelberg zu verrichten, da er völlig verunreinigt worden war, aber sie bauten sieben Synagogen auf diesem südlichen Hügel. Die Quellen hierfür finden sich bei den christlichen Historikern Eusebius von Caesarea (264–340 n. Chr.) und Epiphanius von Zypern (etwa 315–403 n. Chr.), der Zugang zu den örtlichen Überlieferungen hatte. Er berichtet, daß nach der Zerstörung Jerusalems die Judenchristen von Pella zurückgekehrt seien und sich unter Führung von Simeon zusammen mit den Juden auf dem Berg Sion niedergelassen hätten. Sie trafen sich in einem der nicht zerstörten Häuser, das später als das »Obergemach« bezeichnet wurde, an jenem Ort, an dem die Jünger den auferstandenen Christus gesehen und den Heiligen Geist empfangen hatten. Epiphanius berichtet, daß sich die Judenchristen nach ihrer Rückkehr von Pella in der Umgebung des Obergemachs angesiedelt hätten, »in dem Teil der Stadt, der Sion genannt wird, derjenige Teil, der von der Zerstörung ausgenommen war, ebenso wie einige Häuser um den Sion und sieben Synagogen . . ., die Mönchszellen glichen«[3]. Eusebius verdeutlicht, daß die Jerusalemer Gemeinde weiterhin rein jüdisch blieb und von jüdischen »Bischöfen« regiert wurde.[4] Mit ihren jüdischen Nachbarn auf dem Berg Sion teilten sie eine ganze Reihe von Überzeugungen. Im Gegensatz zu den Christen paulinischer Prägung glaubten sie nicht, daß Jesus göttlicher Natur war, schließlich hatten ihn einige seit seiner Kindheit gekannt und konnten sich nicht vorstellen, daß er Gott war. Er war einfach ein menschliches Wesen, der der Auszeichnung »Messias« für würdig befunden wurde. Vermutlich verehrten sie die Örtlichkeiten in Jerusalem, die mit Jesus in Verbindung standen, vor allem den Berg Golgotha und das nahe gelegene Felsengrab, aus dem Jesus auferstanden war. Viele Juden besuchten die Gräber der von ihnen verehrten Meister; daher wäre die Verehrung des Grabes Jesu nichts Außergewöhnliches gewesen. Was Golgotha, die Schädelstätte, anbelangte, gaben sich einige mystischen Spekulationen hin. Es gab eine jüdische Legende, daß Adam am Berg Moria, dem Ort von Salomos Tempel, begraben liege; im 2. Jahrhundert n. Chr. glaubten die Judenchristen, daß er auf Golgotha begraben worden sei.[5] Sie begannen einen eigenen Jerusalem-Mythos zu entwickeln und waren überzeugt, daß Jesus der neue Adam sei, der der Menschheit zu einem neuen Anfang verholfen habe. Während dieser schweren Zeiten schlossen sich viele Juden der christlichen Urkirche an. Vielleicht beflügelte die Vorstellung eines gekreuzigten und wiederauferstandenen Messias ihre Hoffnungen auf ein Wiedererstehen ihres alten Kults.

Andere übten sich in Askese. In den rabbinischen Schriften lesen wir von Juden, die Fleisch und Wein verbieten wollten, da dies im Tempel Gott nicht mehr dargeboten werden konnte. Das Leben durfte nicht weitergehen wie zuvor: Die veränderte Lage der Juden mußte sich in Trauer- und Fastenritualen ausdrücken. Der Verlust des Tempels war wie eine tiefe Wunde. Dreißig Jahre nach der Zerstörung meinte der Verfasser des Buches Baruch, die ganze Natur müsse den Verlust des Tempels betrauern; die Erde brauche keine Ernte und die Weinberge bräuchten keine Trauben mehr zu tragen; die Himmel sollten den Tau nicht herablassen, und die Sonne sollte ihre Strahlen verdunkeln: »Denn warum soll wieder Licht werden, wenn das Licht von Zion verloschen ist?«[6] Der Tempel war der Mittelpunkt der Welt und des Glaubens gewesen. Ohne ihn hatte das Leben keinen Wert, keine Bedeutung mehr, und es scheint, daß in diesen düsteren Tagen viele Juden ihren Glauben verloren haben. Doch trotz der häufigen Behauptung trifft es nicht zu, daß die Juden ihren Tempel vollständig aufgegeben hätten. Selbst diejenigen, die andere Wege zum Göttlichen gefunden hatten, waren der Ansicht, daß Jerusalem und dessen Heiligtum einen zentralen Stellenwert innerhalb ihrer Religion einnähmen. Daher bedurfte es all ihrer Schöpfungskraft, um diesen verheerenden Verlust zu überwinden.

Während der Belagerung Jerusalems wurde der berühmte Pharisäer Rabbi Jochanan ben Zakkai in einem Sarg aus der Stadt geschmuggelt. Wie viele Pharisäer stand er dem revolutionären Extremismus der Zeloten äußerst ablehnend gegenüber. Den Massenselbstmord der Zeloten in Masada im Jahr 73 n. Chr., die lieber starben, als sich Rom zu unterwerfen, fand er widerwärtig. Aufgrund seiner gemäßigten Haltung waren er und seine Anhänger die einzigen jüdischen Führer, die nach der Zerstörung des Tempels ihre Glaubwürdigkeit behielten. Rabbi Jochanan wandte sich an den römischen Kaiser Vespasian und bat ihn um Erlaubnis, eine Schule gründen zu dürfen, in der Juden studieren und beten konnten. Er betonte, daß sie ein geistiges Zentrum, keine Brutstätte revolutionärer Umtriebe sein sollte. In dem Küstenort Jamnia durfte er ein Lehrhaus gründen, wo er mit Hilfe seiner Anhänger, die größtenteils als Tempelpriester gedient hatten, eine neue Form jüdischer Religiosität entwickelte. Nach dem Verlust ihres Tempels im Jahr 586 v. Chr. hatten die Juden Trost im Studium der Thora gefunden. In Jamnia und ähnlichen Lehrhäusern, die in Palästina und Babylonien entstanden, begannen die Rabbiner, die als »Tannaiten« bezeichnet werden, nun eine Unmenge von Gesetzestexten aufzuschreiben, die über die Jahrhunderte hinweg mündlich überliefert worden waren. Dieses neue Gesetzeswerk sollte den Namen Mischna erhalten: Wie die Vorstadt Misne, die während der Zeit des Ersten Tempels auf dem Westhügel erbaut worden war, sollte die Mischna eine »zweite Stadt« werden, ein symbolisches Neues Jerusalem, in dem Juden – gleichgültig, an welchem Ort sie sich befanden – die göttliche Gegenwart erfahren konnten. Die Rabbiner lehrten, daß, wann immer eine Gruppe von Juden die Thora studierte, Gott unter ihnen weile.[7] Viele der Gesetze bezogen sich auf den Tempeldienst, und wenn Juden heutzutage dieses Gesetzeswerk studieren, beschäftigen sie sich mit der bildhaften Rekonstruktion des verlorenen Tempels, worin sie ein tiefes Gespür für das Göttliche wiederfinden. Nachdem die Tannaiten ihr Werk beendet hatten, begannen spätere Generationen von Rabbinern, die als »Amoraiten« bezeichnet werden, mit *ihrer* Exegese des Werks. Der Talmud, der diese rabbinischen Kommentare beinhaltet, bildete über Jahrhunderte hinweg – bis auf den heutigen Tag – die Grundlage für leidenschaftliche theologische Auseinandersetzungen über die Thora. Die gesammelten Kommentare und Interpretationen stellten schließlich einen symbolischen Tempelbau dar, den sich die Juden mit Hilfe ihrer Studien errichteten.

Gleichzeitig betonten die Rabbiner, daß Nächstenliebe und Barmherzigkeit nun die alten Tieropfer ersetzen könnten. Als Rabbi Jochanan ben Zakkai einmal nach Jerusalem ging, folgte ihm Rabbi Josua und erblickte die Tempelruinen.

»Wehe uns«, sagte Rabbi Josua, »daß dies, der Ort, an dem die Frevel Israels gesühnt wurden, in Trümmern liegt!«

»Mein Sohn«, erwiderte Rabbi Jochanan, »sei nicht bekümmert. Wir haben eine Sühne, die genauso wirksam ist wie diese. Und woraus besteht sie? Es sind die Taten liebender Anteilnahme, denn es heißt: ›Ich wünsche Barmherzigkeit und keine Opfer.‹«[8]

Praktische Nächstenliebe war seit langem als Bestandteil des Zionskults angesehen worden: Nun mußten allein durch tätige Nächstenliebe die Sünden Israels gesühnt werden – eine revolutionäre Idee innerhalb der antiken Welt, in der Religion ohne irgendeine Form von Opferung eigentlich unvorstellbar war. Nach dem Verlust des Tempels wurden die Juden von ihren Rabbinern nun gelehrt, Gott in ihren Mitmenschen zu erfahren. Einige lehrten, daß das Gebot »Du sollst deinen Nächsten lieben wie dich selbst« »das Hauptprinzip der Thora« sei.[9] Verfehlungen gegenüber Mitmenschen wurden nun mit der Leugnung Gottes gleichgesetzt, der die Menschen nach seinem Ebenbild erschaffen hatte. Mord war daher nach jüdischem Gesetz nicht nur ein Verbrechen, sondern ein Sakrileg.[10] Gott hatte am Anfang der Zeit einen einzelnen Menschen geschaffen, um uns zu lehren, daß jeder, der ein einzelnes menschliches

Leben zerstört, so bestraft werden würde, als hätte er die ganze Welt zerstört; gleichermaßen bedeutete die Rettung eines Lebens die Wiederherstellung der ganzen Welt.[11] Jemanden zu demütigen, selbst einen *goj* oder einen Sklaven, war gleichbedeutend mit der Zerstörung von Gottes Ebenbild.[12] Die Juden mußten lernen, daß der Umgang mit anderen etwas Heiliges war und daß das Göttliche nun nicht mehr in heiligen Räumen, sondern im Mitmenschen zu finden war. Die Pharisäer hatten die Bedeutung der Barmherzigkeit schon immer hervorgehoben. Der Verlust des Tempels hatte nun den Übergang zu einer mehr das Humane betonenden Auffassung des Heiligen begünstigt, wie bereits im vorigen Kapitel dargelegt wurde.

Dennoch gaben die Rabbiner die Hoffnung nicht auf, daß eines Tages ihr Tempel wieder aufgebaut werden würde: Allen Widrigkeiten zum Trotz hatte es auch nach der Zerstörung des Zweiten Tempels einen Wiederaufbau gegeben. Aber die Rabbiner glaubten, es sei weiser und sicherer, diesen Aufbau Gott zu überlassen. Andererseits durfte Jerusalem aus dem Gedächtnis der Juden nicht verschwinden. Die Rabbiner entwickelten Gesetze, die die Auswanderung aus Palästina verhindern sollten, und forderten, daß anstelle des Morgen- und Abendgebets dreimal am Tag das Achtzehngebet aufgesagt werden sollte. Wo immer sie sich auch befanden, mußten Juden diese Gebete aufsagen; waren sie auf Reisen, sollten sie absitzen, sich in Richtung Jerusalem wenden oder zumindest ihr Herz dem zerstörten Debir zuwenden.[13] Diese Benediktionen zeigen, daß Jerusalem trotz allem als Gottes Wohnstatt angesehen wurde:

Kehre heim zu Deiner Stadt Jerusalem in Barmherzigkeit und nimm Wohnung in ihr, so wie Du gesprochen hast, und mache sie bald in unseren Tagen zu einem Bauwerk für die Ewigkeit. Mögest Du auch bald den Thron Davids in ihr aufrichten. Gelobt seist Du, Ewiger, der Jerusalem wieder erbaut.[14]

Einige Rabbiner glaubten, daß an der Westmauer des Debir, die erhalten geblieben war, noch immer die Schechinah (Gegenwart Gottes) wirksam sei.[15] Andere sahen die Schechinah allmählich aus Jerusalem verschwinden: Drei Jahre lang hatte sie »ununterbrochen am Ölberg ausgeharrt und hatte dreimal am Tag laut gerufen«[16]. Die Juden erinnerten sich, daß Hesekiel eine Vision der Herrlichkeit YHWHs gehabt hatte, die über den Kamm des Ölbergs zurückgekehrt war; daher versammelten sie sich gern an diesem Ort, um zu zeigen, daß sie an Gottes Rückkehr in seine heilige Stadt glaubten.

Andere Juden waren eher geneigt, im Mystizismus Trost zu suchen. Dieser Form der Spiritualität mißtrauten die Rabbiner zuweilen, aber die Mystiker hielten ihre geheimnisvollen Flüge zu Gottes himmlischem Thron für durchaus vereinbar mit dem rabbinischen Judentum. Tatsächlich schrieben sie ihre Visionen häufig berühmten Rabbinern der Lehrhäuser zu. Grundsätzlich erlangte der »Thronmystizismus« nach dem Verlust des Tempels eine ganz neue Bedeutung. Das irdische Gegenstück des himmlischen Originals war zwar zerstört worden, aber letzteres war unzerstörbar, und mittels der geistigen *alijjah* konnten Juden immer noch ins Reich des Göttlichen gelangen. Daher beharrte der Verfasser des 2. Buches Baruch, der etwa dreißig Jahre nach der Zerstörung des Tempels schrieb, auf seiner Ansicht, daß das himmlische Jerusalem ewig sei. Es war seit dem Beginn der Zeit »bei Gott« gewesen und existierte schon seit dem Augenblick, da Gott beschloß, das Paradies zu schaffen. Es hatte schon seit Anbeginn in Gottes Schöpferhand gelegen, und eines Tages würde diese himmlische Wirklichkeit wieder auf die Erde herabkommen.[17] Sie würde in der irdischen Stadt, am alten heiligen Ort, wieder physische Realität annehmen, und Gott würde wieder auf Erden unter seinem Volk wohnen. Etwa zur selben Zeit hatte der Verfasser des 4. Kapitels des Buches Henoch eine ähnliche Vision von der Verkörperung des himmlischen Jerusalem. Das irdische Zion hatte gelitten und war untergegangen, aber sein himmlisches Gegenstück war immer noch bei Gott. Eines Tages würde »die

Stadt, die jetzt unsichtbar ist, erscheinen«[18]. Dieses neue Jerusalem wäre das Paradies auf Erden: Diejenigen, die darin lebten, würden vollkommene Vertrautheit mit Gott erfahren, Sünde und Tod würden siegreich überwunden werden.[19] Die Qual der Trennung, Verlust und Vertreibung, die im Jahr 70 n. Chr. über das jüdische Volk gekommen waren, hätten ein Ende, und die uranfängliche Harmonie Edens würde wiederhergestellt werden.

Auch Judenchristen hatten »Thronvisionen«. Während der Regierungszeit Domitians, als die Christen durch römische Behörden verfolgt wurden, hatte ein Wanderprediger namens Johannes die Vision eines himmlischen Tempels, in dem die Märtyrer die neuen Priester waren und in weißen Gewändern vor dem Thron dienten. Er entwarf eine himmlische Liturgie des Laubhüttenfestes, allerdings mit einem entscheidenden Unterschied zum überlieferten Kult: Nach dem Verlust der Bundeslade war das Allerheiligste des Zweiten Tempels leer geblieben. Doch nun saß Jesus, geheimnisvoll eins mit Gott, auf dem himmlischen Thron. Er war die Erfüllung des alten Zionskults. Doch diese Christen teilten auch die Hoffnungen ihrer jüdischen Mitbrüder und sehnten sich danach, daß Jerusalem dereinst wiedererrichtet würde. Eines Tages würde das himmlische Jerusalem auf Erden Gestalt annehmen. In seiner letzten Vision sah Johannes »die heilige Stadt von Gott aus dem Himmel herabkommen. Sie besaß all die strahlende Herrlichkeit Gottes.«[20] In diesem Neuen Jerusalem würde es keinen Tempel geben, weil Christus dessen Platz eingenommen hatte. Der göttliche Mensch war nun der vorrangige Ort der »Herrlichkeit«. Aber für einen Judenchristen wie Johannes war Jerusalem immer noch ein so mächtiges Symbol, daß er sich die Apokalypse ohne es nicht vorstellen konnte. Die himmlische Stadt würde auf Erden Gestalt annehmen müssen, um das Königreich zu vollenden. Schließlich würde das irdische Paradies wiedererrichtet werden, und unter Gottes Thron würde wieder der Fluß des Lebens entspringen und der ganzen Welt Heilung bringen.[21] Juden und Christen hatten bemerkenswert ähnliche Gottesvorstellungen. Sie sahen in Jerusalem, beziehungsweise in Jesus, Symbole des Heiligen. Jesus gewann für Christen ähnliche Bedeutung wie Jerusalem für die »Thronmystiker«: die Fleischwerdung einer göttlichen Realität, die von Anfang an bei Gott war und Errettung von Sünde, Tod und Verzweiflung bringen würde. Aber trotz dieser Ähnlichkeit begannen sich zwischen Juden und Christen Feindseligkeiten zu entwickeln. Soweit wir wissen, lebten auf dem Berg Sion beziehungsweise im zerstörten Jerusalem keine Heidenchristen. Sie hatten nur das himmlische Jerusalem vor Augen, das Johannes beschrieben hatte. An den Evangelien von Matthäus, Lukas und Johannes, die in den achtziger oder neunziger Jahren verfaßt wurden, läßt sich ablesen, wie Christen paulinischer Prägung Jerusalem und die Juden zu sehen begannen.

Interessanterweise war es Lukas, der Heidenchrist, der dem alten Glauben am aufgeschlossensten gegenüberstand. Sein Evangelium beginnt und endet in Jerusalem: Es beginnt mit der Erscheinung des Zacharias, des Vaters Johannes des Täufers, in der Hekal und endet mit der Rückkehr der Jünger nach Jerusalem, nachdem sie die Himmelfahrt Jesu in Bethanien auf dem Ölberg miterlebt hatten: Sie »kehrten wieder gen Jerusalem mit großer Freude. Und waren allezeit im Tempel, priesen und lobten Gott.«[22] Wie für die meisten Menschen der Spätantike war Kontinuität für Lukas sehr wichtig. »Neues« war verdächtig, und für religiöse Menschen war es von entscheidender Wichtigkeit zu wissen, daß ihr Glaube tief in den heiligen Traditionen der Vergangenheit wurzelte. Daher wollte Lukas, genauso wie Paulus, nicht alle Verbindungen mit Jerusalem und dem Judentum abbrechen. Jesus befahl den Jüngern, mit dem Predigen in der Heiligen Stadt zu beginnen, die immer noch das Zentrum der Welt und derjenige Ort war, an dem sich jeder Prophet beweisen mußte. In der Apostelgeschichte des Lukas gibt sich dessen Hauptfigur Paulus sehr respektvoll gegenüber der Jerusalemer Urgemeinde und ehrerbietig gegenüber Jakobus dem Gerechten. Lukas zeichnet ein stark idealisiertes Bild dieser frühen Zusammenarbeit und versucht, die

Spannungen zwischen Paulus und Jakobus herunterzuspielen. Lukas zeigt, daß sich Paulus, ebenso wie Jesus, bemüßigt gefühlt hatte, die *alijjah* nach Jerusalem zu unternehmen, obwohl er damit sein Leben aufs Spiel setzte. Doch für Lukas ist ebenso klar, daß Christen nicht in Jerusalem bleiben können: Sie müssen die Frohbotschaft von der Heiligen Stadt »unter alle Völker« bringen.[23] Die Anhänger Jesu sind beständig Reisende, ohne feste Wohnstatt in dieser Welt.

Matthäus und Johannes jedoch sind gegenüber Jerusalem und dem jüdischen Volk wesentlich weniger positiv eingestellt. Beide hatten sich als jüdische Konvertiten Paulus angeschlossen, und ihre Evangelien reflektieren einige der ständigen Streitpunkte zwischen Juden und Christen: etwa die Frage nach dem »Wesen« Jesu oder der Bedeutung Jerusalems. Matthäus hegt keinen Zweifel bezüglich des irdischen Zion. Es war einst ein heiliger Ort gewesen – er ist der einzige Evangelist, der es »Heilige Stadt« nennt –, aber es hatte Jesus abgelehnt, ihn zum Tode verurteilt, und da er dies vorausgesehen hatte, hatte Jesus dessen Untergang prophezeit. Jerusalem war eine schuldige Stadt geworden. Wenn Matthäus Jesus die Katastrophe beschreiben läßt, die im Jahr 70 n. Chr. über die Stadt kommen würde, stellt er sie in den Zusammenhang mit den Umwälzungen, die am Ende der Geschichte eintreten werden. Bei ihm wird die Zerstörung ein eschatologisches Ereignis, das die glorreiche Rückkehr Jesu ankündigt.[24] Als Jesus auf Golgotha gestorben war, zerriß der Vorhang, der die Hekal vom Debir getrennt hatte: Der alte Tempelkult war aufgehoben, und jeder – nicht nur die alte Priesterschaft der Juden – gewann in Christus Zugang zum Göttlichen. Johannes betont dies sogar noch deutlicher. Wie manche seiner Zeitgenossen beharrte er darauf, daß Gott nicht mehr in einem Tempel, sondern in einem göttlichen Menschen gefunden werde. Im Prolog seines Evangeliums stellt er fest, daß Jesus der *logos* sei, das »Wort«, das vor dem Beginn der Zeit »bei Gott« gewesen sei und das Gott ausgesprochen habe, um die Welt zu erschaffen. Diese himmlische Wirklichkeit war nun auf die Erde gekommen, hatte Fleisch angenommen und offenbarte Gottes »Herrlichkeit« der Menschheit.[25] Johannes hat Griechisch geschrieben. Für den hebräischen Begriff »Schechinah«, der Gottes Gegenwart auf Erden bezeichnet – ein Begriff, den die Juden sehr sorgfältig von der gänzlich transzendenten Wirklichkeit Gottes unterschieden –, gab es im Griechischen keine Entsprechung. Johannes mag Jesus außer als fleischgewordenes »Wort« und »Herrlichkeit« Gottes auch als Schechinah in menschlicher Gestalt angesehen haben.[26]

Doch ähnlich wie Matthäus war Johannes den Juden gegenüber äußerst feindselig eingestellt, und wiederholt zeigt er sie in ihrer Ablehnung gegenüber Christus. Beide Evangelisten haben damit den Grundstein für die Ablehnung des jüdischen Volkes gelegt, die zu einigen der beschämendsten Ereignisse in der Geschichte der christlichen Kirchen geführt hat. Wie wir sehen werden, fiel es Christen zunehmend schwerer, ihre geistigen Väter zu tolerieren, und bereits ab einem sehr frühen Zeitpunkt glaubten sie, daß die Unversehrtheit ihres eigenen Glaubens von der Vernichtung des Judentums abhängig sei. Aus diesem Grund führt Johannes vor, wie Jesus von Anfang an den Tempelkult ablehnte: Ganz am Anfang, nicht am Ende seines Evangeliums, läßt Johannes Jesus nach Jerusalem gehen und die Geldwechsler aus dem Hof der Heiden vertreiben. Sein Jesus sagt den Juden: »Brechet diesen Tempel, und am dritten Tag will ich ihn aufrichten.« Johannes erklärt, daß Jesus »von dem Tempel seines Leibes« redete.[27] Von nun an sollte der erstandene Leib des »Wortes« der Ort sein, an dem die Menschen die göttliche Gegenwart verspürten. Daher war es von Anfang an zwischen Jesus und der jüdischen Obrigkeit zu einer Konfrontation gekommen, und die Tage des Tempels waren gezählt. Der Jesus des Johannesevangeliums machte deutlich, daß heilige Orte wie Jerusalem, der Berg Garizim und Betel überholt waren.[28] Die Schechinah hatte sich aus den Tempelbezirken entfernt,[29] und indem die Juden sich der Offenbarung des »Wortes« verschlossen, hatten sie sich mit den Mächten der Finsternis verbündet.

Die weitere Entwicklung Jerusalems schien den Christen in Gottes Hand zu liegen. Im Jahr 118 n. Chr. wurde Publius Aelius Andrianus (Hadrian) Kaiser, einer der fähigsten Männer in der römischen Geschichte. Sein Ziel bestand nicht darin, das Römische Reich auszudehnen, sondern es zu festigen. Er wollte ein starkes, einiges Staatsgefüge, in dem Brüderlichkeit zwischen allen Bürgern herrschte, unabhängig von ihrer Rasse oder Nationalität. Um dieses Ideal durchzusetzen, bereiste er seine kaiserlichen Ländereien. Die Hälfte seiner Regierungszeit verbrachte Hadrian zusammen mit einem riesigen und glanzvollen Hofstaat auf Reisen, wodurch den einzelnen Völkern der Eindruck einer wandelnden Hauptstadt vermittelt werden sollte. In jeder Stadt hörte er sich die Bitten an und verteilte Geschenke ans Volk, in der Hoffnung, das Bild einer gütigen und zugleich machtvollen Regierung zurückzulassen. Ganz besonders gefiel es ihm, in Form eines Bauwerks oder Denkmals ein beständiges Andenken an seinen Besuch zu hinterlassen: einen Tempel für Zeus in Athen oder Aquädukte in Athen, Antiochia, Korinth und Caesarea. So sollte eine sichtbare Verbindung mit Rom hergestellt werden, in der sich das Wohlwollen des Kaisers seinem Volk gegenüber ausdrückte. Als Hadrian 130 n. Chr. in Jerusalem eintraf, beschloß er, daß sein Geschenk an die Einwohner Judäas in einer neuen Stadt bestehen sollte. Der großzügige Kaiser wollte die häßlichen Ruinen und den kläglichen Militärstützpunkt Jerusalem in eine moderne Metropole namens Aelia Capitolina verwandeln: Sie würde damit seinen und den Namen des Kapitols tragen, dessen Götter ihre Schutzpatrone sein sollten.

Hadrians Plan erfüllte die ansässigen Juden mit Entsetzen. Auf dem Berg Zion, dem Ort von YHWHs heiligem Tempel, sollte tatsächlich ein Heiligtum für Jupiter entstehen. In der ganzen Stadt würden Schreine anderer Gottheiten errichtet werden. Jahrhundertelang waren die Begriffe »Jerusalem« und »Zion« für die Identität der Juden in aller Welt von zentraler Bedeutung gewesen: Sie waren untrennbar mit dem

Ein in Aramäisch verfaßter Brief von Bar Kosiba, in dem um Palmzweige, Myrten, Zitronen und Weiden für das Laubhüttenfest gebeten wird. Möglicherweise versuchte Bar Kosiba, den Kult auf dem zerstörten Tempelberg wiederzubeleben.

Namen ihres Gottes verbunden. Nun sollten sie durch den Namen eines heidnischen Kaisers und seiner Idole ersetzt werden. Das jüdische Jerusalem hatte sechzig Jahre lang in Trümmern gelegen, nun würde es auf Befehl der kaiserlichen Macht begraben werden. Es könnte nie mehr wiedererstehen. Zion und alles, wofür es stand, würden vom Erdboden getilgt werden. Bislang hatten die Menschen Jerusalems Krieg und Zerstörung erlebt; zweimal hatten sie mit angesehen, wie eine siegreiche Streitmacht die Stadt bis auf die Grundfesten zerstörte, mehrmals war ihr Tempel verunreinigt, waren die Mauern geschleift worden. Aber dies war das erstemal, daß ein Bauvorhaben als feindlicher Akt erfahren wurde. Die Errichtung von Bauwerken war in Jerusalem immer eine religiöse Handlung gewesen: Sie hatte das drohende Chaos und Vernichtung abgehalten. Doch jetzt war Bauen zu einer Waffe des siegreichen Eroberers geworden. Aelia Capitolina würde das jüdische Jerusalem auslöschen, dessen Heiligtum die ganze Wirklichkeit und die tiefsten Empfindungen seiner Einwohner symbolisiert hatte. All das würde unter einer römischen Stadt verschwinden. Dieses kaiserliche Bauvorhaben kam einer Vernichtung der Schöpfung gleich: Das Chaos würde wieder hereinbrechen. Es sollte in der Geschichte Jerusalems nicht das letzte Mal sein, daß ein geschlagenes Volk zusehen mußte, wie seine heilige Stadt unter den Straßen, Monumenten und Symbolen einer feindlichen Macht verschwand, und die Menschen das Gefühl hatten, selbst ausgelöscht worden zu sein.

Gerechtigkeitshalber muß gesagt werden, daß der Kaiser diese Reaktion wahrscheinlich nicht vorausgeahnt hat. Wer würde eine schöne neue Stadt nicht diesen trostlosen Ruinen vorziehen? Die Bautätigkeit würde Arbeit, die neue Metropole der Region Reichtum bringen. Das zerstörte Jerusalem war eine ungute Erinnerung an frühere Feindschaft, die im Interesse von Brüderlichkeit und Freundschaft überwunden werden mußte. Juden und Römer mußten die Vergangenheit hinter sich lassen und gemeinsam für Frieden und Wohlstand in der Region sorgen. Hadrian hatte für die jüdische Religion, die ihm primitiv erschien, nichts übrig. Die eigensinnig auf ihren Sonderstatus pochenden Juden beschädigten das Ideal eines kulturell vereinigten Reiches. Man mußte sie – wenn nötig, mit Gewalt – zu modernem Lebensstil zwingen. Hadrian war nicht der erste Herrscher, der im Namen von Fortschritt und Modernisierung Traditionen zerstörte, die unabdingbar mit dem Identitätsgefühl eines Volkes verbunden waren. Im Jahr 131 n. Chr. erließ er eine Reihe von Edikten, die die Juden dazu bringen sollten, ihre eigentümlichen Gebräuche aufzugeben und sich in die griechisch-römische Welt einzugliedern. Beschneidung – seiner Meinung nach ein barbarischer Brauch –, die Ordination von Rabbinern, das Lehren der Thora und öffentliche Versammlungen der Juden wurden verboten. Dies war ein weiterer Schlag gegen das ums Überleben kämpfende Judentum. Nachdem diese Edikte erlassen worden waren, erkannten selbst die besonnensten Rabbiner, daß ein weiterer Krieg mit Rom unvermeidlich war.

Doch diesmal sollte es die Juden nicht unvorbereitet treffen. Diesmal war ihr Kampf aufs genaueste geplant und bis ins letzte Detail organisiert. Es kam zu keinen Gefechten, bevor nicht alle Vorbereitungen getroffen waren. Der Aufstand wurde von Simon Bar Kosiba angeführt, einem entschlossenen, praktisch denkenden Soldaten, der seine Truppen im Guerillakampf einsetzte und jede offene Schlacht sorgsam vermied. Sobald die Zehnte Legion Jerusalem verlassen hatte, um die Juden auf dem Land zu bekämpfen, besetzten Bar Kosibas Soldaten die Stadt. Mit Hilfe seines Onkels Eleazar, eines Priesters, zwang Bar Kosiba alle übrigen Heiden, die Stadt zu verlassen, und vermutlich versuchte er, auf dem Tempelberg den Opferkult wiederaufnehmen zu lassen. Der große Rabbi Akiba, einer der größten Gelehrten und Mystiker seiner Zeit, pries Bar Kosiba als Messias und nannte ihn »Bar-Kochba« (Sternensohn). Wir wissen nicht, ob sich Bar Kosiba selbst in diesem Licht gesehen hat; wahrscheinlich war er zu sehr damit beschäftigt, seinen Kampf zu organisieren, um viel Zeit für Eschatologie zu haben. Aber in Jerusalem wurden Münzen geprägt, die die Aufschrift trugen: SIMON DER FÜRST und ELEAZAR DER PRIESTER, was heißen kann, daß sie sich als königlicher und priesterlicher Messias ansahen, die seit den Zeiten Serubbabels als die gemeinsamen Erretter Jerusalems galten. Andere Münzen trugen die Aufschrift: FÜR DIE BE-FREIUNG JERUSALEMS. Doch es war hoffnungslos. Bar Kosiba und seinen Männern gelang es, die Rebellion drei Jahre lang aufrechtzuerhalten. Schließlich mußte Hadrian Sextus Julius, einen seiner besten Feldherren, nach Judäa entsenden. Doch die jüdischen Aufständischen waren zu schwach, um unbegrenzte Zeit der römischen Übermacht standzuhalten, und Jerusalem konnte sich nicht verteidigen, weil es immer noch keine Mauern und Befestigungen hatte. Systematisch hoben die Römer in Judäa und Galiläa ein Widerstandsnest nach dem anderen aus. Dio Cassius berichtet, daß die Römer fünfzig Festungen stürmten, neunhundertfünfundachtzig Dör-fer zerstörten und fünfhundertachtzigtausend jüdische Sol-daten töteten. »Und diejenigen, die an Hunger, Pestilenz oder im Feuer starben, konnte niemand zählen. So wurde fast ganz Judäa verwüstet.«[30] Im Jahr 135 n. Chr. wurde Bar Kosiba aus Jerusalem vertrieben und verlor beim Fall seiner letzten Fe-stung Betar vermutlich das Leben. Aber auch die Juden hatten den Römern so schweren Schaden zugefügt, daß Hadrian bei der Verkündigung des Sieges im Senat nicht die übliche Formel

»Ich bin wohlauf, und die Truppen sind wohlauf« benutzen konnte.[31] Die Juden wurden nicht mehr als elendes, geschlagenes Volk angesehen. Ihr Verhalten während dieses zweiten Krieges hatte den Römern widerwilligen Respekt abgenötigt. Das war allerdings kaum ein Trost. Nach dem Krieg wurden die Juden aus Jerusalem und ganz Judäa verbannt. Die kleine Gemeinde auf dem Berg Sion wurde aufgelöst, und es gab keine jüdischen Gemeinden mehr in der Umgebung der Stadt. Die Juden Palästinas sammelten sich nun in Galiläa, hauptsächlich in den Städten Tiberias und Sepphoris. Dort hörten sie auch schließlich von der Auslöschung der Heiligen Stadt und der Gründung von Aelia Capitolina. Dieses Werk wurde dem Legaten Rufus Timeius übertragen. Entsprechend einem alten römischen Brauch mußten als erstes die Stadt und die Ruinen umgepflügt werden, bevor eine neue Siedlung angelegt werden konnte.[32] Für die Juden erfüllte sich somit eine Prophezeiung des Propheten Micha: »Darum wird Zion... wie ein Acker umgepflügt werden...«[33] Als nächstes wandelte Hadrian den verlassenen Ort in eine moderne hellenistische Stadt um: mit Tempeln, einem Theater, öffentlichen Bädern, einem Heiligtum für die Nymphen und zwei Märkten. Ein Forum lag im Osten der Stadt, nahe dem heutigen Stephanstor, das andere auf dem zweithöchsten Gipfel des Westhügels, auf dem sich heute der Muristanplatz befindet. Das Lager der Zehnten Legion blieb an der Stelle des früheren Herodianischen Palastes am höchsten Punkt der Stadt. Hadrian errichtete keine neuen Stadtmauern, aber eine Reihe von Triumphbögen: einen etwa vierhundert Meter nördlich der Stadt, zum Andenken an seinen Sieg über Bar Kosiba; ein weiterer markierte den Haupteingang zur Aelia an der Stelle des heutigen Damaskustores; zwei Bögen standen auf den beiden Foren. Der Bogen auf dem östlichen Forum ist heute als »Ecce-Homo-Bogen« bekannt, weil Christen annahmen, es sei der Ort gewesen, an dem Pilatus Jesus der Menge gezeigt und ausgerufen habe: »Sehet, welch ein Mensch!«[34] Das Haupteingangstor im Norden von Aelia führte auf einen Platz mit einer Säule, auf der die Statue

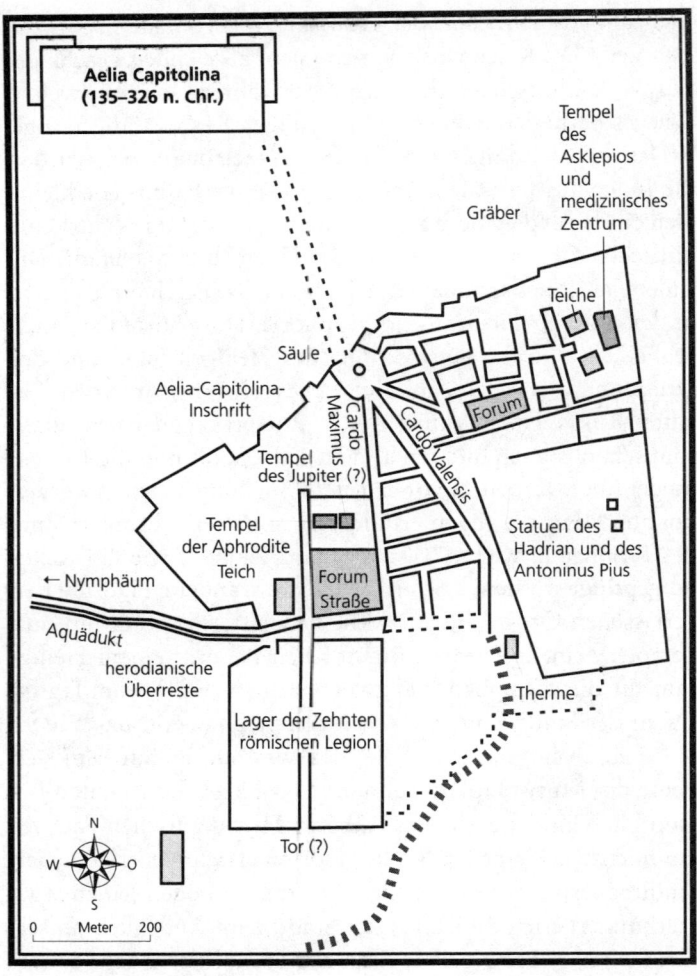

Aelia Capitolina
(135–326 n. Chr.)

Tempel
des
Asklepios
und
medizinisches
Zentrum

Gräber

Teiche

Säule

Aelia-Capitolina-
Inschrift

Forum

Cardo
Maximus

Cardo Valensis

Tempel
des Jupiter (?)

Tempel
der Aphrodite
Teich

← Nymphäum

Statuen des
Hadrian und des
Antoninus Pius

Forum
Straße

Aquädukt

herodianische
Überreste

Lager der Zehnten
römischen Legion

Therme

N
W   O
S

Tor (?)

0   Meter   200

des Kaisers stand. Die beiden Hauptstraßen von Aelia (als *cardines* bekannt – die »Adern« der Stadt) gingen von dem Platz innerhalb des nördlichen Eingangstors aus: Der Cardo Valensis verlief entlang der heutigen Talstraße (teriq a-Wad), während der Cardo Maximus dem Kamm des Westhügels folgte. Hadrian ließ auch ein gitterförmiges Straßennetz anlegen, das grob gesehen bis heute die Durchfahrtsstraßen der Stadt bildet.

Wesentlich bedrückender für die Juden waren jedoch die religiösen Symbole, die triumphierend in der heiligen Stadt YHWHs aufgerichtet worden waren. Aelia war eigentlich den drei Gottheiten des Kapitols geweiht: Jupiter, Juno und Minerva; nach dem Jüdischen Krieg erschien es Hadrian aber wahrscheinlich klüger, den Tempel des Jupiter nicht auf dem alten Tempelberg zu errichten. Kein Besucher hat je berichtet, einen heidnischen Tempel auf der herodianischen Plattform gesehen zu haben, aber zwei Statuen standen dort: eine, die Hadrian, und eine, die seinen Nachfolger Antoninus Pius darstellte. Der Tempel des Jupiter wurde wahrscheinlich neben dem Hauptmarkt von Aelia auf dem Westhügel erbaut. Neben dem Westforum, an der Stelle des Berges Golgotha, entstand ein Aphroditetempel. Später haben Christen Hadrian beschuldigt, bewußt diesen heiligen Ort entehrt zu haben, aber es ist sehr unwahrscheinlich, daß der Kaiser von der obskuren Kirche der Judenchristen in Jerusalem überhaupt wußte. Der heilige Hieronymus (etwa 342–420 n. Chr.) glaubte, daß dieser Tempel Jupiter geweiht gewesen sei; aber daß die Spitze Golgothas die Plattform des Heiligtums überragt habe, auf dem eine noch höhere Statue der Aphrodite gestanden habe, erklärt nicht, warum auf dem Tempel des Jupiter eine so riesige Statue der Göttin gestanden haben sollte. Da der Boden in diesem Teil der Stadt sehr uneben war, mußten die Architekten die Senken aufschütten und, ganz ähnlich wie Herodes, Stützmauern für einen Platz bauen, in ihrem Fall allerdings in wesentlich geringerem Umfang. Aelia war nun eine vollkommen heidnische Stadt, nicht zu unterscheiden von anderen römischen Kolonialsiedlungen. Bis zum 3. Jahrhundert n. Chr. hatte sich die Stadt nach Osten ausgedehnt, und am Südende des Tempelbergs gab es umfangreiche Bauarbeiten. Als die Zehnte Legion Aelia verließ, bauten die Römer eine neue Stadtmauer. Die Tatsache, daß die Stadt einst von Juden besiedelt war, schien der Geschichte anzugehören.

Doch erstaunlicherweise verbesserten sich während dieser Jahre die Beziehungen der Juden zu Rom. Kaiser Antoninus Pius (138–161 n. Chr.) lockerte die antijüdischen Gesetze, so daß die Ausübung der jüdischen Religion wieder legal war. Der Bar-Kosiba-Aufstand hatte Rom deutlich gemacht, daß es wichtig war, fähige Männer nach Judäa zu schicken, die mit der Region vertraut waren, was die Rabbiner offensichtlich anerkannten. Oft lobten sie das Verhalten der römischen Legaten.[35] In Galiläa wurde den Juden zugestanden, sich neu zu formieren. Im Jahr 140 n. Chr. wurde Rabbi Simon, ein Nachkomme von Hillel, zum Patriarchen ernannt. Nach und nach wurde er mit Vollmachten ausgestattet und als Oberhaupt aller Juden des Römischen Reichs anerkannt. Da Rabbi Simon angeblich ein Nachfahre König Davids war, vermochte er Althergebrachtes mit der neuen rabbinischen Autorität zu verbinden. Das Patriarchat gab den Juden einen neuen politischen Mittelpunkt, der sie bis zu einem gewissen Grad für den Verlust Jerusalems entschädigte; unter Simons Sohn Juda I. (200–220 n. Chr.), der als »Fürst« bezeichnet wurde und in königlichem Glanz lebte, erreichte das Amt seine größte Bedeutung. Er galt als persönlicher Freund des Kaisers Markus Aurelius Antoninus (206–217 n. Chr.), der nicht römischer Abstammung war, daher Fremde nicht verachtete und für das Judentum besonderes Interesse zeigte.

Wie die meisten Rabbiner glaubten die Patriarchen, daß es notwendig sei, sich mit der politischen Situation abzufinden. Es gab ein paar Radikale, wie Rabbi Simeon ben Jochai, der sich als Flüchtiger vor den römischen Behörden verbarg, bis er 165 n. Chr. starb. Aber die meisten glaubten, daß es gefährlich sei, sich hinsichtlich der Wiedereroberung Jerusalems und des

Nach der Zerstörung Jerusalems 70 n. Chr. ersetzte das jüdische Heim den verlorenen Tempel. Am Passafest konnten Juden nicht mehr auf traditionelle Weise Lämmer opfern; statt dessen wurde bei einem Familienmahl an die Befreiung aus der ägyptischen Gefangenschaft erinnert. Dabei amtiert der in Weiß gekleidete Vater als Priester, der Tisch wird zum Altar, und die Kerzenleuchter erinnern an die Menora des Tempels.

Tempelneubaus Träumen hinzugeben. Die Juden sollten warten, bis Gott die Initiative übernehme. »Wenn Kinder euch sagen, geht und baut den Tempel – hört nicht auf sie«, warnte Rabbi Simeon ben Eliezar.[36] Dieses Werk sollte dem Messias überlassen bleiben. Statt dessen schufen die Rabbiner an anderen Orten Zentren geistig-religiösen Lebens. In Übereinstimmung mit den Pharisäern lehrten sie, daß das private Heim in gewisser Hinsicht den Tempel ersetzt habe, und die Wohnung der Familie wurde als »kleines Heiligtum« bezeichnet. Der Familientisch hatte den Altar ersetzt, und das gemeinsame Mahl stellte den Opferkult dar. Auch die Synagoge war eine Erinnerung an den Tempel. Wie im Heiligtum in Jerusalem gab es auch hier eine Hierarchie verschieden heiliger Bereiche, die jeweils nur bestimmte Personen betreten durften. Die Frauen hatten ihre eigenen Räumlichkeiten, der Raum, in dem die Opfer dargebracht wurden, war heiliger, dann kam die *bimah* (das Lesepult) und schließlich die Lade, die die Thorarollen enthielt, das neue Allerheiligste. Noch immer konnten sich die Menschen Schritt für Schritt dem inneren Sanktuarium nähern. Die *bimah* stand gewöhnlich auf einem Podest, wodurch symbolisch ein heiliger Berg angedeutet wurde. Wenn ein Mitglied der Gemeinde aufgerufen wurde, aus der Thora vorzulesen, galt es immer noch, einen »Aufstieg« *(alijjah)* zu machen. Unter den Rabbinern gewann auch der Sabbat neue Bedeutung. Die Sabbatruhe einzuhalten wurde nun als »Vorgeschmack« auf die neue Welt angesehen: Einmal in der Woche konnten die Juden eine andere Seinssphäre betreten. *Schabbat* war der Tempel für eine bestimmte Zeit geworden, in dem die Juden ihren Gott in geheiligter Zeit statt an geheiligtem Ort aufsuchen konnten.

Da die Juden keinen Zugang mehr zu Jerusalem und dem Tempel hatten, mußten die Rabbiner das Verständnis für die göttliche Gegenwart neu entwickeln. Was hatte es zu bedeuten gehabt, wenn man sagte, Gott wohne in einem von Menschenhand gebauten Haus? Hieß es, daß er nirgendwo sonst gegenwärtig war? Die Rabbiner verglichen die göttliche Gegenwart im Debir oft mit dem Meer, das eine Höhle vollständig auszufüllen vermochte, ohne daß der Anteil an Wasser im Meer verringert wurde. Häufig behaupteten sie auch, daß Gott der Ort der Welt sei, aber die Welt nicht sein Ort.[37] Aufgrund seiner Größe konnte die physische Welt ihn nicht enthalten, sondern er enthielt die Welt. Einige Rabbiner behaupteten sogar, daß der Verlust des Tempels die Schechinah von Jerusalem getrennt habe. Die Juden in der Babylonischen Gefangenschaft hatten geglaubt, YHWH habe den Tempel verlassen, um ihnen ins Exil zu folgen.[38] Nun beharrten die Rabbiner darauf, daß die Schechinah während der ganzen jüdischen Geschichte Israel nie verlassen habe, sondern seinem Volk gefolgt sei, wo immer es auch hingegangen war: nach Ägypten, nach Babylon und 538 v. Chr. zurück nach Jerusalem.[39] Jetzt war die Schechinah erneut mit den Juden ins Exil gegangen. Sie war überall, wo Juden gemeinsam die Thora studierten; sie wanderte von einer Synagoge zur nächsten und stand an der Tür der Synagoge, wenn Juden die *Schema* rezitierten.[40] Tatsächlich hatte Gottes Anwesenheit beim Volk Israel die Juden zu einem Tempel werden lassen. In der alten Zeit war YHWHs Tempel die Quelle für die Fruchtbarkeit und Ordnung der Welt gewesen. Nun wurde diese Funktion von den Juden erfüllt: »Wäre es nicht wegen Gottes Gegenwart in Israel«, behaupteten die Rabbiner, »würde der Regen nicht fallen und die Sonne nicht scheinen.«[41] Aber die Betonung lag immer auf der Gemeinschaft. Gottes Gegenwart war abhängig von der Einigkeit und Barmherzigkeit der Menschen; sie zeigte sich nur, wenn zwei oder drei Israeliten *gemeinsam* die Thora studierten. Das Gebet war nur gültig, wenn sich zehn Männer zu einer *minjan* versammelten; wenn Juden »mit Andacht, mit einer Stimme, einem Denken und einem Ton« beteten, würde die Schechinah in ihrer Mitte sein; wenn nicht, so würde sie in den Himmel aufsteigen, um dem harmonischen Gesang der Engel zu lauschen.[42]

Doch genauso wie die Juden im babylonischen Exil zu einem Zeitpunkt, als sie nicht in ihr heiliges Land zurückkehren konnten, bestimmte Vorstellungen von sakralen Räumen entwickelt hatten, priesen die Rabbiner die Heiligkeit Jerusalems, lange nachdem die Stadt verunreinigt und der Tempel zerstört worden war. Immer noch standen Zion und der Debir im Zentrum jüdischer Weltvorstellungen:

> Es gibt zehn Grade der Heiligkeit: Das Land Israel ist heiliger als andere Länder ... Die ummauerten Städte des Landes Israel sind noch heiliger ... Innerhalb der Mauern Jerusalems ist es noch heiliger ... Der Tempelberg ist noch heiliger ... Der Schutzwall ist noch heiliger ... Der Hof der Frauen ist noch heiliger ... Der Hof der Israeliten ist noch heiliger ... Der Hof der Priester ist noch heiliger ... Der Raum um den Altar ist noch heiliger ... Die Hekal ist noch

heiliger ... Der Debir ist noch heiliger, denn niemand darf
ihn betreten außer dem Hohenpriester am Jom Kippur.[43]

Die Rabbiner sprachen von Jerusalem weiterhin in der Gegenwart, obwohl es den Tempel gar nicht mehr gab. Die Wirklichkeit, die er symbolisierte – Gottes Gegenwart auf Erden –, war jedoch ewig und der religiösen Andacht würdig. Jede Stufe der Heiligkeit war heiliger als die vorhergehende, und während sich die Gläubigen langsam dem Allerheiligsten näherten, wurde die Gruppe von Leuten, die eintreten durften, immer kleiner. Ebenso wie früher im Exil hatte dieser geistige »Aufstieg« keine praktische Bedeutung, sondern war ein Mandala, ein Gegenstand der Meditation. Die Rabbiner betonten nun, daß alle wesentlichen Ereignisse der Erlösung auf dem Berg Zion stattgefunden hätten: Dort waren am Tag der Schöpfung die Urwasser gebändigt worden; Adam war aus Staub erschaffen worden, Kain und Abel hatten dort ihre Opfer dargebracht, genauso wie Noah nach der Sintflut. Der Tempelberg war der Ort von Abrahams Beschneidung, dort hatte er Isaak gefesselt, und dort hatte sein Treffen mit Melchisedek stattgefunden; und vom Zion aus würde auch der Messias das Neue Zeitalter verkünden.[44] Die Rabbiner interessierten sich nicht für historische Fakten. Daß Noahs Arche zuerst an den Berg Ararat gestoßen war und nicht an den Berg Zion oder daß Abraham Melchisedek in Rogel getroffen hatte, hätte sie nicht verwirrt. Jerusalem war ein Symbol von Gottes erlösender Gegenwart in der Welt, und daher mußten sich alle entsprechenden Ereignisse dort zugetragen haben. Da Jerusalem inzwischen eine verbotene Stadt war, war es als Symbol des Transzendenten noch wirksamer als je zuvor. Gleichgültig, wie das physische Aelia auch beschaffen sein mochte, die spirituelle Wirklichkeit, die der Tempel und die Stadt symbolisiert hatten, war ewig. Wir werden sehen, daß die Juden jahrhundertelang fortfuhren, über die zehn Grade der Heiligkeit zu meditieren, gleichgültig, ob ihnen Jerusalem versperrt oder der Tempelberg in fremden Händen war. Jerusalem war zu einem

Sinnbild der Berührung Gottes mit der Menschheit geworden und gleichzeitig eine Art kartographische Verzeichnung ihrer Innenwelt.

Doch mit dem Beginn des 3. Jahrhunderts n. Chr. begannen einige Juden, sich wieder stärker dem irdischen Jerusalem zuzuwenden. Der Bann war nicht aufgehoben worden, doch unter Kaiser Markus Aurelius Antoninus, der Sympathien für die Juden hegte, wurde dessen Einhaltung nicht mehr so streng verfolgt. Zuerst waren Juden niederer Herkunft den Römern durch die Maschen gegangen: Ein Eseltreiber namens Simon erzählte den Rabbinern, daß er während seiner Arbeit oft am Tempelberg vorbeigekommen sei. Tatsächlich mußte er *jedesmal* beim Anblick der Ruinen seine Kleider zerreißen.[45] Dann wurde Rabbi Meir zusammen mit fünf oder sechs seiner Schüler erlaubt, in Aelia zu wohnen, doch diese kleine Gemeinde bestand nur ein paar Jahre lang.[46] Nach dem Tod des Patriarchen Juda I. im Jahr 220 n. Chr. lebten sicher keine Juden auf Dauer in Jerusalem. Mitte des 3. Jahrhunderts n. Chr. jedoch wurde Juden erlaubt, auf den Ölberg zu steigen und aus der Ferne den Tempel zu betrauern. Zu irgendeinem späteren Zeitpunkt – wir wissen nicht genau, wann – wurde ihnen auch erlaubt, am 9. Ab, dem Tag der Tempelzerstörung, den Tempelberg zu besuchen. Einem Dokument zufolge, das in der Kairoer Geniza gefunden wurde, standen die Pilger barfuß auf dem Ölberg, blickten zu den Ruinen hinüber, zerrissen ihre Kleider und riefen: »Dieses Heiligtum ist zerstört!« Dann gingen sie nach Aelia, bestiegen die Tempelplattform und weinten »um den Tempel und die Menschen und das Haus Israel«. Diese traurigen Gesten unterscheiden sich stark von den einstmals fröhlichen Pilgerschaften, denn anstelle der göttlichen Gegenwart erlebten die Juden nun Verlassenheit und Leere. Doch die jährliche Zeremonie half ihnen, sich ihrem Leid zu stellen. Die Zeremonie endete mit Dankgebeten, und dann umrundeten die Pilger »alle Tore der Stadt, suchten alle ihre Winkel auf, gingen einmal um die Stadt herum und zählten ihre Türme«, genauso wie ihre Vorväter es getan hatten, als der

Tempel noch stand.[47] Die Tatsache, daß diese Tore von den Römern erbaut worden waren, schreckte sie nicht ab, denn es handelte sich um ein symbolisches Übergangsritual, das von Verzweiflung zu Hoffnung führte. Während sie die Stadt umrundeten, als würde sie immer noch ihnen gehören, sehnten sich die Pilger nach der endgültigen Erlösung durch den Messias: »Nächstes Jahr in Jerusalem!«

Nach dem Bar-Kosiba-Aufstand war auch die judenchristliche Gemeinde aus Aelia vertrieben worden, denn da sie beschnittene Juden waren, bezog sich der Bann auch auf sie. Doch einige der von Hadrian angesiedelten griechischen und syrischen Kolonisten waren vermutlich Christen, denn von diesem Zeitpunkt an hören wir von einer gänzlich heiden-christlichen Kirche in Aelia.[48] Diese nichtjüdischen Christen übernahmen das »Obergemach« auf dem Berg Sion, der sich außerhalb des eigentlichen Aelia befand und daher von Hadrians Baumaßnahmen nicht betroffen war. Es handelte sich um ein einfaches Privathaus: Das Christentum gehörte noch nicht zu den anerkannten Religionen im Römischen Reich und war oft behördlichen Verfolgungen ausgesetzt. Christen durften sich keine Kultplätze schaffen. Aber das »Obergemach« wurde als »Mutter der Kirchen« bezeichnet, denn hier hatte das Christentum seinen Anfang genommen. Die nichtjüdischen Christen besaßen auch einen »Thron«, der ihrer Meinung nach Jakobus dem Gerechten, dem ersten »Bischof« von Jerusalem, gehört hatte. In Aelia gab es jedoch nicht viele christliche »heilige Stätten«. Die Stadt, die Jesus gekannt hatte, war unter Hadrians Neubauten verschwunden. Golgotha etwa lag nun unter einem Aphroditetempel begraben, und die Christen wollten dort nicht beten. Aber Eusebius von Caesarea berichtet, Besucher seien auf den Ort »hingewiesen« worden.[49] Melito, der Bischof von Sardes, hatte ihn gesehen, als er 160 n. Chr. Palästina besuchte, und er erzählte seiner Gemeinde nach seiner Rückkehr, Golgotha befinde sich nun in der Mitte der Stadt.[50] In den Tagen Jesu hatte sich Golgotha natürlich außerhalb der Mauern befunden, doch nun lag der Hügel in nächster Nähe des Hauptforums von Aelia.

Nicht viele Christen kamen als Pilger nach Palästina. Eusebius behauptet, »Menschenmengen« seien »aus aller Welt« nach Jerusalem gekommen,[51] aber er konnte nur vier Pilger aufführen, zu denen Melito zählte, der an der Stadt Aelia überhaupt kein Interesse hatte. Es war jetzt »wegen des Jerusalem darüber wertlos geworden«[52]. Melito war aus wissenschaftlichen, nicht aus religiösen Gründen nach Palästina gekommen: Er hoffte, seine biblischen Studien zu vertiefen, indem er die Topologie des Landes untersuchte. Heidenchristen waren hauptsächlich am himmlischen Jerusalem interessiert, so wie es in der Offenbarung des Johannes beschrieben wurde – ein Text, der im 2. Jahrhundert n. Chr. öfter zitiert wurde als jede andere christliche Schrift. Sie sehnten sich nach dem Neuen Jerusalem, das am Ende der Zeiten auf Erden erscheinen und das irdische Gegenstück verwandeln würde.[53] Aber niemand hatte besonderes Interesse, Aelia zu besuchen. Eusebius schrieb Apologien: Er wünschte sich die Anerkennung des Christentums und übertrieb wahrscheinlich die Anzahl der Pilger, um die umfassende Anziehungskraft seines Glaubens zu belegen. Es gibt keinerlei Beweise dafür, daß Jerusalem während des 2. und 3. Jahrhunderts n. Chr. ein Hauptanziehungspunkt für Christen gewesen wäre. Tatsächlich stimmten die Heidenchristen eher mit den Evangelien des Matthäus und Johannes überein: Jerusalem galt jetzt als schuldbeladene Stadt, da es Christus abgelehnt hatte. Jesus hatte gesagt, in Zukunft würden die Menschen sich nicht an heiligen Orten wie Jerusalem versammeln, sondern ihm im Geist und in der Wahrheit dienen. Verehrung von Schreinen und heiligen Bergen war charakteristisch für das Heidentum und das Judentum, und beides versuchten Christen zu überwinden.

Daher nahm Jerusalem auf der christlichen Landkarte keinen besonderen Platz ein. Der Bischof von Caesarea war der Oberhirte von Palästina, nicht der Bischof von Aelia. Als sich Origenes, der berühmte christliche Gelehrte, 234 n. Chr. in Palästina ansiedelte, richtete er seine Akademie und Bibliothek in Caesarea ein. Wenn er im Land umherreiste, war er ähnlich wie Melito hauptsächlich an biblischer Topologie interessiert. Vom Besuch eines bestimmten Ortes versprach er sich keine geistig-religiösen Erfahrungen. Nur Heiden suchten seiner Meinung nach Gott in einem Schrein auf und glaubten, Götter wohnten »an einem bestimmten Ort«[54]. Es war interessant, einen Ort wie Bethlehem zu besuchen, wo Jesus geboren worden war, und die Krippe zu besichtigen (die offensichtlich aufbewahrt worden war), denn dies bewies, daß das Evangelium tatsächlich der Wahrheit entsprach. Aber Origenes war Platoniker. Seiner Meinung nach sollten sich Christen von der physischen Welt befreien und nach der gänzlich geistigen Wirklichkeit Gottes streben. Sie sollten sich nicht an irdische Orte klammern, sondern »die himmlische Stadt suchen, anstelle der irdischen«[55].

Obwohl es keinen ausgeprägten Kult um Jerusalem gab, haben die Christen Aelias gern die außerhalb der Stadt liegenden Örtlichkeiten besucht, die mit Jesus in Verbindung gebracht wurden. Eusebius berichtet, daß sie häufig den Ölberg bestiegen, wo die Himmelfahrt Jesu stattgefunden hatte, ebenso den Garten von Gethsemane im Kidrontal aufsuchten, wo er vor seiner Festnahme in Todesangst gebetet hatte, und den Jordan, wo er von Johannes getauft worden war.[56] In der griechisch-römischen Welt galten Grotten als beseelte Orte, und auch die Christen suchten gern zwei Höhlen auf. Eine befand sich in Bethlehem, dem Geburtsort Jesu; die andere am Ölberg, wo der auferstandene Christus dem Apostel Johannes erschienen sein soll. Die Christen besuchten diese Höhlen nicht, um des Menschen Jesu zu gedenken, denn zu diesem Zeitpunkt gab es noch wenig Interesse an dessen irdischem Leben. Die Höhlen waren wichtig, weil sich dort die Theophanie ereignet hatte: In beiden war das fleischgewordene »Wort« der Welt offenbart worden.

Doch die Höhle am Ölberg hatte eine weitere Bedeutung. Der Überlieferung nach soll Jesus dort seinen Jüngern von der bevorstehenden Zerstörung Jerusalems und dem Jüngsten Gericht erzählt haben.[57] Die Christen scheint der Anblick der trauernden Juden auf dem Ölberg sehr bewegt zu haben. Origenes fand diese Zeremonien anrührend, wenn auch verfehlt, aber gleichzeitig erkannte er im Schmerz der Juden einen weiteren Beweis für die Richtigkeit der Evangelien. Prophetie und Weissagung hatten in der Spätantike große Bedeutung, also mußte der Umstand, daß Jesus die Zerstörung des Tempels vorausgesagt hatte, die heidnischen Widersacher des Origenes beeindrucken. Seit ihrer Ablehnung Jesu, betonte er, seien »alle Einrichtungen, auf die die Juden so stolz waren, ich meine diejenigen, die den Tempel, den Opferaltar, die Riten und das Amt des Hohenpriesters betrafen, zerstört worden«[58]. Das verschaffte tiefe Befriedigung. Die Christen scheinen auf dem Ölberg eine ganz eigene Zeremonie entwickelt zu haben. Gemäß Eusebius besuchten sie die dortige Höhle, »um sich davon zu überzeugen, daß die Stadt eingenommen und vernichtet worden war«[59]. Wenn sie auf die verlassene Tempelplattform mit den Statuen der siegreichen Kaiser hinabsahen, konnten sie sich die Vernichtung des Judentums und das Überleben ihres eigenen Glaubens bewußt machen, der zu dieser Zeit in Palästina wahrscheinlich nicht allzu viele anzog, aber im übrigen Reich großen Zulauf hatte. Die Betrachtung des römischen Aelia, das auf den Ruinen der schuldbeladenen Stadt erbaut worden war, lieferte ihnen den sichtbaren Beweis der Wahrheit ihrer Religion. Doch ein Aspekt war beunruhigend. Wie die Rabbiner hatten Jesus und Paulus die vorrangige Bedeutung von Barmherzigkeit und Nächstenliebe betont. Jesus war tatsächlich so weit gegangen, zu fordern, Christen sollten ihre Feinde lieben. Doch diese Christen des 3. Jahrhunderts n. Chr. schienen sich hinsichtlich des Schicksals der Juden, die in dieser Stadt gelebt hatten, ganz unfrommer Schadenfreude hinzugeben. Die Anhänger des Monotheismus hatten sich immer damit auseinandersetzen müssen, daß die Stadt schon für vorhergehende Bewohner heilig gewesen war, und die Redlichkeit ihrer Haltung hing oft davon ab, wie sie darauf reagierten. Die Christen Aelias scheinen hier kein großes Vorbild gewesen zu sein: Man hat nicht den Eindruck, daß sie das Leben in der

Stadt, in der Jesus gestorben und wieder auferstanden war, zu ihren vornehmsten Idealen inspiriert hätte.

Im Jahr 313 n. Chr., einem für die Christen des Römischen Reichs bedeutsamen Datum, wurde Eusebius Bischof von Caesarea. Wie Origenes war Eusebius Platoniker und interessierte sich nicht für Tempel oder heilige Orte. Seiner Ansicht nach hatte das Christentum derlei primitive Vorlieben überwunden. An Palästina sei nichts Besonderes, behauptete er: »Es übertrifft in keiner Hinsicht den Rest der Welt.«[60] Aelia war einfach die schuldbeladene Stadt. Sie war der Verehrung unwürdig und den Christen nur insofern dienlich, als sie den Untergang des Judentums symbolisierte. Zu dieser Zeit erinnerten sich nur noch wenige Menschen an den ursprünglichen Namen der Stadt. Eusebius selbst nannte sie immer nur Aelia. Für die meisten Heidenchristen bedeutete Jerusalem das Himmlische Zion, eine Wirklichkeit jenseits der irdischen Welt. Aber im Jahr 312 n. Chr. hatte Konstantin in der Schlacht an der Milvischen Brücke seinen Rivalen Maxentius besiegt und diesen Sieg dem Gott der Christen zugeschrieben. Im Jahr 313 n. Chr., dem Jahr der Amtseinführung von Eusebius, erkannte Konstantin im sogenannten Mailänder Toleranzedikt das Christentum als Religion im Römischen Reich an. Nach Verfolgung, an den Rand gedrängt, ohne festen Platz in der Welt, ohne politische Macht und heilige Stätten gewann das Christentum nun allmählich weltlichen Einfluß. Dies sollte schließlich auf ganz entschiedene Weise die Einstellung der Christen gegenüber Aelia verändern.

9

Das neue Jerusalem

Konstantin war nach seinem Sieg an der Milvischen Brücke Kaiser Westroms geworden. Im Jahr 323 n. Chr. besiegte er Licinius, den Kaiser der östlichen Provinzen, und wurde alleiniger Herrscher der römischen Welt. Konstantin hatte seinen erstaunlichen Aufstieg immer dem Gott der Christen zugeschrieben, und obwohl er von christlicher Theologie wenig Ahnung hatte und seine Taufe aufschob, bis er auf dem Totenbett lag, verhielt er sich dem Christentum gegenüber immer loyal. Gleichzeitig hoffte er, daß sich das Christentum nach seiner Legalisierung zu einer verbindenden Kraft innerhalb des weitgedehnten Reichs entwickeln würde. In Palästina hing nur eine verschwindende Minderheit dem christlichen Glauben an, aber während des 3. Jahrhunderts n. Chr. war das Christentum zu einer der wichtigsten und zahlenmäßig stärksten Religionen des Reichs geworden. Im Jahr 235 n. Chr. konnten sich die Christen rühmen, eine »große Kirche« mit einer einzigen Glaubensausrichtung zu sein. Sie hatte hochintelligente Männer angezogen, die diese ursprünglich semitische Religion auf eine Weise interpretierten, daß sie innerhalb der griechisch-römischen Welt verstanden wurde. Während der Jahre der Verfolgung hatte die Kirche eine effiziente Verwaltung entwickelt, die als Mikrokosmos das gesamte Reich widerspiegelte: Sie war multikulturell, katholisch, international, ökumenisch und wurde von fähigen Leuten geführt. Nachdem nun Konstantin das Christentum zur *religio licta* erklärt hatte, konnten die Christen aus der Verborgenheit heraustreten und einen wesentlichen Beitrag zum öffentlichen Leben leisten, und Konstantin hoffte, ihre Kraft und ihre Fähigkeiten dem Reich zugute kommen lassen zu können.

Dennoch wollte er das Christentum nicht auf Kosten anderer Religionen unterstützen. Konstantin war Realist und wußte, daß er sich seine heidnischen Untertanen nicht zu Feinden machen durfte. Er trug den Titel Pontifex maximus, und der alte Opferkult des Reiches wurde beibehalten. Konstantins Vorstellung eines neuen christlichen Rom fand in einem riesigen Bauprogramm ihren Ausdruck. Er baute Reliquienschreine an den Gräbern christlicher Märtyrer und setzte dem Apostel Petrus ein Martyrion oder Mausoleum, ähnlich denjenigen der römischen Kaiser. Konstantins neue Kirchenbauten hatten nichts mehr mit antiken Tempeln gemein. Sie waren nicht als kosmische Symbole angelegt, und die gerade erst anerkannte Kirche hatte nun die Aufgabe, eine öffentliche Liturgie zu entwickeln. Die Basiliken standen in Rom neben den heidnischen Symbolen und zeigten, daß das Christentum seinen Platz in der Welt einzunehmen begann. Dennoch waren die zentralen Plätze Roms noch immer heidnischen Gebäuden vorbehalten, und Konstantins *martyria* beschränkten sich auf die Randgebiete. In der neuen Reichshauptstadt, die er am Bosporus, an der Stelle der alten griechischen Stadt Byzantinum errichtete, hatte er weniger Bedenken. Konstantinopel konnte eine gänzlich christliche Stadt werden, in der das Kreuz stolz aufgerichtet wurde und die Statuen biblischer Gestalten die Plätze schmücken durften. Konstantinopel hatte keine Geschichte. Der Kaiser, der Machtsymbolen fast magische Kraft zuschrieb, wußte, daß sein christliches Reich in verehrungswürdiger Vergangenheit verankert werden mußte, wenn es jene Kontinuität erhalten sollte, die in der Spätantike von so entscheidender Bedeutung war.

Einer der eifrigsten Unterstützer Konstantins in dessen frühen Regierungsjahren war Eusebius, der Bischof von Caesarea. Nach dem Sieg an der Milvischen Brücke pries Eusebius den Kaiser als neuen Mose, der Maxentius bezwungen hatte wie Mose die Ägypter.[1] Er bezeichnete Konstantin auch als zweiten Abraham, da er den reinen Monotheismus der Patriarchen wiederherstellen würde.[2] Abraham, Isaak und Jakob hatten keine Tempel und keine ausgefeilten Thoragesetze besessen: Eusebius betonte, daß sie Gott dienten, wo immer sie gerade waren, einfach im Geist und in der Wahrheit.[3] Wie die anderen Christen der Gegend hatte Eusebius auf dem Ölberg gestanden und auf den zerstörten Tempelberg geblickt. Ihm erschien es als bittere Ironie, daß die Bürger Aelias die Steine des Tempels zum Bau ihrer heidnischen Heiligtümer und Theater benutzt hatten.[4] Das Schicksal des Tempels war ein klarer Beweis, daß Gott diese Art aufwendiger Opferrituale nicht mehr wollte. Gott wollte, daß die Menschen dem Geist folgten, den Jesus gepredigt hatte, nämlich, daß Religion nicht von Tempeln und heiligen Stätten abhing. Wie Origenes hatte Eusebius für heilige Orte nichts übrig. Gott würde nicht zu jenen kommen, die ihn in »leblosen Dingen und dunklen Höhlen« suchten, sondern nur zu »reinen Seelen mit klarem und vernünftigem Geist«[5]. Das mosaische Gesetz forderte von den Gläubigen, sich an einem bestimmten heiligen Ort zu versammeln, aber nach Meinung von Eusebius sagte Christus:

Ich, der ich allen Freiheit gebe, lehre die Menschen nicht, Gott in einem Winkel der Erde, auf Bergen oder in von Menschenhand gemachten Tempeln zu suchen, sondern jeder soll ihm in seinem eigenen Hause dienen und ihn dort anbeten.[6]

Er war gekommen, um den Menschen die ursprüngliche Religion Abrahams zu verkünden, frei von irrationalen Mythen und sinnlichem Bildwerk.

Mit Befriedigung blickte Eusebius auf den Berg Sion und glaubte – wie alle seine Zeitgenossen –, daß dies der Ort des biblischen Zion gewesen sei. Statt ein Zentrum des Studiums und Forschens zu sein, war der Berg Sion nun einfach ein Vorort, »ein römischer Bauernhof, wie der Rest des Landes. Tatsächlich habe ich mit eigenen Augen dort Kühe weiden sehen, und auf dem heiligen Ort wurden Samen ausgesät.«[7] Zerstört und verlassen wie es war, bewies der gegenwärtige Zustand Zions, daß Gott die Stadt verlassen hatte. Es ist jedoch interessant, daß Eusebius nie erwähnt, daß der Berg Sion auch das Zentrum der Christen von Aelia war. Anfang des 4. Jahrhunderts n. Chr. begannen einheimische Christen zu fordern, daß Aelia als »Mutter aller Kirchen« einen höheren Stellenwert einnehmen sollte als Caesarea, das keinerlei Verbindung mit Sakralem habe. Abgesehen davon, daß Jerusalem der Sitz Jakobus' des Gerechten gewesen war, hatten sie einige Ruinen auf dem Berg zu wichtigen biblischen Wahrzeichen erklärt: Eines der alten Häuser war angeblich der Sitz von Kaiphas gewesen, ein anderes der Palast Davids. An einer bestimmten Säule war angeblich Jesus gegeißelt worden. Doch Eusebius ignorierte diese Entwicklungen. Im »Onomastikon«, seinem Führer der Ortsnamen der Bibel, hatte er betont, daß die Geographie Palästinas die Wahrheit der Evangelien »beweise«: Die Städte und Dörfer befanden sich genau dort, wo die Evangelisten behauptet hatten. Aber Eusebius spricht nie von Örtlichkeiten auf dem Berg Sion als Beweisen für das Leben Christi. Als Historiker hegte er wahrscheinlich zu Recht Zweifel an deren Authentizität, aber vielleicht war ihm auch bewußt, daß Makarius, der Bischof von Aelia, diese Örtlichkeiten benutzte, um Aelia anstelle von Caesarea zum Sitz des Metropoliten von Palästina zu machen.

Der Konflikt zwischen Caesarea und Aelia brach 318 n. Chr. offen aus, als Eusebius und Makarius beim Streit um eine Glaubensfrage, die die Kirche zu spalten drohte, gegnerische Positionen einnahmen. Arius, der charismatische Presbyter von Alexandria, hatte die Streitfrage ausgelöst; er konnte seine Position mit einer eindrucksvollen Reihe biblischer Texte stützen. Er behauptete, Jesus, der fleischgewordene Logos, sei nicht auf die gleiche Weise göttlich wie Gott, der Vater. Er sei von Gott vor dem Beginn der Zeit erschaffen worden.[8] Arius bestritt die Göttlichkeit Jesu nicht; er nannte Jesus den »starken Gott«, den »wahren Gott«, aber er glaubte nicht, daß er

dem Wesen nach göttlich sei. Gott, der Vater, hatte als Beloh-
nung für dessen absoluten Gehorsam seine Göttlichkeit auf
Jesus übertragen.[9] Jesus selbst hatte gesagt, daß sein Vater
größer sei als er. Die Gedanken des Arius waren nicht neu, sie
waren zu diesem Zeitpunkt auch nicht unbedingt häretisch.
Der große Origenes hatte eine ganz ähnliche Auffassung vom
Wesen Jesu. Die Christen hatten zwar schon lange geglaubt,
daß Jesus Gott sei, aber es war noch zu keiner Übereinkunft
gekommen, was das tatsächlich bedeutete. Wenn Jesus Gott
war, gab es dann eigentlich nicht zwei Götter? War es nicht
Götzendienst, einem bloßen Menschen zu dienen? Arius hatte
diese theologischen Überlegungen vielleicht nur deutlicher und
nachdrücklicher formuliert als seine Vorgänger, denn viele
Bischöfe hingen ähnlichen Überzeugungen an, und zu Beginn
der theologischen Auseinandersetzungen war keineswegs klar,
daß Arius unrecht haben sollte.

Arius wurde von seinem Bischof Alexander und dem brillan-
ten jungen Athanasius widersprochen, der behauptete, daß der
Logos in genau derselben Weise Gott sei wie Gott, der Vater.
Er teile mit Gott dem Vater die gleiche Natur und sei weder
empfangen noch geschaffen worden. Wäre der Logos ein bloßes Geschöpf, vom Vater aus dem uranfänglichen, unergründ-
lichen Nichts erschaffen, wäre er nicht in der Lage gewesen, die
Menschheit von Tod und Vernichtung zu erretten. Nur der
Eine, der die Welt erschaffen hatte, konnte sie auch retten;
daher mußte Jesus, der fleischgewordene Logos, wesensgleich
mit dem Vater sein. Sein Tod und seine Auferstehung hatten
die Menschen vor Sünde und Tod bewahrt, und dank der
Fleischwerdung in Christus, dem Gottmenschen, konnten
auch Menschen göttlich werden.

Der Konflikt verschärfte sich, und die Bischöfe waren gezwungen, Stellung zu beziehen. In Palästina stellte sich Makarius auf die Seite von Athanasius und Eusebius auf die von
Arius, dessen Theologie Ähnlichkeit mit seiner eigenen zeigte.
Es muß allerdings nochmals betont werden, daß Eusebius mit
seiner Position damals keineswegs die offizielle Lehre der Kir-

che verletzte. Bezüglich der Person und des Wesens Christi gab es noch keine verbindliche Lehre. Eusebius war einer der führenden christlichen Intellektuellen seiner Zeit, und seine Ansichten stimmten mit denen früherer Theologen überein. Athanasius sah im Erscheinen Christi auf Erden einen dramatischen und einzigartigen Vorgang, die Interpretation des Eusebius dagegen wahrte stärker die Verbindung mit der Vergangenheit. Athanasius erkannte in der Fleischwerdung des Logos ein einzigartiges Ereignis innerhalb der Weltgeschichte: Gott hatte sich auf beispiellose Weise in der Welt offenbart. Jesus war daher die eine und einzige Offenbarung Gottes. Eusebius glaubte das nicht. Seiner Meinung nach hatte sich Gott auch zuvor schon der Menschheit offenbart. In Mamre war der Logos Abraham in menschlicher Gestalt erschienen;[10] Mose und Josua hatten ähnliche Erscheinungen erfahren. Also war der Logos einfach in Gestalt des Jesus von Nazareth wieder auf die Erde gekommen.[11] Die Inkarnation war kein einzigartiges Ereignis, sondern verdeutlichte die Offenbarungen Gottes in der Vergangenheit. Daß sich Gott den Menschen offenbarte, war ein anhaltender Prozeß.

Die Errettung der Welt war nach Athanasius' Auffassung das größte Verdienst Jesu. Eusebius sah dies in einem etwas anderen Licht; sicherlich, Jesus hatte die Menschheit errettet, aber seine vorrangige Aufgabe bestand darin, eine *Offenbarung* Gottes in der Welt zu sein: Das Erscheinen Jesu verhalf den Menschen zu der Vorstellung, wie der unsichtbare, unbeschreibbare Gott beschaffen war. Eine der wichtigsten Aufgaben Jesu bestand darin, die Menschheit an die grundsätzlich geistliche Natur von Religion zu erinnern. Im Lauf der Jahrhunderte hatten die Menschen Abrahams reine »Geistlichkeit« vergessen und ihren Glauben mit äußerlichen Kennzeichen wie der Thora und dem Tempel verunreinigt. Jesus war gekommen, um die Menschen an diese anfängliche Reinheit zu erinnern. Daher sollten sie sich nicht auf den Menschen Jesus konzentrieren. Diesbezüglich schrieb Eusebius einen scharfen Brief an Konstantia, die Schwester des Kaisers, die ihn närrischerweise um ein Bild von Jesus gebeten hatte. Die Christen sollten sich nicht auf das Fleisch, sondern auf das göttliche Wesen des himmlischen Logos konzentrieren. Nach seinem Aufenthalt auf Erden war der Logos ins Reich des Geistes zurückgekehrt, und dorthin sollten die Christen ihm folgen. Den Menschen Jesus in den Mittelpunkt zu rücken war genauso pervers und irrational wie die Bindung der Juden an eine irdische Stadt. Die Christen hingegen befänden sich in einem beständigen Prozeß der *katharsis*, der Reinigung. Sie müßten lernen, die Schrift mit dem Auge des Geistes zu lesen, um im historischen Ereignis die zeitlose Wahrheit zu erkennen. Daher war die Auferstehung Jesu nicht der dramatische, umwälzende Akt, als den Athanasius ihn ansah, sondern sie offenbarte nur die Unsterblichkeit der menschlichen Seele.

Es handelte sich um unlösbare Fragen, die weder auf die eine noch auf die andere Weise geklärt werden konnten; dennoch drohte der Streit die Kirche zu entzweien. Konstantin war darüber äußerst empört – er verstand nichts von Theologie und wollte nicht zulassen, daß derlei intellektuelle Streitigkeiten jene Institution entzweiten, die den Zusammenhalt und die Einheit seines Reiches gewährleisten sollte. Anfang des Jahres 325 n. Chr. gewann Athanasius' Partei seine Unterstützung, die Anhänger des Arianismus wurden exkommuniziert, und Konstantin befahl alle Bischöfe der Kirche zu einem Konzil, um die Angelegenheit ein für allemal zu klären. Als Eusebius, einer der prominentesten Bischöfe, im Mai des Jahres 325 n. Chr. in Nicäa eintraf, um am Konzil teilzunehmen, mußte er feststellen, daß er bereits exkommuniziert worden war. Sein Gegenspieler Makarius hingegen, der sich auf die Gewinnerseite gestellt hatte, nahm eine äußerst starke Position ein. Er war überzeugt, daß seine Amtsbrüder einsehen würden, daß sich der Bischof von Aelia, der »Mutter aller Kirchen«, nicht dem häretischen Bischof von Caesarea unterordnen konnte.

Das Konzil von Nicäa verabschiedete ein offizielles Glaubensbekenntnis, in dem sich die theologische Linie des Athanasius durchsetzte, aber das Konzil war nicht in der Lage, inner-

halb der Kirche Frieden zu stiften. Die meisten Bischöfe nahmen hinsichtlich der Auffassungen von Athanasius und Arius
vermutlich eine Mittelstellung ein und empfanden wahrscheinlich beide als zu extrem und exzentrisch. Bis auf zwei mutige
Arianer unterzeichneten jedoch alle Bischöfe auf Druck des
Kaisers das Glaubensbekenntnis, lehrten aber weiterhin wie
bisher. Eusebius hatte das Glaubensbekenntnis zwar unter-
schrieben, aber nach dem Konzil nahm er sofort den Kampf
gegen die Lehrmeinung des Athanasius auf. Er schrieb eine
Abhandlung namens »Theophanie«, in der er seine Auffassung
von Jesus darlegte, und da er Konstantin immer unterstützt
hatte, fand er beim Kaiser Gehör. Im Jahr 327 n. Chr., zwei
Jahre nach dem Konzil, gewann die gemäßigte Partei des
Eusebius die Oberhand, und der Bann gegen Arius wurde
aufgehoben.

Wenn das Konzil von Nicäa im Hinblick auf theologische
»Realpolitik« auch wenig Wirkung zeigte, waren die Auswirkungen auf die Geschichte Jerusalems dennoch weitreichend.
Makarius war es gelungen, aus seiner Position Nutzen zu
ziehen: Der siebte Kanon des Konzils legte fest, daß nach »Sitte
und überkommener Tradition« der Bischof von Aelia eine
Ehrenstellung innerhalb der Kirche einnehmen solle, obwohl
er immer noch dem Metropoliten von Caesarea untergeordnet
blieb. Makarius erreichte nicht alles, was er angestrebt hatte,
aber er hatte in Nicäa einen Vorschlag gemacht, der für den
Status Aelias wesentlich bedeutsamer war als eine ausformu-
lierte Direktive des Konzils, und dies trug zum Sieg der Theologie des Athanasius weitaus mehr bei als das Glaubensbekenntnis, das die Bischöfe widerstrebend unterzeichnet hatten: Makarius bat Konstantin, den Tempel der Aphrodite niederreißen
zu dürfen und das Grab Christi freizulegen, das sich angeblich
darunter befand.

Dieser Vorschlag fand sofort Konstantins Zustimmung, der,
im Herzen immer noch ein Heide, die hochmütige Verachtung,
die Eusebius gegenüber heiligen Stätten an den Tag legte, nicht
teilte. Er wollte Palästina besuchen, und seine Schwiegermut-

ter Eutropia befand sich bereits auf der Reise ins Land der Bibel. Konstantin war außerdem klar, daß sein christliches Reich Symbole und Monumente brauchte, um es historisch zu verankern. Gleichzeitig war Makarius' ungewöhnlicher Vorschlag aber auch sehr riskant. Die überwiegende Mehrheit in Aelia war heidnisch und würde es nicht widerspruchslos hinnehmen, daß einer ihrer Haupttempel zerstört werden sollte. Falls es auf kaiserlichen Befehl geschähe, müßten sie sich beugen, aber der von Hadrian erbaute Tempel hatte zweihundert Jahre an dieser Stelle gestanden. Wie sicher konnten die Christen außerdem sein, daß sich Golgotha und das Grab Jesu tatsächlich unter dem Tempel befanden? Die Heiden in Aelia wären verständlicherweise sehr erzürnt, wenn sie ihren Tempel wegen nichts verlieren würden. Kaiser und Kirche wären unerträglicher Peinlichkeit ausgesetzt, ganz zu schweigen davon, daß ein Mißerfolg bei den Grabungen eine beängstigende Leere im Kern der kaiserlichen Christenheit enthüllen könnte.

Trotzdem gab Konstantin die Erlaubnis zum Abriß, und sofort nach dem Konzil wurde unter Makarius' Leitung mit der Arbeit begonnen. Es gab zwei Baustellen, an denen gleichzeitig gearbeitet wurde. Konstantin hatte angeordnet, daß neben dem Cardo Maximus, der Hauptstraße von Aelia, einige Meter entfernt vom vermuteten Golgotha, ein Bethaus errichtet werden sollte. Dies erwies sich als relativ einfach zu erfüllende Aufgabe. Die zweite war jedoch schwieriger. Der Tempel der Aphrodite mußte abgerissen, die Stützplattform entkleidet und der darunterliegende Grund eingeebnet werden. Diese Unternehmung hatte in zweifacher Hinsicht religiöse Bedeutung. Zum einen: Die Christen suchten unter einer heidnischen Stadt nach den Wurzeln ihres Glaubens. Während der Verfolgungszeit hatte sie der mörderische Haß der Heiden zu der Überzeugung gebracht, die Welt sei gegen sie. Da sie annahmen, sie hätten keine Wohnstatt auf Erden, hatten sie einen jenseitsbetonten Glauben entwickelt. Aber nach Konstantins Thronbesteigung war eine entscheidende Wende eingetreten. Mit diesem Akt heiliger Archäologie würden die irdischen

Wurzeln ihres Glaubens freigelegt werden, und auf diesem Fundament könnten sie aufbauen. Damit nahm eine neue Form christlicher Identität ihren Anfang. Der zweite Aspekt des konstantinischen Programms war weniger positiv. Um ein neues Christentum zu schaffen, mußte das Heidentum vernichtet werden, was sich sehr deutlich in der Zerstörung des Aphroditetempels ausdrückte. Der Abriß nahm den Charakter einer rituellen Reinigung an. Heidentum war »Schmutz«: Jede Spur des Tempels mußte ausgelöscht, der Bauschutt aus der Stadt gebracht und sogar die darunterliegende Erde zu einem »weit entfernten« Ort transportiert werden, denn »sie war von der Besudelung heidnischen Götzendiensts verunreinigt worden«[12]. Die Geburt des neuen Christentums bedeutete die vollständige Auslöschung des Heidentums, dem buchstäblich der Boden entzogen wurde.

Während die Ausgrabungsarbeiten vorangingen, erlebten Makarius und seine Amtsbrüder wahrscheinlich einige unruhige Stunden. Es mußte einfach etwas gefunden werden. Doch es sollte noch zwei Jahre dauern, bis die große Entdeckung gemacht war. Unter der alten Tempelplattform wurde ein Felsengrab freigelegt, das man sofort zur Grabstätte Christi erklärte. Selbst Eusebius, der allen Grund zur Skepsis hatte, hinterfragte dessen Echtheit nicht. Doch obwohl der Fund begierig erwartet worden war, verblüffte er die christliche Welt zutiefst. Eusebius beschrieb das Ereignis als »allen Erwartungen zuwiderlaufend«, und selbst Konstantin fand, daß es »alles Erstaunen übertraf«[13]. Einer der Gründe für die gläubige Hinnahme lag wohl darin, daß das äußere Ereignis so perfekt mit den inneren Erwartungen übereinstimmte, daß es fast mythische Qualität annahm. Dreihundert Jahre zuvor war Jesus aus diesem Grab erstanden. Nun war das Grab selbst genau in dem Augenblick wieder zum Vorschein gekommen, als die Christen eine unerwartete Wiederbelebung ihres Glaubens erfuhren.

Das Felsengrab war in einem alten Steinbruch gefunden worden, der von Hadrians Bauleuten aufgegeben worden war. Nun mußte es aus dem Gestein so freigelegt werden, daß die

Höhle erhalten blieb. Dann mußte ein Rund von etwa fünfunddreißig Metern im Durchmesser herausgeschlagen werden, um den Platz für das Martyrion zu schaffen, das der Kaiser in Auftrag gegeben hatte. Das bedeutete, daß etwa fünftausend Kubikmeter Felsgestein bewegt werden mußten, das hinterher für das Bauwerk benutzt werden konnte. Es war ein gigantisches Werk, das erst lange nach Konstantins Tod fertiggestellt wurde. Viele Jahre blieb das Grab offen liegen, während der Grund für dessen späteren Schrein vorbereitet wurde. Gleichzeitig mit dem Grab wurde der felsige Hügel entdeckt, der Golgotha gewesen sein sollte. Was von diesem Felsen heute noch übrig ist, wird fast vollständig von der Golgothakapelle der Grabeskirche eingenommen; daher ist es schwierig, sich vorzustellen, wie er ursprünglich ausgesehen hat. Ausgrabungen, die 1961 vorgenommen wurden, deuten darauf hin, daß »Golgotha« ein vertikaler Steinblock von etwa zehn Meter Höhe war, der vermutlich in der Ecke der Grube gestanden hatte. An seiner Basis befand sich eine Höhle, die vermutlich lange vor Jesu Zeit als Grab gedient hatte. Konnte diese Steinsäule ein Gedenkstein gewesen sein, ähnlich denjenigen, die im Kidrontal gefunden wurden? Zur Zeit von Jesu Kreuzigung war um den Stein Erde angehäuft worden, um einen Hügel zu bilden, aus dem der Stein wie eine Schädeldecke herausragte und dem Ort seinen Namen gab: Golgotha, die Schädelstätte.

Auf diese Weise hatten die Ausgrabungen nicht nur eine, sondern zwei heilige Stätten ans Licht gebracht: den Hügel, auf dem Jesus gekreuzigt, und das Grab, in dem er beigesetzt worden war. In der Zwischenzeit war Konstantins Basilika fast fertiggestellt. Konstantin wünschte, daß die Kirche die schönste der Welt werden sollte. Keine Ausgaben wurden gescheut, und das Bauwerk wurde von allen Statthaltern der östlichen Provinzen mitfinanziert. Doch der Raum war begrenzt, daher war die Basilika ziemlich klein. Sie kann nicht größer gewesen sein als vierzig auf siebenundzwanzig Meter. Sie besaß fünf Seitenschiffe, von denen eines den Felsen von Golgotha enthielt, und endete in einer halbkreisförmigen Apsis. Für Eusebius – der einzige Zeitgenosse, der seine Eindrücke festgehalten hat – war die Basilika von staunenswerter Schönheit:

> Die Innenflächen des Baus waren mit buntfarbigen Marmorplatten bedeckt, die Wände aber waren verziert mit fein polierten Steinen . . . Die Innenseite des Daches dagegen war aus künstlich geschnitzten Feldern zusammengesetzt und dehnte sich mit ihren aneinanderstoßenden Füllungen wie ein unübersehbares Meer über die ganze Basilika aus; ganz mit glänzendem Golde überdeckt, bewirkte sie, daß der ganze Tempel davon widerstrahlte.[14]

Die Basilika des heiligen Konstantin sollte auch als Martyrion bekannt werden, denn sie war »Zeugin« von Christi Auferstehung.

So wurde der Gläubige, Stufe für Stufe, ganz ähnlich wie im alten jüdischen Tempel, durch ein sehr komplexes Gebäude zum Grab herangeführt, das nun das Allerheiligste darstellte (siehe Diagramm). Besucher betraten das Martyrion vom Cardo Maximus aus, der Hauptverkehrsader des heidnischen Aelia. Die drei Türen blieben einen Spalt offenstehen, so daß Fremde einen Blick auf die Herrlichkeit der Kirche werfen konnten und zum Eintreten bewegt wurden. Bevor sie die Kirche betraten, mußten sie einen Hof durchqueren, der wiederum eine weitere Stufe auf dem Weg ins Innere darstellte. Alle westlichen Türen der Basilika öffneten sich auf den großen Hof vor dem Grab, der große Pilgerscharen aufnehmen sollte. In Erinnerung an den Garten, in dem die Frauen als erste den erstandenen Christus gesehen hatten, war ein Garten angelegt worden. Konstantin hatte den Mittelpunkt des römischen Aelia in einen christlichen heiligen Ort umgewandelt. Neben dem Forum von Aelia hatte er ein neues Jerusalem erbaut. Bis dahin hatte Aelia auf der geistigen Landkarte der meisten Heidenchristen nicht existiert, und die dortige Kirche hatte sich in einer Randlage im hauptsächlich unbewohnten Vorort auf dem Berg Sion befunden. Nun hatte Konstantin den hohen

Heute überdeckt ein kunstvoller Schrein die Überreste des Felsens von Golgotha in der Grabeskirche. Durch die Entdeckung dieser Reliquie erfuhr die Kreuzigung Jesu eine ganz neuartige Aufmerksamkeit bei den Christen.

Stellenwert des neuen Glaubens im Reich demonstriert. Es war eine Tat, die die Phantasie der Christen sofort fesselte. Sobald das Grab entdeckt und die herrliche Basilika erbaut war, begannen Christen eigene Mythen zu entwickeln, die den Ort in den Mittelpunkt ihrer Spiritualität rückten. Sie erinnerten sich an die alte jüdisch-christliche Überlieferung, daß Adam auf Golgotha begraben worden sei. Bald glaubten sie auch, daß Abraham Isaak dort zur Opferung angebunden habe. Der neue christliche heilige Ort begann zu derselben Art von Glaubensinhalten und Legenden anzuregen wie der alte jüdische Tempel. Er war ein symbolisches »Zentrum« geworden, wo die göttliche Kraft auf einzigartige Weise mit der vergänglichen Welt der Menschen in Verbindung getreten war. Er repräsentierte einen neuen Anfang für die Menschheit, die Erfüllung der

Religion Abrahams und eine neue Ära innerhalb der christlichen Geschichte.

Doch die Christen hatten geglaubt, diese Art von Frömmigkeit überwunden zu haben. Sie hatten stolz verkündet, ihr Glaube sei rein geistiger Natur und hänge nicht von Tempeln und heiligen Orten ab. Die erstaunliche Reaktion auf die Entdeckung des Heiligen Grabes zeigt, daß der Mythos vom heiligen Raum tief in der menschlichen Psyche verankert ist.

Eigentlich hätte niemand der Idee von heiligen Räumen mehr abgeneigt sein müssen als Eusebius, aber die Entdeckung des Grabes schien ihn im Innersten seines Wesens berührt zu haben, so daß er gezwungen war, einige seiner früheren Auffassungen zu revidieren. Da er inzwischen bei Konstantin wieder in Gnaden stand, kam ihm die Aufgabe zu, die erstaunlichen Ereignisse zu interpretieren. Und dabei griff er auf die Art von mythologisierender Sprache zurück, die er bis dahin abgelehnt hatte. Die Bedeutung des Fundes ließ sich nicht in rationaler Begrifflichkeit einfangen, sondern nur in der überkommenen Bilderwelt, die die verborgene Wirkungsweise der Seele ausdrückte. Das Grab war eine Art Offenbarung: eine physische Erscheinung von zuvor Verborgenem und Unzugänglichem. Es zeigte erneut das Wunder von Christi Auferstehung, die Eusebius nun als Sieg über die Mächte der Finsternis erschien, ganz ähnlich wie es in den alten Kampfmythen beschrieben worden war:

> Die heiligste Grotte bot ein vollkommenes Nachbild der Auferstehung des Erlösers dar. Denn nachdem sie (wie jener) im Dunkel der Erde verborgen gewesen, trat sie wieder ans Licht und lieferte denen, welche sie zu sehen kamen, einen deutlichen geschichtlichen Beweis von den Wundern, die sich hier zugetragen haben.[15]

Die Zerstörung des Aphroditetempels war zweifellos ein Triumph über die Mächte des Bösen, denn er war »ihrer ausschweifenden Göttin Venus« geweiht gewesen, »ein dunkler

Schlupfwinkel voller toter Götzenbilder«. Greueltaten waren dort verübt worden, »auf unheiligen, fluchbeladenen Altären« waren »schmutzige Opfer dargebracht worden«. Aber der Gott des Lichts, der die Herzen der Menschen erhellt, hatte Konstantin dazu inspiriert, eine *katharsis* dieses Schmutzes anzuordnen.

> Auf Befehl des Kaisers wurde das Werk des Truges von
> Grund auf zerstört, und die Gebäude der Verführung samt
> den Götzenbildern wurden niedergerissen und vernichtet.[16]

In dem Grab vergegenwärtigte sich erneut die gesamte christliche Erfahrung, denn seine Entdeckung war gleichzeitig eine Offenbarung, eine Auferstehung und ein Sieg der Kräfte des Lichts. Bis dahin hatte Eusebius die Auferstehung in wesentlich gelassenerer Begrifflichkeit beschrieben, doch jetzt nahm sie bei ihm ähnlich dramatische Züge an wie in der Theologie des Athanasius.

Der Felsen von Golgotha scheint Eusebius jedoch nicht sonderlich interessiert zu haben, da er ihn an keiner Stelle erwähnt. Doch der Anblick des Grabes, das kurz zuvor aus dem Hügel freigelegt worden war, berührte ihn zutiefst. Er war ergriffen von dessen einsamer Lage – »allein in flachem Land« – und von der Tatsache, daß kein anderer Leichnam dort je bestattet worden war.[17] Dies war ein Zeichen für die Einzigartigkeit des Sieges Christi: Beim Anblick des Grabes wurden ihm die Ereignisse von Christi Leben auf eine ganz neue Weise lebendig. Wenn wir uns den Ort nicht vorstellen können, an dem uns etwas widerfahren ist, ist es sehr schwierig, uns detailliert an das Ereignis zu erinnern. Der Anblick des Ortes jedoch schloß die Kluft zwischen Vergangenheit und Gegenwart auf eine Weise, die durch bloßes Hörensagen nicht möglich war. Eusebius stellte fest, daß das tatsächliche Grab »lauter redete als alle Worte«[18]. Andere Christen fanden, daß es der Inkarnationslehre des Athanasius Sinn verlieh. Statt hinter der menschlichen Erscheinung Jesu das Göttliche zu erkennen, wie Eusebius geraten hatte, wollten sie die Orte, an denen er gelebt hatte, real erfahren, um festzustellen, daß Jesus, der Mensch, ein machtvolles Symbol der Verbindung Gottes mit der Welt war.

Doch Eusebius hatte seine Ansichten nicht vollständig revidiert. Jerusalem war weiterhin Aelia für ihn; der heidnischen Stadt haftete nichts Heiliges an, und es war »nicht nur falsch, sondern gottlos«, sich derlei vorzustellen:

> (Es war ein) Zeichen außerordentlich niedrigen und beschränkten Denkens.[19]

Der Name Jerusalem bezog sich nur auf das Grab und auf Konstantins neue Bauwerke auf dem Westhügel. Der Rest der Stadt war profan und schuldbeladen wie zuvor. Eusebius bezeichnete Konstantins Bauwerke als »das *neue* Jerusalem«, weil sie »über und gegen das alte gebaut« worden waren.[20] Es unterschied sich vollkommen von der alten jüdischen Stadt, die von Christus verflucht worden war. Tatsächlich verhalf das neue Jerusalem den Christen zu einem neuen Standpunkt, der die Niederlage des Judentums ins Blickfeld rückte. Auf den höchsten Gipfeln des Westhügels gelegen, erhob sich das Martyrion über den geschändeten Tempelberg. Es war ein bildhafter Ausdruck des Triumphs des neuen Glaubens, der sich kaiserlicher Unterstützung erfreute, während das Judentum von der Karte Aelias getilgt war. Insofern sah sich Eusebius durch die Errichtung des neuen Jerusalem bestätigt. Das Christentum war aus der Verborgenheit getreten und schlug Wurzeln in der irdischen Welt. Gemeinsam mit den anderen Institutionen des Reiches nahm es seinen Platz ein und erwarb sich eine vollkommen neue Identität. Das neue Jerusalem spielte innerhalb dieses Prozesses eine wichtige Rolle. Doch dieses neue christliche Selbstverständnis basierte auf einer feindseligen Ablehnung der älteren religiösen Traditionen, und dies fand in Aelia sichtbaren Ausdruck. Das neue Jerusalem war »gegen« seine vormaligen Bewohner errichtet worden. Seine Errichtung hatte zu

gewaltsamer Zerstörung heidnischer Religion, der Verteufe-
lung älterer Traditionen und der Verachtung des Judentums
geführt, dem man sich überlegen fühlte. Die Christen wollten
sicherstellen, daß keine Juden mehr in Jerusalem wohnen durften, solange sie dort das Sagen hatten. Der alte Bann wurde aus
den kaiserlichen Gesetzbüchern nicht getilgt. Obwohl das
Christentum nicht mehr unterdrückt wurde, zeigte es sich
weiterhin in kampfbereiter Abwehrhaltung gegenüber seinen
Rivalen. Verfolgung macht die Opfer nicht immer mitfühlend.
Von Anfang an bedeutete das neue Jerusalem nun Ausschluß
und Verunglimpfung anderer – eine Einstellung, die sich von
der jesuanischen Ethik der Barmherzigkeit und des Mitgefühls
grundlegend unterschied.

Aus diesem Grund war Aelia für Eusebius weiterhin hoffnungslos »verseucht«, sowohl vom Judentum wie vom Heidentum. Er schenkte auch den neuen »heiligen Stätten« auf
dem Berg Sion keine Beachtung und hat vielleicht seinen Einfluß auf Konstantin geltend gemacht, damit diesen keine kaiserliche Unterstützung zuteil wurde. Denn sie besaßen zu
große Bedeutung für seinen Rivalen Makarius: Der Bischof
von Aelia hatte zwar die Grabungen mit der Folge der Entdek-
kung des Heiligen Grabes in Gang gebracht, aber in den folgenden Jahren gelang es Eusebius, daß auch *seine* Theologie
bei der Christianisierung Palästinas Berücksichtigung fand.
Als daher Eutropia, Konstantins Schwiegermutter, das Land
besuchte, hatte Eusebius als Metropolit die Ehre, sie zu den
heiligen Stätten zu führen. In Mamre, in der Nähe von Hebron,
machte er sie auf die zweifelhaften Rituale aufmerksam, die an
dem Ort stattfanden, an dem Abraham Gott erschienen war.
Wie bereits erwähnt, spielte Abraham in Eusebius' Theologie
eine Schlüsselrolle, und die Feiern, bei denen Juden, Christen
und Heiden gemeinsam am Ort des heiligen Eichenbaums des
Patriarchen gedachten, entsetzten ihn. Eutropia mußte dem
Kaiser von diesen heillosen synkretistischen Versammlungen
berichten, und zwar auf eine Weise, die Makarius in Schwierigkeiten bringen würde. Da sich Mamre in Makarius' Sprengel

befand, schrieb ihm Konstantin einen strengen Brief, in dem er ihn für diese »unheiligen Beschmutzungen« tadelte, die an dem Ort stattfanden, an dem der Logos zum erstenmal in der Welt erschienen war. Der Brief zeigt, daß Konstantin bereits unter dem Einfluß von Eusebius' Theologie stand: Mamre war der Ort, an dem die Religion des Logos begründet worden war: »Dort hat die Einhaltung des heiligen Gesetzes ihren Anfang genommen; dort hat sich gnädig der Retter mit zwei Engeln Abraham gezeigt.«[21] Neben Abrahams Altar, neben seinem Brunnen und Eichenbaum wurde vom Kaiser, den Eusebius als neuen Abraham gepriesen hatte, eine neue Basilika erbaut.

Konstantin wollte eigentlich selbst Palästina besuchen, wurde aber von den anhaltenden Erschütterungen durch den Arianismus davon abgehalten. Statt dessen schickte er seine Mutter, die verwitwete Kaiserin Helena Augusta. Helenas »Pilgerfahrt« ins Heilige Land gilt innerhalb der christlichen Legende als ein Akt persönlicher Frömmigkeit, aber in Wirklichkeit war ihre im Jahr 326 n. Chr. unternommene Reise in die östlichen Provinzen eine Demonstration kaiserlicher Präsenz, die mit großem Pomp in Jerusalem endete. Wie Hadrian nutzte Konstantin diese Reise, um seine ganz persönliche Auffassung des Römischen Reiches deutlich zu machen: Der Anblick der bejahrten Kaiserwitwe und ihres riesigen Hofstaats, die an den heiligen Stätten des Christentums beteten, war ein mächtiges Symbol für Konstantins christliches Rom. Hadrian hatte Tempel, Stadien und Aquädukte gebaut: Aelia Capitolina war ein Geschenk an sein Volk in Palästina. Helena stiftete neue Kirchen. Sie war während der Planung des Martyrions und der Freilegung des Heiligen Grabs eingetroffen. Vielleicht war sie sogar anwesend, als 327 n. Chr. das Grab entdeckt wurde. Wiederum fiel Eusebius wahrscheinlich die Aufgabe zu, Helena durch Palästina zu begleiten, und der Standort der beiden Kirchen, die die Kaiserin in Auftrag gab, geht vielleicht auf ihn zurück. Die beiden Höhlen – die eine in Bethlehem, die andere am Ölberg – hatten ihn schon immer beeindruckt, weil sie die Orte der Erscheinung des inkarnierten Logos waren. Die

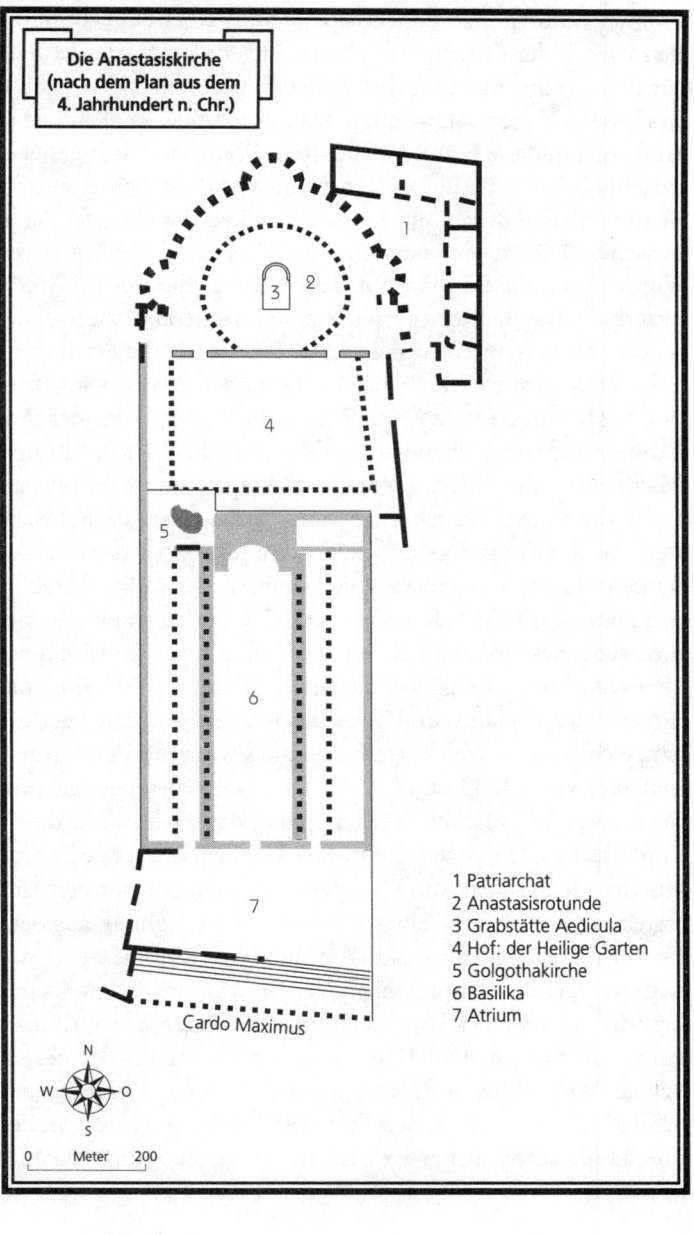

**Die Anastasiskirche
(nach dem Plan aus dem
4. Jahrhundert n. Chr.)**

3

2

4

5

6

7

Cardo Maximus

1 Patriarchat
2 Anastasisrotunde
3 Grabstätte Aedicula
4 Hof: der Heilige Garten
5 Golgothakirche
6 Basilika
7 Atrium

N
W   O
S

0   Meter   200

Höhlen verkörperten daher seine Sicht der Sendung Jesu, die den Zweck der Offenbarung hatte. Helena hegte Sympathien für den Arianismus und war vielleicht gegenüber den Lehren des Eusebius aufgeschlossen. Jedenfalls gab sie zwei Kirchen in Auftrag, um diese Höhlen zu heiligen. Wahrscheinlich gefiel es Eusebius, daß in Bethlehem eine heilige Stätte errichtet wurde, denn es hieß, daß sich die Aufmerksamkeit der Christen nicht ausschließlich auf Aelia und das neue Jerusalem konzentrieren würde. Von der Basilika auf dem Ölberg, die siebzig Meter unterhalb des Gipfels erbaut und als »Eleona« bezeichnet wurde, hatte man einen herrlichen Blick über die Stadt.

Helenas Besuch war bald von Legenden umwoben. Mitte des 5. Jahrhunderts n. Chr. neigten die Christen zu der Annahme, daß wahrscheinlich sie – und nicht Konstantin und Makarius – die Überwachung der Ausgrabungsarbeiten auf Golgotha innehatte. Es wurde auch behauptet, sie habe die Reliquie des Kreuzes gefunden, an dem Jesus gestorben war. In seinem Bericht von Helenas Palästinareise erwähnt Eusebius den Fund des Wahren Kreuzes nicht. Wir besitzen keine zeitgenössische Beschreibung dieser archäologischen Entdeckung, aber seit 390 n. Chr. gehört die Kreuzesreliquie zweifellos zum Jerusalemer Bestand, und Teile des Kreuzes wurden über die ganze christliche Welt verteilt. Sie muß während der Ausgrabungen zwischen 325 und 327 n. Chr. zum Vorschein gekommen sein, und es ist durchaus möglich, daß Helena mit dieser Entdeckung zu tun hatte. Im frühen 4. Jahrhundert n. Chr. war aus christlicher Sicht die Kreuzigung untrennbar mit der Auferstehung verbunden. Christi Tod und Auferstehung aus dem Grab galten als zwei Aspekte des einen Mysteriums. Aber wie wir im folgenden Kapitel sehen werden, galt die Aufmerksamkeit der Jerusalemer Urgemeinde im besonderen der Kreuzigung, und der qualvolle Tod Jesu trat innerhalb der christlichen Vorstellungswelt zunehmend in den Vordergrund. Schließlich erinnerte man sich an die Entdeckung des Grabes überhaupt nicht mehr; wesentlich wichtiger wurde die Legende von Helenas Fund des Wahren Kreuzes.

Vor den Ausgrabungen auf Golgotha hatte es keine Pilgerfahrten nach Jerusalem gegeben, aber nachdem das Grab freigelegt war, trafen Pilger aus allen Teilen des Römischen Reichs
ein, sogar aus dem weit entfernten Westen. Der erste Pilger, der
einen Bericht seiner Fahrten hinterließ, kam 333 n. Chr. aus
Bordeaux, und seine lange Reise wurde durch die Militärstra-
ßen erleichtert, die nun den Westen mit der kaiserlichen
Hauptstadt Konstantinopel verbanden. Die Pilgerfahrt muß
ein erstaunliches Erlebnis gewesen sein, aber der lakonische
Bericht des Pilgers vermittelt wenig Einblick in dessen Gefühle.
Es handelt sich ausschließlich um eine Aufzählung biblischer
Orte und der damit verbundenen Ereignisse. Nur darauf konzentrierte sich der Pilger. Die großen Monumente der klassischen Antike interessierten ihn nicht. Seine Reiseführer mögen
Juden gewesen sein, denn viele der Orte, die er besuchte,
standen in Verbindung mit Begebenheiten, die im Alten Testament erwähnt werden, das nun christlicherseits so bezeichnet
wurde, und einige der Sagen, die er anführt, sind nur in jüdischer Tradition bekannt. Pilgerfahrten waren innerhalb des
Christentums noch etwas ganz Neues, und die frühen Pilger
waren wahrscheinlich auf jüdische Einwohner Palästinas angewiesen, bevor sie eigenen Routen folgten. Gleichzeitig war
der Pilger aus Bordeaux am irdischen Leben Jesu wenig interessiert: Er durchquerte Galiläa, aber er besuchte weder Nazareth
noch Kapharnaum. Statt dessen begab er sich schnurstracks
nach Jerusalem und dort zuerst auf den Tempelberg, wobei er
nur beiläufig vom dortigen heidnischen Heilkult Notiz nahm,
der am Bethesdateich noch immer betrieben wurde.

Dieser Pilger liefert die erste Beschreibung des Tempelbergs
seit dem Jahr 70 n. Chr. Er war im Lauf der Jahre ein ziemlich
gespenstischer, düsterer Ort geworden. Dort befinde sich eine
Krypta, berichtet der Pilger, wo Salomo von Dämonen gepei-
nigt worden sein soll, und an der Stelle des Tempels selbst
befänden sich Blutstropfen von Sacharja, der dort während der
Verfolgung durch König Joas getötet worden sei.[22] Die Einkerbungen der Nägel, die jüdische Soldaten eingeschlagen hatten,

könne man noch immer sehen. Im christlichen Denken war der verlassene Tempelberg untrennbar mit der Gewalt und dem Abfall des jüdischen Volkes verbunden. Der Pilger beschreibt auch die jüdischen Trauerfeierlichkeiten, die noch immer am 9. Ab abgehalten wurden. Nicht weit entfernt von den zwei Statuen Hadrians, berichtet er, »befindet sich ein perforierter Stein *(lapis perfusus)*, zu dem jedes Jahr die Juden kommen, um ihn zu salben, während sie sich beweinen; sie zerreißen ihre Kleider und verlassen daraufhin den Ort«[23]. Der Pilger ist der einzige, der diesen Stein erwähnt. Bezog er sich auf den vorstehenden Felsen oberhalb von Herodes' Plattform, der heute vom muslimischen Felsendom umschlossen ist? Wurde dieser Fels, der in der Bibel nicht erwähnt wird, inzwischen mit dem Grundstein *(even shentijah)* im Debir in Verbindung gebracht, den die Rabbiner erwähnen? Oder war dieser Stein nur ein Stück zerbrochenen Bauwerks? Möglicherweise wurde der Pilger, der die jüdischen Zeremonien nicht aus eigener Anschauung kannte, einfach falsch informiert.

Aber die Christen begannen nun, den Ort mit den Bildern ihrer eigenen Vorstellung auszustatten: Der Pilger bemerkte an der südöstlichen Ecke der Plattform einen kleinen Turm, den er als »Zinne des Tempels« bezeichnete, und dort sei Jesus vom Satan versucht worden.[24] In diesem Turm befand sich ein Raum, in dem Salomo angeblich das Buch der Sprüche verfaßt hatte, und einige Zeit danach wurde dieser Ort mit dem Martyrium Jakobus' des Gerechten in Verbindung gebracht. Vom Tempelberg aus begab sich der Pilger am Siloateich vorbei in das christliche Gelände Aelias. Auf dem Berg Sion wurde ihm das Haus des Kaiphas gezeigt, des weiteren die Säule, an der Christus gegeißelt worden sei, und »Davids Palast«. Er sah auch eine »Synagoge«, die vielleicht eine Ruine aus den Tagen war, als Juden in diesem Vorort gelebt hatten, oder der Pilger bezog sich auf das Haus, in dem sich das »Obergemach« befand.[25] Nachdem er die Innenstadt betreten hatte, entdeckte er im Tyropöontal eine Ruine, die er für das Prätorium hielt, in dem Pilatus sein Urteil über Jesus gesprochen hatte. Dann begab er sich nach Golgotha, wo sich Konstantins Basilika noch im Bau befand: Der »kleine Hügel Golgotha, wo der Herr gekreuzigt wurde«, und das Grab (Krypta) waren noch nicht überbaut.[26] Der Pilger zeigte keinerlei Gefühle, als er das neue Jerusalem sah. Beeindruckend ist allerdings die ungeheure Anstrengung, die er unternahm, um ins Heilige Land zu gelangen, das sich zu einem Anziehungspunkt der Christen bis von der anderen Seite der bekannten Welt entwickelt hatte.

Im September des Jahres 335 n. Chr. war Konstantins Basilika auf dem Golgotha schließlich fertiggestellt, und die Bischöfe aller Sprengel der östlichen Provinzen sowie wichtige kaiserliche Würdenträger wurden nach Aelia gerufen, um sie in großem Rahmen einzuweihen. Am 17. September feierte Konstantin den dreizehnten Jahrestag seiner Thronbesteigung, indem er das neue Jerusalem einweihen ließ. Zum erstenmal waren das Martyrion und dessen Höfe mit einer erlesenen Pilgerschaft angefüllt. Die Christen bildeten in Aelia wahrscheinlich immer noch eine kleine Minderheit; das neue Jerusalem war einfach nur eine kleine Enklave in einer heidnischen Stadt, und all die anderen neuen heiligen Stätten befanden sich außerhalb der Stadtmauern; aber die Einweihung war als höchst politischer Akt ausgewiesen, und es war klar, daß das Christentum die zukünftige Religion Roms werden würde.

Eusebius war einer der vielen Bischöfe, die an diesem Tag predigten, und er nutzte die Gelegenheit, um seine theologische Linie darzulegen. Äußerst geschickt versicherte er dem abwesenden Kaiser, daß seine Erfahrung des Christentums nicht unvollständig sei, weil er nicht nach Aelia hatte kommen können. Der Logos könne ihm in Konstantinopel genauso begegnen wie im neuen Jerusalem. Während seiner ganzen Predigt beharrte er darauf, daß der Logos in die Welt gekommen sei, um die Menschheit von der Fixierung auf die Welt der sichtbaren Erscheinungen zu befreien. Athanasius war kurz zuvor abgesetzt und vertrieben worden, und Eusebius glaubte, daß seine gemäßigte Partei den Sieg davongetragen habe. Das Grab war zweifellos ein heiliger Ort und bewegte die christlichen

Gemüter stark, aber die Christen sollten keinen Fetisch aus. diesem Fund machen oder ihn vergötzen. Sie sollten immer jenseits der irdischen Symbole auf die geistig-religiöse Wahrheit sehen.

Aber Eusebius war inzwischen ein alter Mann. Seine Sicht des Christentums und Jerusalems war 313 n. Chr., als er Bischof von Caesarea wurde, die allgemein übliche gewesen, aber das Leben der Christen hatte sich in der Zwischenzeit vollkommen verändert. Bereits eine ganze Generation war herangewachsen, die keine Verfolgung mehr kannte und auch nicht mehr die baldige Wiederkunft Christi erwartete. Sie fühlte sich heimisch im Römischen Reich, und dies veränderte notgedrungen auch die religiösen Auffassungen. Man wollte nun Gott auf Erden begegnen, statt sich endlos um überirdische Dinge zu bemühen. Die Inkarnationstheologie eines Athanasius kam ihnen daher mehr entgegen als die rein spirituell ausgerichtete Lehre des Eusebius. Zwar bevorzugten einige noch immer die Lehren von Arius und Eusebius, aber es kam zu einer eindeutigen Verlagerung in Richtung der Auffassungen des Konzils von Nicäa. Nachdem Eusebius 340 n. Chr. gestorben war, folgte ihm ein glühender Arianer auf dem Bischofssitz von Caesarea; Makarius jedoch wurde von Maximus, einem treuen Athanasianer, als Bischof von Aelia ersetzt. Eine seiner ersten Taten bestand darin, die alte Kirche auf dem Berg Sion, das »Obergemach«, zu renovieren. Er erhielt keine kaiserlichen Mittel und mußte die Bauarbeiten selbst finanzieren; daher war die neue Basilika, verglichen mit den herrlichen Bauwerken Konstantins, sehr bescheiden. Aber die Basilika auf dem Sion wurde zunehmend bedeutender. Hier hatte nach der Überlieferung Jesus mit den Jüngern das Abendmahl gefeiert, hier hatte er die Eucharistie eingesetzt, und hier war er als Auferstandener erschienen. Vor allem war hier der Heilige Geist über die Apostel gekommen, daher war das »Obergemach« die Geburtsstätte der Kirche und die »Mutter aller Kirchen«.

Dieser Meinung war jedenfalls Cyrill, der 349 n. Chr.

Bischof von Aelia wurde. Die Erscheinung des Heiligen Geistes an Pfingsten »hier in der Stadt Jerusalem« gebe der dortigen Kirche »Vorrang in allen Dingen«[27]. Diese Sicht vertraten auch die folgenden Bischöfe von Aelia. Cyrill gehörte zur neuen Generation der Christen. Er war fünf Jahre alt gewesen, als das Heilige Grab freigelegt wurde, und er fand es vollkommen natürlich, Jerusalem als »heilige Stadt« zu bezeichnen. Christus war auf die Erde herabgekommen und hatte in der Nähe Bethlehems Fleisch angenommen, auf Golgotha hatte er die Welt erlöst, er war vom Ölberg in den Himmel aufgestiegen und hatte den Jüngern den Heiligen Geist in das »Obergemach« geschickt. Wie konnte die Stadt nicht heilig sein, wenn sie Zeugin des Erlösungswerks war? Wegen der Kreuzigung Jesu traf die Stadt keine Schuld: Das Kreuz war keine Schande und keine Erniedrigung, sondern die »Herrlichkeit« und die »Krone« Jerusalems.[28] Eusebius hatte dazu tendiert, das Kreuz zu ignorieren, aber Cyrill erkannte im leiblichen Tod Jesu ein entscheidendes Ereignis von ganz eigener Bedeutung. Das Kreuz war der Grund der Errettung, das Fundament des Glaubens, das Ende der Sünde. Gott hatte den Tempel, nicht die Stadt abgelehnt; nicht Jerusalem hatte er verdammt, sondern die Juden. Cyrills neue Theologie enthielt immer noch die alte Ablehnung und Zurückweisung und gab beidem eine beunruhigende neue Wendung. Für ihn war Jerusalem nicht die schuldbeladene Stadt: Er verlagerte die Last der Schuld einfach von der Stadt auf die Schultern der Juden.

Im Gegensatz zu Eusebius glaubte Cyrill, daß die menschliche Erscheinung Jesu von religiöser Bedeutsamkeit war. Es gab keinen Grund, sie weniger zu schätzen und sich nur dem Logos zuzuwenden. Indem er menschliche Gestalt annahm, hatte sich Gott freiwillig und auf immer mit der Menschheit verbunden. Im Menschen Jesus offenbarte Gott seine ewige Liebe zu seinen Geschöpfen. Es bestand keine Notwendigkeit, die physische Welt abzulehnen; im Gegenteil, sie war tatsächlich dienlich bei der Suche nach Gott. Daher glaubte Cyrill, daß die heiligen Stätten Jerusalems – er nannte es nie »Aelia« – die

Christen in Verbindung mit dem Göttlichen bringen konnten. Hier waren die Plätze, wo Gott die Welt berührt hatte, also wohnte ihnen geistige Kraft inne. Sie verhalfen Christen zu einer Erfahrung Gottes, indem sie zumindest die räumlichen, wenn auch nicht die zeitlichen Barrieren zwischen ihnen und dem Leben Christi aufhoben. Cyrill betonte gerne, daß die »Ereignisse der Erlösung in der Stadt« stattgefunden hatten, »in der wir jetzt leben«[29]. Der Heilige Geist war an Pfingsten vor dreihundert Jahren erschienen, aber »unter uns« in Jerusalem.[30] Wenn Christen in Kontakt mit Gegenständen kamen, die Jesus berührt hatte – dem Kreuz, dem Grab, dem Boden, auf dem sie standen –, hatten sie über die Jahrhunderte hinweg eine Verbindung mit dem Erlöser hergestellt. »Andere hören nur«, sagte Cyrill gern, »wir aber sehen und berühren.«[31] Indem sie buchstäblich in Jesu Fußstapfen traten, wurden für die Pilger die vergangenen Ereignisse von Jesu Leben gegenwärtige Realität. Natürlich war Christus nicht auf einen bestimmten Ort beschränkt; Christen konnten überall auf der Welt seine Gegenwart verspüren, aber ein Besuch an den heiligen Stätten ermöglichte ihnen Teilhabe an einem Raum, der immer noch von göttlicher Gegenwart erfüllt war.

Das neue Jerusalem bereitete den Juden ganz offensichtlich Kummer. Eine kleine Gruppe von Eiferern mag versucht haben, die Errichtung christlicher Bauwerke im Heiligen Land zu verhindern.[32] Es erschien ihnen ungeheuerlich, daß ein Abtrünniger des jüdischen Glaubens jetzt kaiserliche Unterstützung haben sollte. Die Juden hatten den Bau von Aelia Capitolina mit großem Schmerz verfolgt, aber seitdem hatten sie sich mit einigen Kaisern angefreundet, und es war durchaus denkbar, daß die Römer ihnen erlauben würden, den Tempel wiederzuerrichten. Aber diese neuen christlichen Bauwerke in und um Jerusalem schufen Fakten, die es für einen zukünftigen Kaiser sehr schwierig, wenn nicht unmöglich machen würden, Jerusalem dem jüdischen Volk zurückzugeben. Konstantin hatte sogar in Galiläa ein Bauprogramm begonnen, wo die Juden in der Mehrzahl waren, und in Sepphoris, Tiberias,

Theologische Anschauungen, wie Cyrill sie vertrat, begründeten die griechisch-orthodoxe Verehrung für Jerusalem, die bis zum heutigen Tag anhält. Jerusalem war nicht mehr die schuldbeladene Stadt: Das Kreuz wird nun als »Herrlichkeit« und »Krone« der christlichen Heiligen Stadt angesehen.

Kapharnaum und Nazareth hatte eine starke Missionstätigkeit eingesetzt. Einige Juden waren verzweifelt, andere hofften auf den Messias. Die meisten Rabbiner jedoch predigten weiterhin Mäßigung. Sie erinnerten ihr Volk an die Katastrophen, die in der Vergangenheit über die jüdische Nation hereingebrochen waren, als sie gegen Rom rebelliert hatte. Diese seltsame Vorliebe des Kaisers für das Christentum könne nur eine vorübergehende Begeisterung darstellen.

Doch unter den christlichen Kaisern verschlechterte sich die Stellung der Juden weiter. Konstantin hatte keine neuen Maßnahmen getroffen, um das jüdische Volk zu unterdrücken, aber nach seinem Tod 337 n. Chr. erließen seine Nachfolger neue Gesetze, die Ehen zwischen Juden und Christen untersagten und Juden verboten, Sklaven zu halten – eine Verfügung, die darauf abzielte, die jüdische Wirtschaft zu schädigen. Im Jahr 351 n. Chr. revoltierten in Sepphoris, Tiberias und Lydda

Juden, aber die Römer unterdrückten den Aufstand, ohne Blut zu vergießen. 353 n. Chr. jedoch erließ Konstantin II. neue Gesetze, die Christen verboten, zum Judentum überzutreten, und die die Juden in den offiziellen Verlautbarungen des Reiches als »wild«, »scheußlich« und »blasphemisch« beschrieben.[33] Jesus hatte eine Religion der Liebe und Vergebung gepredigt, aber nun, nachdem die Christen an der Macht waren, begannen sie die Juden als Feinde der Gesellschaft zu stigmatisieren, sie an den Rand zu drängen und zu genau den Ausgestoßenen zu machen, die sie selbst einst gewesen waren.

Die Lage der Juden erschien hoffnungslos. Die Christen hatten deren Schriften übernommen, bezeichneten sich als das Neue Israel und begannen sich nun mit Hilfe eines kaiserlich unterstützten Bauprogramms die heilige Stadt der Juden anzueignen. »Warum nehmt ihr, was unser ist?« fragte ein Jude in einem Streitgespräch mit Christen. »Und warum eignet ihr es euch an?«[34] Dann schien plötzlich Rettung in Sicht. 361 n. Chr. starb Konstantin II., und sein Neffe Julian, der das Christentum verabscheute und leidenschaftliche Loyalität gegenüber der alten heidnischen Religion empfand, folgte ihm auf dem Thron. Der neue Kaiser hatte vollkommen andere Pläne mit Jerusalem.

10

Die christliche Heilige Stadt

Am 19. Juli 362 n. Chr. trafen jüdische Abgeordnete aus Syrien und Kleinasien – offensichtlich aber niemand aus dem Patriarchat in Tiberias – in Antiochia zu einer Unterredung mit Kaiser Julian ein. Sie waren im Rahmen von Julians großem Plan für das Reich einberufen worden. Julian war der Ansicht, die Menschen sollten zum Glauben ihrer Väter zurückkehren und die »neumodische« Religion des Christentums aufgeben, die so respektlos mit den heiligen Traditionen der Vergangenheit gebrochen hatte. Im ganzen Kaiserreich sollte dem einen Gott, dem Höchsten Wesen, geopfert werden, das unter vielen Namen verehrt wurde: Zeus, Helios oder Gott der Höchste, wie er manchmal in den jüdischen Schriften genannt wurde. In jeder Region hatte Julian in seiner Funktion als Pontifex maximus heidnische Priester eingesetzt, um gegen die Bischöfe vorzugehen; Städte, die sich nie dem Christentum ergeben hatten, erhielten bestimmte Privilegien, und Christen wurden allmählich aus öffentlichen Ämtern entfernt. Julian war als Christ erzogen worden, hatte den neuen Glauben aber hassen gelernt, da er ihn als vollkommen unvereinbar mit den geheiligten Traditionen Roms ansah. Er war auch mit einigen Aspekten des Judentums nicht einverstanden, aber er bewunderte die Treue der Juden gegenüber ihrer althergebrachten Religion. Einer seiner Lehrer hatte ihn gelehrt, daß kein Gebet Gott erreiche, wenn es nicht mit einem Opfer verbunden sei, doch die Juden waren nicht mehr in der Lage, ihre überlieferten Rituale durchzuführen. Dadurch konnte dem Reich Schaden entstehen, dessen Wohlergehen von der Gunst Gottes abhing.

Als die jüdischen Ältesten vor ihm standen, fragte sie Julian daher, warum sie Gott nicht mehr gemäß dem mosaischen Gesetz opferten. Den Grund dafür kannte er sehr wohl, aber ganz bewußt wollte er den Juden Gelegenheit geben, die Wiederherstellung ihres Kults zu erbitten. Folgerichtig antworteten die Ältesten: »Unser Gesetz verbietet uns, außerhalb der Heiligen Stadt zu opfern. Wie könnten wir es also tun? Laß uns wieder in die Stadt, errichte wieder den Tempel und den Altar, und wir werden opfern wie in den alten Tagen.« Genau das hatte Julian vor, nicht zuletzt deswegen, weil es die Christen hart treffen würde, die überzeugt waren, daß der Untergang des Judentums die Wahrheit ihrer Schriften beweise. Also erklärte der Kaiser den Ältesten: »Mit größtem Eifer werde ich mich bemühen, den Tempel des Allerhöchsten Gottes wiederzuerrichten.«[1] Sofort nach dem Treffen schrieb Julian an den Patriarchen Hillel II. und an alle Juden des Reiches, er werde Jerusalem wieder zu einer jüdischen Stadt machen: »Ich werde die heilige Stadt Jerusalem auf meine Kosten wieder aufbauen und werde sie besiedeln, wie ihr es während all dieser vielen Jahre gewünscht habt.«[2]

In den jüdischen Gemeinden brach ein Taumel der Begeisterung aus. In den Straßen wurde der *schofar* (Widderhorn) geblasen, und es schien, als stünde die Ankunft des Messias bevor. Es kam zu Gewalttätigkeiten gegenüber Christen, die sich so viele Jahre überlegen gefühlt hatten.[3] Massen von Juden strömten nach Jerusalem und füllten zum erstenmal nach über zweihundert Jahren wieder die Straßen. Andere schickten eine Spende für den neuen Tempel. In einem der zerstörten Säulengänge auf dem Tempelberg wurde eine provisorische Synagoge errichtet, und Julian hat die christlichen Einwohner vielleicht sogar aufgefordert, den Juden ihr Eigentum zurückzugeben. Er betraute seinen gelehrten Freund Alypius mit der Aufsicht über den Tempelbau und ließ Baumaterialien heranschaffen. Es wurden auch spezielle silberne Werkzeuge hergestellt, da beim Bau des Altars kein Eisen benutzt werden durfte. Am 5. März 363 n. Chr. brach Julian mit seinem Heer nach Persien auf, wo, wie er meinte, der Erfolg seines Feldzugs die »Wahrheit« seines religionspolitischen Programms beweisen würde. Nach seiner Rückkehr wollte er im Rahmen der Siegesfeierlichkeiten den Tempel persönlich einweihen. Nachdem der Kaiser aufgebrochen war, begannen jüdische Arbeiter die Fundamente des alten Tempels freizulegen und die Berge von Schutt und Geröll fortzuschaffen. Die Arbeit dauerte den ganzen April und Mai an. Doch der Patriarch und die Rabbiner von Galiläa verfolgten die Unternehmung mit bösen Ahnungen.[4] Sie waren inzwischen davon überzeugt, allein der Messias könne den Tempel wieder aufbauen. Wie konnte auf einem Tempel, den ein Götzendiener erbaute, der Segen Gottes ruhen, und was würde geschehen, wenn Julian aus Persien nicht zurückkehrte?

Nun mußten die Christen mit ansehen, wie man sich mittels eines kaiserlichen Bauprogramms über ihre Ansprüche innerhalb der Heiligen Stadt hinwegsetzte. Fünfzig Jahre lang hatte die Kirche zunehmend an Stärke gewonnen, aber Julians »Abtrünnigkeit« hatte den Christen gezeigt, wie verwundbar sie waren. Das alte Heidentum hatte noch immer Bestand, und im Lauf der Jahre hatte sich viel Haß gegen die christliche Kirche aufgestaut. In Paneas und Sebaste war es nach der Bekanntmachung von Julians Edikt zu regelrechten Ausschreitungen gegen Christen gekommen. Doch Julians Plan, die alte Religion wiedereinzusetzen, war kein bloßes Hirngespinst, und die Christen wußten das. An dem Tag, als die Arbeit auf dem Tempelberg begann, versammelten sich die Christen Jerusalems im Martyrion, um Gott anzuflehen, dieses Unheil abzuwenden. Dann zogen sie zum Ölberg und sangen die jüdischen Psalmen, die sie übernommen hatten. Von der Stelle aus, an der Generationen von Christen über die Niederlage des Judentums sinniert hatten, sahen sie voller Schrecken auf die akribischen Tätigkeiten auf der Tempelplattform hinab. Sie hatten sich so sehr daran gewöhnt, daß der Aufstieg ihrer Kirche mit dem Untergang des Judentums Hand in Hand ging, daß es schien, als würden die jüdischen Arbeiter dort unten die Grundfesten des christlichen Glaubens zerstören. Bischof Cyrill jedoch bat sie, nicht die Hoffnung zu verlieren. Er sagte ihnen voraus, daß der neue Tempel nie fertiggestellt werden würde.

Am 27. Mai schien sich Cyrills Prophezeiung zu bewahrheiten. Ein Erdbeben, das die Christen als Zeichen göttlichen Zorns deuteten, erschütterte die Stadt. Zuerst brachen die Stützbögen unterhalb der Tempelplattform ein, da Gase, die sich in den unterirdischen Kammern gesammelt hatten, explodierten, und die dort gelagerten Baumaterialien fingen Feuer. Nach Alypius' offiziellem Bericht schossen riesige »Feuerkugeln« (*globi flammarum*) aus der Erde und verletzten mehrere Arbeiter.[5] Zu diesem Zeitpunkt hatte Julian bereits den Tigris überschritten, er hatte seine Brücke aus Booten hinter sich verbrannt, und Nachrichten konnten ihn nicht mehr erreichen. Nach dem Rückschlag entschied Alypius vermutlich, die Berichte von der Front abzuwarten. Ein paar Wochen später wurde Julian in der Schlacht getötet, und Jovian, ein Christ, wurde an seiner Stelle zum Kaiser ernannt.

Die Christen gaben sich keine Mühe, angesichts dieses »Wunders« ihren Jubel zu unterdrücken. Angeblich war am Himmel ein riesiges Kreuz erschienen, das sich vom Ölberg zum Golgotha erstreckte. Andere behaupteten, auf den Kleidern von Juden und Heiden in Jerusalem seien wundersamerweise Kreuze erschienen. Dieser plötzliche Umschwung konnte die Feindseligkeiten zwischen Christen und Juden nur verschärfen. Erneut verbannte Jovian die Juden aus Jerusalem und der Umgebung, und wenn sie am 9. Ab kamen, um wegen des Tempels zu trauern, waren ihre Riten von noch größerer Verzweiflung gekennzeichnet. »Sie kommen schweigend, und sie gehen schweigend«, schrieb Rabbi Berakia, »sie kommen weinend, und sie gehen weinend.«[6] Die Zeremonien endeten nicht mehr in Danksagungen und Prozessionen um die Stadt, die ihnen neuen Mut gegeben hatten. Denn die Christen reagierten auf dieses Gebaren inzwischen mit schroffer Ablehnung. Wenn der Bibelgelehrte Hieronymus diesen »Haufen Elender« zum Tempelberg ziehen sah, deutete er ihre schwachen Körper und ihre zerlumpten Kleider als äußeres Zeichen der Ablehnung Gottes. Die Juden seien »der Anteilnahme nicht würdig«[7], schloß er mit erbarmungsloser Selbstgerechtigkeit, die Jesus entsetzt hätte. Doch zu Hieronymus' größtem Zorn schienen sich die Juden am Ende des 4. Jahrhunderts n. Chr. wieder gefangen zu haben. Sie behaupteten immer noch, daß die alten Prophezeiungen erfüllt werden würden. Sie zeigten auf Jerusalem und sagten voller Vertrauen voraus: »Dort wird das Heiligtum des Herrn wiedererbaut werden.«[8] Am Ende der Zeit würde der Messias kommen und die Stadt aus Gold und Edelsteinen wiedererrichten.

Die Christen aber hatten nicht vergessen, daß sie ihre heilige Stadt fast verloren hätten. Sie sahen deren Besitz nicht mehr als selbstverständlich an und waren entschlossen, sich in Palästina und vor allem in Jerusalem so festzusetzen, daß sie nicht mehr vertrieben werden konnten. Nachdem sie inzwischen die Mehrheit bildeten, veränderte sich auch der Charakter der Stadt. Im Jahr 380 n. Chr. lebte in Jerusalem eine große Anzahl von Mönchen und Nonnen. Auch große Mengen Besucher aus aller Herren Länder strömten herbei[9] und kehrten mit Geschichten von der Heiligen Stadt und mit begeisterten Beschreibungen der eindrucksvollen Feierlichkeiten in ihre Heimat zurück; andere blieben für immer. Hieronymus war nur einer der Ankömmlinge aus dem Westen am Ende des 4. Jahrhunderts n. Chr. Einige waren als Pilger gekommen, andere als Flüchtlinge vor den Germanen und Hunnen, die im Westen das Römische Reich zu überrennen begannen. Dieser Zustrom verstärkte sich, als 379 n. Chr. Theodosius I., ein glühender spanischer Christ, Kaiser wurde. Am 24. November 380 n. Chr. traf er mit einem Gefolge frommer Spanier in Konstantinopel ein; sie waren entschlossen, die offizielle Lehre der Kirche durchzusetzen. 381 n. Chr. setzte Theodosius dem immer noch anhaltenden Streit um die Theologie des Arius ein Ende, indem er das Christentum gemäß dem Glaubensbekenntnis des Konzils von Nicäa zur Staatsreligion des Römischen Reichs erklärte. Zehn Jahre später verbot er alle heidnischen Kulte und schloß die alten Schreine und Tempel. Einige der Frauen am Hof, so etwa die Kaiserin Aelia Facilla, hatten sich bereits in Rom hervorgetan, indem sie heidnische Heiligtümer niederreißen und herrliche Kirchen zu Ehren der Märtyrer erbauen ließen. Nun brachten sie dieses militante Christentum in den Osten.

In Jerusalem konzentrierte sich das Interesse Theodosius' vor allem auf das Hospiz auf dem Ölberg, das im Jahr 379 n. Chr., dem Jahr seiner Thronbesteigung, von zwei westlichen Christen gegründet worden war: von Rufinus, einem alten Freund des Hieronymus, und Melania, einer Aristokratin spanischer Herkunft. Sie hatte sich nach dem Tod ihres Gatten einem asketischen Leben verschrieben und war eine hervorragende christliche Gelehrte geworden. Sobald ihre Kinder groß genug waren, um für sich selbst zu sorgen, hatte sie das Abendland verlassen und die neuen Klöster in Ägypten und entlang der Levante besucht, bevor sie nach Jerusalem kam, um dort ein eigenes Frauenkloster zu gründen. Hier, auf dem Ölberg, konnten Männer und Frauen ein Leben des Gebets und der Buße führen, sie konnten lehren, studieren und den Pilgern Schutz und Gastfreundschaft bieten. Melania und Rufinus nahmen regen Anteil am Leben der Stadt und an der Entwicklung der neuen Liturgie, gleichzeitig fungierten sie als Dolmetscher für die Pilger aus dem Westen, die weder das im Gottesdienst benutzte Griechisch noch das Aramäisch der ansässigen Führer verstanden. Melania und Rufinus waren beide leidenschaftliche Anhänger des nicäischen Christentums, sie hielten engen Kontakt mit dem Hof in Konstantinopel sowie mit der Mönchsbewegung im Ausland.

Hieronymus und seine Schülerin Paula wohnten 385 n. Chr. während ihrer Pilgerfahrt nach Jerusalem in Melanias Kloster, und es wurde ihnen zum Vorbild für ihre eigene Gemeinde in Bethlehem. Anfangs lobte Hieronymus Melania über alle Maßen, aber er war ein jähzorniger Mann und, wie wir bereits gesehen haben, nicht unbedingt von christlicher Nächstenliebe durchdrungen. Aufgrund eines theologischen Streits kam es daher bald zum Bruch mit Melania, und danach fand Hierony-

mus kein gutes Wort mehr über ihre Gründung auf dem Ölberg. Er verspottete die dortige Bequemlichkeit, die ihn an den
Reichtum des Krösus erinnerte.[10] Er verpönte die Weltoffen-
heit von Melanias Gemeinschaft, deren kosmopolitische Atmosphäre und ihre Verbindungen zum Hof. Die »Einsamkeit«
von Bethlehem sei einem mönchischen Leben viel zuträglicher
als das heidnische Treiben in Jerusalem, »einer überfüllten
Stadt mit ihrer Kommandobehörde, ihren Garnisonen, ihren
Prostituierten, Schauspielern, Gauklern und allem, was man
gewöhnlich in Städten findet«[11]. Die Gemeinschaft in Bethlehem war enger verbunden, nach innen gekehrter und bestand
hauptsächlich aus Bewunderern von Hieronymus. Jahrelang
führte er einen erbitterten Kampf gegen Melania, deren Ansehen im Westen aber beständig wuchs und deren Vorbild Pilger
weiterhin inspirierte.

Eine von ihnen war Poimenia, eine römische Adelige, die
ebenfalls die Klöster in Palästina besucht hatte, bevor sie 390
n. Chr. nach Jerusalem kam. Dort erbaute sie auf dem Gipfel
des Ölbergs eine Kirche, um den Ort von Christi Himmelfahrt
zu ehren. Poimenias Kirche, die nicht mehr steht, war von
einem großen, glänzenden Kreuz gekrönt, das das Bild der
Stadt beherrschte. Es handelte sich um einen Rundbau, der
einen Felsen umschloß, auf dem Pilger den Fußabdruck Christi
zu erkennen glaubten. Auch andere Bauwerke wurden in der
Nähe errichtet. Am Ende des Kidrontals wurde an der Stelle
des Grabes der Gottesmutter eine Kirche erbaut; außerdem
hatten ein paar Mönche entschieden, daß das Grab von Bene
Hesir die Grabstätte von Jakobus dem Gerechten sei; also
wandelten sie es in eine Kirche um. Um etwa 390 n. Chr. wurde
an der Stelle des Gartens von Gethsemane eine prächtige Kirche erbaut. Die Christen unter Theodosius legten großen Wert
auf sakrale Bauwerke, und sie schufen neue Fakten in Jerusalem, indem sie einer Stadt, die immer noch einen beträchtlichen heidnischen Bevölkerungsanteil hatte, ihren Stempel
aufprägten.

Auch an den großen Festtagen, wenn sich riesige Menschen-

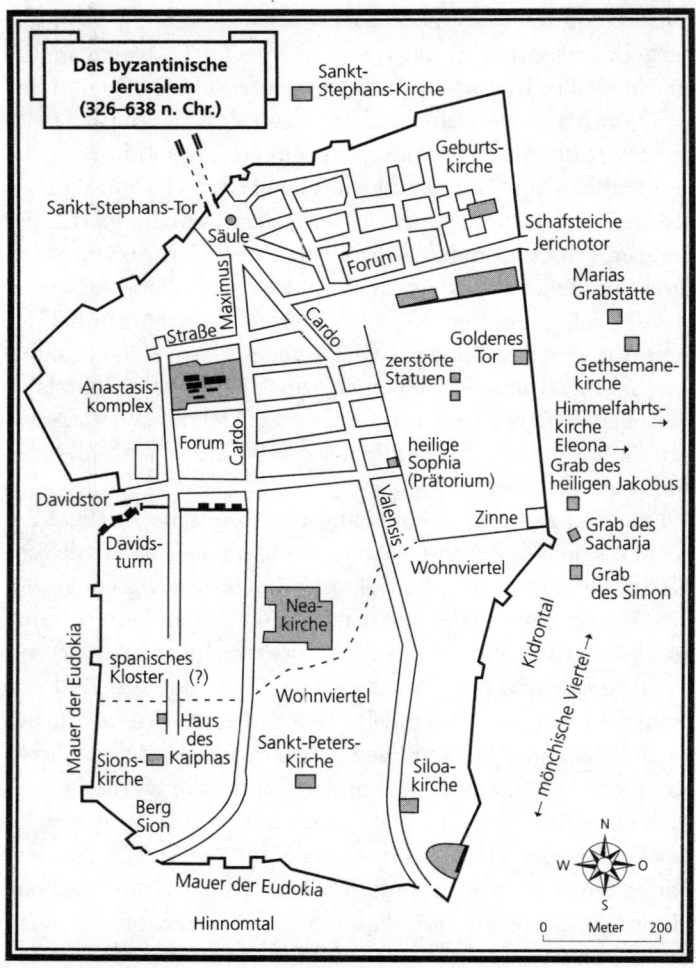

Das byzantinische Jerusalem (326–638 n. Chr.)

Sankt-Stephans-Kirche

Geburtskirche

Schafsteiche
Jerichotor

Sankt-Stephans-Tor

Säule

Forum

Marias Grabstätte

Straße Maximus

Cardo

Goldenes Tor

zerstörte Statuen

Gethsemane-kirche

Anastasis-komplex

Forum

Cardo

Himmelfahrts-kirche Eleona →

heilige Sophia (Prätorium)

Grab des heiligen Jakobus

Davidstor

Valensis

Zinne

Grab des Sacharja

Davidsturm

Wohnviertel

Grab des Simon

Nea-kirche

Mauer der Eudokia

spanisches Kloster (?)

Wohnviertel

Kidrontal

← mönchische Viertel →

Haus des Kaiphas

Sankt-Peters-Kirche

Sions-kirche

Berg Sion

Siloa-kirche

Mauer der Eudokia

Hinnomtal

N
W O
S

0   Meter   200

mengen in Jerusalem und Umgebung aufhielten, waren die Christen tonangebend. Das Christentum war keine verbotene Religion mehr, man mußte sich nicht mehr unauffällig in Privathäusern treffen, um die Eucharistie zu feiern. Nun konnte eine öffentliche Liturgie entwickelt werden. In Rom pflegten sich die Christen an den Gräbern der Märtyrer zu versammeln, wo sie weinten und wehklagten, während sie dem Bericht von deren Passion und Tod lauschten. Gemeinsam mit ihrem Bischof zogen sie in einer Prozession von einer Kirche zur anderen und besetzten so die alte heidnische Stadt allmählich mit ihren sakralen Raumvorstellungen. Eine ähnliche Entwicklung fand in Jerusalem statt, in deren Verlauf das heidnische Aelia in eine christliche Stadt umgewandelt wurde. Dies läßt sich dem Reisebericht Egerias, einer frommen spanischen Pilgerin, entnehmen, die 381 n. Chr. in Konstantinopel eintraf, als sich dort gerade die Bischöfe zu dem Konzil versammelten, das die Inkarnationslehre des Athanasius zur offiziellen Kirchenlehre erklärte.[12] Egeria teilte die Begeisterung des theodosianischen Christentums für Reliquien- und Heiligenschreine. Auf ihrer ausgedehnten Reise durch den Nahen Osten, die sie bis nach Mesopotamien führte, diente ihr die Bibel als Führer. Wann immer sie und ihre Begleiter einen heiligen Ort entdeckten, lasen sie »genau an diesem Ort« (*in ipso loco*) – ein Ausdruck, der in ihrem Bericht ständig wiederkehrt – die entsprechende Stelle in der Schrift. Egeria war weit mitteilsamer als der wortkarge Pilger aus Bordeaux. Sie war ganz offensichtlich fasziniert, mit eigenen Augen die Orte zu sehen, bei denen Christen sonst auf ihre Phantasie angewiesen waren. Vor ihren Augen wurde die Bibel lebendig. Genau wie Cyrill behauptet hatte, wurden dem Gläubigen durch seine Anwesenheit an Orten, an denen sich Wunder oder göttliche Erscheinungen zugetragen hatten, diese vergangenen Ereignisse nähergebracht, und die Lektüre der Bibel verwandelte die Vergangenheit in gegenwärtige Erfahrung. Der einzige Unterschied zwischen dem neuen christlichen Ritual und dem alten Tempelkult bestand darin, daß letzterer mythische Ereignisse der Vorzeit zum Inhalt hatte, das Neue Testament jedoch Geschichten aus vergleichsweise naher Vergangenheit.

In Jerusalem nahmen diese sakralen Besichtigungstouren die Form einer liturgischen Teilhabe an den Ereignissen von Jesu Leben, Tod und Auferstehung an. Die ganze christliche Gemeinde nahm an sorgfältig geplanten Prozessionen zu ausgesuchten Plätzen teil. Egeria spricht von riesigen Menschenmassen, die die Höfe von Golgotha füllten und von dort aus auf die Straßen strömten. Am 14. September platzte die Stadt aus allen Nähten wegen der vielen Nonnen und Mönche aus Mesopotamien, Syrien, Ägypten und Palästina, die alle gekommen waren, um die acht Tage von Enkainia zu feiern, das Fest, mit dem die Einweihung von Konstantins neuem Jerusalem und Helenas Entdeckung des Kreuzes begangen wurde. Enkainia fiel auch ziemlich genau mit dem Sukkotfest zusammen, dem Jahrestag von Salomos Einweihung des jüdischen Tempels, die die Christen als frühen Hinweis auf das spätere, glänzendere Ereignis ansahen. Die Pilger mußten in guter körperlicher Verfassung sein, denn die liturgischen Feiern in Jerusalem forderten größeren Einsatz als Hymnen singen und Predigten anhören. Auf dem Weg von einer heiligen Stätte zur anderen mußten sich die Teilnehmer ganze Tage und Nächte auf den Beinen halten. Die Weihnachtswoche, die am 6. Januar begann, wurde mit einer festlichen, jede Nacht von Bethlehem nach Jerusalem führenden Prozession gefeiert. Erst im Morgengrauen kam man beim Heiligen Grab an, das von einer runden, »Anastasis« (Auferstehung) genannten Kapelle umgeben war, wo nur eine kurze Ruhepause eingelegt wurde, bevor man sich zu einem vierstündigen Gottesdienst begab. Am Nachmittag des Palmsonntags versammelte sich die Menge in der Eleonakirche auf dem Ölberg zum Gottesdienst, danach folgte eine Prozession den Hügel hinunter, durchs Kidrontal und zurück in die Stadt. Am Ende der Prozession ritt Bischof Cyrill in Jesusmanier auf einem Esel, die Kinder winkten mit Palm- und Olivenzweigen, und es wurden Lieder gesungen, in denen immer aufs neue wiederholt wurde: »Gesegnet ist der, der im

Prozessionskreuze, die gegen die Mauer des äthiopischen Klosters gelehnt sind, das sich auf dem Dach der Grabeskirche befindet. Seit dem 4. Jahrhundert n. Chr. zogen Christen auf den Spuren Jesu durch die Stadt und erlangten so ein tieferes Verständnis von der Bedeutung der Inkarnation.

Namen Gottes kommt.« Egeria berichtet, daß sich die Prozession langsam bewegte, um die Leute nicht zu ermüden, aber es war spät in der Nacht, bis sie schließlich in der Anastasis ankamen. Pfingsten war besonders anstrengend. Nach der üblichen sonntäglichen Eucharistiefeier führte Cyrill eine Prozession zur Sionskirche an, um dort, *in ipso loco*, die Herabkunft des Heiligen Geistes zu feiern, und am Nachmittag, zum Gedenken der Himmelfahrt, zogen die Massen zum Ölberg hinauf. Danach ging es in langsamer Prozession zur Stadt zurück, wo man an der Eleonakirche zur Vesper haltmachte, dann in Konstantins Martyrion einen Abendgottesdienst feierte und zum Mitternachtsgebet in die Kirche auf dem Sion zurückkehrte.

Diese Feierlichkeiten veränderten ganz unvermeidlich die Erfahrung des Christlichen. Bis dahin hatte wenig Interesse an den einzelnen Ereignissen im irdischen Leben Jesu bestanden.

Jesu Tod und Auferstehung wurden als *eine* Offenbarung eines *Mysteriums* verstanden, die enthüllte, wie der Mensch durch den Logos zu Gott zurückkehren konnte. Doch nun wurden Mönche, Nonnen, Kleriker wie Laien ermuntert, sich auf bestimmte Ereignisse zu konzentrieren. So folgte man etwa in der Woche vor Ostern den Spuren Jesu, und man las an den entsprechenden Orten diejenigen Stellen des Evangeliums, die vom Verrat des Judas, dem letzten Abendmahl und Jesu Festnahme berichten. Dies war sehr bewegend. Egeria berichtet, daß in der Gethsemanebasilika beim Anhören der Erzählung von Jesu Festnahme »alle Leute so sehr stöhnen und wehklagen, so weinen, daß das Seufzen fast in der ganzen Stadt gehört werden kann«[13]. Die neue Anteilnahme galt dem Menschen Jesus; die Leute lernten, Tag für Tag sein Leiden nachzuvollziehen, und bekamen eine Vorstellung, was dieser Schmerz für ihn bedeutet hatte. Eusebius hatte gelehrt, sich nicht an den Logos in seiner menschlichen Gestalt zu klammern, die dieser nur für die kurze Spanne seines irdischen Daseins angenommen hatte, doch die neue Liturgie in Jerusalem machte damit ein Ende. Jetzt konzentrierten sich die Christen auf Christi menschliche Natur. Seit Konstantin das neue Jerusalem errichtet hatte, stand der Fels von Golgotha in der Nähe des Heiligen Grabes: Jeden Tag wurden sowohl an dem Felsen wie in der Anastasis eigens Gebete verrichtet, und die Menschen gewöhnten sich daran, die Kreuzigung als ein Ereignis für sich aufzufassen. Am Karfreitag zogen die Gläubigen in die kleine Kapelle hinter dem Felsen, um die Reliquie des Wahren Kreuzes zu küssen. Eusebius hatte der Kreuzigung keine große Beachtung geschenkt, aber nun zwangen diese bewegenden Feiern die Gläubigen dazu, sich der menschlichen Seite von Christi Tod zuzuwenden und ihre Andacht darauf zu richten, was es für den fleischgewordenen Logos hieß zu sterben.

Materie war nun nichts Belangloses mehr, im Gegenteil, sie konnte dem Christen den Zugang zum Sakralen öffnen, und die Pilger entwickelten eine sehr handgreifliche Form von Spiritualität. Sie wollten die Steine, die Jesus einst berührt hatte, anfassen und küssen. Als Hieronymus' Schülerin Paula am Heiligen Grab ankam, küßte sie als erstes den Stein, der am Ostersonntag von der Höhle weggerollt worden war. Anschließend, »wie ein Dürstender, der zu lange gewartet hat und schließlich zum Wasser kommt, leckte sie gläubig den Ort aus, an dem er gelegen hatte«[14] – wie Paulas Zeitgenosse Paulinus von Nola erklärte: »Das Hauptmotiv, das die Menschen nach Jerusalem treibt, ist der Wunsch, die Orte zu sehen und zu berühren, an denen Christus leiblich anwesend ist.«[15] In anderen Teilen der Welt wurde die Aura des Göttlichen dadurch erfahren, daß man die Gebeine der Märtyrer berührte. Der große kappadozische Theologe Gregor von Nyssa (338–395 n. Chr.) vermerkte, daß die Gläubigen »Augen, Mund, Ohren und alle Sinne ins Spiel bringen«[16]. Weil Gott menschliche Gestalt angenommen hatte, begannen die Christen nun, die Materie als geheiligt anzusehen, als fähig, *eulogia* (Segen) zu vermitteln. Gregor war persönlich in Palästina gewesen, und obwohl er bezüglich des in Mode gekommenen Pilgertums seine Zweifel hatte, gab er zu, daß die heiligen Stätten in Jerusalem tatsächlich etwas Besonderes waren. Sie trugen »die Fußspuren des Lebens selbst«[17]. Gott hatte in Palästina seine Spur hinterlassen; Pilger nahmen inzwischen Felsstücke, Erde oder Öl aus den Lampen der heiligen Stätten mit nach Hause; ein besonders inbrünstiger Pilger biß sogar ein Stück vom Wahren Kreuz ab, als er es am Karfreitag küßte. Die Heiligkeit Jerusalems sollte auch in der Heimat verfügbar sein.

Die christliche Archäologie hatte mit der spektakulären Ausgrabung auf Golgotha eingesetzt. Mit weiteren Ausgrabungen wurden nun in anderen Teilen Palästinas die Körper von Heiligen und biblischen Helden freigelegt. In Sichem, heute der Ruinenhügel Tell Balata, wurde der Leichnam des Patriarchen Joseph exhumiert und nach Konstantinopel gebracht. Hieronymus beschreibt die Menschenmassen, die die Straßen säumten, als die Gebeine des Richters Samuel von Palästina in die Reichshauptstadt gebracht wurden; man hätte meinen können, Samuel selbst sei anwesend gewesen.[18] Diese

Umbettung heiliger Gebeine war ein Versuch, das neue christliche Konstantinopel mit der ehrwürdigen Vergangenheit zu verbinden. Gleichzeitig war es aber auch der Versuch, sich jüdische Geschichte anzueignen. Die Kirche sah sich inzwischen als Neues Israel, und das bedeutete, daß die Heiligen des Alten Testaments in christlicher Erde ein besseres Zuhause finden mußten als in den Städten, die von verräterischen Juden bewohnt waren. Im Jahr 415 n. Chr. hatte der Kaiser den Patriarchen Gamaliel II. öffentlich getadelt und ihm den Rang eine Praefectus praetorio aberkannt. Damit hatte er eine Entwicklung in Gang gesetzt, die 429 n. Chr. mit der Aufhebung des Patriarchats endete – ein Schritt, der nach Ansicht der Kirchenfürsten das unvermeidliche Verschwinden des Judentums beschleunigen würde.[19]

Im Dezember 415 n. Chr. machte ein Gemeindepriester eine archäologische Entdeckung, die offensichtlich mit der Demütigung des jüdischen Patriarchen in Zusammenhang stand. Lucian, ein Presbyter des Dorfes Kfar Gamala in der Küstenebene, hatte einen Traum, in dem ihm Rabbi Gamaliel I., der Lehrer des Paulus, erschienen war. Der große Pharisäer teilte Lucian mit, daß er heimlich zum Christentum übergetreten sei, dies aber aus Furcht vor den Juden geheimgehalten habe. Nachdem Stephanus außerhalb der Mauern von Jerusalem getötet worden war, habe Gamaliel den Leichnam genommen und ihn hier auf seinem Anwesen in Gamala begraben; später sei er selbst neben dem Märtyrer begraben worden, zusammen mit Nikodemus, der einst ein heimliches Treffen mit Jesus gehabt habe. Am nächsten Tag legte Lucian drei Gräber mit hebräischen Inschriften frei, genauso wie der Rabbi es in seinem Traum gesagt hatte. Sofort informierte er den Bischof über diese wundervolle Entdeckung.

Zufällig stand Bischof Johannes von Jerusalem gerade im nahe gelegenen Lydda, dem heutigen Diospolis, einem Konzil vor. Dort hatte er über das Schicksal des britischen Mönchs Pelagius entschieden, dessen Ansichten über den freien Willen und die Erbsünde die abendländischen Bewohner Jerusalems sehr erregt hatten, während Johannes wenig Anstößiges an ihnen finden konnte. Sobald er jedoch Lucians Neuigkeiten vernahm, begab er sich in Begleitung der Bischöfe von Sebaste und Jericho eiligst nach Kfar Gamala. Als Stephanus' Grab geöffnet wurde, sei die Luft mit so süßem Duft erfüllt gewesen, erinnert sich Lucian, daß »wir dachten, wir wären im Paradies«[20]. Dies war eine allgemein verbreitete Erfahrung am Grab von Märtyrern. Der Leib des Heiligen, der nun im Himmel war, hatte eine Verbindung zwischen dem Irdischen und dem Überirdischen hergestellt. Das Grab war nun ein neues »Zentrum« der Heiligkeit, das es den Gläubigen ermöglichte, in das Reich des Heils einzutreten. Diese fühlbare Aura von Heiligkeit an Märtyrergräbern, die die ganze Kapelle erfüllte, wenn die Leidensgeschichte des Gemarterten verlesen wurde, brachte den Menschen Heilung – ein Glaube, der sich im ganzen Abendland verbreitet hatte; ein süßer Duft erfüllte die Luft, und die Menschen schrien laut auf, wenn sie die Wirkkraft des Göttlichen verspürten.[21] Nun pilgerten Christen aus ganz Palästina nach Kfar Gamala, und dreiundsiebzig Kranke wurden geheilt.

Johannes hatte zwar nicht die Absicht, Kfar Gamala zu einem Wallfahrtsort werden zu lassen, war aber entschlossen, den wundersamen Fund zur Festigung der eigenen Position zu nutzen. Wie seine Vorgänger wollte er das Ansehen des Bischofssitzes von Jerusalem mehren und hatte erst kurz zuvor die Kirche auf dem Berg Sion, die »Mutter aller Kirchen«, wieder aufgebaut. Nun entschied er, daß es nur Rechtens wäre, wenn Stephanus in dieser neuen Kirche beigesetzt werden würde, gerade dort, wo er einst als Diakon gedient hatte, und am 26. Dezember wurden die Gebeine überführt. Doch diese Entdeckung, die für die Christen Heil und Heiligkeit bedeutete, mußte von den Juden als Affront empfunden werden. Stephanus war gestorben, weil er die Thora und den Tempel angegriffen hatte; er war ein Opfer der Juden gewesen. Die Enthüllung, daß der große Rabbi Gamaliel, der Vorfahre und Namensgeber des gegenwärtigen Patriarchen, ein heimlicher

Christ gewesen sei, untergrub das Ansehen des jüdischen Patriarchats. Noch immer sah man die Ausbreitung des Christentums verknüpft mit der Ablehnung des alten Glaubens.

Am Hofe Theodosius' II. herrschte eine geradezu leidenschaftliche Begeisterung für Askese. Er glich daher eher einem Kloster als einer kaiserlichen Residenz, und Pulcheria, die Schwester des Kaisers, lebte als »gottgeweihte Jungfrau« in seiner Mitte. Zwangsläufig kam es unter dieser Regierung zu einem Wiederaufleben des Mönchstums in und um Jerusalem. Die Feindseligkeiten des Hieronymus hatten das Klima in der Heiligen Stadt für Melania und Rufinus derart vergiftet, daß sie 399 n. Chr. ins Abendland zurückgekehrt waren, wobei bei Melania auch familiäre Erwägungen eine Rolle gespielt hatten. Aber im Jahr 417 n. Chr. traf ihre Enkelin, gewöhnlich als Melania die Jüngere bezeichnet, mit ihrem Gatten Pionius in Jerusalem ein. Gemeinsam gründeten sie auf dem Ölberg ein Doppelkloster für etwa hundertachtzig Mönche und Nonnen. Melania erbaute auch neben Poimenias Kirche ein Martyrion und einen Reliquienschrein. Zwanzig Jahre später kam Peter, ein Prinz des Königreichs Iberien,[22] nach Jerusalem und gründete ein Kloster am sogenannten Davidsturm, der in Wirklichkeit ein Teil des herodianischen Turmes Hippikos war. Er brachte Melania auch Reliquiengeschenke für ihr Martyrion auf dem Ölberg mit.

Gleichzeitig hatten Mönche aus allen Teilen der christlichen Welt damit begonnen, die Wüste Juda urbar zu machen. Einer der ersten Mönche war der Armenier Euthymius (gest. 478 n. Chr.), der an ausgewählten Orten zwischen Masada und Bethlehem etwa fünfzehn Klöster gründete. Seinen Zeitgenossen galt er als zweiter Adam: Mit seinem Werk schien eine neue Ära für die Menschheit zu beginnen.[23] In diesen Klöstern legten die Mönche Gärten an, pflanzten Obstbäume und ließen die Wüste erblühen, wodurch dieses dämonische Reich für Gott zurückerobert wurde. Jede Siedlung war daher ein neues Eden, ein neuer Anfang. Hier konnten die Mönche ein paradiesisches Leben in enger Vertrautheit mit Gott führen, wie der erste Adam. Diese Klöster galten daher als heilige Stätten, als Teil der christlichen Offensive gegen die Mächte der Finsternis, an denen Menschen zu der uranfänglichen Harmonie zurückfanden, nach der sich alle sehnten. Bald strömten Angehörige aus dem Westen sowie Perser, Inder, Äthiopier und Armenier in diese judäischen Konvente. Einer von Euthymius' einflußreichsten Schülern war Sabas (439–531 n. Chr.), ein Kappadozier, der Judäa ganz bewußt wegen seiner Nähe zu den heiligen Stätten gewählt hatte. Wie jeder echte heilige Ort war ihm die Stelle des Klosters in einer göttlichen Erscheinung offenbart worden, und fünf Jahre lang lebte Sabas allein auf einer Felsenklippe neun Meilen südlich von Jerusalem mit Blick auf den Bach von Kidron. Dann schlossen sich ihm Schüler an, jeder lebte in einer eigenen Höhle, bis die Gegend schließlich zu einer neuen mönchischen Siedlung in der Wüste wurde. Durch einsames Leben, unter Verzicht auf natürliche Bedürfnisse wie Beischlaf, Schlaf, Essen und sozialen Umgang, glaubte man, in sich Kräfte zu entdecken, mit denen Gott Adam ausgestattet hatte, und somit die Folgen der Erbsünde überwinden und an Gottes Heiligkeit teilhaben zu können. Doch Sabas hatte noch ein weiteres Ziel. »Er mußte die Wüste urbar machen«, erklärte sein Biograph, »um die Prophezeiungen des erhabenen Jesaja zu erfüllen.«[24] Deuterojesaja hatte vorhergesagt, daß die Wüste erblühen und ein neues Eden entstehen würde. Sabas und seine Mönche glaubten nun, daß diese heiligen Ansiedlungen die von den Propheten vorausgesagte Erlösung befördern würden, allerdings mit dem Unterschied, daß in deren Genuß nun nicht mehr das jüdische Volk kam, sondern die Christenheit.

Wie viele der christlichen Institutionen in Jerusalem trug auch diese neue Mönchsbewegung einen Keim von Feindseligkeit gegenüber Juden in sich. Dies wurde auf tragische Weise 438 n. Chr. während der Pilgerfahrt von Kaiserin Eudokia, der Gattin Theodosius' II., deutlich. Eudokia war zum Christentum übergetreten; sie war die Tochter eines angesehenen Athener Philosophen und selbst eine gebildete Frau. Als intelligente Konvertitin scheint sie die Ablehnung des Judentums nicht geteilt zu haben, und sie hatte den Juden erlaubt, auch an anderen Festtagen als nur am 9. Ab auf dem Tempelberg zu beten. Darüber waren viele Christen sehr aufgebracht, konnten aber wegen Eudokias hohem Rang nicht protestieren. Ihr erstaunliches Edikt hatte einigen Juden Hoffnung gemacht. Einem Gerücht zufolge sollte in den Gemeinden der Diaspora ein Brief zirkulieren, in dem Juden gedrängt wurden, zum Laubhüttenfest nach Jerusalem zu kommen, damit dort das Königreich errichtet werden könne.[25] Das Laubhüttenfest fiel zufällig mit dem Besuch der Kaiserin zusammen. Am ersten Tag des Festes, während Eudokia in Bethlehem war, hatte sich eine große Anzahl von Juden auf dem Tempelberg versammelt.

Doch nicht nur sie waren gekommen. Der syrische Mönch Barsumas, der für seine Gewalttätigkeit gegen jüdische Gemeinden berüchtigt war, war ebenfalls zum Laubhüttenfest in Jerusalem eingetroffen. Er verließ zwar vorsichtigerweise sein Kloster nicht, aber andere Mönche beobachteten die Tempelplattform, wo die Juden in den zerstörten Höfen herumwanderten und zum erstenmal seit Jahrhunderten wieder ihre Palmzweige schwangen. Plötzlich, so berichtet Barsumas' Biograph, sei ein wundersamer Steinhagel auf sie herabgeregnet. Viele Juden wurden getötet, andere starben, als sie zu fliehen versuchten, und ihre Leichen füllten die Straßen und Höfe der Stadt. Aber die Überlebenden handelten schnell: Sie ergriffen achtzehn von Barsumas' Schülern und brachten sie nach Bethlehem, um sie der Kaiserin vorzuführen. Diese allerdings sah sich selbst in großer Gefahr. Aus ihren Klöstern in der Wüste eilten Mönche in die Stadt, und bald waren die Straßen Jerusalems und Bethlehems mit einem Mob aufgebrachter Kleriker erfüllt, die deutlich machten, daß sie im Fall einer Verurteilung der Gefangenen Eudokia bei lebendigem Leib verbrennen würden. Als der kaiserliche Gesandte sechs Tage später aus Caesarea eintraf, hatte er Angst, Jerusalem zu betreten, und es wurde ihm nur erlaubt, die Gefangenen in Barsumas' Gegenwart zu befragen. Ein »Kompromiß« wurde gefunden, als der ärztliche Bericht eintraf, in dem behauptet wurde, die Juden seien in jener fatalen Nacht infolge natürlicher Ursachen gestorben. Barsumas sandte einen Boten durch die Straßen, der verkündete: »Das Kreuz hat gesiegt!« Der Mob nahm die Parole auf, und Barsumas wurde in jubelnder Prozession zum Berg Sion getragen, wo in der Kirche eine Siegesmesse gefeiert wurde.

Eudokias Besuch hatte jedoch einen positiven Ausklang. Am 15. Mai 439 n. Chr. übergab sie nördlich des Damaskustores der Stadt, genau an dem Ort, wo er angeblich gesteinigt worden war, eine Kapelle zu Ehren des heiligen Stephanus. Am nächsten Tag, bevor sie nach Konstantinopel zurückkehrte, brachte sie eine Reliquie des Heiligen in Melanias Martyrion auf dem Ölberg. Trotz ihrer wechselvollen Erlebnisse war sie in Palästina glücklich gewesen, und als es später mit der kaiserlichen Familie, insbesondere mit der frommen Schwester des Kaisers, zu einem Zerwürfnis kam, wurde sie unter Wahrung ihres Titels nach Jerusalem verbannt. Dort baute sie viele Hospize und Kirchen: eine am Siloateich, wo Jesus einen Blinden geheilt hatte, eine zum Gedenken des heiligen Petrus an der Stelle von Kaiphas' angeblichem Amtssitz auf dem Berg Sion und eine zu Ehren der Hagia Sophia im Tyropöontal westlich des Tempelbergs, an dem Ort, der fälschlicherweise als der Amtssitz Pilatus' angesehen wurde. Am südöstlichen Ende des Tempelbergs, unterhalb der »Zinne des Tempels«, errichtete Eudokia einen Palast für sich. Diese Residenz wurde später ein Konvent für sechshundert Nonnen. Angeblich soll Eudokia auch die Stadtmauern von Jerusalem wieder aufgebaut haben, die die Stadtgrenzen nach Süden erweiterten und die alte *ir David* auf dem Ophel und den Berg Sion einschlossen.[26]

Während Eudokia in Jerusalem regierte, wurde sie in den anhaltenden Lehrstreit über die Person und die Natur Christi verwickelt. Im Jahr 431 n. Chr. hatte das Konzil von Ephesus die Lehren von Nestorius, dem Patriarchen von Konstantinopel, verdammt, der erklärt hatte, Jesus seien zwei Naturen zu eigen gewesen, eine menschliche und eine göttliche. Maria sei nicht *theotokos* (Gottesgebärerin) gewesen, sondern nur *christotokos* (Christusgebärerin), also die Mutter eines Menschen. Nach dem Konzil gründeten Nestorius' Anhänger in Nordsyrien eine eigene Kirche. Manche Christen waren aus anderen Gründen mit der nicäischen Glaubenslehre unzufrieden. Eutyches, der bejahrte Abt eines Klosters in der Nähe von Konstantinopel, ging den entgegengesetzten Weg. Er beharrte darauf, daß Jesus nur eine Natur habe *(mone physis)*. Es sei der göttliche Logos gewesen, der aus Maria der Jungfrau geboren und am Kreuz gestorben sei. Das widersprach der offiziellen Lehre, weil die Monophysiten, wie sie genannt wurden, offensichtlich die menschliche Natur Jesu aus den Augen verloren, die auf diese Weise vollkommen hinter der überragenden Göttlichkeit Christi verschwand. Viele Bischöfe und Mönche in Syrien, Palästina und Ägypten vertraten den Monophysitismus als Ausdruck ihrer Unabhängigkeit von Konstantinopel. Sie gründeten eigene Kirchen, die im heutigen Jerusalem von den koptischen, äthiopischen, armenischen und syrischen Jakobiten repräsentiert werden. Sie unterstützten jedoch nicht bloß nationale Unabhängigkeitsbestrebungen, sondern stellten auch die zentrale Glaubensfrage: Wie kann der transzendente Gott eine Verbindung mit der Welt der Menschen herstellen? In alter Zeit hatte man angenommen, mit Hilfe des Tempels würde diese Verbindung gelingen. Die Christen jedoch waren zu dem erstaunlichen Schluß gekommen, daß sich Gott in der Person Jesu, des Gottmenschen, für immer mit der Menschheit verbunden hatte. Die verschiedenen christologischen Theorien waren jedoch allesamt unzureichende Erklärungsversuche.

Eudokia unterstützte die Monophysiten in Jerusalem, teilweise wegen ihres Streits mit Pulcheria und der kaiserlichen Familie, ebenso Juvenal, der Bischof der Stadt. Er wurde von Papst Leo dem Großen getadelt, der es unerträglich fand, daß der Hüter der heiligen Stätten eine Lehre vertrat, die praktisch die leibliche Natur Jesu verneinte. Die Höhle in Bethlehem, das Heilige Grab und das Wahre Kreuz, alles zeuge doch von der Tatsache, »daß Jesus Christus wahrer Gott und wahrer

Mensch in einer Person ist«[27]. Der Papst stellte in seiner berühmten »Epistula dogmatica ad Flavianum« fest, daß die Evangelien beständig die Gleichzeitigkeit von menschlicher und göttlicher Natur in Jesus betonten und daß die heiligen Stätten in Jerusalem »unangreifbare Beweisstücke« dafür seien, daß Gott sich mit der materiellen Welt verbunden habe. Seit über hundert Jahren habe die Erfahrung der Christen an diesen heiligen Orten den unwiderlegbaren Beweis geliefert, daß die Gegenstände und Örtlichkeiten, mit denen der fleischgewordene Logos in Berührung gekommen sei, den Menschen helfen konnten, sich dem Kern des transzendenten Mysteriums anzunähern. Leos Lehrbrief war die Grundlage des neuen allgemeinen Kirchenkonzils, das Pulcheria 451 n. Chr. nach Chalcedon in Kleinasien einberief. Bei diesem Konzil wechselte Bischof Juvenal die Seiten und schloß sich der orthodoxen Lehrmeinung an, wofür er mit dem Preis belohnt wurde, den die Bischöfe Jerusalems seit Makarius' Zeiten angestrebt hatten: Der Bischofssitz Jerusalem wurde zum Patriarchat erhoben und war von nun an den Metropoliten von Caesarea, Skythopolis und Petra übergeordnet.

Als Eudokia und die Christen Jerusalems von Juvenals Seitenwechsel hörten, fühlten sie sich betrogen und ernannten Theodosius, einen Monophysiten, zu ihrem neuen Bischof. Ganze Horden wütender Mönche strömten aus den judäischen Klöstern nach Jerusalem, und als Juvenal unter militärischem Schutz in der Stadt eintraf, wurde er angegriffen und floh daraufhin in die Wüste, wo er sich westlich von Qumran versteckte. Doch der Aufruhr innerhalb der Kirche bekümmerte Eudokia, und als 457 n. Chr. Bischof Theodosius starb, bat sie den berühmten syrischen Asketen Symeon, einen Säulenheiligen, um Rat. Er riet ihr, den armenischen Abt Euthymius zu konsultieren, und Eudokia war von dessen Lehre so beeindruckt, daß sie sich der orthodoxen Doktrin unterwarf. Zum Nachfolger Juvenals wurde der rechtgläubige Anastasius ernannt, der den neuen Palast bezog, den ihm Eudokia in der Nähe der Anastasis erbaut hatte. Ihr letztes Projekt bestand im

Bau einer Basilika und eines Klosters zu Ehren des heiligen Stephanus, und zwar an der Stelle, an der sie 439 n. Chr. eine bescheidene Kapelle errichtet hatte. Die Gebeine des Märtyrers wurden am 15. Juni 460 n. Chr. dorthin gebracht, und dort wurde Eudokia auch vier Monate später beigesetzt.

Jerusalem war nun ein Zentrum nicäischer Orthodoxie, aber der Lehrstreit hielt in anderen Kirchen noch immer an, da viele Christen des Ostreichs die Ergebnisse des Konzils von Chalcedon als unwürdigen Kompromiß ansahen. Sie lehnten auch die Kontrolle über die Lehrmeinungen ab, die der kaiserliche Hof ausübte. Spätere Kaiser wie etwa Zeno (474–491 n. Chr.) und Anastasius (494–518 n. Chr.) versuchten, die Abweichler zu beschwichtigen, da sie eine Spaltung des Reichs befürchteten. Auch andere Gruppierungen lehnten Byzanz ab. Im Jahr 485 n. Chr. erklärten die Samaritaner ihre Unabhängigkeit von Konstantinopel und krönten ihren eigenen König. Ihre Revolte wurde von Kaiser Zeno grausam niedergeschlagen, der ihre Opferstätte auf dem Berg Garizim entweihte, indem er dort zum Zeichen des Sieges eine Kirche zu Ehren Marias, der Gottesgebärerin, erbaute.

Die Unterdrückungsmaßnahmen der christlichen Kaiser führten zunehmend zum Ausschluß immer größerer Bevölkerungsteile, was schließlich dem ganzen Reich schadete. Kaiser Justinian (527–565 n. Chr.) beispielsweise war ein überzeugter Anhänger der chalcedonischen Orthodoxie. Seine Unterdrückung der Monophysiten in östlichen Provinzen hatte zur Folge, daß eine große Anzahl seiner Untertanen unzufrieden waren. Gleichzeitig machte er es den Juden unmöglich, das Reich zu unterstützen. Die Vernichtung des Judentums sah er geradezu als zwingende Pflicht an, und seine Edikte hoben das Judentum als *religio licta* praktisch auf. Juden war es verboten, militärische oder zivile Ämter zu bekleiden, selbst in Städten wie Tiberias und Sepphoris, in denen sie die Mehrheit bildeten. In den Synagogen war die hebräische Sprache verboten, und wenn das Passafest vor Ostern fiel, durften die Juden ihr Fest nicht an diesem Datum begehen. Doch die Juden blieben trot-

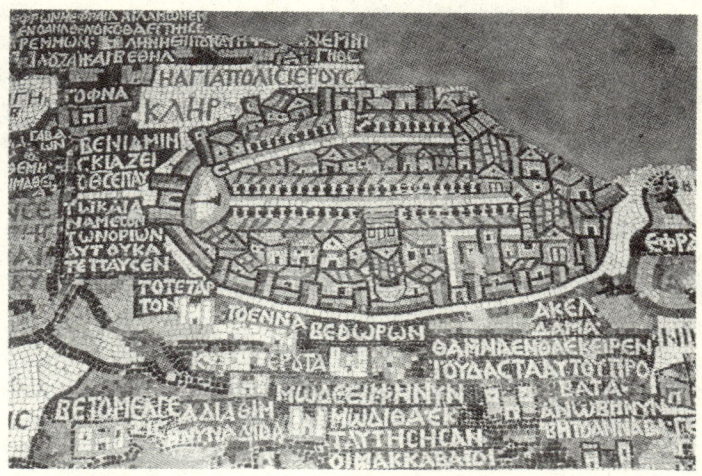

Ein Fragment des Mosaiks von Madaba, das sehr deutlich die Gestalt des christlichen Jerusalem zur Zeit Justinians wiedergibt. Die beiden cardines, die ursprünglich von Hadrian angelegt wurden und bis heute die Hauptdurchgangsstraßen der Altstadt bilden, sind klar erkennbar.

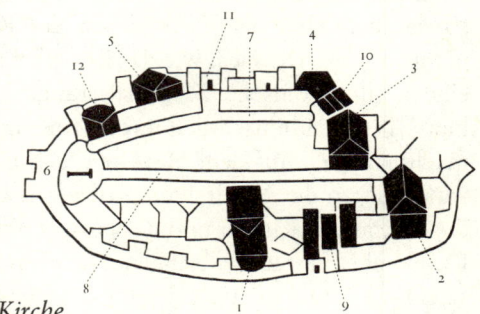

1. Die Golgothage-
   bäude
2. Sionskirche
3. Neakirche
4. Hagia-Sophia-
   Kirche
5. Probatica-Piscina-Kirche
6. Bab al-Amud (Tor der Säulen). (Dies ist die geläufige
   arabische Bezeichnung für
   das Damaskustor und erinnert an die Säule, die dort zur
   Zeit Hadrians errichtet
   wurde.)
7. Cardo Valensis
8. Cardo Maximus

9. Herodianische Türme am
   heutigen Jaffator
10. Westmauer: Westliche
    Stützmauer der Tempel-
    plattform,
    die von König Herodes
    erbaut wurde
11. Das heutige Löwentor
12. Palast der Kaiserin Eudokia

303

zig. Die Synagoge von Bet Alfa in Galiläa, die wahrscheinlich zu dieser Zeit erbaut wurde, kann als Zeichen der unablässigen Hoffnung auf die Wiederherstellung ihres Jerusalem angesehen werden. Der Mosaikboden zeigt die Fesselung Isaaks, eine Begebenheit, die der Überlieferung nach mit dem Tempelberg in Zusammenhang gebracht wurde, außerdem die kultischen Gerätschaften des Tempels einschließlich des siebenarmigen Leuchters sowie die Palmzweige und Zitrusfrüchte des Laubhüttenfests, das einige Juden inzwischen mit dem Messias verknüpften.

Justinians Maßnahmen gegen andersdenkende Gruppen drückten sich auch in seinem Bauprogramm in und um Jerusalem aus. Er restaurierte Zenos Siegeskirche auf dem Berg Garizim und baute die Geburtskirche in Bethlehem wieder auf, die während der Revolte der Samaritaner schweren Schaden erlitten hatte. Sein eindrucksvollstes Bauwerk in Jerusalem war die neue Muttergotteskirche auf dem Südhang des Westhügels. Während der Regierungszeit des monophysitischen Kaisers Anastasius war die Kirche von dem Mönch Sabas und dem Patriarchen Elias als Wahrzeichen der Rechtgläubigkeit geplant worden. Die Nea, wie der Komplex genannt wurde, war eine architektonische Meisterleistung. Justinian hatte sehr klare Angaben hinsichtlich ihrer Größe und Proportionen gemacht, und da auf dem Hügel einfach nicht genügend Platz war, mußten die Architekten große Stützbögen errichten, um die Kirche, das Kloster und das Hospiz mit seinen dreitausend Krankenbetten unterzubringen. Die Neakirche stellte in Jerusalem etwas Einzigartiges dar, da sie nicht dem Gedenken eines Ereignisses im Leben Christi geweiht war, sondern einer Doktrin. Die Christen der Stadt schlossen sie allerdings nie so recht ins Herz, und sie unternahmen keinerlei Anstrengung, sie wiederaufzubauen, nachdem sie 746 n. Chr. bei einem Erdbeben zerstört worden war. Auf einem Mosaik, das aus der Zeit Justinians stammt und 1884 in einer Kirche in Madaba im Ostjordanland entdeckt wurde, ist sie allerdings deutlich zu erkennen.

Das Mosaik von Madaba zeigt die beiden säulengesäumten *cardines* sowie die westliche Stützmauer der Stadt, die Zionskirche und Eudokias Hagia-Sophia-Kirche.[28] Dieser Lageplan spiegelt die sakralen Raumvorstellungen der Christen wider, die sich seit der Zeit Konstantins herausgebildet hatten. Palästina wird als Heiliges Land gezeigt: Die Karte verzeichnet nicht nur die biblischen Orte, sondern auch die neuen Gebäude, Monumente und Klöster, mit deren Hilfe die Christen das Land in einen heiligen Raum verwandelt hatten. Jerusalem, das die Bezeichnung »Die Heilige Stadt Jerusalem« trägt, befindet sich im Mittelpunkt der Karte und stellt nun das Herz der christlichen Welt dar. Vor der Entdeckung des Heiligen Grabes waren Christen gelehrt worden, sich nicht an die irdische Stadt zu klammern, sondern sich auf das himmlische Jerusalem zu konzentrieren. Doch am Ende des 4. Jahrhunderts n. Chr. waren in christlicher Vorstellung beide zu einem verschmolzen. Dies läßt sich am Mosaik der Sankt-Pudenziana-Kirche in Rom ablesen, das Christus zeigt, der seine Jünger im Himmel lehrt: Deutlich sind hinter ihm Konstantins neue Bauwerke auf Golgotha zu sehen. Damit war Jerusalem zwar eine heilige christliche Stadt geworden, wenn auch nicht unbedingt eine Stadt der Barmherzigkeit. Nur allzuoft gingen mit dieser Sakralisierung innerchristliche Kämpfe, Machtspiele und Unterdrückung anderer Glaubensrichtungen einher.

Um sich demonstrativ hinter die offizielle kirchliche Lehrmeinung zu stellen, hatten Justinian und Zeno Kirchen zu Ehren Marias, der Gottesgebärerin, gebaut. Das Bild der Muttergottes, die das Christuskind hält, war geradezu zum einigenden Symbol der Rechtgläubigen geworden, denn darin drückte sich das entscheidende Paradox der Inkarnation aus: Es zeigte, daß der Logos aus Liebe zur Welt die verletzliche Gestalt eines Kindes angenommen hatte. Die Zärtlichkeit der Beziehung zwischen Maria und ihrem Sohn drückte Gottes fast sinnliche Liebe zur Menschheit aus:

Du hast deinen rechten Arm ausgestreckt, o Theotokos, du hast ihn genommen und ließest ihn auf deinem linken Arm ruhen. Du hast deinen Kopf gesenkt und ließest dein Haar über ihn fallen ... Er streckte seine Hand aus, er nahm deine Brust und sog die Milch in seinen Mund, die süßer ist als Manna.[29]

Auf ähnliche Weise liebkosten und küßten christliche Pilger die Steine und das Holz, das der fleischgewordene Logos berührt hatte. Diese Art der »Berührungsspiritualität« zeigt, wie die Inkarnation und der Jerusalemer Kult die Christen hätten befähigen können, geschlechtliche Liebe als ein Mittel der Transzendierung anzusehen, was aber bedauerlicherweise nie geschah. Es ist auch traurig, daß die Vorstellung göttlicher Zärtlichkeit die Christen nicht zu größerer Liebe und Anteilnahme ihren Mitmenschen gegenüber bewog. Unglücklicherweise hat die anrührende Verletzlichkeit des Logos die Christen nicht dazu befähigt, ihre Macht- und Unterdrückungsgelüste zu überwinden.

Doch die körperliche Annäherung an das Spirituelle verhalf vielen Pilgern zu einem tiefgehenden religiösen Erlebnis. Dies machte Jerusalem zu einem natürlichen Zentrum nicäischer Orthodoxie, obwohl es früher mit dem Monophysitismus geliebäugelt hatte. Im Jahr 511 n. Chr., als Kaiser Anastasius versuchte, der Jerusalemer Kirche einen monophysitischen Patriarchen aufzuzwingen, erklärte der Mönch Sabas, daß es für jeden, der sich in der Heiligen Stadt aufhalte, unmöglich sei, vom Menschsein Christi abzusehen: »Wir, die Einwohner von Jerusalem, berühren doch jeden Tag mit unseren Händen die Wahrheit an diesen heiligen Stätten, an denen das Mysterium unseres großen Gottes und Retters stattgefunden hat.«[30] An einigen der heiligen Stätten habe Jesus sichtbare Spuren hinterlassen: Unauslöschbar waren die Steine von seiner Gegenwart geprägt worden. Auf einem Felsen in der Himmelfahrtskirche und auf einem Stein in Eudokias Hagia-Sophia-Kirche, wo Jesus angeblich vor Pilatus gestanden hatte, war jeweils ein

Fußabdruck Christi zu besichtigen.[31] Theodosius, ein westlicher Pilger, der um etwa 530 n. Chr. Jerusalem besuchte, sah den Abdruck des Körpers Jesu auf der Säule auf dem Berg Sion. Dort habe er sich festgehalten, während er gegeißelt wurde, seine Hände, Arme und Finger gruben sich darin ein, als wäre sie aus Wachs, und die Spuren seien bis auf den heutigen Tag zu sehen. Gleichermaßen zeichneten sich sein ganzes Gesicht, sein Kinn, seine Nase und seine Augen darin ab.[32] Mit der Umklammerung des Steins hatte der gepeinigte Jesus ein bleibendes Bild von Gottes stetiger Zuneigung gegenüber der Menschheit und der materiellen Welt hinterlassen. Aufgrund der Taten, die Jesus hier vollbracht hatte, war die irdische Stadt Jerusalem von göttlicher Kraft durchtränkt. Gemäß Antoninus', eines Pilgers aus Piacenza, der etwa 570 n. Chr. Jerusalem besuchte, hatte allein der dort fallende Tau heilende Kräfte. Christen badeten im Siloa- und Bethesdateich, an der Stelle des alten Asklepioskultes, an der eine Kirche zu Ehren der Jungfrau Maria errichtet worden war. Viele Heilungen fanden in diesen Wunderwassern statt.[33]

Die heiligen Stätten waren den allmählich aufkommenden Ikonen vergleichbar, die ein weiteres Bindeglied zur himmlischen Welt herstellten. Die Ikone war nicht als tatsächliches Abbild Christi oder eines Heiligen gedacht. Wie jedes religiöse Symbol war sie auf geheimnisvolle Weise eins mit dem himmlischen Wesen, das es auf Erden repräsentierte – wie der Mönch Theodoros Studites im 8. Jahrhundert n. Chr. feststellte: »Jedes künstliche Abbild ... stellt aufgrund der Nachahmung sich selbst zur Schau, die Form seines Vorbilds ... das Vorbild (ist) das Abbild, das eine im anderen.«[34] Auf ähnliche Weise wurden die Pilger, die Christus »nachahmten«, indem sie während der großen Prozessionen durch die Stadt auf seinen Spuren wandelten, zu »lebenden Ikonen«, die kurzfristig mit dem Logos selbst eins waren. So waren die heiligen Stätten nicht nur Orte der Erinnerung, sondern sie wurden auch als irdische Nachbildungen des Göttlichen erfahren. Das Gefäß eines Pilgers aus dieser Zeit zeigt den Felsen von Golgotha, der von einem juwelenbesetzten, von Theodosius II. gestifteten Kreuz überragt wird, und aus dem Felsen entspringen die vier Flüsse des Paradieses. Beim Besuch Golgothas wurde den Pilgern die Stelle gezeigt, an der Adam am Anfang der Zeit erschaffen worden war. Hier sollte sich auch der Garten Eden befunden haben, der ursprünglich ein Symbol für die Welt des Göttlichen gewesen war. Golgotha sollte den Pilgern nun die Erfahrung einer Rückkehr ins Paradies vermitteln, die, wie wir gesehen haben, ein so wichtiges Motiv bei der religiösen Suche darstellt. Für die Pilger waren Golgotha und das Heilige Grab keine historischen Stätten, sondern sie erfuhren die Stätten des irdischen Wirkens Christi als Symbole, die sie dem Transzendenten nahebrachten: Dies besänftigte für eine gewisse Zeit das Gefühl der Trennung und des Verlusts, das einem Großteil menschlichen Leids zugrunde liegt, und stellte die Vertrautheit und Ganzheit wieder her, die als das »wirkliche« Leben angesehen wurde.

Mit der Schaffung des christlichen Jerusalem wurde das sakrale Zentrum der Stadt, das früher der Berg Zion und der Tempelberg gewesen waren, verschoben. Als der erwähnte Pilger aus Bordeaux die Stadt besuchte, hatte er seine Besichtigung dort begonnen und war dann zu den neueren, christlichen Stätten weitergegangen. Im 6. Jahrhundert n. Chr. hatten Christen für die Tempelplattform kaum mehr einen Blick übrig. Alle Ereignisse, die sich einst auf dem Berg Zion zugetragen haben sollten, waren nun auf den Golgotha, ins neue Jerusalem verlagert worden. Der Pilger aus Bordeaux hatte geglaubt, der Mord an Sacharja habe sich auf dem Tempelberg zugetragen, und er hatte die Blutspuren auf dem Pflaster gesehen. Nun wurde den Pilgern der Altar in Konstantins Martyrion gezeigt, denn hier sei Sacharja erschlagen worden. Der Altar, auf den Isaak gefesselt worden war und an dem Melchisedek geopfert hatte – Ereignisse, die früher mit Zion in Zusammenhang gebracht wurden –, wurde nun ebenfalls nach Golgotha verlegt. Hier wurde ferner das Horn gezeigt, das angeblich das Öl enthalten hatte, mit dem David und Salomo gesalbt wurden, sowie Salomos Siegelring.[35] In dieser Verlagerung zeigen sich sowohl die weitere Aneignung jüdischer Traditionen durch das Christentum als auch die Tatsache, daß die Heiligkeit des neuen Jerusalem so mächtig war, daß es die Traditionen des alten Jerusalem in sich aufzusaugen vermochte.

Doch die Macht der Heiligen Stadt konnte ihre irdischen Feinde nicht abhalten. Das Byzantinische Reich war schwach, innerlich zerrissen, und seine Untertanen hatten sich Konstantinopel entfremdet. Im Jahr 610 n. Chr. hielt Chosroes II. die Zeit für reif, in byzantinisches Gebiet einzufallen, und begann das Reich zu erobern. 611 n. Chr. fiel Antiochia, zwei Jahre später Damaskus, und im Frühjahr 614 n. Chr. überrannte ein persischer Heeresverband Palästina, verwüstete das Land und brannte dessen Kirchen nieder. Die Juden Palästinas, die die persische Fremdherrschaft in besserer Erinnerung hatten als die römische, kamen den Invasoren zu Hilfe. Am 15. April 614 n. Chr. stand das persische Heer vor den Stadtmauern Jerusalems. Patriarch Zacharias war bereit, die Stadt zu übergeben, aber eine Gruppe junger Christen war dagegen, überzeugt, Gott würde sie durch ein Wunder erretten. Die Belagerung dauerte fast drei Wochen; während dieser Zeit zerstörten die Perser systematisch alle Kirchen und Kapellen außerhalb der Stadt, einschließlich der Sankt-Stephans-Kirche, der Eleona- und der Himmelfahrtskirche. Ende Mai fiel Jerusalem unter schrecklichem Gemetzel. Der griechische Historiker Strategos berichtet, daß die Perser wie wilde Eber in die Stadt gestürmt seien, brüllend und schnaubend, und jeden getötet hätten, der ihnen vor die Augen kam. Nicht einmal Frauen und kleine Kinder wurden verschont. Er schätzt, daß sechsundsechzigtausendfünfhundertfünfundfünfzig Christen starben, die Stadt wurde geplündert, die Kirchen, einschließlich des Martyrions, wurden in Brand gesetzt. Die Überlebenden wurden zusammengetrieben, und diejenigen, die zweckdienliche Fertigkeiten besaßen oder von hohem Rang waren, wurden ins Exil verschleppt, auch der Patriarch Zacharias.

Als die Gefangenen am Ölberg vorbeikamen und auf ihre

brennende Stadt zurückblickten, begannen sie zu weinen, sich an die Brust zu schlagen und Staub aufs Haupt zu streuen, genau wie die Juden, deren Trauerrituale sie so verachtet hatten. Zacharias versuchte, sie zu beruhigen; seine Klage um die christliche Heilige Stadt war nun untrennbar mit der Vorstellung und Erfahrung Gottes verbunden:

> O Zion, vergiß meiner nicht, deines Dieners, und dein
> Schöpfer möge dich nicht vergessen. Denn wenn ich deiner
> vergesse, o Jerusalem, laß meine rechte Hand abfallen.
> Meine Zunge möge am Gaumen meines Mundes kleben,
> wenn ich mich deiner nicht erinnere ... ich bete dich an, o
> Zion, und ich bete ihn an, der in dir gewohnt hat.[36]

Die Christen hatten sich mit ihrer Vorstellung von Jerusalem sehr scharf gegenüber den Juden abgegrenzt. Nun, als sie an der Reihe waren, ins Exil zu gehen, verwendeten sie auf ganz natürliche Weise die Gesten und Psalmen ihrer Vorgänger in der Heiligen Stadt, und wie die Juden nannten sie Gott und Zion im selben Atemzug. Mit den Verschleppten wurden die Reliquie des Wahren Kreuzes und andere mit der Passion Christi verbundene Gegenstände fortgebracht, die im Martyrion aufbewahrt worden waren: die Lanze, die seine Seite durchbohrt hatte, der Schwamm und der Onyxbecher, der angeblich beim letzten Abendmahl benutzt worden war. Sie gingen in den Besitz der persischen Königin über, die eine nestorianische Christin war.

Nachdem die Perser Jerusalem verlassen hatten, um ihren Kampf fortzusetzen, überließen sie die Stadt den Juden, ihren Verbündeten in Palästina. Wieder kamen messianische Hoffnungen auf. Propheten sahen die bevorstehende Reinigung des Landes und den Wiederaufbau des Tempels durch den Messias voraus. Einige Zeitgenossen deuten sogar an, daß während dieser Periode die Opferungen auf dem Tempelberg wiederaufgenommen wurden, daß während des Sukkotfestes wieder Hütten gebaut und an den zerstörten Stadttoren Gebete ver-

richet wurden.[37] Doch als 616 n. Chr. die Perser nach Palästina zurückkehrten, übernahmen sie selbst die Kontrolle über
die Stadt. Sie hatten inzwischen begriffen, daß ohne gewisse
Konzessionen gegenüber der christlichen Mehrheit das Land
nicht zu befrieden war. Der Entzug persischer Unterstützung
markierte das Ende aller realistischen Hoffnungen auf eine
Rückgabe Jerusalems an das jüdische Volk.

Im Jahr 622 n. Chr. nahm Heraklios, der Kaiser von Byzanz,
den Kampf gegen die Perser wieder auf; sechs Jahre lang
kämpfte er auf persischem Gebiet, bis er vor Ktesiphon an-
langte, wo Chosroes II. bei einem Palastaufstand ermordet
wurde. Persien und Byzanz schlossen Frieden, beide Mächte
zogen sich aus den jeweils gegnerischen Gebieten zurück. Sie
waren nach den jahrelangen Kriegen so geschwächt, daß sie
sich nie mehr ganz erholten. Doch die Christen Jerusalems
jubelten. Am 21. März 629 n. Chr. zog Heraklios in prunkvol-
ler Prozession in Jerusalem ein, wobei er die Reliquie des
Wahren Kreuzes mit sich führte. Zu Ehren seines triumphalen
Einzugs wurde vermutlich das Goldene Tor im östlichen Stütz-
wall des Tempelbergs erbaut. Der Kaiser zog durch die Straßen der Stadt zur Anastasis und brachte das Kreuz an seinen
rechtmäßigen Platz zurück. Sowohl das Martyrion als auch die
Rotundakapelle um das Heilige Grab waren 614 n. Chr. beschädigt worden, aber die Gebäude standen noch. Modestus,
ein Mönch aus der Wüste Juda, hatte die Leitung der Renovie-
rungsarbeiten übernommen, und da Zacharias im Exil gestorben war, ernannte ihn Heraklios in Anerkennung seiner Ver-
dienste zum Patriarchen von Jerusalem. Heraklios amnestierte
die Juden, die mit den Persern kollaboriert hatten, war aber der
Meinung, durch ein besonderes Entgegenkommen die Christen zufriedenstellen zu müssen. Also wurden die Juden mittels
eines neuen Edikts wiederum aus Jerusalem verbannt; einige
Juden, denen vorgeworfen wurde, während der persischen
Herrschaft Christen getötet oder Kirchen angezündet zu haben, wurden hingerichtet, andere flohen nach Persien, nach
Ägypten oder in die Wüste. Denjenigen, die in Galiläa blieben,

311

wurde verboten, die *schema* öffentlich zu rezitieren oder mehr als einmal in der Woche in der Synagoge Gottesdienst zu halten. 634 n. Chr. befahl Heraklios, daß alle Juden seines Reiches getauft werden sollten. Wiederum hatte ein christlicher Herrscher seine jüdischen Untertanen ausgegrenzt, und drei Jahre später, als sich das Reich erneut in tödlicher Gefahr befand, sollte es ihm nicht mehr gelingen, ihre Unterstützung zu gewinnen.

Die Christen jedoch waren außer sich vor Freude. Wiederum, wie nach der Herrschaft des Kaisers Julian, war ihnen ihre heilige Stadt zurückgegeben worden. Diesmal würden sie sie nicht mehr hergeben. Der von glühendem Eifer besessene Mönch Sophronius, der 633 n. Chr. Patriarch von Jerusalem wurde, verfaßte zwei Gedichte, in denen er seiner Liebe zu der Stadt Ausdruck verlieh. Er sah sich von einem Ort zum anderen eilen, die Steine küssen und an den Stationen des Leidenswegs weinen. Für Sophronius repräsentierte das Heilige Grab das irdische Paradies:

> O lichtspendendes Grab, du bist der ozeanische Strom des ewigen Lebens und der wahre Fluß Lethe. Ich möchte mich ausstrecken und jenen Stein küssen, das heilige Zentrum der Welt, worin der Baum errichtet wurde, der den Fluch von (Adams) Baum tilgte ... Heil dir, Zion, glänzende Sonne der Welt, nach der ich mich seufzend verzehre bei Tag und bei Nacht.[38]

Die Erfahrung, in Jerusalem zu leben, hatte die Christen dazu veranlaßt, differenzierte sakrale Raumvorstellungen zu entwickeln, die auf der gleichen Art von Mythologie gründeten, die sie einst verachtet hatten. Jerusalem war nun zum Mittelpunkt der Welt für sie geworden, die Quelle des Lebens, der Fruchtbarkeit, der Erlösung und der Erleuchtung. Nun, da sie in so großer Zahl für ihre Stadt gestorben waren, wurde sie um so wertvoller für sie. Die Rückgabe Jerusalems an den christlichen Kaiser erschien als göttlicher Akt. Doch 632 n. Chr., ein

Jahr bevor Sophronius Patriarch geworden war, starb in der arabischen Siedlung Yathrib ein Prophet, der die Entwicklungen in Jerusalem mit Interesse verfolgt hatte. Fünf Jahre später stand das Heer seiner Freunde und Anhänger vor den Toren Jerusalems.

11
Beit al-Maqdis

Mohammed ibn Abdallah, der neue Prophet aus Mekka auf dem Hidjas, glaubte nicht, eine zukünftige Weltreligion zu gründen, als er 610 n. Chr., im Jahr von Chosroes' Einfall in byzantinisches Herrschaftsgebiet, seine erste Offenbarung erlebte. Mohammed glaubte nur, er sei berufen worden, die Religion des einen Gottes, dem auch die Juden und Christen dienten, den Arabern zu bringen, denen die göttliche Botschaft noch nicht verkündet worden war. Er richtete sich an die Einwohner Mekkas und forderte sie zur Unterwerfung *(islam)* ihres Lebens an Gott auf. Aus der Perspektive des Korans, der Schrift, die Mohammed den Arabern brachte, war der *islam* ein vollkommen natürlicher Akt. Gott hatte allen Völkern der Erde Propheten und Boten geschickt, um sie zu lehren, wie sie zum Wohlergehen in ihrem Gemeinwesen leben sollten. Wenn sich die Menschen göttlichen Geboten unterwürfen, würden sie in Harmonie mit den grundlegenden Gesetzen des Seins leben. Empörung gegen Gott *(kufr)* war unnatürlich und pervers, weil sie eine Verneinung der Realität darstellte: Sie konnte nur Unordnung und Chaos im Leben der Individuen und ihrer Gesellschaften auslösen. Ein *muslim* hingegen, ein Mensch, der sich Gott unterworfen hatte, würde erkennen, daß das Leben harmonisch, ziel- und sinnvoll sei, denn er befinde sich im Einklang mit der Ordnung der Dinge; Muslime würden so zu vollständigem Menschsein gelangen, denn sie kehrten zu jener ursprünglichen Vollkommenheit zurück, die Gott für den Menschen angestrebt hatte, als er die Welt erschuf.

Islam kann daher als eine Suche nach Ganzheit begriffen werden, als Rückkehr in das Paradies, das die Menschheit verloren hatte. Damit ist jedoch keinerlei Weltflucht gemeint. Mohammed war nicht nur in spiritueller Hinsicht genial, er besaß auch außerordentlich große politische Begabung. Im Koran gibt Gott sehr klare und konkrete Anweisungen. Es ist falsch, privaten Reichtum anzuhäufen, aber richtig, seinen Reichtum zu teilen, um eine gerechte und geordnete Gesellschaft zu begründen, in der die Armen und Schwachen mit Respekt behandelt werden. Wie die hebräischen Propheten betonte Mohammed die grundsätzliche Pflicht tätiger Nächstenliebe: Sorge für die Armen, für Witwen, Waisen und Bedrängte war die höchste religiöse Pflicht eines Muslims. Der Koran forderte keine geistige Unterwerfung unter ein komplexes Gebäude von Lehrinhalten, im Gegenteil, theologische Spekulationen wurden als *zanna*, als selbstverliebte Launen, angesehen. Wie im Judentum wurde Gott eher im moralischen Handeln als im Fürwahrhalten bestimmter Glaubensinhalte erfahren. Die Botschaft des Korans fand in Mekka sofort Anklang, da sich die Stadt inmitten großer wirtschaftlicher Umwälzungen befand, und die schwächeren Mitglieder von Mohammeds Stamm der Koraisch waren infolge des rücksichtslosen Strebens nach Reichtum an den Rand gedrängt worden. Viele der ersten Muslime waren Sklaven, Frauen oder andere benachteiligte Personen aus den ärmeren und weniger erfolgreichen Schichten. Die führenden Schichten Mekkas jedoch hatten kein Interesse an der Änderung des Status quo und waren entsetzt, als Mohammed ihnen befahl, die traditionellen Götter aufzugeben und allein Al-Lah, dem Höchsten Gott, zu dienen. Die kleine muslimische Gemeinde wurde verfolgt, und 622 n. Chr. war Mohammed gezwungen, Mekka zu verlassen und in der dörflichen Siedlung Yathrib, etwa zweihundertfünfzig Kilometer nördlich, Zuflucht zu suchen. Diese *hidjra* (Auswanderung) kennzeichnet den Anfang der muslimischen Ära, denn damals gelang es Mohammed, seine Ideale umzusetzen und die erste muslimische *umma* (Gemeinde) zu gründen.

Der Islam als Religion des Friedens und der Einheit. In Zeita auf der israelisch besetzten West-Bank, küssen sich zwei Muslime die Hände – eine Begrüßung, die innerhalb der umma *zur Zeit des Propheten Mohammed üblich war.*

Die folgenden zehn Jahre waren für die Muslime von Gefahr und Angst begleitet, und die wachsende *umma* war beständig von Vernichtung bedroht. Die *hidjra* war eine schockierende, sogar blasphemische Tat. Indem sie ihren Stamm verließen, hatten die Muslime den heiligsten Wert Arabiens verletzt: die Bande des Blutes. Sie hatten ihren angestammten Platz verlassen und waren in eine äußerst feindliche Welt gestoßen worden, in der ein Individuum ohne die Unterstützung des Stammesverbands gewöhnlich nicht überleben konnte. Von außen wurde die *umma* durch die mächtige Stadt Mekka mit Krieg bedroht, gleichzeitig erfuhr sie Ablehnung von seiten der Juden und Heiden in Yathrib, die sich dieser revolutionären Gemeinschaft, die mehr auf geistig-moralischen Werten als auf Verwandtschaftsbeziehungen beruhte, nicht anschließen wollten. Es kam zu blutigen Auseinandersetzungen. Im verzweifelten Kampf gegen Mekka verloren Muslime ihr Leben, und drei der wichtigsten jüdischen Stämme in Yathrib wurden entweder vertrieben oder ausgelöscht. Aber schließlich befriedete der Prophet Arabien, das bis zu diesem Zeitpunkt von einer unablässigen Folge von Stammesfehden und Blutrache zerrissen war. Ein Stamm nach dem anderen schloß sich Mohammeds *umma* an, und 630 n. Chr. öffnete sogar die stolze Stadt Mekka der muslimischen Streitmacht freiwillig ihre Tore, und Mohammed konnte ohne Blutvergießen seine Heimatstadt in Besitz nehmen.

Der Anfang war zwar von Gewalt gekennzeichnet gewesen, aber das Ideal des Korans bestand in Harmonie und Einheit. Schon das Wort *islam* entstammt der gleichen Wurzel wie *salaam* (Frieden). Das große Ziel des Korans war *tawhid*, »eins werden«. Jeder Muslim sollte sein Leben so ausrichten, daß Gott darin vor allem Vorrang hatte. Wenn dies erreicht war, würde er erfahren, daß diese Einheit Gott war. Auch die gesamte menschliche Gesellschaft mußte Einheit und Ausgleich erreichen und all ihr Tun der Herrschaft des Heiligen unterstellen. Daher waren Muslime in einen beständigen Kampf *(djihad)* verwickelt, um unter allen Dingen innerhalb der Menschenwelt und der Natur jene uranfängliche Vollkommenheit herzustellen, die Gott gewollt hatte. Daher durfte es auf religiösem Gebiet kein Sektierertum geben. Ursprünglich glaubte Mohammed, daß Juden und Christen demselben Glauben angehörten. Er war entsetzt, als er entdeckte, daß sie über Fragen der Lehre gestritten hatten, die nicht zu beweisen waren. Er fand es auch sehr schmerzlich, daß ihn die meisten Juden in Yathrib nicht als wahren Propheten anerkannten, sondern ihre Türen vor den Muslimen verschlossen. Der Koran lehrte die Muslime daher, zur ursprünglichen und reinen Religion Abrahams zurückzukehren, der weder Thora noch Evangelium gekannt hatte. Er war einfach ein *muslim* gewesen, einer, der sein Leben vollkommen Gott unterworfen hatte.[1]

Von den freundlicher gesinnten Juden Yathribs erfuhr Mohammed, daß die Araber als Nachkommen von Abrahams Sohn Ismael galten. Also konnten auch sie sich als Kinder Abrahams bezeichnen, genauso wie Juden und Christen.

Aber Mohammed war auch überzeugt, daß nicht alle Juden und Christen einem Sektierertum anhingen, und trotz seines verzweifelten Ringens mit dem Judentum beharrte er darauf, daß seine Anhänger die *ahl al-kitab*, die Völker der »Buchreligionen«, respektieren mußten.

> Und streitet nicht mit dem Volk der Schrift, es sei denn in
> bester Weise ... und sprechet: »Wir glauben an das, was zu
> uns herabgesandt ward und herabgesandt ward zu euch;
> und unser Gott und euer Gott ist ein einiger Gott, und Ihm
> sind wir ergeben.«[2]

Immer wieder betont der Koran, daß die Offenbarung, die Mohammed widerfuhr, die Lehren früherer Propheten wie Adam, Noah, Abraham, Isaak, Ismael, Hiob, Mose, David, Salomo und Jesus nicht aufhob.[3] Der Koran war einfach eine neue Ausdrucksweise und eine Erinnerung an die eine Botschaft, die Gott allen Menschen gesandt hatte. Es sei Götzendienst, einen Glauben oder eine Institution Gott vorzuziehen, der alle menschlichen Systeme übersteige. Mit der Rückkehr zum wahren Glauben Abrahams würden die Muslime Al-Lah und nicht eine religiöse Einrichtung zum Ziel ihres Lebens machen.

Diese Vorstellung, daß die religiöse Suche aller Menschen grundsätzlich gleich sei, sollte sich ganz wesentlich auf die muslimische Politik in Jerusalem auswirken. Im Gegensatz zu ihren Vorgängern hatten die Muslime ganz andere Vorstellungen von sakralen Räumen. Da alles von Gott kam, waren alle Dinge gut, also bestand kein wesentlicher Unterschied zwischen »Heiligem« und »Profanem« wie im Judentum. Das Ziel der *umma* bestand darin, zwischen Göttlichem und Menschlichem, zwischen innerer und äußerer Welt, eine solche Einheit und Ausgeglichenheit herzustellen, daß Unterschiede bedeutungslos wurden. Es gab nichts, dem »Böses« innewohnte; es gab keinen Bereich des *Dämonischen*, der im Gegensatz zum Bereich des »Guten« stand. Selbst Satan würde am Jüngsten

Tag vergeben werden. Alles war heilig, man mußte es nur erkennen. Aller Raum war heilig, und kein Ort war heiliger als ein anderer. Doch der Islam ist ein realistischer Glaube, und Mohammed wußte, daß die Menschen Symbole brauchten, auf die sie sich konzentrieren konnten. Daher wurden Muslime von Anfang an gelehrt, drei Orte als heilige Zentren in der Welt anzusehen.

Der erste war Mekka: Im Herzen der Stadt befand sich ein kubusförmiger Granitschrein von beträchtlichem Alter, der als Kaaba bekannt war. Er wurde weithin als der heiligste Ort in Arabien angesehen. Jedes Jahr versammelten sich hier alle Stämme der Halbinsel, um an den frommen Riten der *hadj* (Pilgerschaft) teilzunehmen, christliche Araber Seite an Seite mit Heiden. Zu Mohammeds Zeit war die Kaaba einer nabatäischen Gottheit geweiht und von Standbildern der arabischen Götterwelt umsäumt, aber ursprünglich mag es sich durchaus um den Schrein von Al-Lah, dem Höchsten Gott, gehandelt haben. Wie fast immer bei heiligen Räumen wurde angenommen, die Kaaba stehe im Mittelpunkt der Welt: Das Tor des Himmels befand sich direkt über ihr, daher war es ein Ort, an dem die irdische Welt mit der himmlischen in Verbindung treten konnte. Eingebettet in die Mauer der Kaaba war der Schwarze Stein, ein Meteorit, der einst vom Himmel gefallen war und somit das Überirdische mit der Erde verband. Wie der Tempel des Herodes in Jerusalem repräsentierte das Heiligtum *(haram)* in Mekka die gesamte Wirklichkeit, also auch die Erde.

In gleichmäßigem Schritt umrundeten die Gläubigen siebenmal das Heiligtum, ein Ritual, *tawwaf* genannt, das dem Gang der Sonne folgte. Auf diese Weise brachten sich die Gläubigen mit dem Rhythmus und der Bewegung des Kosmos in Einklang – indem sie der rechten Richtung, dem rechten Pfad folgten. In fast allen Kulturen ist der Kreis das Symbol der Vollkommenheit und Ewigkeit. Mit Hilfe dieser Umrundung gelang es, die irdische Realität zu verlassen und ein Gefühl der transzendenten Ganzheit herzustellen. *Tawwaf* war eine Meditationsübung: Im Kreisen um den unbeweglichen Mittelpunkt des sich drehenden Universums lernten die Pilger, sich zu orientieren, ihr eigenes Zentrum zu finden. Bis zum heutigen Tag behaupten Pilger, die zusammen mit anderen Gläubigen den *tawwaf* vollziehen, daß sich die Grenzen ihres Egos auflösen und sie mit den anderen Menschen eins werden würden. Die Heiligkeit der Kaaba wurde durch eine sakrale Zone von etwa dreißig Kilometern im Durchmesser geschützt. Innerhalb dieses Bereiches war jegliche Gewalttätigkeit verboten, und dadurch wurde das Gebiet inmitten all der endlosen Stammeskriege zu einer Zufluchtsstätte. Dieser Tatsache verdankte Mekka seine wirtschaftliche Blüte. Ohne Furcht vor feindlichen Angriffen konnte dort in entspannter Atmosphäre Handel betrieben werden.

Mohammed fühlte sich von der Kaaba zutiefst angezogen. Er betete gern im Haram, rezitierte dort den Koran und vollzog den *tawwaf*. Die Legende, die vermutlich im vorislamischen Arabien verbreitet war, daß Adam, der erste Mensch, diesen Schrein errichtet habe, fesselte ihn. Er war daher der erste Tempel, der zu Ehren Gottes errichtet worden war. Der Haram in Mekka war der Ort des Gartens Eden, wo Adam erschaffen worden war, der dort den Tieren Namen gegeben hatte und von allen Engeln geehrt worden war.[4] Mekka repräsentierte daher das verlorene Paradies, das im Vollzug der traditionellen Riten des heiligen Ortes für kurze Zeit wiederzugewinnen war. Der Schrein sei später von Seth, Adams Sohn, von Noah, nach der Sintflut, und von Abraham und Ismael wieder aufgebaut worden.[5] Schließlich habe ihn Qusaij ibn Qilab, der Stammvater der Koraisch, wiedererrichtet. Die Kaaba verband die Vergangenheit mit der Gegenwart, das Menschliche mit dem Göttlichen, die innere Welt mit der äußeren.

Doch als Mohammed seine ersten Anhänger lehrte, sich zum Zeichen ihrer inneren Unterwerfung vor Al-Lah zum Gebet niederzuknien, wies er sie an, sich von der Kaaba ab- und Jerusalem zuzuwenden. Die Kaaba war zu diesem Zeitpunkt durch Götzenbilder entweiht, also mußten sich die Muslime

Diese mittelalterliche Karte zeigt die Welt gemäß christlicher sakraler Raumvorstellungen. Jerusalem liegt im Zentrum, und unter völliger Mißachtung geographischer
Fakten liegen Rom, Frankreich (Gallien) und England (Anglia) viel näher an der
Heiligen Stadt als Ägypten. Die unbekannte und fremde Welt wird als monströs
dargestellt und an den Rand gerückt.

Der Kettendom ist hier neben dem goldenen Felsendom zu sehen. In vielen Moscheen und Schreinen der islamischen Welt wurde die Kuppel als ein Symbol des spirituellen Aufstiegs und der Vollkommenheit verwendet.

Die al-Aqsa-Moschee ist ein Ausdruck des integrativen muslimischen Begriffs von Heiligkeit. Die lichterfüllte Moschee heißt die Welt im sakralen Bereich willkommen. Sie ist ein Ausdruck von tawhid, der Heiligung der gesamten Existenz.

Dieser persische Bildteppich aus dem 16. Jahrhundert zeigt die Nachtfahrt Mohammeds, der auf Buraq *sitzt und zusammen mit dem Engel Gabriel von Mekka nach Jerusalem fliegt. Dieses mythische Ereignis stellt in muslimischer Sicht ein unauflösliches Band zwischen den beiden Städten her. Vom Haram in Jerusalem soll Mohammed in den Himmel aufgestiegen sein, ein Akt vollkommener Unterwerfung unter Gott, der im Islam zum Vorbild der spirituellen Reise wurde.*

Der Haram al-Scharif und die Westmauer, einer der Orte in Jerusalem, um die am heftigsten gestritten wird. Der Felsendom und die al-Aqsa-Moschee (rechts, mit der silbernen Kuppel) nehmen nun die riesige Plattform ein, die von Herodes auf dem Berg Zion für den jüdischen Tempel errichtet wurde. Die Juden beten an der darunterliegenden Westmauer, die ihre letzte Verbindung zum alten Tempel herstellt. Links, unterhalb des Felsendoms, befindet sich die Tanzikiyya-Madrasa.

Vor der Westmauer befindet sich ein riesiger Platz, auf dem sich das 1967 von den Israelis zerstörte Maghrebinische Viertel befand. Auf dem Gebiet rechts unterhalb der al-Aqsa-Moschee werden seit der Zeit des Sechs-Tage-Krieges archäologische Grabungen durchgeführt. Im Hintergrund ist der Ölberg zu sehen, auf dem sich gemäß der apokalyptischen Mythologie von Juden, Christen und Muslimen dereinst die Gläubigen zum Jüngsten Gericht versammeln werden.

Heilige Stätten bieten oft Anlaß zu Streit, aber sie können auch vereinigend wirken. In einem seltenen Moment der Freundschaft und Einigkeit sind hier armenische, koptische und franziskanische Mönche zu sehen, die in der Grabeskirche am Schrein von Christi Grab stehen.

Ultra-orthodoxe Juden, von denen viele den säkularen Staat Israel ablehnen, beten an der Westmauer neben israelischen Soldaten, die sich verpflichtet haben, ihr Land zu verteidigen.

Sakrale Raumvorstellungen können zwischen den drei Religionen Abrahams, deren Zusammenleben heute in Jerusalem so schwierig ist, erstaunliche Ähnlichkeiten enthüllen. Diese Palmkreuze erinnern an die Palmzweige, die Juden beim Laubhüttenfest trugen. Seit dem 4. Jh. tragen Christen am Palmsonntag bei der Prozession vom Ölberg zur Grabeskirche solche Zweige, wie die Juden rufen sie »Hosianna!«, das hebräische Wort, um Jubel auszudrücken.

Der Felsen in der Himmelfahrtskapelle, auf dem angeblich der Abdruck von Jesu linkem Fuß zu sehen ist. Dieser heilige Ort, von dem Jesus in den Himmel auffuhr, wird von Muslimen wie Christen verehrt.

Diese Karte Palästinas aus der Zeit der Renaissance zeigt, daß die Christen Europas begannen, die alten sakralen Raumvorstellungen aufzugeben. Das Heilige Land wird immer noch in Gold dargestellt, aber die Welt wird jetzt unter wissenschaftlichen Gesichtspunkten betrachtet, eine Entwicklung, die schließlich den Begriff des sakralen Raums für viele Europäer unverständlich werden ließ.

dem geistig-religiösen Zentrum der Juden und Christen zuwenden, da sie Al-Lah allein verehrten. Diese *qibla* (Gebetsrichtung) markierte die neue Ausrichtung: fort vom Stammesverband und hin zum ursprünglichen Glauben der ganzen Menschheit. Gleichzeitig drückte sich darin aber auch Mohammeds Gefühl der Solidarität und Kontinuität mit den *ahl al-kitab* aus. Im Januar 624 n. Chr., als deutlich wurde, daß die meisten Juden von Yathrib Mohammed nie akzeptieren würden, erklärte die *umma* ihre Unabhängigkeit von den älteren Traditionen. Nun befahl Mohammed seinen Anhängern, sich statt dessen Mekka zuzuwenden. Dieser Wechsel der *qibla* wurde als eine der schöpferischsten Ideen Mohammeds angesehen. Sie symbolisierte die Rückkehr der Muslime zum ursprünglichen, noch nicht sektiererisch gespaltenen Glauben Abrahams. Es war der Versuch, die verlorene Einheit wiederzufinden, die dieser erste Schrein repräsentierte, den Abraham, der wahre *muslim*, wieder aufgebaut hatte. Da weder Juden noch Christen etwas mit der Kaaba verband, erklärten die Muslime stillschweigend, sich keiner der etablierten Religionen zu beugen, sondern nur Gott allein zu dienen:

> Siehe diejenigen, die ihren Glauben spalteten und zu Sekten wurden, mit ihnen hast du nichts zu schaffen ...
> Sprich: »Siehe, mich hat mein Herr auf einen rechten Pfad geleitet, zu einem feststehenden Glauben, zur Religion des Abraham, des lauteren (im Glauben), der (Allah) keinen Gefährten gab.«
> Sprich: »Siehe, mein Gebet, meine Verehrung und mein Leben und mein Tod gehören Allah, dem Herrn der Welten.«[6]

Gleichzeitig war die Änderung der *qibla* tröstlich für die Muslime Mekkas, die die *hidjra* nach Yathrib gemacht hatten und nun im Exil lebten. Der Schmerz des Vertriebenseins wurde gelindert und der Geist auf die Heiligkeit der Heimat gerichtet.

Nach Mohammeds triumphalem Einzug in Mekka im Jahr 630 n. Chr. bestand seine erste Tat in der Reinigung der Kaaba, indem er die Götzenbilder zerschlug und die Statue der nabatäischen Gottheit fortschaffte. Zwei Jahre später, kurz vor seinem Tod, vollzog er die alten heidnischen Riten der *hadj* und verlieh ihnen eine neue monotheistische Bedeutung. Sie wurden nun zum symbolischen Nachvollzug der Erfahrungen Hagars und Ismaels, die Abraham in die Wüste geschickt hatte. Mekka sollte der heiligste Ort der muslimischen Welt bleiben. Der Haram spiegelte die ganze Wirklichkeit wider, und in ihm manifestierte sich auf symbolische Weise die religiöse Erfahrung des Islams. Der Koran erinnert die Muslime beständig daran, daß man von Gott nur in Form von »Zeichen« und »Symbolen« (*ayat*) sprechen könne. Jeder seiner Verse wird als eine *aya*, als eine »Ähnlichkeit« bezeichnet, und auch die Vorstellungen vom Paradies oder vom Jüngsten Gericht sind Symbole, da Gott und seine Taten von Menschen nur auf diese Weise ausgedrückt werden können. Muslime sind daher gewöhnt, in Symbolen zu denken, und vermochten die Heiligkeit Mekkas als ein Sinnbild der grundlegenden Dynamik der islamischen Vorstellung zu begreifen. Genauso wie es nur einen Gott und eine Religion gibt, die sich in vielen Formen manifestieren kann, gibt es auch nur einen heiligen Raum – Mekka –, der sich vielmals offenbart. Alle späteren heiligen Orte der islamischen Welt bezogen ihre Heiligkeit von Mekka und können als »Außenstellen« dieses zentralen Sanktuariums angesehen werden. So ist auch der Kosmos eine *aya* Gottes und offenbart seine Gegenwart in der Welt der Erscheinungen. Alle anderen Schreine des Islams wurden daher dem Vorbild in Mekka, dem archetypischen Symbol des Heiligen, nachgebildet. Darin drückte sich die *tawhid* aus, die Sakralisierung und Vereinigung des Universums.

Einer der heiligsten Orte neben Mekka war Jerusalem. Nie vergaßen die Muslime, daß die heilige Stadt der *ahl al-kitab* ihre erste *qibla* war. Die Stadt war ein Symbol gewesen und hatte ihnen geholfen, eine eindeutige islamische Identität auszubilden, sich von den heidnischen Traditionen ihrer Vorfahren abzuwenden und eine neue religiöse Gemeinschaft zu suchen. Jerusalem hatte innerhalb dieses schmerzlichen Prozesses der Ablösung eine entscheidende Rolle gespielt und sollte auf der »spirituellen Landkarte« der Muslime immer einen besonderen Platz einnehmen. Jerusalem blieb ein lebendiges Symbol des islamischen Gefühls für Kontinuität und Verwandtschaft mit den *ahl al-kitab*, ob Juden und Christen das nun anerkannten oder nicht. Die Muslime nannten die Stadt *medinat beit al-maqdis*, die Stadt des Tempels. Sie war lange Zeit das Zentrum ihrer monotheistischen Vorläufer gewesen. Die großen Propheten David und Salomo hatten dort gepredigt und regiert: Salomo hatte eine heilige Moschee gebaut. Die Stadt war mit einigen der größten Propheten verbunden, einschließlich des Propheten Jesus, den die Muslime in hohem Ansehen hielten, auch wenn sie nicht glaubten, daß er Gott gewesen sei.

Später behaupteten Muslime, daß auch der Prophet Mohammed Jerusalem besucht habe, da ihn Gott eines Nachts auf wundersame Weise dorthin gebracht habe:

> Preis dem, der seinen Diener des Nachts entführte von der
> heiligsten Moschee zur fernsten Moschee, deren Umgebung
> Wir gesegnet haben, um ihm Unsere Zeichen zu zeigen.[7]

Die »heiligste Moschee« war sicherlich die Kaaba, aber es gibt im Koran keinen Hinweis, daß die »fernste Moschee« mit Jerusalem in Zusammenhang zu bringen sei. Später jedoch, vermutlich einige Generationen nach Mohammed, stellten Muslime diese Verbindung her. Sie behaupteten, eines Nachts um etwa 620 n. Chr. sei Mohammed vor der *hidjra*, als er bei der Kaaba betete, vom Engel Gabriel nach Jerusalem gebracht worden. Die beiden seien auf einem geflügelten Pferd namens Buraq durch die Nacht geflogen und auf dem Tempelberg abgesetzt worden. Dort seien sie von einer großen Zahl von Propheten, Mohammeds Vorgängern, begrüßt worden, woraufhin Gabriel und Mohammed auf einer Leiter *(al-miradj)*, die vom Tempelberg bis zum göttlichen Thron reichte, durch die sieben Himmel gestiegen seien. Jeder der himmlischen Sphären stand ein Prophet vor – Adam, Jesus, Johannes der Täufer, Joseph, Henoch, Aaron und Mose, bis zu Abraham, der an der Schwelle des göttlichen Reichs stand. Dort empfing Mohammed die letzte Offenbarung, die ihn jenseits der Grenzen menschlichen Begreifens führte. Sein Aufstieg in den höchsten Himmel war der höchste Akt des *islam*, die Rückkehr zur Einheit, der alles Sein entstammt. Die Geschichte von Mohammeds Nachtfahrt *(al-isra)* und Aufstieg *(al-miradj)* erinnert ganz deutlich an die »Thronvisionen« der jüdischen Mystiker. Darüber hinaus kommt darin die muslimische Überzeugung von Kontinuität und Solidarität mit dem älteren Glauben zum Ausdruck. Mit dem Flug ihres Propheten von der Kaaba zum Tempelberg wurde die Heiligkeit Mekkas auch auf Jerusalem, auf *al-masjid al aqsa*, übertragen. Zwischen den beiden Städten bestand eine von Gott hergestellte Verbindung.

Doch Jerusalem war nur die drittheiligste Stätte innerhalb der islamischen Welt; die zweitheiligste war Yathrib, der Ort der ersten *umma*, den die Muslime *al-medinat* nannten, *die* Stadt. Indem Mohammed seine kleine Gruppe von Anhängern nach Medina führte, hatte sich auch die Heiligkeit Mekkas dorthin übertragen. Nach seinem Tod wurde Mohammed als der Vollkommene Mensch verehrt: Er war zwar nicht göttlich – Mohammed hatte die Muslime unermüdlich davor gewarnt, ihn zu vergöttlichen, wie Christen es mit Jesus getan hatten –, aber sein Glaube, seine Tugend und seine Unterwerfung unter Gott waren so vollkommen, daß er in seiner Person ein lebendiges Glied *(qutb)* zwischen Himmel und Erde herstellte. Insofern verknüpften die Muslime die alte Tradition des heiligen Raums mit dem jüngeren Kult des heiligen menschlichen Wesens. Nicht nur Orte, auch Menschen konnten eine Verbindung zwischen himmlischem und irdischem Bereich herstellen. Weil es die Heimstatt Mohammeds gewesen war, wurde auch Medina zu einem Ort, an dem der Himmel die Erde berührte, was vor allem auf Mohammeds Grab zutraf, wo dies am deutlichsten spürbar war. Medina war auch deswegen heilig, weil sich dort die *umma* gebildet hatte. Aufgrund des Prinzips der *tawhid* hatten alle zukünftigen islamischen Städte und Staaten an der ursprünglichen Heiligkeit Medinas teil, das zu einem Symbol des Versuchs geworden war, das ganze menschliche Leben unter Gottes Herrschaft zu stellen.

Auf gleiche Weise wurde die erste bescheidene Moschee, die Mohammed in Medina erbaut hatte, zum Vorbild für alle zukünftigen Moscheen der islamischen Welt. Sie war ein schlichtes Gebäude, das die Strenge und Einfachheit des frühen islamischen Ideals widerspiegelte. Baumstämme stützten das Dach, ein Stein markierte die *qibla*, die Gebetsrichtung, und Mohammed stand auf einem Schemel, wenn er zur Gemeinde sprach. In späteren Moscheen stützten Säulen das Dach, die *mihrab* zeigte die Gebetsrichtung nach Mekka an, und auf der *minbar* (Kanzel) stand der Prediger. Es gab auch einen Hof, gleich dem in Medina, der im Leben der ersten *umma* eine entscheidende Rolle spielte. Mohammed und seine Frauen lebten in kleinen Wohnungen oder Hütten am Rand des Hofes. Die Armen der Stadt versammelten sich dort, um Almosen, Essen und Pflege zu bekommen. Auch Versammlungen, in denen soziale, politische, militärische wie auch religiöse Fragen besprochen wurden, wurden in diesem Hof abgehalten. Bis auf den heutigen Tag ist die Moschee ein Zentrum der verschiedensten Begegnungsformen der Gemeinde geblieben und wird nicht ausschließlich zu religiösen Zwecken benutzt.

Dies ist für Juden und Christen oft überraschend, ja sogar schockierend, da für sie sakraler und profaner Bereich grundsätzlich getrennt sind. Ihrer Vorstellung nach können Muslime ihre Moscheen und Heiligtümer nicht als sakrale Räume begreifen, wenn sie dort mit Freunden plaudern oder sie gar als politische Versammlungsorte nutzen. Aber dies ist ein Mißverständnis des islamischen Heiligkeitsbegriffs, der nichts vom Leben Abgetrenntes *(kaddosch)* meint, sondern die vollkommene Durchdringung des Lebens. Als Mohammed mit seinen Frauen im Hof der Moschee Wohnung nahm, zeigte er, daß Sexuelles, Sakrales und häuslicher Alltag miteinander verbunden werden konnten, ja sogar verbunden werden mußten. Auf gleiche Weise mußten Politik, Soziales und die Ordnung des gesellschaftlichen Lebens in den Umkreis des Heiligen und unter die Herrschaft Gottes gestellt werden. Heiligkeit meint im Islam daher weniger Ausschluß als Einbeziehung. So wurde den Christen von Medina auch erlaubt, in der Moschee zu beten, worin die Kontinuität der islamischen Tradition mit den Evangelien zum Ausdruck kam. In der vielgestaltigen Funktion der Moschee zeigte sich die *tawhid*, die Heiligung des gesamten menschlichen Lebens.[8] Da allem Raum Heiligkeit innewohnte, sollte die Moschee von ihrer Umgebung nicht abgeriegelt werden. Der Prophet soll gesagt haben: »Schmähe die Welt nicht, denn die Welt ist Gott«, und der Koran forderte die Muslime beständig auf, die Schönheit und Ordnung der Erde als *ayat* zu verstehen. Daher werden Bäume, die auf dem Tempelberg verboten waren, in einem muslimischen Heiligtum gern gesehen; im Hof gibt es Brunnen, und die Moschee ist von Licht erfüllt: Vögel können während des Freitagsgebets umherfliegen. Die Welt soll nicht ausgeschlossen bleiben. Die Grundsätze, die für Medina galten, wurden auch in Jerusalem, dem drittheiligsten Ort der islamischen Welt, sichtbar.

Als Mohammed am 6. Juni 632 n. Chr. starb, hatte er fast ganz Arabien unter seiner Führung vereint. Aber Stammeskriege waren auf der Arabischen Halbinsel so verbreitet, daß nach seinem Tod die Gefahr bestand, die *umma* würde zerfallen. Mohammeds Nachfolger (*kalipha*) Abu Bakr war der Ansicht, die Aggressivität der Stämme müsse nach außen, auf einen gemeinsamen Feind gelenkt werden. Er unternahm Feldzüge in die umliegenden Territorien, nicht um deren Einwohner dem Islam zu unterwerfen, sondern um die arabischen Stämme, die im Persischen oder Byzantinischen Reich lebten, der *umma* einzugliedern. Zu diesem Zeitpunkt war der Islam keine missionarische Religion. Mohammed hatte nicht erwartet, daß sich Juden oder Christen zum Islam bekehren würden, da ihnen eine eigene gültige Offenbarung zuteil geworden war. In diesen frühen Tagen betrachteten die Muslime den Islam als die Religion, die den Arabern, den Söhnen Ismaels, verkündet worden war, während das Judentum der Glaube der Söhne Jakobs war. Doch als die Muslime über die Grenzen Arabiens vorstießen, trafen sie auf ein Machtvakuum: Byzanz und Persien waren durch jahrelange Kriege stark geschwächt, und viele ihrer Untertanen waren enttäuscht und für fremde Mächte offen. Obwohl dies ursprünglich nicht ihre Absicht gewesen war, hatten die muslimischen Heerführer bald große Ländereien der alten Reiche erobert. Als Abu Bakr 634 n. Chr. starb, hatte ein Heer die Perser aus Bahrain vertrieben, und ein anderes war in Palästina eingedrungen und hatte Gaza erobert. Der Feldzug wurde unter dem neuen Kalifen Omar, »dem Beherrscher der Gläubigen«, fortgeführt; er war einer der strengsten und leidenschaftlichsten Gefährten des Propheten gewesen. Seine Heere stießen im Osten nach Persien und im Norden nach Palästina und Ägypten vor. Obwohl die Muslime allmählich Reichtum erwarben, lebte Omar weiterhin so bescheiden, wie Mohammed es getan hatte. Er trug immer eine alte, geflickte Wolltunika, schleppte sein Gepäck wie jeder einfache Soldat und bestand darauf, daß seine Befehlshaber dies ebenfalls taten.

So war der Islam in Palästina eingedrungen, ein lebendiger, von natürlicher Begeisterung getragener Glaube. Im Gegensatz dazu hatte Kaiser Heraklios in seinen Landen Juden, Monophysiten und Araber ausgegrenzt. Der Stamm der Ghassan an der arabischen Grenze war lange Zeit Vasall Konstantinopels gewesen und hatte die Grenze gegen die Stämme der Halbinsel verteidigt. Aber Heraklios hatte ihm kurz zuvor die Unterstützung entzogen, weil die Ghassaniden zum monophysitischen Christentum übergetreten waren. Der Kaiser selbst litt unter Depressionen und befürchtete, die muslimische Invasion sei ein Zeichen göttlicher Verwerfung. Währenddessen drangen die Araber weiter nach Palästina vor. Am 20. August 636 n. Chr. besiegten die Muslime in der Schlacht am Jarmuk die byzantinische Streitmacht: Die Ghassaniden fielen von Byzanz ab und liefen mitten im Kampf zu ihren arabischen Brüdern über. Mit Hilfe der Juden begannen die Muslime, den Rest des Landes zu unterwerfen. Heraklios eilte nur kurz nach Jerusalem, um das Wahre Kreuz zu holen, und verließ dann Syrien für immer. Im Juli 637 n. Chr. lagerte das muslimische Heer vor den Toren Jerusalems.

Tapfer organisierte der Patriarch Sophronius mit Hilfe der byzantinischen Garnison die Verteidigung der Stadt, aber im Februar 638 n. Chr. mußten sich die Christen ergeben.[9] Der Überlieferung nach weigerte sich der Patriarch, die Heilige Stadt jemand anderem als dem Kalifen Omar persönlich auszuliefern. Eine der frühesten muslimischen Quellen behauptet, daß Kalif Omar nicht anwesend gewesen sei, sondern Jerusalem erst zu einem späteren Zeitpunkt besucht habe. Die meisten Historiker nehmen jedoch an, daß Omar erschienen ist, um die Kapitulation der Stadt entgegenzunehmen. Er befand sich zu dieser Zeit in Syrien, und angesichts der Stellung Jerusalems im frühen Islam ist es sehr wahrscheinlich, daß er sich diese Gelegenheit nicht entgehen ließ. Die Überlieferung berichtet, Sophronius sei aus der Stadt hinausgeritten, um Omar zu treffen und ihn anschließend nach Jerusalem zu geleiten. Omar muß sich inmitten der kostbar gekleideten Byzantiner seltsam ausgenommen haben, als er auf einem weißen Kamel in seinen üblichen schäbigen Kleidern in die Stadt einritt. Einige der christlichen Beobachter hielten den Kalifen für heuchlerisch; vermutlich wurde ihnen auf unangenehme Weise bewußt, daß der muslimische Kalif das christliche Ideal der Armut aufrichtiger verkörperte als ihre eigenen Würdenträger.

Omar befolgte auch das in den monotheistischen Religionen beheimatete Ideal der Nächstenliebe genauer als irgendein früherer Eroberer Jerusalems, König David vielleicht ausgenommen. Er war der Anführer der am wenigsten gewalttätigen Eroberung, die die Stadt in ihrer langen und oft tragischen Geschichte erlebt hatte. Nachdem die Christen sich ergeben hatten, gab es kein Blutvergießen, keine Zerstörung von Eigentum, keine Verbrennung konkurrierender religiöser Symbole, keine Vertreibung oder Enteignung und keinen Versuch, die

Einwohner zu zwingen, zum Islam überzutreten. Wenn der Respekt vor den vormaligen Eigentümern der Stadt ein Zeichen der Integrität religiöser Macht ist, hat der Islam die lange Inbesitznahme Jerusalems tatsächlich sehr vorbildlich begonnen.

Omar bat, die heiligen Stätten besuchen zu dürfen, und Sophronius führte ihn direkt zur Anastasis. Die Tatsache, daß mit diesem herrlichen Bauwerk des Todes und der Auferstehung Jesu gedacht wurde, dürfte dem Kalifen nicht gefallen haben. Der Koran verehrte Jesus als einen der größten Propheten, ließ aber nicht gelten, daß er am Kreuz gestorben sei. Im Gegensatz zu Jesus waren Mohammed im Lauf seines Lebens große Erfolge beschieden gewesen, und Muslime konnten nicht glauben, daß Al-Lah einen seiner Propheten in solcher Schande sterben lassen würde. Die Araber scheinen die Lehre der Doketen und Manichäer aufgegriffen zu haben, die in vielen Gebieten des Nahen Osten verbreitet war: Sie waren der Meinung, Jesus sei nur scheinbar gestorben; die Gestalt am Kreuz sei nur ein Scheinleib gewesen. Statt dessen sei Jesus wie Henoch und Elias am Ende seines Lebens triumphierend in den Himmel aufgestiegen. Spätere Muslime drückten ihre Verachtung für den christlichen Glauben damit aus, daß sie die Anastasis *al-qamama* (den Dunghaufen) nannten statt *al-qiyama* (die Auferstehung). Omar jedoch zeigte derlei chauvinistische Gesinnung nicht, nicht einmal inmitten des Taumels eines wichtigen militärischen Sieges. Während er am Heiligen Grab stand, war die Stunde des muslimischen Gebets gekommen, und Sophronius lud den Kalifen ein, an ebendieser Stelle zu beten. Omar lehnte höflich ab; auch in Konstantins Martyrion wollte er nicht beten, sondern er ging hinaus und betete auf den Stufen an der belebten Durchgangsstraße Cardo Maximus. Er erklärte dem Patriarchen, wenn er im Innern der christlichen Heiligtümer gebetet hätte, hätten die Muslime sie konfisziert und in islamische Stätten umgewandelt, um an das Gebet des Kalifen in der *beit al-maqdis* zu erinnern. Omar erließ sofort ein Gesetz, das es Muslimen verbot, auf den Stufen des Martyrions zu beten oder dort eine Moschee zu errichten.[10] Später betete er in der Neakirche, und wiederum achtete er darauf sicherzustellen, daß sie in christlicher Hand blieb.

Aber die Muslime brauchten einen Ort, an dem sie eine Moschee erbauen konnten, ohne christliches Eigentum anzutasten. Sie waren auch sehr begierig, den berühmten Tempel Salomos zu sehen. Gemäß der Überlieferung von al-Walid ibn Muslim versuchte Sophronius, das Martyrion und die Kirche auf dem Berg Sion als »Moschee Davids« auszugeben, aber schließlich führte er Omar und seinen Troß zum Tempelberg. Seit der persischen Invasion, während der die Juden ihren Gottesdienst auf dem Tempelberg wiederaufgenommen hatten, hatten die Christen den Ort als städtischen Müllplatz benutzt. Als Omar vor den alten zerbrochenen Tempeltoren stand, war er, so berichtet der muslimische Historiker Mujir al-Din, entsetzt über den Schmutz, »der damals das ganze Heiligtum erfüllte, sich auf den Stufen aufgehäuft hatte, so daß er sogar auf die Straße quoll, zu der sich das Tor öffnete, und er türmte sich so hoch, daß er fast die Höhe des Durchgangstors erreichte«[11]. Die einzige Möglichkeit, auf die Plattform zu gelangen, bestand darin, auf Händen und Füßen zu kriechen. Sophronius schickte sich als erster an, und die Muslime kämpften sich hinter ihm voran. Als sie am Gipfel angekommen waren, blickten die Muslime wahrscheinlich entsetzt über die riesige verlassene herodianische Plattform, die von zerfallenem Mauerwerk und Unrat bedeckt war. Der Schock dieser traurigen Begegnung mit einem heiligen Ort, dessen Ruhm bis ins ferne Arabien gedrungen war, wurde nie überwunden: Die Muslime behaupteten, sie hätten deshalb die Anastasis als *al-qamama* bezeichnet, um das ungehörige Verhalten der Christen auf dem Tempelberg zu vergelten.

Omar scheint sich bei dieser Gelegenheit keine Zeit genommen zu haben, den Felsen zu untersuchen, der später innerhalb der islamischen Frömmigkeit eine so große Rolle spielen sollte. Schließlich warf er ein paar Handvoll Schmutz und Schutt in seinen Umhang und schleuderte es über die Stadtmauer ins

Hinnomtal. Sofort taten es ihm seine Anhänger gleich.[12] Dieser Akt der Reinigung war den Ausgrabungen auf dem Golgotha zur Zeit Konstantins nicht unähnlich. Wieder versuchte eine neue Religion, in Jerusalem Fuß zu fassen, indem sie durch Freilegung der tieferen Schichten physischen Kontakt mit den Grundlagen des Glaubens aufnehmen wollte. Die Ankunft der Muslime in Jerusalem war ein Ereignis von immenser Bedeutung. Bei der *hidjra* hatten sich die frühen Muslime auf schmerzhafte Weise von ihrer Heimat und ihren heiligsten Traditionen losgerissen. Nun waren arabische Soldaten in eine Welt eingedrungen, die ihnen hinsichtlich Bildung und Kultur vollkommen fremd war. Sie mußten sich mit Mythologien, religiösen und politischen Traditionen auseinandersetzen, die ihren neuen Glauben aufs stärkste herausforderten. Die islamischen Streitkräfte waren ständig in Bewegung und sozusagen von ihren Wurzeln abgeschnitten. Aber nun hatten sie *beit al-maqdis* in Besitz genommen, nach dem sie einst ihr Gebet ausgerichtet hatten, die Heimat eines der größten Propheten. Es war die leibhaftige »Rückkehr« in die Stadt der Väter ihres Glaubens. Der Islam konnte nun an die alten Traditionen anknüpfen, die die Kontinuität und Ganzheit der koranischen Vision symbolisierten. Ein Teil ihrer Aufgabe, die Welt zu heiligen, bestand nun darin, den Ort wiederherzustellen, der so entsetzlich entweiht worden war.

Sobald die Plattform gereinigt war, rief Omar Ka'b ibn Masliah, einen jüdisch-islamischen Konvertiten, zu sich, der ein Experte der *israiliyyat* oder, wie wir sagen würden, »Gelehrter der Judaistik« war. Für die Muslime war es ganz natürlich, Juden über den Ort zu befragen, der ihren Vorfahren heilig war. Sowohl jüdische wie muslimische Quellen machen deutlich, daß Juden an der Wiederherstellung des Tempelbergs teilhatten. Omar soll sogar mit einer Gruppe Rabbiner aus Tiberias nach Jerusalem gereist sein. Der berühmte Historiker des 10. Jahrhunderts n. Chr. Abu Jafar et-Tabari behauptet, Omar habe das Treffen mit dem Vortrag der 17. und 18. Sure des Korans eingeleitet, in denen von David, Salomo und dem

Tempel erzählt wird. Dann bat er Ka'b, auf dem Berg den besten Gebetsort zu bezeichnen. Ka'b wählte einen Ort nördlich des Felsens, da er – wahrscheinlich fälschlicherweise – annahm, dieser sei die Stelle des Debir gewesen. Wenn sie dort beteten, könnten sich die Muslime sowohl nach Mekka wie nach dem jüdischen Allerheiligsten ausrichten.[13] Dabei handelt es sich mit großer Wahrscheinlichkeit um eine Legende, denn es sollte noch fünfzig Jahre dauern, bis die Muslime irgendein Interesse an dem Felsen zeigten. Aber die Geschichte belegt, daß sich die Muslime an das Prinzip der Eigenständigkeit der älteren Glaubensrichtungen hielten. Omar lehnte Ka'bs Vorschlag ab und entschied, seine Moschee auf das südliche Ende der Plattform zu bauen, an die Stelle der königlichen Basilika des Herodes, an der heute die Al-Aqsa-Moschee steht. Dort würden sich die Muslime beim Gebet nur nach Mekka ausrichten. Omars Moschee war ein bescheidenes Bauwerk aus Holz, ganz im Einklang mit dem strengen Ideal des frühen Islams. Erstmals beschrieben wurde sie von dem christlichen Pilger Arculf, der Jerusalem etwa 670 n. Chr. besuchte und betroffen war von dem Kontrast, den sie zur früheren Herrlichkeit des Tempels bildete: »Die Sarazenen besuchen nun ein viereckiges Gebetshaus, das sie roh erbaut haben, indem sie Dielen und große Balken über Bruchstücken von Ruinen aufrichteten.«[14] Es war jedoch großräumig und konnte dreitausend Gläubige aufnehmen. Zu diesem Zeitpunkt waren die arabischen Stämme der Region schon zum Islam übergetreten und kamen zu Omars Moschee, um dort das Freitagsgebet zu verrichten.

Doch keiner der christlichen Einwohner der Stadt wurde gezwungen, zum Islam überzutreten. Tatsächlich wurde bis zum 8. Jahrhundert n. Chr. niemand zum Übertritt ermutigt. Tabari zitiert ein Dokument, das wohl die vertragliche Vereinbarung zwischen Omar und den Christen Jerusalems darstellt. Aller Wahrscheinlichkeit nach ist es nicht authentisch, aber es zeigt sehr genau die Politik der Muslime gegenüber besiegten Völkern:

(Omar) gewährt ihnen Sicherheit, sowohl was Leiblichkeit
wie Besitz anbelangt: ihren Kirchen, ihren Kreuzen, den Gesunden und Kranken, allen Leuten ihres Glaubens. Wir werden keine muslimischen Soldaten in ihren Kirchen stationie-
ren. Wir werden ihre Kirchen nicht zerstören noch deren
Inhalt, noch deren Besitz oder deren Kreuze oder irgend
etwas, was ihnen gehört, beschädigen. Wir werden die Einwohner Jerusalems nicht zwingen, ihren Glauben abzulegen,
und wir werden ihnen keinerlei Schaden zufügen.[15]

Wie die anderen Untertanen im islamischen Reich wurden die
Juden und Christen Palästinas »geschützte Minderheiten«
(*dhimmi*): Sie mußten jede Form der Selbstverteidigung aufgeben und durften keine Waffen tragen. Statt dessen gewährten
die Muslime ihnen militärischen Schutz, wofür die *dhimmi*
eine Kopfsteuer (*jizya*) zahlten. In Jerusalem mußte jede Familie offensichtlich einen Dinar pro Jahr entrichten. Christliche
Pilger mußten einen Dinar Eintrittsgeld bezahlen, wenn sie von
außerhalb islamisches Herrschaftsgebiet betraten, damit sie
für die Zeit ihres Aufenthalts *dhimmi* wurden.[16] Das *dhimmi*-
System war jedoch lückenhaft. Die spätere islamische Gesetzgebung entwickelte ziemlich demütigende Grundsätze.
Dhimmi war es nicht gestattet, ohne Erlaubnis zu bauen; die
Orte ihrer Gottesdienste durften sich nicht über die Moschee
erheben; sie mußten sich verbeugen, wenn sie die *jizya* über-
reichten; sie durften nicht auf Pferden reiten und mußten eine
bestimmte Kleidung tragen. Aber diese Regelungen wurden oft
nicht streng durchgesetzt. Das System erlaubte den *dhimmi*
religiöse Freiheit, aber keine Gleichheit. Sie waren Untertanen
der Muslime und mußten die muslimische Oberhoheit anerkennen. Dennoch ermöglichte das System, Menschen verschiedener Glaubensrichtungen in relativer Harmonie zusammenleben zu lassen, und stellte sicher, daß unterworfene Völker im
großen und ganzen ordentlich und nach rechtlichen Maßstäben behandelt wurden. Es war ganz sicher eine große Verbesserung gegenüber dem byzantinischen Gesetz, das zunehmend

Minderheiten wie Monophysiten, Samaritaner und Juden unterdrückt hatte.

Daher überrascht es nicht, wenn nestorianische und monophysitische Christen die Muslime willkommen hießen und die islamische Herrschaft der byzantinischen vorzogen. »Sie fragten nicht nach dem Glaubensbekenntnis«, schrieb der Historiker Michael Sikidites im 12. Jahrhundert n. Chr., »noch verfolgten sie jemanden wegen seines Bekenntnisses, wie es die Griechen, eine häretische und niederträchtige Nation, getan hatten.«[17] Rechtgläubigen Christen fiel die Anpassung allerdings schwerer. Sophronius hatte geweint, als er Omar auf dem Tempelberg stehen sah, und erinnerte sich an den »Greuel der Verlassenheit«, den der Prophet Daniel vorausgesagt hatte. Ein paar Wochen später soll er aus Verzweiflung gestorben sein. Einige Christen hegten apokalyptische Phantasien und glaubten, ein griechischer Kaiser würde Jerusalem befreien und den Weg für die Wiederkunft Christi bereiten.[18] Die Christen Jerusalems fühlten sich von Konstantinopel nun abgeschnitten, das sie ihrer Meinung nach vollkommen vergessen hatte. Erst 691 n. Chr. wurde ein neuer Patriarch ernannt, der Sophronius' Stelle einnahm. Gleichzeitig mußten sie die Umwandlung des Tempelbergs mit ansehen, dessen Entweihung ihnen einst so wichtig gewesen war. Viele verlegten sich vermutlich einfach darauf, die Wirklichkeit zu ignorieren. So nahmen christliche Pilger wie Arculf die Gegenwart der Muslime in ihrer heiligen Stadt kaum wahr. Vielleicht meinten die Christen unbewußt, wenn sie die »Sarazenen« ignorierten, würden sie aufhören zu existieren.[19] Dies fiel ihnen nicht schwer. Die Christen waren weiterhin die Mehrheit in der Stadt, und selbst die Muslime erkannten an, daß Jerusalem größtenteils eine Stadt der *dhimmi* war. Die heiligen Stätten der Christen befanden sich fast ausschließlich auf dem Westhügel, und dieser blieb ein rein christliches Gebiet. Die muslimischen Eroberer siedelten sich in diesem Teil der Stadt nicht an, obwohl es dort kühler war und ein gesünderes Klima herrschte als in ihren Vierteln am Fuß des Haram. Muslimen war es auch verboten, die christlichen Kirchen zu besuchen, die auf dem Ölberg und im Kidrontal verblieben waren, vor allem die Himmelfahrtskirche und das Grab der Jungfrau Maria, da es sich bei beiden um mit Ereignissen verbundene Orte handelte, die auch Muslime in Ehren hielten. Doch Christen war es gestattet, ungehindert Kirchen zu bauen oder zu restaurieren. Tatsächlich kam es während des 7. und 8. Jahrhunderts n. Chr. zu einer Flut von Neubauten in Syrien und Palästina. Es wurde ihnen auch weiterhin erlaubt, ihre Prozessionen und Festlichkeiten abzuhalten. Der einzige Ort, an dem sich Muslime in großer Zahl versammelten, war auf dem alten Tempelberg,[20] und dieser Ort hatte in der christlichen Liturgie nie eine Rolle gespielt.

Nach der Eroberung war sich Omar mit Sophronius zunächst darüber einig, daß es Juden nicht erlaubt sein sollte, in Jerusalem zu leben. Nach der Niederwerfung einer Stadt stellte Omar gewöhnlich den Status quo wieder her, und Juden waren seit langem aus Jerusalem und dessen Umgebung verbannt gewesen. Später wurde diese Regelung jedoch widerrufen. Es schien keinen Grund zu geben, warum die Juden nicht in der Stadt Davids leben sollten. Omar lud siebzig Familien aus Tiberias ein, sich in Jerusalem anzusiedeln. Ihnen wurde das Gebiet um den Siloateich an der südwestlichen Ecke des Haram zugewiesen. Es war 614 n. Chr. während der persischen Eroberung zerstört worden und lag noch immer in Schutt und Trümmern. Die Juden schafften sich Platz und benutzten die alten Steine zum Hausbau. Sie durften auch in der Nähe der westlichen herodianischen Stützmauer eine Synagoge bauen, die »die Höhle« genannt wurde, vermutlich in den Bögen unter der Plattform.[21] Einige Quellen behaupten, den Juden sei erlaubt gewesen, auf der Plattform selbst zu beten, genauso wie es den Christen erlaubt war, in der Moschee von Medina zu beten. Einige der *dhimmi* – Juden und Christen – wurden als Wachen und Diener auf dem Haram beschäftigt, ein Privileg, das sie von der Entrichtung der *jizya* befreite.[22] Die jüdischen Einwohner waren vermutlich zu solchen Diensten bereit, weil die muslimische Eroberung ihnen neue Hoffnung geschenkt hatte. Die byzantinischen Kaiser hatten die Juden entrechtet, und Heraklios hatte sogar erwogen, sie zur Taufe zu zwingen. Also hatten sie die Muslime genauso bereitwillig unterstützt wie die Perser, vor allem weil diese neue Form des Monotheismus dem Judentum viel verwandter war als das Christentum. Einige mochten vielleicht geglaubt haben, der Islam sei nur eine Stufe zum wahren Glauben der Israeliten. Die Muslime hatten sie nicht nur von byzantinischer Unterdrückung befreit, sondern ihnen auch ständiges Wohnrecht in ihrer heiligen Stadt gewährt. Es ist keineswegs überraschend, daß dieser Umschwung apokalyptische Träume nährte, vor allem nachdem die Muslime versucht hatten, den Tempelberg zu reinigen. Machten sie den Weg frei für den Bau des Dritten Tempels durch den Messias? Gegen Ende des 7. Jahrhunderts n. Chr. pries ein hebräisches Gedicht die Araber als die Vorläufer des Messias und sah bereits die Heimkehr jüdischer Vertriebener und den Wiederaufbau des Tempels voraus.[23] Obwohl die Ankunft des Messias ausblieb, beurteilten die Juden die islamische Herrschaft in Jerusalem positiv. In einem Brief aus dem 11. Jahrhundert n. Chr. erinnerten die Rabbiner Jerusalems an die »Barmherzigkeit« Gottes gegenüber seinem Volk, da er dem »Königreich von Ismael« gestattet habe, Palästina zu erobern. Mit Freude erinnerten sie sich an die Ankunft der Muslime in Jerusalem, denn »es waren Leute aus dem Stamm Israel bei ihnen; sie zeigten ihnen den Ort des Tempels und siedelten mit ihnen bis auf den heutigen Tag«[24].

Die muslimische Eroberung Palästinas bedeutete jedoch nicht, daß das Land plötzlich mit Arabern aus dem Hidjas überfüllt gewesen wäre. Ethnisch gesehen blieb die Bevölkerung Palästinas so gemischt wie zuvor. Den muslimischen Eroberern war es nicht erlaubt, sich in den neuen Territorien anzusiedeln. Sie blieben eine kleine, vorwiegend aus Soldaten bestehende Schicht, die abseits der einheimischen Bevölkerung in eigenen Lagern lebte. Nur einige der Feldherren durften Güter anlegen. Wie wir gesehen haben, siedelten sich die Muslime in Jerusalem nicht im klimatisch gesünderen Stadtteil an, sondern in einem Bezirk unterhalb ihres Haram in der Nähe des jüdischen Viertels. Jerusalem blieb größtenteils eine christliche Stadt mit einem muslimischen heiligen Bezirk. Mohammed hatte einst gesagt, jeder, der Arabisch spreche, sei Araber, ebenso wie diejenigen, die Griechisch sprachen, als »Hellenen« bezeichnet wurden. Im Lauf der Jahre nahm die Bevölkerung Arabisch als Hauptsprache an, und heute bezeichnen wir deren Nachkommen – Muslime und Christen – als »Araber«.

Bei Einrichtung der Verwaltung in Palästina – »Filastin« auf arabisch – übernahmen die Muslime das alte byzantinische System, das das Land in drei Provinzen eingeteilt hatte. Jerusalem wurde dem Dschund Filastin zugeschlagen, das die Küstenebene und das Hochland von Judäa und Samaria umfaßte. Der Dschund Urdunn bestand aus Galiläa und dem westlichen Teil von Peräa, während der Dschund Dimashq das alte Moab und Edom umfaßte. Die Araber bezeichneten Jerusalem entweder als *beit al-maqdis* oder »Ilya« (Aelia). Ihre Hochachtung vor der Stadt läßt sich am Rang der Männer ablesen, die sie regierten. Mu'awija ibn Abi Sufyan, später Kalif, wurde Statthalter von ganz Syrien und Palästina (das die Araber »al-Sham« nannten). Uwaymi ibn Sa'd, einer der wichtigsten muslimischen Befehlshaber, wurde zum Regenten von Dschund Filastin eingesetzt und war bekannt für die ordentliche Behandlung der *dhimmi*. Ubada ibn a-Samit, einer der fünf führenden Korangelehrten, wurde der erste Kadi (islamischer Richter) Jerusalems. Andere bedeutende Gefährten des Propheten, so etwa Fairuz at-Dailami und Shaddad ibn Aws, ließen sich, angezogen von der Heiligkeit der Stadt, ebenfalls in Jerusalem nieder.

Nach diesem vielversprechenden Auftakt drohte das islamische Reich jedoch auseinanderzubrechen, nachdem Omar 644 n. Chr. von einem persischen Kriegsgefangenen getötet worden war. Die Tragödie von Religionen besteht darin, daß sie häufig gerade bei der Umsetzung ihrer höchsten Ideale scheitern. So hat sich das Christentum, die Religion der Liebe, in

Jerusalem oft voller Haß und Verachtung gezeigt. Der Islam, die Religion der Einheit und des Zusammenschlusses, schien nun von Spaltung bedroht und dem Sektierertum zum Opfer zu fallen. Zwischen den Kalifen und der Familie des Propheten hatte es seit Mohammeds Tod Spannungen bezüglich der Führung der *umma* gegeben. Dieser Konflikt führte schließlich zur Teilung in Sunniten und Schiiten. Auf Omar folgte Othman ibn Affan, einer der frühesten Gefährten des Propheten und ein Mitglied des aristokratischen Clans der Omaijaden. Sein Hauptbeitrag für Jerusalem bestand in der Stiftung eines großen öffentlichen Gartens für die Armen der Stadt am Siloateich. Othman war ein frommer, aber blasser Führer, und nachdem er 656 n. Chr. von einer Gruppe von Offizieren ermordet worden war, wurde Ali ibn Abi Talib, der nächste männliche Verwandte des Propheten, der noch am Leben war, zum vierten Kalifen ernannt. Sofort brach zwischen Ali und Mu'awija, dem Regenten von al-Sham und damaligen Führer des Omaijadenclans, der Bürgerkrieg aus. Er bestand darauf, daß die Mörder Othmans an ihn ausgeliefert werden sollten. Der Krieg zog sich hin, bis 661 n. Chr. Ali von einem Mitglied einer neuen fanatischen Sekte erdolcht wurde. Sechs Monate später wurde Mu'awija zum Kalifen von Jerusalem ernannt. Er war der erste Kalif der Omaijadendynastie, die das islamische Reich fast ein Jahrhundert regierte.

Mu'awija verlegte die Hauptstadt des Reiches sofort von Medina nach Damaskus. Das bedeutete nicht, daß er das alte religiöse Ideal aufgab, wie manchmal behauptet wird. Die Muslime beherrschten nun ein Reich, das sich im Westen von Khurasan bis ins heutige Libyen erstreckte. Am Ende der Omaijadenherrschaft erstreckte sich das islamische Reich von Gibraltar bis zum Himalaja. Es war notwendig, daß sich die Hauptstadt mehr im Zentrum befand und die Muslime sich vollständig in die Gebiete integrierten, die sie erobert hatten. Gleichzeitig bestand ein Teil der muslimischen Mission darin, die Welt zu heiligen. Muslime mußten ausziehen und die Heiligkeit Gottes in die entfernteren Bezirke des Reiches tragen und nicht an den heiligen Stätten ihrer Heimat verbleiben. Der Umzug nach Damaskus war für Palästina von Vorteil, da es nahe am Sitz der Macht lag, wovon es kulturell wie ökonomisch profitierte. Mu'awija war nahezu zwanzig Jahre Regent von al-Sham und hatte Jerusalem liebengelernt. Wann immer er in Palästina war, versäumte er nie, der Stadt einen Besuch abzustatten, obwohl einmal dort sogar ein Anschlag gegen ihn verübt wurde. Die Muslime haben seine lobenden Worte über *beit al-maqdis* gesammelt; sie zeigen, daß ein Teil der Jerusalemer Mythen von den *dhimmi* übernommen wurde. Die Stadt war »der Ort, an dem sich die Menschen am Tag des Jüngsten Gerichts versammeln und erheben«; es war ein Ort, der die Menschen, die dort lebten, heiligte; ganz al-Sham war »das auserwählte Land Al-Lahs, in das er die besten seiner Diener führen wird«. Bei einer Predigt auf dem Haram sagte der Kalif: »Gott liebt das Gebiet zwischen den beiden Mauern dieser Moschee mehr als jeden anderen Ort auf der Erde.«[25] Die Muslime, die dort beteten, mochten von Mekka weit entfernt sein, konnten aber dessen Heiligkeit im Haram von Jerusalem erfahren.

Nach dem Tod von Mu'awija kam es wiederum zu Spannungen im Reich, da einige muslimische Untertanen mit dem Kalifat seines Sohnes Jazid nicht einverstanden waren. Im Jahr 680 n. Chr. führte Husain, der Sohn Alis und der Enkel des Propheten, einen Aufstand gegen die Omaijaden an und wurde in Kerbela im heutigen Irak zusammen mit seinem kläglichen Anhang grausam abgeschlachtet. Seit dieser Zeit ist Kerbela die heilige Stadt der Schiiten, die glaubten, daß die *umma* nur von einem direkten Nachfolger Mohammeds regiert werden sollte. Doch trotz der Heiligkeit Kerbelas verehrten die Schiiten ihre Imams (Führer). Jeder Imam wurde als *qutb* (als lebendiges Glied zum Göttlichen) seiner Generation angesehen: Er verschaffte den Muslimen direkten Zugang zum Himmel, indem er die Heiligkeit mit Mohammed, dem Vollkommenen Menschen, teilte.

Im Jahr 683 n. Chr., als der Kalif Jazid todkrank wurde, kam

Der von Kalif Abd al-Malik erbaute Felsendom, der 691 n. Chr. fertiggestellt wurde. Mit der Wiederherstellung des Tempelbergs und der Errichtung des ersten bedeutenden islamischen Bauwerks drückten die Muslime ihre Überzeugung aus, daß ihr Glaube in der Heiligkeit älterer Traditionen verwurzelt war.

es zu einer weiteren Rebellion gegen die Omaijaden. Abdallah ibn al-Zubajr ernannte sich selbst zum Kalifen und besetzte die heilige Stadt Mekka. Dort blieb er bis 692 n. Chr. an der Macht, konnte aber nicht die Unterstützung der gesamten *umma* gewinnen. Nach dem Tod von Jazid gelang es Merwan I. (684–685 n. Chr.) und seinem Sohn Abd al-Malik (685–705 n. Chr.), die Macht der Omaijaden in Syrien, Palästina, Ägypten und im Rest des Reichs wiederherzustellen. Abd al-Malik war ein besonders fähiger Herrscher, der damit begann, das alte byzantinische und persische System durch eine neue arabische Verwaltungsform zu ersetzen: Er führte eine zentralistische Monarchie ein, die auf dem theokratischen Ideal gründete.

Nachdem ein gewisses Maß an Frieden und Sicherheit hergestellt war, konnte Kalif Abd al-Malik seine Aufmerksamkeit Jerusalem zuwenden, dem er, wie alle Omaijaden, sehr zugetan

340

war. Er setzte die Stadtmauern und Tore instand, die bei den jüngsten Unruhen beschädigt worden waren, und baute nahe des Haram das Dar Imama, eine Residenz für den Statthalter von Ilya. Doch Abd al-Maliks größter Beitrag für die Stadt war zweifellos der Felsendom, den er 688 n. Chr. in Auftrag gab. Der Islam hatte seine eigenen heiligen Orte, und er besaß eine Schrift von außerordentlicher Kraft und Schönheit. Aber der Islam besaß keine großartigen Bauwerke, und in Jerusalem, einer Stadt, die mit herrlichen Kirchen angefüllt war, fühlten sich die Muslime im Nachteil. Wahrscheinlich wollten sie den Christen, die, falls Arculfs Reaktion typisch gewesen sein sollte, über die bescheidene Holzmoschee auf dem Haram die Nase rümpften, zeigen, daß auch sie eine eindrucksvolle Vision darzustellen hatten. Im 10. Jahrhundert n. Chr. stellte der Jerusalemer Historiker Muqdassi fest, daß all die Kirchen von al-Sham so »betörend schön« seien und der »Dom von Quma-ma« so groß und herrlich, daß Abd al-Malik befürchtete, »dies würde den Geist der Muslime verwirren«. Sie wollten Bau-werke, die »einzigartig« waren und »ein Wunder in der Welt« darstellten.[26] Also verfügte Abd al-Malik, daß ein Dom gebaut werden sollte, der die Anastasis auf dem Westhügel und die außergewöhnliche Himmelfahrtskirche auf dem Ölberg über-traf, die bei Nacht, wenn sie erleuchtet war, so strahlend glänzte, daß sie zu den größten Sehenswürdigkeiten Jerusalems zählte.[27] Um sicherzugehen, daß das neue muslimische Bau-werk genauso herrlich werden würde, stellte Abd al-Malik Handwerker und Architekten aus Byzanz ein, und zwei der drei Leute, die für den Bau verantwortlich waren, waren viel-leicht Christen.[28] Trotz dieses Beitrags der *dhimmi* vermittelte der erste große muslimische Sakralbau eine eindeutig islami-sche Botschaft.

Der Kalif baute seinen Dom um den Felsen, der aus dem herodianischen Pflaster herausragte und in Richtung des nörd-lichen Endes der Plattform zeigte. Warum entschied er sich, diesen Felsen zu ehren, der weder in der Bibel noch im Koran erwähnt wird? Spätere Muslime glaubten, daß Mohammed nach seiner Nachtfahrt von diesem Felsen in den Himmel aufgestiegen sei und daß er in der kleinen Höhle darunter gebetet habe. Aber im Jahr 688 n. Chr. war dieses Ereignis noch nicht definitiv mit Jerusalem in Verbindung gebracht worden. Hätte Abd al-Malik an die *miradj* des Propheten erinnern wollen, hätte er sicher die entsprechenden Koranverse in dem Bauwerk angebracht. Aber das ist nicht geschehen. Wir wissen nicht, woher die Verehrung für den Felsen stammt. Der Pilger aus Bordeaux hatte Juden gesehen, die einen »durchbohrten Stein« auf dem Tempelberg salbten, aber wir wissen nicht mit Sicherheit, ob dies der Fels war. Im 2. Jahrhundert n. Chr. spricht die Mischna von einem »Grundstein« (*even shentijah*), der in den Zeiten von David und Salomo neben der Bundeslade gestanden habe, aber die Rabbiner sagen uns nicht, ob dieser Stein im Tempel des Herodes noch an seinem Ort war, und sie setzten ihn auch nicht mit dem Felsen auf dem zerstörten Tempelberg gleich. Möglicherweise haben sowohl Juden wie Muslime angenommen, der Fels markiere den Ort des Allerheiligsten im Tempel, obwohl die allgemeine Wissenschaftsmeinung damit nicht konform geht. Wenn das zutrifft, hätten sie natürlicherweise den Felsen als »Mittelpunkt der Erde« angesehen, als einen Ort, der schon immer den Zugang zum Himmel ermöglicht hatte. Nach dem Bau des Felsendoms entwickelten sowohl Juden wie Muslime Legenden über den Felsen, also regte das muslimische Bauwerk vielleicht die Phantasie der Juden an. Beide, Juden und Muslime, betrachteten den Felsen schließlich als Fundament des Tempels, als Mittelpunkt der Welt, als Eingang in den Garten Eden und als Quelle der Fruchtbarkeit – mit all den üblichen Vorstellungen, die mit einem monotheistischen heiligen Ort in Verbindung gebracht wurden. Und schon seit frühester Zeit hatten die Muslime das Gefühl, ein Besuch in ihrem neuen Heiligtum würde sie in die uranfängliche Harmonie des Paradieses versetzen.

In jüngster Zeit haben einige Wissenschaftler behauptet, Abd al-Malik habe den Ort nicht selbst ausgewählt. Während der persischen Besetzung, so lautet ihre Theorie, hätten die

Juden angefangen, ihren Tempel auf dem Berg wieder aufzubauen, und als Heraklios die Stadt erobert hatte, habe er eine oktagonale Kirche in Auftrag gegeben, um den Sieg über Persien und das Judentum zu feiern. Die Fundamente seien gelegt gewesen, bevor die Araber in Palästina eingefallen waren. Abd al-Malik habe diese byzantinischen Fundamente benutzen können, als 688 n. Chr. die Arbeiten am Felsendom begannen.[29] Dies ist eine widersprüchliche Theorie, um ein Bauwerk zu erklären, das in der islamischen Welt in gewissem Sinn einzigartig ist. Der Felsendom ist keine Moschee. Es gibt keine *qibla*-Wand, um die Gläubigen nach Mekka auszurichten, und keinen großen Gebetsraum. Die zentrale Position nimmt statt dessen der Felsen ein, um den zwei kreisförmige Wege angelegt sind, die von vierzig Säulen umsäumt werden. Der Felsendom ist ein Schrein, ein Reliquienschrein. Für Jerusalem jedoch nicht ungewöhnlich. Er war umgeben von berühmten Kirchen, die alle Felsen und Höhlen umschlossen: die Rotunda der Anastasis um ein Höhlengrab; das Martyrion, das den Felsen von Golgotha enthielt; die Geburtskirche über der Höhle von Christi Geburt und die Himmelfahrtskirche, die den Felsen mit Christi Fußabdruck umschloß. All diese Orte erinnerten an seine Fleischwerdung. Abd al-Maliks herrliches neues Bauwerk erhob sich, um ihnen zu trotzen.

Im Innern des Doms enthält die Hauptinschrift an den Bögen der inneren Arkade fast ausschließlich Koranverse, die entschieden die Vorstellung zurückweisen, Gott habe einen Sohn gehabt. Sie warnt die Christen vor unzutreffenden und gefährlichen Aussagen über Gott:

> Der Messias Jesus, der Sohn der Maria, ist der Gesandte Allahs und Sein Wort, das Er in Maria legte, und Geist von Ihm. So glaubet an Allah und an Seinen Gesandten und sprechet nicht: »Drei.« Steht ab davon, gut ist's für euch. Allah ist der einzige Gott. Preis Ihm, daß Ihm sein sollte ein Sohn! Sein ist, was in den Himmeln und was auf Erden, und Allah genügt als Beschützer.[30]

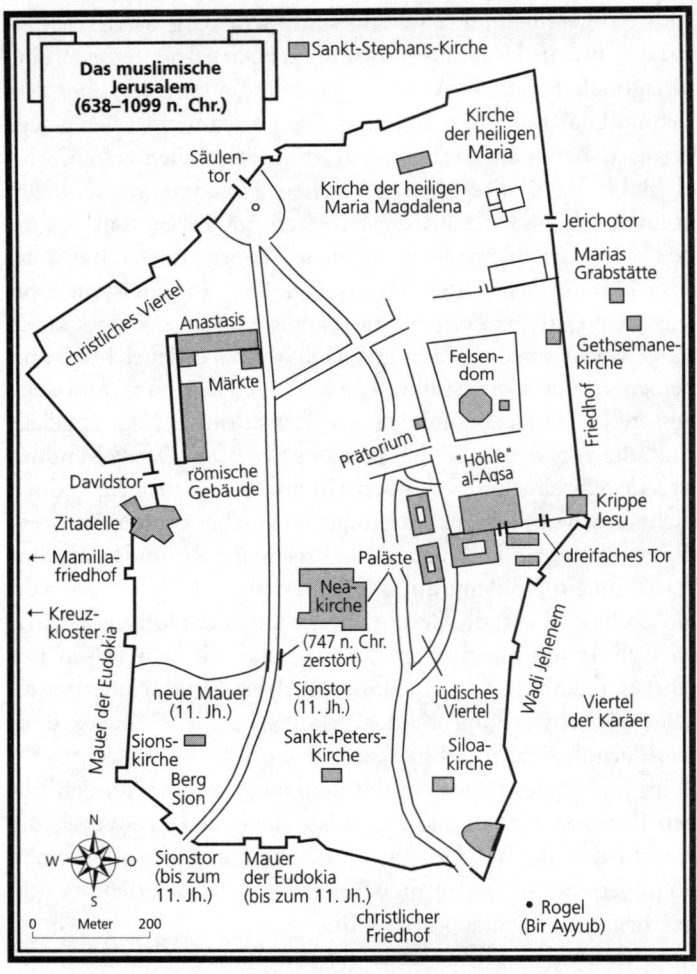

Das muslimische Jerusalem (638–1099 n. Chr.)

Sankt-Stephans-Kirche

Säulentor

Kirche der heiligen Maria

Kirche der heiligen Maria Magdalena

Jerichotor

christliches Viertel

Marias Grabstätte

Gethsemanekirche

Anastasis

Märkte

Felsendom

Friedhof

Prätorium

"Höhle" al-Aqsa

Davidstor

römische Gebäude

Zitadelle

Krippe Jesu

← Mamillafriedhof

Paläste

dreifaches Tor

← Kreuzkloster

Neakirche

(747 n. Chr. zerstört)

Mauer der Eudokia

neue Mauer (11. Jh.)

Sionstor (11. Jh.)

jüdisches Viertel

Viertel der Karäer

Sionskirche

Sankt-Peters-Kirche

Siloakirche

Berg Sion

N
W — O
S

Sionstor (bis zum 11. Jh.)

Mauer der Eudokia (bis zum 11. Jh.)

0 Meter 200

christlicher Friedhof

• Rogel (Bir Ayyub)

Das Innere des Felsendoms. Der Felsen und die kreisförmige Kuppel symbolisieren den spirituellen Aufstieg zu Einheit und Vollkommenheit.

Die Muslime waren eine Minderheit in Jerusalem; die christliche Mehrheit verachtete die Eroberer vermutlich und hielt sie für primitive Barbaren. Aber der Felsendom, der sich majestätisch vom ältesten heiligen Ort in Jerusalem erhob, war ein dramatisches Sinnbild dafür, daß der Islam gekommen war und hierbleiben würde. Und an die Christen richtete er den eindringlichen Appell, ihren Glauben aufzugeben und zum reinen Monotheismus Abrahams zurückzukehren.[31]

Die Juden konnten dieser Inschrift nur zustimmen. Nicht alle von ihnen schauten mit Entsetzen auf das muslimische Bauwerk auf ihrem Tempelberg. Um etwa 750 n. Chr. sah der jüdische Verfasser der »Geheimnisse des Rabbi Simeon ben Jochai« in dem Bauwerk ein Anzeichen des messianischen Zeitalters. Er pries den muslimischen Kalifen als einen »Gönner Israels«, der »die Brüche Zions und die Brüche des Tempels« wiederhergestellt habe. Er »behaut den Berg Moria und macht ihn ganz eben und baut eine Moschee dort auf dem Tempelfels (*even shentijah*)«[32]. Aber der Felsendom hatte auch für die Juden eine Botschaft. Er stand am Ort ihres Tempels, der wiederum an dem Ort erbaut worden war, an dem Abraham seinen Sohn opfern sollte. Nun hatten sich die Söhne Ismaels auf dieser heiligen Stätte niedergelassen. Die Juden waren nicht die alleinigen Kinder Abrahams, und sie sollten sich daran erinnern, daß dieser weder Jude noch Christ, sondern *muslim* gewesen war.

Daher ist es wahrscheinlicher, daß der Felsendom als Ausdruck muslimischer Identität gedacht war, als dafür, die *hadj* nach Jerusalem umzuleiten, da sich Mekka noch immer in Händen von ibn al-Zubajr befand. Diese Theorie wurde erstmals von dem persischen Historiker Ya'qubi im 9. Jahrhundert n. Chr. vorgetragen, der behauptet, die kreisförmigen Gänge seien zum Zweck des *tawwaf* angelegt worden: »Die Menschen begannen um (den Felsen) zu gehen, wie sie die Kaaba umrunden.«[33] Das ist jedoch höchst unwahrscheinlich. Die Gänge im Felsendom sind viel zu schmal für das aufwendige Ritual des *tawwaf,* und wenn das Ziel des Kalifen darin bestanden hätte, Mekka zu ersetzen, wäre es viel einfacher gewesen, die Kaaba nachzubauen, statt sich die Mühe zu machen, einen erlesenen Dom zu errichten. Kein anderer zeitgenössischer Historiker erwähnt dieses blasphemische Projekt des Kalifen, das die ganze muslimische Welt schockiert hätte; außerdem empfand Abd al-Malik tiefste Verehrung für Mekka und die Kaaba. Ya'qubi war ein erbitterter Gegner der Omaijaden, und seine Theorie kann mit großer Sicherheit als Propaganda angesehen werden.

Wäre der Felsendom jedoch bloß ein politischer Trick gewesen oder dazu angelegt worden, um Punkte gegen die *dhimmi* zu sammeln, hätte er nie die Herzen der muslimischen Bevölkerung gewonnen. Statt dessen wurde er das Vorbild für alle zukünftigen muslimischen Sakralbauten. Wenn Pilger und Gläubige das Bauwerk betraten, hatten sie das Gefühl, es symbolisiere auf vollkommene Weise den Weg, dem alle folgen mußten, um Gott zu finden.[34] Insofern mag die Anlage von der neuen Metaphysik der Sufis, der Mystiker des Islams, inspiriert worden sein, die sich schon sehr früh in Jerusalem niedergelassen hatten. Welch große Bedeutung Symbolen im Islam zukommt, haben wir bereits gesehen. Da Gott unvergleichlich war, verboten die Muslime schließlich jegliche Art figürlicher Darstellung in ihren Gotteshäusern; geometrische Muster und Formen waren jedoch erlaubt, weil sie das ideale Reich der Ideen widerspiegelten. Sie wiesen auf die der Existenz zugrundeliegende Struktur hin, auf die sich die Muslime einstimmen mußten, wenn sie Harmonie, Frieden und Einheit mit Gott finden wollten. Im Haram von Mekka hatte das Viereck der Kaaba zum Kreis des *tawwaf* geführt, der die Reise von der Erde in die Ewigkeit symbolisierte. Eine ähnliche Anlage zeigte der Jerusalemer Schrein. Der Fels und die Höhle symbolisierten die Erde, den Ursprung und Ausgangspunkt der Suche. Sie werden umgeben von einem Oktagon, das im muslimischen Denken die Weiterführung des Vierecks darstellt. Dadurch wird der Beginn des Aufstiegs zur Ganzheit, Vollkommenheit und Ewigkeit markiert, die sich im vollkommenen Kreis des Domes ausdrücken.

Der Dom selbst ist ein kraftvolles Symbol des Aufstiegs in den Himmel. Aber gleichzeitig symbolisiert er die vollkommene Ausgeglichenheit der *tawhid*: Sein Äußeres, das in den unendlichen Himmel hinaufreicht, ist das perfekte Gegenbild seiner inneren Bestimmung. Er zeigt, auf welche Weise Göttliches und Menschliches, innere und äußere Welt sich gegenseitig ergänzen, wie zwei Hälften eines einzigen Ganzen. Schon die Farben des Bauwerks sind von Bedeutung. In der islamischen Kunst steht Blau, die Farbe des Himmels, für Unendlichkeit, während Gold, die Farbe des Wissens, im Koran die Fähigkeit ausdrückt, eine Vorstellung von Gott zu entwickeln. Der Felsendom war am Ort der ersten Gebetsrichtung der Muslime errichtet worden. Der Ort war als geistig-religiöses »Zentrum« bekannt; in der Höhle unter dem Felsen erkannten die Muslime die Stellen, an denen Abraham, David, Salomo und Elias gebetet hatten. Einige konnten sogar die Fußab-drücke Henochs auf dem Felsen erkennen und glaubten, er sei von dort in den Himmel aufgestiegen. Dies war einer der Orte, an denen sich Himmel und Erde trafen; er half den Muslimen, ihre Reise zu Gott zu beginnen, und der Symbolismus von Abd al-Maliks Schrein beschrieb den Prozeß der Rückkehr zur höchsten Wirklichkeit, einen Aufstieg, der zugleich ein Abstieg ins Innere des Menschen war, wie die Sufis erkannt hatten. Wir haben gesehen, daß die Architektur des Tempels noch lange nach dessen Zerstörung den jüdischen Geist prägte. Nun war der Felsendom, das erste Hauptwerk muslimischer Archi-tektur, ein spiritueller Orientierungsplan für die Muslime geworden.

Nach diesem grundlegenden Plan wurden oft Mausoleen für Männer und Frauen angelegt, die als *qutb*, als Verbin-dungsglieder zwischen Himmel und Erde, verehrt wurden. Gleichzeitig bildete der Felsendom die grundlegende Symbolik von Mekka nach. Ya'qubis Behauptung, der Felsendom sei als Ersatz für Mekka konzipiert worden, ist mit hoher Wahr-scheinlichkeit falsch, aber sie enthüllt zumindest die Ver-wandtschaft, die für Muslime zwischen den beiden Bauwerken bestand. Ganz am Anfang der muslimischen Geschichte war die erste *qibla* ein Ersatz für die Kaaba gewesen. Beide Orte waren als Garten Eden, als Mittelpunkt der Welt angesehen und mit Adam und Abraham sowie der Geschichte von der Opferung Isaaks in Verbindung gebracht worden. Diese Nach-bildung der zentralen Heiligkeit Mekkas im Mythos und in der Architektur anderer Bauwerke war keine sklavische Imitation. Sie war selbst ein Symbol jenes Kampfes um Einheit, jenes Wunsches, alle Dinge wieder in ursprüngliche Vollkommen-heit zu bringen, indem alles auf die Quelle zurückgeführt wurde.

Dies wurde in der neu aufkommenden Tradition der Sakrali-sierung Jerusalems deutlich, die sich Ende des 7. Jahrhunderts n. Chr. in der islamischen Welt auszubreiten begann und die zum Teil offensichtlich von der *israiliyyat* beeinflußt war. Die

Juden hatten den Tempel immer als Quelle irdischer Fruchtbarkeit empfunden, und nun behaupteten Muslime, daß »alles
süße Wasser unterhalb des Felsens entspringt«. Das Jüngste
Gericht würde in Jerusalem stattfinden; dort würde Gott Gog
und Magog besiegen; die Toten würden auferstehen und sich
am Jüngsten Tag in der Heiligen Stadt versammeln. In Jerusalem zu sterben war eine besondere Gnade: »Wer in Jerusalem
stirbt, ist gestorben, als wäre er im Himmel.« Alle Propheten
wollten dort begraben sein. Sogar Adam habe vor seinem Tod
befohlen, daß er »nach Jerusalem zum Begräbnis gebracht«
werde. Es wurde behauptet, Mohammeds Freunde wollten
seinen Leichnam in Jerusalem, der Ruhestätte der Propheten
und dem Ort der Auferstehung, begraben. Jerusalem war das
natürliche Ziel aller heiligen Menschen und heiligen Objekte:
Am Jüngsten Tag würde sogar die Kaaba nach Jerusalem
gebracht werden – ein häufig wiederkehrender Mythos, der
zeigt, wie eng die beiden Orte in der Vorstellung der Muslime
verbunden waren.[35]

Kalif al-Walid, der 705 n. Chr. auf Abd al-Malik folgte,
baute die Heiligkeit und Majestät des Haram weiter aus. Im
Jahr 709 n. Chr. ordnete er den Bau einer neuen Moschee an,
die an der Stelle der heutigen al-Aqsa-Moschee das bescheidene Bauwerk Omars ersetzte. Im Gegensatz zum Felsendom
wurde diese Moschee häufig zerstört, wieder auf- und umgebaut. Kurz nach ihrer Erbauung wurde al-Walids Moschee von
einem Erdbeben zerstört, und es blieb nur sehr wenig von ihr
erhalten. Wir wissen, daß sie mit Marmorböden und Säulen
ausgekleidet war; später wurde sie als zu lang und zu schmal
kritisiert. Der Kalif stellte auch die Stützmauern des Herodes
wieder her und erhöhte sie, obwohl seine Steine nicht die
Riesenhaftigkeit derjenigen von Herodes erreichten. Um die
Mauern der Plattform baute der Kalif Säulengänge, ganz ähnlich denen, die heute dort stehen. Schließlich wurden die alten
Wohnviertel in unmittelbarer Nähe des Haram freigeräumt,
um Platz für herrliche Staatsbauten zu schaffen. Die Tore am
südlichen Ende der Plattform wurden wiedererrichtet, und es

entstand ein Komplex öffentlicher Gebäude, dessen eindrucksvollstes einen großen, zweistöckigen Palast darstellte, der um einen Innenhof angelegt war. Das obere Stockwerk war mit dem Haram durch eine Brücke verbunden, die direkt in die neue Moschee führte. Eine Reihe weiterer, mit Kolonnaden versehener Gebäude erstreckte sich entlang der westlichen Stützmauer nach Westen und Norden. Es gab eine Unterkunft für Pilger, ein Badehaus, Kasernen und andere öffentliche Gebäude. Schließlich wurde die alte herodianische Brücke von der Straße, die zum Haram führte und heute Kettenstraße (Tariq al-Silsila) heißt, wieder aufgebaut. Dies war der größte Baukomplex, den die Omaijaden je errichteten. Hatte al-Walid etwa die Absicht, Jerusalem zur Hauptstadt des islamischen Reiches zu machen?[36]

Al-Walids Sohn Suleiman (715–717 n. Chr.) fühlte sich jedenfalls sehr stark zu Jerusalem hingezogen, und Mujir al-Din behauptet, er habe sich mit dem Plan getragen, »in Jerusalem zu leben, es zu seiner Hauptstadt zu machen und dort großen Reichtum und eine beträchtliche Bevölkerung anzusammeln«[37]. Suleiman war in der Stadt zum Kalifen ernannt worden, und Delegationen waren in die *beit al-maqdis* gekommen, um ihm Treue zu schwören. Wie sein Namensvetter Salomo empfing Suleiman das Volk gern auf dem Tempelberg in einem hochgewölbten Gebäude in der Nähe des Felsendoms, das mit einem Teppich, Kissen und Diwanen ausgestattet war. Doch aus seinem Plan, Jerusalem zur Hauptstadt zu machen, wurde nichts. Die Lage Jerusalems war zu ungünstig, um Zentrum eines riesigen Reiches zu werden. Das erkannte Suleiman, als er die neue Stadt Ramlah in der Nähe von Lydda gründete, die die Verwaltungszentrale von Dschund Filastin wurde. Damit ging auch viel Leben und Wohlstand von Jerusalem in die Küstenregion über. Vermutlich war es für die Omaijaden unmöglich, eine Stadt mit überwiegend christlicher Bevölkerung zu ihrer Hauptstadt zu machen. Aber dies bedeutete nicht, daß sie Jerusalem nicht hochgeschätzt hätten, wie zuweilen behauptet wurde. Seit frühester Zeit hatten die Muslime dazu geneigt, ihre Hauptstadt nicht an den heiligen Orten der Region zu errichten. Mohammed hatte seine Hauptstadt nicht von Medina nach Mekka verlegt, nachdem er die Stadt erobert hatte, obwohl er bei seinen Anhängern keinen Zweifel aufkommen ließ, daß Mekka der heiligere Ort war. Die ersten Kalifen hatten Medina als Hauptstadt beibehalten, und ein ähnliches Vorgehen wird in der Wahl Ramlahs gegenüber Jerusalem deutlich. Selbst die Juden, die keinerlei Zweifel an der Heiligkeit Jerusalems hatten, zogen es vor, in Ramlah zu leben: Die jüdische Gemeinde in der neuen Stadt war immer viel größer als die in Jerusalem.

Mitte des 8. Jahrhunderts n. Chr. befand sich das Reich in Aufruhr. 744 n. Chr. wurde der Kalif al-Walid II. ermordet, und die Stämme von Dschund Filastin und Dschund Urdunn rebellierten gegen seinen Sohn Jazid. Auch lange nachdem die Revolte niedergeschlagen war, widersetzten sie sich der toleranten Haltung Jazids gegenüber den *dhimmi*. Die Unruhen in al-Sham hielten auch unter Merwan II., dem Nachfolger Jazids, an, und als Vorsichtsmaßnahme ließ der Kalif die Mauern von Jerusalem, Damaskus und anderen Städten zerstören. Weiteren Schaden erlitt Jerusalem am 11. September 747 n. Chr. durch ein Erdbeben. Die Ost- und Westfront des Felsendoms stürzten ein, desgleichen al-Walids Moschee, der Omaijadenpalast und die Neakirche Justinians. Viele der Muslime, die in der Nähe des Haram wohnten, wurden getötet, und aus Furcht vor Nachbeben zogen sich die Einwohner sechs Wochen lang in die Berge zurück. Das Erdbeben kündigte gleichsam den Niedergang der Omaijadendynastie an. Die Nachfolger von Abbas, dem Onkel Mohammeds, hatten die Omaijaden, ausgehend von ihrem Stützpunkt in Humayma im Ostjordanland, schon seit langem bekämpft. 749 n. Chr. vereinigten sie ihre Streitkräfte mit denen Abu Muslims aus Khurasan, dem es gelungen war, alle Gegner des Kalifats zu einen. Im Januar erlitt Kalif Merwan am Za'b, einem Nebenfluß des Tigris, die endgültige Niederlage, und kurz darauf wurden die überlebenden Omaijaden in Antipatris in Palästina getötet.

Abu al-Abbas al-Saffah wurde der erste Kalif der Abbasiden. Doch die Abbasiden machten Bagdad zu ihrer neuen Hauptstadt, was für Jerusalem ernste Konsequenzen haben sollte.

12
Al-Quds

Die Muslime hatten ein System errichtet, das es Juden, Christen und Muslimen zum erstenmal ermöglichte, in Jerusalem zusammenzuleben. Seit der Rückkehr aus der Babylonischen Gefangenschaft hatten die jüdischen Monotheisten die Auffassung vertreten, daß die Heiligkeit der Stadt untrennbar mit dem Ausschluß Andersgläubiger verbunden sei. Der muslimische Heiligkeitsbegriff jedoch war weniger auf Ausschluß angelegt, denn das Nebeneinander der drei Religionen Abrahams, deren Anhänger in verschiedenen Wohnvierteln lebten und ihre jeweiligen Gotteshäuser aufsuchten, spiegelte ihre Vorstellung von Kontinuität und Harmonie aller rechtgläubigen Religionen wider, die nur von Gott stammen konnten. Die Erfahrung, zusammen in einer Stadt zu leben, die allen drei Bekenntnissen als heilig galt, hätte den Gläubigen eigentlich zu besserem gegenseitigen Verständnis verhelfen können. Doch dazu kam es offensichtlich nicht. Die Lage war durch innere Spannungen geprägt. Seit über sechshundert Jahren hatte es zwischen Juden und Christen Gegensätze gegeben, vor allem hinsichtlich der Stellung Jerusalems. Jeder glaubte, der andere sei im Unrecht, und das Zusammenleben in der Heiligen Stadt erleichterte die Sache nicht. Einige Muslime begannen, die gegenüber den anderen Religionen tolerante Vision des Korans aufzugeben, und behaupteten, der Islam sei der einzig wahre Glaube. Sufis und Philosophen versuchten auf verschiedene Weise, dem alten Ideal wieder Geltung zu verschaffen, aber eine zunehmende Anzahl von Muslimen war überzeugt, der Islam habe die alten Traditionen überflüssig gemacht. Sobald eine monotheistische Religion ausschließliche Ansprüche erhebt, wird das Zusammenleben sehr schwierig. Wenn jeder Glaube sich für den allein wahren hält, wird die Nähe zu anderen Konfessionen mit demselben Anspruch zur kaum erträglichen Herausforderung. Da jede der drei Religionen versuchte, eine unverwechselbare Identität auszubilden, und sich den anderen überlegen fühlte, nahmen während der abbasidischen Herrschaft die Spannungen in der *beit al-maqdis* zu.

Ein Grund für die zunehmende Sorge in der Stadt ergab sich aus dem Entschluß des Kalifats, nach Bagdad umzusiedeln, das 762 n. Chr. die neue Hauptstadt des islamischen Reichs wurde. Jerusalem behielt für die Abbasiden zwar seine symbolische Bedeutung, aber sie waren nicht mehr gewillt, soviel Geld und Aufmerksamkeit für al-Sham und *beit al-maqdis* zu investieren wie ihre Vorgänger. Zuviel in der Stadt erinnerte an die Herrschaft der Omaijaden. Während die Omaijaden Jerusalem regelmäßig besucht hatten und den Bewohnern vertraut waren, wurden die Abbasiden als ferne Gestalten empfunden, deren Besuch als Staatsereignis galt. Dennoch fanden es die Kalifen anfangs wichtig, nach Jerusalem zu reisen, da es ein Symbol ihrer Legitimität war. Sobald Kalif al-Mansur im Jahr 757 n. Chr. sein Regime gefestigt hatte, besuchte er Jerusalem auf dem Heimweg seiner *hadj*. Die Stadt befand sich in beklagenswertem Zustand. Der Haram und der Palast der Omaijaden lagen nach dem Erdbeben von 747 n. Chr. noch immer in Trümmern. Als die Muslime den Kalifen baten, al-Walids Moschee zu restaurieren, antwortete er schlicht, daß er kein Geld habe, schlug aber vor, daß der Gold- und Silberbelag auf dem Felsendom eingeschmolzen und zur Bezahlung der Reparaturen verwendet werden sollte. Die Abbasiden vernachlässigten den Haram zwar nicht, aber sie schmückten ihn auch nicht so kostbar aus wie die Omaijaden. Kaum war die Moschee wiederhergestellt, wurde sie 771 n. Chr. durch ein neues Erdbeben zerstört. Als Kalif al-Mahdi den Thron bestieg (775–785 n. Chr.), ordnete er an, daß sie wieder aufgebaut und vergrößert werden solle. Diesmal wurde allen Statthaltern der Provinzen und den Kommandeuren der lokalen Garnisonen befohlen, sich an den Kosten zu beteiligen. Die neue Moschee war wesentlich gediegener gebaut als die alte und stand auch noch, als Muqdassi 785 n. Chr. seine Beschreibung Jerusalems verfaßte. Sie besaß ein herrliches Gewölbe und war viel größer als ihre Vorgängerin. Was von dem Bauwerk der Omaijaden übriggeblieben war, »stand wie ein Überrest an Schönheit inmitten der neuen«[1].

Die Moschee wurde nun *al-masjid al-aqsa* genannt, die »Entfernte Moschee«. Sie wurde nun eindeutig mit der Nachtfahrt Mohammeds in Verbindung gebracht, die im Koran erwähnt wird.[2] Der erste vollständige Bericht des visionären Erlebnisses des Propheten in Jerusalem findet sich in der Biographie von Muhammad ibn Ishaq (gest. 767 n. Chr.); dort wird beschrieben, wie Mohammed, geleitet vom Engel Gabriel, aus Mekka zum Tempelberg gebracht wurde; dort stieg der Prophet durch die sieben Himmel zum göttlichen Thron empor. Einige Muslime nehmen diese Geschichte wörtlich: Sie glauben, Mohammed sei leibhaftig nach Jerusalem gereist und in die Himmel aufgestiegen. Andere, einschließlich Aischa, der Lieblingsfrau des Propheten, haben immer darauf beharrt, daß es sich um ein rein spirituelles Erlebnis handle. Für Muslime war es ganz natürlich, diesen Flug zu Gott mit Jerusalem in Verbindung zu bringen. Seit der Fertigstellung des Felsendoms im Jahr 691 n. Chr. war der Haram ein mächtiges Symbol spirituellen Aufstiegs. Sufis wurden von der *beit al-maqdis* unwiderstehlich angezogen. Etwa um die Zeit, als die Aqsa-Moschee restauriert wurde, starb die berühmte Mystikerin Rabi'a al-Adawiyya in der Stadt und wurde in Sichtweite des Doms auf dem Ölberg begraben. Abu Ishaq ibn Adham, einer der Begründer des Sufismus, kam sogar aus dem weit entfernten Khurasan, um in Jerusalem zu leben. Die Sufis lehrten die Muslime, die innere Dimension islamischer Spiritualität zu ergründen. Dabei ist das Motiv der Rückkehr zur uranfänglichen Einheit entscheidend für ihr Verständnis der mystischen Suche, und Mohammeds Nachtfahrt und *miradj* wurden zum

Vorbild für ihre eigene spirituelle Erfahrung. Ihrem Verständnis nach war Mohammed vor dem göttlichen Thron in Ekstase gefallen. Aber diese ekstatische Auflösung (*'fana*) war nur das Vorspiel zu seiner vollständigen Gesundung (*baqa*), zur gesteigerten und erfüllten Menschlichkeit.

Die Sufis begannen, sich um den Haram anzusiedeln. Einige nahmen sogar in den Säulengängen am Rand der Tempelplattform Wohnung, um über die Symbolik des Doms und des Felsens zu meditieren, von dem Mohammed seinen Aufstieg in den Himmel genommen hatte. Ihre Gegenwart übte vermutlich einen heilsamen Einfluß auf Jerusalem aus, da die Sufis anderen Glaubensrichtungen gegenüber außergewöhnliche Achtung zeigten. Während die Juristen und Kleriker (*ulema*), die das islamische Gesetz entwickelten, dazu tendierten, den Ausschließlichkeitsanspruch des Islams zu betonen, hielten sich die Sufis treu an den Universalismus des Korans. Ein Sufimystiker, der sich in Ekstase befand, konnte durchaus ausrufen, er sei weder Jude, Christ noch Muslim und sowohl in einer Moschee, einer Synagoge, einer Kirche oder einem Tempel zu Hause, denn nach der Auflösung des Ego in der *'fana* hatten diese von Menschen gemachten Unterscheidungen keine Bedeutung mehr. Nicht alle Muslime erreichten solche mystischen Höhen, wurden aber von den Vorstellungen der Sufis tief beeinflußt; in einigen Teilen des Reiches wurde der Sufismus sogar zur vorherrschenden Form islamischer Frömmigkeit, doch in diesen frühen Tagen galt er eher als Randerscheinung und zweifelhaft.

Aufgrund von Mohammeds angeblichem Besuch wurde die Stadt in zweifacher Weise als heilig angesehen. Sie war immer als die Stadt des Tempels verehrt worden, als geistig-religiöses Zentrum auf Erden, aber nun war sie mit dem Propheten, dem Vollkommenen Menschen, verbunden, dessen mystischer Flug (*al-isra*) das Band zwischen den beiden heiligen Orten verstärkt hatte. Mohammed hatte durch seine Person die ursprüngliche Heiligkeit Mekkas zur Entfernten Moschee in Jerusalem gebracht. Wie in Mekka und Medina wurde die Hei-

Ein Muslim, der in der Aqsa-Moschee den Koran, das Wort Gottes, studiert. Mit diesem Studium stellen Muslime den Kontakt mit dem Göttlichen her und lernen, sich in allen Aspekten des täglichen Lebens Gott zu unterwerfen.

ligkeit Jerusalems durch die Anwesenheit des Vollkommenen Menschen vermehrt, der ein neues Glied zwischen Himmel und Erde geschaffen hatte. Die Geschichte von Mohammeds *miradj* macht dies ganz deutlich. Das Leben ihres Propheten wurde den Muslimen nun zur göttlichen Erscheinung. Er war zwar nicht göttlicher Natur, aber sein Schaffen war eine *aya*, ein Symbol göttlichen Wirkens und vollkommener Hingabe an Al-Lah. Während des 8. und 9. Jahrhunderts n. Chr. hatten Gelehrte begonnen, die Sammlungen von Mohammeds Maximen (*ahadith*) und praktischen Anweisungen (*sunnah*) zusammenzustellen. Diese bildeten die Basis des islamischen Gesetzes (*shari'a*) und der Vorschriften für den Alltagsablauf eines Muslims. Die *sunnah* lehrte die Muslime, Mohammed in jeder Hinsicht nachzuahmen, im Sprechen, Essen, Waschen, Lieben und Beten, so daß ihr Leben bis ins kleinste Detail seiner vollkommenen Unterwerfung (*islam*) entsprach. Dieser symbolische Akt der Nachahmung verband die Muslime mit dem ewigen Vorbild Mohammed, der die Menschheit so repräsentierte, wie sie ursprünglich von Gott gedacht gewesen war.

Nur wenige Geschichten über Mohammeds Leben zeigen seine vollkommene Unterwerfung unter Gott so anschaulich wie die *miradj* vom Haram in Jerusalem zum höchsten Himmel. Für die Muslime war dies ein archetypisches Bild der Rückkehr, die alle menschlichen Wesen zur Quelle des Seins zurücklegen mußten. Muslime, die zum Gebet nach Jerusalem kamen, ahmten so auf symbolische Weise *isra* und *miradj* nach, um damit am mystischen Flug des Propheten teilzuhaben. Auf diese Weise hofften sie, sich wenigstens bis zu einem gewissen Grad seiner inneren Haltung der vollständigen Unterwerfung anzunähern. Ihre neue *sunnah* auf dem Haram glich den rituellen Prozessionen der Christen, die, Jesu Spuren folgend, durch Jerusalem zogen. Während des 8. und 9. Jahrhunderts n. Chr. – wir sind nicht ganz sicher, wann – begann eine Reihe kleiner Schreine[3] und Andachtsräume zu entstehen (siehe Karte). Nördlich vom Felsendom befanden sich der kleine Dom des Propheten und der Rastplatz Gabriels. Diese kleinen Schreine markierten die Orte, an denen Mohammed und der Engel mit andern Propheten gebetet hatten, bevor die goldene Leiter (*al-miradj*) vor ihnen erschienen war. Ganz in der Nähe davon befand sich der Dom der Miradj, von wo aus der Prophet seinen Aufstieg zum himmlischen Thron begonnen hatte. Die Muslime beteten auch gern am südlichen Tor des Haram, das als Tor des Propheten bezeichnet wurde, denn gemäß der Überlieferung soll Mohammed hier mit Gabriel, der ihm voranging und die Dunkelheit mit einem Licht so hell wie die Sonne erleuchtete, die Stadt betreten haben. Danach seien sie zu einer Stelle an der südwestlichen Ecke des Haram gegangen, wo Buraq, Mohammeds himmlisches Pferd, angebunden war, das ihn aus Mekka hergebracht hatte.

Verschiedene Schreine jedoch erinnerten an die Gegenwart

anderer Propheten, woraus sich wiederum der Einfluß der Sufis ablesen läßt. Die muslimischen Pilger wurden gelehrt, die heiligen Männer und Frauen zu ehren, die in der Stadt gelebt, gebetet und gelitten hatten. Der Kettendom östlich vom Felsendom soll der Ort gewesen sein, an dem König David über die Kinder Israels zu Gericht saß. Er habe eine spezielle Lichterkette benutzt, die es ermöglichte, Lügner zu entlarven. Am nördlichen Ende des Haram befand sich angeblich der Stuhl Salomos, wo der König nach Fertigstellung des Tempels gebetet habe. Einige der Tore des Haram wurden auch mit jüdischer Geschichte in Verbindung gebracht. Die Israeliten hatten angeblich die Bundeslade durch das Tor der Göttlichen Gegenwart (Bab al-Sakina) getragen und am Jom Kippur am Tor der Reue (Bab Hitta) um Vergebung gebetet. Doch Jerusalem war auch die Stadt Jesu, und der Koran enthält eine Reihe von Geschichten über seine Geburt und Kindheit. So wird gesagt, daß sich während Marias Schwangerschaft Zacharias, der Vater Johannes' des Täufers, um sie gekümmert habe und auf wundersame Weise für Essen gesorgt worden sei. Noch in der Krippe liegend, habe Jesus bereits gesprochen, was als frühe *aya* seines Prophetentums galt.[4] Nun beteten muslimische Besucher des Haram am Orakel des Zakariyya an der nordöstlichen Ecke der Plattform und an zwei Schreinen in den Bögen unter der Oberfläche: dem Andachtsschrein Marias (Mihrab Mariam) und der Krippe Jesu (Mahd Isa). Von der Brüstung sahen die Muslime zum Hinnomtal (Wadi Jahannum) und zum Ölberg, wo das Jüngste Gericht und die Auferstehung stattfinden würden. Das Goldene Tor in der Ostmauer des Haram nannten sie »Tor des Erbarmens« (Bab al-Rahma). Hier würde die im Koran erwähnte Trennungslinie zwischen den Seligen und den Verdammten verlaufen.[5] Nach dem Jüngsten Gericht würden der Haram zum Paradies und das Hinnomtal zur Hölle werden. In den Räumen über dem Tor hatten die Sufis einen Konvent mit einer Moschee eingerichtet, wo sie über das kommende Ende meditierten.

Kalif Harun al-Raschid war der erste abbasidische Herrscher, der kein Bedürfnis hatte, Jerusalem zu besuchen, obwohl er auf der Rückkehr von der *hadj* mehrmals nach Syrien kam. Die Abbasiden begannen, sich von der Heiligen Stadt abzuwenden, die den verhaßten Omaijaden so wichtig gewesen war. Haruns Hof in Bagdad war von legendärem Glanz und ein Ort großer kultureller Blüte. Tatsächlich aber befand sich das Kalifat bereits im Niedergang. Harun war es nicht gelungen, sich außerhalb des heutigen Iran feste Machtgrundlagen zu schaffen, und in einigen Teilen des Reichs begannen bereits lokale Fürsten eigene Dynastien zu gründen. Sie regierten zwar im Namen des Kalifen, waren aber de facto unabhängig. Palästina erlebte eine Zeit des ökonomischen Verfalls. Unter den Omaijaden war das Land aufgeblüht, aber die Abbasiden ließen die Region ausbluten. Gleichzeitig raffte eine Seuche einen Großteil der Bevölkerung dahin, und die Beduinen begannen, ins Land einzufallen, plünderten Städte und Dörfer und trugen ihre Stammesfehden auf palästinensischem Boden aus. Zur Zeit der Omaijaden hatten die Beduinen für das Kalifat gekämpft, nun wurden sie zunehmend eine Geißel für das Land. Die Unruhen führten in Jerusalem zu ersten Anzeichen offener Spannungen zwischen Christen und Muslimen. Beduinen griffen die judäischen Klöster an, und den Christen auf dem Westhügel wurde allmählich bewußt, daß die wirtschaftlich schlechtgestellten Muslime sie um ihren Wohlstand beneideten. Die Kirchen schienen unendlichen Reichtum zu repräsentieren, und in Zeiten der Not erregten sich die Muslime über angebliche christliche Schätze ganz außerordentlich.

Harun al-Raschid war für die Bewohner Jerusalems ein ferner und unbeliebter Regent, doch für die Christen des Abendlandes war er ein gütiger Herrscher, der die Würde ihres Kaisers anerkannt hatte. Am Weihnachtstag 800 n. Chr. krönte Papst Leo III. Karl den Großen, den König der Franken, zum Kaiser des Heiligen Römischen Reiches. Mönche aus Jerusalem wohnten der Krönungszeremonie bei. Die Byzantiner weigerten sich, Karls Erhebung anzuerkennen. Sie waren entsetzt, daß ein ungebildeter Barbar das kaiserliche Purpur anlegte. Da sich Karl, ähnlich wie sein Vater, nach entfernteren Verbündeten umsehen mußte, bemühte er sich in Bagdad um Kontakte. Die Bevölkerung des Abendlandes war begeistert, wieder einen Kaiser zu haben. Es schien, als hätten die Bedeutungslosigkeit und das Dunkel, das über den Westen nach dem Zusammenbruch Roms gekommen war, endlich ein Ende. Sie nannten Karl »Charlemagne«, Karl den Großen, und sahen in ihm den König eines neuen auserwählten Volks. Sein Hauptsitz in Aachen sollte ein neues Jerusalem werden, und sein Thron war dem König Salomos nachgebildet worden. Bei der Suche nach einer neuen westlichen Identität griff man im Abendland instinktiv auf Jerusalem zurück, das seit der Entdeckung des Heiligen Grabs zu langen, beschwerlichen Pilgerfahrten bewog. Karl der Große hatte mit dem Kalifen Harun bereits Geschenke ausgetauscht, und der Patriarch von Jerusalem hatte ihm Reliquien und den Schlüssel der Anastasis gesandt. Der Kalif war vermutlich froh, einen neuen Verbündeten zu haben, und erlaubte Karl, in Jerusalem gegenüber der Anastasis ein Hospiz mit einer Kirche und einer herrlichen Bibliothek zu errichten. Darüber hinaus gab Karl im Kidrontal ein Gebäude in Auftrag, das zwölf Räume für Pilger enthielt und dem außerdem ein landwirtschaftliches Gut mit Feldern, Weinbergen und einem Markthof angeschlossen war. Der Kaiser hatte nun einen Stützpunkt in Jerusalem: Von seinem neuen Reich konnte man behaupten, es sei im Mittelpunkt der Erde verankert.

Das Reich Karls des Großen hatte nach seinem Tod keinen Bestand, aber die Menschen im Abendland vergaßen weder diese kurze Renaissance noch Karls Verbindung mit Jerusalem. Spätere Historiker und Chronisten behaupteten, der Kalif sei von Karl so beeindruckt gewesen, daß er ihm das ganze Heilige Land überlassen wollte.[6] Andere sagten, er habe Karl die Verantwortung für die Christen in Jerusalem übertragen. Obwohl Harun natürlich Karl dem Großen nicht Palästina überlassen konnte, machte er ihn zum Eigentümer der Anasta-

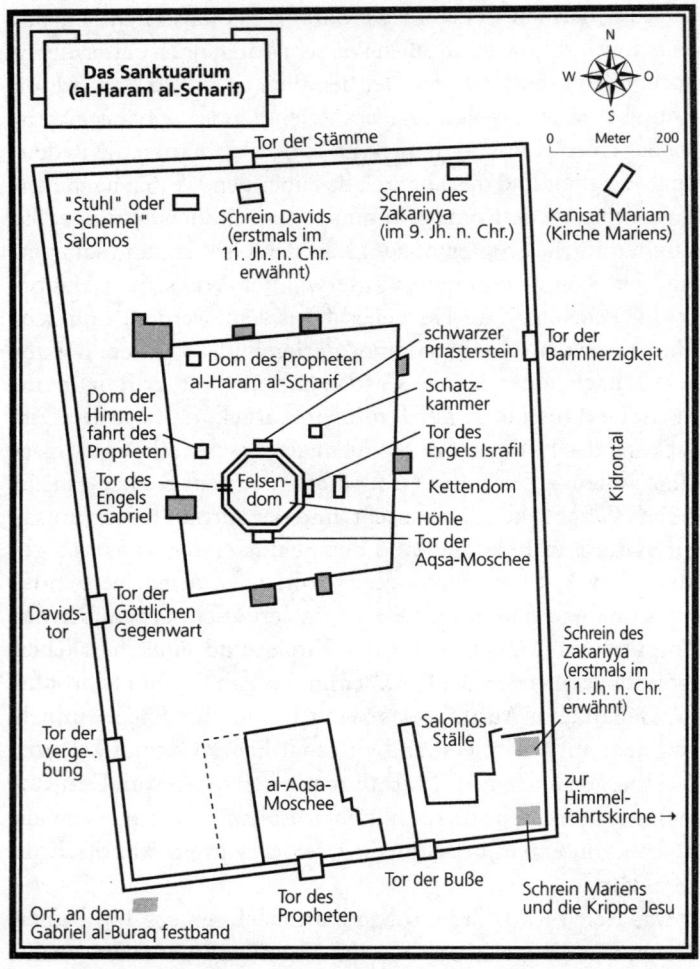

Das Sanktuarium (al-Haram al-Scharif)

N
W O
S

0 Meter 200

Tor der Stämme

"Stuhl" oder "Schemel" Salomos

Schrein Davids (erstmals im 11. Jh. n. Chr. erwähnt)

Schrein des Zakariyya (im 9. Jh. n. Chr.)

Kanisat Mariam (Kirche Mariens)

Dom des Propheten al-Haram al-Scharif

schwarzer Pflasterstein

Tor der Barmherzigkeit

Dom der Himmelfahrt des Propheten

Schatzkammer

Tor des Engels Israfil

Tor des Engels Gabriel

Felsendom

Kettendom

Höhle

Tor der Aqsa-Moschee

Tor der Göttlichen Gegenwart

Davidstor

Kidrontal

Schrein des Zakariyya (erstmals im 11. Jh. n. Chr. erwähnt)

Tor der Vergebung

Salomos Ställe

al-Aqsa-Moschee

zur Himmelfahrtskirche →

Tor der Buße

Ort, an dem Gabriel al-Buraq festband

Tor des Propheten

Schrein Mariens und die Krippe Jesu

sis – eine Tatsache, die im Westen nie vergessen wurde. Diese heilige Stätte gehörte nun von Rechts wegen der abendländischen Christenheit.[7] Diese Überzeugung sollte dreihundert Jahre später, zur Zeit der Kreuzzüge, auf höchst unselige Weise wieder zum Tragen kommen, und die angereisten Mönche, Priester und Nonnen, die in Jerusalem die kaiserliche Niederlassung führten, sorgten wahrscheinlich dafür, daß die alten Herrschaftsträume nicht in Vergessenheit gerieten. Im Jahr 807 n. Chr. kam es in der Geburtskirche zwischen griechischen und römischen Christen zu Auseinandersetzungen. Die Christen im Osten und im Westen hatten sehr unterschiedliche Auslegungen ihres Glaubens entwickelt, die an einem der heiligsten Orte der christlichen Welt zu Gewalttätigkeiten führten. Dies war gleichzeitig der Beginn einer langen und schändlichen Gegnerschaft in Jerusalem.

Was die Muslime anbelangte, so betonten die neuen römisch-christlichen Gebäude auf dem Westhügel nur die wachsende Macht und den Reichtum der Jerusalemer Christen. Ihr Kalif schien die Heilige Stadt zu vernachlässigen, während die christlichen Könige keine Ausgaben scheuten, um ihren dortigen Stützpunkt zu sichern. Auch die Jakobiten, eine monophysitische syrische Sekte, hatten direkt nördlich des Haram ein neues Kloster zu Ehren Maria Magdalenas erbaut. Die Zeiten waren hart in Palästina. Von 809 bis 813 n. Chr. herrschte Bürgerkrieg im Reich, da die beiden Söhne Haruns um die Nachfolge stritten. Nachdem dieser Streit durch die Machtübernahme des Kalifen al-Mamum beigelegt war, wurde Jerusalem durch ein weiteres Erdbeben erschüttert, das die Anastasis schwer beschädigte; dazu kam eine Heuschreckenplage, die das Land verwüstete und zu schwerer Hungersnot führte. Die Muslime, deren Wohnviertel in der Nähe des Haram im klimatisch ungesünderen Teil der Stadt lagen, mußten für einige Wochen Jerusalem verlassen. Als sie zurückkehrten, stellten sie entsetzt fest, daß Patriarch Thomas die Gelegenheit genutzt hatte, den Anastasisdom wiederherzustellen, der nun fast so groß war wie der Felsendom. Die muslimischen Einwohner beklagten sich beim Kommandeur der Stadt, daß die Christen islamisches Recht verletzt hätten, das eindeutig festlegte, daß keine religiöse Stätte der *dhimmi* höher oder größer als die Moschee sein durfte.

Hierbei handelt es sich um eine besorgniserregende neue Entwicklung, die in Jerusalem nun beständig zu Konflikten führen sollte. Die Errichtung von Bauwerken war in der Stadt seit langem als ideologische Waffe eingesetzt worden; seit der Zeit Hadrians war dies ein Mittel gewesen, den Besitzanspruch der vormaligen Eigentümer zu tilgen. Nun benutzten die verschiedenen Glaubensgemeinschaften Jerusalems neue Bauwerke dazu, ihre Feindseligkeiten untereinander auszutragen. Die Muslime hatten die Christen schon immer wegen ihrer prächtigen Kirchen in der *beit al-maqdis* beneidet, was unter der Herrschaft der Omaijaden aber leichter zu ertragen gewesen war, da die Kalifen dem islamischen Jerusalem und dem ganzen Land bereitwillig Geld zukommen ließen. Jetzt aber, nachdem sie sich ökonomisch benachteiligt und vom Kalifat im Stich gelassen fühlten, empfanden sie die Größe der Anastasis als unerträglich. Der Islam war als selbstbewußter Glaube nach Palästina gekommen, aber ein neues Gefühl der Unsicherheit hatte religiöse Bauwerke, die früher als Symbole des Göttlichen galten, zum Ausdruck gefährdeter muslimischer Identität werden lassen. Mit hoher Wahrscheinlichkeit kann man davon ausgehen, daß die Christen mit der Vergrößerung ihres Doms auf aggressive Weise ihre Macht und Position in der Stadt unterstreichen wollten. Der Islam mochte sie besiegt haben, aber sie würden nicht lange minderwertige Abhängige bleiben.

Schließlich wurde ein Kompromiß erzielt. Es gelang dem Patriarchen, einer Niederlage zu entgehen, indem er forderte, seine Ankläger müßten beweisen, daß der alte Dom kleiner gewesen sei als der neue – eine List, die ihm von einem Muslim vorgeschlagen worden war, dessen Familie von dem dankbaren Patriarchat während der nächsten fünfzig Jahre eine regelmäßige Geldzuwendung erhielt. Kalif al-Mamum beruhigte die Muslime damit, daß er neue Bauarbeiten auf dem Haram anordnete: Die östlichen und nördlichen Tore auf der Plattform wurden aufgebaut, und der Felsendom wurde gründlich renoviert. Al-Mamum nutzte die Gelegenheit auch dazu, den Namen des Omaijaden al-Malik aus der Hauptinschrift zu tilgen und ihn durch seinen eigenen zu ersetzen, wobei er so klug war, das Datum nicht zu ändern. 832 n. Chr. gab der Kalif neue Münzen heraus, auf denen der neue Name Jerusalems zu lesen war: al-Quds, »die Heilige«.

Doch die Christen benutzten ihre religiösen Symbole weiterhin dazu, muslimisches Selbstvertrauen zu untergraben. Im frühen 9. Jahrhundert n. Chr. lesen wir zum erstenmal von der jährlichen Zeremonie in der Anastasis, mit der am Abend vor Ostern das heilige Feuer entzündet wurde. Erwartungsvoll versammelte sich eine große Menschenmenge in der Rotunda und im Martyrion, die beide in völliger Dunkelheit lagen. Hinter dem Heiligen Grab stehend, sang der Patriarch die üblichen Abendgebete, und plötzlich, wie vom Himmel herab, erschien eine helle weiße Flamme auf dem Altar. Sofort brach die Gemeinde, die in gespannter Stille gewartet hatte, in lauten Jubel aus. Schreiend stießen sie Gebete hervor, schwenkten ihre Kreuze und kreischten vor Freude. Der Patriarch reichte die Flamme an den muslimischen Statthalter weiter, der der Zeremonie immer beiwohnte, und dann an die Gläubigen, die Kerzen mitgebracht hatten. Daraufhin nahmen alle das heilige Feuer mit nach Hause, und auf dem Heimweg wurde gerufen: »Eilt zum Glauben des Kreuzes!« Dieser Vorgang schien die Muslime zu beunruhigen, die hinsichtlich der Anfänge dieser Zeremonie die Hauptquelle unserer Information bilden. Jedes Jahr mußte der Statthalter einen Bericht an den Kalifen schreiben, und 947 n. Chr. versuchte die Regierung in Bagdad, die Zeremonie zu unterbinden, indem sie den Patriarchen wegen des »magischen Rituals« tadelte, mit dem »du ganz Syrien mit deiner christlichen Religion erfüllt und unsere Sitten zerstört hast«[8]. Die Muslime versuchten, das scheinbare »Wunder« als einen schmutzigen Trick zu entlarven, und jeder hatte seine eigene Theorie, wie das Ganze bewerkstelligt wurde. Dennoch waren sie nie ganz sicher, ob es sich tatsächlich nur um eine Täuschung handelte. Sie waren entsetzt von der unbändigen Freude der Massen, deren »Greuel«, laut Mujir al-Din, »einem Schreckensschauer einjagte«[9]. Die nüchterne Religion des Islams hatte nichts Vergleichbares zu bieten, und während dieser tumulthaften Stunden schien die muslimische Herrschaft in Jerusalem auf eine Art in den Hintergrund gedrängt zu sein, daß sich die Ängste der Muslime nur um so mehr verstärkten. Jedes Jahr führten die Christen die Überlegenheit ihres Glaubens vor, und den Muslimen gelang es nicht, von dieser Demonstration unberührt zu bleiben.

Aufgrund des Niedergangs der abbasidischen Herrschaft fiel es den Reichsbehörden immer schwerer, in Palästina die Ordnung aufrechtzuerhalten. Während eines Bauernaufstands 841 n. Chr. flohen alle Einwohner Jerusalems, sowohl Juden, Christen wie Muslime, aus der Stadt. Der Anführer der Revolte, Tanim Ab Garab, verkündete, er wolle die Herrschaft der Omaijaden wiedererrichten. Er und seine Anhänger plünderten die Stadt und griffen Moscheen und Kirchen an. Nur durch eine große Bestechungssumme des Patriarchen entging die Anastasis der völligen Zerstörung. Daher wurde es als Erleichterung empfunden, als 868 n. Chr. der türkische Kommandeur Ahmad ibn Tulun in Ägypten die Macht ergriff und dort einen unabhängigen Staat errichtete, der auch Syrien und Palästina kontrollierte. Er vermochte Gesetz und Ordnung wiederherzustellen, und Wirtschaft und Handel erholten sich. Ibn Tulun war den *dhimmi* gegenüber besonders gnädig. Er ernannte einen christlichen Statthalter in Jerusalem und ließ die Kirchen, die beschädigt oder verfallen waren, wieder herrichten. Er erlaubte auch einer neuen jüdischen Sekte, sich in Jerusalem niederzulassen.

Daniel al-Qumusi war mit einer kleinen Gruppe von Anhängern um etwa 880 n. Chr. aus Khurasan nach Jerusalem ausgewandert. Es handelte sich um Mitglieder der obskuren Sekte der Karäer, das heißt Juden, die den Talmud ablehnten und ihr ganzes Leben auf das Alte Testament gründeten. In Jerusalem jedoch gab Daniel dem Karäertum eine ganz neue, messianische Wendung. In Palästina war er auf Dokumente der Qumrangemeinde gestoßen, die kurz zuvor vom Hund eines Beduinen gefunden worden waren. Diese Schriftrollen vom Toten Meer überzeugten Daniel davon, daß das Exil der Juden bald ein Ende haben würde. Wenn die Juden ihr bequemes Zuhause in der Diaspora verlassen und sich in ausreichender Zahl in Jerusalem ansiedeln würden, würde dies das Kommen des Messias beschleunigen. Christen und Muslime aus aller Welt versammelten sich in Jerusalem; warum sollten Juden nicht das gleiche tun? Jede Gemeinde der Diaspora könne wenigstens fünf Mitglieder entsenden, um die jüdische Präsenz in der Heiligen Stadt zu verstärken. Sahl ibn Masliah, Daniels Schüler, zeichnete ein eindrucksvolles Bild von Jerusalem, das sich nach seinen wahren Söhnen verzehrte. Die Mißachtung der Stadt komme fast einer Mißachtung Gottes gleich. »Versammelt euch in der Stadt und versammelt euch bei euren Brüdern«, flehte er in seinen Briefen, »denn zum gegenwärtigen Zeitpunkt seid ihr eine Nation, die sich nicht nach dem Vater im Himmel sehnt.«[10]

Die Propaganda Daniels und Sahls war erfolgreich, und Karäer begannen, nach Jerusalem zu ziehen. Ibn Tulun erlaubte ihnen, sich in einem eigenen Viertel außerhalb der Stadtmauern auf dem Osthang des Ophel anzusiedeln. Da die Karäer nicht die Speisevorschriften und Reinheitsgesetze des Talmud befolgten, konnten sie nicht bei den »Rabbinaten« leben, wie sie die Mehrheit der Juden bezeichneten, die die Autorität der Rabbiner anerkannten. Außerdem praktizierten sie eine Form der Askese, die im Judentum ungewöhnlich war; sie kleideten sich in Sackleinen und aßen kein Fleisch. Daher errichteten sie auf dem Ölberg eine eigene Käserei. Seit Jahrhunderten hatten Juden am 9. Ab den Tempel beweint, aber die Karäer machten diese Klage zu ihrer Lebensform. Sie organisierten turnusmäßig sich ablösende Gebetsschichten an den Stadttoren, wo sie auf hebräisch, persisch und arabisch die

»Verlassenheit« der Heiligen Stadt beklagten. Sie glaubten, die Gebete der »Betrauerer Zions«, wie man sie nannte, würden Gott zwingen, den Messias zu schicken und Jerusalem als rein jüdische Stadt wiederaufzubauen. Die Rabbinaten betrachteten diese Rituale mit Befremden. Sie waren inzwischen jeglicher Form des Messianismus müde geworden, da er immer wieder für Tragödien und schwere Verluste gesorgt hatte. Sie glaubten, Gott würde den Erlöser dann schicken, wenn er es für richtig hielt, und sahen es als blasphemisch an, dies beschleunigen zu wollen. Tatsächlich gingen einige Rabbiner so weit, die *alijjah* nach Jerusalem, die in der Hoffnung auf den Messias unternommen wurde, zu verbieten.

Die Herrschaft der Tuluniden endete 904 n. Chr. Wiederum erlangten die Abbasiden die Kontrolle über Palästina, konnten sie aber nicht lange halten. 935 n. Chr. gerieten Ägypten, Syrien und Palästina unter die Kontrolle von Muhammad ibn Tugh, einem Türken aus Zentralasien, der zwar im Namen des Kalifen regierte, tatsächlich aber vollkommene Autonomie genoß. Er und seine Nachfolger nahmen den asiatischen Königstitel »Ichschid« an. Auch in anderen Teilen des Reichs kamen neue Dynastien an die Macht, mit dem Ergebnis, daß Palästina oft zum Kriegsschauplatz dieser rivalisierenden Gruppen wurde. Zu allem Übel hatten die byzantinischen Kaiser aufgrund der herrschenden Unordnung im muslimischen Reich die Gelegenheit genutzt, dem Islam den Heiligen Krieg zu erklären. Während des 10. Jahrhunderts n. Chr. eroberten die Byzantiner Ländereien in Sizilien, Tarsus und Zypern zurück, mit dem erklärten Ziel, Jerusalem für den wahren Glauben zurückzugewinnen.

Unvermeidlicherweise führten die Siege der Byzantiner zur weiteren Verschlechterung der Beziehungen zwischen Muslimen und Christen in Jerusalem. Bis dahin war es den Muslimen möglich gewesen, die christliche Mehrheit in al-Quds zu tolerieren. Es gab gelegentlich Schwierigkeiten und Spannungen, etwa wegen des heiligen Feuers, aber sie erkannten den christlichen Anspruch auf die Stadt an. Auf dem Höhepunkt des

Krieges mit Byzanz schrieb der Ichschid einen Brief an den christlichen Kaiser und erinnerte ihn daran, daß Jerusalem beiden Bekenntnissen heilig sei.

> (Es sei) das heilige Land, wo sich die Aqsa-Moschee und der christliche Patriarch befinden. Juden und Christen machen Pilgerfahrten dorthin; dort sind der Messias und seine Mutter geboren; und es ist der Ort, wo die Gräber der beiden gefunden wurden.[11]

Muslime nahmen in säkularer Form an den christlichen Festen teil. An Enkainia feierten sie den Beginn der Traubenernte; das Fest des heiligen Georg war der Tag, an dem die Saat ausgebracht wurde. Das Fest der heiligen Barbara zeigte den Beginn der Regenzeit an. Die Muslime akzeptierten die Tatsache, daß die Christen auf immer im Land wohnten. Als die Byzantiner jedoch mit ihrem Heiligen Krieg begannen und von der Befreiung Jerusalems die Rede war, wurden die Spannungen unerträglich. 938 n. Chr. wurden Christen während der Palmsonntagsprozession angegriffen, und Muslime setzten die Tore des Martyrions in Brand. Sowohl die Anastasis wie die Golgothakapelle wurden schwer beschädigt. 966 n. Chr., nach einer neuen Reihe von byzantinischen Siegen, drängte der Patriarch Johannes IV. den Kaiser, die Eroberung Jerusalems wiederaufzunehmen. Sofort griffen Muslime und Juden die Anastasis an, setzten das Dach des Martyrions in Brand und plünderten die Kirche auf dem heiligen Berg Sion. Der Patriarch, der sich während des Aufstands in einem Ölfaß versteckt hatte, wurde herausgezogen und auf dem Scheiterhaufen verbrannt.

Der Ichschid hatte versucht, die Feindseligkeiten zu verhindern. Sofort nachdem Johannes seine unkluge Bitte an den Kaiser gerichtet hatte, wurden Truppen aus Kairo entsandt, um den Patriarchen zu schützen. Später entschuldigte sich der Ichschid beim Kaiser für die Beschädigung der Kirchen und bot an, sie auf eigene Kosten wieder instand zu setzen. Der Kaiser lehnte schroff ab: Er würde die Heilige Stadt selbst aufbauen –

mit dem Schwert. Es war ein Teufelskreis: Siege der Byzantiner führten zu Repressalien gegen Christen, und diese »Verfolgung« verstärkte wiederum die byzantinischen Kriegsanstrengungen.[12] Natürlich wollten die Muslime al-Quds beschützen; sie nahmen nicht an, daß sich die Christen im Fall eines byzantinischen Sieges so großherzig verhalten würden wie einst Omar. Zum erstenmal konzentrierten sie sich nicht mehr allein auf den Haram, sondern bauten auf dem Westhügel, nahe der Anastasis, eine Moschee, die dem Kalifen Omar geweiht war. Es war das erste muslimische Bauwerk im christlichen Jerusalem. Provozierend nahe deren heiligstem Ort gelegen, erinnerte die Moschee die Christen daran, wer die wahren Herrscher Jerusalems waren; gleichzeitig erinnerte das Bauwerk aber vielleicht auch die Muslime an Omars höfliches Verhalten in der Anastasis – das sich von ihrem Verhalten während der letzten Jahre nachdrücklich unterschied.

Die Ichschididen wurden aus Palästina vertrieben, zuerst durch die schiitische Sekte der Qarmatis und dann durch die schiitischen Fatimiden aus dem heutigen Tunesien, die im Mai 970 n. Chr. Ramlah eroberten. Während der nächsten dreizehn Jahre wurde Palästina durch eine Reihe von Kämpfen verwüstet, in denen Fatimiden, Qarmatis, Beduinen und Abbasiden um die Herrschaft über die Region rangen. Schließlich gelang es den Fatimiden 983 n. Chr., ein schiitisches Gegenkalifat zu errichten, und sie verlegten ihre Hauptstadt von Kairuan nach Kairo. Der Friede war jedoch stets gefährdet. Die arabischen Stämme rebellierten häufig, aber die Juden gewährten den Fatimiden rückhaltlose Unterstützung. Der Kalif unterzeichnete einen Waffenstillstandsvertrag mit Byzanz, und es wurden Vereinbarungen bezüglich der Restaurierung der Anastasis und des Martyrions beschlossen, das seit 966 n. Chr. kein Dach mehr hatte. Der Waffenstillstand stärkte die Position der Christen, und die Spannungen in der Stadt verringerten sich.

Doch ein untergründiges Unbehagen blieb bestehen. Als der Geograph Muqdassi 985 n. Chr. seine Beschreibung Jerusalems verfaßte, war es für ihn eine Stadt der *dhimmi:* »Überall haben Juden und Christen die Oberhand.«[13] Die Christen waren die am meisten privilegierten Einwohner in Jerusalem; sie waren wesentlich reicher als die Juden und gebildeter als die Muslime. Muqdassi war überaus stolz auf seine Stadt. In der ganzen muslimischen Welt gab es kein Bauwerk, das es mit dem Felsendom hätte aufnehmen können; das Klima war angenehm, die Märkte waren sauber und schön hergerichtet, die Einwohner Vorbilder an Tugend. In ganz Jerusalem gab es kein einziges Bordell und keine Trunksucht. Aber Muqdassis Bild hatte auch Schattenseiten. Die öffentlichen Bäder waren schmutzig, das Essen war teuer, die Steuern waren hoch und die Christen grob. Besonders besorgte ihn der geistige Niedergang der Stadt. Bislang waren große muslimische Gelehrte, wie etwa al-Shafi'i, der Begründer einer der vier islamischen Rechtsschulen, häufig nach Jerusalem gekommen, da sie die Heiligkeit der Stadt anzog. Nun, da die schiitischen Fatimiden an der Macht waren, hatte die Zahl der Besucher aus der sunnitischen Welt verständlicherweise abgenommen. Die Fatimiden hatten ein Studienzentrum (*dar al-'ihm*) eingerichtet, um die schiitische Lehre zu verbreiten: Sie träumten davon, die ganze islamische Welt zu erobern, und gingen gegen die öffentliche Verkündigung der Sunna vermutlich scharf vor. Muqdassi beklagt sich über die Kontrollen der Fatimiden: Sie bewachten jedes Tor und erlegten dem Handel strenge Beschränkungen auf. Doch vor allem bestand ein Mangel an gelehrter Auseinandersetzung. Es gab nur sehr wenige *ulema* von Ruf in der Stadt: »Juristen (*faqih*) werden nicht aufgesucht, und gelehrte Männer haben kein Ansehen; auch die Schulen werden nicht besucht, da kein Unterricht stattfindet.«[14] Doch es herrschte kein völliger Mangel an Gelehrsamkeit: Die Koranleser hatten ihre Zirkel in der Stadt, die Hanefitenrechtsschule unterhielt eine Studiengruppe in der Aqsa-Moschee, und die Sufis trafen sich in ihren Herbergen (*khanqa*). Aber diese Art von Studien förderte Konservativismus und Abwehrhaltung, da eine höchst wörtliche Auslegung des Korans betrieben wurde, möglicherweise als Reaktion darauf, was Muqdassi die »seltsamen Sitten« der Schiiten nannte.[15] Muqdassi war weit gereist und vermißte in seiner Stadt den ungezwungenen Austausch von Meinungen, wie er in anderen Teilen der islamischen Welt üblich war.

Im Oktober 996 n. Chr. starb der fatimidische Kalif al-Aziz in Kairo, und sein Sohn al-Hakim folgte ihm auf dem Thron. Er war ein frommer, strenger Mann, der sich leidenschaftlich dem schiitischen Ideal der sozialen Gerechtigkeit verschrieben hatte. Doch er neigte auch zu fanatischen Wutausbrüchen und Grausamkeiten. Seine Mutter war Christin gewesen, und möglicherweise entsprangen viele der Konflikte des Kalifen einer gestörten Identität. Anfänglich war die offensichtliche Sympathie des Kalifen für die Christen Jerusalems sehr vielversprechend. Al-Hakim ernannte seinen Onkel Orestes zum Patriarchen, und es schien, als wäre er an engen persönlichen Kontakten mit der dortigen Gemeinde interessiert. Im Jahr 1001 n. Chr. schloß er einen weiteren Waffenstillstandsvertrag mit Basilios II. von Byzanz, was auf seine Zeitgenossen großen Eindruck machte. Es hatte den Anschein, als würde für Islam und Christenheit eine neue Ära des Friedens und der Freundschaft beginnen.

Doch plötzlich und gänzlich unerwartet ordnete der Kalif 1003 n. Chr. die Zerstörung der Sankt-Markus-Kirche in Fustat an, die seiner Behauptung nach ohne Erlaubnis und in ungeheuerlicher Verletzung islamischen Rechts errichtet worden war. An ihrer Stelle erbaute al-Hakim die Moschee al-Raschida, und zwar so groß, daß sie sich über die nahe gelegenen jüdischen und christlichen Friedhöfe erstreckte. Daraufhin ergingen Befehle, weiteres christliches Gut in Ägypten zu konfiszieren, Kreuze zu verbrennen und auf den Dächern von Kirchen kleine Moscheen zu errichten. Gleichzeitig erreichten den Kalifen Gerüchte über Unruhen in Palästina. Es wurde behauptet, hinter jüngst stattgefundenen Überfällen von Beduinen, die in eine regelrechte Revolution auszuarten drohten, steckten Christen und Byzantiner. All dies spitzte sich an einem

Ostertag zu, als der Kalif eine große Gruppe koptischer Christen »in äußerst beleidigender Aufmachung« nach Jerusalem ziehen sah. Sie sahen wie *hadji* aus, die auf dem Weg nach Mekka waren. Er fragte Qutekin al-Adudi, den schiitischen Wortführer, was dies zu bedeuten habe, und erfuhr von den ungeheuren Reichtümern der Anastasiskirche. An Ostern begab sich eine große Anzahl hochrangiger Christen dorthin zum Gebet. Selbst die byzantinischen Kaiser sollen Jerusalem inkognito besucht haben: »Sie bringen riesige Mengen Silber, Kleider, gefärbte Stoffe und Tapisserien dorthin ... und im Laufe einer langen Zeit wurde eine beträchtliche Anzahl von Gegenständen von ungeheurem Wert dort angehäuft.«[16] All der aufgestaute Neid gegenüber den Christen, die Angst vor deren guten Verbindungen zu ausländischen Mächten und die Sorgen wegen der Bedrohung des muslimischen Glaubens lassen sich hieran ablesen. Doch das Schlimmste von allem, erklärte al-Adudi dem Kalifen, sei die Zeremonie des heiligen Feuers, ein Trick, »der großen Eindruck auf den Geist (der Muslime) machte und Verwirrung in ihre Herzen brachte«[17].

Dieser Bericht versetzte den ohnehin schon aufgebrachten al-Hakim in Panik. Im September 1009 n. Chr. ordnete der Kalif an, daß sowohl die Anastasis wie das Martyrion Konstantins dem Erdboden gleichgemacht werden sollten. Selbst die Fundamente der Kirche und Kapelle mußten zerstört werden. Yarukh, der fatimidische Statthalter von Ramlah, führte das Werk mit äußerster Gründlichkeit aus. Alle Gebäude auf dem Golgotha wurden abgerissen, außer einigen Teilen der Rotunda, die, wie der christliche Historiker Yahya ibn Sa'id erklärte, »sich als zu schwierig erwiesen, um abgerissen werden zu können«[18]. Diese Fragmente blieben erhalten und wurden in das heutige Bauwerk integriert. Das Heilige Grab, dessen Schrein und der Felsen von Golgotha wurden mit Spitzhacken und Hämmern in Stücke geschlagen, und der Boden wurde abgetragen, obwohl, wie Yahya andeutete, ein kleiner Teil des darunterliegenden Grabes erhalten blieb. Der Rest der Steine wurde aus der Stadt geschafft. Dieses Vorgehen war für einen islamischen Herrscher völlig untypisch und erfüllte sogar die muslimischen Untertanen mit Unbehagen. Als nächstes wurden mittels neuer Gesetzgebung Maßnahmen ergriffen, um die *dhimmi* von der *umma* zu trennen und sie zu zwingen, zum Islam überzutreten. Christen mußten schwarze Kreuze um den Hals tragen und Juden einen großen Holzblock. 1011 n. Chr. wurden in Fustat Juden gesteinigt, die einem Leichenzug folgten. Die Synagoge von Jerusalem wurde entweiht, und deren Schriftrollen wurden verbrannt. Viele *dhimmi* wurden aufs schwerste bedrängt, zum Islam überzutreten; andere blieben standhaft, während einige Christen die Gelegenheit ergriffen, über die Grenze nach Byzanz zu entfliehen.

Die nächsten, die unter dem Wahnsinn des Kalifen zu leiden hatten, waren die Muslime. 1016 n. Chr. erklärte al-Hakim, er sei eine Inkarnation der Göttlichkeit und solle der Menschheit eine neue Offenbarung bringen. Bei den Freitagsgebeten ersetzte er den Namen Al-Lahs durch seinen eigenen. Dies entsetzte natürlich die ganze islamische Welt. In Kairo kam es zu Aufständen, und da die Muslime über diese Blasphemie verständlicherweise mehr aufgebracht waren als die Christen, richtete sich der Zorn al-Hakims gegen sie. 1017 n. Chr. wurden die Dekrete gegen Christen und Juden aufgehoben, und sie bekamen ihr Eigentum zurückerstattet. Andererseits wurde Muslimen verboten, während des Ramadan zu fasten oder die *hadj* zu machen. Ungehorsam wurde mit furchtbarer Folter bestraft. Eingesponnen in seine eigenen Träume, schien der Kalif die gewalttätigen Ereignisse kaum wahrzunehmen. Unbeachtet und vollkommen ungestört vom wütenden Mob, wanderte er während der Ausschreitungen durch die Straßen Kairos. Eines Nachts 1021 n. Chr. ritt er allein in die Wüste hinaus und wurde nie mehr gesehen.

Der wahnsinnige Kalif hatte das christliche Jerusalem in Schutt und Asche gelegt, dennoch wurde auf den Trümmern des Heiligen Grabes und dem Felsen von Golgotha ein neuer Schrein errichtet. 1023 n. Chr. sandte Sitt al-Muk, al-Hakims Schwester, den Patriarchen Nikephoros von Jerusalem nach

Byzanz, um ihn über die Lage berichten zu lassen. Doch im folgenden Jahr erhob sich der Beduinenstamm der Jarrah wieder gegen die Fatimiden, erlangte die Kontrolle über die Straßen Palästinas und verwüstete systematisch das Land. Die Verhältnisse in Jerusalem waren so schlecht, daß an Bautätigkeiten nicht zu denken war. Die Lage der Juden war besonders verzweifelt. Während des 10. Jahrhunderts n. Chr. hatte sich die jüdische Gemeinde Jerusalems leicht vergrößert, als sich Flüchtlinge in Palästina ansiedelten, die den Unruhen von 940 n. Chr. in Bagdad und Nordafrika entflohen waren. Doch die meisten Einwanderer zogen es vor, in Ramlah oder Tiberias zu wohnen. Jerusalem sei eine Stadt, schrieb einer von ihnen, die »verflucht« sei, »ihre Versorgungsgüter werden von weit her gebracht, und die Möglichkeiten, sich den Lebensunterhalt zu verdienen, sind begrenzt. Viele kommen reich dorthin und werden arm und verzweifelt.«[19] Die Christen nahmen die einträglichsten und angesehensten Positionen ein. Juden arbeiteten als Geldverleiher, Färber und Gerber,[20] aber es gab wenig Arbeit. Doch trotz dieser Probleme hatten die Juden während des 10. Jahrhunderts n. Chr. die Jesibah, die oberste Verwaltungseinheit der palästinensischen Juden, von Tiberias nach Jerusalem verlegt, und obwohl sie unter al-Hakim schwer zu leiden hatten, unterstützten sie weiterhin unverbrüchlich die fatimidische Oberherrschaft. Ihre Loyalität während der Beduinenrebellion wurde ihnen im Jahr 1024 n. Chr. mit einer erbarmungslosen Steuerlast vergolten. Viele Juden wanderten ins Gefängnis, weil sie ihre Schulden nicht bezahlen konnten. Es gab Hunger und Armut, und viele Juden starben. Andere waren »mittellos, nackt, traurig und arm«, schrieb Solomon ha-Kohn, der Gaon der Jesibah. »Nichts blieb einem Mann in seinem Haus, nicht einmal ein Kleid für sich und kein Hausrat.«[21] Das Leid hielt an. Andere Beduinen fielen aus dem Norden in Palästina ein, und der fatimidische Kalif al-Zahir erlangte erst 1029 n. Chr. wieder die Kontrolle über das Land. Um seine Position zu stärken, schloß er einen neuen Vertrag mit Byzanz und versprach, die Christen dürften die Anastasis wieder aufbauen. Das Jahr 1030 n. Chr. war das friedlichste, das Palästina während fast eines ganzen Jahrhunderts erlebte. Der türkische Statthalter al-Dizbiri machte sich ohne große Umschweife an die Aufgabe, das zerstörte Land in Ordnung zu bringen.

Die Muslime waren mit eigenen Aufbauarbeiten beschäftigt. 1017 n. Chr. war der Felsendom eingestürzt, und möglicherweise im Rahmen einer Kampagne zur Mittelbeschaffung veröffentlichte der muslimische Gelehrte al-Wasiti seine erste Anthologie von Überlieferungen, die Jerusalem priesen (*fada 'il al-quds*). Nun konnten die verschiedenen Sprüche (*ahadith*) des Propheten, der Kalifen und Weisen, die sich auf Jerusalem bezogen und seit der Zeit der Omaijaden in der islamischen Welt verbreitet waren, in einem Werk nachgelesen werden. In der jüngsten Vergangenheit war es in der Heiligen Stadt zu heftigen Spannungen gekommen, und die unselige Verfolgung unter al-Hakim hatte alle drei Glaubensrichtungen sehr vorsichtig werden lassen, aber al-Wasitis Sammlung war treu am alten muslimischen Ideal der Integration ausgerichtet. Viele der zitierten Sprüche entstammten der *israiliyyat*, und andere erinnerten an die Gegenwart des Propheten Jesus in Jerusalem. Al-Quds wurde noch immer als die Heilige Stadt aller Kinder Abrahams angesehen. Gleichzeitig wird deutlich, daß Jerusalem in der Vorstellung unauflöslich mit Mekka und Medina verbunden war. Al-Wasiti etwa schreibt folgende *hadith* dem Propheten zu:

> Mekka ist die Stadt, die Al-Lah erhoben und geheiligt und geschaffen und von Engeln umstellt hat, eintausend Jahre bevor er etwas anderes auf Erden geschaffen hat. Dann hat er es mit Medina vereint, Medina mit Jerusalem verbunden, und erst tausend Jahre später schuf er (den Rest der Welt) in einem einzigen Akt.[22]

Am Jüngsten Tag würde das Paradies nach Jerusalem geführt werden wie eine Braut, und die Kaaba und der Schwarze Stein

Heute versammeln sich jeden Freitagnachmittag – nicht nur während des Pilgermonats – riesige Menschenmengen zum gemeinsamen Gebet auf dem Haram.

würden von Mekka nach al-Quds kommen, das das letzte Ziel der ganzen Menschheit sei.[23] Die beiden Städte Mekka und Jerusalem waren in der einheimischen Legende bereits verbunden. So wurde gesagt, während des Monats der Pilgerfahrt nach Mekka, in der Nacht, wenn die Pilger in der Ebene von Arafat Wache hielten, fließe das Wasser der heiligen Zamzamquelle Mekkas zum Siloateich. Dort hielten die Muslime Jerusalems in derselben Nacht ein besonderes Fest ab. Die Legende war ein bildhafter Ausdruck des Glaubens, daß die Heiligkeit Jerusalems von der ursprünglichen Heiligkeit Mekkas abstamme, eine Tatsache, die sich am Ende der Zeit erweisen würde, wenn die Heiligkeit Mekkas auf alle Ewigkeit nach al-Quds übertragen würde. Nachdem diese letzte Vereinigung stattgefunden habe, würde das Paradies auf Erden beginnen.

Die einheimischen Muslime waren jedenfalls der Überzeugung, daß Mekka und Jerusalem die gleiche Heiligkeit teilten. Vermutlich im 11. Jahrhundert n. Chr. versammelten sich während der Tage der Pilgerfahrt diejenigen Muslime in Jerusalem, die nicht die *hadj* nach Mekka unternehmen konnten. In der Nacht, wenn die *hadji* auf der Ebene von Arafat Wache hielten, versammelten sich die muslimischen Land- und Stadtbewohner auf dem Haram und in der Aqsa-Moschee und richteten sich gen Mekka; dort standen sie die ganze Nacht und beteten mit lauter Stimme, ganz so, als wären sie in der Ebene Arafat. Am Eid al-Adha, dem letzten Tag der *hadj*, vollzogen sie das übliche Opfer auf dem Haram, wiederum so, als wären sie in Mekka. Einige *hadji* verbanden ihre Pilgerfahrt mit einem frommen Besuch (*ziyara*) Jerusalems. Sie legten die für die *hadj* traditionellen weißen Kleider an und begaben sich in den geforderten Zustand der rituellen Reinheit. Einige Muslime waren gegen diese Neuerungen. Es gab Überlieferungen, nach denen der Prophet seinen Anhängern angeblich geraten hatte, nicht nach Jerusalem zu gehen. Aber obwohl manche überschwenglichen Formen der Verehrung für die Stadt in gewissen Kreisen auf Mißfallen stießen, wurde allgemein anerkannt, daß Jerusalem einer der drei heiligsten Orte des Islams war. Wie Mohammed in seiner berühmtesten *hadith* sagte: »Ihr sollt drei Moscheen besuchen, die Haram-Moschee (in Mekka), meine Moschee (in Medina) und die Aqsa-Moschee.«

Der Statthalter al-Dizbiri begann sofort mit der Restaurierung des Felsendoms, wozu ihn Kalif al-Zahir drängte, dem der Haram besonders am Herzen lag. Die Holzstämme, die damals eingefügt wurden, um den Dom zu stützen, sind heute noch an ihrem Platz. Doch dann kam es erneut zu einem Unglück. Am 5. Dezember 1033 n. Chr. wurde Palästina von einem besonders heftigen Erdbeben erschüttert. Glücklicherweise fand es vor Sonnenuntergang statt, daher waren nur wenige Menschen in ihren Häusern. Es dauerte Tage, bis die Einwohner sich wieder ins Innere ihrer Wohnungen wagten, und die Bevölkerung kampierte auf den Hügeln der Umgebung. Ein neues Bauprogramm war erforderlich. Die Stützmauern des Haram mußten repariert werden, und al-Zahir ordnete den Bau einer neuen Stadtmauer an, ein Projekt, das die Dauer einer ganzen Generation in Anspruch nahm. Die

Aqsa-Moschee war bei dem Erdbeben schwer beschädigt worden. Alle fünfzehn Seitenschiffe nördlich der Kuppel waren zerstört worden. Die Arbeit wurde sofort in Angriff genommen, und als der persische Reisende Nasir-i-Khusraw 1047 n. Chr. Jerusalem besuchte, war die neue Moschee fertiggestellt. Sie war nun wesentlich schmaler: Die beschädigten Seitengänge wurden durch ein Schiff ersetzt, das sich über sieben Bögen spannte. Voller Bewunderung beschrieb Nasir die wundervollen Teppiche, die Marmorfliesen, die zweihundertachtzig Marmorsäulen und die erlesene Emaillearbeit des Doms.

Mitte des 11. Jahrhunderts n. Chr. schien sich Jerusalem ganz gut erholt zu haben. Nasir behauptet, es lebten etwa zwanzigtausend Familien in der Stadt, was eine Gesamtbevölkerung von etwa hunderttausend ergäbe. Er war von den schmucken Märkten und hohen Gebäuden beeindruckt. Jedes Handwerk hatte seinen eigenen *suq*, die Stadt besaß viele ausgezeichnete Handwerker, und Waren wurden im Überfluß und zu günstigen Preisen angeboten. Nasir erwähnt auch ein großes, großzügig ausgestattetes Hospital, in dem Medizin gelehrt wurde, und zwei Herbergen der Sufis (*khanqa*) neben der Moschee. Eine Sufivereinigung hatte im Säulengang neben der Nordmauer des Haram einen Andachtsraum eingerichtet. Meditierend wanderte Nasir um die Schreine und Andachtsräume auf dem Haram, er ging von einer »Station« zur anderen und vergegenwärtigte sich die Gebete und Kämpfe des Propheten. Er stellte sich vor, wie der Prophet Mohammed vor seiner *miradj* neben dem Felsen gebetet hatte, wie er seine Hand auf den Felsen legte, so daß sich der Stein erhob und die Höhle darunter entstand. Er trat auch mit anderen Propheten in Verbindung, vor allem mit König David am Tor der Reue, wo er um Vergebung für sich bat. An der Krippe Jesu ließ er sich zum Gebet nieder. Genauso wie an den heiligen Stätten der Christen hatten auch hier die Propheten körperliche Spuren hinterlassen. Nasir betrachtete die Einkerbungen, die Maria hinterlassen hatte, als sie während der Geburtswehen die Marmorsäulen umklammerte, und er berichtet – wenn auch mit einiger Vorsicht –, daß die Fußspuren von Abraham und Isaak auf dem Felsen sichtbar seien.

Nasir besuchte auch die neue Anastasiskirche, die 1048 n. Chr. dank der von Kaiser Konstantin IX. Monomachus zur Verfügung gestellten Mittel fertiggestellt worden war. Nasir fand sie außerordentlich schön und war fasziniert von den Gemälden und Mosaiken, die Jesus, die Propheten und das Jüngste Gericht zeigten, da ihm figürliche Darstellungen an sakralen Orten unbekannt waren. Die neue Kirche unterschied sich sehr stark von den konstantinischen Bauwerken. Es war kein Versuch gemacht worden, das Martyrion wieder aufzubauen, und an der Stelle, an der die Basilika gestanden hatte, lagen nur noch Schutt, zerbrochene Säulen und Stücke von Mauerwerk. Die neue Kirche um das Heilige Grab war auf den Überresten der Rotunda erbaut, die al-Hakims Abbruchkommandos entgangen waren. Das neue Bauwerk gab dem früheren römischen Mausoleum neue Gestalt. Es wurden ein oberes Stockwerk und eine Apsis hinzugefügt, die mit der Rotunda durch einen großen Bogen verbunden war (siehe Diagramm). Der Hof vor der Anastasis war erweitert worden, um die in der südöstlichen Ecke befindlichen Überreste von Golgotha und die dahinterliegende Adamskapelle einzubeziehen. Neue Kapellen, die dem heiligen Johannes, der Dreifaltigkeit und dem heiligen Jakobus gewidmet waren, wurden dem alten Baptisteriumsflügel angefügt, und auf der dem Golgotha zugewandten Seite des Hofes wurden Kapellen errichtet, die an verschiedene Stationen des Kreuzwegs erinnerten.

Nasir spürte keinerlei Spannungen, als er die neue Kirche besuchte. Er konnte sich frei bewegen und fühlte sich angesichts der Bilder so vertrauter Propheten wie Abraham, Isaak, Jakob und Jesus offensichtlich ganz heimisch. Doch die Christen konnten den Kummer und die Zerstörungstaten, die sie während des vergangenen Jahrhunderts erleben mußten, nicht vergessen und fühlten sich immer noch schutzlos. 1055 n. Chr., während die neue Stadtmauer gebaut wurde, erklärte der Statthalter den Christen, daß sie die Mauer in ihrem Teil der Stadt selbst finanzieren müßten. Da sie keine Geldmittel besaßen, wandten sie sich an Konstantin IX., der begierig die Gelegenheit ergriff, sich in die Belange der Heiligen Stadt einzumischen. Nach Verhandlungen mit dem Kalifen wurde vereinbart, daß Konstantin nur unter der Bedingung das Geld zur Verfügung stellen würde, daß in diesem Teil der Stadt ausschließlich Christen lebten. Im Jahr 1063 n. Chr. hatten die Christen Jerusalems nun ihr eigenes Viertel. Es erstreckte sich entlang der Außenmauern der Zitadelle vom Westtor bis zum Nordtor der Stadt. Im Stadtinnern verlief die Grenze entlang dem alten Cardo Maximus, bis zu der Schnittlinie, die wieder zur Zitadelle zurückführte. Dank Konstantin IX. hatten die Christen nun »keinen anderen Richter oder Herrn als den Patriarchen«[24]. Den Byzantinern war es gelungen, sich ein regelrechtes Protektorat zu schaffen, eine christliche Enklave, die von der muslimischen Stadt unabhängig war und von einer fremden Macht unterstützt wurde. Eines der Gebäude darin, das »Haus des Patriarchen«, war das Hospital des heiligen Johannes des Barmherzigen, das etwa um diese Zeit – am ehemaligen Ort des Hospizes von Karl dem Großen – von den Bürgern Amalfis erbaut wurde. In Westeuropa wurde gerade erneut der Versuch unternommen, sich aus dem Dunkel mittelalterlicher Beengung zu befreien. Händler aus italienischen Städten hatten Handelsbeziehungen mit dem Osten geknüpft, und da die Amalfiter inzwischen eine Schlüsselrolle im fatimidischen Handel einnahmen, bekamen sie vom Kalifen die Erlaubnis, ein Kloster für italienische Benediktiner zu bauen, das Pilgern aus ihrer Stadt Unterkunft bot.

Auch Armenier siedelten sich in der Stadt an. Wie die Europäer hatten sie seit dem 4. Jahrhundert n. Chr. als Pilger die Stadt besucht. Viele waren als Mönche oder Asketen geblieben. Nun weihten sie auf dem Berg Sion ihre neue Kirche ein, die um 1030 n. Chr. von einem georgischen Mönch gleichzeitig mit dem Kreuzkloster außerhalb der Stadtmauern erbaut worden war. Etwa vierzig Jahre später erwarben die Armenier die Kirche auf dem Sion von den Georgiern und machten sie zu ihrer Kathedrale. Sie war dem heiligen Jakobus geweiht (*Surp Hagop* auf armenisch). Ihr Hauptschrein, der Kilkahateer, enthielt den Kopf des Jakobus, des Jüngers Jesu, der um etwa 42 n. Chr. in Jerusalem enthauptet worden war. Unter dem hohen Altar befand sich das Grab Jakobus' des Gerechten, des ersten »Bischofs« von Jerusalem, der auf dem Berg Sion schon seit langem verehrt worden war. Nach ihrer Niederlassung begannen die armenischen Mönche allmählich, einen Konvent für ihren Patriarchen und die Bruderschaft des heiligen Jakobus zu bauen, in der sich Priester, Bischöfe und Diakone zusammenfanden. Im Lauf der Jahrhunderte erwarben die armenischen Patriarchen stetig Ländereien und Häuser hinzu, die an den Konvent angrenzten, bis sie schließlich einen fast geschlossenen Ring von Besitztümern am südwestlichen Stadtrand besaßen. Armenischen Pilgern, die in der Stadt bleiben wollten, wurde ein Haus in dem aufstrebenden armenischen Viertel zugewiesen, wodurch eine Laiengemeinde entstand, die die Bruderschaft unterstützte. Sie wurden *kaghakatsi*, Einwohner Jerusalems, genannt und betrachteten die Stadt als ihre Heimat. Als Gemeindekirche erhielten sie die Kapelle der Heiligen Erzengel (Hristagabed) in der Nähe des Zentrums des Konvents; dort soll sich das Haus des Annas befunden haben, der zusammen mit Kaiphas verantwortlich war, daß Jesus zum Tod verurteilt wurde. Im Hof des Anwesens stand ein alter Olivenbaum, an den der Überlieferung nach Jesus gefesselt worden war. Allmählich entwickelten sich die *kaghakatsi* zu einer umfangreichen und unabhängigen Gemeinde. Die Armenier waren Monophysiten, aber im Gegensatz zu griechisch-orthodoxen und römischen Christen nahmen sie keine Konvertiten auf und bewahrten auf diese Weise ihre ethnische Einheit. Am Ende des 19. Jahrhunderts gab es etwa eintausend *kaghakatsi*, und das armenische Viertel umfaßte ein Zehntel des Stadtgebiets.

Während des 11. Jahrhunderts n. Chr. strömten immer mehr Pilger in die Stadt. Der Zustrom kam vor allem aus Westeuropa, da die Reformbewegung des Klosters Cluny in

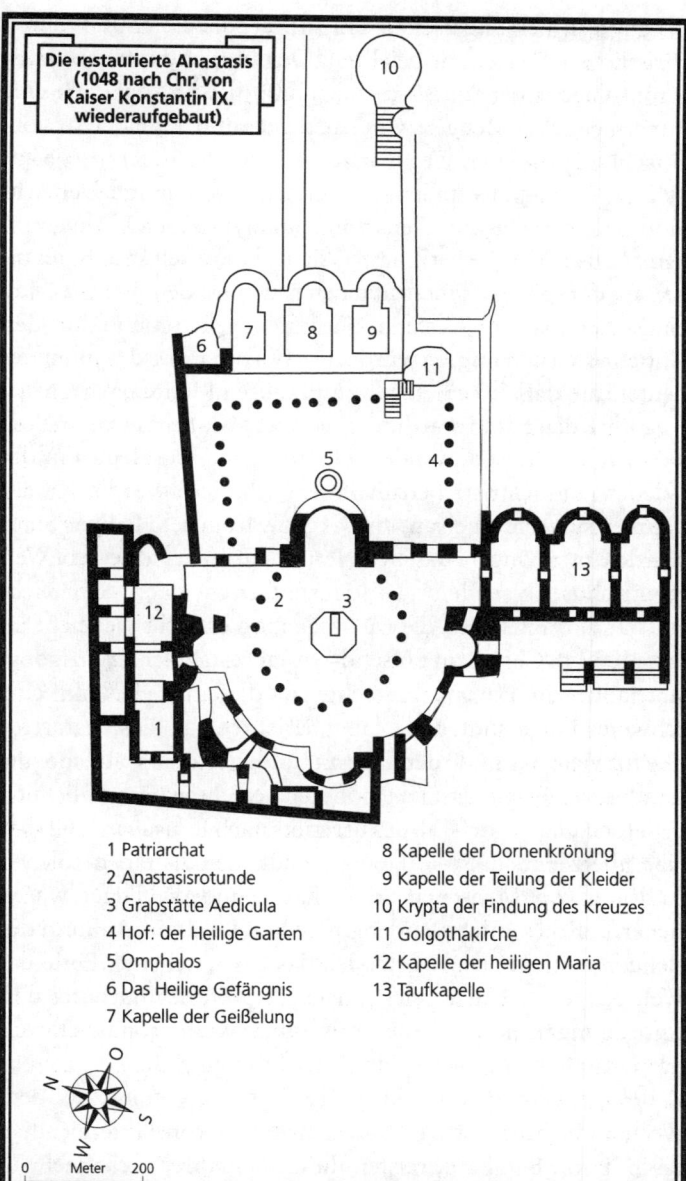

**Die restaurierte Anastasis
(1048 nach Chr. von
Kaiser Konstantin IX.
wiederaufgebaut)**

10

7 8 9

6

11

5

4

13

12

2 3

1

1 Patriarchat
2 Anastasisrotunde
3 Grabstätte Aedicula
4 Hof: der Heilige Garten
5 Omphalos
6 Das Heilige Gefängnis
7 Kapelle der Geißelung

8 Kapelle der Dornenkrönung
9 Kapelle der Teilung der Kleider
10 Krypta der Findung des Kreuzes
11 Golgothakirche
12 Kapelle der heiligen Maria
13 Taufkapelle

O
N S
W

0   Meter   200

Burgund in der Pilgerschaft ein Mittel sah, Laien in wahren christlichen Werten zu belehren. Der burgundische Annalist Raoul Glaber behauptet im Jahr 1000 n. Chr., daß sich eine »unermeßliche Menge« von Adeligen und einfachem Volk entschlossen auf den Weg mache, um nach Jerusalem zu gelangen. Sie kamen aus Italien, Frankreich, Ungarn und Deutschland und waren größtenteils von apokalyptischen Ideen getragen.[25] Die Menschen erinnerten sich an die alten Prophezeiungen aus der späten Römerzeit, nach denen vor dem Jüngsten Tag ein Kaiser aus dem Westen in Jerusalem gekrönt und dort den Antichristen bekämpfen würde. Die Offenbarung des Johannes deutete an, daß dieser letzte Kampf tausend Jahre nach Christi Sieg über den Satan stattfinden würde;[26] daher versammelten sich zur Jahrtausendwende viele Pilger in Jerusalem, um der Wiederkunft Christi beizuwohnen. Ähnlich wie die Karäer nahmen sie vermutlich an, ihre Gegenwart in der Heiligen Stadt würde Gott zwingen, das Neue Jerusalem und eine bessere Welt zu errichten. Nachdem das Jüngste Gericht dann doch nicht stattfand, fragten sich die Menschen, ob es nicht vielleicht im Jahr 1033 n. Chr., dem tausendsten Jahrestag der Kreuzigung, stattfände. In Europa herrschte zu diesem Zeitpunkt eine schwere Hungersnot, und Glaber berichtet, daß diese Katastrophe für viele das Ende der Tage ankündigte. Zuerst strömte die Landbevölkerung, dann die höheren Schichten und schließlich der Hochadel »zum Grab des Erretters nach Jerusalem«. Glaber war überzeugt, daß die Heilige Stadt niemals einen solchen Andrang von Menschen erlebt hatte, und die Pilger waren sicher, daß dies »nichts anderes prophezeite als die Ankunft des elenden Antichristen, worin sich das bevorstehende Ende der Welt zeigte«[27]. Nach einer langen Periode der Barbarei und Unordnung wandte sich die Christenheit Westeuropas verzweifelt Jerusalem zu, dem Symbol der Erlösung.

1064 n. Chr. lieferte die große Pilgerbewegung aus dem Westen ein ganz anderes Bild. Angeführt von Gunther, dem Bischof von Bamberg, reisten diese Wallfahrer nicht mehr in heiliger Armut. Das Leben in Europa hatte sich verbessert, und der deutsche Adel stellte stolz – und unbesonnen – seinen Glanz und Reichtum zur Schau. Die Beduinenstämme hielten ständig Ausschau nach Pilgergruppen, wohl wissend, daß sogar der Bescheidenste wahrscheinlich ein Goldstück in seinen rauhen Mantel eingenäht hatte. Die Pracht der deutschen Pilgerzüge wirkte wie eine offene Einladung. Stämme griffen die Pilger an, die scharenweise direkt vor den Toren der Heiligen Stadt ihr Leben verloren. Etwa alle dreißig Jahre war es zu Massenwallfahrten aus Europa gekommen. Am Ende des Jahrhunderts wäre es eigentlich wieder soweit gewesen, aber die Pilger, die 1099 n. Chr. in der Heiligen Stadt eintrafen, kamen mit dem Schwert, nicht nur, um sich selbst zu verteidigen, sondern auch, um zu kämpfen und zu töten.

Auch jüdische Pilger und Siedler fühlten sich gedrängt, die *alijjah* nach Jerusalem zu unternehmen, und ähnlich wie im Fall der Christen waren dafür oft Katastrophen in ihrer Heimat der Beweggrund. Als die nomadischen Berber 1050 n. Chr. Kairuan angriffen, wanderten sowohl Juden wie Muslime nach Palästina aus, um dem Tod zu entgehen; andere Einwanderer kamen aus Spanien, wo sie Armut und Hunger entflohen waren. Einige dieser jüdischen »Maghrebiner«, wie diese aus dem Westen stammenden Leute genannt wurden, siedelten sich in der Heiligen Stadt an, aber aufgrund der harten Bedingungen bekamen sie Heimweh nach ihrer Heimat am anderen Ende der islamischen Welt. Joseph ha-Kohn beschreibt die Jerusalemer Juden wie folgt: »... aufgefressen von den Gierigen... von den Anmaßenden verschlungen... die Armen, die Mittellosen, bedrängt und verpfändet.« Die Gegenwart der Christen und Muslime war unerträglich. Als wäre das Leben nicht schon schlecht genug gewesen, mußten die Juden auch noch »den Lärm der edomitischen (christlichen) Massen« während deren Pilgerfahrten anhören und »die fünffach lügnerische Stimme (des Muezzins), die niemals aufhört«[28]. Da die Gemeinde in Jerusalem gänzlich von den Almosen aus Fustat und Ramlah abhing, bedeutete jede Seuche oder Dürre, daß sie dem Hunger ausgeliefert waren.

Doch trotz dieser Mühsale begaben sich jüdische Pilger weiterhin auf die Reise nach Jerusalem, vor allem während des Monats Thisri, wenn sie sich zur Feier des Laubhüttenfests versammelten, wozu einige bis aus Khurasan kamen. Für dieses messianische Fest hatten sie ihre eigenen Rituale entwikkelt. Zuerst umrundeten Pilger und Einheimische die Stadtmauern und beteten wie seit alters an den Toren des Haram. Dann stiegen sie unter Absingen von Psalmen auf den Ölberg. Dort, schrieb der Gaon Salomon ben Juda, standen sie »an den Festtagen dem Tempel Gottes zugewandt, dem Ort der göttlichen Gegenwart, seiner Stärke und seines Fußschemels«[29]. Trotz des betrüblichen Anblicks des Tempelbergs, der mit muslimischen Schreinen bedeckt war, waren die großen jüdischen Versammlungen auf dem Ölberg gesellig und heiter. Man begrüßte und umarmte sich voller Anteilnahme. Man lagerte gern um einen großen Stein, an dem angeblich die Schechinah geruht hatte, als sie Jerusalem verließ. Hier hielt das Oberhaupt der Jerusalemer Jesibah die jährliche Predigt. Unglücklicherweise trübten sektiererische Feindseligkeiten den Frohsinn der Versammlung: Der Gaon enthüllte eine Thorarolle und exkommunizierte feierlich die Karäer, die gegenüber den Rabbinaten ihre Niederlassung auf dem Berg hatten. Diese Exkommunikation führte fast immer zu ernsten Streitigkeiten und sogar zu unziemlichen Raufereien, und Gaon Salomon, ein friedfertiger Mann, wollte den Brauch abschaffen. Auch die Muslime bestanden darauf, daß die Exkommunikationen aufhörten, und behaupteten, sowohl die Rabbinaten wie die Karäer hätten gleichermaßen das Recht, ihren Glauben auf ihre Weise zu praktizieren.

Die Besetzung durch die Fatimiden war für die Stadt ein zweifelhafter Segen. Bald stand ihnen ein neuer Feind aus dem Norden ins Haus. Um etwa 1055 n. Chr. gewannen türkische Stämme, die kurz zuvor zum sunnitischen Islam übergetreten waren, im Namen des abbasidischen Kalifen und der Sunna die Kontrolle über Nordsyrien. Es handelte sich um geschickte Verwalter und ausgezeichnete Soldaten. Weil die Familie der

Seldschuken in diesen Kämpfen eine Schlüsselrolle spielte, wurden diese Türkmenen (»vornehme Türken«) oft allgemein als Seldschuken bezeichnet, obwohl nicht alle ihrer Führer Mitglieder dieser Familie waren. 1071 n. Chr. durchbrach der türkische Heerführer Alp Arslan bei Mantzikert in Armenien die Verteidigungslinien der Byzantiner, und bald darauf hatten die Türken den größten Teil Kleinasiens überrannt. In der Zwischenzeit führte Atsiz ibn Abaq den Heiligen Krieg gegen die Schiiten; er fiel in Palästina ein, eroberte Ramlah und belagerte Jerusalem. 1073 n. Chr. ergab sich die Stadt, und die Einwohner waren über die Zurückhaltung der Eroberer erstaunt. Atsiz erließ für alle Einwohner Jerusalems eine Amnestie und befahl seinen Männern, nichts anzurühren und die Stadt nicht zu plündern. Er stellte sogar Wachen ab, um Kirchen und Moscheen zu schützen. Die fatimidische Garnison, die aus Türken, Sudanesen und Berbern bestand, blieb in der Stadt; die Türken liefen zu den Seldschuken über, und die übrigen blieben als einfache Bürger in der Stadt.

Mit der türkischen Besetzung befand sich Jerusalem nun wieder im Einflußbereich des sunnitischen Islams. Gelehrte begannen, nach Jerusalem zurückzukehren, und die Stadt erfreute sich nach den Jahren der Unterdrückung des geistigen Lebens unter den Fatimiden einer neuen Blüte. Die Herrschaft der Türkmenen brachte auch Wohlstand in die Stadt. 1089 n. Chr. wurde eine neue Moschee gebaut, und zwei der vier islamischen Rechtsschulen – die Schafiiten und die Hanefiten – gründeten Niederlassungen in Jerusalem. Die Türken bauten die alte Geburtskirche Marias am Bethesdateich wieder auf, allerdings in Form einer Schafiitenmadrasa, die von Scheik Nasr al-Maqdisi geleitet wurde. Wiederum blühten die Studien, *hadith* und *fiqh*, in der Stadt: Mujir al-Din lauschte den großen Gelehrten, die zur Lehre und zum Schreiben nach al-Quds gekommen waren, wie etwa Abu al-Fath Nasr und al-Tartushi, dem großen Juristen aus al-Andalus. Im Jahr 1095 n. Chr. kam der herausragende sunnitische Gelehrte Abu Hamid al-Ghazzali nach Jerusalem, um hier zu beten und zu meditieren; er nahm in einem kleinen Konvent über dem Tor der Barmherzigkeit Wohnung, wo er Sufiübungen praktizierte. In Jerusalem verfaßte er auch sein berühmtes Werk »Wiederbelebung der Religionswissenschaft«, das, wie wir im 14. Kapitel sehen werden, zum Vorbild für die reformierte Sunna wurde. Um etwa dieselbe Zeit besuchte der spanische Reisende Abu Bakr ibn al-Arabi Jerusalem und fand die Stadt so anregend, daß er drei Jahre blieb. Er war von den beiden Rechtsschulen beeindruckt, wo berühmte Gelehrte Vorlesungen und Seminare abhielten und Methoden des Diskurses anwandten, die in Andalusien unbekannt waren. Gleichzeitig war er beeindruckt von dem Dialog zwischen muslimischen Intellektuellen und *dhimmi*, in dem von Juden, Christen und Muslimen religiöse und spirituelle Themen erörtert wurden.

Aber es herrschte auch Hader in der Stadt, 1077 n. Chr., während Atsiz in Ägypten kämpfte, rebellierten in Jerusalem profatimidische Gruppen gegen die Türken. Der Kadi setzte alle türkischen Frauen und Kinder in der Zitadelle gefangen und konfiszierte türkisches Eigentum. Als Atsiz diesmal vor den Toren der Stadt erschien, gab es keine Gnade. Nachdem sich die Stadt ergeben hatte, ermordeten seine Soldaten etwa dreitausend Einwohner und verschonten nur diejenigen, die sich in das Heiligtum des Haram geflüchtet hatten. Die Christen im Viertel des Patriarchen blieben ebenfalls verschont – nicht jedoch die Juden, die immer loyale Gefolgsleute der Fatimiden gewesen waren. Sie beschreiben die Herrschaft der Türken als Katastrophe, sprechen von groß angelegter Zerstörung und Verwüstung, vom Verbrennen der Ernten, der Vernichtung der Felder, von Plünderei und Terror. Die jüdische Jesibah zog während dieser Periode von Jerusalem nach Tyrus, und führende muslimische Familien, die die Fatimiden unterstützten, wurden ebenfalls gezwungen, das Land zu verlassen. Doch der größte Teil der Bevölkerung schien sich aus den gewalttätigen Umwälzungen heraushalten zu können. Ibn al-Arabi war erstaunt, wie die Einwohner während eines kleineren Aufstands ihren täglichen Geschäften nachgingen. Ein Rebell hatte sich in der Zitadelle verschanzt, und die Soldaten, die in zwei Parteien zerfallen waren, begannen sich gegenseitig zu bekämpfen. Wenn dergleichen in Andalusien passiert wäre, hätten sich die Kämpfe über die ganze Stadt ausgebreitet, Geschäfte wären geschlossen worden, und das ganze Alltagsleben wäre zum Stillstand gekommen. Statt dessen beobachtete ibn al-Arabi mit Verblüffung, daß in der relativ kleinen Stadt das Leben seinen ganz normalen Fortgang nahm:

> Kein Markt wurde wegen dieser Unruhen geschlossen, keiner der Einwohner nahm an den Gewalttätigkeiten teil, kein Asket verließ seinen Platz in der Aqsa-Moschee, und kein Gespräch wurde unterbrochen.[30]

Die Einwohner Jerusalems hatten während der letzten zweihundert Jahre so viele gewaltsame Auseinandersetzungen erlebt, daß sie gegenüber solch relativ unbedeutenden Geplänkeln eine stoische Gelassenheit einnahmen.

Trotz solcher gelegentlicher Ausbrüche blühte Jerusalem unter türkmenischer Herrschaft auf und wurde zur wichtigsten Stadt Palästinas. Ramlah hatte sich nach dem Erdbeben von 1033 n. Chr. nie mehr ganz erholt, aber Jerusalem besaß nun neue Stadtmauern, eindrucksvoll renovierte Gebäude, ein blühendes kulturelles Leben und hatte sich zu einer internationalen Stadt entwickelt, die jährlich von Tausenden von Pilgern aus aller Welt besucht wurde. Doch gerade als ibn al-Arabi die Annehmlichkeiten der Stadt genoß, nahte bereits eine Katastrophe, der selbst die Einwohner Jerusalems nicht mit gewohntem Gleichmut begegnen konnten. Die Fatimiden hatten Palästina nicht aufgegeben. Im August 1098 n. Chr. eroberte der schiitische Kalif al-Afdal, sehr zur Freude seiner fatimischen Gönner, nach einer Belagerung von sechs Monaten die Stadt. Aber weniger als ein Jahr später, im Juni 1099 n. Chr., erschienen christliche Kreuzfahrer aus Europa auf den Hügeln vor Jerusalem. Als sie der Heiligen Stadt ansichtig wurden, ergriff die gesamte Streitmacht ein beängstigender Begeisterungstaumel. Soldaten weinten und schrien, und Wut mischte sich in ihre Freude, als sie den goldenen Felsendom majestätisch *ihre* heilige Stadt überragen sahen. Dann ließen sich die Kreuzfahrer vor den Mauern Jerusalems nieder, wo sie, wie der Chronist behauptet, jubelnd und frohlockend mit der Belagerung der Stadt begannen.

13
Die Kreuzzüge

Nach der Schlacht von Mantzikert 1071 n. Chr. hatten die Byzantiner fast ganz Kleinasien an die Seldschuken verloren, und der Islam stand praktisch vor ihren Toren. Doch die Macht der Türkmenen war im Schwinden begriffen, und Kaiser Alexios I. Komnenos glaubte, sie mittels einiger kühner Feldzüge ein für allemal vernichten zu können. Im Frühjahr 1095 n. Chr. bat er Papst Urban II. um militärische Hilfe und erwartete eine Abordnung normannischer Söldner, die schon früher für ihn gekämpft hatten. Der Papst jedoch hatte ehrgeizigere Pläne. Einige Monate später wandte er sich beim Konzil von Clermont an den Klerus, die Ritterschaft und die Armen Europas und rief zum heiligen Befreiungskrieg auf. Er ermahnte die Ritter, sich nicht mehr in sinnlosen Fehden zu verzetteln, die Europa entzweiten, und statt dessen ihren christlichen Mitbrüdern in Anatolien zu Hilfe zu kommen, die seit zwanzig Jahren unter der Herrschaft der muslimischen Türken standen. Nachdem sie ihre Brüder vom Joch der Ungläubigen befreit hätten, sollten sie nach Jerusalem ziehen, um das Grab Christi zu befreien. In Europa sollte während dieser Zeit Gottesfrieden herrschen, im Nahen Osten hingegen Gottes Krieg. Wir besitzen keine zeitgenössische Aufzeichnung von Urbans Predigt, aber man kann annehmen, daß Urban diese Unternehmung, die als der erste Kreuzzug in die Geschichte eingehen sollte, als bewaffnete Pilgerfahrt ansah, ganz ähnlich wie die Pilger bereits dreimal während des 11. Jahrhunderts n. Chr. massenweise in die Heilige Stadt gezogen waren. Bis zu diesem Zeitpunkt war es Pilgern verboten gewesen, Waffen zu tragen; nun hatte der Papst sie mit dem Schwert ausgestattet. Am Ende seiner Predigt erhielt Urban ungeheuren Applaus. Einstimmig rief die riesige Menge: »Deus lo volt!« – »Gott will es!«

Die unmittelbare Reaktion darauf war tatsächlich außergewöhnlich: Überall machten Prediger und Priester die Nachricht bekannt, und im Frühjahr 1096 n. Chr. brachen fünf Heere von etwa sechzigtausend Rittern, von Scharen von Landvolk und Pilgern begleitet, nach Jerusalem auf. Die meisten von ihnen fanden auf der gefährlichen Reise durch Osteuropa den Tod. Im Herbst folgten ihnen fünf weitere Heere von etwa hunderttausend Mann, mit einer großen Anzahl von Priestern im Gefolge. Als sich die ersten Ritter nach Konstantinopel vorgekämpft hatten, erschien es Prinzessin Anna Komnene, als hätten »das ganze Abendland und alle barbarischen Völker von jenseits der Adria bis hinaus zu den Säulen des Herkules sich samt und sonders in Bewegung gesetzt und (würden) ganze Familien mit sich führen«[1]. Der Kaiser hatte um Militärhilfe gebeten und mußte feststellen, daß er eine barbarische Invasion ausgelöst hatte. Der Kreuzzug war das erste gemeinsame Unternehmen Westeuropas, nachdem es sich aus dem Dunkel des Mittelalters befreit hatte. Alle Schichten waren beteiligt: Priester und Prälaten, Adlige und Landbevölkerung. Alle waren von glühender Begeisterung für Jerusalem ergriffen worden. Doch es trifft nicht zu, daß die Kreuzfahrer nur neues Land und Reichtum gesucht hätten: Das Kreuz zu nehmen bedeutete bitteren Kampf, war gefährlich und teuer. Die meisten Kreuzfahrer hatten bei ihrer Rückkehr alles verloren und mußten ihren ganzen Idealismus aufbieten, um wenigstens mit dem Leben davonzukommen. Das Ideal der Kreuzfahrer zu definieren ist nicht einfach, da diese Pilger höchst verschiedene Auffassungen von ihrer Unternehmung hatten. Der hohe Klerus teilte vermutlich Urbans Gedanken vom heiligen Befreiungskrieg, um die Macht und das Prestige der westlichen Kirche zu vergrößern. Viele der Ritter sahen es als ihre Pflicht an, für Jerusalem, die Heimat Jesu, ebenso zu kämpfen, wie sie für die Rechte ihres Feudalherrn gekämpft hätten. Das einfachere Volk schien vom apokalyptischen Traum eines Neuen Jerusalem bewegt zu sein. Jerusalem stand im Mittelpunkt. Es ist unwahrscheinlich, daß Urban die gleiche Reaktion ausgelöst hätte, wenn er das Grab Christi nicht ins Spiel gebracht hätte.

Doch dieser Idealismus hatte seine Schattenseiten; bald sollte deutlich werden, daß der Sieg der Christen für andere Tod und Vernichtung bedeutete. Im Frühjahr 1096 n. Chr. ermordete eine Gruppe deutscher Kreuzritter Juden in Speyer, Worms und Mainz. Das hatte der Papst sicherlich nicht beabsichtigt, aber diesen Kreuzfahrern erschien es absurd, in weite Ferne zu ziehen, um dort Muslime zu bekämpfen – über die sie praktisch nichts wußten –, wenn diejenigen, die Christus tatsächlich getötet hatten, sozusagen vor ihrer Haustüre zu finden waren. Dies waren die ersten umfassenden Pogrome in Europa, die sich fast jedesmal wiederholten, wenn erneut zum Kreuzzug aufgerufen wurde. Die Verlockung eines christlichen Jerusalem hat somit dazu beigetragen, den Antisemitismus in Europa zur unausrottbaren Seuche werden zu lassen.

Der Aufbruch der Kreuzritterheere im Herbst 1096 n. Chr. verlief geordneter als der vorherige, und er war auch nicht mit Judenmorden verbunden. Die meisten erreichten Konstantinopel in gutem Zustand. Dort schworen sie, getreulich alles Land zurückzuerstatten, das einst Byzanz gehört hatte, obwohl die weiteren Ereignisse zeigten, daß einige nicht die Absicht hatten, diesen Schwur zu halten. Es war ein guter Zeitpunkt für den Angriff gegen die Seldschuken, da sie durch Parteiengezänk geschwächt waren und die Emire sich gegenseitig bekämpften. Die Kreuzfahrer verzeichneten gleich zu Anfang Erfolge und brachten den Türken bei Nikaia und Dorylaion Niederlagen bei. Aber sie waren lange unterwegs gewesen, Nahrungsmittel waren knapp, und die Türken verfolgten eine Politik der verbrannten Erde. Es dauerte ganze drei Jahre und bedurfte unendlicher Mühen, um nach Jerusalem vorzudringen. Als die Kreuzfahrer Antiochia erreicht hatten, war fast das ganze Heer an Hunger gestorben. Doch allen Widrigkeiten zum Trotz waren die Kreuzritter schließlich siegreich, und als sie 1099 n. Chr. vor den Toren Jerusalems anlangten, hatten sie die Landkarte des Nahen Osten verändert. Sie hatten die seldschukische Basis in Kleinasien zerstört und zwei neue Grafschaften errichtet, die von westlichen Adligen regiert wurden: eine in Antiochia unter dem Normannen Bohemund von Tarent, die andere im armenischen Edessa unter Balduin von Boulogne. Doch ihre Siege waren hart erkämpft. Ein fürchterlicher Ruf war diesen eisengerüsteten Kämpfern vorausgeeilt. Es kursierten Gerüchte über Kannibalismus in Antiochia, und was ihren religiösen Eifer anbelangte, waren diese barbarischen Christen aus Europa berüchtigt für ihre Rücksichtslosigkeit und ihren Fanatismus. Aufgeschreckt von diesen Nachrichten, flohen viele griechisch-orthodoxe und monophysitische Christen aus Jerusalem nach Ägypten. Diejenigen, die in der Stadt geblieben waren, wurden zusammen mit den lateinischen Christen, bei denen man zu Recht Sympathien für die Kreuzritter vermutete, von den muslimischen Machthabern aus Jerusalem vertrieben. Da diese Christen Stadt und Land kannten, erwiesen sie sich für die Kreuzritter während der Belagerung als äußerst hilfreich.

Die Anführer des Kreuzritterheeres verteilten ihre Streitmacht um die Stadtmauern. Herzog Robert von der Normandie wurde im Norden in der Nähe der zerstörten Stephanskirche postiert. Robert von Flandern und Hugo von Vermandois nahmen im Südwesten der Stadt Aufstellung. Gottfried von Bouillon, Tankred und Raimund von St. Gilles schlugen ihr Lager gegenüber der Zitadelle auf, während andere Heeresteile auf dem Ölberg aufgestellt wurden, um einem Angriff aus dem Osten zuvorzukommen. Daraufhin verlegte Raimund seine provenzalischen Truppen, um die heiligen Stätten auf dem Berg Sion, die sich außerhalb der Mauern befanden, zu verteidigen. Anfänglich verzeichneten die Kreuzritter nur mäßige Erfolge. Sie hatten noch keine Erfahrung mit der Belagerung der stark bewehrten Städte des Ostens, die weitaus größer und eindrucksvoller waren als diejenigen, die sie aus Europa kannten; außerdem mangelte es ihnen an der Fertigkeit oder am Material, um Wurfmaschinen zu bauen. Kurze Zeit später traf eine genuesische Flotte aus Jaffa ein, von deren Schiffen Masten, Taue, Nägel und Zwingen genommen wurden, um damit zwei Belagerungstürme zu bauen, die an die Mauern herangerollt wurden – ein Kriegsgerät, das den Muslimen unbekannt war. Am 15. Juli 1099 n. Chr. gelang es einem Ritter aus Gottfried von Bouillons Heer von einem dieser Türme aus, in die Stadt einzubrechen, der Rest der Kreuzritter folgte ihm, und wie apokalyptische Racheengel fielen sie über die jüdischen und muslimischen Verteidiger der Stadt her.

Drei Tage lang schlachteten die Kreuzritter etwa dreißigtausend Einwohner Jerusalems ab. »Sie töteten alle Sarazenen und Türken, die sie fanden«, stellt der Autor der »Gesta Francorum« fest. »Sie töteten jedermann, gleichgültig, ob Mann oder Frau.«[2] Zehntausend Muslime, die auf dem Dach der Aqsa-Moschee Zuflucht gesucht hatten, wurden brutal massakriert, und Juden wurden in ihrer Synagoge zusammengetrieben und dort mit Schwerthieben umgebracht. Es gab kaum Überlebende. Gleichzeitig eigneten sich die Ritter unverfroren Besitz an, wie Fulcher von Chartres, ein Heeresgeistlicher, anerkennend feststellt: »Wenn einer sich ein Haus aufgebrochen hatte, so beanspruchte er es mit seinem gesamten Inventar nach dauerndem Recht auf immer als sein Eigen; dies war nämlich vor der Einnahme der Stadt unter ihnen vereinbart worden, es sollte ein jeder, was er sich nach der Erstürmung könne aneignen, unangefochten behalten dürfen nach dem Besitzrecht für alle Zeit.«[3] Die Straßen schwammen geradezu in Blut. »Man sah Berge von Köpfen, Händen und Füßen«, berichtet der provenzalische Augenzeuge Raimund von Aguilers. Er verspürte keinerlei Scham: Das Gemetzel war ein Ausdruck des Triumphs des Christentums, vor allem auf dem Haram:

An diesem Tag wurden solche Blutsmengen vergossen, daß
es kaum glaublich ist... Die Unseren folgten ihnen (den
Verteidigern) und trieben sie vor sich her, sie tötend und
köpfend, bis zum Tempel Salomonis; dort entstand ein solches Gemetzel, daß die Unseren bis zu den Knöcheln ihrer
Füße im Blute der Feinde wateten... und gewißlich war es
ein gerechtes Urteil Gottes, daß die, so mit ihren abergläubi-
schen Gebräuchen des Herrn Heiligtum entweiht und den
gläubigen Völkern genommen hatten und entfremdet, es
nun mit dem Verluste ihres eigenen Blutes sühnen und ihren
Frevel mit dem Tod büßen mußten...[4]

Muslime und Juden wurden in der Heiligen Stadt ausgetilgt
wie Ungeziefer.

Schließlich war keiner mehr übrig, den man umbringen
konnte. Die Kreuzritter wuschen sich und zogen, die Gesichter
naß von Freudentränen und Hymnen singend, zur Anastasis.
An Christi Grab feierten sie die Auferstehungsmesse, die den
Beginn einer neuen Ära anzukündigen schien. So berichtet
Raimund:

Dieser Tag wird in aller Zukunft als glorreich gelten, denn
er verwandelte unsere Mühen und Sorgen in Freude und
Frohlocken; dieser Tag vermerkt die Rechtfertigung der
ganzen Christenheit, die Demütigung des Heidentums und
die Erneuerung des Glaubens. »Dies ist der Tag, den der
Herr gemacht hat, laßt uns jubeln und uns daran erfreuen«,
denn an diesem Tag hat sich der Herr selbst seinem Volk
offenbart und es gesegnet.[5]

Diese Sichtweise machten sich die europäischen Machthaber
sehr schnell zu eigen, obwohl die Nachrichten über die Gemetzel anfänglich Entsetzen verbreitet hatten. Im Lauf der folgenden zehn Jahre verfaßten drei gelehrte Mönche – Guibert von
Nogent, Robert der Mönch und Balderich von Dol – Berichte
über den ersten Kreuzzug, die vollkommen von der kriegeri-

schen Frömmigkeit der Kreuzritter durchdrungen waren. Von nun an galten die Muslime, die bis dahin im Westen mit Gleichgültigkeit betrachtet worden waren, als ein »schändliches und abscheuliches Volk«, das »Gott vollkommen fremd« war und nur zur »Vernichtung« taugte.[6] Der Kreuzzug war eine Tat Gottes und wurde dem Exodus gleichgestellt; die Franken waren nun das Neue Israel – auf sie war die Berufung übergegangen, die die Juden verspielt hatten.[7] Robert der Mönch machte die erstaunliche Aussage, daß die Eroberung Jerusalems durch die Kreuzfahrer das wichtigste Ereignis der Weltgeschichte seit der Kreuzigung Jesu gewesen sei.[8] Bald würde der Antichrist in Jerusalem erscheinen, und die endzeitlichen Schlachten würden beginnen.[9]

Doch die Kreuzritter selbst dachten und handelten höchst praktisch, und bevor irgendeines dieser apokalyptischen Ereignisse eintrat, mußte die Stadt in Ordnung gebracht werden. Wilhelm von Tyros berichtet, daß die Leichen sehr zügig verbrannt wurden, damit die Kreuzfahrer »mit größerem Selbstvertrauen«[10] zu den heiligen Stätten gelangen konnten – vermutlich um der Mißhelligkeit zu entgehen, über zerschlagene Gebeine zu stolpern. Tatsächlich aber war die Aufgabe zu gewaltig, und fünf Monate später lagen immer noch Leichen auf den Straßen. Als Fulcher von Chartres in Jerusalem eintraf, um dort im gleichen Jahr das Weihnachtsfest zu feiern, war er entsetzt:

> Oh, welch ein Gestank umgab sowohl innerhalb wie außerhalb der Mauern die Stadt, der von den verwesenden Leibern der Sarazenen herrührte, die bei der Eroberung der Stadt von uns erschlagen worden und überall liegengeblieben waren, wo man sie erwischt hatte.[11]

Über Nacht hatten die Kreuzfahrer das blühende und dichtbevölkerte Jerusalem in ein stinkendes Schlachthaus verwandelt. Als sie drei Tage nach dem Massaker einen festlichen Markt abhielten, lagen immer noch Berge verwesender Leichen in den

Straßen; aber ungerührt von dem Blutbad, das sie verübt hatten, und den scheußlichen Beweis ihrer Untaten zu ihren Füßen, verkauften sie ihre Beute. Wenn man die Rechtschaffenheit der Eroberer Jerusalems daran mißt, welchen Respekt sie gegenüber den heiligen Rechten der Besiegten an den Tag legten, schneiden die Kreuzfahrer ganz sicher am schlechtesten von allen ab.

Ihnen war es nur um die Eroberung gegangen, und sie hatten keinerlei Vorstellungen, wie die Stadt verwaltet werden sollte. Die Kleriker waren der Ansicht, daß die Heilige Stadt von einem Patriarchen nach theokratischen Richtlinien regiert werden sollte; die Ritter wünschten sich einen Regenten aus ihren Reihen, während die Armen, die beträchtlichen Einfluß auf die Kreuzfahrer ausübten, stündlich das Neue Jerusalem erwarteten und überhaupt keine Regierung im herkömmlichen Sinn wollten. Schließlich wurde ein Kompromiß erzielt. Da der griechisch-orthodoxe Patriarch während der Belagerung von den Muslimen vertrieben worden war, erhoben die Kreuzfahrer Arnulf von Chocques, den Kaplan Roberts von der Normandie, in das Amt und ersetzten damit einen Griechen durch einen Lateiner. Daraufhin erwählten sie Gottfried von Bouillon, einen beschränkten, aber frommen jungen Mann von großer Verwegenheit, zu ihrem Führer. Gottfried erklärte, daß er in der Stadt, in der sein Erlöser eine Dornenkrone getragen habe, keine goldene Krone tragen könne, und nahm den Titel »Vogt des Heiligen Grabes« an. Die Stadt würde von einem Patriarchen regiert werden, und Gottfried würde ihm militärischen Schutz geben. Einige Monate später traf Daimbert, der Erzbischof von Pisa, als offizieller päpstlicher Gesandter in Jerusalem ein. Er setzte Arnulf einfach ab, übernahm das Patriarchat selbst und verbannte alle einheimischen Christen – alle Griechisch-Orthodoxen, Jakobiten, Nestorianer, Georgier und Armenier – sowohl aus der Anastasis wie den anderen Kirchen Jerusalems. Papst Urban hatte den Kreuzfahrern den Auftrag gegeben, den Christen im Osten zu helfen, aber nun dehnten sie ihre Intoleranz auf Angehörige ihres eigenen Glaubens aus. Am Ostersonntag 1100 n. Chr. übergab Gottfried von Bouillon dem Patriarchen Daimbert »die Stadt Jerusalem mit dem Davidsturm und allem, was Jerusalem enthielt«[12], unter der Bedingung, daß der »Vogt des Heiligen Grabes« die Stadt in Anspruch nehmen könne, wenn er weiteres Land für das Königreich eroberte.

Dies war die vordringlichste Aufgabe für die Kreuzfahrer. Mit der Eroberung Jerusalems war nicht ganz Palästina für die Kirche gewonnen worden. Viele Teile des Landes, einschließlich der wichtigen Küstenstädte, befanden sich immer noch unter Kontrolle der Fatimiden. Mit Rückendeckung der Pisaner Flotte begann Gottfried, die fatimidischen Stützpunkte anzugreifen. Bis zum März 1100 n. Chr. hatten sich die Emire von Askalon, Caesarea, Akkon und Arsuf ergeben und erkannten Gottfried als Oberherrn an. Die Scheiks des Ostjordanlandes folgten dem Beispiel, während Tankred in Galiläa eine Grafschaft errichtete. Doch die Lage war unsicher. Das Königreich hatte nun verteidigungsfähige Grenzen, aber während der nächsten fünfundzwanzig Jahre mußte es ums Überleben kämpfen, da es von erbitterten Feinden umringt war.

Das Hauptproblem der Kreuzfahrer war der Mangel an Leuten. Nachdem Jerusalem erobert war, kehrten die meisten Ritter in ihre Heimat zurück; nur ein Restheer blieb im Heiligen Land. Vor allem Jerusalem war praktisch entvölkert. Noch kurz zuvor hatte es über hunderttausend Einwohner beherbergt, jetzt aber lebten nur noch ein paar hundert in der verlassenen, geisterhaften Stadt. Wie Wilhelm von Tyros sagte: »Die Leute aus unserem Land waren von so geringer Anzahl und so elend, daß sie kaum eine Straße füllten.«[13] Aus Sicherheitsgründen drängten sie sich im Viertel des Patriarchen, in der Gegend des Heiligen Grabes, zusammen.[14] Der Rest der Stadt blieb unbewohnt, in den Straßen trieben Räuber ihr Unwesen, und Beduinen brachen in die leerstehenden Häuser ein. Jerusalem konnte nicht angemessen verteidigt werden: Wenn Gottfried seine Krieger zu einem Angriff führte, blieben nur ein paar Einwohner und Pilger zurück, um Überfälle abzuwehren.

Nachdem die Feindseligkeiten nachgelassen hatten, begannen Muslime und Juden, sich in Städte wie Beirut, Sidon, Tyrus und Akkon abzusetzen, die muslimischen Bauern jedoch blieben in ihren ländlichen Siedlungen. Nach der Eroberung Jerusalems hatten die Kreuzfahrer ein Gesetz erlassen, das Juden und Muslime aus der Heiligen Stadt verbannte; auch die einheimischen Christen wurden vertrieben, weil man sie der Komplizenschaft mit den Muslimen verdächtigte. Für die ungebildeten Kreuzritter unterschieden sich die palästinensischen, koptischen und syrischen Christen nicht von Arabern. Wie heilig Jerusalem auch sein mochte, nur wenige Franken mochten dort leben, da es nur noch schemenhaft an die frühere Stadt erinnerte. Die meisten zogen die Küstenstädte vor, wo das Leben leichter war und es mehr Möglichkeiten für Handel und Geschäfte gab.

Sofort nach der Eroberung bezog Gottfried von Bouillon die Aqsa-Moschee, die königliche Residenz wurde; den Felsendom verwandelte er in eine Kirche, die »Tempel des Herrn« genannt wurde. Der Haram war für die Kreuzfahrer von großer Bedeutung. Die Byzantiner hatten sich für diesen Teil Jerusalems nicht interessiert, aber die Kreuzfahrer waren zu der Ansicht gelangt, daß sie das neue auserwählte Volk seien; daher fanden sie es nur angemessen, wenn sie die heiligen Stätten der Juden erben würden. Von Anfang an spielten diese Stätten eine wichtige Rolle im geistlichen Leben des fränkischen Jerusalem, und Daimbert erklärte den »Tempel des Herrn« zu seiner offiziellen Residenz. Wie wichtig der Haram den Kreuzfahrern war, läßt sich daraus ersehen, daß der Patriarch und sein Beschützer in diesem verlassenen Außenposten Wohnung nahmen, obwohl er von ihrer Hauptniederlassung auf dem Westhügel weit entfernt lag. Ihre nächsten Nachbarn waren die Benediktinermönche, die Gottfried am Grab der Jungfrau Maria im Kidrontal angesiedelt hatte.

Gottfrieds Regierungszeit war kurz. Im Juli 1100 n. Chr. starb er an Typhus und wurde in der Anastasis begraben, die die Kreuzfahrer als »Grabeskirche« bezeichneten. Patriarch

Daimbert schickte sich an, die gesamte Führungsgewalt zu übernehmen, wurde aber von Gottfrieds Bruder Balduin ausgestochen, der Graf von Edessa in Armenien war und von seinen lothringischen Landsleuten nach Jerusalem gerufen wurde. Balduin war weitaus intelligenter und weltgewandter als sein Bruder. Da er in seiner Jugend auf das Priesteramt vorbereitet worden war, war er wesentlich gebildeter als die meisten Laien, und er war auch äußerlich von eindrucksvoller Gestalt. Er machte das Königreich Jerusalem zu einem lebensfähigen Staat. Als Balduin am 9. November 1100 n. Chr. in der Heiligen Stadt eintraf, wurde er nicht nur von den Franken, sondern auch von den einheimischen Christen, die ihn vor der Stadt erwartet hatten, mit überschwenglicher Freude begrüßt. Balduin hatte begriffen, daß die Franken Freunde brauchten, wenn sie im Nahen Osten überleben wollten, und da Juden und Muslime nicht in Frage kamen, waren die griechischen, syrischen, armenischen und palästinensischen Christen ihre natürlichen Verbündeten. Balduin selbst war mit einer Armenierin verheiratet und hatte das Vertrauen der östlichen Christen gewonnen, die Daimbert mit solcher Verachtung behandelt hatte.

Am 11. November wurde Balduin in der Geburtskirche in Bethlehem, der Stadt Davids, zum »König der Lateiner« gekrönt. Er hatte keine Skrupel, in Jerusalem eine goldene Krone zu tragen oder als König bezeichnet zu werden. Unter seiner Führung zogen die Kreuzfahrer von Sieg zu Sieg. Um 1110 n. Chr. hatte Balduin Caesarea, Haifa, Jaffa, Tripolis, Sidon und Beirut erobert. Die Kreuzfahrer errichteten nun einen vierten Staat, die Grafschaft Tripolis. In diesen eroberten Städten wurden die Einwohner erschlagen, die Moscheen zerstört, und die Überlebenden brachten sich in islamischen Territorien in Sicherheit. Die Erinnerung an diese Massaker und Enteignungen machte es den Kreuzfahrern sehr schwer, in späteren Jahren normale Beziehungen zur ansässigen Bevölkerung herzustellen. Nichts schien die christlichen Ritter aufhalten zu können, allerdings leisteten die seldschukischen Emire und die lokalen Herrscher auch keinen ernstzunehmenden Widerstand. Da sie immer noch in persönliche Streitigkeiten verwikkelt waren, gelang es ihnen nicht, eine gemeinsame Front zu bilden. Gleichzeitig war aus Bagdad keine nennenswerte Hilfe zu erwarten. Das Kalifat besaß keinerlei Macht mehr und konnte nicht in die Kriege im entfernten Palästina eingreifen. Infolgedessen gelang es den Kreuzfahrern, die ersten westlichen Kolonien im Nahen Osten zu gründen.

Balduin mußte auch das Problem Jerusalem lösen, das immer noch ein verlassener, kaum besiedelter Ort war. Die Franken zogen es weiterhin vor, sich in den blühenden Küstenstädten niederzulassen. Sie waren in der Mehrheit Landleute und Soldaten, keine Handwerker, und daher fiel es ihnen schwer, sich in einer Stadt den Lebensunterhalt zu verdienen, die auf handwerkliches Gewerbe gründete. Mit dem 1099 n. Chr. von den Eroberern verfügten Gesetz hatten diejenigen, die am Kreuzzug teilgenommen hatten, das Recht, Land- und Hauseigentümer zu werden. Sie unterlagen keiner europäischen Feudalhierarchie und konnten als Freie über ihren Besitz verfügen. Einige dieser freien Bürger wurden nun in Jerusalem Hausbesitzer oder Besitzer von Gütern und Dörfern in der Umgebung. Um zu vermeiden, daß sie die Stadt verließen, erließ Balduin ein Gesetz, das jedem ein Haus garantierte, der ein Jahr und einen Tag darin gelebt hatte: Dies hinderte die Leute daran, während Krisenzeiten ihren Wohnsitz zu verlassen und dann zurückzukehren, wenn sich die Lage gebessert hatte. Diese freien Bürger wurden zum Rückgrat des fränkischen Jerusalem; sie arbeiteten als Köche, Metzger, Ladenbesitzer und Schmiede in der Stadt. Aber sie waren zu wenige.

Balduin hoffte, die einheimischen Christen in die Kirchen und Klöster Jerusalems zurückführen zu können, und 1111 n. Chr. bot sich dafür eine großartige Gelegenheit. In der Nacht vor Ostern wartete die Menge wie üblich auf das »Wunder« des heiligen Feuers. Nichts geschah: Die göttliche Flamme erschien nicht. Vermutlich hatten die Griechisch-Orthodoxen das Geheimnis mit sich genommen und nicht die Absicht, es den Lateinern zu verraten. Das Ausbleiben machte einen schlechten Eindruck. Hatten die Franken Gott beleidigt? Schließlich schlug Daimbert vor, die lateinischen Christen sollten ihm in den »Tempel des Herrn« folgen, wo Gott die Gebete Salomos erhört hatte. Die einheimischen Christen wurden aufgefordert, ebenfalls zu beten. Am nächsten Morgen wurde verkündet, die Flamme sei in zwei Lampen neben dem Heiligen Grab erschienen. Die Botschaft des Himmels schien eindeutig. Der armenische Historiker Matthäus von Edessa behauptet, Gott sei zornig gewesen, weil »die Franken die Armenier, die Griechen, die Syrer und Georgier vertrieben« hätten, und habe nur deswegen die Flamme gesandt, weil die östlichen Christen darum gebetet hätten.[15] Die Schlüssel des Heiligen Grabes wurden an die Griechen zurückgegeben, und den anderen christlichen Bekenntnissen wurde erlaubt, zu ihren Schreinen, Klöstern und Kirchen der Stadt zurückzukehren.

Von da an war der König von Jerusalem der Beschützer der einheimischen Christen. Der höhere Klerus bestand weiterhin aus Lateinern, aber es gab griechisch-orthodoxe Chorherren in der Grabeskirche. Als die Jakobiten aus Ägypten zurückkehrten, wohin sie 1099 n. Chr. geflohen waren, wurde ihnen das Kloster Maria Magdalena zurückerstattet. Die Armenier waren besonders begünstigt, da die Königsfamilie armenische Angehörige hatte. Balduin zeigte sich den Armeniern besonders verbunden, und die Gemeinde und der Konvent von Sankt Jakobus blühten auf. Wichtige armenische Würdenträger kamen als Pilger nach Jerusalem und brachten reiche Geschenke mit: bestickte Gewänder, goldene Kreuze, Kelche und Kruzifixe, die mit kostbaren Steinen besetzt waren und noch heute an hohen Festtagen in Gebrauch sind, sowie illustrierte Manuskripte für die Klosterbibliothek. Die Armenier erhielten auch die Aufsicht über die Marienkapelle in der Grabeskirche.

1115 n. Chr. war Balduin schließlich auch in der Lage, das Bevölkerungsproblem in Jerusalem zu lösen, indem er syrische

Dieses Siegel der Templer, das zwei Ritter auf einem Pferd zeigt, spiegelt den ursprünglichen Idealismus der Armen Ritter Christi wider, bevor sie reich und mächtig wurden.

Christen aus dem Ostjordanland ansiedelte, die in der muslimischen Welt seit den Greueltaten der Kreuzfahrer *personae non gratae* waren. Balduin lockte sie mit dem Versprechen besonderer Privilegien und siedelte sie in den leerstehenden Häusern im nordwestlichen Teil der Stadt an. Sie durften eigene Kirchen bauen oder wiederherstellen, so etwa Sankt Abraham in der Nähe des Stephanstores und Sankt Elias und Sankt Jakobus im Viertel des Patriarchen.

Balduins Politik muß erfolgreich gewesen sein, denn von diesem Zeitpunkt an begann Jerusalem aufzublühen und erreichte eine Einwohnerzahl von etwa dreißigtausend. Es war wieder eine Großstadt und wegen seiner religiösen Bedeutung auch das Zentrum aller Kreuzfahrerstaaten. Dies brachte neues Leben und neuen Schwung nach Jerusalem. In gewissen Bereichen war es wie eine westliche Stadt angelegt. Die muslimische Gerichtsbarkeit wurde durch drei Gerichtshöfe für Zivilangelegenheiten und Strafsachen ersetzt: den hohen Lehenshof für den Adel, ein Gericht für die Bürger und eines für die Syrer, das niedrigeren Rang hatte, von einheimischen Christen geleitet wurde und für deren Belange zuständig war. Die

Kreuzfahrer behielten die Märkte bei, die auf dem alten römischen Forum neben dem Heiligen Grab und entlang dem Cardo bestanden. Auch an der Organisation des *suq*, der in eigene Bereiche für Geflügel, Textilien, Gewürze und Garküchen eingeteilt war, wurde nichts verändert. Franken und Syrer betrieben Handel miteinander, hatten ihre Geschäfte aber auf verschiedenen Straßenseiten. Jerusalem wurde allerdings nie ein Handelszentrum, weil es zu weit entfernt von den Hauptverkehrsstraßen lag. Die italienischen Städte, die in den Küstenstädten Niederlassungen gegründet hatten und dort im urbanen Leben eine wichtige Rolle spielten, zeigten kein Interesse an Jerusalem. Wie immer blieb die Stadt vom Pilgergewerbe abhängig. Die Vorstellung der Kleriker jedoch, Jerusalem in eine Theokratie zu verwandeln, erstickte Balduin im Keim. Nachdem er sich Daimbert vom Hals geschafft hatte,[16] ernannte er Patriarchen, die sich mit einer untergeordneten Rolle zufriedengaben. Ab 1112 n. Chr. hatte der Patriarch die Gerichtsbarkeit im alten christlichen Viertel unter sich, aber Balduin regierte über den Rest der Stadt, und das Königreich war von kirchlicher Kontrolle unabhängiger als jeder andere zeitgenössische Staat in Europa.

Trotz des religiösen Fanatismus während der Eroberung wurde das Jerusalem der Kreuzfahrer eine durchaus weltliche Stadt, die nach westlichem Muster umgeformt wurde. Begonnen wurde mit dem Felsendom – wiederum ein Zeichen dafür, welchen Stellenwert dieses Bauwerk im fränkischen Jerusalem einnahm. Die Kreuzfahrer hatten nur vage Vorstellungen hinsichtlich der Geschichte des Gebäudes. Daß es sich nicht um den Tempel Salomos handelte, war ihnen klar, aber sie scheinen angenommen zu haben, daß entweder Konstantin oder Heraklios am Ort des heiligen Tempels ein Bauwerk errichtet hatte, das die Muslime für ihre Zwecke umgewandelt hatten. 1115 n. Chr. begannen sie, es wieder in vermeintlich ursprünglicher Reinheit herzustellen. Auf dem Dom wurde ein Kreuz aufgerichtet, der Fels wurde mit Marmor verkleidet, um einen Altar daraus zu machen, und die Koraninschriften wurden mit

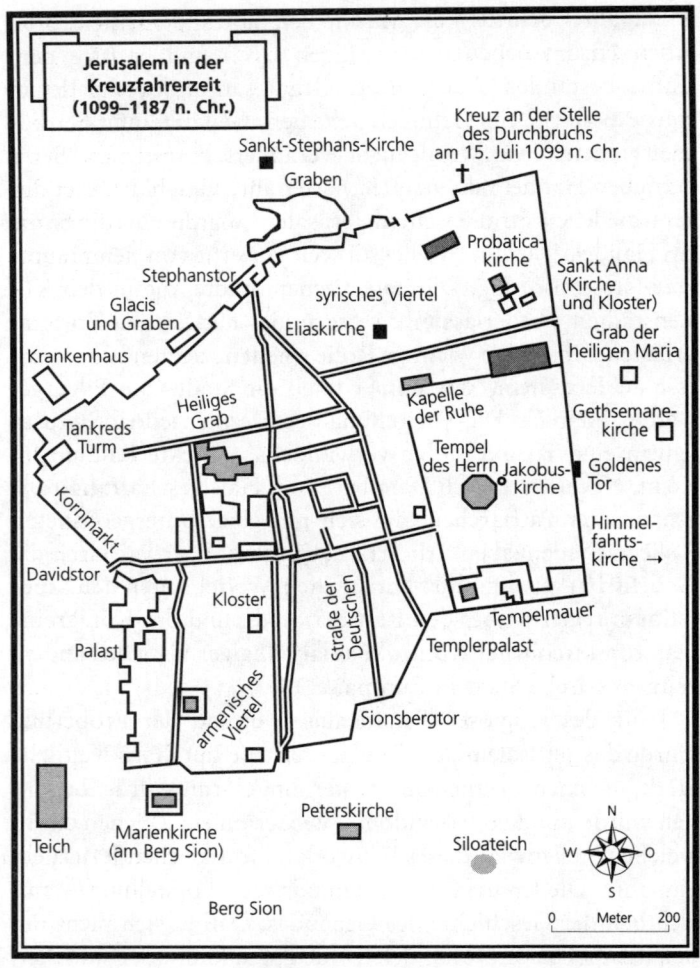

Jerusalem in der Kreuzfahrerzeit (1099–1187 n. Chr.)

Sankt-Stephans-Kirche

Graben

Kreuz an der Stelle des Durchbruchs am 15. Juli 1099 n. Chr.

Probatica-kirche

Sankt Anna (Kirche und Kloster)

Stephanstor

syrisches Viertel

Glacis und Graben

Grab der heiligen Maria

Eliaskirche

Krankenhaus

Kapelle der Ruhe

Gethsemane-kirche

Heiliges Grab

Tankreds Turm

Tempel des Herrn

Jakobus-kirche

Goldenes Tor

Kornmarkt

Himmel-fahrts-kirche →

Davidstor

Kloster

Straße der Deutschen

Palast

Tempelmauer

Templerpalast

armenisches Viertel

Sionsbergtor

Peterskirche

Teich

Marienkirche (am Berg Sion)

Siloateich

N
W O
S

Berg Sion

0   Meter   200

lateinischen Texten verdeckt. Dieses Vorgehen war typisch für die Kreuzfahrer und zielte darauf ab, die Existenz der Muslime vollkommen auszulöschen. Die Handwerkskunst war jedoch von höchstem Niveau: Das schmiedeeiserne Gitter um den Felsen gehört zu den schönsten Beispielen mittelalterlicher Metallarbeit, die erhalten sind. Die Arbeit nahm Jahre in Anspruch. Erst 1142 n. Chr. wurde der »Tempel des Herrn« offiziell eingeweiht. Nördlich von der neuen Kirche erbauten die Kreuzfahrer Klöster für die Augustiner und wandelten den Kettendom in eine Kapelle um, die Jakobus dem Gerechten geweiht war, von dem angenommen wurde, er habe auf dem Tempelberg den Märtyrertod erlitten.

Anfänglich gab es kein Geld, um die Aqsa-Moschee zu renovieren, die während der Eroberung schweren Schaden erlitten hatte und ausgeplündert worden war. Balduin war sogar gezwungen, das Blei des Daches zu verkaufen. Im Jahr 1118 n. Chr. wandte sich eine kleine Gruppe von Rittern, die sich als die »Armen Ritter Christi« bezeichneten, an den König und bot wohltätige Dienste an. Sie wollten die Straßen Palästinas sichern und die unbewaffneten Pilger vor Überfällen der Beduinen und Muslime schützen. Sie waren genau das, was das Königreich brauchte, und Balduin überließ ihnen einen Teil der Aqsa als Hauptsitz. Wegen des nahen Wohnorts zum »Tempel des Herrn« wurden die Armen Ritter als Templer bekannt.[17] Bis zu diesem Zeitpunkt war es Mönchen verboten gewesen, Waffen zu tragen und zu kämpfen, doch als die Kirche die Templer als Orden anerkannte, wurde mönchische Gewaltausübung – bis zu einem gewissen Grad – kanonisiert. Diese soldatischen Mönche vereinigten zwei große Leidenschaften des neuen Europa in sich: Krieg und Frömmigkeit, und sie hatten gleich großen Zulauf. Sie halfen, den chronischen Bevölkerungsmangel im Königreich zu beheben, und in den zwanziger Jahren des 12. Jahrhunderts n. Chr. wurden die Templer zur Elite innerhalb des Kreuzfahrerheeres, die den ursprünglich auf Verteidigung angelegten Grundsatz aufgegeben hatte.

Ironischerweise wurden die Armen Ritter bald reich und einer der mächtigsten Orden innerhalb der Kirche. Sie waren in der Lage, ihren Hauptsitz in der Aqsa wiederherzustellen, die zu einem Militärstützpunkt wurde. Die darunterliegenden herodianischen Gewölbe machten sie zu ihren Stallungen. Sie wurden als »Salomos Ställe« bezeichnet, und darin konnten über tausend Pferde und die dazugehörigen Knechte untergebracht werden. Innerhalb der Moschee wurden Wände gezogen, um Räume abzutrennen: Lager für Waffen und Versorgungsgüter, Getreidespeicher, Bäder und Waschräume. Auf dem Dach gab es Lustgärten, Pavillons und Zisternen, außerdem wurden der Moschee ein Westflügel für ein neues Kloster, ein Refektorium und Keller angefügt. Auch die Fundamente für eine herrliche neue Kirche wurden gelegt, die allerdings nie fertiggestellt wurde. Wiederum war die Handwerksarbeit von höchstem Niveau. Vor allem das bildhauerische Werk mit dem charakteristischen Akanthusblattmotiv zeigt eine eindrucksvolle Mischung aus byzantinischem, islamischem und romanischem Stil.

An den Templern wird die Haupttendenz des fränkischen Jerusalem deutlich. Die Kreuzfahrt war als ein Akt der Liebe angesehen worden: Der Papst hatte die europäischen Ritter gedrängt, ihren christlichen Brüdern in der islamischen Welt zu Hilfe zu eilen; Tausende von Kreuzfahrern hatten aus Liebe zu Christus den Tod gefunden, als sie versuchten, dessen Heimat von den Ungläubigen zu befreien. Die Kreuzfahrt wurde sogar für Laien als eine Möglichkeit angesehen, mönchischen Idealen nachzustreben.[18] Aber diese Liebe mündete in Gewalt und Greueltaten. Auch im Aufstieg der Templer zeigt sich, daß an die Stelle von Mitleid und Sorge für die Armen und Unterdrückten sehr bald militärischer Kampfgeist trat. Auf dem Haram war jegliche Form von Gewalt verboten gewesen; nun war die Aqsa in eine Kaserne und ein Waffenarsenal umgewandelt worden. Bald baute man die runden Templerkirchen, deren Vorbild die Anastasis war, in ganz Europa nach, wodurch die dortigen Gläubigen daran erinnert wurden, daß die

Wie diese christlichen Pilger glaubten die Kreuzfahrer, in Jesu Fuß-stapfen zu treten. Sie hatten das Kreuz genommen (indem sie am Anfang ihrer Unternehmung ein rotes Kreuz auf ihre Mäntel hefteten) und waren bereit, ihr Leben für Christus und für die Verteidigung der Heiligen Stadt hinzugeben. Aber bei ihrer Vision spielte auch das Schwert eine wichtige Rolle.

gesamte Christenheit zum Heiligen Krieg aufgerufen war, um Jerusalem zu verteidigen.

Der gleiche Trend läßt sich bei den Rivalen der Templer, den Hospitalitern, erkennen, die im alten lateinischen Hospiz von Sankt Johannis dem Barmherzigen im Viertel des Patriarchen ihren Sitz hatten. Gerard, der Abt, hatte den Kreuzfahrern während der Belagerung Jerusalems geholfen, und nach der Eroberung hatten sich ihm einige Ritter- und Pilgergruppen angeschlossen, die sich berufen fühlten, für Arme und Bedürftige zu sorgen. Bis dahin wäre es keinem Ritter eingefallen, sich zu niedrigen Pflegediensten herabzulassen, aber unter Gerards Leitung teilten sie freiwillig das einfache Leben der Armen und widmeten sich wohltätigen Werken. Wie die Templer verkörperten die Hospitaliter das Ideal christlicher Armut, das während des ersten Kreuzzugs einen so hohen Stellenwert eingenommen hatte, und auch die Hospitaliter zogen viele Menschen aus Palästina und Europa an. 1118 n. Chr. starb Gerard, und Raimund von Le Puy folgte ihm nach, der viel für die Förderung des Ordens in Europa tat, aber ebenso wie die Templer waren die Hospitaliter vollkommen auf Jerusalem ausgerichtet. In ihrer Regel bezieht sich der Begriff *outre mer* (überseeisch) auf Europa. Mitte des 12. Jahrhunderts n. Chr. waren auch die Hospitaliter zu Soldaten geworden und kämpften im Kreuzfahrerheer; auch ihre Wohltätigkeit war in Militarismus umgeschlagen. Dennoch gaben sie ihre mildtätige Arbeit nie ganz auf. In der riesigen und herrlichen Niederlassung, die sie sich südlich des Heiligen Grabs errichteten, sorgten die Mönche während des ganzen Jahres für etwa eintausend Kranke und verteilten Almosen, Kleider und Nahrungsmittel. Einen Steinwurf vom Heiligen Grab entfernt repräsentierte das Hospital eine positive Seite des Kreuzfahrertums.

Pilger waren von dem Hospital immer sehr beeindruckt gewesen. Allmählich begannen sie, ein ganz anderes Jerusalem zu entdecken. Die Byzantiner beispielsweise hatten die Pilger nicht auf den Tempelberg geführt. Für sie bedeutete der Ort nichts weiter als ein Symbol der Niederlage des Judentums und spielte keinerlei Rolle innerhalb ihres Kults. Als der britische Pilger Saewulf Anfang 1102 n. Chr. Jerusalem besuchte, wurde er stolz zu den Schreinen auf dem Haram geführt, denen sehr schnell eine christliche Bedeutung gegeben worden war. Das Tor der Barmherzigkeit wurde nun als der Ort angesehen, wo sich Joachim und Anna, die Eltern der Jungfrau Maria, zum erstenmal begegnet waren. Ein weiteres Tor auf dem Haram war das »Schöne Tor«, wo Petrus und Johannes einen Krüppel geheilt hatten. Der Felsendom wurde nun als der Tempel verehrt, wo Jesus während seines ganzen Lebens gebetet hatte, sogar sein Fußabdruck war auf dem Felsen zu sehen. Der Haram spielte auch im religiösen Leben der Kreuzfahrer die entscheidende Rolle.[19] Alle großen Zeremonien schlossen nun eine Prozession zum »Tempel des Herrn« ein; so stand er etwa während der Feierlichkeiten am Palmsonntag im Mittelpunkt.

Eine weitere wichtige Veränderung im religiösen Leben der Stadt bestand darin, daß viele der Kreuzwegstationen, die sich ursprünglich auf dem Berg Sion befanden, in den Norden der Stadt verlegt wurden. So stellte Saewulf etwa fest, daß sich die Säule, an der Christus gegeißelt worden war, nun in der Grabeskirche statt auf dem Berg Sion befand. Pilgern wurde jetzt auch erklärt, daß sich das Prätorium, wo Pilatus Jesus zum Tod verurteilt hatte, nicht wie früher im Tyropöontal, sondern nördlich des Tempelbergs am Ort der Antoniafestung befand. Dieser Wandel könnte von den Templern angeregt worden sein, die diesen heiligen Ort wahrscheinlich gern auf ihrem Gebiet haben wollten.

Balduin I. starb 1118 n. Chr., und sein Cousin Balduin von Le Bourg, Graf von Edessa, folgte ihm auf dem Thron. Er war ein frommer und kluger Mann, der seiner armenischen Frau und seinen vier Töchtern sehr ergeben war. Balduin von Le Bourg war der erste König, der statt in der Basilika von Bethlehem in der Grabeskirche gekrönt wurde. Feierlich zog er durch die Straßen, deren Balkone und Dächer mit orientalischen Teppichen geschmückt waren, und in Anwesenheit des Patriarchen, der Bischöfe sowie des lateinischen und griechisch-orthodoxen Klerus schwor er vor dem Grab Christi, die Kirche, die Priester und die Witwen und Waisen des Königreichs Jerusalem zu schützen. Er legte auch eigens dem Patriarchen einen Treueschwur ab. Nach der Zeremonie zog der König zum »Tempel des Herrn«, wo er seine Krone auf den Altar legte, bevor er sich zu einem Bankett in die Aqsa begab, das von den Bürgern der Stadt ausgerichtet wurde. 1120 n. Chr. gab Balduin seinen Wohnsitz in der Aqsa auf, überließ die Moschee gänzlich den Templern und bezog einen neuen Palast in der Nähe der Zitadelle, wo er näher am Zentrum des fränkischen Jerusalem war.

1120 n. Chr. wohnte Balduin dem Konzil von Nablus bei, das den Neigungen der jüngeren Generation, sich der einheimischen Kultur zu öffnen, Einhalt gebieten wollte. In den frühen Jahren des Königreichs hatte Fulcher von Chartres den Menschen in Europa begeistert verkündet: »Einwohner des Westens, wir sind Orientalen geworden! Die einstigen Italiener und Franzosen sind verpflanzt worden und sind nun Männer Galiläas und Palästinas.«[20] Dies war sicherlich übertrieben, aber im Lauf der Jahre hatten die Franken sich verändert. Eine ganze Generation war im Osten aufgewachsen, ohne eine Erinnerung an Europa. Sie nahmen Bäder – eine Praxis, die im Westen so gut wie unbekannt war; sie lebten in Häusern statt in Holzhütten und trugen weiche Kleider und den *keffijeh*. Ihre Frauen trugen Schleier wie die Musliminnen. Dies schockierte die Pilger aus dem Westen: Die Franken Palästinas schienen sich zu assimilieren, und da die islamische Welt zu diesem Zeitpunkt einen wesentlich höheren Lebensstandard hatte als Europa, schienen sie in den Augen der westlichen Christen einen dekadenten und verweichlichten Lebensstil angenommen zu haben. Viele Franken in Palästina hatten eingesehen, daß sie sich zu einem gewissen Grad anpassen mußten, wenn sie überleben wollten. Sie mußten mit Muslimen Handel treiben und normale Beziehungen herstellen. Balduin II. hatte sogar den Bann etwas gelockert, der Juden und Muslime aus Jerusalem ausschloß. Muslime durften nun Nahrungsmittel und Handelsgüter in die Stadt bringen und sich dort für begrenzte Zeit aufhalten. Um 1170 n. Chr. gab es auch eine jüdische Färberfamilie, die nahe dem königlichen Palast lebte.

Doch diese Assimilation war nur oberflächlich. Während der zwanziger Jahre des 12. Jahrhunderts n. Chr. bauten die Franken alte Festungen um und errichteten einen Ring neuer Burgen um ihr Königreich, die als Bollwerk gegen die feindliche muslimische Welt dienten. Auch Jerusalem war von einem Ring befestigter Kirchen und Klöster umgeben, die sich in Ma'ale Adumin, auf der Straße nach Jericho, in Hebron, Bethanien, Nabi Samwil und al-Bira befanden. Die Kreuzfahrer beseitigten den trennenden Haß nicht, der zwischen westlicher Christenheit und Islam bestand, sondern errichteten massive Steinmauern gegen ihre Nachbarn. Ihre Staaten wurden Ghettos, künstliche westliche Enklaven, die der Region fremd

und feindlich gegenüberstanden. Es waren militärisch ausgerichtete Staaten, aggressiv und immer schlagbereit. Das
12. Jahrhundert n. Chr. war in Europa eine Periode großer
Schöpferkraft, doch nicht in den Kreuzfahrerstaaten. Die
hauptsächlichen Neuerungen bestanden hier in militanten Or-
densvereinigungen und Kriegsarchitektur. Das intellektuelle
Hauptvergnügen wurde in der Aufstellung von Gesetzen gefunden. Die Franken machten keinen Versuch, die geistigen
und kulturellen Reichtümer des Nahen Osten zu erforschen,
und schlugen daher auch keine echten Wurzeln. Ihre Energien
waren aufs Überleben konzentriert, und die Gesellschaften, die
sie gründeten, waren künstlich gegen ihre Umgebung abge-
schottet.

Die Kreuzfahrer bemühten sich leidlich, schöpferisch zu sein
und dem fremden Land, das sie erobert hatten, ihren Stempel
aufzudrücken. 1125 n. Chr. begannen die Franken in Jerusalem mit einem groß angelegten Bauprogramm. Nicht einmal
Herodes hatte soviel gebaut wie sie. Sie versuchten, sich ein
Heimatgefühl zu schaffen, indem sie Europa im Heiligen Land
wiedererstehen ließen. Folgerichtig zeigten ihre Bauwerke
kaum byzantinischen oder muslimischen Einfluß; gleichzeitig
hielten sie aber auch mit den neuen architektonischen Entwicklungen in Europa nicht Schritt. Sie verharrten in einer
romanischen Zeithülse – die Gotik übte keinerlei Einfluß auf
sie aus – und bauten Kirchen, die genauso aussahen wie diese-
nigen, die sie aus der Zeit vor den Kreuzzügen gekannt hatten.
Als erstes unterzogen sie die Grabeskirche einem Umbau, der
1149 n. Chr. rechtzeitig zum fünfzehnten Jahrestag ihrer Eroberung fertiggestellt wurde. Dann wurde am Bethesdateich
eine erlesene romanische Kirche zu Ehren Sankt Annas, der
Mutter Marias, erbaut. Dieser Ort war seit dem 6. Jahrhundert
n. Chr. als Geburtsort Mariens verehrt worden. Nun entstanden hier ein benediktinisches Kloster und eine Kirche. Trotz
ihrer Grausamkeit und des Schreckens, den sie verbreiteten,
besaßen die Franken einen gewissen Sinn für Spiritualität: In
der Sankt-Anna-Kirche wird mittels der Säulenreihe im Haupt-

schiff der Blick direkt auf den Hauptaltar gelenkt; die Schlicht-
heit läßt keinerlei Ablenkung zu, und das Licht, das aus verschiedenen Richtungen einfällt, zeichnet subtile Schattenmu-
ster und schafft so ein Gefühl der Enthobenheit.

Die Franken restaurierten auch Kirchen im Kidrontal und
auf dem Ölberg: die Gethsemanekirche und das Grab der
Jungfrau, wo ebenfalls ein Kloster errichtet wurde, dessen
Krypta mit Fresken und Mosaiken ausgeschmückt ist. Auch
die runde Auferstehungskirche wurde erneut umgebaut und
mit parischem Marmor verkleidet. Diese Kirche wurde auch
Teil des fränkischen Befestigungswerks und spiegelt die kämpferische Frömmigkeit ihrer Erbauer wider. Nach der Beschreibung des Pilgers Theoderich war sie »stark gegen die Ungläubigen befestigt, mit Türmen, sowohl kleinen wie großen, mit
Wällen und Zinnen, auf denen Nachtwachen patrouillier-
ten«[21]. Die Eleonabasilika war 614 n. Chr. von den Persern
zerstört und nie wieder aufgebaut worden; an ihrem Standort
erbauten die Kreuzfahrer zwei Kirchen, zum Gedächtnis
daran, daß Jesus seine Jünger das Vaterunser gelehrt hatte. Die
Basilika auf dem heiligen Berg Sion war von al-Hakim zerstört
und nicht wiederhergestellt worden. Nun restaurierten die
Kreuzfahrer die »Mutter aller Kirchen«, die viele der alten
Schreine umschloß: die Stephanskapelle, wo sich der Leib des
Märtyrers befunden hatte, bevor er in Eudokias Basilika überführt wurde; das »Obergemach«, den Raum des letzten
Abendmahls, und daneben die Pfingstkapelle, die mit einem
Bild geschmückt war, das die Herabkunft des Heiligen Geistes
zeigte. Im Stockwerk darunter befand sich die »Galiläaka-
pelle«, wo Christus nach seiner Auferstehung den Jüngern
erschienen war.[22] Bei der Restaurierung dieser Kapelle machten die Kreuzfahrer eine Entdeckung, von der sie nicht genau
wußten, wie sie mit ihr umgehen sollten. Eine der alten Mauern
stürzte ein, und eine Höhle kam zum Vorschein, die eine
goldene Krone und ein Szepter enthielt. Aufgeregt rannten die
Arbeiter zum Patriarchen, der sich mit einem karäischen Asketen beriet. Sie befanden, daß man auf das Grab König Davids

gestoßen sei. Jahrhundertelang hatte man den Berg Sion mit der ursprünglichen *ir David* auf dem Ophel verwechselt. Lange war angenommen worden, die Zitadelle neben dem Westtor der Stadt sei Davids Festung gewesen, und der herodianische Turm Hippikos wurde als Davidsturm angesehen. Wahrscheinlich war es unvermeidlich, daß eines Tages jemand sein Grab auf dem Berg Sion »entdecken« würde. Der Patriarch wollte die Höhle untersuchen, in der sich in alten Zeiten vielleicht eine Synagoge befunden hatte. Aber die Arbeiter hatten zu große Angst. Daraufhin befahl der Patriarch, »daß der Ort verschlossen werden und geheim bleiben solle«, behauptet der jüdische Reisende Benjamin von Tudela, der um 1170 n. Chr. Jerusalem besuchte, »so daß bis auf den heutigen Tag die Gräber von David und den Königen von Juda nicht gefunden werden können«[23]. Später jedoch wurde das Grab von den Christen freigelegt und in die Sionskirche integriert – ein Grund für viele zukünftige Schwierigkeiten.

1131 n. Chr. starb Balduin II., und seine Tochter Melisendis und ihr Gatte Fulko, Graf von Anjou, folgten ihm auf dem Thron. Er war ein hervorragender Kriegsmann, der in mittleren Jahren beschlossen hatte, sein Leben der Verteidigung Jerusalems zu widmen. Es war wichtig, daß das Königreich einen starken Herrscher bekam, denn zum erstenmal in der Geschichte des Nahen Osten war ein mächtiger muslimischer Führer aufgestiegen: Imad ad-Din Zangi, der türkische Kommandeur von Mosul und Aleppo. Er war entschlossen, die Region zu befrieden, die seit langem durch Kriege zwischen den Emiren zerrissen war. Langsam und systematisch begann Zangi, die lokalen Stammesfürsten Syriens und des heutigen Irak niederzuwerfen, und mit Hilfe Bagdads brachte er einen nach dem anderen unter seine Kontrolle. Zangi war nicht besonders geneigt, das Gebiet zurückzuerobern, das die Franken besetzt hielten, er hatte mit den aufsässigen Emiren genügend zu tun. Aber die Franken registrierten sehr genau, daß Zangis Reich stetig im Wachsen begriffen war. Fulko befestigte die Grenzen des Königreichs stärker denn je zuvor und

Die militante Frömmigkeit der Kreuzfahrer verbreitete sich in ganz Europa, wie in der Templerkirche von Cressac in Frankreich zu sehen ist, deren Wandfresken Ritter zeigen, die zum Kampf um Jerusalem aufbrechen.

stationierte 1137 n. Chr. eine Garnison Hospitaliter am Grenzkloster von Bet Gibrin. In diesem Jahr schloß er auch ein Bündnis mit Unur, dem Emir von Damaskus, der nicht zulassen wollte, daß seine Stadt Zangis Reich einverleibt wurde.

Einer der Diplomaten, die diesen Vertrag aushandelten, war der syrische Fürst Usama ibn Munqid, der nach der Unterzeichnung eine Reise durchs fränkische Palästina unternahm und uns mit seinen Memoiren eine interessante Quelle dafür liefert, wie die Muslime die Europäer beurteilten, die so gewaltsam in ihr Land eingedrungen waren. Usama, ein kultivierter, aufgeschlossener Mann, war von den Franken irritiert. Er bewunderte ihren Mut, war aber von ihrer unterentwickelten Medizin, ihrem respektlosen Verhalten gegenüber Frauen und ihrer religiösen Intoleranz abgestoßen. Er war peinlich berührt, als ein Pilger anbot, Usamas Sohn mit nach Europa zu nehmen und ihm westliche Erziehung zuteil werden zu lassen. Usamas Meinung nach wäre sein Sohn in einem Gefängnis besser aufgehoben gewesen als im Land der Franken. Er gab jedoch zu, daß die Franken, die im Osten geboren worden waren, erträglicher waren als die Neuankömmlinge, die immer noch mit primitiven europäischen Vorurteilen behaftet waren. Diese Einsicht illustrierte er mit einer lehrreichen Anekdote. Er hatte sich in Jerusalem mit den Templern angefreundet, und wann immer er sie in der Aqsa besuchte, stellten sie ihm einen kleinen Andachtsraum zur Verfügung. Eines Tages, als er, das Gesicht gen Mekka gewandt, betete, eilte ein Franke herein, hob Usama hoch und drehte ihn in Richtung Osten. »So mußt du beten!« rief er aus. Die Templer eilten herbei und brachten den Mann fort, aber sobald sie ihm den Rücken kehrten, wiederholte sich das Ganze. Die Templer waren untröstlich. »›Er ist noch fremd. Erst dieser Tage ist er aus dem Frankenland angekommen. Er hat noch nie jemanden gesehen, der nicht nach Osten gewendet betet‹, erklärten sie. ›Ich habe genug gebetet‹, meinte ich und ging hinaus. Ich war von jenem Teufelskerl überrascht! Seine Gesichtsfarbe hatte sich verändert, und er erschrak, als er sah, wie ich das Gebet, nach Mekka gerichtet, vollzog.«[24]

Zunehmend wurde das Königreich durch einen inneren Konflikt zerrissen, der zwischen denjenigen Franken schwelte, die in Palästina geboren waren und – wie die Templer in dieser Geschichte – den Standpunkt des Muslims verstehen konnten, die normale Beziehungen zu ihren Nachbarn herstellen wollten, und den Neuankömmlingen aus Europa, denen es unmöglich war, eine andere Glaubensrichtung zu tolerieren. Dieser Gegensatz vertiefte sich in einer Zeit, als ihre muslimischen Nachbarn die Zwietracht untereinander aufgaben und sich unter einem starken Führer vereinten. 1144 n. Chr. erlitten die Franken eine Niederlage, die ihnen zeigte, wie verletzlich sie waren. Im November des Jahres eroberte Zangi im Rahmen seines Krieges gegen Damaskus die Stadt Edessa und zerstörte die fränkische Grafschaft. In der muslimischen Welt herrschte ausgelassene Freude, und Zangi, ein starker Trinker und rücksichtsloser Krieger, stellte plötzlich fest, daß er ein Held des Islams geworden war. Als er zwei Jahre später getötet wurde, wurde sein Sohn Mahmoud Regent, der allerdings unter seinem Titel »Nur ad-Din« (Licht des Glaubens) bekannter war. Nur ad-Din war ein gläubiger Sunnit und entschlossen, sowohl gegen die Franken als auch gegen die Schiiten Krieg zu führen. Entsprechend seinem Vorbild Mohammed lebte er einfach und gab große Summen an die Armen. Gleichzeitig setzte er eine wirksame Propaganda für den *djihad* in Gang. Der Koran verurteilt jegliche Form von Krieg, lehrt aber, daß es manchmal bedauerlicherweise notwendig sei, sich gegen Unterdrükkung und Verfolgung zu wehren, um wahre Werte aufrechtzuerhalten. Wenn Menschen getötet, aus ihren Häusern vertrieben wurden und mit ansehen mußten, wie ihre heiligen Stätten zerstört wurden, hatten Muslime die Pflicht, einen gerechten Verteidigungskrieg zu führen.[25] Die Bestimmung des Korans traf haargenau auf die Kreuzfahrer zu, die Tausende von Muslimen getötet, sie aus ihren Häusern vertrieben und deren Moscheen verbrannt hatten. Sie hatten auch den Haram von al-Quds entweiht. Nur ad-Din ließ die Sammlungen der Lobpreisungen Jerusalems verteilen (*fada 'il al-quds*) und gab ein herrliches Predigtpult in Auftrag, das aufgestellt werden sollte, nachdem die Muslime Jerusalem von den Franken befreit hätten.

Das Feuer des *djihad* war im Nahen Osten erloschen gewesen. Die Grausamkeit der Kreuzfahrer hatte es wieder angefacht. Doch aufgrund ihres tiefverwurzelten Vorurteils vermochten sie auf Nur ad-Din nicht angemessen zu reagieren. Als die Heere des zweiten Kreuzzugs 1148 n. Chr. endlich in Palästina eintrafen, um die belagerten Franken zu entlasten, wandten sich die Kreuzfahrer – statt gegen Nur ad-Din in Aleppo – gegen ihren einzigen Verbündeten in der muslimischen Welt, Unur von Damaskus. Unur hatte keine andere Wahl, als die Hilfe Nur ad-Dins zu erbitten. Darauf verschlechterten die Kreuzfahrer ihre Lage weiter, weil sie die

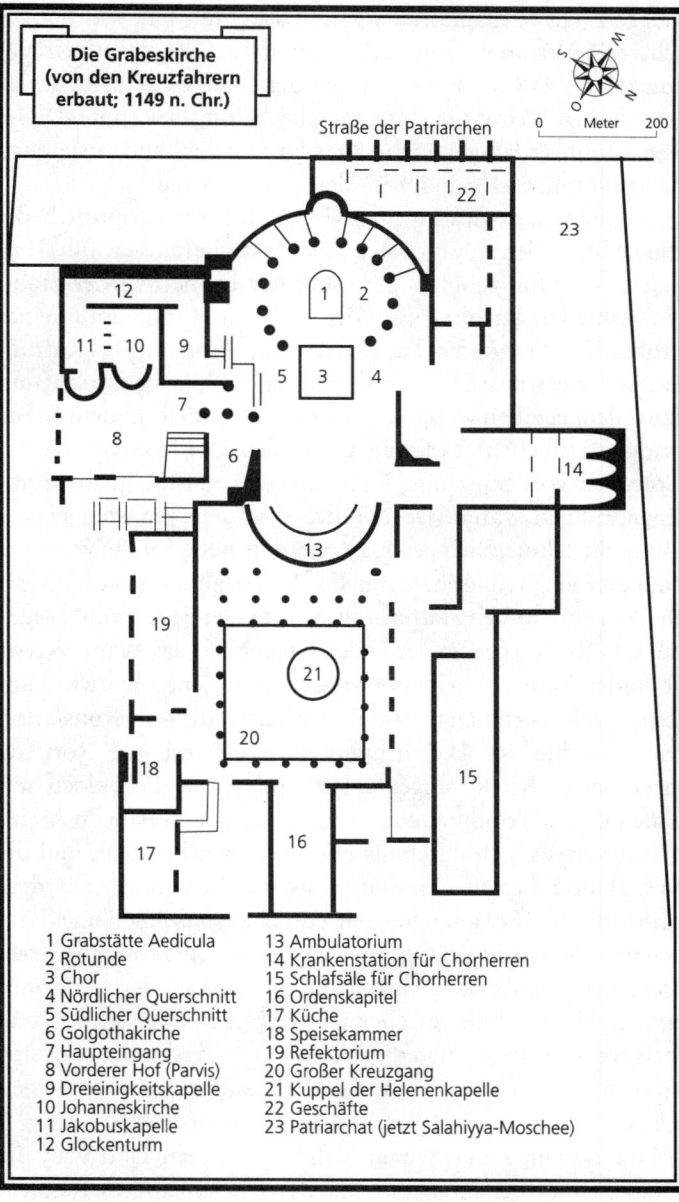

Die Grabeskirche
(von den Kreuzfahrern
erbaut; 1149 n. Chr.)

Straße der Patriarchen

0   Meter   200

1 Grabstätte Aedicula
2 Rotunde
3 Chor
4 Nördlicher Querschnitt
5 Südlicher Querschnitt
6 Golgothakirche
7 Haupteingang
8 Vorderer Hof (Parvis)
9 Dreieinigkeitskapelle
10 Johanneskirche
11 Jakobuskapelle
12 Glockenturm
13 Ambulatorium
14 Krankenstation für Chorherren
15 Schlafsäle für Chorherren
16 Ordenskapitel
17 Küche
18 Speisekammer
19 Refektorium
20 Großer Kreuzgang
21 Kuppel der Helenenkapelle
22 Geschäfte
23 Patriarchat (jetzt Salahiyya-Moschee)

Belagerung von Damaskus schlecht durchführten, was sich als schweres Versäumnis herausstellen sollte. Der zweite Kreuzzug zeigte, daß die Feindseligkeit der Franken gegenüber der islamischen Welt ihren Untergang herbeiführen konnte. Da sie sich von ihrer Umgebung isoliert hatten, verstanden sie auch nichts von der »Realpolitik« des Nahen Ostens.

Das Scheitern des zweiten Kreuzzugs hat vermutlich die Einweihung der restaurierten Grabeskirche am 15. Juli 1149 n. Chr., am fünfzehnten Jahrestag der Eroberung der Stadt, einigermaßen getrübt. Nach der Zeremonie zog man in einer Prozession zum »Tempel des Herrn« und besuchte das Kidrontal, wo die Kreuzfahrer begraben lagen, die im Kampf um Jerusalem gefallen waren. Die Prozession endete an dem Kreuz in der nördlichen Stadtmauer, das den Ort bezeichnete, wo Gottfried von Bouillons Truppen 1099 n. Chr. in die Stadt eingedrungen waren. Der Kontrast zu dem jüngsten Fiasko muß sehr schmerzlich gewesen sein. Die neue Kirche war aber dennoch ein Triumph, denn die Kreuzfahrer hatten all die ehedem verstreuten Stätten – das Grab, den Felsen von Golgotha und die Krypta, in der Helena angeblich das Wahre Kreuz gefunden hatte – in einem großen romanischen Bauwerk untergebracht (siehe Diagramm). Sie hatten die von Konstantin Monomachus im 11. Jahrhundert n. Chr. erbaute Rotunda ihrer neuen Kirche angegliedert, indem sie die beiden mit einem hohen Triumphbogen verbanden. Die westliche Architektur vertrug sich durchaus mit der byzantinischen, und die Kreuzfahrer hatten eine harmonische Verbindung mit dem einheimischen Stil gesucht – ein Vorgehen, das ihnen im alltäglichen Leben nicht gelang. Was von dem Grab übriggeblieben war, wurde mit einem Marmorblock bedeckt, der später mit einer goldenen Hülle versehen wurde. Herrliche Mosaiken und farbiger Marmor zierten die Wände, eine Pracht, die man sich in dem heutigen düsteren Bauwerk kaum mehr vorstellen kann.

Nur ad-Din setzte seinen Kampf fort. Sein Plan war, die Franken mit einem muslimischen Reich zu umzingeln, das dem *djihad* ergeben war. Im Königreich Jerusalem dagegen hielten die inneren Auseinandersetzungen an. Es schien, als würde die Aggressivität, die das ganze Leben in den Kreuzfahrerstaaten durchdrungen hatte, die Franken dazu zwingen, sich gegeneinander zu wenden. 1152 n. Chr. hatte sich der junge König Balduin III. mit seiner Mutter Melisendis überworfen, die Jerusalem gegen ihren Sohn zu befestigen begann. Es wäre zum offenen Bürgerkrieg gekommen, wenn die Einwohner Melisendis nicht gezwungen hätten, sich zu ergeben. Auch die Templer und Hospitaliter zeigten sich unbeugsam und unterwarfen sich weder der Autorität des Königs noch der des Patriarchen. Die Hospitaliter errichteten auf ihrem Grund einen Turm, der höher war als die Grabeskirche. Dies war eine bewußte Beleidigung und ein Akt des Trotzes. Gleichzeitig sabotierten sie den Gottesdienst in dieser Kirche. Wilhelm von Tyros berichtet, daß sie in dem Moment, wenn sich der Patriarch zur Predigt erhob, »so laut und durchdringend mit vielen Glocken geläutet« hätten, »daß sich die Stimme des Patriarchen nicht über den Lärm zu erheben vermochte«. Als der Patriarch sie tadelte, stürmten sie einfach in die Grabeskirche und schossen einen Hagel von Pfeilen ab.[26] Das Leben in der Heiligen Stadt war ganz offensichtlich nicht dazu angetan, die Kreuzfahrer der christlichen Ethik von Liebe und Demut folgen zu lassen.

Die fatale Uneinigkeit im Königreich, die zu kräftezehrenden inneren Machtkämpfen führte, hielt bis zum bitteren Ende an. Die Franken versuchten, dem Plan Nur ad-Dins zuvorzukommen, das fatimidische Ägypten zu erobern, was aber nicht gelang, da das Königreich von dem kurdischen General Schirkuh unterworfen wurde. Sein Neffe Yusuf ibn Ayyub wurde 1170 n. Chr. nach ihm *wazir* und schaffte das schiitische Kalifat ab. Yusuf, gewöhnlich unter seinem Titel »Salah ad-Din« (Rechtmäßigkeit des Glaubens) bekannt, war ein leidenschaftlicher Anhänger des *djihad* und überzeugt, daß er – und nicht Nur ad-Din – Jerusalem befreien würde, und dies brachte ihn in Konflikt mit Nur ad-Din. Als Nur ad-Din 1174 n. Chr. an einem Herzanfall starb, kämpfte Salah ad-Din (Saladin) mit dessen Sohn um die Führung im Reich. Aufgrund seines Charismas, seiner Freundlichkeit und offensichtlichen Frömmigkeit gewann er die Unterstützung der Muslime, und nach zehn Jahren war er der anerkannte Führer der wichtigsten Städte in der Region. Die Kreuzfahrer sahen sich von einem vereinigten islamischen Reich umzingelt, das von einem Sultan regiert wurde, der entschlossen war, ihr Königreich zu zerstören.

Doch selbst angesichts dieser offenkundigen Bedrohung legten die Franken ihre Streitigkeiten nicht bei. Zu einem Zeitpunkt, an dem starke Führungskraft gefragt gewesen wäre, litt ihr junger König Balduin IV. an Lepra. Die Barone des Königreichs unterstützten den Regenten Raimund, Graf von Tripolis, der wußte, daß ihre einzige Hoffnung darin bestand, mit Saladin Frieden zu schließen und gute Beziehungen zu den muslimischen Nachbarn herzustellen. Doch sie wurden von einer Gruppe von Neuankömmlingen bekämpft, die sich um die königliche Familie scharten und eine Politik der offenen Provokation betrieben. Der berüchtigtste dieser »Falken« war Rainald von Chatillon, der jeden Waffenstillstand brach, den Raimund mit Saladin geschlossen hatte, indem er muslimische Karawanen überfiel und zweimal – allerdings erfolglos – versuchte, Mekka und Medina anzugreifen. Rainald sah im Haß auf den Islam und in der vollkommenen Ablehnung der muslimischen Welt eine heilige Pflicht und den einzig wahren Patriotismus. Außerdem mangelte es dem Königtum an geistlicher Führung. Der Patriarch Heraklios, ebenfalls erst seit kurzem in Palästina, war ungebildet, dekadent und stellte offen seine Mätresse zur Schau. Nachdem 1185 n. Chr. Balduin IV. gestorben war und ein Jahr darauf auch sein Sohn Balduin V. verstarb, kam es wegen der Nachfolge fast zum Bürgerkrieg; gleichzeitig bereitete Saladin die Eroberung des Landes vor. Rainald brach erneut den Waffenstillstand, den Raimund ausgehandelt hatte, damit das Königreich Atem holen konnte, und die Barone hatten keine andere

Wahl, als Guido von Lusignan, den Schwager Balduins IV., einen schwachen und unfähigen Franzosen, zum König zu machen. Dennoch hielt der Zwist an, auch als sich das gesamte Heer im Juli 1187 n. Chr. in Galiläa zur Schlacht gegen Saladin anschickte. Die Partei der »Falken« setzte sich bei König Guido durch und überredete ihn, die Muslime anzugreifen, obwohl Raimund es für klüger hielt, noch zu warten. Es war fast Erntezeit, und Saladin würde sein riesiges Heer nicht länger auf fremdem Boden halten können. Guido jedoch hörte nicht auf den vernünftigen Rat und gab den Befehl zum Angriff. Das Ergebnis war, daß die Muslime in der Schlacht von Hattin am Tigris einen überwältigenden Sieg errangen. Das christliche Königreich von Jerusalem war verloren.

Nach der Schlacht von Hattin zog Saladin mit seinem Heer durch Palästina, wo sich ihm eine Stadt nach der anderen ergab. Die überlebenden Christen suchten in Tyrus Zuflucht, einige jedoch gingen nach Jerusalem, um in einem verzweifelten Versuch die Stadt zu retten. Schließlich lagerte das muslimische Heer auf dem Ölberg, und Saladin sah auf die entweihten Schreine des Haram hinab und auf das Kreuz, das sich über dem Felsendom erhob. Er hielt eine Ansprache vor seinen Soldaten und erinnerte sie an die *fada 'il al-quds*: Jerusalem sei die Stadt der Tempel, die Stadt der Propheten, der Ort der Nachtfahrt und der *miradj* und die Stadt, in der das Jüngste Gericht stattfinden würde. Er hielt es für seine Pflicht, das Massaker von 1099 n. Chr. zu rächen, und war entschlossen, gegenüber den Einwohnern keine Gnade walten zu lassen. Die Christen innerhalb der Mauern hatten große Angst. Es gab keinen Ritter, der einen wirksamen Widerstand hätte organisieren können. Doch dann, als wären ihre Gebete erhört worden, traf der treffliche Ritter Balian von Ibelin ein. Er hatte die Stadt mit Erlaubnis Saladins betreten, um seine Frau und Familie herauszuholen und sie nach Tyrus zu bringen. Er hatte geschworen, nur eine Nacht in Jerusalem zu verbringen, doch als er die Not der belagerten Christen sah, ging er zum Sultan zurück und bat ihn, ihn von seinem Eid zu entbinden. Saladin respektierte Balian, er willigte ein und schickte eine Eskorte, die seine Familie samt deren Besitz an die Küste begleitete.

Balian versuchte sein Bestes, aber angesichts der schlechten Ausrüstung war die Lage hoffnungslos. Am 26. September 1187 n. Chr. begann Saladin am Westtor mit dem Angriff auf die Stadt, und seine Krieger schickten sich an, die nördliche Stadtmauer am Stephanstor zu unterhöhlen. Drei Tage später war ein ganzes Mauerstück – einschließlich Gottfrieds Kreuz – in den Graben gestürzt, aber die Muslime mußten noch die innere Verteidigungsmauer überwinden. Balian versuchte in dieser Situation, Frieden zu schließen. Anfänglich war Saladin zu keinem Erbarmen bereit. »Wir werden mit euch verfahren, wie ihr mit der Bevölkerung verfahren seid, als ihr (Jerusalem) eingenommen habt«, ließ er Balian wissen, »mit Mord und Versklavung und anderen Scheußlichkeiten.«[27] Balian unternahm eine letzte Anstrengung. Nachdem es keine Hoffnung mehr gab, hatten die Christen nichts mehr zu verlieren: Sie würden ihre Frauen und Kinder töten, ihre Häuser und ihren Besitz verbrennen und den Felsendom und die al-Aqsa abreißen, bevor sie herauskämen und sich Saladins Soldaten stellten; jeder von ihnen würde einen Muslim töten, bevor er selbst sterben würde. Saladin besprach sich mit seinen Ratgebern und willigte ein, die Stadt friedlich zu übernehmen. Die Franken jedoch sollten nicht in Jerusalem bleiben dürfen. Sie wurden gefangengenommen, konnten sich aber für eine sehr geringe Geldsumme freikaufen.

Am 2. Oktober 1187 n. Chr., dem Tag, an dem die Muslime die Nachtfahrt und *miradj* des Propheten feierten, zogen Saladin und seine Truppen als Eroberer in Jerusalem ein. Kein einziger Christ wurde getötet. Die Barone konnten das Lösegeld für sich leicht aufbringen, die Armen jedoch nicht, und sie wurden gefangengenommen. Eine große Anzahl wurde jedoch wieder freigelassen, weil Saladin von dem Leid der Familien, die getrennt wurden, als man sie in die Sklaverei schickte, zu Tränen gerührt war. Al-Adil, Saladins Bruder, war so bekümmert, daß er sich eintausend Gefangene zu seiner Verfügung erbat, denen er sofort die Freiheit schenkte. Die Muslime waren empört, als sie sahen, daß sich die wohlhabenden Christen mit all ihrem Reichtum davonmachten und nicht einmal den Versuch unternahmen, ihre Landsleute loszukaufen. Als der muslimische Historiker Imad ad-Din beobachtete, wie der Patriarch Heraklios die Stadt mit Wagen verließ, die unter der Last seiner Reichtümer fast zusammenbrachen, bat er Saladin, dessen Besitz konfiszieren zu dürfen, um damit die letzten Gefangenen auszulösen. Aber Saladin lehnte ab: Eide und Verträge mußten auf den Buchstaben genau eingehalten werden: »Überall werden sich Christen an die Güte erinnern, die wir ihnen zuteil werden ließen.«[28] Saladin hatte recht. Den Christen im Westen wurde auf unbehagliche Weise bewußt, daß sich dieser muslimische Sultan bei der Eroberung Jerusalems weitaus »christlicher« verhalten hatte als die eigenen Ritter. Die Geschichte der Kreuzfahrer in der Heiligen Stadt war damit fast beendet. Die Muslime versuchten, das System der Koexistenz und Integration in al-Quds wiederzuerrichten, aber die gewaltsame Vertreibung unter den Kreuzfahrern hatte die Beziehungen zwischen dem Islam und dem christlichen Westen restlos zerstört. Es war die erste Berührung, die die Muslime mit der westlichen Welt hatten, und diese Erfahrung wurde bis auf den heutigen Tag nicht vergessen. Das Leid der Muslime unter den Kreuzfahrern beeinflußte auch ihre Einstellung zur Heiligen Stadt. Ihre Verehrung für al-Quds war von nun an von einer kämpferischen Abwehr begleitet, die in Jerusalem einen wesentlich aggressiveren Islam begünstigte, als er je zuvor in der Stadt bestanden hatte.

14
Djihad

Nachdem die Franken die Stadt verlassen hatten, gingen die Muslime durch die Straßen und staunten über die Pracht des Jerusalem der Kreuzfahrer. Dennoch war es in vieler Hinsicht wie eine Heimkehr für sie. Saladin nahm im Hospital Wohnung, direkt im Herzen des fränkischen Teils, um dort die Glückwünsche der Emire, Sufis und Gottesgelehrten entgegenzunehmen. Er strahlte vor Glück, berichtet Imad ad-Din. Poeten und Koranrezitatoren priesen ihn in Versen, während andere weinten und vor Freude kaum sprechen konnten.[1] Aber die Muslime wußten, daß der *djihad* mit der Eroberung der Stadt nicht beendet war. Der Begriff *djihad* bedeutet nicht allein »Heiliger Krieg«. Seine ursprüngliche Bedeutung ist »strebendes Ringen«, und in diesem Sinn wird er im Koran benutzt. Muslime werden angehalten, »sich anzustrengen, Gottes Weg zu befolgen«, ihr Leben ist ein zielgerichtetes Streben, um Gottes Willen in einer »gebrochenen« und leidvollen Welt durchzusetzen. Wie in einem berühmten Wort des Propheten Mohammed (*hadith*) über die Rückkehr von einer Schlacht gesagt wird: »Wir kehren vom kleineren *djihad* zum größeren zurück«, dem wichtigeren und härteren Kampf, Gerechtigkeit in der Gesellschaft und Rechtschaffenheit im Herzen herzustellen. Saladin hatte seinen *djihad* in Übereinstimmung mit dem Ideal des Korans geführt: Er hatte immer einem Waffenstillstand zugestimmt, wenn die Kreuzfahrer darum baten, und er hatte seine Gefangenen zum größten Teil fair und freundlich behandelt. In der Stunde des Triumphs hatte er Menschlichkeit gezeigt. Tatsächlich finden einige muslimische

Historiker seine Milde fast schon tadelnswert. Da er den Christen erlaubte, sich nach Tyrus zurückzuziehen, hatten sie einen Stützpunkt in Palästina behalten, und der Konflikt würde über hundert Jahre andauern. Ein dritter Kreuzzug unter der Führung Richards I. von England und Philipps II. von Frankreich konnte zwar Jerusalem nicht zurückgewinnen, aber in der Folge vermochten sich die Franken in einem schmalen Küstenstreifen festzusetzen, der von Jaffa bis Beirut reichte. Obwohl ihre Hauptstadt Akkon war, nannten sich die jeweiligen fränkischen Regenten weiterhin »König von Jerusalem«. Der Kreuzfahrertraum war so lange nicht gestorben, wie Franken in Palästina waren, und die Muslime waren wachsam und verteidigungsbereit.

Doch im Jahr 1187 n. Chr. hegten die Muslime große Hoffnungen. Saladin wußte, daß er nun eine andere Art von *djihad* unternehmen mußte, um Jerusalem wieder zu einer wahren islamischen Stadt zu machen. Die erste Aufgabe bestand in der Reinigung des Haram. Aus der Aqsa-Moschee mußten die Latrinen und Einrichtungen der Templer entfernt werden, um sie dann für die Freitagsgebete herzurichten. Die Gebetsnische (*mihrab*), die in Richtung Mekka wies, war zugemauert worden und mußte freigelegt werden. Die Trennmauern, die die Templer gezogen hatten, wurden abgerissen, und der Boden wurde mit Teppichen belegt. Das Predigtpult, das Jahre zuvor von Nur ad-Din in Auftrag gegeben worden war, wurde aus Damaskus geholt und installiert. Im Felsendom wurden die Bilder und Statuen entfernt, die Koraninschriften wieder zum Vorschein gebracht und die Marmorverkleidungen des Felsens abgenommen. Wie Omar arbeitete Saladin den ganzen Tag an der Seite seiner Leute, er wusch die Höfe und Pflastersteine des Haram mit Rosenwasser und verteilte Almosen an die Armen. Am Freitag, dem 4. Schaban, war zum erstenmal seit 1099 n. Chr. die Aqsa wieder mit muslimischen Gläubigen gefüllt. Die Menschen weinten vor Bewegung, als der Kadi von Jerusalem Muhyi ad-Din al-Qurashi die neue Kanzel bestieg.

Vor den Kreuzzügen hatte das muslimische Jerusalem fast

ausschließlich aus den Gebäuden auf und um den Haram bestanden, aber Saladins neuer *djihad* forderte, daß die christliche Stadt unter einer muslimischen verschwinden sollte. Wiederum war ein Bauprogramm zur ideologischen Waffe in den Händen der Sieger geworden. Statt eine vorwiegend christliche Stadt mit einem wichtigen muslimischen Schrein zu sein, sollte Jerusalem nun eine eindeutig muslimische Stadt werden. Eine neue Feindseligkeit gegenüber dem Christentum erwachte. Saladin konfiszierte die Residenz des Patriarchen in der Nähe des Heiligen Grabes und erwarb mit staatlichen Mitteln den Konvent und die Kirche von Sankt Anna. Doch er verwandelte diese Gebäude nicht einfach in Moscheen. Als Teil ihres Kampfes gegen die Schiiten hatten sowohl Nur ad-Din wie Saladin in jeder eroberten Stadt Sufikonvente und Juristenkollegien mit Stiftungen ausgestattet. Sie waren die wichtigsten Institutionen der reformierten Sunna, die nach den Vorstellungen des großen Gelehrten al-Ghazzali eingerichtet waren, der kurz vor dem ersten Kreuzzug in der Sufi-*khanqa* über dem Tor der Barmherzigkeit gewohnt hatte. Saladin wandelte die Sankt-Anna-Kirche in eine Moschee um, während das angrenzende Kloster zu einer *madrasa* wurde; die Residenz des Patriarchen wurde eine *khanqa*. Beide wurden vom Sultan mit Stiftungen ausgestattet und trugen seinen Namen. Seit frühester Zeit hatte es in Jerusalem Sufis gegeben, doch Saladin bestand nun darauf, daß in seiner neuen *khanqa* keine einheimischen Mystiker unterkommen sollten, die vielleicht von den Schiiten infiziert waren, sondern Leute aus dem sunnitischen Herzland.

In diesen neuen Einrichtungen ließen sich Sufis und Gelehrte nieder, und auf dem Haram amtierten *ulema*. Nach der Eroberung Jerusalems besuchten Tausende von Muslimen die Stadt, die sich so lange in der Hand von Feinden befunden hatte. Saladin blieb so lange in seinem Lager auf dem Ölberg, bis die Verhältnisse in der Stadt in Ordnung gebracht waren und er einen kurdischen Emir eingesetzt hatte. Auf der Zitadelle wurde eine Garnison stationiert. Dann kehrte Saladin nach Damaskus zurück, um den Gegenschlag auf den dritten Kreuzzug vorzubereiten. Die Soldaten und Beamten nahmen im früheren Viertel des Patriarchen Wohnung. Bald nach der Eroberung trafen auch Muslime aus Nordafrika in al-Quds ein, die vor Berberstämmen geflohen waren, die das Land verwüsteten. Diese maghrebinischen Muslime ließen sich im südwestlichen Teil des Haram nieder und behielten ihre kulturellen und religiösen Traditionen bei. Man erlaubte ihnen, das Refektorium der Templer in eine eigene Moschee umzuwandeln, und das maghrebinische Viertel gab Jerusalem ein neues Gesicht. Doch Saladin wollte weder Juden noch Christen gänzlich aus der Stadt verbannen: Das alte Ideal der Integration und Koexistenz blieb bestehen. Ein paar tausend armenische Christen baten um Wohnrecht als *dhimmi*, und Saladin übertrug die Aufsicht über das Heilige Grab an die griechisch-orthodoxe Kirche. Diese Christen konnten für die Kreuzzüge der Europäer nicht verantwortlich gemacht werden. Das Heilige Grab war nun von neuen islamischen Bauwerken umringt. Gleichzeitig hatte Saladin große Teile des Hospitals zur Residenz des Emirs, zu einem muslimischen Hospital und einer Moschee umgewandelt, die von seinem Sohn al-Afdal finanziert wurden. Auch in der Zitadelle befand sich nun eine neue Moschee zu Ehren des Propheten David. Über der Heiligen Stadt erhoben sich nun Minarette, und der Ruf der Muezzins klang durch die Straßen des Patriarchenviertels. Einige Emire wollten das Heilige Grab zerstören, aber Saladin stimmte mit seinen klügeren militärischen Führern darin überein, daß nicht die Kirche, sondern der Ort den Christen heilig war. Nach dem dritten Kreuzzug durften sogar lateinische Christen aus Europa als Pilger nach Jerusalem kommen.

Auch die Juden lud Saladin ein, nach Jerusalem zurückzukehren, aus dem die Kreuzfahrer sie fast gänzlich vertrieben hatten. In der ganzen jüdischen Welt wurde er deswegen als neuer Kyros gepriesen. Die Kreuzzüge hatten in der muslimischen Welt nicht nur zu einem neuen *djihad* geführt, sie hatten auch unter den Juden Europas und des islamischen Reichs zionistische Bewegungen ausgelöst. Die ersten Ansätze dieses neuen religiösen Zionismus datieren vom frühen 12. Jahrhundert n. Chr. Der Arzt Juda Halewi aus Toledo war im muslimischen Spanien ins Kreuzfeuer der christlichen Rückeroberungskriege (*reconquista*) geraten. Häufig mußte er seinen Wohnort verlassen und zwischen muslimischem und christlichem Territorium hin und her wechseln. Diese Erfahrung ständiger Vertreibung hatte ihn davon überzeugt, daß die Juden ins Land ihrer Väter zurückkehren mußten. Dort sei ihr angestammter Platz in der Welt. Das Heilige Land gehöre weder den Christen noch den Muslimen, die sich gegenwärtig darum stritten. Die Juden müßten ihre Ansprüche auf Palästina und die Heilige Stadt anmelden. Jerusalem sei der Mittelpunkt der Erde, der Ort, an dem sich die irdische Welt dem Göttlichen öffne. Die jüdischen Gebete würden zum Himmelstor hinaufdringen, das sich direkt über dem Ort des Debir befinde, und durch diese Öffnung fließe die göttliche Kraft zum Volk Israel zurück und erfülle es mit prophetischer Kraft. Allein in Palästina könnten die Juden die Verbindung mit der göttlichen Welt aufrechterhalten und ganz sie selbst sein. Es sei ihre Pflicht, die *alijjah* nach Palästina zu machen und ihr Leben für Zion zu wagen. Dann würde die Schechinah nach Jerusalem zurückkehren und die Erlösung beginnen. Halewi verließ Spanien, um der Pflicht Genüge zu tun; es ist aber fast sicher, daß er Jerusalem nie erreichte. Vermutlich starb er 1141 n. Chr. in Ägypten. Zu diesem Zeitpunkt waren nur wenige Juden geneigt, ihm nachzueifern, aber seine Geschichte war kennzeichnend. Wenn Menschen sich in ihrer Umwelt nicht mehr heimisch fühlen können und spüren, daß sie weder physisch noch spirituell eine Wohnstatt auf Erden haben, fühlen sie sich zu ihren Wurzeln hingezogen, um dort das Heil zu finden.

Saladins Eroberung Jerusalems war für die Juden einerseits erfreulich und andererseits beunruhigend. Der Sultan hatte die Juden wieder in ihre heilige Stadt zurückgeführt und ihnen erlaubt, sich dort in großer Zahl anzusiedeln. Im September 1187 n. Chr. hatte Saladin Askalon erobert, aber nachdem im folgenden Monat Jerusalem erobert worden war, konnten die

430

Muslime nicht beide Städte verteidigen. Askalon wurde daher systematisch zerstört, und die Einwohner wurden in Sicherheit gebracht. 1190 n. Chr. wurden die Juden Askalons in Jerusalem angesiedelt und durften eine Synagoge bauen. Ihnen wurde ein Gebiet im Westen des neuen maghrebinischen Viertels zugewiesen. 1198 n. Chr. kamen weitere Juden aus Nordafrika, und um etwa 1210 n. Chr. machten sich dreihundert jüdische Familien aus Frankreich in zwei Gruppen zur *alijjah* nach Jerusalem auf. Diese Rückkehr erregte die Gemüter und ließ messianische Hoffnungen auf eine baldige Erlösung aufkommen. Doch gleichzeitig war die Islamisierung Jerusalems äußerst beunruhigend. Die Tatsache, daß Christen und Muslime um die Stadt kämpften, die die Juden für ihren Besitz hielten, verstörte die Juden. Als der spanische Poet Jehuda al-Harizi im Jahr 1217 n. Chr. nach Jerusalem pilgerte, fand er den Anblick muslimischer Gebäude auf dem Haram zutiefst bestürzend:

> Welche Qual, unsere heiligen Höfe in fremde Tempel verwandelt zu sehen! Wir versuchten, unsere Gesichter von diesem großen und majestätischen Schrein abzuwenden, der sich nun am Ort des alten Heiligtums erhebt, wo einst die Vorsehung ihre Wohnstatt hatte.[2]

Immer mehr Juden waren der Überzeugung, daß das Land auf die Rückkehr seiner echten Einwohner wartete. Wie Halewi betont hatte, konnten weder Christen noch Muslime von dessen Heiligkeit profitieren.

Die Erregung übertrug sich sogar auf den nüchternen Maimonides, den jüdischen Philosophen, der zu Saladins Leibärzten zählte. Er war überzeugt, daß Jerusalem für das jüdische Volk das absolute Zentrum darstellte und daß ein anderswo gegründeter jüdischer Staat keine Gültigkeit hätte. Ein jüdisches Reich und jüdisches Gesetz müßten den Tempel als Grundlage haben. Der Tempelberg mochte von den *gojjim* entweiht sein, aber er war immer noch ein heiliger Ort, weil

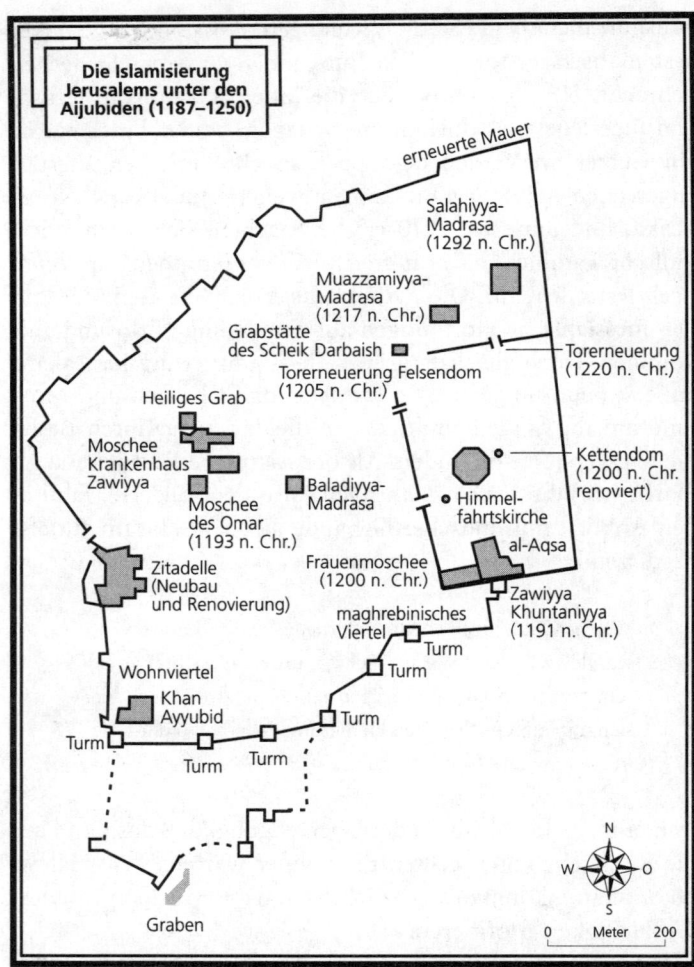

Die Islamisierung Jerusalems unter den Aijubiden (1187–1250)

erneuerte Mauer

Salahiyya-Madrasa (1292 n. Chr.)

Muazzamiyya-Madrasa (1217 n. Chr.)

Grabstätte des Scheik Darbaish

Torerneuerung (1220 n. Chr.)

Torerneuerung Felsendom (1205 n. Chr.)

Heiliges Grab

Kettendom (1200 n. Chr. renoviert)

Moschee Krankenhaus Zawiyya

Himmelfahrtskirche

Baladiyya-Madrasa

Moschee des Omar (1193 n. Chr.)

Zitadelle (Neubau und Renovierung)

Frauenmoschee (1200 n. Chr.)

al-Aqsa

maghrebinisches Viertel

Zawiyya Khuntaniyya (1191 n. Chr.)

Turm

Wohnviertel

Khan Ayyubid

Turm

Turm Turm Turm

Turm

N
W O
S

Graben

0 Meter 200

Salomo ihn für alle Zeiten geweiht hatte. Die göttliche Gegenwart konnte vom Tempelberg nicht vertrieben werden. Daher mußten sich die Juden, die den Haram besuchten, so verhalten, als wäre der Tempel noch vorhanden. Sie mußten darauf achten, keine verbotenen Bereiche zu betreten, und sich ehrerbietig betragen, wenn sie nach Osten blickten, wo sich einst der Debir befunden hatte. Der Tempel war verschwunden, aber die Heiligkeit des Ortes würde für alle Zeit bestehen bleiben – ein Symbol für Gottes anhaltende Sorge um sein Volk.

1194 n. Chr. starb Saladin an Typhus. Sein Reich wurde aufgeteilt, und dessen verschiedene Städte, die jeweils über ein eigenes Heer und eigene Verwaltung verfügten, wurden von den Mitgliedern der Familie der Aijubiden regiert. Aber die Einheit, die Saladin herzustellen vermochte, war verloren, und seine Söhne und Erben stritten untereinander. Auch Jerusalem litt unter diesem inneren Konflikt. Doch die Begeisterung der Muslime für al-Quds nahm nicht ab. Auch sie hatten unter dem Verlust der Stadt gelitten, und nach ihrer Rückkehr war sie ihnen kostbarer denn je, und sie setzten ihr Bauprogramm fort. 1193 n. Chr. eröffnete Izz ad-Din Jardick, der Emir von Jerusalem, die kleine Moschee in der Nähe des Heiligen Grabes wieder, die vor dem ersten Kreuzzug zu Ehren Omars errichtet worden war; und in der Nähe dieser Moschee wurde eine Koranschule eröffnet. Al-Afdal stattete das ganze maghrebinische Viertel mit Stiftungen aus, so daß den nordafrikanischen Pilgern und den Armen geholfen werden konnte; er baute auch eine *madrasa*, in der das Recht der nordafrikanischen Malikitenschule gelehrt wurde, und stattete sie mit einer Stiftung aus.

Dabei handelt es sich um einen der frühesten Belege für einen sogenannten *waqf* in Jerusalem, das heißt eine Stiftung, mit der ein Wohltäter sein Einkommen aus einem bestimmten Besitz für einen guten Zweck stiftet. Ein *waqf* konnte dazu dienen, Kriegsgefangene auszulösen, eine Suppenküche zu finanzieren oder eine *madrasa* zu bauen. Eine derartige Stiftung galt als gute Tat, die vor allem in al-Quds als besonders verdienstvoll angesehen wurde. Aber sie hatte auch praktische Vorteile.

Einige Wohltäter sorgten mittels eines *waqf* für ihre Nachkommen, die entweder in dem Stiftungsgebäude wohnen oder besoldete Aufseher der Stiftung werden konnten. Manchmal gab es in einer *madrasa* oder einer *khanqa* eine Wohnung für den Stifter, der seinen Ruhestand in Jerusalem verleben wollte. Die Stiftung war ein Akt praktischer Nächstenliebe: Sie unterstützte islamische Studien, bot bedürftigen Studenten Stipendien und sorgte für die Armen. Dieses System stellte sicher, daß das Ideal sozialer Gerechtigkeit, das für die Lehre des Korans entscheidend war, im *djihad* um Jerusalem im Mittelpunkt stand. Die Stiftungen trugen nicht nur zur Schönheit und Erhaltung der Bauwerke Jerusalems bei, sie schufen auch Arbeitsplätze. So konnte etwa jemand eine Stelle als Wächter einer *madrasa* bekommen oder sich einem Sufiorden anschließen. Der Ertrag aus einem *waqf* wurde immer den Armen gespendet, so daß Leute, die von Almosen leben mußten, mit Würde und Respekt behandelt wurden. Gerechtigkeit und Mitgefühl hatten von Anfang an als wesentliche Bestandteile der Heiligkeit der Stadt gegolten. Im Jerusalem der Kreuzfahrer hatte dies keine große Rolle gespielt, für Saladin jedoch war es von entscheidender Bedeutung. Gleichzeitig mit der Reinigung des Haram wurden Almosen verteilt, und der *waqf* bildete einen wesentlichen Bestandteil der Armenfürsorge bei der Islamisierung durch die Aijubiden.

Doch solange die Kreuzritter in Palästina waren, gab es für die Muslime keine Ruhe. Allerdings waren die Franken, die nun im Königreich Akkon lebten, sehr darauf bedacht, Frieden zu halten; sie hatten in der Schlacht von Hattin ihre Lektion gelernt. Die europäischen Christen waren kämpferischer gestimmt und schickten weiterhin Kreuzritterheere, um Jerusalem zu befreien. Im Jahr 1200 n. Chr. wurde al-Adils Sohn, al-Muazzam Isa, Sultan von Damaskus, machte aber al-Quds zu seiner Hauptresidenz. Er stattete zwei Medresen mit Stiftungen aus, die seinen Namen trugen: eine Rechtsschule nördlich des Haram und eine zum Studium der arabischen Sprache über dem Tor der Barmherzigkeit. Al-Muazzam restaurierte auch die Säulengänge um den Haram. 1218 n. Chr. kam es zu einem neuen Kreuzzug aus dem Westen. Diesmal segelten die Kreuzritter nicht direkt nach Palästina, sondern versuchten, die Muslime aus Ägypten zu vertreiben, in der Hoffnung, von dort aus die Rückeroberung Jerusalems betreiben zu können. Allein die Anwesenheit von Kreuzrittern im Nahen Osten löste in der ganzen Region Panik aus. Voller Angst erinnerte man sich an das Massaker von 1099 n. Chr. und erwartete neue Schreckenstaten. Al-Muazzam war überzeugt, die Kreuzritter würden sich wieder Jerusalems bemächtigen, die Bewohner abschlachten und die ganze islamische Welt beherrschen. In Wirklichkeit jedoch machte der Kreuzzug nach anfänglichem Erfolg wenig Fortschritte, aber die Franken hatten sich in der Vergangenheit einen Ruf erworben, der es den Muslimen schwermachte, die Lage objektiv einzuschätzen. Al-Muazzam gab Befehl, die Mauern Jerusalems zu schleifen, damit sich die Kreuzritter dort nicht festsetzen konnten. Dies war ein radikaler Schritt; die Emire Jerusalems behaupteten, einen Angriff abwehren zu können, aber al-Muazzam ging darauf nicht ein und überwachte die Zerstörung persönlich. Sowohl in der Stadt wie in der ganzen Region herrschte große Sorge. Vernünftigerweise hätten die Mauern den Einwohnern der Stadt Schutz gewähren sollen; als daher der Sultan mit Bauleuten kam, um die Mauern einzureißen, brach Panik aus. Die Schwächeren – Frauen, Mädchen und alte Männer – rannten weinend durch die Straßen und zerrissen ihre Kleider. Sie versammelten sich im Haram oder flohen nach Damaskus, Kairo und Kerak und ließen sowohl ihre Familien wie ihren Besitz zurück. Schließlich war Jerusalem von seinen Befestigungen befreit und die Garnison abkommandiert. Nur der Davidsturm blieb stehen.

Al-Quds war keine lebensfähige Stadt mehr. Da sie keine Mauern mehr besaß, wagten die Muslime nicht, dort zu leben, solange sich die Franken noch im Königreich Akkon aufhielten. Die Stadt glich nun eher einem Dorf, das von ein paar wenigen frommen Asketen und Juristen bewohnt war, dazu ein paar Beamten und einer Handvoll Soldaten, die die neuen aijubidischen Institutionen am Leben erhielten. Al-Muazzams Entscheidung erwies sich als voreilig, da die Kreuzfahrer 1221 n. Chr. gezwungen waren, nach Hause zurückzukehren. Aber die Kreuzzüge hatten die Region zu stark erschüttert, als daß die Muslime auf die Anwesenheit der Europäer mit Gelassenheit und Besonnenheit hätten reagieren können. So entwickelte der Islam im Hinblick auf Jerusalem eine neue Form der Verteidigungsbereitschaft, die sich äußerst zerstörerisch auswirken konnte.

Sicherheit stand für die muslimischen Regenten nun an erster Stelle. 1229 n. Chr. war al-Kamil, der Sultan von Ägypten, eher bereit, Jerusalem aufzugeben, als sich noch einmal dem Angriff der Kreuzritter auszusetzen. Friedrich II., der Kaiser des Heiligen Römischen Reiches Deutscher Nation, wurde vom Papst gedrängt, einen neuen Feldzug ins Heilige Land anzuführen. Als *stupor mundi* (Staunen der Welt) bezeichnet, ignorierte Friedrich beständig die Erwartungen klerikaler Würdenträger. Er war im kosmopolitischen Sizilien aufgewachsen und teilte die Fremdenfeindlichkeit der Europäer nicht. Er haßte den Islam nicht, im Gegenteil, er sprach fließend Arabisch und führte mit muslimischen Gelehrten und Regenten Dispute und Korrespondenzen. Den Kreuzzug gegen Jerusalem sah er als Zeitverschwendung an; er wußte aber, daß er sich nicht länger gegen die öffentliche Meinung stellen konnte, indem er ihn weiterhin aufschob. Ziemlich zynisch schlug er al-Kamil vor, ihm Jerusalem doch einfach zu übergeben. Schließlich hatte die Stadt jetzt, nachdem sie keine Mauern mehr besaß, weder strategischen noch ökonomischen Nutzen für den Sultan. Al-Kamil war bereit, darauf einzugehen. Gleichzeitig herrschten zwischen ihm und seinem Bruder al-Muazzam, dem Sultan von Damaskus, schwerwiegende Meinungsverschiedenheiten, und ohne eine gemeinsame Verteidigungsfront war an einen Kampf gegen das Kreuzritterheer nicht zu denken. Die Anwesenheit der Franken in einem unbefestigten Jerusalem stellte seiner Meinung nach keine militärische Bedrohung dar, und die Rückgabe der Stadt würde vielleicht die Gefahr aus dem Westen verringern. Außerdem sah er Friedrich als nützlichen Verbündeten gegen al-Muazzam an.

Schließlich, nach einigem Zögern auf beiden Seiten, unterzeichneten Friedrich und al-Kamil im Februar 1229 n. Chr. den Vertrag von Jaffa. Es wurde ein zehnjähriger Waffenstillstand vereinbart, die Christen bekamen Jerusalem, Bethlehem und Nazareth zurück, und Friedrich versprach, die Jerusalemer Stadtmauern nicht wieder aufzubauen. Die Juden müßten die Stadt verlassen, aber die Muslime würden den Haram behalten. Sie durften dort in der Ausübung ihrer Religion nicht behindert und das Errichten islamischer Insignien mußte erlaubt werden. Darauf reagierte sowohl die muslimische wie die christliche Welt mit Empörung. In den Straßen von Bagdad, Mosul und Aleppo kam es zu wütenden Demonstrationen; um al-Kamils Lager in Tel al-Ajul versammelten sich Imame und mußten mit Gewalt vertrieben werden. Al-Muazzam, der todkrank war, wurde von der Nachricht so erschüttert, daß er sein Bett verließ, um persönlich die Zerstörung der übriggebliebenen Verteidigungsanlagen Jerusalems zu überwachen. In der großen Moschee von Damaskus schluchzte und seufzte die Menge, als Scheik Sibt al-Jauzi al-Kamil als Verräter am Islam brandmarkte. Al-Kamil versuchte, sich zu verteidigen: Er habe die heiligen Schreine des Islams nicht den Christen überlassen; der Haram stehe immer noch unter muslimischer Herrschaft; alles, was man aufgegeben habe, seien »ein paar Kirchen und zerfallene Häuser«, die keinen Wert darstellten.[3] Es wäre für die Muslime ein einfaches, die Stadt zu einem späteren Zeitpunkt wieder zurückzuerobern. Doch nach dem Blutvergießen und den Kriegen war Jerusalem ein Symbol muslimischer Integrität geworden, und kein islamischer Herrscher durfte hinsichtlich der Heiligen Stadt so leicht Konzessionen machen.

Die Christen waren gleichermaßen schockiert. Mit einem Ungläubigen einen solchen Vertrag zu schließen grenzte an Blasphemie. Allein die Vorstellung, in einer christlichen Stadt ein muslimisches Heiligtum zu gestatten, war unerträglich. Auch Friedrichs Verhalten während seines Besuchs in Jerusalem empörte sie zutiefst. Da er erst kurz zuvor vom Papst exkommuniziert worden war, wollte ihn kein Priester zum König von Jerusalem krönen,[4] und der Kaiser setzte sich am Hochaltar der Grabeskirche einfach selbst die Krone aufs Haupt. Dann spazierte er zum Haram hinüber, scherzte mit seinem Gefolge auf arabisch, bewunderte ausgiebig die Architektur und ließ einen Priester verprügeln, der es gewagt hatte, die Aqsa mit seiner Bibel zu betreten. Er war vollkommen bestürzt, als er erfuhr, daß der Kadi den Muezzin angewiesen hatte, während Friedrichs Aufenthalt zu schweigen, und bat darum, den Gebetsruf wie üblich fortzusetzen. So verhielt sich kein Kreuzfahrer! Die Templer schmiedeten ein Komplott, um Friedrich zu töten, und er verließ in aller Eile das Land. Als er in den frühen Morgenstunden zu seinem Schiff ging, bewarfen ihn die Metzger von Akkon mit Schlachtabfällen und Eingeweiden. Die christliche Welt reagierte bezüglich Jerusalem inzwischen so empfindlich, daß jeder, der sich mit den Muslimen verbrüderte oder anscheinend leichtfertig mit der Heiligen Stadt umging, Gefahr lief, ermordet zu werden. Der ganze Verlauf von Friedrichs ungewöhnlichem Kreuzzug zeigte, daß es dem Islam und der lateinischen Christenheit unmöglich geworden war, miteinander auszukommen: Auf keiner Seite bestand der geringste Wunsch nach Koexistenz und Frieden.

Doch der Waffenstillstand hielt zehn Jahre, obwohl Muslime aus Hebron und Nablus kurz nach Friedrichs Abfahrt die Stadt überfielen und Pilger auf der Straße nach Jerusalem belästigten. Aber die Christen hatten nicht die Mittel, um Jerusalem zu verteidigen, das eine isolierte Enklave inmitten von Feindesland war. Als der Waffenstillstand 1239 n. Chr. auslief, war al-Nasir Da'ud, der Emir von Kerak, in der Lage, die Franken nach einer kurzen Belagerung aus der Stadt zu vertreiben. Da sich die Aijubiden aber immer noch untereinander bekämpften, gab er die Stadt als Gegenleistung für ihre Hilfe gegen den Sultan von Ägypten kurz danach an die Christen zurück. Diesmal behielten die Muslime den Haram nicht, und sie waren entsetzt, als sie hörten, die Christen hätten

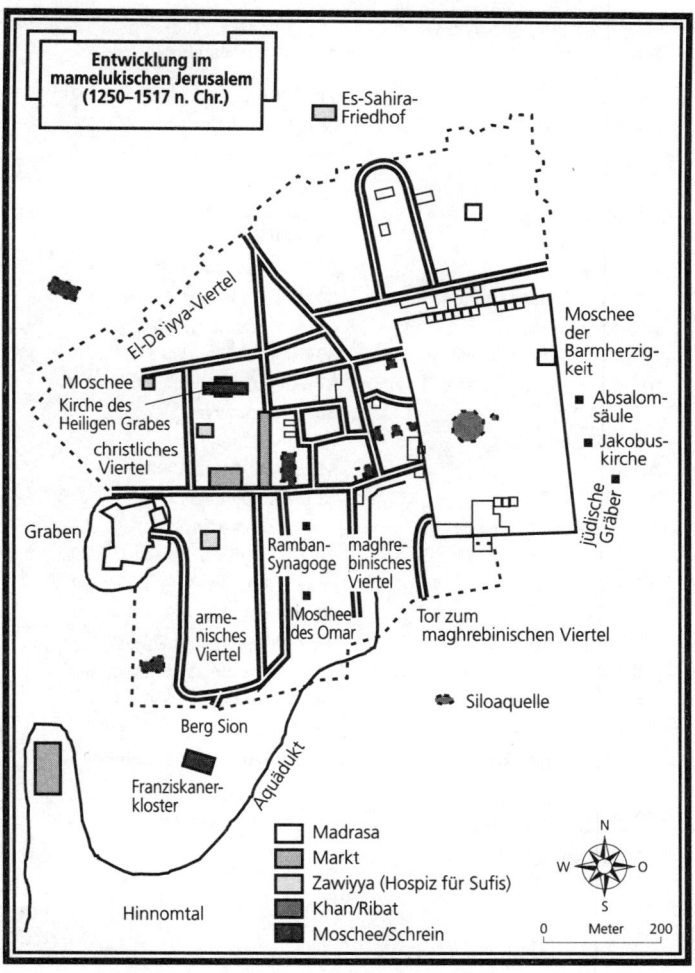

Entwicklung im mamelukischen Jerusalem (1250–1517 n. Chr.)

Es-Sahira-Friedhof

El-Daʾiyya-Viertel

Moschee Kirche des Heiligen Grabes

christliches Viertel

Moschee der Barmherzigkeit

Absalom-säule

Jakobus-kirche

Graben

jüdische Gräber

Ramban-Synagoge

maghre-binisches Viertel

armenisches Viertel

Moschee des Omar

Tor zum maghrebinischen Viertel

Berg Sion

Siloaquelle

Aquädukt

Franziskaner-kloster

Madrasa
Markt
Zawiyya (Hospiz für Sufis)
Khan/Ribat
Moschee/Schrein

Hinnomtal

N
W O
S

0   Meter   200

Erklärungen zum Grundriß des Haram unter den Mamluken

1 Westlicher Portikus
2 Nördlicher Portikus
3 Fakhriyya Minaret
4 Al-Fakhriyya-Madrasa
5 Al-Tanzikiyya
6 Al-Sa'diyya
7 Ribat al-Nisa
8 Bab al-Silsila Minaret (Tor des Kettendomminaretts)
9 Al-Ashrafiyya
10 Brunnen des Sultans Qaytbay
11 Al-Baladiyya
12 Al-'Uthmaniyya
13 Ribat al-Zamani
14 Suq al-Qattanin (Baumwollhändlermarkt)
15 Al-Khatuniyya
16 Al-Arghuniyya
17 Al-Muzhiriyya
18 Ribat des Kurt al-Mansuri
19 Al-Jawhariyya
20 Al-Wafa'iyya
21 Ribat al-Mansuri
22 Al-Manjakiyya
23 Al-Hasaniyya
24 Ribat des Ala a-Din
25 Ghawanima Minaret
26 Al-Jawiliyya
27 Al-Subaybiyya
28 Al-Is'ardiyya
29 Al-Almalikiyya
30 Al-Farisiyya
31 Al-Aminiyya
32 Al-Basitiyya
33 Al-Dawadariyya
34 Al-Salamiyya
35 Mu'azzamiyya Minaret
36 Ribat al-Maridini
37 Al-Awhardiyya
38 Al-Karimiyya
39 Al-Ghadariyya
40 Bab al-Asbat Minaret
41 »Summer Pulpit« (»Sommerkanzel«)
42 Brunnen von Ibrahim al-Rumi
43 Al-Hanbaliyya
44 Frauenmoschee
45 Maghrebinische Moschee
46 Ort der heutigen Westmauer
47 Teich der Söhne Israels
48 Kettentor
49 Tor des Aufsehers
50 Tor der Barmherzigkeit
51 Tor der Baumwollhändler
52 Maghrebinisches Tor

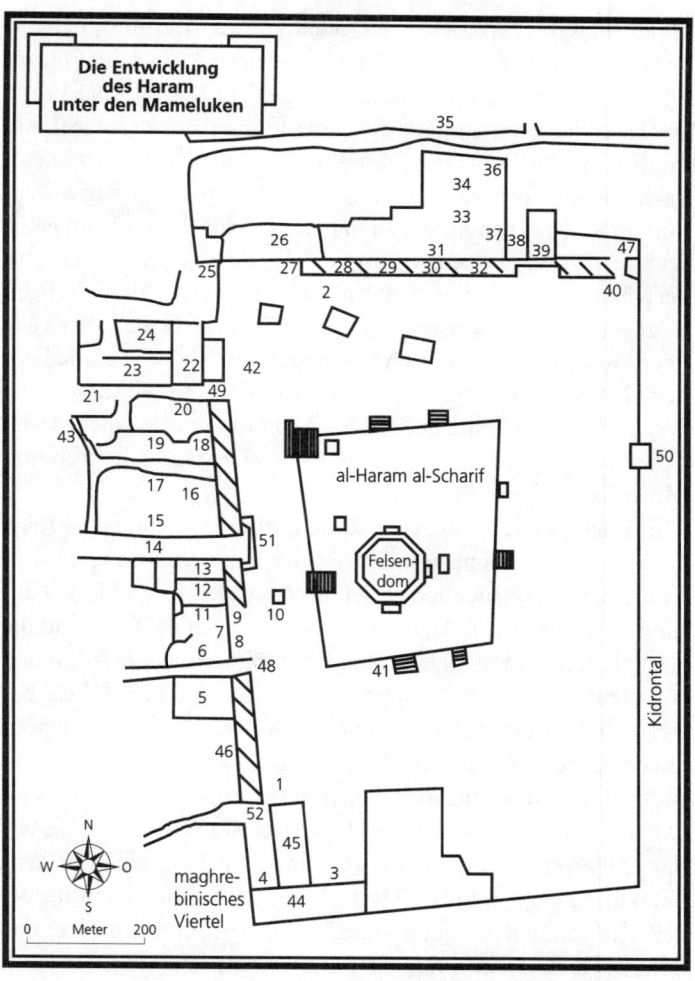

Die Entwicklung
des Haram
unter den Mameluken

al-Haram al-Scharif

Felsen-
dom

maghre-
binisches
Viertel

Kidrontal

N
W O
S

0   Meter   200

Glocken in die Aqsa-Moschee gehängt und »Weinflaschen auf den Felsen gestellt«, um die Messe zu feiern.[5] Aber der Haram blieb nur kurze Zeit in christlichem Besitz. 1244 n. Chr. brach das Heer der Charismier, die vor der mongolischen Invasion in ihrem Land in Zentralasien geflohen waren, in Palästina ein, nachdem sie vom ägyptischen Sultan gerufen worden waren, ihm im Krieg gegen Syrien zu helfen. Sie plünderten Damaskus und zerstörten Jerusalem, töteten die dortigen Christen und verwüsteten die heiligen Stätten einschließlich des Heiligen Grabes. Die Stadt war wieder in aijubidischer Hand, aber viele der Häuser und Kirchen waren nicht mehr als rauchende Ruinen. Nach dieser Katastrophe flohen viele Einwohner in die vergleichsweise sicheren Küstenstädte. In der einst dichtbesiedelten Metropole blieben nur etwa zweitausend Christen und Muslime zurück.

Ein siebter Kreuzzug, von König Ludwig IX. von Frankreich angeführt, war nicht vom Erfolg der Rückeroberung Jerusalems gekrönt; tatsächlich geriet das gesamte Heer 1250 n. Chr. für einige Monate in Ägypten in Gefangenschaft. Während die Kreuzfahrer gefangengenommen waren, wurden die Aijubiden Ägyptens von einer Gruppe unzufriedener Mameluken besiegt, die ein eigenes Königreich gründeten. *Mamalik* waren Sklaven, die zum Islam übergetreten waren und sich dann Elitetruppen des muslimischen Heeres angeschlossen hatten. Da sich ihr Leben nach dem Übertritt dramatisch verbessert hatte, waren sie gewöhnlich fromme Muslime, die aber dennoch ihre ausgeprägte ethnische Identität bewahrten und starken Zusammenhalt untereinander hatten. Nun gründete das Bahariyya-Regiment, das die Kontrolle über Ägypten erlangt hatte, einen neuen Staat und wurde zur vorherrschenden Macht im Nahen Osten. Der Aufstieg der Mameluken hatte anfänglich keine Auswirkung auf Jerusalem. Die Aijubiden im Rest von Saladins Reich bekämpften sie, und die Lage Jerusalems war weiterhin instabil. Doch 1260 n. Chr. besiegte der Mamelukensultan al-Zahir Baibars (1260–1276 n. Chr.) die eindringenden Mongolen in der Schlacht von Ain Jalut in

Galiläa. Die Mongolen hatten das abbasidische Kalifat vernichtet; sie hatten die wichtigsten Städte der Muslime geplündert und zerstört. Baibars war es nun gelungen, sie über den Euphrat zurückzuwerfen, und er wurde ein Held des Islams. Da auch die Aijubiden von den Mongolen vernichtet worden waren, war Baibars nun der Herrscher Syriens und Palästinas. Er mußte zwar weiterhin Mongoleneinfälle abwehren und war entschlossen, die Franken aus ihrem Küstenstaat zu vertreiben; aber dennoch brachten die Mameluken der Region eine Form von Sicherheit und Ordnung, die sie seit Jahren nicht mehr gekannt hatte.

Jerusalem hatte für die Mameluken keine strategische Bedeutung: Sie bemühten sich nie, dessen Mauern wieder aufzubauen, waren aber von der Heiligkeit der Stadt tief beeindruckt, deren religiöser Status unter ihrer Herrschaft stieg. Fast alle Sultane waren darauf bedacht, Jerusalem zu besuchen und dort neue Gebäude zu stiften. Als Baibars 1263 n. Chr. al-Quds besuchte, ließ er nicht nur auf dem Haram Restaurierungen durchführen, er fand auch eine Lösung für Jerusalems Sicherheitsproblem. Ostern wurde als besonders gefährliche Zeit empfunden, weil dann die Stadt voller Christen war. Daher gründete Baibars zwei neue heilige Stätten in der Nähe: eine zu Ehren des Propheten Mose (Nabi Musa) in der Nähe Jerichos und eine weitere zu Ehren des arabischen Propheten Salih in Ramlah. Die dortigen Feierlichkeiten wurden auf die Woche vor Ostern gelegt, so daß Jerusalem während dieser Zeit von Mengen frommer muslimischer Pilger umringt war. Nabi Musa wurde besonders wichtig. Pilger zogen in Prozessionen durch die Straßen Jerusalems hinauf zum Haram, ganz so wie sie es seit Hunderten von Jahren bei den Christen gesehen hatten. Sie demonstrierten ihren Anspruch auf al-Quds, ebenso wie früher die Christen. Dabei wurde ein spezielles Nabi-Musa-Banner entrollt. Wenn sich die Pilger in Jerusalem versammelt hatten, zogen sie zu dem Schrein und achteten darauf, daß die Christen sahen, wie zahlreich sie waren. Bei Nabi Musa verbrachten sie die Woche im Gebet, rezitierten den Koran, nahmen an Sufiübungen teil und vergnügten sich auch, indem sie außerhalb des Schreins und in den umliegenden Hügeln Lager aufschlugen. Den christlichen Pilgern war während ihrer Osterfeierlichkeiten in Jerusalem klar, daß sich in der Nähe große Mengen muslimischer Pilger befanden, die sofort zur Verteidigung von al-Quds herbeieilen würden. Es war ein großartiger Einfall gewesen, aber die Nabi-Musa-Feierlichkeiten zusammen mit den anderen Festen, die sich an neuen Schreinen der Gegend entwickelten, demonstrierten das neue kämpferische Element innerhalb der muslimischen Frömmigkeit.

Auch in die Verehrung der Juden für Jerusalem hatte sich ein militantes Element eingeschlichen. 1267 n. Chr. war Rabbi Moses ben Nachman aus dem christlichen Spanien vertrieben worden und machte die *alijjah* nach Jerusalem. Der beklagenswerte Zustand der Stadt, in der er bei seiner Ankunft nur zwei jüdische Familien vorfand, entsetzte ihn. Doch er ließ sich nicht abschrecken und gründete in einem verlassenen Haus im jüdischen Viertel, das einen herrlichen Bogengang besaß, eine Synagoge. Die Ramban-Synagoge (nach den Initialen von Rabbi Moses ben Nachman benannt) wurde das Zentrum des jüdischen Lebens im Jerusalem der Mameluken. Nachmanides' Reputation als Talmudgelehrter zog Studenten an, die sich in Jerusalem niederließen, um seine Jesibah zu studieren. Als Vertriebener fand Nachmanides Trost darin, nun in Jerusalem zu leben. Hier konnte er dessen Steine »liebkosen« und die Zerstörung beweinen.[6] Fast hat es den Anschein, als hätte ihm die zerstörte Stadt Frau und Familie ersetzt, die er in Spanien zurücklassen mußte. Er war überzeugt, daß alle Juden die Pflicht hatten, sich in Palästina anzusiedeln. Der bedauernswerte Zustand Jerusalems und des Landes, das im Laufe der seit dreihundert Jahren anhaltenden Kriege verwüstet worden war, schien den Beweis zu liefern, daß das Land weder unter Christen noch unter Muslimen aufblühen konnte, sondern auf die Rückkehr seiner wahren Eigentümer wartete. Nachmanides lehrte, daß die *alijjah* ein »eindeutiges Gebot« sei, ein zwingender Befehl, der allen Juden auferlegt sei. Seine Haltung gegenüber den politischen und religiösen Gegnern der Juden war von einer neuen Unversöhnlichkeit geprägt:

> Denn wir sind entschlossen, diejenigen Nationen zu zerstören, die Krieg gegen uns führen. Aber wenn sie Frieden schließen wollen, werden wir Frieden mit ihnen schließen und lassen sie unter bestimmten Bedingungen bleiben. Doch wir werden das Land niemals ihnen oder einer anderen Nation überlassen![7]

Die antisemitische Verfolgung, die Nachmanides in Spanien erlebt hatte, hatte ihn verhärtet, und gegenüber Christen und Muslimen hatte sich eine neue Abwehrhaltung herausgebildet, obwohl diese Religionsgemeinschaften zu Zeiten islamischer Herrschaft in al-Andalus gut zusammengelebt hatten. Die Kreuzzüge im Osten und die *reconquista* in Spanien hatten zwischen den drei Religionen Abrahams eine tiefe und dauerhafte Kluft erzeugt.

Nachmanides war Kabbalist, das heißt Anhänger der mystischen Bewegung, die sich im Spanien des 13. Jahrhunderts n. Chr. ausgebildet hatte. Obwohl sich nur wenige Juden den Übungen unterzogen, wurden die Ideen und Mythen der Kabbala innerhalb der jüdischen Frömmigkeit zum Vorbild. Tatsächlich repräsentiert die Kabbala den Triumph der Mythologie über die rationaler ausgerichteten Formen jüdischer Gläubigkeit. In Zeiten der Not boten nüchterne Gottesvorstellungen den spanischen Juden keinen Trost. Instinktiv wandten sie sich wieder den alten Vorstellungen von heiligen Räumen zu, die noch stärker verinnerlicht und vergeistigt wurden. Die zehn Grade der Heiligkeit wurden nun nicht mehr als Ausstrahlung des unzugänglichen Gottes im Debir angesehen, sondern der unbegreifliche und ganz und gar geheimnisvolle Gott, der *En Sof* (ohne Ende) genannt wird, erstreckt sich in zehn *sefirot* (Numerationen) über die Welt, von denen jede einzelne eine Stufe von Gottes sich entfaltender Offenbarung ausdrückt oder, anders gesagt, als Anpassung Gottes an den begrenzten Verstand des Menschen aufgefaßt werden kann. Aber diese zehn *sefirot* repräsentierten auch die Bewußtseinsstufen, über die der Mystiker bei seiner *alijjah* zu Gott aufsteigt. Dies war wiederum ein »innerer Weg« in die Tiefe des Selbst. Die Bilderwelt der Kabbala, die die spirituelle Bedeutung des Jerusalemer Tempels wiederaufnahm, symbolisierte sowohl das Innerste Gottes wie das des Menschen. Die Kabbala betonte diese Identität zwischen den Emanationen der Gottheit und der Menschheit. Die höchste Stufe der *sefirot* war die Schechinah, auch *malkut* (Königreich) genannt. Sie repräsentierte sowohl die göttliche Gegenwart als auch die Kraft, die das Volk Israel vereinigte. Diese letzte *sefira* wird auch mit Zion gleichgesetzt, das damit in die Sphäre des Göttlichen erhoben wurde, ohne seine irdische Realität zu verlieren. Die göttliche Gegenwart, Israel und Jerusalem waren auf diese Weise untrennbar miteinander verbunden.

Die Kabbala ermöglichte es, auch in der Diaspora die *alijjah* zu Gott zu unternehmen, ohne daß man nach Jerusalem pilgern mußte, aber gleichzeitig betonte sie, daß die Trennung der Juden von Zion ein Sieg der Kräfte des Bösen sei.[8] Während des Exodus waren die Israeliten gezwungen gewesen, durch die »Wüste der Schrecken« zu wandern und mit dämonischen Kräften zu kämpfen, die in der Wildnis hausen. Sobald die Israeliten das Heilige Land in Besitz genommen und den Kult auf dem Berg Zion aufgenommen hatten, war die Ordnung wiederhergestellt worden, und alles war an seinen rechten Platz gekommen. Die Schechinah hatte im Debir als Quelle des Segens, der Fruchtbarkeit und Ordnung gewohnt. Doch nach der Zerstörung des Tempels und der Vertreibung der Juden aus Jerusalem hatten die Kräfte des Chaos triumphiert. Nun war im Innersten allen Seins ein tiefes Ungleichgewicht eingekehrt, das nur behoben werden konnte, wenn die Juden wieder mit Zion vereint und an ihren angestammten Ort zurückkehren würden. Diese Mythologie zeigt, wie tief die Vertreibung auf die jüdische Seele eingewirkt hat: In ihr symbolisiert sich die grundsätzliche Trennung von der Quelle des Seins. Nun, da die Juden gezwungen wurden, Spanien zu verlassen, waren ihnen erneut ihre Entfremdung und ihr unnatürlicher Zustand bewußt geworden. Die Mythen der Kabbala sprachen auch die Juden im übrigen Europa an, deren Leben seit den wiederholten Pogromen seitens der Kreuzfahrer unerträglich geworden war. Diese Mythologie, die einen Spiegel ihrer Innenwelt darstellte, sprach sie auf tiefere Weise an als die eher rationalen Lehren der jüdischen Philosophen. Doch zu diesem Zeitpunkt begnügte man sich mit einer symbolischen und spirituellen Rückkehr nach Zion. Tatsächlich wurde es immer noch als falsch angesehen, die Erlösung rasch herbeiführen zu wollen, indem man die *alijjah* nach Palästina unternahm. Aber einige Kabbalisten meinten, sie könnten ihr Heil nur finden, wenn sie sich tatsächlich in Jerusalem niederließen.

Die europäischen Christen mußten sich damit abfinden, daß sie Jerusalem wohl nie mehr zurückgewinnen würden. 1291 n. Chr. zerstörte der mamelukische Sultan Khalil das Königreich Akkon und vertrieb die Franken aus ihrem Küstenstaat. Zum erstenmal seit fast zweihundert Jahren befand sich ganz Palästina in muslimischer Hand. Von diesem Moment an fing Jerusalem an, wieder aufzublühen. Nach der Vertreibung der Franken begannen die Muslime, sich sicher genug zu fühlen, um wieder in Jerusalem zu leben, obwohl die Stadt noch immer keine Befestigungsanlagen hatte. Aber die Christen gaben nicht auf. Jahrhundertelang planten sie weitere Kreuzzüge und träumten von der Befreiung Jerusalems. Daher war es entscheidend, daß zumindest ein paar Europäer in der Heiligen Stadt zurückblieben. Kurz nach dem Fall von Akkon bat Papst Nikolaus IV. den Sultan, einer Gruppe lateinischer Kleriker zu erlauben, am Heiligen Grab Dienst zu tun. Der Sultan stimmte zu, und da der Papst selbst Franziskaner war, entsandte er Mönche, um in Jerusalem die lateinische Liturgie am Leben zu erhalten. Sie besaßen kein Kloster, hatten keine Einkünfte und mußten in einer gewöhnlichen Pilgerherberge unterkommen. Im Jahr 1300 n. Chr. hörte Robert, der König von Sizilien, von ihrer mißlichen Lage; er sandte dem Sultan ein großes Geldgeschenk und bat, den Franziskanern die Kirche auf dem Berg Sion, die Marienkapelle, die Grabeskirche und die Geburtsgrotte zu überlassen. Wieder willigte der Sultan ein. Dies war eine der vielen Gelegenheiten, bei denen eine europäische Macht ihren Einfluß nutzte, um die Sache der Lateiner in Jerusalem zu unterstützen. Seit dieser Zeit wurde die Kirche auf dem Sion zum Hauptquartier der Franziskaner, und der Abt wurde der Schirmherr aller im Osten lebenden Europäer. Tatsächlich nahm er die Befugnisse eines Konsuls in Jerusalem wahr. Die Franziskaner hatten bereits in anderen Teilen der Welt eine militante Haltung gegenüber dem Islam entwickelt, und in Europa entfachten ihre Predigten oft antisemitische Pogrome; daher war ihr Einfluß in Jerusalem vermutlich nicht auf Ausgleich angelegt.

Nun, da Frieden im Land herrschte und die Gefahr seitens der Mongolen und Kreuzfahrer gebannt war, blühte Palästina unter der Herrschaft der Mameluken auf. Doch Jerusalem wurde in ihrem Reich nie zu einem politischen Zentrum. Es wurde von einem rangniederen Emir regiert und diente hauptsächlich als Verbannungsort für Staatsbedienstete, die in Ungnade gefallen waren. In dieser nicht befestigten Stadt konnten sie wenig Schaden anrichten, aber viele dieser Verbannten spielten im religiösen Leben von al-Quds eine Rolle. Einigen wurde die angesehene Position des Oberaufsehers über den Haram in Jerusalem und Hebron übertragen, und viele machten Stiftungen. Das Bauprogramm wurde fortgesetzt, und dies brachte Sufis, Gelehrte, Professoren, Juristen und Pilger in die Stadt. Auch die Mameluken gaben Jerusalem ein neues Gesicht.[9] Auf dem Haram durften nur die Sultane bauen, und viele nutzten dieses Privileg. 1317 n. Chr. gab Sultan al-Nasir Muhammad neue Säulengänge entlang der nördlichen und westlichen Begrenzung in Auftrag, er restaurierte die Kuppel der Aqsa-Moschee und ließ den Felsendom neu vergolden. An der Stelle des alten Kreuzfahrermarkts errichtete er ein neues Geschäftszentrum. Es war ein Zeugnis des neuen Wohlstands im Jerusalem des frühen 14. Jahrhunderts n. Chr. Seife, Baumwoll- und Leinenprodukte wurden in der Stadt hergestellt, und Dokumente des Haram zeigen, daß sich oft ausländische Kaufleute in der Stadt aufhielten, obwohl keine detaillierten Angaben über den tatsächlichen Umfang des Handels existieren. Der neue Markt des Sultans hieß Suq al-Qattanin, Baumwollhändlermarkt. Der Sultan legte Wert darauf, daß er bis zur Mauer des Haram reichte, wo er ein prächtiges neues Tor baute – Bab al-Qattanin –, von dem zwanzig Stufen zur Haramplattform hinaufführten.

Der Wunsch, körperlich in Kontakt mit dem heiligen Ort zu treten, war ein Charakteristikum sowohl jüdischen wie christlichen Interesses an Jerusalem gewesen. Während der Periode der Mameluken war dieses Bedürfnis, dem Haram nahe zu sein, besonders bei den neuen Medresen ausgeprägt, die um das Heiligtum errichtet worden waren. Die Architekten mußten all ihren Einfallsreichtum bemühen, denn Raum war knapp (siehe Diagramm). Es war nur möglich, an den nördlichen und westlichen Grenzen des Haram zu bauen, denn im Osten und Süden fiel der Boden zu steil ab. Aber alle Stifter wünschten, daß man von ihrer *madrasa* auf den Haram blickte oder daß sie auf heiligem Grund errichtet war. Eines der frühesten dieser Gebäude wurde 1328 n. Chr. von Tanziq, dem Vizekönig von Syrien, gestiftet und stand neben der westlichen Stützmauer. Er war besonders stolz, so nahe am drittheiligsten Ort des Islams gebaut zu haben. In der Moschee der Tanziqiyya-Madrasa besagt eine Inschrift: »(Gott) machte diese Moschee zur Nachbarin der Aqsa-Moschee, und wie gut ist ein ehrlicher Nachbar.« Das Gebäude war prachtvoll ausgeschmückt und kreuzförmig angelegt: Vier Hallen für Lehre und Gemeinschaftsgebete gingen auf einen zentralen Hof hinaus. Die Tanziqiyya war jedoch nicht nur einfach eine Rechtsschule. Sie beherbergte auch einen Konvent (*khanqa*) für elf Sufis und eine Waisenschule. Die Bereiche Studium, mystische Versenkung und Wohltätigkeit waren unter einem Dach vereint. Die Anlage spiegelt das Bedürfnis nach Integration wider,

Der Blick auf die Außenmauern des Haram al-Scharif zeigt die von den Mameluken erbauten Medresen, die auf den Säulengängen der heiligen Stätte errichtet wurden.

die in der muslimischen Auffassung von heiligem Raum immer noch ausschlaggebend war. Sie zeigt aber auch, welch zentralen Stellenwert praktische Nächstenliebe im Rahmen der weiteren Islamisierung von al-Quds einnehmen sollte. Der Architekt war jedoch der Ansicht, daß der Platz zu klein war, um alle Einrichtungen angemessen unterzubringen; daher baute er den Sufikonvent auf dem neuen Säulengang des Sultans am westlichen Ende des Haram. Bei ihren spirituellen Übungen konnten die Sufis nun auf den Felsendom, das Sinnbild ihrer religiösen Suche, sehen.

Bald folgten andere Stifter Tanziqs Beispiel. Die Aminiyya-Madrasa (1229/1230 n. Chr.) mußte auf sehr engem Raum untergebracht werden – zwischen dem östlichen Vorsprung des Antoniafelsens und der Straße –, also wurde in die Höhe gebaut; das dritte Stockwerk wurde auf dem Dach des nördlichen Portikus errichtet. Bei der Malikiyya-Madrasa wurde die gleiche Bauweise gewählt, so daß man vom Hauptgeschoß der

Rechtsschule den Haram überblickte. Die Manjakiyya-Madrasa (1361 n. Chr.) wurde vollkommen auf den Portiken und über dem Tor des Aufsehers (Bab al-Nasir) errichtet, einem der am meisten genutzten Eingänge zum Haram während der Zeit der Mameluken. Die Tuluniyya- und die Faraniyya-Madrasa wurden auch über dem nördlichen Portikus errichtet, jeweils zu seiten des Minaretts am Tor der Stämme (Bab al-Asbat); Studenten mußten die enge Treppe des Minaretts benutzen, da es keinen anderen Eingang gab.

Wie im Judentum war das Rechtsstudium keine trockene, akademische Angelegenheit, sondern, ähnlich einem mystischen Gebet, eine Form, sich mit Herz und Verstand Gott zuzuwenden. Der Wunsch, mit Blick auf den Felsendom zu studieren, der das große islamische Symbol für spirituellen Aufstieg darstellte, zeigt dies ganz deutlich. Doch seit der mongolischen Invasion hatte die *madrasa* eine ganz neue Bedeutung gewonnen. So viele Bibliotheken, Manuskripte und Kunstgegenstände waren zerstört und verbrannt worden, daß die Muslime nun ein neues, dringliches Interesse am Studium ihrer Traditionen verspürten. Die Wiederfindung des Verlorengegangenen war zu einem *djihad* geworden, und damit hielt, vielleicht unvermeidlicherweise, ein neuer Konservativismus Einzug ins islamische Denken. Diese neuen Medresen, die schützend um den Haram gebaut waren, können auch als Versuch angesehen werden, ein Bollwerk zwischen dem heiligen Ort und einer feindlichen Umwelt zu errichten. Sie spiegelten die neue defensive Haltung wider, die die Muslime nun im Blick auf Jerusalem empfanden. Dies zeigt sich auch in den schmucklosen Herbergen (*ribat*), die überall in der Stadt errichtet wurden. Ursprünglich war eine *ribat* eine militärische Festung gewesen; nun diente sie zur Unterbringung von Asketen, Armen und Pilgern.

Diesem neuen Konservativismus stand die Sufibewegung entgegen, die nach der mongolischen Invasion eine Blütezeit erlebte, da die Muslime versuchten, in der Katastrophe und dem Leid einen höheren Sinn zu entdecken. Während des

14. Jahrhunderts n. Chr. sammelten sich in al-Quds mehr Sufis als je zuvor, wovon einige, wie bereits gesagt, in den neuen Gebäuden um den Haram Unterkunft fanden, andere in kleineren Gemeinden, die über die Stadt verstreut waren. Der Sufismus ist keine Disziplin für wenige Auserwählte. Er war eine populäre Bewegung und ermutigte dank seines ausgeprägten Individualismus die Laienschaft, den traditionellen Lehren der Theologen zu trotzen, auch wenn einige Sufischeiks gleichzeitig in den Medresen unterrichteten. Auf diese Weise brachte der Sufismus den Geist des freien Denkens in die islamische Welt. Sufis begannen, sich in großen Orden zusammenzufinden, von denen einige in Jerusalem gegründet wurden. Doch ihre Mitglieder wurden nicht gelehrt, sich von der Welt abzuwenden, wie dies im Christentum der Fall war. Die einflußreiche Qadariyya, die ihren Hauptsitz in dem alten Hospitaliterkomplex hatte, lehrte, daß soziale Gerechtigkeit die höchste religiöse Pflicht sei. Mystische Versenkung und Gebet mußten mit praktischer Nächstenliebe verbunden werden. Die Bistamiyya, die im Norden der Stadt angesiedelt war, lehrte Yogadisziplinen, und die Studierenden wurden angeleitet, auf die Strömungen des Unbewußten zu achten, die sich in Träumen und Visionen ausdrückten. Aber sie unterstützte auch ein Programm, das sich *suhl-e kull* (universale Versöhnung) nannte, um den verschiedenen religiösen Traditionen zu besserem gegenseitigen Verständnis zu verhelfen. Es war ein Versuch, nach den Jahrhunderten von Haß und Krieg einen Ausgleich herzustellen.

Das Aufeinanderprallen von Konservativismus und Innovation kann anhand der Schrift des im 14. Jahrhunderts n. Chr. wirkenden Reformers Taqiyy ad-Din ibn Taymiyya studiert werden, den die neu erwachte Verehrung für Jerusalem aufs höchste beunruhigte, da er sie mit islamischer Tradition als unvereinbar ansah. Während der Herrschaft der Mameluken wurden die letzten dreißig neuen Anthologien der *fada'il al-quds* herausgegeben, die das Lob der Heiligkeit der Stadt wiederholten und die Muslime drängten, die *ziyara* (Besuch) in

Jerusalem zu machen. In die Verehrung für den Haram hatten sich Praktiken eingeschlichen, die ibn Taymiyya störten. Wie bereits dargestellt, übten Muslime während einer bestimmten Zeit einige der *hadj*-Riten in Jerusalem aus; es war ein Ausdruck ihrer Überzeugung, daß die Heiligkeit der Stadt von Mekka herrührte. Ibn Taymiyya betonte jedoch, wie wichtig es sei, die *ziyara* nach al-Quds von der *hadj* nach Mekka zu unterscheiden. Es sei falsch, den Felsen zu umkreisen und ihn zu küssen, als wäre er die Kaaba. Schreine wie die Krippe Jesu seien bloße Täuschungen, und nur Narren würden daran glauben. Ibn Taymiyya glaubte zwar, daß Jerusalem die drittheiligste Stadt des Islams sei, aber er wollte deutlich machen, daß die *ziyara* nur ein Akt privater Frömmigkeit sei und nicht für alle Muslime die Verbindlichkeit habe wie die *hadj*. Sein Eifer, die Tradition aufrechtzuerhalten und Neuerungen (*'bida*) Einhalt zu gebieten, war charakteristisch für die Zeit; seine rigorose Einstellung gegenüber Jerusalem wurde von den meisten Muslimen, die noch immer die *fada'il al-quds* zitierten und den Jerusalemer Kult als authentische Form muslimischer Frömmigkeit betrachteten, nicht akzeptiert.

Es war eine Verehrung, die sich nicht immer leicht bewerkstelligen ließ. Einige der *fada'il* betrachten die *ziyara* als fromme Tat, die Mut und Ausdauer erfordert. »Derjenige, der in Jerusalem lebt, gilt als Krieger des *djihad*«, soll Mohammed laut einer der neuen Überlieferungen gesagt haben. Andere sprachen von der »Unbequemlichkeit und Not« eines Besuchs in al-Quds.[10] In der zweiten Hälfte des 14. Jahrhunderts n. Chr. wurden die ersten Risse im Mamelukenreich sichtbar. Neue Sultane hatten Mühe, ihre Autorität geltend zu machen. Die Beduinen, die während der Kreuzfahrerzeit nicht wagten, in Jerusalem einzufallen, hatten wieder mit Angriffen begonnen. 1348 n. Chr. war es ihnen sogar gelungen, alle Einwohner aus der Stadt zu vertreiben. 1351–1353 n. Chr. wütete in Jerusalem der Schwarze Tod. Aufgrund der politischen Instabilität wurden die Emire schließlich nur noch für kurze Zeitabschnitte ernannt und wußten deshalb nur unzureichend über die lokalen Verhältnisse Bescheid. Anfang des 15. Jahrhunderts n. Chr. kam es zu weiteren Beduinenüberfällen, und christliche Piraten griffen die Küstenstädte Palästinas an. Die wirtschaftliche Lage war schlecht, die Besteuerung nahm zu, und in den Städten kam es daher gelegentlich zu Aufständen. Doch trotz dieser Schwierigkeiten wurde das Bauprogramm weitergeführt. Die Sultane al-Nasir Hasan (1347–1351 n. Chr.) und al-Salih Salih (1351–1354 n. Chr.) vollendeten die große Restaurierung der Aqsa-Moschee, und neue Medresen und Herbergen um den Haram wurden gestiftet. Für diese Gründungen floß Geld nach Jerusalem, was der Wirtschaft der Stadt aber nicht half, da die Medresen kein Einkommen abwarfen.

Wie immer wurde das Zusammenleben zwischen Christen und Muslimen durch ökonomische und politische Probleme erschwert. Die Juden waren den Muslimen weniger feindlich gesinnt. Während des 14. Jahrhunderts n. Chr. wurde die jüdische Gemeinde von Besuchern als wohlhabend und friedlich beschrieben. Aber in diesen schweren Zeiten zogen es die meisten neuen Einwanderer vor, sich in Galiläa niederzulassen, das bessere Zukunftschancen bot. Pilger beteten nun gerne an den Gräbern der großen Talmudgelehrten wie Rabbi Jochanan ben Zakkai und Rabbi Akiba. Safed in der Nähe des Grabes von Rabbi Simeon ben Jochai, dem Helden des kabbalistischen Klassikers »Der Sohar«, wurde ebenfalls zu einer heiligen Stadt, vor allem für Juden mit mystischen Neigungen. Auch Muslime verehrten diese Gräber, und jüdische Besucher stellten fest, daß Juden und »Sarazenen« die gleichen Schreine in Palästina aufsuchten. Die Muslime hatten auch gute Beziehungen zu den ansässigen Christen und Armeniern. Das Hauptproblem in al-Quds bildeten die Spannungen zwischen Muslimen und westlichen Christen – ein unmittelbares Erbe der Kreuzzüge.

Nachdem 1365 n. Chr. die Hospitaliter von ihrem Stützpunkt in Zypern aus Alexandria angegriffen hatten, nahmen die Muslime die gesamte Gemeinde der Franziskaner in Gewahrsam und schlossen den Zugang zum Heiligen Grab. Die Franziskaner waren jedoch keine hilflosen Opfer. Sie unternahmen selbstmörderische Angriffe auf die muslimischen Machthaber, ganz ähnlich wie ihre Glaubensbrüder in anderen Teilen der islamischen Welt. Am 11. November 1391 n. Chr. zog eine Gruppe von Mönchen zur Aqsa und verlangte eine Audienz beim Kadi. Sobald sie vor ihm standen, verkündeten sie, der Prophet Mohammed sei »ein Lüstling, Mörder, Vielfraß und Verderber« gewesen, dessen Lebensziel aus »Völlerei, Hurerei und dem Tragen teurer Kleidung« bestanden habe.[11] Die Nachricht von dieser Beleidigung verbreitete sich in Windeseile, und sogleich hatte sich ein wütender Mob vor der Tür des Kadis versammelt. Da es ein Kapitalverbrechen war, den Propheten zu beleidigen, bot der Kadi den Mönchen an, zum Islam überzutreten oder die Todesstrafe zu erleiden. Damit hatten die Franziskaner ihr Ziel erreicht. Indem sie die Muslime zwangen, sie zu Märtyrern zu machen, wollten sie »Tod und Verdammnis über die Ungläubigen« bringen.[12] 1393 n. Chr. kam es zu einem ähnlichen Vorfall, als drei Mönche die muslimischen Gelehrten zu einer öffentlichen Debatte herausforderten und dann Mohammed mit den übelsten Worten als Schwindler beschimpften. Diese Vorkommnisse konnten die muslimisch-christlichen Beziehungen nur zerrütten. Die Muslime fühlten sich ausgenutzt und mißbraucht, und die Angriffe zeigten eine Verachtung, die jegliche Koexistenz unmöglich machte.

Im Licht dieser zunehmenden Spannungen erscheint das Bauprogramm der Muslime zuweilen als Übergriff auf die heiligen Räume der anderen Stadtbewohner. Ende des 14. Jahrhunderts n. Chr. bauten die Muslime das Minarett einer Moschee wieder auf, die neben der Ramban-Synagoge stand. Aus der engen räumlichen Nähe sollten in der Zukunft viele Probleme erwachsen. 1417 n. Chr. erbaute der Scheik an der Salihiyya-*khanqa* ein Minarett, das sich provozierend über die Grabeskirche erhob: Die Muslime Jerusalems glaubten, daß er dafür beim Jüngsten Gericht belohnt werden würde.

Das sogenannte Davidsgrab auf dem Berg Sion bot seit dem 15. Jahrhundert n. Chr. Anlaß für viele Streitigkeiten zwischen Juden, Christen und Muslimen. Orthodoxe Juden bringen ihren Anspruch zum Ausdruck, indem sie an diesem Ort die traditionelle Feier des ersten Haarschnitts ihrer Söhne abhalten.

Verständlicherweise wurde dies von den Franziskanern auf dem Berg Sion als heftiger Affront empfunden.

Als die Franziskaner 1300 n. Chr. die Sionskirche gekauft hatten, befand sich auf dem Grundstück auch das sogenannte Grab Davids, das während der Kreuzfahrerzeit entdeckt worden war. Für die Mönche war es von geringem Interesse. Sie zeigten wenig Neigung für jüdische Legenden, und wenn sie Pilger durch die Stadt führten, legten sie auf die Orte Wert, die mit dem Neuen Testament in Verbindung standen. Die Sionskirche war in erster Linie ein Monument des frühen Christentums. Den Pilgern wurde das »Obergemach« gezeigt, der Ort, an dem sich die Jünger zu Pfingsten versammelt hatten, der Ort, an dem der heilige Johannes die Messe für die Jungfrau Maria hielt, und der Ort, an dem Maria am Ende ihres irdischen Lebens »einschlief«. Das Grab Davids wurde in den Sionsbeschreibungen der Pilger oft erst an letzter Stelle genannt. Aber den Juden der Stadt wurde plötzlich bewußt, daß sich das Grab des ersten Königs von Jerusalem auf christlichem Boden befand. Wiederholt baten sie Sultan Baibars (1422–1437 n. Chr.), es ihnen zu überlassen. Das war ein Fehler. Als Baibars vom Grab des Propheten Da'ud erfuhr, fand er es unerträglich, daß es sich in der Hand der erklärten Feinde des Islams befand. Er begab sich zum Berg Sion und verschloß die Grabstätte, so daß sie die Franziskaner von ihrem Konvent aus nicht betreten konnten. Dann entfernte er die christlichen Verkleidungen des Grabs und machte eine Moschee daraus. Schließlich schloß er das »Obergemach«, das auch als Abendmahlskirche bekannt war, denn es befand sich direkt über dem Grab Davids; es ging nicht an, daß Christen über einer neuen Moschee ihre Riten durchführten.[13] Soweit die lateinischen Christen betroffen waren, schwand das alte muslimische Ideal der Koexistenz und Integration sehr schnell dahin.

Sultan al-Zahir Jaqmaq (1438–1453 n. Chr.) führte den *djihad* fort und entschied, daß das Gesetz, das den *dhimmi* verbot, ohne Erlaubnis ihre Gotteshäuser zu restaurieren, wieder zur Anwendung kam. Er schloß die gesamte Sionskirche und exhumierte die Gebeine der Mönche, die auf dem nahe gelegenen Friedhof begraben lagen. Eine hölzerne Balustrade, die »illegal« in der Grabeskirche errichtet worden war, wurde zur Aqsa geschafft, und auch in Bethlehem wurden neuerrichtete Gebäude abgerissen. Ein syrischer Konvent wurde konfisziert, aber der hauptsächliche Kampf des Sultans richtete sich gegen die lateinischen Christen. Er erließ eigens ein Edikt zum Vorteil der Armenier, das dem Emir von Jerusalem verbot, sie mit unnötiger Besteuerung zu belasten, und zu diesem Zweck wurde am westlichen Eingang des armenischen Viertels eine Tafel mit einer Inschrift angebracht. Die Armenier waren mit den Kreuzfahrern eng verbunden gewesen, aber sie hatten deren fanatischen Haß gegen den Islam nicht geteilt. Sie hatten auch gelernt, keine Partei zu ergreifen, weshalb sie die einzige Gemeinde waren, die im Lauf der Umwälzungen der zurückliegenden dreihundert Jahre ihr Viertel nicht verlassen mußte.

Die Franziskaner, die bis heute seitens der römisch-katholischen Kirche als die offiziellen Hüter der heiligen Stätten Jerusalems gelten, ziehen unter den argwöhnischen Blicken der muslimischen Anwohner in einer Prozession durch die Via Dolorosa.

Doch trotz der Spannungen in der Stadt wurde sie weiterhin von einer großen Anzahl westlicher Pilger besucht. Ihr Aufenthalt war nicht immer angenehm, aber es wurde ihnen erlaubt, die heiligen Stätten aufzusuchen, und diese Besuche waren perfekt organisiert. Die Pilger verbrachten eine ganze Nacht in der Grabeskirche und wurden auf einer festgelegten Route durch die Stadt geführt, die vor Tagesanbruch begann, um die Muslime nicht aufzubringen. Der Rundgang begann an der Grabeskirche, von wo aus die Pilger schweigend zum Osttor der Stadt (dem heutigen Löwentor) zogen, dann das Kidrontal nach Gethsemane durchquerten und schließlich auf den Öl-berg zur Himmelfahrtskirche hinaufstiegen. Der Rückweg in die Stadt führte am Siloateich vorbei, und danach besuchten die Pilger die zugänglichen Örtlichkeiten auf dem Berg Sion. Es wurde auch eine dreitägige Reise nach Bethlehem und zum Jordan angeboten. Genau wie früher erwähnten die Pilger die

Moscheen und Medresen kaum, obwohl die Franziskaner die Islamisierung des Haram insofern bekämpften, als sie dessen ausschließlich christliche Bedeutung hervorhoben. Der »Tempel des Herrn«, wie sie den Felsendom immer noch bezeichneten, war wichtig, weil dort die Jungfrau Maria als kleines Kind Gott dargestellt und mit dem heiligen Joseph vermählt worden war. Die Aqsa-Moschee bezeichneten die Christen nun besitzergreifend als »Die Kirche Unserer Frau«.

Das besondere Interesse der Franziskaner galt der Passion Jesu, und sie begannen die Orte hervorzuheben, die mit seinem Leidensweg in Verbindung standen. Diese befanden sich nun fast alle in den nördlichen Stadtteilen, zumindest für die lateinischen Christen. Die Verlagerung vom Berg Sion, die während der Kreuzfahrerzeit eingesetzt hatte, schien fast abgeschlossen zu sein. Daher betrat Jakob von Verona, der 1335 n. Chr. Jerusalem besuchte, die Stadt durch das östliche Tor (Löwentor) in der Nähe des Bethesdateiches; er ging an der Sankt-Anna-Kirche vorbei (heute die Salihiyya-Madrasa) und dann die Straße hinunter, die heute als Via Dolorosa bezeichnet wird. Hier wurde ihm das Haus des Annas gezeigt (heute eine Moschee) und das Haus des Herodes; er sah Pilatus' Haus (den Ecce-Homo-Bogen auf dem Hadriansforum), den Ort, an dem Maria ohnmächtig wurde, als sie Jesus das Kreuz tragen sah, und die Ruinen eines Tores, in dessen Nähe Jesus angeblich die Stadt verlassen hatte. Nachdem er den Bereich des Heiligen Grabes betreten hatte, machte Jakob an weiteren »Stationen« halt. Dort gab es einen zerbrochenen Stein im Hof, auf dem Jesus ausgeruht hatte, bevor er nach Golgotha hinaufstieg, und eine Grotte im Innern der Kirche, wo er gefangengehalten wurde, bis das Kreuz aufgerichtet und er seiner Kleider entledigt war. Dann kam Golgotha selbst, der Schwarze Salbungsstein, auf den Jesus nach der Abnahme vom Kreuz gelegt worden war, und schließlich das Grab. Einige dieser Orte haben sich verlagert: Es handelte sich nicht um den Pfad, der heute als Kreuzweg bekannt ist. Als die Franziskaner die Pilger im Fackellicht die Via Dolorosa hinuntergeleiteten, führten sie sie in umgekehrter Richtung. Aber die Voraussetzungen waren geschaffen worden. Nun, da die lateinischen Christen in ihrer Grabeskirche nicht mehr viel Platz hatten, verlegten sie sich auf außerhalb liegende Orte.

Der deutsche Dominikaner Felix Fabri, der um etwa 1480 n. Chr. Jerusalem besuchte, hinterließ eine lebhafte Schilderung seines Aufenthalts. Gleich nachdem sein Schiff in Jaffa angelegt hatte, wurden ihm die Spannungen zwischen Muslimen und lateinischen Christen bewußt. Jeder Pilger wurde von muslimischen Beamten grob gepackt, nach seinem Namen und seinen Absichten befragt, und dann wurde Felix in einen »dunklen und modrigen Raum unter einem zerfallenen Gewölbe« geworfen, »wie Männer ein Schaf in einen Stall sperren, das gemolken werden soll«[14]. Hier wurde ihm sein *dragoman* zugewiesen, ein Führer, der während seines Aufenthalts in der muslimischen Welt seine einzige Kontaktperson sein sollte, und der franziskanische *custos* schärfte den Pilgern genaue Vorsichtsmaßnahmen ein. Unter keinen Umständen durften sie ohne ihren Führer herumlaufen, die Wände bemalen, muslimischen Frauen bewundernde Blicke zuwerfen oder in der Öffentlichkeit Wein trinken (da dies furchtbaren Neid bei den Muslimen auslösen könnte). Es durfte zu keinerlei Verbrüderung mit den Muslimen kommen; die Spannungen seien so groß, daß die Behörden für ein korrektes Verhalten von seiten der einheimischen Bevölkerung nicht mehr garantieren könnten. Doch dieser düstere Empfang dämpfte die Begeisterung der Pilger nicht. Sobald sie der Heiligen Stadt ansichtig wurden, berichtet Felix, sprangen sie von ihren Eseln und brachen in Tränen aus. Noch mehr Tränen flossen beim Anblick des Heiligen Grabes: »...solch bittere, herzenstiefe Seufzer, solch süßes Wehklagen, solch tiefes Stöhnen, solcher Schmerz, solches Schluchzen aus innerster Brust, solcher Frieden und freudvoller Trost.«[15] Einige Pilger wanderten herum wie betäubt oder schlugen sich wie Besessene ständig an die Brust. Frauen schrien wie in Geburtswehen, einige Pilger fielen einfach in Ohnmacht und lagen wie tot am Boden. Regelmäßig gerieten

Pilger so außer sich, daß sie ins Hospital geschafft werden mußten. Die Verehrung europäischer Christen für Jerusalem war in Hysterie ausgeartet. Es gab keinen disziplinierten »Aufstieg« mehr und keine echte Transzendenz. Diese Pilger schienen allein ihre Neurosen auszuleben. Doch die westliche Frömmigkeit veränderte sich auch in anderer Hinsicht. Felix analysierte seine Reaktionsweise auf eine Art, die bei früheren Pilgern nicht vorgekommen wäre. Er fand, daß die Pilgerschaft harte Arbeit war. Es war nicht leicht, bei sengender Hitze von Ort zu Ort zu marschieren, sich niederzuknien und auf den Boden zu werfen und gleichzeitig immer noch bemüht sein zu müssen, daß man alles richtig machte: »Das Bemühen um geistige Reinheit, während der Leib von Ort zu Ort wandert, ist außerordentlich mühsam.«[16] Felix machte sich auch Gedanken über die »Echtheit« einiger Stätten. Wieviel konnte vom ursprünglichen Grab nach der langen Zeit noch übrig sein? Wie kam es, daß das Grab Davids nicht schon früher entdeckt wurde?[17] Ein kritischer Geist war erwacht, der es vielen westlichen Besuchern unmöglich machte, die Pilgerschaft auf herkömmliche Weise durchzuführen.

Aber vielleicht waren die Tage der Pilgerschaft überhaupt gezählt. Alle Glaubensrichtungen bestanden darauf, daß sich wahres religiöses Erleben in praktischer Nächstenliebe zeigen mußte. Dies war der Prüfstein für jede echte Spiritualität. In der Vergangenheit hatte Jerusalem die Christen nicht zu Barmherzigkeit angespornt, weder untereinander noch gegenüber Menschen anderen Bekenntnisses. Der Glaube der Kreuzfahrer war eher ein Zerrbild von Religiosität, eine Art Götzendienst, der den bloßen Besitz des heiligen Ortes als höchstes Ziel ansah. Nun, an der Schwelle zur Moderne, fand der kritisch eingestellte Felix für praktisch keinen der Einwohner Jerusalems ein gutes Wort. Die »Sarazenen« waren »beschmutzt mit dem Unrat aller Häresien, schlimmer als Götzendiener, verachtungswürdiger als die Juden«; die griechische Kirche, einst gelehrt, war nun »von unzähligen Irrungen verdunkelt«; die Syrer waren die »Kinder des Teufels« und die

Armenier mit Ketzereien behaftet; die Juden, deren Verstand von dem Elend und der Verachtung, die ihnen entgegengebracht wurde, getrübt war, wurden zu Recht von allen gehaßt. Von allen Bürgern der Stadt führten nur die Franziskaner ein tugendreiches Leben, deren Frömmigkeit sich vor allem dadurch auszeichnete, daß sie »von ganzem Herzen« einen neuen Kreuzzug zur Eroberung der Heiligen Stadt ersehnten.[18] Dieser niederschmetternde Katalog zeigt, daß die Pilgerschaft nicht dazu angetan war, Felix von seinen Vorurteilen zu befreien, sondern einfach nur seine Haßgefühle und seine Selbstgerechtigkeit bestätigte.

Während der Regierungszeit von Sultan a-Ashraf Qaytbay (1468–1496 n. Chr.) trat das Mamelukenreich in seine letzte Phase. Die Heere der osmanischen Türken Kleinasiens begannen, in das Reich einzudringen; gleichzeitig machten es Überfälle der Beduinen gefährlich, die Stadt zu verlassen: 1461 n. Chr. waren vor den Mauern Jerusalems sechzig Menschen von Beduinen getötet worden. Der Handel des Mamelukenreichs wurde von den Portugiesen geschädigt. Doch immer noch ließ der Sultan Jerusalem nicht im Stich, sondern gab an der Westmauer des Haram eine neue *madrasa* in Auftrag. Die Ashrafiyya-Madrasa ist vermutlich das schönste aller Bauwerke der Mameluken. Mujir al-Din nannte sie das dritte Juwel des Haram. Zum Teil auf das Dach der Baladiyya-Madrasa gebaut und zum Teil auf den Portikus des Haram, erstreckte sich ihre Haupthalle auf den Haram selbst hinaus. Es war, als strebten die letzten Mameluken in einem Moment, als ihnen al-Quds zu entgleiten begann, dem heiligen Felsen zu. Auch die Ashrafiyya symbolisierte den Integrationswunsch des Islams. Es gab Gelehrte für alle vier Rechtsschulen, und sechzig Sufis wohnten dort. Aber der Sultan versuchte gleichzeitig, die religiösen Spannungen in Jerusalem zu verringern. In seiner Jugend, als er in Jerusalem in Verbannung war, hatten ihn Franziskaner unterstützt, und Qaytbay hatte das nicht vergessen. Er erlaubte ihnen, auf den Berg Sion zurückzukehren, wo sie, von gefährlichen Wachhunden bewacht, ziemlich beengt hausten. 1489 n. Chr. gelang es ihnen, mittels Bestechung das Grab Davids und die Abendmahlskapelle zurückzubekommen, und sie machten sich an den Wiederaufbau. Aber im folgenden Jahr verfügte eine Versammlung der Gelehrten (*ulema*), daß es unrechtmäßig sei, den Ort an die Christen zurückzugeben, da einst eine Moschee dort gestanden hatte.

Auch die Beziehungen zwischen den Muslimen und der jüdischen Gemeinde Jerusalems veränderten sich in diesen letzten Jahren zum Schlechteren. 1473 n. Chr. stürzte während eines heftigen Unwetters ein Teil der Ramban-Synagoge ein. Als die Juden um Erlaubnis baten, sie wieder aufbauen zu dürfen, protestierten die Verwalter der angrenzenden Moschee. Sie wollten von der Straße aus freien Zugang zur Moschee haben, ohne dafür den Bereich der Synagoge durchqueren zu müssen. Die Juden boten eine angemessene Bestechungssumme und behielten die Synagoge, aber dies brachte die muslimischen Nachbarn so sehr in Rage, daß sie eines Nachts in die Synagoge eindrangen und sie zerstörten. Sultan Qaytbay jedoch gab den Juden recht und verfügte, daß die Synagoge wieder aufgebaut wurde. Inzwischen wohnten in Jerusalem nur noch etwa siebzig jüdische Familien; die meisten von ihnen waren arm, und viele lebten in dürftigen Unterkünften. Doch dies war nicht allein die Schuld der Muslime, wie der italienische Reisende Obadia betonte, als er 1487 n. Chr. Jerusalem besuchte. Das Hauptproblem bestand in der Zwietracht zwischen den Aschkenasim aus Mitteleuropa und den sephardischen Juden aus Spanien und den islamischen Ländern. Die Juden weigerten sich inzwischen, einen Fuß auf den Haram zu setzen, berichtet Obadia. Manchmal brauchten die Muslime Leute für Reparaturarbeiten, aber niemals stellten sich Juden für solche Dienste zur Verfügung, weil sie sich nicht im erforderlichen Zustand der Reinheit fühlten. Dies ist das erstemal, daß wir von dieser selbstauferlegten Einschränkung hören, die einige Juden bis auf den heutigen Tag befolgen. Als Maimonides, der ähnliche Auffassungen vertrat, Jerusalem besuchte, fühlte er sich in der Lage, den Haram zu betreten. Nun, da ihnen der Tempelberg unzugänglicher war denn je zuvor, brauchten die Juden ein neues Heiligtum. Doch als Obadia an der westlichen Stützmauer des Haram vorbeiging, ließ ihn das ziemlich kalt. Die Mauer war aus »großen, mächtigen Steinen zusammengefügt, wie ich sie noch bei keinem alten Bauwerk gesehen habe, weder in Rom noch einer anderen Stadt«[19]. Die Westmauer war für die Juden Jerusalems noch nicht heilig, aber das sollte sich bald ändern.

Der Historiker Mujir al-Din lieferte 1496 n. Chr. eine wertvolle Beschreibung Jerusalems aus den letzten Tagen der Mameluken. Die Stadt hatte immer noch keine Befestigung und praktisch kein Militär, das sie verteidigt hätte. Die abendliche Parade an der Zitadelle war aufgegeben worden, und der Emir lebte wie eine Privatperson in der Stadt. Dennoch waren die Gebäude der Stadt solide gebaut, und die Märkte galten als die besten der Welt. Die Islamisierung Jerusalems bedeutete, daß sich das Zentrum des städtischen Lebens vom Westhügel ins Gebiet um den Haram verlagert hatte. Als Saladin Jerusalem erobert hatte, hatten er und seine Emire sich neben dem Heiligen Grab niedergelassen. Zur Zeit Mujirs wohnte der Gouverneur am nördlichen Rand des Haram. Wie die meisten orientalischen Städte war Jerusalem in verschiedene Viertel aufgeteilt. Die Einwohner tendierten dazu, sich gemäß Religion und Herkunft in bestimmten Stadtteilen niederzulassen. Armenier und Leute aus dem Maghreb lebten an den nordwestlichen Rändern des Haram, ebenso die Muslime aus dem heutigen Iran, aus Afghanistan und Indien. Doch es existierte keine strikte Trennung. Im Süden der Stadt gab es immer noch Gegenden, wo Juden und Muslime Tür an Tür zusammenlebten; ähnlich lebten in Bezetha, im nordöstlichen Teil der Stadt, Christen und Muslime zusammen.

Während der Regierungszeit von Sultan al-Ashraf Aqnouk al-Ghuri (1513–1516 n. Chr.) wurde deutlich, daß die Mameluken den Osmanen nicht mehr lange standhalten würden. 1453 n. Chr. hatten die Osmanen Konstantinopel erobert und sich das alte christliche Kaiserreich Byzanz einverleibt. Eine

Weile sah es so aus, als würden sie auch Europa überrennen; doch sie wurden vom Heer der Ungarn aus Belgrad vertrieben. 1515 n. Chr. ging der osmanische Sultan Selim I. dann zur Offensive über. Mit der Schlacht von Tschaldiran war der persische Vormarsch gestoppt worden, und die Mameluken wurden bei Dabik im Norden von Aleppo geschlagen. Eine weitere Schlacht bei Kairo bedeutete endgültig das Ende des Mamelukenreiches. Am 1. Dezember 1516 n. Chr. stand Selim vor Jerusalem. Es gab keinen Widerstand. Die *ulema* gingen hinaus, um den Sultan zu begrüßen, und übergaben ihm die Schlüssel der Aqsa und des Felsendoms. Sofort sprang Selim von seinem Pferd, warf sich zum Gebet zu Boden und rief: »Dank sei Gott! Ich bin der Besitzer des Heiligtums der ersten *qibla*!«

15
Die osmanische Stadt

Für die Einwohner Jerusalems war die Ankunft der Osmanen eine Erleichterung. Während des Niedergangs des Mamelukenreichs war die Stadt vernachlässigt worden. Die *waqf*-Stiftungen waren eingestellt worden, die wirtschaftliche Lage war schlecht, und die Straßen waren dem Terror der Beduinen ausgesetzt. Die Osmanen waren erfahrene Administratoren und besaßen eine starke, zentralistische Verwaltung. Wie die Mameluken waren sie in erster Linie eine Militärmacht, getragen von den Janitscharen, einer Fußtruppe, deren große Stärke im Einsatz von Feuerwaffen lag. Mitte des 16. Jahrhunderts n. Chr., als sich das Reich auf dem Gipfel seiner Macht befand, gab es zwischen zwölftausend und fünfzehntausend Janitscharen. Die Osmanen brachten wieder Gesetz und Ordnung nach Palästina. Die Beduinen wurden im Zaum gehalten, und die Landwirtschaft erholte sich, nachdem sie aufgehört hatten, das Land zu verwüsten. In den Anfangsjahren verhielten sich die Osmanen gegenüber den arabischen Provinzen großzügig. Sie errichteten eine funktionierende Verwaltung, die Wirtschaftslage verbesserte sich, und der Handel blühte auf. Palästina wurde in drei Bezirke (*sanjak*) aufgeteilt, die von Jerusalem, Nablus und Gaza aus verwaltet wurden. Alle drei waren Teil der Provinz (*eyelet*) Damaskus. Es gab keinen Versuch, Jerusalem mit Türken zu besiedeln. Die Osmanen sandten nur einen Pascha, Zivilbeamte und eine kleine Militärabordnung, die in der Zitadelle stationiert wurde.

Unter Sultan Suleiman dem Prächtigen (1520–1566 n. Chr.) verbesserten sich die Verhältnisse in Jerusalem ganz wesentlich. Er führte Kriege in Europa, dehnte das Reich nach Westen aus und konzentrierte sich dann auf dessen innere Entwicklung. Unter Suleiman erfuhr das Osmanische Reich eine kulturelle Wiederbelebung, wovon Jerusalem besonders begünstigt war. Die türkischen Kriege hatten in Europa natürlich neue Haßgefühle gegen den Islam aufkommen lassen. Es war von einem neuen Kreuzzug die Rede, und man sagte, Suleiman habe einen Traum gehabt, in dem ihm der Prophet Mohammed befohlen habe, die Verteidigung Jerusalems zu organisieren. Jedenfalls ordnete Suleiman 1536 n. Chr. an, die Stadtmauern wieder aufzubauen. Es war ein riesiges Projekt, das große Erfahrung und beträchtliches Geschick erforderte. Es gab nur wenige Orte, an denen die Osmanen so herrliche Befestigungsanlagen erbauten. Die Mauer, die heute noch steht, war drei Kilometer lang und etwa zwölf Meter hoch. Sie schloß die Stadt vollständig ein und besaß vierunddreißig Türme und sieben Tore. Während der Bauzeit soll sich zufällig der große Hofarchitekt Sinan in der Stadt aufgehalten und angeblich das Damaskustor im Norden der Stadt entworfen haben. Als die Mauer 1541 n. Chr. fertig war, war Jerusalem nach über dreihundert Jahren zum erstenmal wieder richtig befestigt.

Suleiman investierte auch große Geldsummen in den Ausbau der Jerusalemer Wasserversorgung. Es wurden sechs prächtige Brunnen gebaut, Kanäle und Teiche wurden ausgehoben, der »Sultansteich« südwestlich der Stadt wurde neu befestigt, und die Aquädukte wurden instand gesetzt. Um die Rolle Jerusalems zu stärken, versuchte Suleiman seine Untertanen zu bewegen, sich in der Stadt anzusiedeln, vor allem die jüdischen Flüchtlinge, die sich nach ihrer Vertreibung aus Spanien im Jahr 1492 n. Chr. im Osmanischen Reich niedergelassen hatten. Aus den Volkszählungen der Osmanen läßt sich ersehen, daß sich die Bevölkerung bis Mitte des 16. Jahrhunderts n. Chr. fast verdreifacht hat. 1553 n. Chr. gab es dreizehntausenddreihundertvier Einwohner. Die jüdische und die christliche Gemeinde umfaßten jeweils etwa eintausendsechshundertfünfzig Seelen. Die meisten der Muslime waren ansässige arabische Sunniten, obwohl es auch Muslime aus Nordafrika, Ägypten, Persien, Bosnien, Indien und Zentralasien gab. Die Stadt erlebte einen neuen Aufschwung. Die Märkte wurden ausgebaut und vergrößert, und die Preise der Waren zogen an, ein Zeichen der Verbesserung des allgemeinen Lebensstandards. Es gab fünf Gewerbezweige in der Stadt, die Nahrungsmittel, Textilien, Seife, Leder und Metallwaren herstellten. Nach Ägypten, Rhodos und Dubrovnik wurden Seife und Korn exportiert. Textilien und Reis wurden aus Ägypten importiert, Stoffe und Kaffee aus Damaskus, Textilien und Teppiche aus Istanbul, China und dem Hidjas. Die verschiedenen Gewerbe und Berufe waren in Jerusalem in etwa vierzig Gilden (*taifa*) organisiert, denen jeweils ein Scheik und dessen Stellvertreter vorstanden. Sogar Sänger und Tänzer hatten eine eigene *taifa*. Wegen der Zunahme der Bevölkerung und des größeren Einkommens, aber auch aufgrund des religiösen Prestiges der Stadt wurde Jerusalem in der zweiten Hälfte des 16. Jahrhunderts n. Chr. verwaltungstechnisch aufgewertet. Es war nun eine *mutasarriflik*, eine vergrößerte Verwaltungseinheit, die die Bezirke von Nablus und Gaza einschloß. Der Pascha, der Jerusalem regierte, trug den Titel *mutasarrif*; der Zuständigkeitsbereich des Kadis von al-Quds reichte sogar von Gaza bis Haifa. Infolgedessen erhielten diese beiden Staatsbediensteten das gleiche Gehalt.

Suleiman vernachlässigte auch den Haram nicht. Das Mosaik am oberen Teil der Außenmauer des Felsendoms wurde restauriert und der untere Teil mit Marmor verkleidet. Auch der Kettendom erhielt eine prächtige Fayenceverkleidung, und im Vorhof der Aqsa erbaute Suleiman einen herrlichen Brunnen für die Waschungen. Der *waqf* für den Haram wurde wieder eingerichtet, ebenso für einige der Medresen. Der Sultan verzichtete auf die Eintrittsgelder der Pilger, um damit die ganzjährige Koranrezitation im Felsendom zu finanzieren. Das wiederbelebte System der *waqf*-Stiftungen schuf Arbeitsplätze, und Roxelana, die aus Rußland stammende Frau des

Die majestätischen Stadtmauern, die Suleiman erbaute, zeigen die Verpflichtung, die die Osmanen gegenüber Jerusalem empfanden; bis heute gehören diese Mauern zu den berühmtesten Merkmalen der Altstadt.

Sultans, erbaute 1551 n. Chr. das Takiyya-Hospiz in Jerusalem, einen großen Komplex, der eine Moschee, eine *ribat*, eine *madrasa*, einen Gasthof (*khan*) sowie eine Küche enthielt, in der Studenten, Sufis und Arme kostenlos Essen bekamen. Ausgestattet mit einem großen Stiftungsvermögen, das mehrere Dörfer und Güter in der Umgebung von Ramlah einschloß, wurde das Hospiz zur größten wohltätigen Einrichtung in Palästina.

Von der neuen Stabilität dank der Osmanen profitierten auch viele *dhimmi*. Viele Juden zogen es zwar immer noch vor, sich in Tiberias oder Safed anzusiedeln, aber unter Suleiman hatte sich die jüdische Gemeinde in Jerusalem vergrößert. Allerdings gab es noch kein offizielles Judenviertel. Die Juden lebten hauptsächlich in den Wohngebieten im Süden der Stadt, in Risha, Sharaf und Maslakh, und zwar Seite an Seite mit den Muslimen. Jüdische Besucher aus Europa waren erstaunt über die Freiheit, die die Juden in Palästina genossen. 1535 n. Chr.

stellte David dei Rossi, ein italienischer Jude, fest, daß seine Glaubensbrüder sogar Staatsämter innehatten, was in Europa undenkbar gewesen wäre: »Hier sind wir nicht im Exil wie in unserem Heimatland. Hier sind diejenigen, die über Sitten und Zölle bestimmen, Juden. Es gibt keine speziellen jüdischen Abgaben.«[1] Die Osmanen wandten bezüglich der Besteuerung der Juden das Gesetz der Scheria nicht strikt an. Nicht alle Juden in Jerusalem mußten die Kopfsteuer bezahlen, und diejenigen, die sie bezahlten, entrichteten gewöhnlich nur den untersten Satz. Die Gerichtshöfe schützten die Juden und akzeptierten sie als Zeugen; die Autonomie der jüdischen Gemeinde wurde von osmanischen Institutionen sowohl gefördert wie gewährleistet.[2]

Aufgrund ihrer verbesserten Stellung begegneten die Juden einem seltsamen jungen Mann, der 1523 n. Chr. in Jerusalem eintraf und behauptete, der Messias zu sein, mit größtem Argwohn: Sie befürchteten, seine Aktivität könnte von den osmanischen Machthabern als Rebellion ausgelegt und ihre Stellung gefährdet werden. David Reuveni behauptete, er sei der Prinz eines fernen jüdischen Königreichs, der Heimat der zehn verlorenen Stämme Israels. Bald würden die Stämme nach Israel zurückkehren, aber zuvor müsse er eine wichtige Aufgabe erfüllen. Während der Regierungszeit König Salomos habe der Rebell Jerobeam einen Stein aus einem heidnischen Tempel in die Westmauer des Tempelbergs eingefügt. Solange dieser dort blieb, gebe es keine Erlösung. Die Jerusalemer Juden wollten mit dieser äußerst gefährlichen und offensichtlich fragwürdigen Unternehmung nichts zu tun haben, denn diese Mauer hatte es zu Salomos Zeiten noch gar nicht gegeben. Nachdem David nach Italien abgereist war, warnte ein Rabbiner aus Jerusalem die italienischen Juden davor, sich mit ihm einzulassen. Aber es gab beunruhigende Gerüchte über einen bevorstehenden jüdischen Exodus aus Gaza, Ägypten und Saloniki. Es wurde behauptet, Juden hätten all ihren Besitz verkauft und wollten zum Passafest nach Jerusalem kommen, um den Messias zu begrüßen. »Möge sich Gott unser erbarmen!« schrieb der Rabbiner voller Sorge.[3] Dieser Massenauflauf würde nicht nur die Machthaber verunsichern, es wäre auch unmöglich, die vielen Menschen zu ernähren und unterzubringen.

Doch dieser Aufmarsch fand nicht statt. Aber David Reuveni scharte in Italien eine beträchtliche Anhängerschaft um sich, wo er sich als der neue König David ausgab. Von seinem Aufenthalt in Jerusalem erzählte er phantastische Geschichten: Er sei von den muslimischen Würdenträgern in Ehren empfangen und zum Haram geleitet worden. Dort habe er fünf Wochen in der Grotte unter dem Felsen verbracht. Diese Zeit des Betens und Fastens am Ort des Debir habe zu einem bemerkenswerten Ereignis geführt. Am ersten Tag von Schawuot habe sich der Halbmond auf dem Dach des Felsendoms nach Osten gekehrt und konnte nicht mehr zurückgedreht werden. Für ihn sei dies das Zeichen gewesen, nach Rom zu gehen. David Reuvenis messianische Bewegung löste sich wieder auf, aber in ihr kam die akute Sorge zum Ausdruck, die die jüdische Welt nach der Vertreibung aus Spanien ergriffen hatte. Unter dem Islam hatten die Juden in al-Andalus ein goldenes Zeitalter erlebt. Der Verlust ihrer spanischen Heimat wurde als die größte Katastrophe empfunden, die seit der Zerstörung des Tempels über Israel gekommen war. Im 15. Jahrhundert n. Chr. hatten außerdem in ganz Europa die Verfolgungen zugenommen, in deren Verlauf Juden aus den Städten vertrieben wurden. Wiederum war ihr Schicksal das Exil, und viele erträumten sich eine dramatische Beendigung dieser schmerzlichen Trennung von ihrer Heimat und Vergangenheit. Die Eroberung Jerusalems durch die Osmanen, die sich der jüdischen Vertriebenen angenommen hatten, erregte in allen Gemeinden der Diaspora Hoffnungsgefühle, die über ein Jahrhundert anhielten.

Die Mission des David Reuveni in Jerusalem hatte die Aufmerksamkeit auf die westliche Stützmauer des Haram gelenkt, die ursprünglich von König Herodes erbaut worden war und praktisch den letzten Überrest des verlorenen Tempels darstellte. Während der Mamelukenperiode waren entlang dieser

Mauer Medresen errichtet worden, außer in einem Bereich von etwa zweiundzwanzig Metern zwischen der Kettenstraße (Tariq al-Silsila) und dem Maghrebinischen Tor. Bis zu diesem Zeitpunkt hatten die Juden an diesem Mauerabschnitt kein besonderes Interesse gezeigt. In den Tagen des Herodes hatte sich in diesem Teil ein Geschäftszentrum befunden, er hatte also keinerlei religiöse Bedeutung. Bislang hatten sich jüdische Pilger auf dem Ölberg und an den Toren des Haram versammelt. Nachdem sie während der Kreuzfahrerzeit aus der Stadt ausgeschlossen waren, hatten sie zuweilen an der Ostmauer des Tempelbergs gebetet.[4] Doch während der letzten Jahre des Mamelukenregimes war eine Veränderung eingetreten. Vielleicht war es wegen der zunehmenden Beduineneinfälle zu gefährlich geworden, sich außerhalb der Stadt zu versammeln. Offensichtlich hatten sie daraufhin den freien Abschnitt der Westmauer des Haram gewählt, der für sie die letzte Verbindung mit ihrer Vergangenheit herstellte.

Während des Baus der Stadtmauer, möglicherweise während der Zeit, als sich Sinan in Jerusalem aufhielt und am Damaskustor arbeitete, erließ Suleiman ein Edikt (*firman*), das Juden erlaubte, einen Gebetsplatz an der Westmauer zu haben. Angeblich soll Sinan diesen Ort gestaltet haben, indem er den Boden am Fuß der Mauer abtrug, um sie höher wirken zu lassen; zusätzlich dazu wurde eine Parallelmauer errichtet, um den jüdischen Gebetsplatz vom maghrebinischen Viertel abzutrennen.[5] Damit war ein schmaler Streifen von nur etwa zweieinhalb Meter Breite entstanden. Doch die Mauer wirkte dadurch auf die Gläubigen um so imposanter. Dieser schmale Raum an der Westmauer entwickelte sich bald zum Zentrum des religiösen Lebens der Juden in Jerusalem. Es hatten sich noch keine bestimmten Riten ausgebildet, aber die Juden verbrachten gern den Nachmittag dort, lasen Psalmen und küßten die Steine. Suleiman, der vermutlich nur gehofft hatte, Jerusalem für die Juden attraktiver zu machen, wurde als Freund und Beschützer Israels gepriesen. In jüdischen Legenden wird behauptet, er habe persönlich mitgeholfen, den Ort freizuräu-

men, und die Mauer mit Rosenwasser gewaschen, ganz genauso wie Omar und Saladin, als sie den Tempelberg reinigten.[6]

Bald rankten sich um die Westmauer viele der bekannten
Mythen, die gewöhnlich mit einem heiligen Ort in Verbindung
gebracht werden. Natürlich wurde ein Zusammenhang hergestellt mit den Talmudüberlieferungen hinsichtlich der Westmauer des Debir, die, wie die Rabbiner behaupteten, von der
Schechinah niemals verlassen worden sei und gemäß Gottes
Versprechen für immer erhalten bleiben würde.[7] Nun wurden
diese talmudischen Aussagen auf die Westmauer des Haram
übertragen. Wegen der angeblichen göttlichen Gegenwart an
diesem Ort zogen die Juden ihre Schuhe aus, wenn sie ihn
betraten. Sie schrieben Bittgesuche auf kleine Papierstücke und

steckten sie zwischen die Steine, so daß sie beständig vor Gottes Auge waren. Da sich der Ort so nahe am einstigen Tempel befand, wurde behauptet, das Himmelstor befinde sich direkt über der Westmauer und die Gebete würden von dem Gebetsplatz direkt zum göttlichen Thron aufsteigen. Wie der Karäer Moses Jerusalmi 1658 n. Chr. schrieb: »Eine große Heiligkeit ruht auf der Westmauer, die ursprüngliche Heiligkeit, die seit damals und für immer auf ihr ruhen wird.«[8] Wenn die Juden diesen schmalen Gebetsplatz betraten und die Mauer hinaufsahen, die sich mächtig und schützend über sie erhob, hatten sie das Gefühl, in die Gegenwart des Heiligen zu treten. Die Mauer war ein Symbol für das Göttliche, aber gleichzeitig auch ein Symbol für das jüdische Volk geworden. Denn trotz all ihrer Majestät war die Mauer eine Ruine – ein Zeichen der Zerstörung und der Niederlage, wie Moses Jerusalmi weiter sagte: »Eine Mauer, und nur eine Mauer ist vom Tempel übriggeblieben.«[9] Sie versinnbildlichte sowohl Vergangenheit wie Gegenwart. Wenn sie sich an die Mauer lehnten und deren Steine küßten, hatten die Juden das Gefühl, die Verbindung zu vergangenen Generationen und vergangener Glorie herzustellen. Wie die Juden selbst hatte die Mauer überdauert. Doch sie erinnerte auch an die Entweihung ihres Tempels, der wiederum ein Symbol der wiederholten Tragödien Israels war. Beim Weinen an der Mauer konnte alles Verlorene betrauert werden. Genauso wie der Tempel repräsentierte die Mauer sowohl Gott wie das jüdische Selbst.

Das Leben im osmanischen Jerusalem war für die Juden keineswegs idyllisch. Es gab immer noch Spannungen mit den Verwaltern der al-Umari-Moschee, die an die Ramban-Synagoge grenzte. Zweimal während der dreißiger und vierziger Jahre des 16. Jahrhunderts n. Chr. versuchten die Muslime, die Synagoge schließen zu lassen, aber der Kadi entschied jeweils zugunsten der Juden. 1556 n. Chr. besuchten so viele Gläubige die Synagoge, daß die muslimischen Nachbarn erneut einen Versuch unternahmen, sie räumen zu lassen. Sie beklagten sich, daß die Juden gegen das Gesetz verstießen, indem sie muslimische Kleidung nachahmten, das heißt den Kopf mit ihrem Gebetsschal bedeckten, als trügen sie einen *keffijeh*. Sie beschuldigten sie auch, so laut zu beten, daß die Andacht der Muslime im Nebengebäude gestört werde. 1587 n. Chr. wurde die Synagoge dann für immer geschlossen, allerdings im Rahmen eines geordneten Vorgangs.[10] Die Juden durften ihre Schriftrollen behalten und in ihren eigenen Häusern beten. Ähnliche Probleme entstanden am Grab des Propheten Samuel (Nabi Samwil), fünfzehn Kilometer außerhalb von Jerusalem, das sowohl von Juden wie Muslimen verehrt wurde. Die Juden unterhielten dort eine Synagoge und machten häufig Pilgerzüge dorthin. Die ansässigen Muslime beklagten sich, die Juden hätten die Stätte übernommen und würden sich gegenüber muslimischen Pilgern beleidigend betragen. Diesmal jedoch traf der Kadi eine Entscheidung zugunsten der Juden, die Bestand hatte, und sie behielten ihre Synagoge. Die Spannungen enthüllten jedoch eine tiefsitzende Verunsicherung. Die Nähe eines konkurrierenden Kults an ein und demselben heiligen Ort wurde als äußerst beunruhigend empfunden. Die Muslime fühlten sich durch die große Anzahl von Juden bedroht, deren Riten in ihren religiösen Bereich vorgedrungen waren. Das Zusammentreffen von zwei Bekenntnissen am selben Ort, von denen jedes den Anspruch erhob, die alleinige Wahrheit zu besitzen, warf schwierige Fragen auf. Welches von beiden hatte recht? Die Klage über die jüdischen Gebetsschals zeigt das Bedürfnis, eine klare und eindeutige muslimische Identität herzustellen und die Muslime keinerlei Verwirrung auszusetzen. Ähnliche Zusammenstöße gab es in der zunehmend pluralistischen Welt des 20. Jahrhunderts, vor allem wenn bei den religiösen Gruppierungen noch politische Differenzen hinzukamen. Der berühmteste Fall ist der Konflikt zwischen Muslimen und Hindus um Ayodhya in der östlichen Gangesebene, das beide Glaubensrichtungen als heilige Stätte beanspruchen. Die Juden im osmanischen Jerusalem fühlten sich zunehmend verunsichert. Am Ende der Regierungszeit Suleimans begannen sie, aus Jerusalem wegzuziehen. Sie verließen auch die

Stadtviertel Risha und Maslakh, wo sie mit den Muslimen zusammengelebt hatten, und zogen ins Sharaf-Viertel, das sich näher an der Westmauer befand. Eine neue jüdische Enklave bildete sich heraus. Ende des 16. Jahrhunderts n. Chr. wurde Sharaf als eindeutig jüdisches Viertel angesehen, das sich von den umgebenden muslimischen Wohnvierteln abriegelte.

Auch zwischen den Muslimen und den lateinischen Christen Jerusalems kam es zu neuen Spannungen. Die osmanischen Eroberer unterschieden sehr genau zwischen den verschiedenen christlichen Bekenntnissen. Die griechisch-orthodoxen, syrischen und armenischen Christen waren osmanische Untertanen, Mitglieder einer anerkannten religiösen *taifa*. Die Franziskaner jedoch waren ansässige Ausländer. Sie lebten noch immer in beengten Verhältnissen auf dem Berg Sion und in der Abendmahlskirche, doch das Grab Davids befand sich nicht in ihrer Hand. Während der letzten Jahre des Mamelukenreichs war es den Franziskanern gelungen, in die Grabeskirche einzuziehen, wo inzwischen acht Patres und drei Laienbrüder in einer dunklen, stickigen Grotte hausten, ständig von Kopfschmerzen und Fieber geplagt. Irgendwie war es ihnen gelungen, die wichtigsten Stätten der Kirche in Besitz zu nehmen, bevor die Osmanen eingetroffen waren. Es gibt keine Quelle über diese Transaktion, aber die Franziskaner hatten den Wert von Dokumenten als Beweis für bestimmte Ansprüche schätzengelernt und sorgfältig alle offiziellen Urkunden und Edikte zu sammeln begonnen.

Doch im Jahr 1523 n. Chr. begann sich ihre Position zu verschlechtern. Suleiman, der immer noch in Europa Krieg führte, soll angeblich entsetzt gewesen sein, als er erfuhr, daß einige »religiöse Franken« die Kirche direkt über dem Grab des Propheten David besetzt hielten und während ihrer greulichen Riten darüber hinwegschritten.[11] Er erließ einen *firman*, wodurch die Abendmahlskirche geschlossen und später in eine Moschee umgewandelt wurde. An der Ostmauer der Kirche ist noch immer eine Inschrift zu sehen, die besagt: »Suleiman, der Herrscher, Nachkomme von Othman, ordnete an, daß dieser

Ort gereinigt und von Ungläubigen befreit wurde, und ließ ihn als Moschee erbauen, in der der Name Gottes geehrt wird.« Die Franziskaner zogen in eine Bäckerei auf dem Berg Sion. Vergeblich versuchte der französische König Franz I., bei Suleiman zu intervenieren, aber der Sultan versicherte ihm, daß alle anderen heiligen Stätten der Christen in Jerusalem vollkommen sicher seien.

Die Unterstützung der europäischen Großmächte erwies sich als wichtiges Mittel angesichts der Hilflosigkeit der Franziskaner. 1535 n. Chr. schloß Suleiman mit Franz I. einen Vertrag gegen Kaiser Karl V. Als Geste des guten Willens unterzeichnete Suleiman, der die stärkere Macht repräsentierte, die sogenannten Kapitulationen, die französischen Handelsleuten im Reich eine privilegierte Stellung einräumten, indem sie von der osmanischen Rechtsprechung ausgenommen wurden. Franz I. durfte einen französischen *bailiff*, einen Konsul, ernennen, der sowohl in zivilen wie strafrechtlichen Angelegenheiten zwischen den Händlern und anderen französischen Untertanen auf osmanischem Territorium zu Gericht saß, ohne irgendwelche Einmischung von muslimischer Seite. Die »Kapitulationen« bestätigten die Franziskaner auch als Aufseher der heiligen Stätten in Jerusalem.[12] In der Praxis wurde davon allerdings wenig umgesetzt. Erst dreihundert Jahre später residierte ein westlicher Konsul auf Dauer in Jerusalem. Suleiman hatte die »Kapitulationen« als gönnerhafte Geste angeboten; das Osmanische Reich befand sich gerade auf dem Höhepunkt seiner Macht. Seine Nachfolger schlossen ähnliche Verträge mit Frankreich und anderen westlichen Ländern. Aber Suleiman hatte sich verrechnet. Als das Osmanische Reich im Niedergang begriffen war, gab diese Art von Abkommen dem Westen die Chance, sich ungestraft in dessen innere Angelegenheiten einzumischen und die türkische Souveränität zu verletzen.

Natürlich führte die Kontrolle der Franziskaner über die heiligen Stätten zu Spannungen mit den Griechisch-Orthodoxen, die seit der Kreuzfahrerzeit die lateinische Kirche mit

Argwohn betrachteten. Die Kreuzfahrer hatten ihnen nicht nur das Heilige Grab weggenommen, 1204 n. Chr. war es auch noch zu einem der schändlichsten Vorfälle während der gesamten Kreuzzugsunternehmungen gekommen, als die Heere während des vierten Kreuzzugs Konstantinopel plünderten. Die Griechisch-Orthodoxen mußten erst noch lernen, wie man die osmanischen Machthaber manipulierte und aus der Tatsache Nutzen zog, daß ihr ökumenischer Patriarch in der osmanischen Hauptstadt Istanbul (wie Konstantinopel nun genannt wurde) seinen Sitz hatte. 1541 n. Chr. betraute Patriarch Germanus von Jerusalem das orthodoxe Christentum offiziell mit der Obhut über die heiligen Stätten; zur gleichen Zeit schlossen sich die Franziskaner im Namen der lateinischen Christen zu einer nationalen Gemeinde zusammen. Die Kampflinien waren gezogen, und Vorgeplänkel läuteten den langen, unerbaulichen Streit zwischen griechischen und westlichen Christen um die Kontrolle des Heiligen Grabes ein. 1551 n. Chr. verbuchten die Franziskaner einen weiteren Erfolg. Die Venezianer überredeten Suleiman, ihnen den kleinen Konvent westlich des Heiligen Grabes zu überlassen, in dem zu dieser Zeit nur ein paar georgische Nonnen wohnten. Die georgischen Christen protestierten, aber Bestechungsgelder waren eingesetzt worden, und die Nonnen mußten ausziehen. Im Juli 1559 n. Chr. zogen die Franziskaner ein und benannten den Konvent in »Erlöserkloster« um. Es wurde ihre Hauptniederlassung in Jerusalem; sie begannen einige der benachbarten Häuser zu erwerben, und im Jahr 1600 n. Chr. war das Erlöserkloster ein blühender Komplex mit eigener Schreinerwerkstatt und Schmiede geworden. Bis 1665 n. Chr. waren eine Knabenschule, ein Hospiz, eine Bibliothek und eine Krankenstation hinzugekommen, die die beste medizinische Versorgung in der Stadt bot.

Nach dem Tod Suleimans im Jahr 1566 n. Chr. begann das Reich, Anzeichen von Schwäche zu zeigen. Das Feudalsystem brach allmählich zusammen. Nachdem die Eroberungskriege vorbei waren, versuchten die *sipahi*, die feudalen Grundherren, den Verlust an Siegesbeute durch die Ausbeutung der Landbevölkerung wettzumachen. Dies führte zu einem starken Rückgang der landwirtschaftlichen Produktion, wodurch das Reich in eine Krise stürzte. Weitere Faktoren des Niedergangs des Osmanischen Reichs waren Einbußen im Handel, nachdem die Seewege nach Indien eröffnet worden waren, der Verfall der Silberwährung nach der Entdeckung der Neuen Welt sowie die steigende Unzufriedenheit der Janitscharen und Bauern sowohl in der Türkei wie in den Provinzen. Nach der Niederlage in der Seeschlacht von Lepanto 1571 n. Chr. verlor das Reich auch die militärische Vorherrschaft. Die wachsende Krise spiegelte sich in dem geringeren Format der osmanischen Statthalter in Jerusalem. Die Paschas begannen Muslime und *dhimmi* gleichermaßen zu unterdrücken. Zwischen 1572 und 1584 n. Chr. begannen sowohl Juden wie Christen und Muslime die Stadt zu verlassen. Auch die öffentliche Sicherheit war zusehends gefährdet, insbesondere auf den Straßen in die Stadt, die erneut von Beduinen überfallen wurden. Seit dem Ende des 16. Jahrhunderts n. Chr. griffen Beduinenstämme wieder regelmäßig nach Hebron und Nabi Musa reisende Pilger an und verhinderten Predigten in den Moscheen. Die Regierung suchte nach einer Lösung: Sie nahm Beduinen als Geiseln, ernannte Scheiks als Lehensträger und versuchte, deren Unterstützung zu bekommen, indem sie als Leiter von Pilgerzügen eingesetzt wurden. Es wurde sogar versucht, für die Beduinen Ansiedlungen auf dem Land zu schaffen. Befestigungsanlagen wurden gebaut und Garnisonen darin stationiert, und 1630 n. Chr. baute Sultan Murad IV. in der Nähe Bethlehems eine Festung. Aber die Osmanen kämpften auf verlorenem Posten. Istanbul war inzwischen mit europäischen Mächten in Kriege verwickelt und verfügte nicht über die Mittel, um in den Provinzen Recht und Ordnung aufrechtzuerhalten.

Dennoch vernachlässigten die Sultane den Haram nicht. 1597 n. Chr. wurde der Felsendom von Sultan Mehmet III. restauriert, 1603 n. Chr. von Ahmed I. und 1617 n. Chr. von

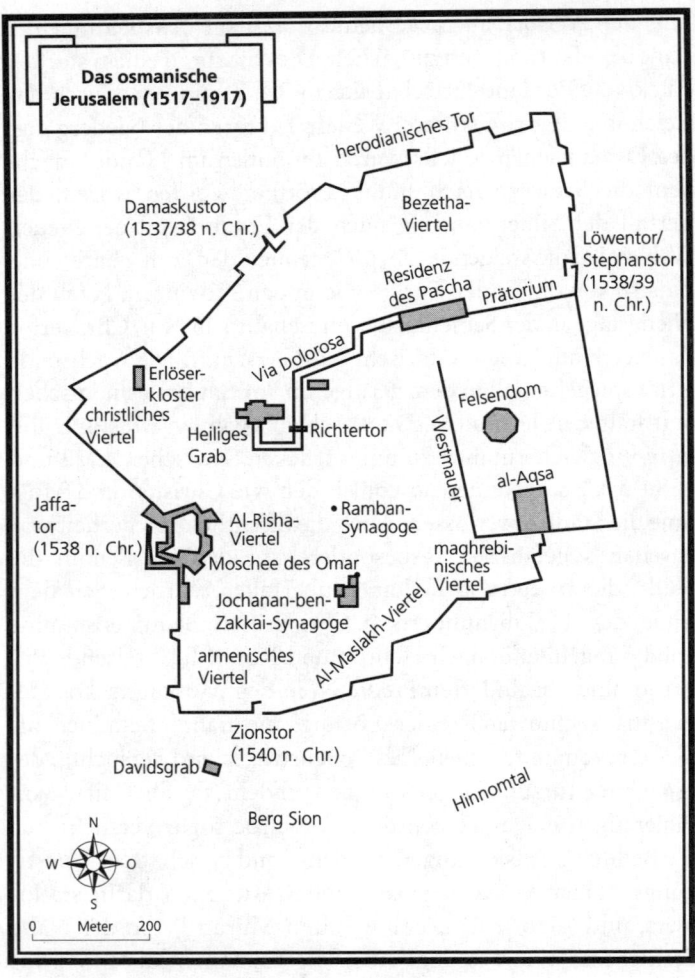

Das osmanische
Jerusalem (1517–1917)

herodianisches Tor

Damaskustor
(1537/38 n. Chr.)

Bezetha-
Viertel

Löwentor/
Stephanstor
(1538/39
n. Chr.)

Residenz
des Pascha

Prätorium

Via Dolorosa

Erlöser-
kloster

Felsendom

christliches
Viertel

Heiliges
Grab

Richtertor

Westmauer

al-Aqsa

Jaffa-
tor
(1538 n. Chr.)

Al-Risha-
Viertel

• Ramban-
Synagoge

Moschee des Omar

maghrebi-
nisches
Viertel

Jochanan-ben-
Zakkai-Synagoge

Al-Maslakh-Viertel

armenisches
Viertel

Zionstor
(1540 n. Chr.)

Davidsgrab

Hinnomtal

Berg Sion

N

W — O

S

0   Meter   200

Mustafa I. Ständig erließen sie Edikte, die die heiligen Stätten betrafen. Eine der Hauptpflichten der Paschas bestand darin, den Haram in Ordnung zu halten und sicherzustellen, daß die Schreine immer sauber und in gutem Zustand waren. Die Einkünfte aus den Stiftungen wurden dafür verwendet, aber die Regierung war immer bereit, sich, falls nötig, an den Kosten zu beteiligen.

Auch wenn sich die Lage in Jerusalem während des 17. Jahrhunderts n. Chr. verschlechtert hatte, war es immer noch eine eindrucksvolle Stadt. Als der türkische Reisende Evlije Chelebi 1648 n. Chr. al-Quds besuchte, war er von der Zitadelle und dem Haram fasziniert und bewunderte sogar das wirtschaftliche Leben in der Stadt. Er stellte fest, daß achthundert besoldete Imame und Prediger im Haram und den umliegenden Medresen angestellt waren, dazu fünfzig Muezzins und eine Unzahl von Koranrezitatoren. Muslimische Pilger zogen noch immer in Prozessionen um den Haram und beteten an den verschiedenen »Stationen«. Chelebi war besonders von dem kleinen Dom des Propheten beeindruckt, und er erfuhr, daß dessen Schwarzer Stein einst rubinrot gewesen sei, bevor ihn die Wasser der Sintflut geschwärzt hätten. Er betete im Kettendom und bewunderte die erlesenen, lapislazulifarbenen Kacheln. Der Haram war das Zentrum ausgeprägter Spiritualität. In den Säulengängen drängten sich Derwische aus Indien, Persien, Kurdistan und Kleinasien. Die ganze Nacht rezitierten sie den Koran und hielten im Licht flackernder Öllampen ihre Gesänge (*dhikr*) ab, bei denen der Name Allahs als Mantra wiederholt wurde. Nach dem Morgengebet wurde in der Moschee der Maghrebinen im südwestlichen Teil des Haram ein weiterer *dhikr* abgehalten – nach Chelebis Ansicht eine laute, verwirrende Veranstaltung.

Er berichtet, der Pascha von Jerusalem habe fünfhundert Soldaten zur Verfügung; eine ihrer Hauptaufgaben bestand darin, jedes Jahr den Pilgerzug aus der Provinz Damaskus nach Mekka zu begleiten. Noch immer erhielten der Kadi und der Pascha das gleiche Gehalt, und aus den Einnahmen der Pilgerzüge bezog jeder noch einmal fünfzigtausend Piaster. Allein an Ostern befanden sich zwischen fünftausend und zehntausend christliche Pilger in der Stadt, die das Heilige Grab erst nach Entrichten eines Eintritts von zehn bis fünfzehn Piastern betreten durften. Muslimische Pilger mußten für den Schutz auf den Straßen bezahlen, wenn sie nach Hebron oder Nabi Musa gingen. Mit seinen schönen Steinhäusern und imposanten Mauern erschien Chelebi Jerusalem wie eine Festung, doch es besaß seinem Bericht nach auch dreiundvierzigtausend Weinberge und viele Blumen- und Gemüsegärten. Die umgebenden Hügel waren mit Olivenhainen bedeckt, die Luft der Stadt war frisch und das Wasser süß. Bei Durchsicht der offiziellen Aufzeichnungen des *muhtasib*, des Aufsehers über den *suq*, stellte er fest, daß Jerusalem zweitausendfünfundvierzig Läden besaß; es gab sechs Gasthäuser, sechs Badehäuser und verschiedene schöne Märkte. Aber vor allem war Jerusalem eine religiöse Stadt. Die Armenier besaßen zwei Kirchen, die Griechen drei, und die Juden hatten zwei Synagogen:

> Obwohl die Stadt klein wirkt, hat sie zweihundertvierzig Gebetsnischen, sieben Schulen zur Lehre der *hadith*, zehn zur Lehre des Korans, vierzig Medresen und Konvente für siebzig Sufiorden.[13]

Aus Sicherheitsgründen wurden die Tore nachts verschlossen, und außerhalb der Stadt gab es keine Häuser, außer auf dem Berg Sion, den Chelebi »Davidische Vorstadt»« nannte.[14]

Chelebi war offensichtlich beeindruckt, dennoch trat nach dem Aufschwung unter Suleiman allmählich eine Stagnation ein. Die meisten Bauarbeiten dienten nur der Erhaltung, und wegen der Krise im Reich gab es wenig direkten Kontakt mit Istanbul. Gelegentlich wurden ansässige arabische Würdenträger zu Emiren von Jerusalem ernannt, eine Praxis, die im 18. Jahrhundert zunahm. Der Kadi stammte gewöhnlich aus Istanbul, die niedrigeren religiösen Posten wurden aber mit Mitgliedern der führenden Familien Jerusalems besetzt. Vier

Muftis (Berater der Scheria) kamen aus der Abu'l-Lutf-Familie und einer aus der der Dajani. Diese Familien stellten auch das Personal für die meisten Lehrposten, die praktisch erblich wurden. Unvermeidlicherweise führte dies zu einem Niveauverlust. 1670 n. Chr. beklagte der Reisende al-Khiyari, daß er in ganz al-Quds keinen angesehenen Gelehrten habe finden können. Doch die Medresen waren immer noch in Betrieb: Chelebi stellte fest, daß vierzig der sechsundfünfzig Mamelukenmedresen geöffnet waren. Die angespannte Lage war jedoch offenkundig. Der Staat bezahlte immer noch die Gehälter der Lehrer und Verwaltungsleute, aber Ende des 17. Jahrhunderts n. Chr. war deren Anzahl gelegentlich höher als die der Schüler. Die Aqsa-Moschee befand sich in schlechtem baulichen Zustand, und die ansässigen Derwische mußten in den Säulengängen Unterschlupf finden. Auch das *waqf*-System war im Niedergang begriffen: Es gab Fälle von Vernachlässigung, Unehrenhaftigkeit und Veruntreuung.

Dem Niedergang des Osmanischen Reiches stand der Aufstieg der europäischen Mächte entgegen, die inzwischen in der Lage waren, den Sultanen Forderungen zu stellen. Die Lage der Franziskaner erfuhr dadurch eine kontinuierliche Verbesserung. Fast jedes Militär- oder Handelsabkommen zwischen Osmanen und europäischen Regierungen schloß eine Klausel bezüglich des Heiligen Grabes ein. Allerdings konnten die europäischen Könige auf die Vorgänge in Jerusalem noch nicht den Einfluß nehmen, den sie sich eigentlich gewünscht hätten. 1621 n. Chr. wurde, als Folge eines Handelsabkommens zwischen Frankreich und Sultan Mustafa I., Jean Lempereur als erster französischer Konsul nach Jerusalem entsandt; er hatte den Auftrag, die Rechte der Franziskaner und der westlichen Pilger zu schützen. Es gelang ihm, die wucherhaften Summen, die die Pilger an Eintrittsgeldern, Strafen und Bestechungen zu entrichten hatten, zu verringern, doch 1631 n. Chr. waren die Paschas ernsthaft verärgert. Ihrer Ansicht nach war der Konsul nur dazu da, den Fuß in die Tür zu stellen. Der Hafen von Jaffa war schließlich nur acht Stunden entfernt. Wie viele westliche

»Konsuln« würden Lempereur folgen und sich in ihr heimisches Brauchtum einmischen? Das Staatsdekret wurde widerrufen, und der Konsul kehrte nach Hause zurück. In Jerusalem wurde kein weiterer Konsul zugelassen, aber 1661 n. Chr. setzten die Franzosen durch, daß ihr Konsul von Sidon oder Akkon die Verantwortung für die lateinischen Christen in Jerusalem übernahm. Sie bedangen sich aus, daß er jedes Jahr an Ostern nach Jerusalem kommen durfte, um die Pilger zu beschützen und sicherzustellen, daß die Zeremonien nicht behindert wurden.

Die griechisch-orthodoxe Kirche verfolgte ihre Interessen inzwischen mit größerem Geschick. Der ökumenische Patriarch saß in Istanbul am richtigen Ort, um am Hof die Fäden zu ziehen und den Sultanen und Wesiren Bestechungsgelder anzubieten. 1634 n. Chr. präsentierte Patriarch Theophanes von Jerusalem während einer Audienz bei Sultan Murad IV. ein Schriftstück, das Kalif Omar 638 n. Chr. dem Patriarchen Sophronius gegeben hatte und das den Byzantinern die Kontrolle über die heiligen Stätten garantierte. Der französische Botschafter in Istanbul erklärte es sofort zur Fälschung, woraufhin Theophanes neuere Dokumente vorlegte, die angeblich von Selim I. und von Suleiman stammten und ebenfalls die Sache der Griechen unterstützten. Sultan Murad erließ einen *firman* zugunsten der Griechen, übergab ihnen die Geburtskirche in Bethlehem und die wichtigsten Orte in der Grabeskirche. Unter Druck von seiten des Papstes, Frankreichs und Venedigs hob der Sultan jedoch diesen *firman* wieder auf, und nach einer Zahlung von sechsundzwanzigtausend Piastern hatten die Franziskaner ihre alte Machtposition wieder inne. Doch nicht für lange. Die Osmanen hatten nun eine wertvolle Geldquelle entdeckt: Die heiligen Stätten gingen von jetzt an an denjenigen, der das meiste Geld bot, und 1637 n. Chr. übernahmen aufgrund eines neuen *firman* die Griechen wieder die Kontrolle am Heiligen Grab.

Es war ein schändlicher Streit um die Vorherrschaft an einem Ort, an dem sich nach christlichem Glauben der Gottmensch freiwillig aller Macht entledigt und den Tod auf sich genommen hatte. Gerade die Franziskaner, denen der Leidensweg Jesu so besonders am Herzen lag, schienen dessen Lehre nicht auf ihr Leben übertragen zu können. Sie fuhren mit ihrem bösartigen Kampf gegen den Islam fort: Während des 16. Jahrhunderts n. Chr. waren zwei weitere Franziskaner hingerichtet worden, weil sie, ein Kreuz schwingend, in den Haram gestürmt waren und den Propheten Mohammed verflucht hatten. Dieser gewaltsame Versuch, sich zum Märtyrer zu machen, war ihr Weg, Christus nachzufolgen. Ihre andere Methode, Christus nachzufolgen, bestand in der Verehrung der Kreuzwegstationen, die in Jerusalem inzwischen zum Stadtbild gehörten. Zu Beginn des 17. Jahrhunderts n. Chr. führten die Franziskaner jeden Freitag die Pilger barfuß die Via Dolorosa hinunter; an acht Stationen, beginnend am Haus des Pilatus am Ecce-Homo-Bogen, hielten sie an, um ein Ave Maria und ein Vaterunser zu beten. Dann zogen sie die Straße hinunter, machten an den Orten halt, wo Jesus unter dem Kreuz zusammengebrochen war, wo er seine Mutter getroffen hatte, wo ihm Simon von Cyrene geholfen und wo er den Frauen der Stadt die Zerstörung Jerusalems prophezeit hatte. Dann besuchten sie das »Gefängnis Christi« in der Grabeskirche, bevor nach Golgotha gezogen wurde. Andere Pilger hatten ihre eigenen Vorstellungen von der Abfolge der Stationen, und einige schmückten ihre heimischen Kirchen mit Darstellungen von Jesu letztem Weg aus. In Europa waren vierzehn Stationen üblich. Im 19. Jahrhundert kamen in Jerusalem auf der Via Dolorosa sechs weitere Stationen hinzu. Dabei handelte es sich um eine ausgesprochen westliche Form der Religiosität. In der griechisch-orthodoxen Kirche stand immer die Auferstehung mehr im Vordergrund als die Passion, aber die Kreuzwegstationen halfen den Menschen, sich über ihre eigenen Schmerzen hinweg mit dem göttlichen Leiden zu identifizieren.

Die Juden entwickelten ganz ähnliche Rituale, die das symbolische Jerusalem zum Inhalt hatten. Nach der Vertreibung aus Spanien hatten sich viele Juden in Safed angesiedelt und entwickelten dort unter dem Einfluß des Kabbalisten Isaak Luria eine neue Form des Mystizismus, die sich auf die Erfahrung des Exils konzentrierte. In der Mystik der lurianischen Kabbala wurde die Auffassung vertreten, daß Gott am Anfang der Zeit mit einem bestimmten Teil seiner selbst ins Exil gegangen sei, um Raum für die erschaffene Welt zu machen. Dabei sei es zu einer Katastrophe gekommen, bei der die Schechinah, die Braut Gottes, von der Gottheit getrennt worden sei; göttliche Funken seien überallhin versprüht und in niederer Materie eingeschlossen worden. Daher waren sogar im Herzen des Seins die Dinge aus dem Lot. Nichts war an seinem richtigen Ort, und das Exil der Juden symbolisierte die kosmische Heimatlosigkeit, unter der sowohl Gott wie die Menschheit litten. Doch die Juden konnten das Exil der Schechinah beenden, indem sie sorgfältig die Gebote der Thora und kontemplatives Beten beherzigten. Diese poetische Mystik – eine Wiederbelebung antiker heidnischer Mythologie – sprach viele Juden an, die in diesen dunklen Zeiten erneut Vertreibung erfahren hatten. Abgeschnitten von ihren Wurzeln, erlebten die Juden die Welt als Reich des Dämonischen, in dem sie mit den Kräften des Bösen zu ringen hatten. Lurias geistige Bilderwelt half ihnen, ihr eigenes Leid zu überwinden, indem sie an eine schließliche Rückkehr zu jener uranfänglichen Einheit glaubten, die vor dem Beginn der Zeit existiert hatte.

Ab Mitte des 16. Jahrhunderts n. Chr. feierten die Kabbalisten von Safed und Jerusalem die Erlösung der Schechinah in Form eines Rituals, das sich ihrer Meinung nach bis in die Sphäre des Göttlichen auswirkte. Jeden Freitag kleideten sie sich in Weiß und zogen in einer Prozession auf die Felder außerhalb der Stadt hinaus, um die Schechinah, die Braut Gottes, zu begrüßen. Danach geleiteten sie die göttliche Gegenwart zurück in ihre Häuser. In jedem Haus war der Speiseraum wie ein Brautgemach mit Myrte geschmückt, und das aufgelegte Brot, der Wein und die Kerzen erinnerten an den Tempel. Auf diese Weise betrat die Schechinah wieder den Debir und war im himmlischen Heiligtum wieder mit der Gottheit vereinigt. Isaak Luria hatte eine Hymne komponiert, die jeweils nach dem Sabbatmahl gesungen wurde:

> Ich ordne nach Süden
> den mystischen Leuchter,
> dem Tisch mit Broten
> geb' ich im Norden Raum
>
> Die Schechinah sei umringt
> von sechs Sabbatbroten,
> nach jeder Seite
> mit dem Oberen verbunden
>
> Geschwächt und verworfen
> die unreinen Kräfte,
> die Dämonen, die dräuen,
> sind gefesselt.[15]

Jedes Haus war eine Nachbildung des Tempels geworden; daher war jedes Haus mit dem himmlischen Jerusalem verbunden, der Heimstatt Gottes. Die ritualisierte Rückkehr der Schechinah bedeutete, daß während einer Nacht in der Woche alles an seinen richtigen Ort zurückkehrte und die Kräfte des Dämonischen unter Kontrolle waren. Der Sabbat wurde so zu einem zeitlichen Heiligtum, zu einem Bild des Lebens, wie es ursprünglich gedacht war. Gleichzeitig deutete das Ritual auf die Rückkehr zur Quelle des Seins voraus – eine Vereinigung, die in der lurianischen Kabbala in sexueller Bildhaftigkeit dargestellt wird.

In Safed nahmen die alten Trauerrituale um den Tempel eine neue Dringlichkeit an. Abraham Halewi Berukim, einem Schüler Lurias, war die Schechinah, weinend und schwarz gekleidet, als Bild auf der Westmauer erschienen. Jeweils zur mitternächtlichen Stunde erhob sie sich, rannte schluchzend durch die Straßen und rief: »Erhebt euch in Gottes Namen, denn die Schechinah ist vertrieben, das Haus unseres Heiligtums ist verbrannt und Israel in großer Not.«[16] Andere vollzogen ausführlichere Mitternachtsrituale. Der Mystiker erhob sich und kleidete sich an, um den »Ritus der Rachel« durchzuführen, bei dem er sich geistig mit der Schechinah ins Exil begab. Dann zog er sich die Schuhe aus und warf sich weinend, das Gesicht in den Staub, zu Boden. Es war ein Akt der *imitatio dei*, mit dem der Kabbalist die kosmische Vertreibung teilte. Doch Luria achtete darauf, daß seine Schüler nicht im Leid verharrten; beständig betonte er die Bedeutung der Freude und des Festlichen. Bei Sonnenaufgang vollzog der Kabbalist den »Ritus der Lea«. Er rezitierte eine Beschreibung der Erlösung der Schechinah und meditierte dabei über ihre schließliche Vereinigung mit Gott, bis er das Gefühl hatte, daß jedes Organ seines Leibes ein Teil des göttlichen Thronwagens geworden war. Jede Nacht erlebte der Kabbalist daher den Übergang von Verzweiflung zu freudiger Vereinigung mit der Quelle des Seins. Er selbst wurde ein Schrein der göttlichen Gegenwart, eine Verkörperung Jerusalems und ein leiblicher Tempel.[17]

Die lurianische Kabbala war eine spiritualisierte Form der alten Mythologie. Es bestand keine Notwendigkeit mehr, tatsächlich die *alijjah* nach Jerusalem zu machen. Im eigenen Heim, in der Tiefe ihres Inneren, konnten die Juden der göttlichen Realität begegnen, die der Stadt ihren Wert verlieh. Im Gegensatz zu Nachmanides war Luria kein Zionist. Seine Ideen verbreiteten sich in Europa wie ein Lauffeuer, wo seine Vision des göttlichen Exils auf die leidenden Juden der Diaspora großen Eindruck machte. Ähnlich wie die sakralen Raumvorstellungen der Antike war diese Art der Mystik im wesentlichen von Einbildungskraft abhängig. Sie hing von der Fähigkeit ab zu erkennen, daß die Symbole die Menschen in eine Realität einführten, die jenseits ihrer selbst existierte. Sie wurden von dem Mysterium durchströmt, das sie in mangelhaften, den Nichteingeweihten verständlichen Begriffen wiedergaben, so daß im Erleben der Gläubigen aus beidem eins wurde. Wenn die Mystik der Kabbala wörtlich genommen wurde, erschien sie entweder vollkommen absurd oder führte sogar zu Katastrophen. Dies wurde am Beispiel des Schabbatai Zewi deutlich, eines Juden, den man heute als Manisch-Depressiven bezeichnen würde.[18] In seinen »manischen« Phasen brach er die Speisegesetze, murmelte den verbotenen Namen Gottes und erklärte, die Thora sei abgeschafft worden. Darauf folgten Phasen tiefster Verzweiflung. Auf seinen Wanderungen traf Schabbatai den jungen Kabbalisten Rabbi Nathan von Gaza, der von Schabbatai tief beeindruckt war und ihn zum Messias erklärte. Wenn er in Depressionen versank, hatte er seiner Meinung nach das Reich des Dämonischen betreten, wo er die Mächte des Bösen bekämpfte; er würde die Schechinah aus dem Staub erheben und das göttliche Exil beenden. In seinen »manischen« Phasen sagte er dementsprechend das messianische Zeitalter nach der Erlösung voraus, in dem man keine Thora mehr brauchen würde und nichts mehr verboten wäre.

Am 31. Mai 1665 n. Chr. erklärte sich Schabbatai selbst zum Messias und verkündete, er würde sich nach Jerusalem aufmachen. Er wählte zwölf junge Rabbiner zu seinen Schülern, jeweils einen für die zwölf Stämme Israels. Seine Absicht war, auf den Tempelberg zu gehen und dort die Opferriten wiederaufzunehmen: Nathan wurde zum Hohenpriester ernannt. Als die Juden Jerusalems davon hörten, entstanden Panik und Verwirrung. Ihre Lage war bereits schwierig genug, und wenn Schabbatai das Heiligtum auf dem Haram entweihte, könnte die Vergeltung der Muslime wahrlich furchtbar ausfallen. Sie baten Schabbatai, seinen Plan aufzugeben. Er war verzweifelt: Die Erlösung war so nah gewesen, und nun mußte sie wiederum aufgeschoben werden! Er ging trotzdem nach Jerusalem, wo er verkündete, daß die Thora widerrufen und er der König von Israel sei. Die Rabbiner übergaben ihn dem Kadi, der ihn des Verrats anklagte, obwohl er zweifellos erkannte, daß der Mann nicht bei klarem Verstand war. Schabbatai jedoch sah darin eine Bestätigung seiner Mission und ritt, mit einem grünen Umhang bekleidet, durch die Straßen der Stadt: Dies war wiederum ein Akt der Auflehnung, denn den *dhimmi* war es verboten, auf Pferden zu reiten, und Grün war die Farbe des Propheten.

Schabbatai verließ Jerusalem, aber in allen jüdischen Gemeinden des Osmanischen Reichs, ebenso in Italien, Holland, Deutschland, Polen und Litauen, herrschte fanatische Begeisterung über diesen seltsamen, geheimnisvollen Messias. Doch alles endete in Tränen. 1666 n. Chr. traf Schabbatai in Istanbul ein, um den Sultan zu bitten, ihn zum König der Juden zu krönen und ihm die Stadt Jerusalem zurückzugeben. Der Sultan jedoch, der eine jüdische Revolte befürchtete, stellte ihn vor die Wahl, entweder zum Islam überzutreten oder die Todesstrafe zu erleiden. Schabbatai entschied sich für den Übertritt und lebte offensichtlich als frommer Muslim, bis er zehn Jahre später starb. Eine erstaunliche Anzahl von Anhängern blieb bei ihm, aber die meisten Juden, über den abtrünnigen Messias entsetzt, waren nicht nur von Schabbatai, sondern auch von der lurianischen Mystik ernüchtert, die als treibende Kraft hinter seinem Wirken gestanden hatte. Doch die lurianische Mystik beschäftigte sich in erster Linie mit seelischen Wirklichkeiten. Sie war nicht darauf angelegt, wörtlich genommen in der Welt der Politik Anwendung zu finden. Luria hatte die Juden nicht gedrängt, tatsächlich nach Zion zurückzukehren. Statt dessen hatte er ihnen einen spirituellen Pfad gewiesen, der von Zerfall und Heimatlosigkeit zur Quelle des Seins führte. Diese Mythologie ergab keinen Sinn, wenn sie in krude Handlungskonzepte übersetzt wurde.

Den Menschen in Europa wurde zunehmend bewußt, daß die alten Mythen der sakralen Räume keinen Reiz mehr für sie besaßen. Eine wissenschaftliche Revolution hatte eingesetzt, die schließlich die ganze Welt umformen sollte. Dieser neue Rationalismus ermunterte sowohl Katholiken wie Protestanten, die physischen Eigenschaften von Phänomenen zu untersuchen, statt sie als Symbole des Unsichtbaren anzusehen. Rücksichtslos mußten daher derlei unbewiesene und unbeweisbare Vorstellungen ausgetilgt werden, die Aufmerksamkeit mußte auf die Objekte selbst gerichtet werden, und es mußte herausgefunden werden, woraus sie tatsächlich bestanden. Es war eine vollkommen neue Betrachtungsweise, die zu einer wissenschaftlichen Verzeichnung der Welt führte, und aus dieser Perspektive war es natürlich Unsinn zu behaupten, Jerusalem sei der Mittelpunkt der Welt. Mit der Veränderung der Einstellung wandelten sich in Europa auch die religiösen Auffassungen, und man suchte nach einer Religion, die Mythen, Fiktionen und Mysterien vermied und sich auf die sogenannten Fakten konzentrierte, die logisch beweisbar waren. Eine Religion der Vorstellungskraft interessierte nicht. Die traditionellen Symbole und Glaubensbilder wurden ihrer numinosen Bedeutung beraubt, wenn man sie kritisch im kalten Licht der Vernunft untersuchte. Sie waren *nur* noch Symbole, vollkommen verschieden von der Realität, die sie repräsentierten. Das Ritual wurde *bloße* Zeremonie; liturgische Handlungen waren nicht mehr untrennbar verbunden mit der spirituellen Dynamik, die sie versinnbildlichten. Die protestantischen Reformen hatten das Symbol von der göttlichen Realität bereits geschieden. Für Zwingli war das Brot der Eucharistie nur mehr ein bloßes Symbol, vollkommen verschieden vom substantiellen Leib Christi. Die ausgefeilten Zeremonien der katholischen Liturgie galten als bedeutungslose Ablenkung von der Wahrheit, nicht als *imitatio dei*, die das zeitlose Mysterium in die Gegenwart brachte. Leben, Tod und Auferstehung Jesu waren Ereignisse, die sich in der Vergangenheit zugetragen hatten, und keine ewige Dimension der Wirklichkeit.

Natürlich wurden dadurch die alten Vorstellungen von heiligen Räumen bedeutungslos. »Heilige Orte« konnten keine Verbindung mehr zur himmlischen Welt herstellen. Gott konnte nicht auf einen Ort beschränkt werden, weil er unbegrenzt war, und ein bestimmter Ort war nur deswegen »heilig«, weil er zu religiösen Zwecken ausgewählt worden war. Für den Puritaner John Milton waren die Pilger nur noch diejenigen, »die in so weite Fernen irrten, um ihn (Jesus) in Golgotha als Toten aufzusuchen, der doch im Himmel lebend weilt«[19]. Aber auch die Katholiken waren an den wissenschaftlichen Umwälzungen in Europa beteiligt, und auch sie stellten fest, daß ein Heiligtum nun eine andere Bedeutung für sie hatte.

Felix Fabri hatte den aufkommenden Skeptizismus des neuen Europa bereits zum Ausdruck gebracht. Die Europäer des 17. Jahrhunderts n. Chr., die Jerusalem besuchten, waren eher Touristen als Pilger. Der britische Reisende John Sanderson, der 1601 n. Chr. in die Stadt kam, hatte beim Anblick des Heiligen Grabes weder geweint, noch war er in Verzückung gefallen. Er schlenderte einfach durch die Kirche und beobachtete den Eifer der Katholiken und Orthodoxen mit distanzierter Amüsiertheit.[20] Als Henry Maundrell, der Kaplan der englischen Levantekompanie in Aleppo, 1697 n. Chr. Palästina besuchte, war er wesentlich erzürnter über den »Unsinn« des »leeren Bildwerks«, das seine Vorfahren in Erschütterung versetzt hatte. Er war genauso an griechischen und römischen Altertümern interessiert wie an biblischen Orten. Als er der Zeremonie des heiligen Feuers beiwohnte, war er entsetzt von der ekstatischen Begeisterung der Massen, die ihm als reiner »Wahn« erschien, als »vollkommenes Tollhäuslertum«[21].

Besonders abstoßend fand er den Streit zwischen griechischen und lateinischen Christen am Grab des Herrn, in dem sich all die mörderische Wut und der Fanatismus zeigten, den die Verfechter kühlen Verstands zu überwinden trachteten. Kurz zuvor war es zu einer neuen Vereinbarung bezüglich des Heiligen Grabes gekommen, nachdem Österreich, Polen und Venedig in der Schlacht von Belgrad 1688 n. Chr. über die Osmanen gesiegt hatten. Die Franziskaner hatten nun wieder die Aufsicht inne. Maundrell erklärte, daß sie und ihre griechisch-orthodoxen Widersacher

zuweilen zu Schlägen und Beschimpfungen übergingen, sogar direkt am Eingang des Heiligen Grabes, wobei sich ihr Blut mit dem ihrer Opfer mischte. Als Beweis dieser Wutausbrüche zeigte uns der franziskanische Pater, der das Wächteramt innehatte, eine große Narbe auf seinem Arm,

492

die ihm seiner Aussage gemäß ein kräftiger griechischer Priester während eines dieser unheiligen Kriege beigebracht
hatte.[22]

Es sei sinnlos, von einem neuen Kreuzzug zu träumen, um diese
»heiligen Stätten« zu befreien, denn »wenn sie zurückerobert
würden, welch beklagenswerte Kämpfe würden dann wohl
folgen, wenn sie schon jetzt, noch unbefreit, der Gegenstand
solch unchristlichen Zorns und solcher Feindseligkeiten
sind«[23].

Zu Beginn des 18. Jahrhunderts schien das Osmanische
Reich unwiderruflich am Ende zu sein. Die Sultane waren
schwach und gaben sich privaten Vergnügungen hin, die sie
durch den Verkauf öffentlicher Ämter finanzierten. Die Paschas der Provinzen und Bezirke wurden nicht mehr aufgrund
ihrer Fähigkeiten ausgewählt, sondern weil sie sich ihre
Machtposition durch Bestechungsgelder erkauft hatten. Als
die Sultane merkten, daß sie die Kontrolle über die Paschas
verloren hatten, wurden sie jährlich ausgewechselt. Das hatte
ernste Folgen für die Provinzen. Es lohnte sich schlichterdings
nicht, Gebäude zu reparieren oder die jeweilige Verwaltung zu
reformieren, wenn man im folgenden Jahr sein Amt freima-
chen mußte. Da das Vermögen der Paschas am Ende ihrer
Amtszeit zuweilen konfisziert wurde, versuchten sie oft, aus
ihrem Bezirk soviel Geld wie möglich herauszupressen; sie
ließen ihn mittels ungerechter Besteuerung, Ausbeutung, ille-
galer Landenteignungen und anderer bedenkenloser Maßnahmen ausbluten. Istanbul hatte das Reich skrupellosen Verwaltern überlassen. Bauern begannen ihre Dörfer zu verlassen, um
den räuberischen Paschas zu entgehen, wodurch der Niedergang des Landes beschleunigt wurde, das durch die Überfälle
der Beduinen ohnehin schon stark geschädigt war. 1660
n. Chr. stellte der französische Reisende L. d'Arrieux fest, daß
die Gegend um Bethlehem fast vollkommen verlassen war,
nachdem die Bauern vor den Paschas nach Jerusalem geflohen
waren.

1703 revoltierten die Einwohner Jerusalems gegen die hohe Besteuerung des Paschas Jurij Muhammad. Muhammad ibn Mustafa al-Husaini führte den Angriff auf die Zitadelle. Die Angreifer befreiten alle Gefangenen und zwangen den Pascha zur Flucht. Al-Husaini wurde an seiner Statt Gouverneur, und es dauerte drei Jahre, bis die Türken Jerusalem wieder unter ihre Kontrolle bekamen. 1705 griff Jurij Muhammad, inzwischen Provinzgouverneur (*wali*) von Damaskus, Jerusalem mit zweitausend Janitscharen an. Doch die Stadt konnte erst nach langen und verzweifelten Kämpfen erobert werden.

Die türkischen Gouverneure verloren zunehmend an Macht. Es gelang ihnen nicht einmal mehr, von der aufsässigen Bevölkerung die Steuern einzutreiben. Jedes Jahr mußte der *wali* aus Damaskus mit Soldaten kommen, um die Einwohner zur Zahlung zu zwingen. Selbst diese Maßnahme war nicht immer erfolgreich. In den osmanischen Quellen des 18. Jahrhunderts finden sich praktisch keine Eintragungen über die Einnahmen der Stadt, weil sie möglicherweise so geringfügig waren, daß sich keine Aufzeichnungen lohnten.[24] Der Pascha konnte sich in seinem eigenen *sanjak* nicht bewegen, ohne die Beduinen zu bestechen. Daher ging Istanbul dazu über, einheimische Araber als Gouverneure zu ernennen, die in Jerusalem von den Familien der Turqan und Nimr aus Nablus gestellt wurden. Omar al-Nimr (1717–1731) erwies sich als besonders erfolgreich und wurde für eine zweite Amtszeit bestellt. Er arbeitete mit den Notablen Jerusalems zusammen, hielt die Pilgerrouten von Beduinen frei und schaffte es sogar, die Streitigkeiten unter den Christen in angemessenen Grenzen zu halten. Die meisten Gouverneure jedoch erwiesen sich als schwach und konnten die Ordnung innerhalb der Mauern kaum aufrechterhalten. Darüber hinaus weigerten sich die Einwohner Jerusalems, einen Gouverneur anzuerkennen, der nicht nach ihrem Geschmack war.

Aufgrund der Schwäche der Paschas gewannen die tonangebenden Familien der Stadt an Einfluß und nutzten das Machtvakuum. Die Familien der Husaini, Khalidi und Abu'l Lutf übernahmen einen zunehmenden Anteil der Verwaltung. Sie waren oft das einzige Verbindungsglied zwischen der einheimischen Bevölkerung und der Regierungsmacht und darauf bedacht, mit den einflußreichen Kreisen in Damaskus und Istanbul gute Beziehungen zu unterhalten. Dafür wurden sie mit großen Pachtgütern und wichtigen Ämtern belohnt. Während des ganzen 18. Jahrhunderts stellte die Familie der Abu'l Lutf die Muftis, während die Husainis den Vorsitz über den Gerichtshof (*shari'a*) innehatten. Über mehrere Generationen hinweg waren die Khalidi stellvertretende Richter und Hauptschriftführer am Hof der *shari'a*. Musa al-Khalidi (1767–1832), eine herausragende Autorität auf dem Gebiet islamischen Rechts, war in Istanbul hoch angesehen und wurde Oberster Richter von Anatolien; damit bekleidete er eines der drei höchsten Richterämter im Reich.

Jerusalem zog weiterhin Sufis und Gelehrte aus Syrien und Ägypten an. Es gab inzwischen mehr theologische Gelehrte (*ulema*) in der Stadt als im 17. Jahrhundert n. Chr., und einige der Gelehrten richteten wichtige Privatbibliotheken ein. Dennoch verfielen die Medresen zunehmend. Mitte des 18. Jahrhunderts waren nur noch fünfunddreißig übrig, und einige Zeit darauf gab es praktisch überhaupt keine mehr. Aufgrund der wachsenden Wirtschaftsnot und der zunehmenden Verarmung der Bevölkerung in der Stadt erloschen viele der Stiftungen (*waqf*), andere wurden aufgelöst, und deren Besitzstand wurde veräußert. Einige Muslime versuchten, ihren Verlust dadurch wettzumachen, daß sie den Stiftungsbesitz verpachteten und ihn später sogar an Nichtmuslime verkauften.

Den *dhimmi* erging es genauso schlecht wie den Muslimen. Im frühen 18. Jahrhundert war die Gemeinde der Aschkenasim so schnell gewachsen, daß sie den Pascha bestechen konnten und damit die Erlaubnis erhielten, eine neue Synagoge und vierzig Unterkünfte für die Armen im Süden Jerusalems zu erbauen. Dabei verschuldeten sie sich stark und wurden mit einer ungeheuren Zinslast belegt. Das Leben der Aschkenasim in Jerusalem war ohnehin schwer, da sie kein Arabisch sprachen und mit den Gepflogenheiten nicht vertraut waren. Nun wagten sie kaum mehr, ihre Häuser zu verlassen, aus Furcht, von ihren Gläubigern ergriffen und ins Gefängnis geworfen zu werden. 1720 waren sie mit ihren Zahlungen so weit in Rückstand geraten, daß die Türken ihren Besitz konfiszierten und sie die Stadt verlassen mußten. Zweihundert Familien zogen nach Hebron, Safed und Damaskus, obwohl in diesen Städten die Verhältnisse kaum besser waren.[25] Es sollte ein ganzes Jahrhundert dauern, bis sich die Aschkenasim wieder in der Lage sahen, sich in Jerusalem anzusiedeln. Die jüdische *taifa* in Jerusalem war nun ausschließlich sephardisch. Die Gemeinde wohnte im Stadtteil Sharaf, der im Lauf der Jahrhunderte, während sich die Krise des Osmanischen Reichs verschärfte, beträchtlich verfiel. Die Sephardim besuchten vier miteinander verbundene Synagogen, die, wie man annimmt, an der Stelle der Synagoge von Rabbi Jochanan ben Zakkai erbaut waren: Direkt anschließend an die Ben-Zakkai-Synagoge standen die drei kleineren Synagogen des Propheten Elias, die Kehal-Zion- und die Istanbuli-Synagoge. Am Ende des 18. Jahrhunderts befanden sie sich in beklagenswertem Zustand. Das ganze jüdische Viertel bestand aus einer Vielzahl vernachlässigter Häuser, und die Straßen waren mit verfaulendem Unrat übersät. Krankheiten grassierten, und die Sterblichkeitsrate war hoch. Die Synagogen waren halb verfallen, Regen fiel durch die Dächer, und die Kulthandlungen mußten eiligst vollzogen werden, bevor die Synagoge überschwemmt war. Nicht selten löste sich die Gemeinde unter Tränen auf.

Die lateinischen Christen befanden sich in einer besseren Lage, weil sie von reichen ausländischen Gemeinden unterstützt wurden. Im Jahr 1720, als die Aschkenasim ihren Besitz verloren, war es den Franziskanern möglich, die Mosaiken in der Grabeskirche zu restaurieren und ihren dortigen Konvent zu vergrößern. Aber wie die Griechen, die Kopten und Armenier, die ebenfalls Wohnungen in der Kirche hatten, waren sie praktisch zu Gefangenen geworden. Die türkischen Machthaber verwahrten die Schlüssel, und die Christen wagten nicht, das Gebäude zu verlassen, aus Angst, ihr Besitzrecht zu verlieren. Das Essen wurde ihnen durch eine große Öffnung in der Vordertür hineingereicht. Jedes der Bekenntnisse kontrollierte einen bestimmten Bereich der Kirche, und 1720 hatten die Franziskaner immer noch die begehrtesten Stätten unter ihrer Aufsicht. 1732 gelang es den Franzosen, den Sultan unter Druck zu setzen, und ihnen wurden neue, auf unbegrenzte Dauer geltende Rechte gewährt. Die Franzosen wurden nun als die offiziellen Schirmherren der lateinischen Christen im Osmanischen Reich anerkannt, und die Franziskaner wurden als Kustoden des Heiligen Grabs bestätigt. 1757 wurde den Franziskanern auch das Grab der Jungfrau Maria im Kidrontal übertragen.

Die griechisch-orthodoxe Kirche hatte dies alles mit wachsendem Zorn betrachtet und fand die Vorgänge schließlich unerträglich. Am Tag vor Palmsonntag stürmten sie in die Rotunda und zerschlugen die Gerätschaften und Lampen der Lateiner. Es kam zu blutigen Auseinandersetzungen, bei denen einige Menschen schwer verletzt wurden. Die Franziskaner flüchteten sich in die Erlöserkirche, die von griechischen und arabischen Mitgliedern der orthodoxen Kirche belagert wurde, und der Patriarch eilte vor den Obersten Gerichtshof von Istanbul. Da die Franzosen zu sehr in die Kämpfe des Siebenjährigen Krieges in Europa verwickelt waren, um den Türken im Krieg gegen Rußland beizustehen, hatte der Sultan keine Bedenken, einen *firman* zugunsten der Griechen zu erlassen. Dieses außerordentlich wichtige Dokument hat immer noch Gültigkeit, weshalb die Griechen bis heute die Oberaufsicht über das Heilige Grab ausüben. 1774 wurde ihre Position noch gestärkt, als Rußland zum offiziellen Schirmherrn der orthodoxen Christen im Osmanischen Reich ernannt wurde.

Ende des 18. Jahrhunderts war Jerusalem eine verarmte Stadt. Der französische Reisende Constantin Volney wollte seinen Augen kaum trauen, als er 1784 Palästina besuchte und zwei Tage nachdem er Nablus verlassen hatte, in einer Stadt ankam,

die ein schlagendes Beispiel für das Auf und Ab menschlichen Lebens darstellt, wenn wir sehen, daß ihre Mauern
geschleift, die Gräben aufgefüllt und alle Gebäude von Ruinen umgeben sind, so daß wir kaum glauben können, die
berühmte Metropole vor uns zu haben, die einst den Angriffen der mächtigsten Reiche widerstanden hat ... mit einem
Wort, nur mit Mühe erkennen wir Jerusalem.[26]

Volney war ein moderner Europäer. Er kam nicht als Pilger,
sondern leitete die erste wissenschaftliche Untersuchung über
Jerusalem, die nach einem vorbereiteten Fragenkatalog vor-
ging. Sein Gegenstand war das Studium der Geographie, des
Klimas, des sozialen Lebens und der Wirtschaft der Stadt. Ihre
Heiligkeit war nur insofern von Interesse, als sie sich auf die
Ökonomie auswirkte. Volney stellte fest, daß die Türken aus
der Dummheit der Christen eine Menge Profit schlugen. Grie-
chen, Kopten, Abessinier und Armenier arbeiteten ständig dem
Pascha in die Hände, indem sie große Bestechungssummen
bezahlten, »um Privilegien für sich zu erhalten oder sie ihrem
Gegner wegzunehmen«:

> Wegen angeblicher Verfehlungen erhebt jede Sekte bestän-
> dig Klage gegen die andere. Wurde eine Kirche heimlich
> restauriert, wurden bei einer Prozession die üblichen Gren-
> zen überschritten, oder war ein Pilger durch ein anderes Tor
> eingetreten als vorgeschrieben? All dies ist Gegenstand von
> Klagen, die der Regierung vorgetragen werden, die nie ver-
> säumt, daraus in Form von Strafgeldern und Erpressung zu
> profitieren.[27]

Das unverhohlene Besitzstreben der Christen Jerusalems untergrub inzwischen ihre Position und ihr Ansehen in der Heiligen Stadt.

Volney stellte fest, daß nur sehr wenige Pilger aus Europa
nach Jerusalem kamen – eine Tatsache, die verschiedene Gemeinden in der Stadt empörte. Manche Reisende wurden viel-

leicht auch von seiner düsteren Beschreibung Jerusalems, das tatsächlich schwere Zeiten durchmachte, abgeschreckt. Doch das Bild war nicht so trostlos, wie er es schilderte. Die Mauern beispielsweise waren nicht »geschleift«, wie er behauptet, obwohl er recht hat, wenn er von den zugeschütteten Gräben spricht, die sie umringten. In der Stadt und um sie herum waren riesige Schutt- und Müllhalden aufgehäuft, die die Gräben zuweilen bis in eine Tiefe von zwölf Metern ausfüllten. Tatsächlich war ein Großteil der Stadt auf den Trümmern erbaut worden, die sich über die Jahrhunderte hinweg angesammelt hatten. Im Norden der Stadt gab es mehrere Hügel, die aus dem Abfall der Seifensiedereien bestanden.[28] Jerusalem galt ganz allgemein als ungesund; es gab keine Abwasserkanäle, schlechte Wasserversorgung und viel Armut. Andererseits waren aber immer noch neun Seifensiedereien in Betrieb, auch die keramischen Werkstätten stellten zunehmend einen wichtigen Wirtschaftszweig dar, und die Märkte waren gewöhnlich gut bestückt. Chelebi war von der großen Anzahl an Weinbergen und Gärten in der Stadt und deren Umgebung verblüfft gewesen, und sie prägten noch immer das Bild Jerusalems, vor allem in der Gegend von Bezetha im Nordwesten der Stadt, der spärlich besiedelt war. Die *waqfiyya* von Scheik Muhammad al-Khalili zeigt, daß es viele Weinberge und Obstgärten mit Feigen, Oliven, Äpfeln, Granatäpfeln, Maulbeeren, Aprikosen und Mandelbäumen innerhalb und außerhalb der Mauern gab. Einige Teile der Stadt waren zweifellos heruntergekommen, aber es gab auch schöne Land- und Stadthäuser, die den vornehmen Familien Jerusalems gehörten. Der Scheik selbst erbaute zwei große Häuser außerhalb der Stadtmauern und betonte, wie wichtig es sei, die Gebäude in gutem Zustand zu erhalten und nicht zuzulassen, daß sie in die Hände von Nichtmuslimen fielen, die immer noch mit begehrlichen Blicken auf Jerusalem sahen.[29] Die weitsichtigeren Einwohner der Stadt fühlten sich angesichts der neuen französischen und russischen »Schutzherrschaften« unbehaglich; als die Franzosen einen neuerlichen Vorstoß machten, einen Konsul in Jerusalem einzusetzen, stellten die einheimischen Muslime sicher, daß er entfernt wurde. Aber Constantin Volney, der in wissenschaftlichem Auftrag unterwegs war, war nur der Vorbote eines wesentlich eindrucksvolleren westlichen Aufgebots.

1798 segelte Napoleon mit ganzen Scharen von Orientexperten nach Ägypten, die den Auftrag hatten, als Wegbereiter der Kolonisation eine wissenschaftliche Studie der Region zu erstellen. Im Januar 1799 entsandte Napoleon dreizehntausend französische Soldaten nach Palästina, die das Heer der Osmanen bei El Arisch und Gaza schlugen, bevor sie die Küste hinaufzogen. Geographen und andere Wissenschaftler erforschten das Hügelland, während die Truppen auf der Küstenstraße vorrückten. In Ramlah rief Napoleon die Juden, Christen und Muslime auf, das osmanische Joch abzuschütteln und sich der Freiheitsbewegung des revolutionären Frankreich anzuschließen. In Jerusalem brachen Panik und Wut aus. Die einheimischen Muslime griffen die Erlöserkirche an und nahmen einige der Franziskaner – die Anhänger Frankreichs – als Geiseln, aber der Sultan bestand darauf, daß deren Kirchen und Besitz geschützt werden sollten, solange sie ihre Kopfsteuer (*jizya*) bezahlten. Scheik Musa al-Khalidi, der in Jerusalem geborene Kadi von Anatolien, rief die Einwohner Palästinas auf, ihr Land gegen die Franzosen zu verteidigen, und alle wehrfähigen Männer Jerusalems wurden vom *wali* von Damaskus zum osmanischen Heer eingezogen.

Napoleons Heer wurde von einer Seuche befallen, drang aber bis Akkon vor, woraufhin er nicht nur von der britischen Flotte, sondern auch von den Streitkräften des Ahmed Jezzar Pascha, des *wali* von Sidon, zurückgeschlagen wurde, der enormen Mut und Tatkraft bewies. Napoleon war besiegt und mußte nach Europa zurückkehren, ohne im Nahen Osten eine Kolonie errichten zu können. Aber mit seinem Vorstoß waren fortschrittliches Denken und westliche Wissenschaft nach Palästina gedrungen. Bald sollten andere Kolonialisten folgen und Jerusalem zwingen, ins Zeitalter der Moderne einzutreten.

16
Wiederbelebung

Das 19. Jahrhundert begann schlecht in Jerusalem. Es herrschten Armut und Spannungen in der Stadt. Das osmanische System war weiterhin in Auflösung begriffen, und die Einwohner litten unter der unfähigen Regierung. Jerusalem war nominell ein Teil der Provinz Damaskus, wurde aber während der Anfangsjahre des neuen Jahrhunderts vom *wali* von Sidon regiert. Es gab noch andere arabische Regenten, Muhammad Abu Muraq etwa, der für seinen Despotismus sowohl gegenüber Muslimen wie *dhimmi* berüchtigt war. Es gab auch Spannungen zwischen den verschiedenen Gemeinden. Im Jahr 1800 hatte Jerusalem etwa achttausendsiebenhundertfünfzig Einwohner: viertausend Muslime, zweitausendsiebenhundertfünfzig Christen und zweitausend Juden. Sie alle teilten sich einen gemeinsamen *suq* und lebten dicht gedrängt um ihre Hauptschreine. Die Beziehungen zwischen den einzelnen Gemeinden waren zum Teil freundschaftlich. Zwischen den Muslimen im maghrebinischen Viertel und den Juden, die deren Bezirk durchqueren mußten, wenn sie zur Westmauer gingen, herrschte gutes Einvernehmen. Andererseits war es Juden verboten, die Grabeskirche zu betreten, und die Beziehungen zu den Christen waren so zerrüttet, daß sie sich von deren Viertel fernhielten. Zwischen den verschiedenen christlichen Bekenntnissen herrschten so große Animositäten, daß die kleinste Provokation in Gewalttätigkeit umschlagen konnte. Die Beziehungen zwischen Sephardim und Aschkenasim, die zwischen 1810 und 1820 nach Jerusalem zurückgekehrt waren, waren angespannt. Das gesamte Klima in der Stadt war von Frustration und Unmut gekennzeichnet, und das alte Ideal der Integration erschien als ein vergangener Traum. Diese Spannungen machten sich häufig in Aufruhr und Aufstand Luft.

1808 war in der Grabeskirche ein Feuer ausgebrochen. Es war in der Helenakapelle entstanden, die inzwischen unter der Aufsicht der Armenier stand, und hatte sich rasch ausgebreitet. Die ganze Kirche brannte aus, und die Säulen, die die Kuppel stützten, brachen ein. Sofort erhoben die verschiedenen Gemeinden Beschuldigungen gegeneinander. Die Armenier wurden beschuldigt, das Feuer absichtlich gelegt zu haben, um die derzeit bestehenden Besitzverhältnisse in der Kirche zu ändern; andere behaupteten, die griechisch-orthodoxen Priester hätten in betrunkenem Zustand ein Holzstück entzündet und dann versucht, die Flammen mit Weinbrand zu löschen. Da der Wiederaufbau die Frage des rechtmäßigen Besitzes aufwarf, setzte ein heftiger Wettstreit ein, wer die Leitung der Restaurationsarbeiten übernehmen würde; jedes der verschiedenen christlichen Bekenntnisse versuchte, das andere auszuschalten, und wandte sich an seinen jeweiligen ausländischen »Beschützer« um Unterstützung. Schließlich gelang es den Griechen, sich das Privileg zu erkaufen, und 1819 begannen die Reparaturarbeiten. Aber Bauen war in Jerusalem seit jeher mit Emotionen verbunden gewesen, und den Muslimen war die Grabeskirche seit langem ein Dorn im Auge, was vor allem in Zeiten wirtschaftlicher Not zum Ausdruck kam. Nun belagerten sie die Residenz des Paschas und verlangten, daß die Arbeiten eingestellt werden sollten; ihnen hatten sich die ansässigen Janitscharen angeschlossen, die verärgert waren, daß in der Zitadelle andere Truppen stationiert worden waren. Bald war die ganze Stadt in Aufruhr. Die Rebellen griffen das griechisch-orthodoxe Patriarchat an, besetzten die Zitadelle und vertrieben den Pascha aus der Stadt. Der Aufstand wurde erst niedergeschlagen, als der *wali* von Damaskus eine Militärabordnung schickte, die die Zitadelle belagerte. Sechsundvierzig Rädelsführer wurden enthauptet und deren Köpfe nach Damaskus geschickt.

Der Wiederaufbau der Grabeskirche wurde fortgesetzt, aber die Bauarbeiten erwiesen sich als ein Werk der Vernichtung. Die Griechen nutzten die Gelegenheit, alle Spuren der lateinischen Christen aus dem Bauwerk zu tilgen. Sie entfernten den Überbau, den die Franziskaner während des 18. Jahrhunderts über dem Grab angebracht hatten, ebenso die Gräber von Gottfried von Bouillon und König Balduin I. Von nun an war ein griechischer Mönch der Hüter des Heiligen Grabes. Die Franziskaner wurden auf den nördlichen Teil des Gebäudes verwiesen, die Armenier auf die Helenakapelle, die Kopten auf eine kleine Kapelle westlich des Grabes und die Syrer auf eine Kapelle an der Rotunda. Die Äthiopier wurden gezwungen, ihr Kloster und ihre Kirche auf dem Dach zu erbauen. An ihrer heiligsten Stätte war es den Christen nicht möglich, friedlich miteinander auszukommen: Einer muslimischen Familie wurden die Schlüssel der Kirche übergeben, die bis auf den heutigen Tag das Privileg besitzt, auf Anweisung der verschiedenen Bekenntnisse die Kirche auf- und zuzusperren. Diese umständliche Regelung war notwendig, da nicht darauf vertraut werden konnte, daß eine Sekte die andere einließ. Die verschiedenen Bekenntnisse hielten abwechselnd Gottesdienste am Heiligen Grab ab, aber dies führte häufig zu Streit und Unannehmlichkeiten, wie auch ein schockierter britischer Besucher feststellte:

> Sagen wir, die Kopten stehen vor dem Schrein: Lange bevor sie ihren sechzig Minuten dauernden Gottesdienst beendet haben, versammeln sich die Armenier in großer Zahl um den Chor, nicht um sich den Gebeten und Kniebeugen anzuschließen, sondern um profane Melodien zu summen, die koptischen Priester anzuzischen und während des Morgengebets zu schwatzen, zu scherzen und zu knurren.

Oft kam es zwischen den Gläubigen zu tätlichen Auseinandersetzungen, dann stürmten die türkischen Wachen herein, die ständig vor der Kirche postiert waren, um die Streitigkeiten zu beenden – »eine Veranstaltung mit Kerzen, Gaunern und Kruzifixen«[1]. Wenn kein Blut vergossen wurde, ging der Gottesdienst weiter, aber die Soldaten hielten mit dem Gewehr in Anschlag Wache. Wenn Barmherzigkeit und Liebe tatsächlich die Merkmale dieser Religion sein sollten, hatte die Christenheit in Jerusalem eindeutig versagt.

1821, als die Griechen des Peloponnes gegen die Osmanen rebellierten, kam es zu weiteren muslimischen Demonstrationen gegen die Christen. Wiederum wurde das griechisch-orthodoxe Patriarchat angegriffen, obwohl der Kadi und die führenden Jerusalemer Familien aufgrund strikter Anweisung aus Istanbul alles taten, um die Gewalttätigkeiten zu unterbinden. 1824 kam es zu noch ernsthafteren Unruhen. Mustafa Pascha, der neue *wali* von Damaskus, verzehnfachte die Steuern. Sofort revoltierte die Landbevölkerung in den Dörfern um Jerusalem, und der Pascha kam mit fünftausend Soldaten aus Damaskus, um die Revolte niederzuschlagen. Diesmal unterstützten die führenden Familien Jerusalems die Osmanen nicht, sondern schlossen sich der Land- und Stadtbevölkerung an. Sobald der Pascha in der Annahme, den Aufstand erstickt zu haben, nach Damaskus zurückgekehrt war, stürmten die Einwohner Jerusalems die Zitadelle, verjagten die osmanische Garnison, nahmen die Waffen an sich und jagten alle nichtarabischen Bewohner aus der Stadt. Darin kam vielleicht eine frühe Form arabischer Solidarität zum Ausdruck. Die Araber ergaben sich auch nicht, als Abdallah Pascha, der Gouverneur von Sidon, mit zweitausend Mann und sieben Kanonen eintraf. Die Kämpfe dauerten eine Woche an, und die Stadt wurde vom Ölberg aus unter ständigen Beschuß genommen. Schließlich stimmten die Türken den Forderungen der Rebellen zu: Die Steuern wurden herabgesetzt, das Militär mischte sich nicht in die Belange des städtischen Lebens ein, und in Zukunft sollten alle Staatsbediensteten in Jerusalem Araber sein.

Doch 1831 wurde Jerusalem einem strengeren türkischen Regiment unterworfen. Mohammed Ali, ein albanischer Türke und osmanischer Kommandeur, hatte in Ägypten gegen

Napoleon gekämpft. Nachdem die Franzosen das Land verlassen hatten, gelang es ihm, sich von Istanbul praktisch unabhängig zu machen; sein Ziel bestand darin, Ägypten in einen modernen Staat nach westlichem Vorbild umzugestalten. Es wurde eine starke Zentralregierung angestrebt, und alle Bürger, gleichgültig, welcher Rasse oder Religion, sollten vor dem Gesetz Gleichheit genießen. Die Armee wurde modernisiert, und im November 1831 war sie stark genug, um in Palästina und Syrien einzufallen und diese Provinzen den Osmanen zu entreißen. Dies war ein Wendepunkt in der Geschichte Jerusalems. Mohammed Ali kontrollierte Syrien und Palästina bis 1840. Während dieser neun Jahre kamen seine Modernisierungspläne zur Anwendung, die das Leben in Jerusalem dauerhaft veränderten. Seinem Sohn Ibrahim Pascha gelang es, die Beduinen im Zaum zu halten, und er drohte ihnen, sie zum ägyptischen Militär einzuziehen. Gleichzeitig etablierte er ein säkulares Rechtssystem, das die Macht der Scheria unterhöhlte. Die *dhimmi* genossen nun vollständige Gleichheit und Rechtssicherheit; Juden und Christen waren auch im Jerusalemer *majlis* vertreten, einem Gremium, das ernannt wurde, um den Gouverneur der Stadt zu beraten. In Jerusalem herrschte nun ein säkulares System, und Staat und Rechtsprechung waren keinen religiösen Richtlinien mehr unterworfen.

Natürlich gab es Widerstand gegen diese Reformen. Die führenden Familien Jerusalems und die lokalen Würdenträger befürchteten den Verlust ihrer Unabhängigkeit und der Privilegien, die sie sich im Verlauf der Jahre erworben hatten. 1834 kam es in ganz Palästina und in Teilen des Ostjordanlandes zur Rebellion. Fünf Tage lang brachten Aufständische Jerusalem unter ihre Kontrolle; sie stürmten durch die Straßen und zerstörten und plünderten die Geschäfte der *dhimmi*. Ibrahim Pascha mußte sein gesamtes Militär einsetzen, um den Aufstand niederzuschlagen. Als schließlich wieder Ruhe und Ordnung hergestellt war, fuhr die ägyptische Regierung mit ihrem Reformwerk fort. Ibrahim Pascha erbaute die ersten beiden Windmühlen in Jerusalem, in der Hoffnung, moderne industrielle Methoden in der Stadt einzuführen. Die *dhimmi* begannen, ihre neue Freiheit zu genießen: Es war ihnen nun erlaubt, ihre heiligen Stätten aufzubauen und zu restaurieren, ohne Bestechungssummen und Schmiergelder bezahlen zu müssen.

Von diesem Privileg machten sie umgehend Gebrauch. 1834 waren viele christliche Klöster bei einem Erdbeben zerstört worden, und die Mönche waren nun in der Lage, sie wieder aufzubauen. Die Franziskaner restaurierten auch die Erlöserkirche, die während der vergangenen Aufstände großen Schaden erlitten hatte. Im Lauf der Jahre war sie zu einem großen Komplex angewachsen. Die Franziskaner gaben inzwischen jede Woche an achthundert Christen und Muslime Brot aus, und sie waren die ersten, die arabischen Christen Schulbildung boten. Zweiundfünfzig Knaben, deren Familien zum Christentum übergetreten waren, wurden Arabisch, Italienisch und Latein gelehrt, es gab allerdings noch keinen Unterricht in Mathematik und Naturwissenschaften. Für arabische Mädchen war eine Nähschule eingerichtet worden. 1839 erbauten die Franziskaner im muslimischen Bezethaviertel, das größtenteils noch immer unbewohnt war, ein neues Kloster. Die Kirche im Kloster der Geißelung war eines der ersten christlichen Gebäude an der Via Dolorosa, die während des 19. Jahrhunderts allmählich eine Straße der Christen wurde.

Auch die Juden nutzten die Gelegenheit zum Bauen. 1834 erließ Mohammed Ali einen *firman*, in dem er den Sephardim die Erlaubnis erteilte, die heruntergekommene Ben-Zakkai-Synagoge wiederherzustellen. Die Gemeinde der Aschkenasim war in den vergangenen Jahren aufgrund der Zuwanderung aus Polen stark angewachsen, und auch sie brauchte einen Platz für ihren Kult. 1836 erhielt sie die Erlaubnis, eine neue Synagoge zu bauen, und zwar an der Stelle, die die Aschkenasim 1720 räumen mußten. Die ganze Gemeinde beteiligte sich an den Bauarbeiten; Rabbiner, Studenten und sogar alte Leute halfen, die Fundamente auszuheben und den Abraum fortzuschaffen. Der erste Flügel der neuen Hurva-Synagoge wurde am 18. Schawuot 1837 eingeweiht. Aber dieser Bau sollte sich als Zankapfel erweisen. Rabbi Bardaki aus Minsk war gegen die neue Synagoge. Er war der Ansicht, der Ort hätte für Wohnhäuser genutzt werden sollen. Etwa fünfhundert Einwanderer waren praktisch völlig mittellos. Aus Protest erbauten er und seine Anhänger die Sukkot-Schalom-Synagoge, was zu einem beständigen Zwiespalt innerhalb der Gemeinde der Aschkenasim führte. Es war der erste von vielen. Während des 19. Jahrhunderts vertiefte sich die Spaltung innerhalb der jüdischen Gemeinde. Sephardim opponierten gegen Aschkenasim; *chasidim* bekämpften *mitnaggdim*, und innerhalb dieser größeren Gruppierungen bildeten sich Sekten. Das jüdische Viertel war in gegnerische *kahals* gespalten, von denen sich jeder um seinen eigenen Rabbiner scharte und eigene Synagogen besuchte.

Fast jede neue Entwicklung in Jerusalem schien dazu verdammt zu sein, Sektierertum und Rivalitäten zu verstärken, die von nun an das Klima in der Stadt vergifteten. Mohammed Ali wollte die Unterstützung des Westens gewinnen und ermutigte daher Europäer, sich in Jerusalem anzusiedeln. Folglich war es einer westlichen Macht zum erstenmal möglich, in Jerusalem ein Konsulat einzurichten – eine Maßnahme, gegen die sich die Einheimischen so lange gewehrt hatten. 1839 traf der englische Diplomat William Turner Young als britischer Vizekonsul in Jerusalem ein. Während der folgenden fünfzehn Jahre eröffneten Frankreich, Preußen, Rußland und Österreich Konsulate in der Heiligen Stadt. Die Konsuln wurden außerordentlich wichtige Persönlichkeiten in Jerusalem. Sie trugen dazu bei, moderne Medizin, Schulen und Technologie in der Stadt heimisch zu machen. Aber jeder verfolgte bestimmte politische Ziele, und dies führte oft zu Konflikten in der ohnehin schon zerrissenen Stadt, denn die Einwohner wurden in die Streitigkeiten der europäischen Mächte mit einbezogen. Young beispielsweise hatte den Auftrag, sich besonders um die Aschkenasim zu kümmern. Großbritannien hätte gern ein »Protektorat« in Jerusalem errichtet, wie Frankreich und Rußland dies bereits getan hatten, aber es gab keine Protestanten, die der Konsul unter seinen Schutz hätte stellen können. Die europäischen Juden jedoch hatten keine ausländische Unterstützung, und Young machte sich zu ihrem inoffiziellen »Beschützer«. Er war von einem alten chiliastischen Traum beseelt. Der heilige Paulus hatte prophezeit, daß vor dem Jüngsten Tag alle Juden zum Christentum übertreten würden, und eine zunehmende Anzahl britischer Christen war der Meinung, sie hätten die Pflicht, diese Prophezeiung zu erfüllen und das Hindernis der endgültigen Erlösung zu beseitigen. Im September 1839 wurde aufgrund Youngs guter Amtsführung der Londoner Gesellschaft zur Förderung des Christentums unter Juden erlaubt, die Arbeit in Jerusalem aufzunehmen. Die ersten protestantischen Missionare trafen in der Heiligen Stadt ein, aber es kam zu Zusammenstößen, sowohl mit den älteren christlichen Bekenntnissen wie mit den Juden, die diese Initiative ablehnten.

Moderne Ideen hatten sich in Jerusalem breitgemacht, und es gab keine Möglichkeit, diesen Prozeß aufzuhalten. Als die Ägypter 1840 von den europäischen Mächten aus Palästina vertrieben wurden und die Osmanen die Kontrolle wieder übernahmen, gab es keine Rückkehr mehr zum alten System. Auch Istanbul mußte sich der Modernisierung beugen, und Sultan Mahmud II. versuchte eine zentralistischere Regierung mit einer reformierten Armee aufzubauen. Seine *tanzimat* (Regelungen) bestätigten die neuen Privilegien der *dhimmi*. Zwar mußten sie für den militärischen Schutz immer noch die Kopfsteuer entrichten, aber sie hatten größere religiöse Freiheiten und durften weiterhin ihre Gotteshäuser aufbauen und restaurieren, ohne von den Muslimen gehindert zu werden. Die Osmanen zeigten nun größeres Interesse an Jerusalem, was zum Teil auf die Aufmerksamkeit des Westens gegenüber der Heiligen Stadt zurückzuführen war. Vor der ägyptischen Invasion galt Akkon als die wichtigste Stadt Palästinas. Nun trat Jerusalem an dessen Stelle. Es war immer noch eine *mutasarriflik* und nahm verwaltungstechnisch eine Mittelstellung zwischen einer Provinz *(eyelet)* und einem Bezirk *(sanjak)* ein, aber die Bezirke von Gaza, Jaffa und – bis 1858 – Nablus wurden

Jerusalem zugeschlagen. 1872 wurde Jerusalem für kurze Zeit unabhängig: Es war nicht mehr dem *wali* von Sidon oder Damaskus untertan, sondern der Gouverneur war direkt Istanbul unterstellt. Auch die Bevölkerung nahm zu. 1840 befanden sich zehntausendsiebenhundertfünfzig Einwohner in der Stadt, darunter dreitausend Juden und dreitausenddreihundertfünfzig Christen. Der Anteil der Juden nahm dramatisch zu. 1850 bildeten die Juden die Mehrheit in der Stadt, ihre Zahl hatte sich in zehn Jahren fast verdoppelt. Dieser Trend hielt an, wie die folgende Tabelle[2] verdeutlicht:

Jahr	Muslime	Christen	Juden	Gesamtzahl
1850	5350	3650	6000	15000
1860	6000	4000	8000	18000
1870	6500	4500	11000	22000
1880	8000	6000	17000	31000
1890	9000	8000	25000	42000
1900	10000	10000	35000	55000
1910	12000	13000	45000	70000
1922	13500	14700	34400	62600

Aus einer verlassenen, hoffnungslosen Stadt verwandelte sich Jerusalem in eine aufstrebende moderne Metropole, und zum erstenmal seit der Zerstörung des Tempels 70 n. Chr. bildeten die Juden wieder die Mehrheit.

In der Zwischenzeit versuchten die westlichen Mächte, mit Hilfe von Konsuln und Kirchen ihren Einfluß in der Heiligen Stadt zu vergrößern. Preußen und Großbritannien ernannten gemeinsam den ersten protestantischen Bischof von Jerusalem; am 21. Januar 1842 traf Bischof Michael Solomon, ein jüdischer Konvertit, in Jerusalem ein und erklärte, seine Pflicht bestehe darin, die Juden der Stadt Christus zuzuführen. Natürlich versetzte dies die Juden in Aufregung. Die neue protestantische Kathedrale am Jaffator neben dem britischen Konsulat wurde »Hebräische Christuskirche« benannt. Am 21. Mai 1843 wurden dort in Gegenwart von Konsul Young drei Juden getauft. Natürlich war man auf jüdischer Seite außer sich, daß die Protestanten ganz offenkundig versuchten, verarmte jüdische Glaubensangehörige in ihre Kirchen zu locken, indem sie ihnen Wohlstand und Sicherheit versprachen. Konvertiten, die aus der jüdischen Gemeinde ausgestoßen worden waren, wurden gewöhnlich von den Christen unterstützt, deren Gemeinschaft sie sich angeschlossen hatten. 1844 kam es zu weiteren Übertritten, und den Juden wurde klar, daß sie dieser christlichen Offensive entgegentreten mußten.

Nächstenliebe war für die Heiligkeit Jerusalems immer von entscheidender Bedeutung gewesen. Nun wurde sie zu einem trennenden und Feindseligkeiten schürenden Faktor. 1843 errichtete die Londoner »Judengesellschaft« ein Hospital an der Grenze zum jüdischen Viertel, in dem kostenlose Behandlung angeboten wurde. Nachdem James Finn das Amt des britischen Konsuls übernommen hatte, setzte er sich mit aller Kraft für die Übertrittskampagne ein und bot auf Geheiß des Konsulats in Beirut jüdischen Einwanderern aus Rußland Schutz an. 1850, als die Osmanen Ausländern das Recht einräumten, Land zu kaufen, erwarb Finn ein Gut außerhalb der Mauern, etwa eineinhalb Kilometer westlich vom Berg Sion. Daraus entstand eine Kolonie, wo Juden in landwirtschaftlicher Arbeit ausgebildet wurden. Finns Hauptgeldgeberin war eine Miss Cook aus Cheltenham, und mit ihren Mitteln wurden zwei weitere Güter finanziert, eines in der Nähe Bethlehems und eines nördlich vom Jaffator, »Abrahams Weinberg« genannt, wo sechshundert Juden angestellt waren. Finn war überzeugt, wenn die Juden den Schmutz des jüdischen Viertels hinter sich ließen und ihren Lebensunterhalt verdienten, würde sich ihr Los bessern. Die meisten der Jerusalemer Juden lebten von *halaka*, von Almosen, die in der Diaspora gesammelt wurden, um die Gemeinde in der Heiligen Stadt aufrechtzuerhalten, wo Juden die Thora und den Talmud studieren konnten. Wie die aufgeklärten jüdischen Philanthropen glaubte Finn, daß die Juden diese unselige Abhängigkeit abschütteln sollten. Auch Bildung war wichtig. Der neue Bischof Gobat eröffnete für jüdische Konvertiten und arabische Christen zwei nach Geschlechtern getrennte Schulen, die sich auf dem Nordhang des Berges Sion befanden. Deutsche Diakonissinnen gründeten eine Schule für Juden, und die Londoner »Judengesellschaft« errichtete eine Gewerbeschule, ebenfalls in der Nähe der Christuskirche, um jungen Juden eine kaufmännische Ausbildung zu ermöglichen. Unvermeidlicherweise zogen diese Einrichtungen arme jüdische Einwohner an. Um dies zu unterlaufen, mußten jüdische Wohltätigkeitseinrichtungen errichtet werden. 1843 errichtete der englische jüdische Philanthrop Sir Moses Montefiore eine jüdische Klinik in der Stadt, und 1854 erbauten die Rothschilds das Misgav-Ladach-Hospital auf dem Südhang des Berges Sion; gleichzeitig richteten sie eine Stiftung ein, aus der Schulen finanziert wurden und Kapital zu niedrigen Zinssätzen vergeben wurde.

Auch die älteren christlichen Gemeinden wurden durch die philanthropischen Anstrengungen der Protestanten angespornt. Die Griechisch-Orthodoxen eröffneten eine Schule für arabische Knaben, die ein weitergefächertes Lehrangebot aufwies als die der Franziskaner. Die Ankunft des protestantischen Bischofs veranlaßte die römisch-katholische Kirche, das lateinische Patriarchat wiederaufleben zu lassen, das mit dem Untergang des Königreichs der Kreuzfahrer erloschen war. Der neue Patriarch bezog ein neues Gebäude in der Nähe des Jaffators, wo sich allmählich ein modernes Viertel herauszubilden begann. Die Anwesenheit des Patriarchen entfachte einen neuen Konflikt in der Stadt. Der Patriarch stellte nicht nur für die Griechen eine offenkundige Herausforderung dar, sondern brachte auch die Franziskaner der Erlöserkirche gegen sich auf, die sich durch seine Ernennung übergangen fühlten. Das neue Patriarchat brachte die Einführung weiterer katholischer Orden mit sich. Bald gründeten die »Schwestern von Zion« – eine römisch-katholische Version der Londoner »Judengesellschaft« – nahe dem Ecce-Homo-Bogen in der Via Dolorosa ein Kloster, in dem sie eine Mädchenschule eröffneten.

Jerusalem hatte sich der modernen Welt geöffnet. Der amerikanische Archäologe Edward Robinson bemerkte diesen Wandel, als er im April 1852 in der Stadt eintraf. Er hatte 1838, während der ägyptischen Invasion, Jerusalem einen Besuch abgestattet. Diesmal jedoch nahm ihn sofort der Anblick der modernen anglikanischen Kirche, des Konsulats und der Kaffeehäuser am Jaffator gefangen. »In Jerusalem war ein Prozeß im Gang, in dessen Verlauf alte Wohnhäuser abgerissen und neue erbaut wurden, die mich irgendwie an New York erinnerten«, schrieb er. »Die Straßen waren belebter, mehr Leute waren unterwegs, es gab mehr geschäftiges Treiben und mehr Handel.«[3] Robinson war gekommen, um das antike Jerusalem zu erforschen, allerdings aus einer sehr modernen Perspektive. Er wollte die Wahrheit der Bibel mit Hilfe wissenschaftlich-empirischer Methoden beweisen. Er war überzeugt, daß es möglich war, die Spuren Abrahams, Moses und Josuas nachzuverfolgen. Während seines Aufenthalts im Jahr 1838 hatte er die Wasserleitung erkundet, die Hiskia gebaut hatte. Seine »Biblical Researches in Palestine, Mount Sinai and Arabia Petraea« (1841) erregten ungeheures Aufsehen. Es schien, als wäre es tatsächlich möglich, die Wahrheit von Religionen zu beweisen und einige der besorgniserregenden Einwände von Naturwissenschaftlern, Geologen und Exegeten zu entkräften, die die historische Verläßlichkeit der Bibel in Frage zu stellen begannen. Diese neue »biblische Archäologie« war ein Ausdruck des rationaleren Religionsverständnisses des modernen Westens und basierte stärker auf Fakten und Vernunft als auf mythologischen Vorstellungswelten. Doch unabhängig von theologischen Überzeugungen übte Jerusalem immer noch eine starke gefühlsmäßige Anziehungskraft aus; bei seinem ersten Besuch in der Stadt war Robinson überwältigt: Er hatte den Eindruck, der Ort sei ihm seit seiner Kindheit vertraut, und obwohl er nie zuvor dortgewesen war, glaubte er, es handle sich um eine Begegnung mit seiner Jugend. Die Orte »erschienen mir alle vertraut, als wären sie die Erfüllung eines früheren Traums. Ich schien mich wieder an den geliebten Schauplätzen meiner Kindheit aufzuhalten.«[4]

Als Robinson 1852 erneut nach Jerusalem kam, machte er eine interessante Entdeckung. Im Jahr zuvor hatte der amerikanische Ingenieur James Barclay im Auftrag der Osmanen die Stadt besucht, um sie beim Erhalt der mamelukischen Medresen zu beraten. In der Westmauer war ihm ein riesiger Stein aufgefallen, der bei einem der Tore des Herodianischen Tempels als Türsturz gedient hatte. Nun entdeckte Robinson einige größere Steine, die im südwestlichen Teil am Fuß der Westmauer hervorragten. Als er sie ausgrub, stellte er fest, daß sie zu den monumentalen Bögen gehört haben mußten, die das Tyropöontal überspannt hatten und bei Flavius Josephus beschrieben worden waren. »Barclay-Tor« und »Robinson-Bogen« waren wertvolle Funde, aber es ist zweifelhaft, ob sie irgendeine religiöse Bedeutung hatten. Doch den Archäologen dienten sie bei ihren »Heiligen Kriegen«, und die Katholiken sahen sich gezwungen, diese und andere protestantische Entdeckungen in Frage zu stellen. 1850 behauptete Felicien de Saulcy, ein Soldat ohne archäologische Kenntnisse, daß die herodianischen Mauern des Haram von Salomo erbaut worden seien und daß die »Königsgräber«, die im 1. Jahrhundert von Königin Helena von Adiabene errichtet worden waren, die Gräber Davids und der Könige von Juda seien. Ohne einen Beweis für diese Behauptungen zu liefern, hoffte de Saulcy, die Forschungen der Protestanten in Mißkredit zu bringen (Robinson hatte angenommen, das Grab Davids befinde sich auf dem Berg Sion) und damit das Ansehen des Protestantismus ganz allgemein zu schädigen.

Während diese eher akademischen Auseinandersetzungen anhielten, führte der erbitterte Kampf innerhalb der Jerusalemer Christenheit zu einem regelrechten Krieg zwischen den Großmächten. 1847 war es in der Geburtskirche zu einem besonders schändlichen Streit zwischen lateinischem und griechischem Klerus gekommen. Wegen eines fehlenden Silbersterns geriet man in tätliche Auseinandersetzungen und warf sich wütende Beschuldigungen an den Kopf. Dies führte zu einem Zusammenstoß zwischen Frankreich und Rußland, den »Schutzmächten« der beiden Gemeinden. Besonders Frankreich nutzte die Gelegenheit, die Frage der heiligen Stätten wiederaufzugreifen, während Rußland darauf beharrte, daß der Status quo, der den Griechen den Vorrang garantierte, aufrechterhalten werden müsse. Dieser Streit lieferte Großbritannien und Frankreich den Vorwand, um Rußland den Krieg zu erklären, womit jedes weitere Vordringen der Russen auf osmanisches Territorium gestoppt werden sollte. 1854 brach der Krimkrieg aus. Trotz ihrer· säkularen Einstellung vermochte die Jerusalem-Frage noch immer blutige Zusammenstöße unter den Mächten auszulösen.

Der Krieg endete 1855 mit der Niederlage Rußlands, und Großbritannien und Frankreich gewannen dadurch größeren Einfluß in Istanbul. Zum erstenmal seit Jahrhunderten durften Christen den Haram betreten. Der Herzog und die Herzogin von Brabant waren im März 1855 die ersten westlichen Besucher des heiligen Bezirks, und ein paar Monate später – in Anerkennung der britischen Rolle in diesem Krieg – bestieg Montefiore, den Psalm 121 rezitierend, die Haramplattform, wobei er sich in einer Sänfte tragen ließ, damit seine Füße nicht unabsichtlich verbotene Bereiche berührten. Auch andere Vergünstigungen wurden gewährt. Als Geschenk an das französische Volk gab der Sultan die Sankt-Anna-Kirche aus der Zeit der Kreuzfahrer, die Saladin in eine *madrasa* umgewandelt hatte, an Napoleon III. zurück, und die Briten erwirkten die Erlaubnis, daß die Juden die Hurva-Synagoge erweitern durften.

Nach dem Krieg schritt die Modernisierung schnell voran. Alle christlichen Kirchen hatten Druckmaschinen erworben, und 1862 besaßen auch die Juden zwei, auf denen ein Jahr später zwei hebräische Zeitungen gedruckt wurden. Die Laemelschule wurde gegründet, um jüdischen Knaben moderne Bildung zu vermitteln: Sie studierten die Thora und wurden außerdem in Arabisch und Mathematik unterwiesen. Dies führte zu weiteren Spannungen im jüdischen Viertel, da die konservativeren Juden, vor allem die Aschkenasim, mit der Einrichtung der *gojjim* nichts zu tun haben wollten.[5] Im Stadtbild zeigten sich weitere moderne Gebäude. An der Kreuzung zweier Hauptstraßen im *suq* errichtete die österreichische Regierung ein Hospital für katholische Pilger. In der Nähe des Damaskustores, das ebenfalls ein Zentrum des modernen Jerusalem wurde, war das österreichische Konsulat untergebracht. Auch das britische und das französische Konsulat zogen in dieses Viertel, das eine der klimatisch gesündesten Gegenden der Stadt war.

Viel bedeutsamer jedoch war der Exodus aus dem ummauerten Stadtgebiet. Er begann 1857, als Montefiore die Erlaubnis erhielt, gegenüber vom Berg Sion ein Stück Land zu kaufen, das ein paar hundert Meter näher an der Stadt lag als Finns Gutshof. Anfänglich hatte er die Absicht, ein Hospital zu gründen, aber er änderte seine Meinung und baute statt dessen eine Reihe von Wohnhäusern für verarmte jüdische Familien. Er wollte, daß die Juden aus dem überfüllten und ungesunden jüdischen Viertel auszogen; auf dem Gipfel des Hügels, der sich über die Häuser erhob, baute er die modernste Windmühle Jerusalems. Ebenso wie Finn wollte Montefiore, daß die Juden unabhängig wurden. Für diese Idee erwärmten sich auch andere Juden. 1860 kaufte David Jellin, ein russischer Jude, Land in der Nähe des Dorfes Kalonia, acht Kilometer westlich der Stadt. 1860 gab es neun neue jüdische Vorstädte. Eine von ihnen war die Aschkenasimkolonie Mea Schearim (»Eine Hundertfache«), etwa einen Kilometer vom Jaffator entfernt. Sie war genau entsprechend den Bestimmungen der Thora angelegt, hatte zum Beispiel eine eigene Synagoge und einen Markt. In diese neuen Siedlungen zu ziehen war gefährlich. Die ersten Familien in Montefiores Häusern hatten so große Angst vor Räubern, daß sie sich nachts in die Stadt zurückschlichen und in ihren alten Elendsquartieren schliefen. Auch auf ihrem Weg nach Mea Schearim wurden die Aschkenasim oft ange-

Das Damaskustor wurde eines der Zentren des modernen Jerusalem. Eine Zeitlang existierten alte und neue Transportmethoden, Kleidungs- und Architekturstile nebeneinander.

griffen. Trotzdem wuchsen die Siedlungen und blühten auf. Nachdem sie das jüdische Viertel verlassen hatten, verbesserte sich der Gesundheitszustand der Jerusalemer Juden schlagartig, und dies war der Grund für den dramatischen Bevölkerungszuwachs innerhalb der jüdischen Gemeinde im 19. Jahrhundert. Dazu kamen die neuen Möglichkeiten, angemessenen Lebensunterhalt zu verdienen. Die wirtschaftliche Lage der Juden Jerusalems war immer schwierig gewesen, weshalb es viele Einwanderer vorzogen, sich in Safed oder Tiberias anzusiedeln. Nun, da dieses Hindernis überwunden war, wollten die Juden natürlich in ihrer heiligen Stadt wohnen, und wenn sich in Safed ein Erdbeben oder ein anderes Unglück ereignet hatte, ließen sie sich in Jerusalem nieder.

Auch die Araber hatten sich allmählich außerhalb der Mauern angesiedelt, und es entstanden muslimische, christliche und gemischte Gemeinden. 1854 gab es im Norden der Stadt in Karim al-Sheikh und Bab al-Zahred fünf arabische Wohnviertel, dazu Muresa, etwa vierhundert Meter nordwestlich des Damaskustores, und Katamon, eineinhalb Kilometer vom Jaffator und Abu Tor entfernt, mit Blick auf das Hinnom- und Kidrontal. Auch die christlichen Gemeinden begannen, sich vor den Mauern anzusiedeln. 1860 baute die Deutsch-Schweizerische Bruderschaft ein Waisenhaus für arabische Kinder außerhalb des Jaffators. Die deutschen Diakonissinnen bauten die Talitha-Cumi-Mädchenschule auf dem Land südlich der Jaffastraße. 1871 erbauten Protestanten aus Württemberg die deutsche Kolonie südlich der Stadt, zunächst mit einer Kirche, einem Hospiz, einer Schule und einem Hospital. 1880 gründeten die Spaffords, eine amerikanische Familie, ein neues protestantisches Missionszentrum nördlich vom Damaskustor, woraus die amerikanische Kolonie entstand. Nicht lange danach bauten die Russen westlich der Stadt ein riesiges Hospiz, das tausend Pilger aufnehmen konnte; seine charakteristischen grünen Kuppeln waren bei der Ankunft aus Jaffa das erste, was man zu sehen bekam. Während der achtziger Jahre des 19. Jahrhunderts erbauten auch die Katholiken verschiedene Einrichtungen außerhalb der Mauern: das Schmidt-Kolleg gegenüber dem Damaskustor und an der nordwestlichen Ecke der Mauer das Saint-Vincent-de-Paul-Kloster, Notre Dame de France und das Sankt-Louis-Hospital.

Auch das arabische Jerusalem entwickelte sich. 1863 wurde der erste Stadtrat (*baladiyya al-quds*) eingesetzt, der anfänglich in zwei kleinen Räumen in der Nähe der Via Dolorosa untergebracht war. Jerusalem war vermutlich nach Istanbul die erste osmanische Stadt, die über eine derartige Körperschaft verfügte. Der Rat hatte neun Mitglieder: sechs Muslime, zwei Christen und einen Juden. 1908 wurde der jüdische Anteil auf zwei Ratsmitglieder erhöht. Trotz der Spannungen in der Stadt waren die Mitglieder der drei Glaubensrichtungen in der Lage, effektiv zusammenzuarbeiten. Der Rat wurde alle vier

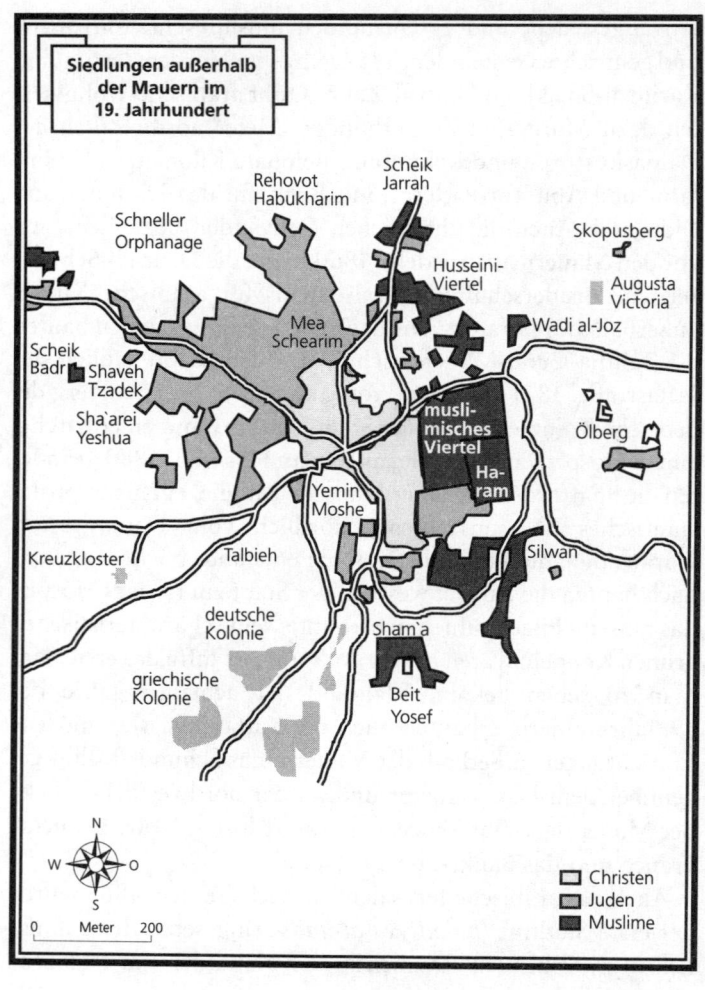

Siedlungen außerhalb
der Mauern im
19. Jahrhundert

Scheik
Jarrah

Rehovot
Habukharim

Schneller
Orphanage

Skopusberg

Husseini-
Viertel

Augusta
Victoria

Mea
Schearim

Wadi al-Joz

Scheik
Badr

Shaveh
Tzadek

muslimisches
Viertel

Sha`arei
Yeshua

Ölberg

Ha-
ram

Yemin
Moshe

Kreuzkloster

Talbieh

Silwan

deutsche
Kolonie

Sham`a

griechische
Kolonie

Beit
Yosef

N
W O
S

0   Meter   200

☐ Christen
▨ Juden
■ Muslime

Jahre von männlichen osmanischen Stadtbürgern gewählt, die über fünfundzwanzig Jahre alt waren und mindestens fünfzig türkische Pfund Einkommensteuer pro Jahr bezahlten. Der Bürgermeister wurde vom Gouverneur aus den gewählten Mitgliedern ernannt. Bis 1914 stellten die Familien der Khalidi, 'Alami, Husaini und Dejani die Mehrheit der Bürgermeister, und die Ernennung spiegelte gewöhnlich die Machtverhältnisse zwischen den führenden Familien wider, vor allem die zwischen der Familie der Khalidi und der der Husaini. Der Stadtrat übernahm eine aktive Rolle bei der Entwicklung Jerusalems. Von Anfang an versuchte er, die Infrastruktur zu verbessern. Die Straßen wurden freigeräumt und gepflastert, ein Abwassersystem wurde installiert, und Beleuchtung und Reinigung wurden eingeführt. In den neunziger Jahren des 19. Jahrhunderts ordnete der Rat an, daß die Straßen regelmäßig mit Wasser besprengt, die Abfälle abtransportiert und Bäume entlang einiger Straßen gepflanzt wurden; außerdem wurde an der Jaffastraße ein Stadtpark eröffnet. Der Rat war auch für die Aufstellung einer Polizeitruppe verantwortlich sowie für die Einrichtung eines städtischen Krankenhauses, das kostenlose medizinische Versorgung bot. Zur Jahrhundertwende wurden in der Nähe des Jaffators ein Museum für Altertümer und ein Theater eröffnet, in dem Stücke in türkischer, arabischer und französischer Sprache aufgeführt wurden. Wenige andere Städte des späten osmanischen Reichs hatten einen so aktiven und verantwortungsbewußten Stadtrat.

Eine der führenden Persönlichkeiten des Stadtrats war Yusuf al-Khalidi, der neun Jahre lang das Amt des Bürgermeisters innehatte.[6] Er repräsentierte den neuen Typ des palästinischen Bürgers und war einer der ersten Araber in Jerusalem, die eine moderne westliche Erziehung genossen hatten. Doch Khalidi hatte keinerlei nationalistische Ziele. Er war ein loyaler osmanischer Untertan und der Abgeordnete Jerusalems in dem kurzlebigen osmanischen Parlament 1877/78. Hier prangerte er furchtlos die Korruption der Verwaltung und das verfassungswidrige Verhalten von Sultan Abdul Hamid an. Er war der Ansicht, der reformierte osmanische Staat sollte ein modernes Erziehungssystem, unbestechliche Beamte, religiöse Toleranz, verfassungsmäßige Rechte und eine verbesserte Infrastruktur garantieren. In Jerusalem galt er als Held, bis er 1879 von Rauf Pascha abgesetzt wurde, der die Macht der einheimischen Familien brechen wollte. Damit war der politische Aufstieg der Khalidi in Jerusalem beendet, und von nun an übernahmen die konservativeren und weniger toleranten Husaini die Führung — eine Entwicklung, die bei den zunehmenden Spannungen in der Stadt nicht immer segensreich war.

Als Rauf Pascha versuchte, die Khalidi und andere arabische Persönlichkeiten durch türkische Beamte zu ersetzen, kam es zum Aufruhr in Jerusalem. Die Aktion wurde als antiarabisches Vorgehen angesehen. Dies war eine neue Entwicklung. Bislang war Religion weit wichtiger gewesen als ethnische Zugehörigkeit. Zum erstenmal war dieses neue arabische Selbstbewußtsein während der Aufstände von 1825 zutage getreten, und hier lagen die ersten Anfänge des arabischen Nationalismus in Palästina. Die Konsuln stellten fest, daß die Türken von den Arabern, die in den späteren Kämpfen eine führende Rolle übernehmen sollten, zunehmend als Usurpatoren angesehen wurden. Dieser Anspruch auf ausgeprägte arabische Identität zeigte sich 1872, als sich die arabischen Mitglieder der griechisch-orthodoxen Kirche nachhaltig für ein erweitertes Mitspracherecht in ihrer Gemeinde einsetzten. Sie fühlten sich von der griechischen Minderheit mißachtet und an den Rand gedrängt. Der Streit hatte in Jerusalem angefangen, dehnte sich aber über ganz Palästina aus und wurde vom russischen Konsul geschürt, der ein eigenes Interesse daran hatte, die griechische Vorherrschaft innerhalb der orthodoxen Kirche des Heiligen Landes zu brechen. Die Gewalttätigkeit der Araber nahm solche Ausmaße an, daß der britische Konsul glaubte, es würde eine Revolte ausbrechen. Schließlich wurde der Frieden wiederhergestellt, aber untergründig blieb die Unzufriedenheit der Araber bestehen. 1882 gründeten die arabischen Christen eine eigene Gesellschaft, um sich gegen die ausländische Kontrolle über ihre Kirche zur Wehr zu setzen.

Die Araber versuchten, eigene Pläne für ihr Land zu entwickeln, aber auch die Europäer hatten begehrliche Blicke auf Palästina geworfen. Ihre Vermittlung der Moderne sahen sie als »friedlichen Kreuzzug« an, doch in diesem Begriff entlarvte sich der Wunsch nach Eroberung und Herrschaft.[7] Die Franzosen träumten davon, Jerusalem und den ganzen Orient mittels eines erfolgreichen Kreuzzugs unter christliche Herrschaft zu bringen. Sie sahen es als ihre Pflicht an, Jerusalem vom Sultan zu befreien, und zwar mittels der neuen Waffe des Kolonialismus. Die Protestanten, die die neue deutsche Kolonie erbaut hatten, bezeichneten sich als Templer und drängten ihre Regierung, das Werk der Kreuzritter zu beenden. Die Briten verfolgten einen etwas anderen Weg. Sie entwickelten eine Form von Zionismus. Ihre Bibellektüre hatte sie davon überzeugt, daß Palästina den Juden gehörte, und bereits in den siebziger Jahren des 19. Jahrhunderts sahen nüchterne britische Beobachter die Errichtung einer jüdischen Heimstatt in Palästina voraus, die unter dem Protektorat Großbritanniens stehen würde. Dies war eine Einstellung, die eindeutig die Politik der britischen Konsuln unterstützte. Im protestantischen England, wo die Bibel ziemlich wörtlich genommen wurde, waren viele davon überzeugt, daß die Juden eines Tages nach Zion zurückkehren würden und die Inbesitznahme durch die Araber zeitlich begrenzt sei.[8]

Die Europäer nutzten die Modernisierung Jerusalems als Mittel, das Land in Besitz zu nehmen. 1865 traf Captain Charles Wilson von den British Royal Engineers in Palästina ein, um die Wasserversorgung Jerusalems zu untersuchen. Er bereitete auch die erste amtliche Vermessung der Heiligen Stadt vor, die, zumindest nach westlicher Auffassung, die alte Geographie des sakralen Raums zu ersetzen begann. Während er die untergründigen Zisternen des Haram untersuchte, entdeckte Wilson einen monumentalen Bogen parallel zum Robinson-Bogen. Der Wilson-Bogen fesselte die britische Öffentlichkeit weit mehr als die neue Wasserversorgung, und als Ergebnis von Wilsons Berichten wurde 1865 der Palestine Exploration Fund (PEF) gegründet, um die Archäologie und Geschichte des Heiligen Landes zu erforschen. Der Besitzanspruch, der diesem »friedlichen Kreuzzug« innewohnte, wurde bei der Gründungsfeier in der Rede des Erzbischofs von York, des Präsidenten der neuen Gesellschaft, deutlich. »Das Land Palästina gehört Ihnen und mir; es ist im Grunde unser«, verkündete er. »Es ist das Land, aus dem die Kunde unserer Erlösung kam. Es ist das Land, auf dem alle unsere Hoffnungen gründen. Es ist das Land, auf das wir mit ähnlich wahrem Patriotismus sehen wie auf unser geliebtes altes England.«[9] Da Palästina in der Vorstellung der Christen einen so bedeutenden Stellenwert einnahm, war es schwierig, so objektiv zu bleiben, wie die neuen wissenschaftlichen Disziplinen es eigentlich erforderten. Es war auf gewisse Weise Teil des christlichen Selbstverständnisses geworden, weshalb es schwierig war, die Stadt als Besitz der Menschen anzusehen, die tatsächlich dort lebten.

Die Einwohner Palästinas bekamen bald Wind von dieser neuen kreuzfahrerartigen Archäologie. Als de Saulcy 1863 nach Jerusalem zurückkehrte und seine Ausgrabungen an den »Königsgräbern« fortsetzte, war er mit wütenden Einheimischen konfrontiert, die finanzielle Entschädigung für ihr Land und ihr Eigentum forderten, das Schaden genommen hatte. Gleichzeitig beschuldigten die Juden Saulcy, die Gräber ihrer Vorfahren zu schänden. Die Europäer schienen der Ansicht zu sein, das Land, das sie erforschten, gehöre ihnen und sie könnten damit verfahren, wie sie wollten. Als Charles Warren von den Royal Engineers im Februar 1867 in Jerusalem eintraf, begegneten ihm die Behörden ablehnend und mißtrauisch. Ihm wurde nicht erlaubt, unter dem Haram selbst zu graben: Der heilige Ort durfte nicht mit technischem Gerät aufgebrochen werden. Daraufhin pachtete Warren private Grundstücke am Südende des Haram und trieb tiefe Schächte und unterirdische Gänge bis zum Fundament der Mauern hinunter. Er stellte fest, daß der Herodianische Tempel auf Bergen von Schutt erbaut worden war, die sich während biblischer Zeit angesammelt und das Tyropöontal ausgefüllt hatten. Während er am Berg Ophel grub, stieß er auch auf die vorchristliche jebusitische Wasserleitung, die seitdem als »Warren-Schacht« bekannt ist.

Zunehmend trafen westliche Reisende in Jerusalem ein, die nach »Fakten« suchten. Im Gegensatz zu den früheren Pilgern waren sie nicht gekommen, um sakrale Räume zu erkunden, sondern um historische Beweise dafür zu finden, daß ihr Glaube der Wahrheit entsprach. Der PEF eröffnete am Jaffator einen Geschäfts- und Vortragsraum, und Führer mußten eine Prüfung über die Geschichte Jerusalems ablegen, die sich an den Funden der PEF-Forscher orientierte. Die »biblische Archäologie« hatte als Suche nach Gewißheit in wissenschaftlichem Sinn begonnen, aber allmählich förderte sie eine komplexere Realität zutage, die solche Gewißheiten in Frage stellte. Es war nicht leicht, vereinfachende Aussagen über die Vergangenheit Jerusalems zu machen. Bei den Ausgrabungen des amerikanischen Archäologen Frederick J. Bliss in Tel el-Hesy, fünfzig Kilometer südlich von Jerusalem, war eine Keilschrifttafel entdeckt worden. Die Tafel glich denjenigen, die man kurz zuvor in Armana im Libanon gefunden hatte. Also war es eindeutig, daß die Geschichte des »Heiligen Landes« nicht mit der Bibel begonnen hatte. In Jerusalem stellten sich für Bliss ähnlich schwierige Fragen. Obwohl er es noch nicht beweisen konnte, war Bliss überzeugt, daß die ursprüngliche Stadt Davids nicht auf dem Berg Sion gelegen hatte, wie man jahrhundertelang angenommen hatte, sondern auf dem Berg Ophel. Wurde dadurch der Streit um das sogenannte Davidsgrab unsinnig? Nachdem er am Ophel zu graben begonnen hatte, erkannte Bliss allerdings, daß es unmöglich war, einfach in die Tiefe zu dringen und die *ir David* freizulegen. Viele der antiken Bauwerke, auf die er stieß, waren keineswegs leicht zu datieren, aber es war offenkundig, daß der Hügel seit der Bronzezeit bis in die byzantinische Epoche kontinuierlich besiedelt gewesen war. Die verschiedenen Schichten überlagerten sich auf höchst verwirrende Weise, und es sollte Jahre dauern, bis Archäologen ein klares Bild der Vergangenheit Jerusalems herausarbeiten konnten. Es war viel schwieriger, als die gläubigen Bibelleser angenommen hatten.[10]

1910 gelang es dem Dominikaner und Archäologen Hughes Vincent, die Ausgrabungen Bliss' am Ophel abzuschließen, und es stellte sich heraus, daß sich das früheste Jerusalem dort und nicht auf dem Berg Sion befunden hatte. Er fand Gräber aus der Bronzezeit, Wasserleitungen und Befestigungsanlagen, die bewiesen, daß die Stadt lange vor David existiert hatte.[11] Daher ließ sich nicht behaupten, die Stadt gehöre den Juden, weil sie als erste dortgewesen seien. Tatsächlich wurde in der Bibel ausführlich geschildert, daß die Israeliten sowohl Palästina wie Jerusalem der ansässigen Bevölkerung entrissen hatten. Deshalb war die moderne Archäologie in der Lage, einige der schlichten Glaubensüberzeugungen zu erschüttern.

Von den Muslimen der Stadt wurde Archäologie als im Grunde blasphemische Unternehmung angesehen, die grobschlächtig und gewaltsam in den Bereich des Heiligen eindrang. Die Ausgrabungen von Pater Vincent fanden zur selben Zeit statt wie die schändliche Unternehmung von Montagu Brownlow Parker, dem Sohn des Earl of Morley. Ihm war eingeredet worden, in den unterirdischen Höhlen des Haram seien Schätze vergraben. Pater Vincent hatte ihn nur insofern unterstützt, als er sicherzustellen versuchte, daß der vollkommen unkundige Parker nicht wertvolle Funde zerstörte. In der Nacht des 17. April gelangte Parker mittels Bestechung auf den Haram und begann, die Grotte unter dem Felsen zu untersuchen. Ein muslimischer Wächter, der auf dem Haram schlief, hörte Geräusche und eilte zum Felsendom, wo er Parker entdeckte, der den heiligen Stein mit einer Spitzhacke bearbeitete. Die Muslime Jerusalems waren entsetzt, und es kam zu mehrtägigem Aufruhr in der Stadt. Parker repräsentierte die westliche Bedenkenlosigkeit allgemein: Er hatte ein altes Heiligtum geschändet und – im wahrsten Sinne des Wortes – versucht, die Heiligkeit des Ortes zu untergraben, und zwar nicht einmal aus ehrenwertem Wissensdurst, sondern zu rein materiellem Nutzen.

Mit dem Einfluß der Moderne veränderte sich allmählich auch das Verständnis von Religion. Die Menschen in Europa und in den Vereinigten Staaten hatten verlernt, in Bildern und Symbolen zu denken. Statt dessen entwickelten sie eine stärker linear und diskursiv geprägte Denkweise. Neue Ideologien wie Sozialismus und Nationalismus traten mit den alten religiösen Überzeugungen in Wettstreit. Doch die Mythologie des heiligen Raums reichte in tiefere Bereiche. Wir haben gesehen, daß die byzantinischen Christen, die glaubten, sie hätten diese Form der Religiosität überwunden, ihre Annahme revidieren mußten, nachdem andere Umstände eingetreten waren. Bald nach der Entdeckung des Heiligen Grabes entwickelten sie eine eigene Mythologie des heiligen Raums. Während der zweiten Hälfte des 19. Jahrhunderts begannen nun einige Juden, die alte Ideologie Zions neu zu formulieren. Die europäischen Juden waren großen Umwälzungen ausgesetzt gewesen. In Frankreich, Deutschland und England waren sie von Entmündigung befreit und ermutigt worden, sich in die moderne säkulare Gesellschaft einzugliedern. Aber obwohl es einige nach dem Verlassen des Ghettos zu Wohlstand gebracht hatten, fühlten sich andere merkwürdig verloren. Sie waren entwurzelt, ohne Halt, ohne Orientierung. Was bedeutete es in der modernen Welt, Jude zu sein? War Judentum nur die Privatangelegenheit des einzelnen? Einige Juden entwickelten eine entmythologisierte Glaubensform, die ohne Messianismus, ohne den Wunsch, den Tempel wieder aufzubauen, auskam; sie wollten Religion und Politik voneinander trennen. Andere aber fanden diese Lösung unbefriedigend. Außerdem wurde ihnen schmerzlich bewußt, daß die neue Toleranz in Europa nur oberflächlich war. Der Antisemitismus der Christen war zu tief verwurzelt, nicht auszutilgen. Tatsächlich waren im Licht der neuen Ideologien die alten Mythen über die Juden nur umgedeutet worden. Kein Wunder, daß sich Juden in der schönen neuen Welt der Moderne zunehmend ausgegrenzt und verletzlich fühlten. Ohne echte irdische Heimstatt wandten sich viele instinktiv Zion zu.

Bereits 1840, nach den ersten antisemitischen Pogromen in der islamischen Welt, die von Franziskanern in Damaskus angezettelt worden waren, drängte Jehuda Hai Alchelai, ein sephardischer Rabbiner aus Sarajevo, die Juden, ihr Schicksal selbst in die Hand zu nehmen. Sie seien in der muslimischen Welt nicht so sicher, wie sie geglaubt hätten. Es sei nicht richtig, einfach dazusitzen und auf den Messias zu warten: »Die Erlösung wird durch die eigenen Bemühungen der Juden herbeigeführt werden«, schrieb er in seinem Werk »Minhat Jehuda«[12]. Sie müßten sich organisieren, Führer wählen und Fonds gründen, um in Palästina Land zu kaufen. 1860 war der aschkenasische Rabbi Zwi Hirsch Kalischer beunruhigt angesichts des neuen Nationalismus seiner nichtjüdischen Nachbarn in Polen. Was würde mit den Juden geschehen, die kein eigenes Land besaßen? Sie mußten ihren eigenen Nationalismus entwickeln. Auch Kalischer lehrte, daß es nicht richtig sei, untätig auf den Messias zu warten. Die Montefiores und Rothschilds sollten eine Gesellschaft zur Ansiedlung von Juden in Palästina gründen und die Massenauswanderung in das Land organisieren, das Juden tatsächlich ihr eigen nennen könnten. Die meisten orthodoxen Rabbiner lehnten diesen neuen Zionismus ab, da sie darin den sündhaften Versuch sahen, auf unrechtmäßige Weise die Erlösung herbeizuführen. Doch Alchelai und Kalischer fanden es nur natürlich, daß sich Juden Zion zuwandten, wenn ihnen eine feindliche Welt keine Heimstatt bot. Der Zionismus war zwar eine säkulare Bewegung, die größtenteils von Juden getragen wurde, die ihren religiösen Glauben verloren hatten, aber diese beiden Rabbiner zeigen, daß die Bewegung auch religiöse Sprengkraft besaß.

Doch der Mann, der als »Vater des Zionismus« bezeichnet wurde, war Moses Hess, ein Schüler von Marx und Engels, der die alte biblische Mythologie entsprechend den revolutionären Idealen des Sozialismus und Nationalismus umdeutete. Er war einer der ersten, die feststellten, daß im nationalistischen

Deutschland eine neue Form des Antisemitismus zu entstehen begann, der eher auf Rasse als auf Religion gründete. Mit der wachsenden Begeisterung der Deutschen für ihr Vaterland würden die Juden Haß und Verfolgung ausgesetzt sein, weil sie keine Arier waren und kein eigenes Land besaßen. Nur wenige schenkten Hess damals Glauben: Deutschland schien großes Interesse an der Integration der Juden zu haben, doch Hess spürte die tieferen Strömungen innerhalb der Gesellschaft. In seinem klassischen Werk des Zionismus »Rom und Jerusalem« (1862) trat er dafür ein, daß die Juden eine sozialistische Gesellschaft in Palästina aufbauten. Genauso wie Mazzini die Ewige Stadt am Tiber befreien würde, müßten die Juden die Heilige Stadt auf dem Berg Moria befreien. Sozialismus und Judentum seien ohne weiteres vereinbar. Die Propheten hätten die herausragende Bedeutung von Gerechtigkeit und Sorge für die Armen gelehrt. Nachdem die Juden einen sozialistischen Staat errichtet hätten, würde wieder Licht von Zion ausstrahlen. Damit würden die Juden das herstellen, was Hess den »Sabbat der Geschichte« nannte, jene von Karl Marx stammende Utopie, die Hess mit dem messianischen Königreich gleichsetzte.

Die Juden, die sich in Europa an den Rand gedrängt fühlten, wurden durch den deutschen Historiker Heinrich Graetz ermutigt, der die Ansicht vertrat, daß das Judentum in der gegenwärtigen hochpolitisierten Welt große Relevanz habe. In seinem monumentalen Werk »Geschichte der Juden von den ältesten Zeiten bis auf die Gegenwart« (1853–1876) legte Graetz dar, daß es keinen Sinn habe, wie das Christentum Religion von Politik zu trennen, wie reformierte Juden vorschlugen. Das Judentum sei ein wesentlich politischer Glaube. Seit der Zeit König Davids hätten die Juden Politik und Religion auf höchst schöpferische Weise vereint. Sogar nach dem Verlust des Tempels hätten Juden im Talmud einen Ersatz für die unsichtbare göttliche Hand gefunden. Mit Hilfe der Thora könnte »jeder jüdische Haushalt irgendwo auf der Welt in ein genau bezeichnetes Palästina verwandelt werden«[13]. Das Land sei daher in ihrem Blut: »Die Thora, die Nation und das Heilige Land stehen miteinander in einer mystischen Beziehung, könnte man sagen, sie sind durch ein unsichtbares Band miteinander verknüpft.«[14] Es handelte sich um heilige Werte, die unauflösbar mit der jüdischen Identität verbunden seien. Im Gegensatz zu Hess, dessen Werk er bewunderte, forderte Graetz nicht die Auswanderung nach Palästina. Bei seinem Besuch in Jerusalem hatten ihn die rückwärtsgewandten Juden und das schmutzige jüdische Viertel entsetzt. Sein Beitrag zur zionistischen Sache war die »Geschichte«, die eine ganze Generation von Juden lehrte und sie aufforderte, ihre Traditionen im Licht moderner Philosophie neu zu überdenken.

Die Jahre 1881/82 brachten für Palästina und Jerusalem einschneidende Veränderungen. Die Briten setzten sich in der Region fest, nachdem sie Ägypten erobert hatten, und sie sollten in den kommenden Auseinandersetzungen eine schicksalhafte Rolle spielen. Einer der Helden bei der Eroberung Ägyptens war General Charles Gordon, der nach dem Fall von Khartum im Sudan getötet wurde. Sein Hauptbeitrag zu Jerusalem bestand in der Entdeckung des »Gartengrabs«. Viele Europäer fühlten sich inzwischen von der Grabeskirche abgestoßen und sahen sich außerstande, dieses modrige Bauwerk voller aufgebrachter streitsüchtiger Mönche mit ihrer »Religion des Friedens« in Verbindung zu bringen. Als Gordon Wilsons Vermessungskarte von Jerusalem studierte, stellte er fest, daß eine der Umrißlinien einem Frauenkörper ähnelte, deren »Kopf« ein kleiner Hügel nördlich des Damaskustores war. Dies mußte der »Ort des Schädels« sein. Nachdem Gordon an dieser Stelle ein offenbar antikes Felsengrab gefunden hatte, erklärte er den Hügel sofort zu Golgotha und das Grab zu dem von Jesus. Nach Gordons Tod wurde das »Gartengrab« eine heilige Stätte der Protestanten. Es war ein Monument des britischen Imperialismus, der die Geschichte Jerusalems nachhaltig verändern sollte.

1882 wurden als Folge der schrecklichen Pogrome in Rußland die ersten zionistischen Siedlungen in Palästina gegründet

– nicht in Jerusalem, sondern auf dem Land. Diese Siedlungen nach sozialistischem Vorbild waren kein Erfolg, aber der neue jüdische Enthusiasmus, der das Gesicht Palästinas verändern sollte, hatte ein Ziel gefunden. Der Zionismus nahm im Land der Patriarchen Gestalt an. 1899 schufen sich die Zionisten eine internationale Plattform, als sie in Basel ihren ersten Kongreß abhielten. Obwohl diese frühen Zionisten weltlich eingestellt waren und die religiösen Ansichten des traditionellen Judentums nicht teilten, hatten sie ihre Bewegung nach einem der ältesten Namen der Heiligen Stadt benannt, der so lange als Inbegriff von Erlösung gegolten hatte. Auch ihre Ideale drückten sie in konventioneller jüdischer Bildhaftigkeit aus. Daher waren sie bewegt, als sie Theodor Herzl, der zum Sprachrohr des Zionismus geworden war, das Rednerpult besteigen sahen. Er sah aus wie »ein Mann aus dem Hause Davids, der plötzlich und unvermutet in all seiner legendären Glorie aus dem Grab erstanden war«, erinnerte sich Mordechai Ben Ami, der Abgeordnete aus Odessa. »Es schien, als ob der Traum, den unser Volk seit zweitausend Jahren wachgehalten hat, endlich wahr geworden wäre und Messias, der Sohn Davids, vor uns stünde.«[15]

Herzl war kein eigenständiger Denker; dennoch wurde sein Buch »Der Judenstaat« (1896) zu einem Klassiker des Zionismus. Herzl war auch kein religiöser Mensch; er hatte sich dem Ideal der Assimilation verschrieben und sogar mit dem Gedanken gespielt, zum Christentum überzutreten, aber die Dreyfus-Affäre hatte ihm die Verletzlichkeit des jüdischen Volkes vor Augen geführt. Er sah voraus, daß der Antisemitismus in eine Katastrophe führen würde, und arbeitete sich buchstäblich zu Tode, um eine Zufluchtsstätte für die Juden zu finden. Da er die Bedeutung politischer Beziehungen erkannt hatte, wandte er sich an den Sultan, den Papst, den Kaiser und den britischen Kolonialminister und erreichte auf diese Weise, daß die führenden Politiker auf den Zionismus aufmerksam wurden. Herzl war nicht der Ansicht, daß der neue jüdische Staat in Palästina angesiedelt sein müsse, und war beim Zweiten Zionistischen Kongreß schockiert, welch erbitterter Widerstand seinem Vorschlag entgegengebracht wurde, in Uganda einen Staat zu gründen. Um die Führung zu behalten, war Herzl gezwungen, seine Idee aufzugeben. Er stand vor den Delegierten, hob die rechte Hand und zitierte die Worte des Psalmisten: »Sollte ich deiner vergessen, Jerusalem, möge meine rechte Hand abfallen!« Doch als Herzl 1898 Jerusalem tatsächlich besuchte, war er von der Heiligen Stadt nicht beeindruckt. Er war abgestoßen von den »muffigen Ablagerungen von zweitausend Jahren Unmenschlichkeit, Unduldsamkeit und Falschheit« in den »rauchenden Gassen« und fand, daß das erste, was die Zionisten tun würden, wenn sie die Kontrolle über die Stadt erlangten, ein Reinemachen sei.

> Ich würde alles wegschaffen, was nicht heilig ist, Arbeiter-
> wohnungen außerhalb der Stadt errichten, die schmutzigen
> Rattenlöcher ausleeren und einreißen, alle nicht heiligen
> Ruinen verbrennen und die Bazare anderswo errichten.
> Dann würde ich, bei Beibehaltung des architektonischen
> Stils – soviel wie möglich –, eine luftige, behagliche, gut
> kanalisierte nagelneue Stadt um die heiligen Plätze auf-
> bauen.[16]

Ein paar Tage später änderte er seine Meinung: Die neue weltliche Stadt sollte nun außerhalb der Mauern entstehen, und die heiligen Stätten sollten innerhalb einer eigenen Enklave verbleiben. Darin spiegelte sich in vollkommener Weise das neue säkulare Ideal wider: Die Religion mußte in einen gesonderten Bereich verwiesen werden. Die Heiligkeit Jerusalems spielte in der frühen zionistischen Bewegung nur eine geringe Rolle. Viele ihrer Anhänger ließen die Stadt und deren religiöse Gemeinden hinter sich. Für Herzl kam die Erlösung nicht aus dem Himmel, sondern war in der neuen Stadt zu finden, die er außerhalb der Mauern erbauen wollte. Der »weite grüne Gürtel der Hügel darum« würde »der Ort eines glorreichen Neuen Jerualem werden«[17]. Die alten religiösen

Traditionen des Judentums waren überwunden und aufgegeben worden. Angesichts der Westmauer empfand Herzl daher hauptsächlich Abscheu: Der Schmutz, das Wehklagen und die Unterwerfungsgesten der Juden, die sich an die Steine klammerten, waren ein Symbol für all das, was der Zionismus hinter sich lassen mußte.[18]

Doch nicht alle Zionisten zeigten solche Reaktionen. Mordechai Ben Hillel weinte wie ein Kind, als er zum erstenmal die Mauer sah. Sie hatte überdauert wie das ganze jüdische Volk, nicht dank »Fakten« und vernunftgemäßer Einsichten, sondern dank der die Seelen bewegenden Kraft einer »Legende«. Der Schriftsteller A. S. Hirschberg machte eine ähnliche Erfahrung, als er 1901 Jerusalem besuchte. Beim Gang durch das maghrebinische Viertel hatte er sich unbehaglich und fehl am Platz gefühlt, aber sobald er vor der Mauer stand und das Gebetbuch nahm, das ihm der sephardische Aufseher reichte, begann er hemmungslos zu weinen. Er habe einen Schock erlitten, erinnerte er sich später, und sei bis ins Innerste erschüttert gewesen: »All meine privaten Nöte vermischten sich mit den Mißgeschicken unseres Volkes und bildeten eine Sturzflut.«[19] Die Mauer war ein Symbol geworden, das die Kraft hatte, jenes Gefühl der Entwurzelung und Entfremdung zu heilen, unter dem die meisten nichtreligiösen Juden litten. Ihre Macht überwältigte sie.

1902 erreichte eine neue Welle zionistischer Siedler aus Rußland und Osteuropa Palästina; es handelte sich um nichtreligiöse Revolutionäre, die sich sozialistischen Idealen verschrieben hatten. Einer von ihnen war der junge David Ben Gurion. Diese »zweite *alijjah*«, wie die Auswanderung genannt wurde, sollte für die Geschichte der Bewegung große Bedeutung gewinnen. Ben Gurion war nicht religiös. Sein Neues Jerusalem war eine sozialistische Vision. An seine Frau Paula schrieb er: »Niedergedrückt und in Tränen wird man sich zu dem hohen Berg begeben, von dem aus der Ausblick auf die neue Welt zu sehen ist, die im Glanz eines ewig jungen Ideals von höchster Glückseligkeit und glorreichem Leben erstrahlt.«[20] Der weltliche Glaube dieser Siedler erfüllte sie mit einer Begeisterung, die gewöhnlich im Bereich des Religiösen anzutreffen ist. Sie nannten ihre Auswanderung nach Palästina eine *alijjah*, weil sie als Aufstieg zu einer höheren Seinsebene begriffen wurde. Aber für sie wohnte die Heiligkeit im Land und nicht im Himmel. Einige dieser Zionisten ließen sich in Jerusalem nieder, aber viele teilten Herzls Abneigung. 1909 begannen sie, neben dem arabischen Hafen Jaffa Tel Aviv zu erbauen, das zur Vorzeigestadt des neuen Judentums wurde. Viele der Siedler waren städtisch geprägt, aber sie erlangten innerhalb der zionistischen Bewegung nie die Bedeutung der Siedler in den *kibbuzim*. Das erste dieser kollektiv bewirtschafteten Güter wurde 1911 in Deganya in Galiläa gegründet. Der zionistische Theoretiker Nahum Solokow bemerkte dazu: »Der Schwerpunkt hat sich vom Jerusalem der religiösen Schulen zu den Höfen und Landwirtschaftsschulen, auf die Felder und die Wiesen verlagert.«[21] Genauso wie das antike Israel außerhalb von Jerusalem entstanden war, sollte das neue Israel nicht in der Heiligen Stadt entstehen, sondern in den *kibbuzim* von Galiläa.

Doch Jerusalem war immer noch ein Symbol, das diese nichtreligiösen Zionisten bei ihrem Bemühen um die Schaffung einer neuen Welt zu inspirieren vermochte, auch wenn sie wenig Zeit hatten, sich um die irdischen Belange der Stadt zu kümmern. Jitzak Ben Zwi, der der zweite Staatspräsident des Staates Israel wurde, war zum Zionisten geworden, während er vor einer revolutionären Versammlung in Rußland sprach. Er fühlte sich plötzlich von seiner Umgebung abgeschnitten und fehl am Platz. »Warum bin ich hier und nicht dort?« fragte er sich. Dann hatte er eine Vision. »...vor meinem inneren Auge erschien ein lebendiges Bild Jerusalems, der Heiligen Stadt, mit ihren Ruinen und von ihren Söhnen verlassen.« Von diesem Moment an dachte er nicht mehr an die Russische Revolution, sondern nur noch an »*unser* Jerusalem«: »In dieser Stunde kam ich zu der felsenfesten Überzeugung, daß unsere Heimat das Land Israel ist und daß ich dorthin gehen und

Der Samen für die neuzeitlichen Auseinandersetzungen zwischen Arabern und Juden in Jerusalem wurde bereits im frühen 20. Jahrhundert gesät.

mein Leben seinem Aufbau widmen mußte, und zwar so schnell wie möglich.«[22] Er hatte sein wahres Ziel und seinen Platz in der Welt gefunden.

Ein Hauptproblem war, daß Jerusalem nicht »von seinen Söhnen verlassen« war. Es hatte bereits Söhne, ein Volk, das dort seit Jahrhunderten gelebt und eigene Vorstellungen von der Stadt entwickelt hatte. Die Stadt lag auch nicht in Ruinen, wie Ben Zwi geglaubt hatte. Seit den siebziger Jahren des 19. Jahrhunderts waren vierzehn neue Vorstädte entstanden; Jerusalem besaß eine moderne Einkaufsarkade und ein Hotel am Jaffator, einen neuen Park, wo am Nachmittag das städtische Musikkorps spielte, ein Museum, ein Theater, ein modernes Postamt und ein Telegraphensystem. Zwischen Jaffa und der Heiligen Stadt gab es inzwischen eine ausgebaute Straße, und eine Eisenbahn beförderte die Besucher von der Küste durchs Baq'a-Tal. Jerusalem war eine Stadt geworden, auf die man stolz sein konnte. Die arabischen Bewohner waren gegenüber den türkischen Besatzern ablehnend eingestellt, und die zionistischen Siedler beunruhigten sie. 1891 richteten eine Reihe Jerusalemer Würdenträger eine Petition an Istanbul, worin sie die Regierung baten, den weiteren Zuzug von Juden und den Verkauf von Land an Zionisten zu verbieten. Die letzte politische Tat Yusuf al-Khalidis bestand darin, einen Brief an Rabbi Zadok Kahn, den Freund Herzls, zu schreiben und ihn zu bitten, von Palästina zu lassen. Juden, Christen und Muslime hätten es geschafft, in Jerusalem zusammenzuleben, und das zionistische Programm würde dieser Koexistenz ein Ende setzen. Nach dem Aufstand der Jungtürken 1908 begannen arabische Nationalisten Palästinas, von einem eigenen Staat zu träumen, der nicht unter türkischer Kontrolle stand. Als 1913 der Erste Arabische Kongreß in Paris abgehalten wurde, sandten dreihundertsiebenundachtzig Araber des Nahen Osten und hundertdreißig aus Palästina ein Telegramm, in dem sie ihre Unterstützung zum Ausdruck brachten. Als Ben Gurion die arabischen Ansprüche auf Palästina bewußt wurden, war er zutiefst beunruhigt. »Es hat mich wie eine Bombe getroffen«, sagte er später. »Ich war vollkommen verwirrt.«[23] Der tragische Interessenkonflikt war programmiert.

1914 brach der Erste Weltkrieg aus, und die Türkei verbündete sich mit Deutschland gegen Frankreich und Großbritannien. Jerusalem wurde das Hauptquartier des VIII. Türkischen Korps. Zwischen 1915 und 1918 kam es zu einer Tragödie, die schwerwiegende Folgen für die Geschichte Jerusalems zeitigen sollte. Die Türkei forderte, und zwar von offizieller Seite aus, die Vernichtung des armenischen Volkes. In Jerusalem jedoch, wo sich die Armenier immer zurückhaltend gezeigt hatten, blieben die *kaghakatsi* verschont. Diejenigen, die Regierungsämter innehatten, verloren ihren Posten, konnten aber im armenischen Viertel ansonsten unbehelligt weiterleben, außer daß die jungen Männer zum türkischen Militär eingezogen wurden. In anderen Teilen des Osmanischen Reichs jedoch wurden die Armenier erbarmungslos ausgerottet. Diese Massenmorde verbargen sich hinter dem Begriff »Deportation«, genauso wie im späteren nationalsozialistischen Deutschland. Menschen wurden an Flußufern zusammengetrieben und ins Wasser geworfen, und die Soldaten erschossen diejenigen, die sich schwimmend retten wollten. Zehntausende wurden ohne Nahrung und Wasser in die Wüste getrieben. Auf diese Weise kamen eine Million Armenier um, eine weitere Million ging ins Exil. Einige kamen nach Jerusalem und drängten sich im armenischen Viertel zusammen. Die Flüchtlinge fanden im Jakobskloster bei der Bruderschaft Unterschlupf – ein Privileg, das Nichtklerikern ansonsten versagt wurde. Der erste Genozid des 20. Jahrhunderts hatte einige Verfolgte dazu bewegt, im Heiligen Jerusalem Zuflucht zu suchen.

1916 glaubten die Briten, mit einem spektakulären Sieg im Nahen Osten den festgefahrenen Stellungskrieg in Frankreich beenden zu können. Das Ägyptische Expeditionskorps Großbritanniens wurde auf die Sinaihalbinsel verlegt, traf aber in Gaza auf entschlossenen türkischen Widerstand. General Murray wurde durch General Edward Allenby abgelöst, dem von Premierminister Lloyd George aufgetragen wurde, als Weihnachtsgeschenk für das britische Volk Jerusalem zu erobern. Allenby studierte sorgfältig die Publikationen des PEF. Wie bei Napoleons Eroberung über einhundert Jahre zuvor waren wissenschaftliche Studien das Vorspiel zur militärischen Besetzung. Im Oktober 1917 nahm Allenby Gaza ein und begann nach Jerusalem vorzurücken. Dort gab Djemal Pascha den Befehl, die Stadt zu räumen, und am 9. Dezember war nur noch der Bürgermeister Selim al-Husaini als Vertreter der Obrigkeit in der Stadt. Er borgte sich von einem amerikanischen Missionar ein weißes Leintuch und verließ mit einer Gruppe kleiner Jungen die Altstadt durchs Jaffator. Er übergab Jerusalem an zwei verblüffte britische Kundschafter. Als Allenby am 11. Dezember am Jaffator eintraf, läuteten die Glocken, um ihn willkommen zu heißen. Aus Respekt vor der Heiligkeit

Jerusalems stieg Allenby ab und betrat die Stadt zu Fuß; an den Stufen zur Zitadelle machte er halt. Er versicherte den Einwohnern des »Gesegneten Jerusalem«, daß er im Namen der Regierung Seiner Majestät die heiligen Stätten bewahren und die Freiheit aller drei Religionen Abrahams schützen würde. An diesem Tag hatte er das Werk der Kreuzfahrer vollendet.

17

Israel

Jerusalem war im Lauf seiner langen und oft tragischen Geschichte viele Male zerstört und wiederaufgebaut worden. Mit
der Ankunft der Briten mußte sich die Stadt erneut einer
schmerzlichen Periode des Wandels unterziehen. Abgesehen
von dem kurzen Zwischenspiel der Besetzung durch die Kreuzfahrer war Jerusalem während fast dreizehnhundert Jahren
eine bedeutende islamische Stadt gewesen. Nun, nachdem das
Osmanische Reich besiegt war, sollten die Araber der Region
ihre Unabhängigkeit erhalten. Zuerst richteten die Briten und
die Franzosen Mandate und Protektorate im Nahen Osten ein,
aber allmählich bildeten sich neue arabische Staaten und
Königreiche: Jordanien, Libanon, Syrien, Ägypten und der
Irak. Bei gleichen Voraussetzungen hätte auch Palästina ein
unabhängiger Staat werden können, und Jerusalem, inzwischen eine wichtige Stadt, hätte dessen Hauptstadt sein können. Aber dazu kam es nicht. Während der Periode des britischen Mandats gelang es den Zionisten, sich im Land festzusetzen und einen jüdischen Staat zu bilden. Jerusalem behielt seine
religiöse und strategische Bedeutung, und sowohl Juden wie
Araber und die internationale Gemeinschaft wetteiferten um
den Besitz der Stadt. 1967 war es schließlich soweit; dank
militärischer und diplomatischer Manöver wurde Jerusalem
die Hauptstadt des jüdischen Staates Israel. Zum gegenwärtigen Zeitpunkt ist vom arabischen Charakter der Stadt fast
nichts mehr vorhanden, jedenfalls nur noch ein Schatten dessen, was Allenby sah, als er und seine Truppen in die Stadt
einmarschierten.

Der zionistische Sieg brachte eine außergewöhnliche Wende. 1917 bildeten die Araber neunzig Prozent der Gesamtbevölkerung Palästinas und etwas weniger als fünfzig Prozent der Einwohner Jerusalems. Angesichts der überwältigenden Schwierigkeiten betrachten die Zionisten ihren Erfolg praktisch als ein Wunder; die Araber bezeichnen ihre Niederlage als *al-nakhbah*, ein Wort, das eine Katastrophe von fast kosmischen Ausmaßen bedeutet. Es verwundert nicht, daß die Sache auf beiden Seiten grob vereinfacht dargestellt und mit Begriffen wie »Helden« und »Schurken«, »absolut richtig« und »absolut falsch«, dem »Willen Gottes« und »göttlicher Strafe« operiert wird. Die Realität war jedoch bedeutend komplexer. Zu einem großen Teil hing der Ausgang vom Geschick und den Möglichkeiten der zionistischen Führer ab, denen es gelang, zuerst die britische und dann die amerikanische Regierung zu beeinflussen und den diplomatischen Prozeß für sich zu nutzen. Wenn die Großmächte ihnen ein Angebot machten, nahmen sie fast immer an, auch wenn es hinter ihren Bedürfnissen und Forderungen zurückblieb. Aber schließlich erreichten sie alles. Außerdem waren die Zionisten in der Lage, die ideologischen Gegensätzlichkeiten innerhalb ihrer eigenen Bewegung zu überwinden. Die Araber hatten damit weniger Glück. Nach dem Schock des Zusammenbruchs des Osmanischen Reichs und des Einmarsches der Briten mangelte es der nationalistischen Bewegung der Araber an Zusammenhalt und Sinn für »Realpolitik«; beides wäre notwendig gewesen, um sowohl mit den Europäern wie den Zionisten fertig zu werden. Die Araber schafften es jedoch nicht, eine Widerstandsfront aufrechtzuerhalten, und da sie mit den Gepflogenheiten westlicher Diplomatie nicht vertraut waren, lehnten sie beständig alle Angebote ab – in der Hoffnung, eine unbeugsame, kompromißlose Politik der Verweigerung würde ihnen in dem Land, das ihnen ihrer Meinung nach ohnehin gehörte, das Recht auf einen unabhängigen arabischen Staat einbringen. Anfänglich waren sie ganz naiv vom Wohlwollen Großbritanniens überzeugt. Doch als Ergebnis ihrer ständigen Vetos beka-

Während des britischen Mandats begann der langsame und schmerzliche Prozeß, der Jerusalem aus einer arabischen in eine vorwiegend jüdische Stadt verwandelte.

men sie am Ende gar nichts, und mit der Errichtung des Staates Israel im Jahr 1948 trat an die Stelle des vertriebenen, entwurzelten und wandernden Juden der heimatlose, entwurzelte und vertriebene Palästinenser.

Die Motivation und das Vorgehen der Briten waren sowohl verwirrend wie fragwürdig. Beide Seiten fanden es schwierig, sich über die Absichten der Briten Klarheit zu verschaffen. Während des Ersten Weltkriegs hatte die britische Regierung sowohl den Arabern wie den Juden viele Versprechungen gemacht. Um die Araber auf dem Hidjas zu ermutigen, sich gegen die Türken zu erheben, hatte 1915 Sir Henry MacMahon, der Hochkommissar von Ägypten, Husain ibn Ali, dem Emir von Mekka, versprochen, Großbritannien würde die zukünftige Unabhängigkeit der arabischen Länder anerkennen und die heiligen Stätten würden unter der Kontrolle eines »unabhängigen souveränen muslimischen Staates« verbleiben. Palästina wurde hierbei nicht ausdrücklich erwähnt, auch Jerusalem nicht, das immerhin der drittheiligste Ort des Islams war. Die

Zusicherung MacMahons war kein formal ratifizierter Vertrag, hatte aber die Wirkung eines Vertrages, vor allem nachdem Husain entsprechend handelte und zusammen mit T. E. Lawrence 1916 den arabischen Aufstand anführte. Zur gleichen Zeit, als MacMahon diese Vereinbarung aushandelte, einigten sich Großbritannien und Frankreich im geheimen Sykes-Picot-Abkommen, wodurch die gesamte arabische Welt nördlich der Halbinsel in britische und französische Zonen eingeteilt wurde.

Am 2. November 1917, gerade einen Monat vor Allenbys Eroberung Jerusalems, wies der englische Premierminister Lloyd George den Außenminister Arthur Balfour an, an Lord Rothschild einen Brief zu schreiben, der folgende wichtige Aussage enthielt:

> Die Errichtung einer nationalen Heimstätte in Palästina für das jüdische Volk wird von der Regierung Seiner Majestät mit Wohlwollen betrachtet. Sie wird ihr Bestes tun, um das Erreichen des Zieles zu erleichtern, wobei unmißverständlich zu betonen ist, daß nichts getan werden darf, was die Bürgerrechte und religiösen Rechte der in Palästina lebenden nichtjüdischen Bevölkerung oder die Rechte und den politischen Status der Juden irgendeines anderen Landes nachteilig betrifft.[1]

Großbritannien hatte schon seit langem den Wunsch gehegt, die Juden würden nach Palästina zurückkehren. 1917 mochten auch strategische Überlegungen eine Rolle gespielt haben. Ein britisches Protektorat mit dankbaren Juden hätte den ehrgeizigen Plänen der Franzosen entgegenwirken können. Aber Balfour war sich bewußt, daß dies in eklatantem Widerspruch zu den Versprechungen stand, die seine Regierung gegeben hatte. In einem Memorandum vom August 1919 wies er darauf hin, daß Großbritannien und Frankreich versprochen hatten, im Nahen Osten nationale Regierungen einzusetzen, die von den Völkern frei gewählt wurden. Aber in Palästina »machen wir nicht einmal das Angebot, die Wünsche der gegenwärtigen Einwohner des Landes zu berücksichtigen«:

> Die vier Großmächte haben sich der Sache des Zionismus verschrieben. Und der Zionismus, gleichgültig, ob recht oder unrecht, gut oder böse, wurzelt in alten Traditionen, in gegenwärtigen Erfordernissen und Hoffnungen für die Zukunft, die weitaus schwerer wiegen als die Wünsche von siebenhunderttausend Arabern, die im Moment das alte Land bewohnen.

Mit erstaunlicher Sorglosigkeit schloß Balfour: »... soweit Palästina betroffen ist, haben die Mächte keine faktische Aussage gemacht, die nicht zugegebenerweise falsch wäre, und keine klare Deklaration des Vorgehens, die sie nicht, zumindest dem Buchstaben nach, immer schon zu brechen beabsichtigt hatten.«[2] Dies waren keine Aussagen, die zu klaren, zielgerichteten Handlungen führen konnten.

Von 1917 bis 1920 standen Palästina und Jerusalem unter britischer Militärkontrolle (Occupied Enemy Territories Administration). Der Militärgouverneur war Ronald Storrs, der während des arabischen Aufstands 1916 eine Schlüsselrolle gespielt hatte. Seine erste Pflicht bestand darin, die Kriegsschäden in der Stadt zu beheben. Das Abwassersystem funktionierte nicht, es gab kein Trinkwasser, und die Straßen waren in schlechtem Zustand. Die Briten kümmerten sich sehr um die Verwaltung der heiligen Stätten, und Storrs, ein gebildeter, kultivierter Mann, der Jerusalem liebte, gründete die Pro-Jerusalem Society, in der die religiösen Führer aller drei Glaubensrichtungen und die einheimischen Würdenträger vertreten waren, um die historischen Bauwerke zu schützen. Die Gesellschaft organisierte die Restaurierungsarbeiten von öffentlichen Gebäuden und Monumenten; sie finanzierte auch Aufträge zur Stadtplanung und den Erhalt antiker Stätten, indem sie ausländische Mittel sammelte. Eine ihrer lobenswertesten Verordnungen bestand in der Auflage, daß bei allen neuen

Gebäuden in der Stadt der einheimische, rosafarbene Stein verwendet werden mußte, eine Direktive, die immer noch befolgt wird und mitgeholfen hat, die Schönheit Jerusalems zu bewahren.

Es gab jedoch Spannungen. Die Araber waren über die Balfour-Deklaration nicht offiziell informiert worden, aber deren Inhalt war durchgesickert. Sie reagierten verständlicherweise mit Mißtrauen und waren beunruhigt. Sie stellten fest, daß in offiziellen Verlautbarungen zusammen mit Englisch und Arabisch auch Hebräisch verwendet wurde und daß die Verwaltung jüdische Beamte und Übersetzer einstellte. Aber sie hofften immer noch, daß sich die Briten für ihre gerechte Sache einsetzen würden. Schließlich erlangten sie innerhalb des Stadtrates, den Storrs im Januar 1918 wieder eingerichtet hatte, eine gewisse Vormachtstellung zurück. Der Rat bestand aus sechs Mitgliedern, das heißt zwei Vertretern jeder Religionsgemeinschaft, aber der Bürgermeister war ein Muslim. Als erster Bürgermeister wurde Musa Kasim al-Husaini ernannt, der nun zwei Stellvertreter hatte, einen Juden und einen Christen. Die Juden waren mit dem Arrangement nicht ganz zufrieden, da sie immerhin fünfzig Prozent der Einwohnerschaft stellten. Sie waren auch verärgert, als deutlich wurde, daß die arabischen Bürgermeister ihr Amt als öffentliches Forum benutzten, um gegen die Balfour-Deklaration anzugehen.

Auch aus dem Ausland trafen Stellungnahmen ein. Der Vatikan äußerte das Anliegen, Jerusalem solle nach der Eroberung durch die Briten in christlicher Hand bleiben. Es wäre tragisch, wenn »die heiligsten Stätten der christlichen Religion unter Aufsicht von Nichtchristen kämen«[3]. 1919 kam ein Bericht, der im Auftrag des Völkerbunds erstellt worden war, zu dem Schluß, daß die Balfour-Deklaration nicht umgesetzt werden sollte. Statt dessen sollten unter Führung einer zeitweiligen Mandatsmacht Palästina und Syrien zu einem vereinten arabischen Staat zusammengeschlossen werden. Die Vorschläge des Berichts fanden jedoch keine Anwendung. Als es an der

Zeit war, sich über die Vorschläge Gedanken zu machen, war Präsident Wilson mit anderen Dingen beschäftigt, und der Bericht wurde ad acta gelegt.

Während der Nabi-Musa-Feierlichkeiten am 4. April 1920 entluden sich die Spannungen in der Stadt. Diese Feierlichkeiten waren von den Mameluken eingeführt worden, als Jerusalem durch die Kreuzfahrer gefährdet war. Seit Allenby, der neue »Kreuzritter«, in der Stadt eingetroffen war, gewannen die Araber Palästinas den Eindruck, daß al-Quds erneut in Gefahr war. In der arabischen Welt erinnerte man sich an die Zeit der Kreuzzüge: Saladin, der Kurde, wurde zu einem arabischen Helden, und die Zionisten galten als die neuen Kreuzfahrer oder als die Werkzeuge des imperialistischen Westens.[4] Die Nabi-Musa-Prozessionen waren immer als symbolische Inbesitznahme der Heiligen Stadt angesehen worden, in diesem Jahr jedoch wichen die muslimischen Massen vom üblichen Weg ab und stürmten durch das jüdische Viertel. Die arabische Polizei stellte sich auf die Seite der Aufrührer, die britischen Truppen unterbanden die Gewalttätigkeiten nicht, und den Juden wurde verboten, ihre Verteidigung zu organisieren. Die meisten Verletzten gab es unter den Juden: Neun Menschen wurden getötet und zweihundertvierundvierzig verwundet. Jahrelang war es in Jerusalem zu Spannungen und Gewalttätigkeiten gekommen, aber die Ausschreitungen von 1920 zeigten, daß sich alles zum Schlimmeren gewendet hatte. Gleichzeitig war zwischen Juden und Briten eine Kluft entstanden. Die Zionisten machten sofort Storrs und die Stadtregierung für den Pogrom verantwortlich, da diese eindeutig für die Araber Partei ergriffen hätten. Von nun an wurden die Briten sowohl von den Juden wie von den Arabern bezichtigt, »die andere Seite« zu begünstigen.

Tatsächlich wohnte der britischen Politik ein Widerspruch inne. Im April 1920 hatte Großbritannien die Mandatsmacht über Palästina übertragen bekommen. Artikel 22 des Völkerbundvertrags setzte fest, daß Großbritannien dem folgenden Grundsatz verpflichtet war: »Das Wohlergehen und die Entwicklung dieser Völker sind eine heilige Aufgabe der Zivilisation.« Aber die Briten mußten auch die Balfour-Deklaration umsetzen und den Weg für eine jüdische Heimstätte in Palästina ebnen. Gemäß Mandatsvertrag vom 22. Juli 1922 sollte eine »jüdische Agentur« eingesetzt werden, die gleichzeitig die Entwicklung des ganzen Landes förderte (Artikel 4). Die Agentur sollte auch »den Erwerb der palästinensischen Staatsbürgerschaft durch Juden fördern« (Artikel 6) sowie »die jüdische Einwanderung unter angemessenen Bedingungen fördern« (Artikel 7). Bestand damit nicht die Gefahr, daß aufgrund dieser Maßnahmen die Rechte der »nichtjüdischen Gemeinden« in Palästina beeinträchtigt wurden?

Der erste zivile Hochkommissar, der im Juli 1920 in Palästina eingesetzt wurde, war Sir Herbert Samuel, selbst ein Jude. Dies schien für die Juden ein gutes Zeichen zu sein, für die Araber jedoch ein schlechtes. Samuel unterstützte die Balfour-Deklaration, versuchte aber während der fünf Jahre seiner Amtszeit, die Araber zu beruhigen. Er erklärte, daß ihnen ihr Land nie weggenommen werden würde und daß die muslimische und christliche Mehrheit in Palästina nie unter die Herrschaft einer jüdischen Regierung gestellt würde: »Das ist nicht die Bedeutung der Balfour-Deklaration.«[5] Dies schlug nicht nur fehl hinsichtlich einer Beschwichtigung arabischer Ängste, es rief auch den Widerstand der Juden hervor. Das Weißbuch von 1922, das vom britischen Kolonialminister Winston Churchill verfaßt worden war, argumentierte ähnlich: Eine Unterdrückung der arabischen Mehrheit stehe nicht zur Debatte. Der Grundgedanke der Balfour-Deklaration bestehe einfach darin, ein Zentrum *in* Palästina zu schaffen, wo Juden von Rechts wegen leben könnten, anstatt nur geduldet zu sein. Wiederum war keine Seite erfreut, und die Araber lehnten das Weißbuch ab; die Zionisten jedoch akzeptierten es, in der Hoffnung, später mehr zu erreichen.

In gewisser Hinsicht jedoch blühte Jerusalem während der Mandatszeit auf. Zum erstenmal seit den Kreuzzügen war es die Hauptstadt Palästinas. Nach englischem Vorbild entstan-

den in den zwanziger Jahren außerhalb der Stadtgrenzen neue
Gartenstädte. Talpiot, Rehavia, Beit Vegan, Kirjat Moshe
und Beit Hakerem waren jüdische Viertel mit Parks, Freiflä-
chen und Hausgärten. Sie waren im Westen der Altstadt erbaut
worden. Westlich der alten Stadtmauer, auf einem Grundstück, das vom griechisch-orthodoxen Patriarchat erworben
worden war, wurde ein neues Geschäftszentrum errichtet.
Dessen Hauptstraße war nach dem Philologen Eleazar Ben
Jehuda benannt, der das moderne Hebräisch geschaffen hatte.
Ein zweites Geschäftszentrum entstand oberhalb des Mahane-
Jehuda-Marktes. Aber im westlichen Teil Jerusalems, in Talbieh, Katamon und Ba'ka, gab es auch elegante arabische
Vorstädte, ebenso im Norden der Stadt in Scheik Jarrah, Wadi
el-Joz, wo sich auch die amerikanische Kolonie befand. Ein
wichtiger Tag für Jerusalem war die Eröffnung der Hebräischen Universität auf dem Skopusberg. Lord Balfour nahm an
der Einweihung teil; es war sein erster und letzter Besuch in
Palästina. Während der ganzen Zeremonie rannen ihm die
Tränen übers Gesicht. Doch er schien nicht bemerkt zu haben,
daß in den Straßen des arabischen Jerusalem alles verbarrika-
diert war und im *suq* schwarze Trauerfahnen hingen.[6]

Neue führende Persönlichkeiten waren in Jerusalem auf den
Plan getreten. Eine von Samuels ersten Ernennungen betraf
Amin al-Husaini, der den Posten des Muftis erhielt. Dies entsetzte die Zionisten, da Husaini ein extremer arabischer Natio-
nalist war, der während der Aufstände 1920 eine führende
Rolle gespielt hatte. Vermutlich hatte Samuel angenommen, er
könne Husaini kontrollieren, indem er mit ihm kooperierte,
doch wie die meisten Briten war er gleichzeitig beeindruckt von
dem jungen Mann. Der neue Mufti, der höflich, zurückhaltend
und würdevoll wirkte, machte nicht den Eindruck eines Auf-
rührers. Im Jahr darauf wurde der Mufti zum Präsidenten des
Obersten Muslimrats ernannt, ein neues Gremium, das alle
islamischen Institutionen in Palästina überwachte. Dieses
wurde sein Forum, um gegen die Balfour-Deklaration anzugehen, und er begann ein Bau- und Restaurationsprogramm auf

dem Haram, das er aus den Mitteln einer groß angelegten Propagandakampagne finanzierte. Die Zionisten träumten davon, den Tempel wieder aufzubauen, behauptete der Mufti, und dies würde unvermeidlicherweise die muslimischen Heiligtümer auf dem Haram bedrohen. Diese Anschuldigungen erschienen den zionistischen Führern vollkommen aus der Luft gegriffen, da die meisten am Tempel überhaupt kein Interesse hatten und nicht einmal von der Westmauer sonderlich beeindruckt waren. Aber Amin al-Husainis Ängste waren durchaus nicht unbegründet, wie wir heute sehen.

Die Ernennung von Amin al-Husaini führte zu einer Polarisierung der Araber Jerusalems, die sich in zwei Lager spalteten. Die Radikalen neigten der Richtung des Muftis zu, während sich die Gemäßigten um den neuen Bürgermeister Raghib al-Nashashibi scharten, der zwar gegen den Zionismus eingestellt war, aber wenn möglich für eine Zusammenarbeit mit der Obrigkeit stimmte. Samuel schien die Tatsache anzuerkennen, daß Jerusalem in erster Linie eine islamische Stadt war. Der Stadtrat war erweitert worden und bestand nun aus vier Muslimen, drei Christen und drei Juden; der Bürgermeister war weiterhin ein Muslim. Aber Samuel hatte auch das Stimmrecht erweitert, um mehr Juden zur Wahl zuzulassen. Indem er versuchte, es beiden Seiten recht zu machen, stellte der Hochkommissar niemanden zufrieden. Sowohl die Zionisten wie die Araber hatten ganz unterschiedliche Pläne hinsichtlich Palästinas und Jerusalems, und der Konflikt war unvermeidlich.

Die Zionisten hatten natürlich ihre eigenen Helden und Persönlichkeiten. Die Palästinenser brauchten keine neuen Mythologien und Ideologien, um ihrem Kampf die nötige Triebkraft zu geben. Palästina war ihre Heimat; jahrhundertelang hatten sie in al-Quds gelebt und dessen Heiligkeit gefeiert. Sie mußten keine Bücher über ihr Land und ihre Stadt schreiben. Die Zionisten jedoch mußten sich Palästina erst noch aneignen. Sie waren ins Land gekommen, weil sie in einer fremden, feindlichen Welt einen Platz für sich suchten. Doch die *alijjah* war eine oft mühevolle, schmerzliche Erfahrung. Die

Die erste Aufgabe der zionistischen Siedler im Negev bestand darin, einen Stacheldrahtzaun um ihren 1946 gegründeten Kibbuz zu ziehen. Der Zionismus, der körperliche Arbeit betonte, hatte positive Auswirkungen für die Juden, schloß aber trotz seiner sozialistischen Ethik die arabische Bevölkerung Palästinas aus. Sogar A. D. Gordon beschreibt die Araber als »schmutzig«, »degeneriert« und »verachtenswert«.

meisten der neuen Pioniere verließen in den zwanziger Jahren das Land wieder, denn das Leben dort war hart, und die Umgebung war ihnen fremd. Sie kam ihnen nicht wie ihre Heimat vor. Um sich geistig in dem Land zu verankern, brauchten sie eine Ideologie, und instinktiv wandten sie sich den sakralen Raumvorstellungen der Kabbala zu. Die ursprünglich säkulare Bewegung hatte eine mystische Dimension angenommen. Der Hauptprotagonist dieser zionistischen Kabbala lebte nicht in Jerusalem und konzentrierte sich auch nicht auf die Heilige Stadt. A. B. Gordon, der in Rußland in die Kabbala eingeweiht worden war, hatte erst im fortgeschrittenen Alter von sechsundvierzig Jahren die *alijjah* gemacht.[7] Im Kibbuz von Deganya hatte er Seite an Seite mit den jungen Pionieren Feldarbeit verrichtet. Die Auswanderung nach Palästina war ihm sehr schwer gefallen, er hatte heftiges Heimweh nach Rußland und empfand auch die nahöstliche Landschaft als fremdartig. Doch durch die Bestellung der Felder war ihm eine Erfahrung zuteil geworden, die seiner Meinung nach in früherer Zeit als Offenbarung der Schechinah bezeichnet worden wäre. Er fühlte, daß er zu jener uranfänglichen Einheit zurückgekehrt war, mit der in Jerusalem so oft die Erfahrung von Gott beschrieben worden war. Gordon jedoch war dieser Erfahrung in Galiläa teilhaftig geworden. Die Juden hätten in der Diaspora ein elendes und unnatürliches Leben geführt, lehrte Gordon die jungen Pioniere in seinen Gedichten und Vorträgen. Ohne Land und abgeschnitten von ihrem Boden, hätten sie sich zu einem städtischen Leben im Ghetto gezwungen. Sie hätten sich von Gott und sich selbst entfremdet. Wie Juda Halewi glaubte Gordon, daß das Land Israel für den einzigartigen jüdischen Geist verantwortlich sei. Es hatte ihnen die Klarheit, die Unendlichkeit und die Leuchtkraft des Göttlichen offenbart, und das sei es, was das jüdische Selbstverständnis ausmache. Abgeschnitten von dieser Quelle des Seins, führten sie ein beschädigtes und zerrissenes Leben. Nun, da sie in die Heiligkeit des Landes eintauchten, hätten sie die Pflicht, sich neu zu erschaffen. »Jeder von uns ist aufgerufen, sich umzuwandeln«, schrieb Gordon, »damit die unnatürliche, beschädigte und zerrissene Persönlichkeit in ein natürliches, gesundes menschliches Wesen verwandelt wird, das ganz es selbst ist.«[8] Aber Gordons Mystizismus haftete auch ein Hauch von Feindseligkeit an. Er glaubte, die Juden müßten mittels »Eroberung durch Arbeit« ihren Anspruch auf das Land wieder einfordern. Körperliche Arbeit würde die Juden wieder zu sich selbst führen, und Palästina würde so wieder an seine rechtmäßigen Besitzer fallen, die allein für dessen Heiligkeit empfänglich seien.

In frühen Zeiten hatten Juden in ihrem Tempel in Jerusalem eine ganz ähnliche Rückkehr zur uranfänglichen Harmonie gesucht. Aber Gordon lehrte die Zionisten, daß die Schechinah nicht mehr auf dem Berg Zion gefunden werden könne, sondern in den Feldern und auf den Bergen Galiläas. In alter Zeit wurde mit *awodah* der Tempeldienst bezeichnet, für Gordon bezeichnete der Begriff körperliche Arbeit. Eine kleine Anzahl von Zionisten jedoch erwartete die unmittelbar bevorstehende Rückkehr auf den Tempelberg. Die religiösen Zionisten, die von den säkularen Führern eher belächelt wurden, bildeten eine kleine Gruppe, die sich *mizrachi* (Spirituelles Zentrum) nannte. Für sie bildete Jerusalem auf herkömmlichere Weise das Zentrum der Welt. Ihr Führer war Rabbi Abraham Isaac Kook, der 1921 der Oberrabbiner der Aschkenasim in Jerusalem wurde. Die meisten orthodoxen Juden standen der ganzen zionistischen Idee äußerst ablehnend gegenüber, Kook jedoch unterstützte die Bewegung. Er glaubte, die weltlichen Zionisten würden mithelfen, Gottes Königreich aufzubauen, auch wenn das ihnen nicht bewußt sei. Die Rückkehr ins Heilige Land würde sie zwangsläufig zur Thora zurückführen. Als Kabbalist nahm Kook an, daß die ganze Welt aus dem Gleichgewicht geraten sei, nachdem die Juden von Palästina abgeschnitten worden waren. Gott war in Synagogen und *jesibot* in der Diaspora verborgen worden, die von der Unreinheit der heidnischen Welt beschmutzt war. Nun würde das ganze Universum erlöst werden: »Alle Zivilisationen der Welt werden durch die Wiedergeburt unseres Geistes erneuert. Aller Streit wird beigelegt, und unsere Wiederbelebung wird dazu führen, daß alles Leben mit der Freude neuer Geburt erstrahlt.«[9] Die Erlösung hatte tatsächlich bereits eingesetzt. Kook konnte vor seinem geistigen Auge den wiedererbauten Tempel bereits sehen, der die Göttlichkeit der Welt offenbarte:

Hier steht der Tempel auf seinen Grundfesten zu Ehren und zum Ruhm aller Völker und Königreiche, und hier tragen wir freudvoll die Garben, die das Land unserer Wonne hervorgebracht hat, unsere Kelter sind gefüllt mit Korn und Wein, unsere Herzen glücklich über die Güte dieses Landes der Wonne, und hier vor uns erscheinen die Priester, heilige Männer, Diener des Tempels des Herrn Israels.

Dies war kein ferner Traum: »Wir werden sie in naher Zukunft auf dem Berg des Herrn wiedersehen, und wie werden unsere Herzen anschwellen, angesichts dieser Priester des Herrn und dieser Leviten bei ihrem göttlichen Dienst (*awodah*) und ihren wundervollen Gesängen.«[10] Es war jedoch keine Vision, die darauf angelegt war, den palästinensischen Muslimen große Freude zu bringen. Rabbi Kook wurde im allgemeinen als Exzentriker angesehen: Erst in unserer Zeit sind seine Ideen Wirklichkeit geworden.

Unter Lord Plumer, der 1925 Herbert Samuel nachfolgte, herrschte in Palästina offensichtlich Frieden. Die jüdische Gemeinde – der Jischuw – war eifrig damit beschäftigt, innerhalb des Mandats ein staatsähnliches Gebilde zu schaffen, das eine eigene Armee (Hagana), eine parlamentarische Versammlung von Repräsentanten aus den *kibbuzim* und Gewerkschaften (Histadruth) sowie eigene Steuer- und Finanzbehörden und eine Reihe von Erziehungs- und Wohltätigkeitseinrichtungen besaß. Die Jewish Agency mit Hauptsitz in Rehavia in Westjerusalem war die offizielle Vertretung des Jischuw gegenüber der britischen Regierung geworden. Die Araber waren weniger gut organisiert, ihre Front gegen den Zionismus war aufgrund der Spannungen zwischen den Clans der Husaini und Nashashibi gespalten. Doch sowohl auf zionistischer wie auf arabischer Seite traten Extremisten auf, die nicht gewillt waren, die gegenwärtige Situation länger hinzunehmen. Radikale Zionisten wurden durch die Ideen Wladimir Jabotinskys angezogen, während der Mufti seine Anhänger drängte, ihre Kooperation mit den Briten aufzugeben.

Der Konflikt trat in eine neue und unheilvolle Phase, und dies in einer Stadt, die für beide Völker mit tiefsten Sehnsüchten verbunden war. Seit der Ankunft der Briten gerieten die Araber wegen der jüdischen Verehrung für die Westmauer zunehmend in Sorge. Sowohl Montefiore wie Rothschild hatten während des 19. Jahrhunderts versucht, diesen Ort des Gebets zu kaufen, und seit 1918 war den Muslimen aufgefallen, daß die Juden angefangen hatten, Einrichtungsgegenstände dorthin zu bringen: Stühle, Bänke, Trennwände, Tische und Schriftrollen. Es schien, als wollten sie dort eine Synagoge einrichten, was eine Verletzung der Abmachungen bedeutete, die unter den Osmanen gegolten hatten. Der Mufti alarmierte seine Anhänger, da er in dem Vorgehen den zionistischen Plan erkannte, den Haram unter jüdische Kontrolle zu bringen. Am Abend des Jom-Kippur-Festes 1928 brach der Konflikt offen aus. Der Bezirkskommissar Edward Keith Roach hatte mit Douglas Duff, dem Polizeipräsidenten, einen Spaziergang um die Altstadt gemacht. Sie hatten dem Muslimrat in der Tanziq-iyya-Madrasa einen Besuch abgestattet, und als sie auf den jüdischen Gebetsplatz hinunterblickten, stellte Roach fest, daß ein Bettvorhang aufgezogen worden war, um Männer und Frauen während der Andacht zu trennen. Die anwesenden muslimischen Kleriker äußerten großes Mißfallen, und Roach gab zu, daß dies eine Übertretung der vormals gültigen Abmachungen war. Am nächsten Tag, am Jom Kippur, wurde die Polizei geschickt, um den Vorhang zu entfernen. Sie traf gerade im feierlichsten Moment ein, als die Gläubigen bewegungslos im stillen Gebet versunken dastanden. Da die Polizisten annahmen, die Andacht sei beendet, nahmen sie den Vorhang ab. Die Gläubigen reagierten mit Entsetzen auf diese offene Respektlosigkeit. In ganz Palästina beschuldigten wütende Juden die Briten der Blasphemie.

Der Mufti startete nun eine neue Kampagne, worin mit Nachdruck gefordert wurde, daß der Status quo streng eingehalten werden müsse. Die Mauer war Teil des Haram und muslimischer *waqf*-Besitz. Sie war der Ort, wo Mohammed nach seiner Nachtfahrt das Pferd Buraq angebunden hatte. Die Juden dürften den heiligen Ort nicht als ihr Eigentum betrachten, Einrichtungsgegenstände dorthin bringen und den *schofar* auf eine Weise blasen, daß die muslimischen Gebete auf dem Haram gestört wurden. Sie seien dort nur geduldet. Der Vorstoß des Muftis ging noch weiter. In der Nähe der Westmauer befand sich ein Sufikonvent; der dortige Gesang (*dhikr*) wurde plötzlich sehr laut und geräuschvoll, und der Muezzin rief

Hadschi Amin al-Huseini (Mitte), Großmufti von Jerusalem, mit Mitgliedern der Arabischen Liga. Er war unnachgiebig in seiner Haltung gegenüber dem Zionismus, brachte aber in den Augen vieler Beobachter das Anliegen der Palästinenser schließlich in Mißkredit, als er sich während des Zweiten Weltkriegs Hitler annäherte.

gerade dann zum Gebet, wenn die Riten an der Westmauer stattfanden. Schließlich ließ der Muslimrat die Nordmauer der Enklave öffnen, so daß keine Sackgasse mehr bestand, sondern ein Durchgangsweg, der das maghrebinische Viertel mit der Gegend um den Haram verband. Araber begannen, ihre Tiere durch die Gasse zu führen, während die Juden ihre Gebete abhielten, und zündeten am Sabbat ostentativ Zigaretten an. Alle Juden, gleichgültig, ob religiös oder nicht, waren darüber zunehmend erbost, vor allem nachdem die Briten dieses schändliche Vorgehen guthießen.

Im Sommer 1929 fand in Zürich der Sechzehnte Zionistenkongreß statt. Am ersten Tag hielt Jabotinsky eine flammende Rede und rief zur Errichtung eines jüdischen Staates auf – nicht nur einer »Heimstatt«. Im Verlauf der Konferenz brachten die gemäßigten Zionisten Jabotinsky zwar eine schwere Niederlage bei, aber die Araber waren noch immer ernstlich beunruhigt. Am 9. Ab (15. August) demonstrierte eine Gruppe von Jabotinskys jugendlichen Anhängern vor der Mandatsbehörde in Jerusalem und zog anschließend zur Westmauer, wo sie die jüdische Nationalflagge schwenkten und schworen, die Mauer bis zum Tod zu verteidigen. Am nächsten Tag, als sich die Araber auf dem Haram zum Freitagsgebet versammelten, drangen einige Anhänger des Muftis zum jüdischen Gebetsplatz an der Mauer vor. Diesmal erstickte die Polizei den Aufstand. Später jedoch löste ein tragischer Vorfall eine ernstere Konfrontation aus. Ein jüdischer Junge schoß einen Fußball in einen arabischen Garten, und daraufhin wurde das Kind getötet. Es kam zu wütenden Demonstrationen bei der Beerdigung, und am 22. und 23. August trafen Palästinenser vom Land scharenweise mit Keulen und Messern in Jerusalem ein. Einige hatten sogar Feuerwaffen. Der Mufti unternahm nichts, um die aufgebrachte Menge zu zerstreuen. Während seiner Freitagspredigt sagte er nichts, was ihm tatsächlich als Aufstachelung hätte ausgelegt werden können, aber der Mob strömte anschließend vom Haram herunter und griff jeden Juden an, dessen er habhaft wurde. Wiederum erlaubten die Briten den Juden nicht, sich auf angemessene Weise zu wehren, und die britischen Polizeieinheiten, die von Lord Plumer verringert worden waren, waren unfähig, auf diese Krise entsprechend zu reagieren. In ganz Palästina kam es zu Gewalttätigkeiten. Ende August waren hundertdreizehn Juden getötet und dreihundertneununddreißig verletzt worden. Die britische Polizei hatte hundertzehn Araber getötet, und sechs weitere waren bei einem jüdischen Gegenangriff nahe Tel Aviv umgekommen.

Unvermeidlich führte die Krawalle an der Westmauer auf beiden Seiten zu einer Eskalation der Spannungen. Nach außen hin hatten die Araber den Kampf um die Mauer gewonnen. Die Shaw-Kommission, die eingesetzt worden war, um die Angelegenheit zu untersuchen, bestätigte die Regelungen, die unter den Osmanen getroffen worden waren. Die Juden durften ihre Kultgeräte an den Gebetsplatz bringen, aber die Schriftrollen, Leuchter und Laden durften eine bestimmte Größe nicht überschreiten; der *schofar* durfte an der Mauer nicht geblasen und es durfte nicht gesungen werden. Gleichzeitig wurde den Muslimen verboten, mit Geräuschen verbundene Rituale abzuhalten und ihre Tiere an der Mauer vorbeizuführen, während die Juden ihre Andachten abhielten. Aber es war ein wertloser Sieg. Der Kampf des Zionismus wurde erbitterter und verzweifelter, nachdem Hitler an die Macht gekommen war. In größerer Zahl als zuvor trafen Flüchtlinge aus Deutschland und Polen ein. Das alte schrittweise Vorgehen der Zionisten war offensichtlich nicht mehr angemessen, und mehr Juden der Diaspora – wenn auch nicht innerhalb des Jischuw – begannen, Jabotinskys revisionistischer Partei zuzuneigen. Radikale jüdische Gruppen – teils durch die Schriften Rabbi Kooks inspiriert – waren sogar noch extremer und begannen, militante Organisationen zu gründen. Sie interessierten sich nicht für die sozialistischen Ideale Ben Gurions. Ihre Helden waren Josua und König David, die ihre Ziele mit Gewalt durchgesetzt hatten. Die wichtigste dieser rechten Gruppierungen war Irgun Zwai Leumi. Aber in Palästina tendierten noch immer nur fünfzehn Prozent des Jischuw zur Rechten. Ben Gurion drängte weiterhin auf eine Politik der Zurückhaltung, da Hitlers fanatischer Antisemitismus seiner Meinung nach der zionistischen Sache förderlich sein konnte.

Die Araber waren außerordentlich beunruhigt von der Zunahme jüdischer Einwanderer während der dreißiger Jahre. Sie beschuldigten die Zionisten, die Lage in Deutschland für ihre Sache auszunutzen. Sie fragten sich, warum sie mit dem Verlust ihres Landes für die antisemitischen Verbrechen in Europa büßen mußten. Die Angst der Araber war durchaus verständlich. 1933 betrug der jüdische Anteil an der Bevölkerung 18,9 Prozent; 1936 war er auf 27,7 Prozent angestiegen. Die Araber waren gleichzeitig der Ansicht, daß strengere Maßnahmen nötig waren. Im arabischen Lager hatten sich radikalere Parteien gebildet, die Nationale Verteidigungspartei, die Reformpartei und die panarabische Istiklal; sie wurden zu diesem Zeitpunkt allerdings noch von den öffentlichen Vertretern kontrolliert. Einige der Palästinenser schlossen sich Guerillaorganisationen an, um gegen die Briten und die Zionisten zu kämpfen. Im November 1935 kam es in der Nähe von Jenin zu einer Revolte der Guerillakämpfer von Scheik al-Qassam gegen die Briten, in deren Verlauf der Scheik getötet wurde: Er wurde einer der ersten Märtyrer für die palästinensische Sache. 1936 wurde in Jerusalem unter Vorsitz des Muftis das Hohe Arabische Komitee in Jerusalem gebildet, das aus den Führern der neuen Parteien bestand. Auf beiden Seiten gewannen nun die extremistischen Kräfte mehr Einfluß, und Zionisten und Araber bewaffneten sich für den Entscheidungskampf.

Doch trotz der zunehmenden Spannungen in der Stadt blühte Jerusalem weiterhin auf. So berühmte Wahrzeichen wie das King-David-Hotel, das gegenüberliegende imposante YMCA-Gebäude, das Postamt und das Rockefellermuseum wurden außerhalb der Mauern errichtet. Jerusalem begann, sich außerhalb der Stadtgrenzen rasch auszudehnen. Die Briten hatten daher die Stadt durch einen Unterbezirk erweitert, der nun die jüdischen und arabischen Vororte, die die Altstadt umringten, einschloß. Wenn auf der einen Seite eine große Anzahl von Juden nach Palästina strömte, hatte sich andererseits auch die arabische Einwohnerschaft in Jerusalem vergrößert. Innerhalb der Stadtgrenzen bildeten die Juden die Mehrheit; es gab inzwischen hunderttausend Juden und sechzigtausend arabische Muslime und Christen in der Stadt. Aber innerhalb des neuen Unterbezirks stellten die Araber mehr als die Hälfte der Gesamtbevölkerung und besaßen achtzig Prozent des Eigentums. Vor allem die großen bürgerlichen arabischen Vororte in Westjerusalem hatten sich vergrößert und entwickkelt: Katamon, Musrara, Talbieh, Oberes und Unteres Ba'ka, die deutsche und die griechische Kolonie, Scheik Jarrah, Abu Tor, Mamilla, Nabi Da'ud und Scheik Badr – überall gab es wertvollen arabischen Grundbesitz (siehe Karte). Viele dieser arabischen Bezirke lagen in Westjerusalem, das heute ein vorwiegend von Juden besiedeltes Gebiet ist.

Während des Generalstreiks 1936 schlug die Unzufriedenheit der Araber in offenen zivilen Ungehorsam um. Danach kam es zwischen 1936 und 1938 zum arabischen Aufstand

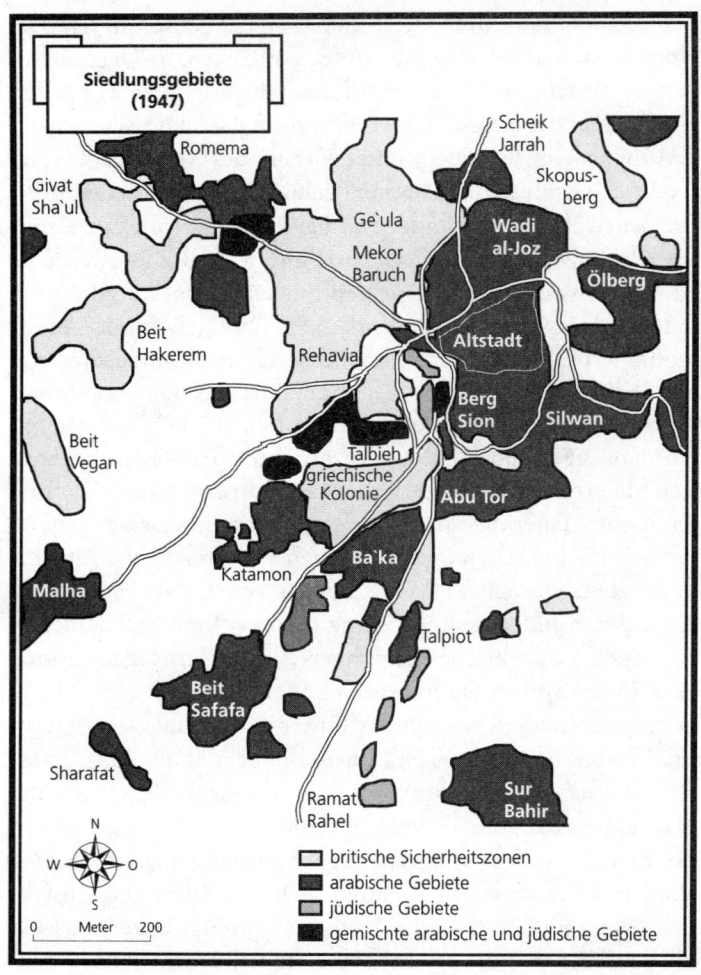

Siedlungsgebiete (1947)

Romema
Givat Sha`ul
Scheik Jarrah
Skopusberg
Ge`ula
Wadi al-Joz
Mekor Baruch
Ölberg
Beit Hakerem
Rehavia
Altstadt
Berg Sion
Silwan
Beit Vegan
Talbieh
griechische Kolonie
Abu Tor
Ba`ka
Katamon
Malha
Talpiot
Beit Safafa
Sharafat
Ramat Rahel
Sur Bahir

N W O S

0 Meter 200

☐ britische Sicherheitszonen
◼ arabische Gebiete
◼ jüdische Gebiete
◼ gemischte arabische und jüdische Gebiete

gegen die Briten, unter dem Jerusalem sehr litt. Arabischer Mob demonstrierte aufgebracht in den Straßen, in einer jüdischen Religionsschule tötete eine Bombe neun Kinder, und sechsundvierzig Juden kamen bei anderen Terroranschlägen ums Leben. 1938 übernahmen palästinensische Aufständische kurzfristig die Kontrolle über die Stadt. Während dieser Krise drängte die zionistische Führung immer noch auf eine Politik der Zurückhaltung, aber der Irgun führte Bomben- und Terrorangriffe durch, bei denen achtundvierzig Araber ums Leben kamen. Während des Aufstands verlor Jerusalem seine Stellung als Ort des Widerstands gegen den Zionismus. Der Mufti und das Hohe Arabische Komitee wurden von den Briten ins Exil geschickt, und dort fügte der Mufti der palästinensischen Sache großen Schaden zu, indem er sich mit Hitler verbündete. In Palästina ging die Führung an die ländlichen Scheiks über, die bereit waren, rücksichtslosere Methoden anzuwenden.

Als die Gewalttätigkeiten ausbrachen, versuchten die Briten, eine Lösung für die Palästina-Frage zu finden. 1937 schlug die Peel-Kommission vor, das Land zu teilen. In Galiläa und in der Küstenebene sollte ein jüdischer Staat entstehen, das verbleibende Territorium jedoch, einschließlich des Negev, sollten die Araber bekommen. Aber die Kommissare entschieden, daß der Stadtbezirk Jerusalem und der Unterbezirk ein *corpus separatum* bilden sollten, und zwar unter ständiger Kontrolle des britischen Mandats. Seit dieser Zeit versuchten die meisten Palästinapläne der internationalen Gemeinschaft, Jerusalem aus dem Konflikt herauszuhalten, um sicherzustellen, daß die heiligen Stätten – »ein heiliger Besitz der Zivilisation« – allen zugänglich blieben.[11] Nach zähen Debatten nahmen die Zionisten den Peel-Plan an, legten aber ihren eigenen Teilungsplan vor. Die Zionisten schlugen vor, Jerusalem zu teilen: Die Juden würden die neuen Vorstädte in Westjerusalem übernehmen, während die Altstadt und Ostjerusalem unter Mandatskontrolle verbleiben sollten.

Wie üblich lehnten die Araber den Peel-Plan ab, und 1939 sah es so aus, als würde sich ihre Unbeugsamkeit auszahlen.

Kurz vor Ausbruch des Zweiten Weltkriegs wurde die britische Regierung von verschiedenen arabischen Staaten überredet, ihr Engagement für den Zionismus einzuschränken. In einem neuen Weißbuch wurde die jüdische Einwanderung nach Palästina stark begrenzt, und der Peelsche Teilungsplan wurde aufgegeben. Statt dessen wurde die Bildung eines unabhängigen Staates in Palästina befürwortet, der gemeinsam von Arabern und Juden regiert werden sollte. Dies war ein schwerer Schlag gegen die Zionisten, die daraufhin Großbritannien nie mehr trauten, obwohl sie während des Krieges keine andere Wahl hatten, als die Briten gegen das nationalsozialistische Deutschland zu unterstützen. Dies kümmerte jedoch die Revisionisten nicht, die ihre Terroranschläge gegen die Briten verstärkten. Abraham Sterns Lechi-Gruppe, die 1940 gegründet wurde, sah zwischen Briten und Nazis keinen Unterschied. Als er 1942 getötet wurde, wurde Jitzhak Schamir der Führer der »Stern-Bande«. 1942 kam Menachem Begin, ein glühender Bewunderer Jabotinskys, illegal nach Palästina und wurde der Führer des Irgun. Selbst der gemäßigte Ben Gurion wurde 1942 radikaler, als die ersten Nachrichten von Hitlers Todeslagern in Palästina eintrafen. Das alte schrittweise Vorgehen des Jischuw wurde aufgegeben. Von einer »Heimstätte« war nun nicht mehr die Rede. Die Zionisten waren überzeugt, daß nur ein jüdischer Staat ein sicherer Hafen für Juden sein könne, selbst wenn damit die Araber aus dem Land vertrieben werden müßten.[12]

In der Nachkriegszeit kam es zu einer Eskalation des Terrors auf beiden Seiten. Die Briten lehnten unnachgiebig die Forderung der Zionisten ab, hunderttausend Flüchtlinge, Überlebende der Konzentrationslager, nach Palästina einreisen zu lassen. Als Vergeltung sprengte der Irgun einen Flügel des King-David-Hotels in die Luft, und zwar genau das Stockwerk, das das britische Armeehauptquartier beherbergte. Einundneunzig Personen wurden getötet und fünfundvierzig verletzt. In diesen letzten Jahren schienen die Briten die Kontrolle verloren zu haben. Das Mandat war in einer Phase der Wirrnis erteilt worden, und 1947 waren die britischen Vertreter in Palästina demoralisiert, verzweifelt und frustriert angesichts der Aussichtslosigkeit, eine sinnvolle Politik durchzusetzen. Sie schadeten dem Land und mußten gehen. Am 11. Februar 1947 übergab Außenminister Ernest Bevin das Mandat der neu gegründeten Organisation der UN. Die UN legten nun einen neuen Teilungsplan vor, der das Land auf eine für die Juden günstigere Weise aufteilte als der Peel-Plan. Es gab einen jüdischen Staat (in Ostgaliläa, dem oberen Jordantal, dem Negev und der Küstenebene) und einen arabischen Staat im Rest des Landes. Das *corpus separatum* von Jerusalem und Bethlehem sollte unter internationale Kontrolle gestellt werden. Am 29. November 1947 nahm die Vollversammlung der UN diesen Plan an, und es wurde ein spezielles Komitee gebildet, um ein Statut für die internationale Entscheidung der UN auszuarbeiten. Die Araber weigerten sich, die Entscheidung der UN anzunehmen, aber die Zionisten akzeptierten mit gewohntem Pragmatismus. Sie stimmten auch der internationalen Regelung bezüglich Jerusalem zu. In dem Plan, den sie den UN im August 1946 vorgelegt hatten, war Jerusalem ebenfalls ein Teil eines *corpus separatum* gewesen. Zu diesem Zeitpunkt war der Besitz der Heiligen Stadt noch nicht als wesentlicher Bestandteil des neuen jüdischen Staates angesehen worden.

Fast unmittelbar nach Verabschiedung der UN-Resolution brachen Kämpfe aus. Am 2. Dezember stürmte eine aufgebrachte arabische Menge durchs Jaffator und plünderte das jüdische Geschäftszentrum auf der Ben-Jehuda-Straße. Der Irgun führte einen Vergeltungsschlag und griff die arabischen Vororte von Katamon und Scheik Jarrah an. Bis zum März 1948 waren siebzig Juden und zweihundertdreißig Araber während der Kämpfe in der Umgebung von Jerusalem getötet worden, und dies, bevor das britische Mandat offiziell auslief. Syrische und irakische Truppen drangen ins Land ein und blockierten die Zufahrtsstraßen nach Jerusalem. Die Hagana begann, den Militärplan Dalet umzusetzen, der schließlich zur Schaffung eines Korridors von der Küste nach Jerusalem führte. Die Briten weigerten sich einzugreifen. Im Februar 1948 belagerten die Araber einige jüdische Vororte in Westjerusalem, die vom Rest des Landes abgeschnitten waren, bis die Hagana die Straßen öffnete. Am 10. April trat der Krieg in eine neue Phase, als der Irgun das arabische Dorf Dir Jassin, etwa fünf Kilometer westlich von Jerusalem, angriff: Zweihundertfünfzig Männer, Frauen und Kinder kamen dabei um, deren Körper zudem verstümmelt wurden. Am 13. April griffen die Araber einen Konvoi mit Irgun-Terroristen an, die bei Dir Jassin verwundet worden waren und zum Skopusberg-Hospital gebracht wurden, wobei vierzig Angehörige des medizinischen Personals getötet wurden.

Vor dem Abzug der Briten am 15. Mai 1948 griff der Irgun Jaffa an, und das abschreckende Beispiel Dir Jassin veranlaßte siebzigtausend arabische Einwohner, aus der Stadt zu fliehen. Dies markierte den Beginn des palästinensischen Exodus aus ihrem Land. Einige der Flüchtlinge suchten Zuflucht in Jerusalem. Am 26. April begann die Hagana, die großen bürgerlichen Vorstädte in Westjerusalem anzugreifen. Stoßtrupps schnitten Telefon- und Elektrizitätsleitungen durch, und Lautsprecherwagen fuhren durch die Straßen, die Parolen verkündeten wie: »Wenn ihr nicht eure Häuser verlaßt, wird das Schicksal von Dir Jassin euer Schicksal sein!« Die Einwohner wurden schließlich bis Ende Mai gezwungen, ihre Häuser aufzugeben, und viele suchten in der Altstadt Zuflucht. Anfang Mai waren UN-Vertreter in Jerusalem eingetroffen, um eine internationale Verwaltung aufzubauen, wurden aber sowohl seitens der Briten wie der beiden Kampfparteien ignoriert. Am 14. Mai proklamierte Ben Gurion bei einer Feier im Museum von Tel Aviv den neuen Staat Israel. Als die Briten schließlich am nächsten Tag abzogen, wurden jüdische Kampfeinheiten aufgestellt, um die Altstadt anzugreifen, aber in letzter Minute durch die Arabische Liga zurückgehalten, die innerhalb der ummauerten Stadt und in Ostjerusalem eine Militärregierung errichtete.

Nachdem im Juli 1948 von den UN ein Waffenstillstand

ausgehandelt worden war, wurde die Stadt zwischen Israel und Jordanien geteilt. Die Stadt blieb entlang der Westmauer der Altstadt und einem Streifen verwüsteten, unbesiedelten Landes, das zum Niemandsland erklärt wurde, zweigeteilt (siehe Karte). Die zweitausend Einwohner der Altstadt wurden vertrieben und über die neue Grenze nach Westjerusalem geschafft, das nun von den Israelis kontrolliert wurde. Die dreißigtausend arabischen Bewohner Westjerusalems verloren ihre Häuser an den Staat Israel. Die Altstadt war nun mit Flüchtlingen aus Jaffa, Haifa und den Vororten und Dörfern um Jerusalem überfüllt. Weder Israel noch Jordanien willigten ein, Jerusalem zu verlassen. Sie weigerten sich, der Resolution 303 der Vollversammlung der UN Folge zu leisten, die sie anwies, Jerusalem und dessen Vororte zu räumen, um ein *corpus separatum* unter internationaler Aufsicht zu werden, wie ursprünglich geplant. Am 15. November wurde König Abdallah von Jordanien in der Altstadt von einem koptischen Bischof zum König von Jerusalem gekrönt; Ostjerusalem und das Westufer des Jordan wurden zu jordanischem Territorium erklärt, und am 13. Dezember stimmte das jordanische Parlament der Vereinigung von Jordanien und Palästina zu. Die Bildung eines unabhängigen palästinensischen Staates schien außer Frage zu stehen. Statt dessen gab der König den Einwohnern von Ostjerusalem und der West-Bank nun die jordanische Staatsbürgerschaft. Die angrenzenden arabischen Staaten protestierten aufs heftigste gegen diese Form der jordanischen Okkupation, mußten sie aber schließlich als Fait accompli hinnehmen. Ben Gurion verkündete am 13. Dezember, daß die Knesset und alle Regierungsbehörden – außer dem Verteidigungs- und Außenministerium sowie der Polizei – nach Westjerusalem umziehen würden. Am 16. März 1949 unterzeichneten Israel und Jordanien ein Abkommen, das die Waffenstillstandslinien als die rechtmäßigen Grenzen zwischen den zwei Staaten anerkannte. Die UN sahen die Besetzung Jerusalems durch Israelis und Jordanier weiterhin als illegal an, unternahmen aber nach dem April 1950 keine weiteren Schritte in der Jerusalem-Frage.

Jerusalem, das so oft innerlich gespalten war, war nun durch eine zweieinhalb Kilometer lange, mit Stacheldraht und massiven Verteidigungswällen befestigte Grenze geteilt. Auf beiden Seiten zielten Heckenschützen auf das Gebiet jenseits des Niemandslands. Im Niemandsland befanden sich hundertfünfzig unbewohnte Häuser und verlassene Straßen. Drei Tore der Altstadt (das Neue Tor, das Jaffator und das Zionstor) waren blockiert und durch Betonmauern abgeriegelt. Die Stadt war nun durch hohe Wälle und Zehntausende von Minen, die auf beiden Seiten ausgelegt waren, getrennt. Die einzige Durchgangsstelle war das sogenannte Mandelbaumtor, eine offene Straße in der Nähe eines Hauses, das einem Herrn Mandelbaum gehörte; die Straße war nun mit einem Schlagbaum versehen. Nur Kleriker, Diplomaten und UN-Personal durften ihn passieren. Außerdem durften Touristen von hier auf die andere Seite gehen, aber nicht zurück. Auch das Wasser-, das Telefon- und das Straßensystem waren zweigeteilt. Der Skopusberg wurde eine jüdische Enklave im jordanischen Jerusalem: Die Gebäude des Hadassa-Hospitals und der Hebräischen Universität wurden geschlossen und unter UN-Aufsicht gestellt; ein israelischer Konvoi durfte die Linien überqueren, um die dortige winzige Garnison zu versorgen. Auf beiden Seiten wurden Land und Gebäude, die vor 1948 dem Feind gehört hatten, einem Kustoden anvertraut. Die Unmenschlichkeit der Teilung war in dem Dorf Beit Safafa besonders schlimm. Eine Dorfhälfte lag auf israelischem, die andere auf jordanischem Gebiet. Familien und Freunde wurden voneinander getrennt, doch gelegentlich erhielten sie die Erlaubnis, an der Eisenbahnstrecke entlang der Grenze Hochzeiten abzuhalten, und die Dorfbevölkerung rief sich Neuigkeiten oder Klatsch über die Trennungslinie zu.

Artikel 8 des israelisch-jordanischen Waffenstillstandsabkommens garantierte israelischen Juden freien Zugang zur Westmauer, aber Jordanien verweigerte ihn, solange Israel nicht bereit war, die arabischen Vororte in Westjerusalem zurückzugeben. Nachdem jahrelang Druck ausgeübt worden

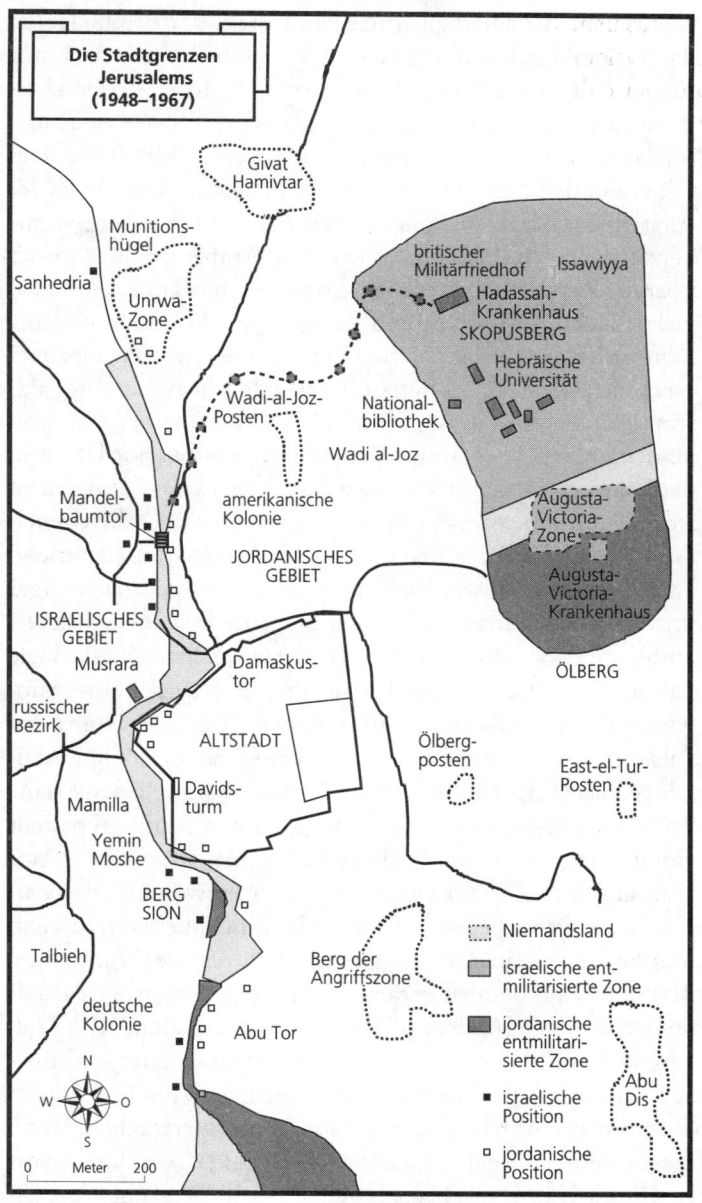

Die Stadtgrenzen Jerusalems (1948–1967)

Givat Hamivtar

Munitions- hügel

Sanhedria

Unrwa- Zone

britischer Militärfriedhof

Issawiyya

Hadassah- Krankenhaus

SKOPUSBERG

Hebräische Universität

Wadi-al-Joz- Posten

National- bibliothek

Wadi al-Joz

amerikanische Kolonie

JORDANISCHES GEBIET

Mandel- baumtor

Augusta- Victoria- Zone

Augusta- Victoria- Krankenhaus

ISRAELISCHES GEBIET

Musrara

Damaskus- tor

russischer Bezirk

ALTSTADT

Ölberg- posten

East-el-Tur- Posten

ÖLBERG

Mamilla

Davids- turm

Yemin Moshe

BERG SION

Talbieh

Berg der Angriffszone

deutsche Kolonie

Abu Tor

Abu Dis

N
W O
S

0   Meter   200

Niemandsland

israelische ent- militarisierte Zone

jordanische entmilitari- sierte Zone

■ israelische Position

□ jordanische Position

war, durften israelische Christen an Ostern und Weihnachten das Heilige Grab und die Geburtskirche besuchen, doch nur für eine Dauer von achtundvierzig Stunden. Jede Seite beschuldigte die andere, heilige Stätten zu entweihen: Israelis machten Jordanien für die Schändung des jüdischen Friedhofs auf dem Ölberg und für die Zerstörung des jüdischen Viertels in der Altstadt verantwortlich, das inzwischen ein Lager für palästinensische Flüchtlinge geworden war. Araber beklagten sich über die Zerstörung ihres alten Friedhofs in Mamilla, auf dem viele Gelehrte, Mystiker und Kriegshelden begraben waren.

Im jordanischen Teil Jerusalems gab es viele Probleme.[13] Nach dem Krieg 1948 hatten die Israelis einen Staat in Palästina, der viel größer war, als die UN vorgesehen hatten. Von all den umliegenden arabischen Staaten war nur Jordanien in der Lage gewesen, den Vormarsch der israelischen Truppen zu stoppen. Aufgeschreckt von den Nachrichten über die Greueltaten in Dir Jassin, waren etwa siebenhundertfünfzigtausend Palästinenser geflohen. Viele dieser Flüchtlinge bezogen Lager in den benachbarten arabischen Staaten: Keinem wurde erlaubt, in seine Stadt oder sein Dorf zurückzukehren. Viele Palästinenser machten Jordanien für den Verlust ihrer Unabhängigkeit verantwortlich. In Ägypten bildete der Mufti den Palästinensischen Nationalrat als Exilregierung. König Abdallah versuchte die einflußreichen arabischen Familien auf seine Seite zu bringen, die traditionell gegen den Mufti eingestellt waren; viele von ihnen bekleideten Regierungsposten in Amman und hatten sogar einen Sitz im jordanischen Parlament. Infolgedessen verließen viele dieser Persönlichkeiten Jerusalem und ließen sich in Amman nieder, wodurch die Atmosphäre der Stadt vollkommen verändert wurde. Die meisten Palästinenser, die in Jerusalem blieben, empfanden glühenden Haß gegenüber Jordanien. Sie waren besser ausgebildet und fortschrittlicher als die meisten Araber der East-Bank und fanden die politische Abhängigkeit von Jordanien unerträglich. Wenn die jordanische Regierung in Schwierigkeiten war, kam es oft zu Unruhen in Jerusalem, das ein Zentrum des palästinensischen Widerstands gegen das Königreich Jordanien wurde. Aus der Sicht der Araber in al-Quds erschien es, als wäre König Abdallah entschlossen, die Heilige Stadt verkommen zu lassen, nachdem man der ganzen Welt getrotzt hatte, um sie wieder in Besitz zu bekommen.

Nach 1948 war dem arabischen Jerusalem eine schwere Wunde zugefügt worden. Es hatte seine Führungsschicht verloren, und um sicherzustellen, daß er in Jerusalem eine Machtbasis behielt, ermutigte der König die Einwohner von Hebron, die Jordanien unterstützt hatten, sich in al-Quds anzusiedeln. Die Stadt stand vor einem riesigen Flüchtlingsproblem, gleichzeitig hatte sie während des Krieges schweren Schaden erlitten. Die jordanischen Mittel waren begrenzt, und das Königreich war nicht in der Lage, die Nöte von Tausenden von vertriebenen Palästinensern zu beheben, die sich nun gezwungenermaßen auf dem Gebiet Jerusalems zusammendrängten. In der Altstadt herrschten noch monatelang nach dem Krieg entsetzliche Zustände. Doch der König zögerte, in eine Stadt zu investieren, die das Zentrum des palästinensischen Nationalismus darstellte. Oft gab Abdallah Nablus oder Hebron den Vorzug. Auch die Verwaltungsbehörden wurden von Jerusalem nach Amman verlegt. Die Beziehungen zwischen Jerusalem und der jordanischen Regierung verbesserten sich natürlich auch nicht, als im April 1951 der König von den Handlangern des Muftis am Eingang zur Aqsa-Moschee ermordet wurde.

Doch das jordanische Jerusalem erholte sich. 1953 wurde die Aqsa-Moschee restauriert, und die muslimische Wohlfahrtsorganisation zur Wiedererrichtung Jerusalems wurde gegründet, um Schulen, Hospitäler und Waisenhäuser aufzubauen. Während der fünfziger Jahre wurden auf dem Berg Ophel und in Wadi el-Joz, Abu Tor und Scheik Jarrah Wohnungen für Flüchtlinge gebaut, obwohl sich die Jordanier strikt an den Gesamtplan für Jerusalem hielten, der während der Mandatszeit aufgestellt worden war. Um die Schönheit der Stadt zu erhalten, wurden weder die Westhänge des Skopusberges noch das Kidrontal bebaut. Im Nordosten der Altstadt entstand ein neues Geschäftsviertel, und 1958 wurde mit einer großen Renovierung des Haram begonnen. Langsam verbesserte sich die wirtschaftliche Lage. Jerusalem war nie ein Industriezentrum gewesen, und die Ansiedlung von Fabriken und Betrieben fand eher in der Umgebung von Amman und nicht in Jerusalem statt. Jordanien förderte aber das Tourismusgewerbe in Jerusalem, das fünfundachtzig Prozent des Einkommens der West-Bank bildete. 1948 gab es in Ostjerusalem nur ein modernes Hotel, 1966 jedoch siebzig. Es herrschte ein großes Gefälle zwischen Reich und Arm in der Stadt, aber bis in die sechziger Jahre hatte sich das arabische Jerusalem von der gewaltsamen Teilung so weit erholt, daß es sich dort angenehm leben ließ. Die mittleren und oberen Schichten genossen im Vergleich wahrscheinlich einen höheren Lebensstandard als die israelischen Einwohner Westjerusalems. Doch der Modernisierungsprozeß hatte die historische und von Tradition geprägte Atmosphäre Jerusalems nicht zerstört, die ihren eindeutig arabischen Charakter beibehielt.

Auch der Status der Stadt verbesserte sich. Ungeachtet der früheren Bestimmungen waren die Israelis eifrig bemüht, Westjerusalem zu ihrer Hauptstadt zu machen, und hatten die Knesset dorthin verlegt. Jordanien glaubte, darauf reagieren zu müssen. Im Juli 1953 versammelte sich das jordanische Kabinett erstmals in Jerusalem, und kurz darauf wurde das gesamte Parlament in die Stadt verlegt. Als Anfang 1957 Rawhi al-Khatib Bürgermeister des arabischen Jerusalem wurde, gewann auch die städtische Regierung an Stabilität. Da al-Khatib ein ausgezeichneter Politiker war, gelang es ihm, einige der Spannungen, die zwischen Amman und den palästinensischen Nationalisten bestanden, zu beseitigen. Die Beziehungen zu Jordanien verbesserten sich, und 1959 wurde Jerusalem von einer *baladiyya* (Stadtverwaltung) zu einer *amana* (Treuhandschaft) erhoben, wodurch es Amman gleichgestellt war. König Hussein verkündete, Jerusalem sei die zweite Hauptstadt des Königreichs Jordanien, und er plante, im Norden der Stadt einen Palast zu erbauen.

Westjerusalem auf der anderen Seite der Grenze stand vor ganz ähnlichen Schwierigkeiten. Im Dezember 1949 hatte Ben Gurion verkündet, daß es für den jüdischen Staat wesentlich sei, in Jerusalem präsent zu sein:

> Das jüdische Jerusalem ist ein organischer und untrennbarer Teil des Staates Israel, genauso wie es ein untrennbarer Teil der Geschichte Israels und des Glaubens Israels und der Seele unseres Volkes ist. Jerusalem ist das Herzstück des Staates Israel.[14]

Nachdem das Kriegsglück Westjerusalem in die Hände der Israelis gespielt hatte, war es mit der früheren Gleichgültigkeit der Zionisten gegenüber der Stadt vorbei. Während der fünziger Jahre setzten die Israelis alles daran, Westjerusalem zur funktionierenden Hauptstadt ihres Staates zu machen, auch wenn dies gemäß internationalen Vereinbarungen nicht rechtmäßig war. Die UN bestanden noch immer darauf, daß Jerusalem ein *corpus separatum* sein sollte, und besonders die Länder mit überwiegend katholischer Bevölkerung lehnten die Teilung der Stadt ab. 1952 wurde Jitzhak Ben Zwi der zweite Staatspräsident Israels; er verlegte seinen Amtssitz von Tel Aviv nach Jerusalem und stellte damit die Botschafter in Israel vor ein Problem. Wenn sie ihre Akkreditierung dem Präsidenten in Westjerusalem vorlegten, bedeutete dies die stillschweigende Anerkennung der Stadt als Hauptstadt. Einige Botschafter reisten trotzdem nach Westjerusalem, und als 1954 sowohl der britische wie der amerikanische Botschafter ihre Akkreditierung dem Präsidenten Ben Zwi in Jerusalem präsentierten, war klar, daß der Boykott allmählich seine Gültigkeit verlor. Großbritannien und die Vereinigten Staaten erklärten zwar, daß sie immer noch an den UN-Resolutionen festhielten, aber trotz dieser offiziellen Beteuerungen hatten die Israelis die erste Runde gewonnen. Kurz darauf verlegte der Außenminister Moshe Scharett seinen Amtssitz nach Westjerusalem, und die ausländischen Diplomaten gewöhnten sich daran, ihn dort aufzusuchen. 1967 waren fast vierzig Prozent der diplomatischen Vertretungen von Tel Aviv nach Jerusalem verlegt worden.

Obwohl Israel der Welt getrotzt hatte, indem es Westjerusalem zu seiner Hauptstadt machte, neigte die israelische Regierung andererseits dazu, es zu vernachlässigen. Viele Mitglieder der Knesset waren Kibbuzniks, die kein Interesse an Städten und keine klaren Vorstellungen bezüglich deren Ausbau hatten.[15] Westjerusalem profitierte von seinem Status als Hauptstadt weniger als erwartet. Der wirtschaftliche Zuwachs war hier eher geringer als im gesamten Land. Die Hauptarbeitgeber waren die Regierung und die Hebräische Universität, aber es gab keine Produktionsstätten, die Kapital erwirtschafteten. Zudem florierte der Tourismus in Westjerusalem nicht, was keineswegs erstaunlich war, da die meisten besichtigungswürdigen Stätten auf der anderen Seite lagen. Es gab wenig Leichtindustrie, und die Preise waren hoch. Einige Teile des jüdischen Jerusalem waren Slums geworden, wo in bedrückender Enge jüdische Flüchtlinge aus den arabischen Ländern lebten, die 1948 nach der Bildung des Staates Israel und dem palästinensischen Exodus vertrieben worden waren. Von Anfang an wurden die orientalischen, sephardischen Juden von der führenden Schicht der aschkenasischen Zionisten nicht voll anerkannt. Sie wurden in den gefährdeten Gebieten nahe dem Niemandsland angesiedelt, wo sie sich in Reichweite arabischer Heckenschützen befanden. In der jüdischen Stadt herrschten Ungleichheit und Unmut.

In Westjerusalem schien es tatsächlich weder Zusammenhalt noch Einheit zu geben. Es bestand aus einer Reihe von Vororten, die alle von bestimmten ethnischen oder religiösen Gruppen bewohnt waren und ein voneinander unabhängiges Leben führten. Es war auch eine Stadt, die in sich gespalten war: Sephardim standen gegen Aschkenasim, religiöse gegen weltliche Juden. Die Orthodoxen waren immer noch strikt gegen den Staat Israel eingestellt und hatten damit begonnen, sich am Sabbat an den Straßenecken ihres Viertels aufzustellen

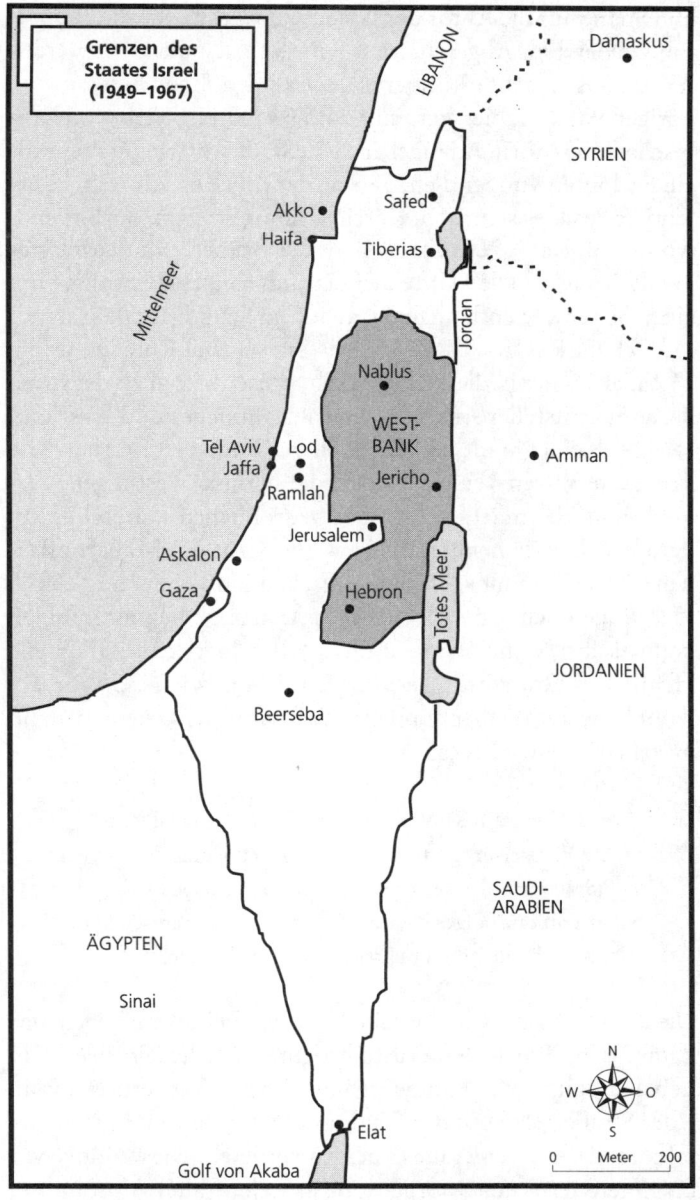

LIBANON

SYRIEN

Damaskus

Mittelmeer

Akko

Haifa

Safed

Tiberias

Jordan

Nablus

WEST-BANK

Tel Aviv
Jaffa

Lod

Ramlah

Jericho

Amman

Jerusalem

Askalon

Gaza

Hebron

Totes Meer

JORDANIEN

Beerseba

ÄGYPTEN

Sinai

SAUDI-ARABIEN

N

W   O

S

Elat

Golf von Akaba

0   Meter   200

und Steine auf die Autos der Israelis zu werfen, die die Sabbatruhe verletzten. Abgeschnitten von der Altstadt, dem Herzen Jerusalems, machte Westjerusalem keinen Sinn. Es war vom übrigen Staatsgebiet getrennt und auf drei Seiten von arabischem Territorium umgeben. Die Stadt war wenig mehr als ein Endpunkt von Straßen, die von der Küste herführten. Es lag »am Ende eines schmalen Korridors, mit Straßen, die nirgendwohin führten«, erinnerte sich der spätere Bürgermeister Teddy Kollek. »Die Hälfte der Zeit fuhr man eine Straße oder einen Seitenweg entlang und traf auf ein Schild, auf dem stand: HALT! GEFAHR! GRENZE!«[16] In seinem Roman »Mein Michael«[17], der in dieser Zeit spielt, präsentiert auch der israelische Schriftsteller Amos Oz ein ganz ähnliches Bild Westjerusalems als einer Stadt, die eine tödliche Wunde erlitten hat. Ihre Vorstädte waren verstreut liegende, einsame Festungen, verloren und übermächtigt von der bedrohlichen Landschaft, in der die Schakale heulten. Es war eine Stadt der Mauern, Ruinen und des Ödlands, die ihre jüdischen Einwohner ausschloß. »Ich frage mich, ob man sich in Jerusalem je heimisch fühlen kann, selbst wenn man hundert Jahre hier lebt«, fragt die Heldin des Romans.[18] Jerusalem sah aus wie eine ganz gewöhnliche Stadt, aber dann ging man um eine Ecke und stand plötzlich vor der Leere:

> Wendet man den Kopf, erblickt man unter all den hektischen Baustellen ein steiniges Feld. Olivenbäume. Eine öde Wildnis. Dichtbewachsene Täler. Sich kreuzende Pfade, vom Tritt unzähliger Füße ausgetreten. Herden grasen um das neuerbaute Büro des Premierministers herum.[19]

Die antike Stadt war als ein Ort der Sicherheit gegen das dämonische Reich der Wüste errichtet worden, in dem kein Leben möglich war. Nun waren die Bürger Westjerusalems an jeder Straßenecke mit der Wildnis konfrontiert und liefen Gefahr, in diesem Gebiet ihr Leben zu verlieren. Die Wildnis war ins Innere Jerusalems vorgedrungen – ein uralter Alptraum –, und es schien kaum mehr Bestand zu haben. »Es gibt kein Jerusalem«, sagt Oz' Heldin.[20]

Der Staat Israel konnte sich dem Gefühl dieser Leere nicht entziehen. Ohne Hitlers Vernichtungsfeldzug gegen die Juden wäre der zionistischen Bewegung vielleicht kein Erfolg beschieden gewesen. Die Schuldgefühle, das Entsetzen und die Wut angesichts der Konzentrationslager hatten nach dem Zweiten Weltkrieg eine Welle der Sympathie ausgelöst, die der zionistischen Sache sicher zuträglich war. Aber wie sollten sich das jüdische Volk und der Staat Israel mit der Katastrophe von sechs Millionen Toten abfinden? Heilige Städte waren ursprünglich als ein Zufluchtsort angesehen worden, der seine Bewohner vor Vernichtung bewahrte. Im Mythos des Exodus hatten die Menschen des alten Israel ihre Reise durch das Niemandsland der Wüste in die Sicherheit des Gelobten Landes verarbeitet. Auf ähnliche Weise war der moderne Staat Israel aus der schrecklichen Erfahrung der Vernichtungslager entstanden. Doch in Westjerusalem befand sich das Niemandsland der Wüste inmitten der Stadt: Es gab kein Entrinnen vor der Leere, die der Holocaust hinterlassen hatte. Die zionistische Führung war zum Großteil aus Polen, Rußland und Osteuropa gekommen. Sie hatten ihren Staat für Juden gebaut, die nun zum größten Teil vernichtet waren. Eine der wichtigsten Gedenkstätten des neuen weltlichen Jerusalem ist Yad VaShem mit dem Ohel Jiskor (Halle der Erinnerung), wo auf groben Steinplatten die Namen von zweiundzwanzig der größten Todeslager eingemeißelt sind. Es war kein Wunder, daß das neue Jerusalem für die Israelis keinen Sinn ergab. Schließlich fanden einige Juden – wie wir im letzten Kapitel sehen werden – in den alten Mythen und der Spiritualität des sakralen Raums Trost.

Doch auch die Palästinenser hatten Leid zu ertragen. Sie hatten ihre Heimat verloren, sie war von der Landkarte verschwunden. Auch sie fühlten sich wie vernichtet. Sowohl die Einwohner Ost- wie Westjerusalems hatte die Teilung der Stadt ins Mark getroffen. Die Palästinenser mußten sich mit der Katastrophe abfinden; die Israelis mußten sich der unerfreulichen Tatsache stellen, daß sie, selbst Opfer, in ihrem verzweifelten Streben nach Überleben andere Menschen vertrieben. Jede Seite versuchte, die andere auszulöschen. Arabische Stadtpläne zeigten Westjerusalem als weißen Fleck. Auf israelischer Seite machte Ministerpräsidentin Golda Meir einst die berühmte Aussage: »Die Palästinenser gibt es nicht.« In beiden Stadtteilen wurde diese Verneinung durch das Erziehungssystem unterstützt. Weder israelische noch arabische Kinder wurden in ausreichender Weise über Geschichte, Sprache und Kultur der »anderen Seite« unterrichtet.[21] Israelis lehnten auch das arabische Jerusalem ab: Erneut waren sie aus der Stadt ausgeschlossen worden. Jahrhunderte zuvor hatten Juden ihren verlorenen Tempel vom Ölberg aus betrauert. Den Israelis war das nicht möglich, weil sich der Berg in jordanischer Hand befand. Doch an Festtagen wurden auf dem Dach eines hohen Gebäudes auf dem Berg Sion, von wo aus man ins jüdische Viertel sehen konnte, Gebete abgehalten.

Tatsächlich jedoch wandten sich die beiden Hälften der Stadt voneinander ab.[22] Trotz der Spannungen mit der jordanischen Regierung orientierte sich das arabische Jerusalem verständlicherweise nach Osten in Richtung Amman und kehrte sich von der unerträglichen Wirklichkeit Westjerusalems ab. Auch im jüdischen Teil wandten sich die Israelis unvermeidlicherweise Tel Aviv und der Küste zu. Die Bezirke entlang der Grenze waren Slums, von Sephardim bewohnt. Das Geschäftszentrum in der Ben-Jehuda-Straße, das im Zielbereich der Heckenschützen lag, wurde vernachlässigt. Neue Viertel entstanden auf den Hügeln im Westen. Das geographische Zentrum von Westjerusalem war nun die Hebräische Universität in Givat Ram, die – verglichen mit der Stadt vor 1948 – sehr weit im Westen lag. Unter diesen Umständen hätten sich auf Dauer sicher zwei verschiedene Städte entwickelt, durch Ödland und Stacheldraht voneinander getrennt.

1965 wurde Teddy Kollek, ein Mitglied von Ben Gurions neuer Partei, Bürgermeister von Westjerusalem. Er übte einen ähnlich guten Einfluß aus wie al-Khatib auf der anderen Seite der Grenze. Unter seiner Führung gewann die israelische Stadtverwaltung größere Stabilität als je zuvor. Er versuchte die Ausrichtung Westjerusalems in Richtung Küste zu korrigieren. Es hatte Pläne gegeben, die Gebäude der Stadtverwaltung, die sich direkt an der Grenze befanden, in den westlichen Teil Jerusalems zu verlegen. Kollek entschied sich zu bleiben, wo er war: Es sei nicht richtig, wenn der Bürgermeister und der Stadtrat die orientalischen Juden in ihren Slums an der Grenze im Stich lassen würden. Aber noch wichtiger war, »daß wir, indem wir uns nicht von der Stelle bewegten, unseren Glauben an ein schließlich vereinigtes Jerusalem zum Ausdruck brachten«[23]. Inmitten der Teilung und des unnatürlichen Zustands der Nachkriegsjahre hatte Israel von Vereinigung und Integration zu träumen begonnen.

Im Mai 1967 drohte zwischen Israel und den arabischen Ländern erneut Krieg auszubrechen. Am 13. Mai informierte die Sowjetunion die Syrer, daß Israel kurz vor dem Einmarsch in ihr Land stehe. Die Sowjetunion war offensichtlich einer Falschmeldung aufgesessen, da es solche Pläne nicht gab. Aber der ägyptische Präsident Gamal Abdel Nasser reagierte auf diese vermeintliche Drohung gegen seinen arabischen Verbündeten, indem er hunderttausend Soldaten auf die Sinaihalbinsel verlegte und den Golf von Akaba für israelische Schiffe schloß. Am 30. Mai unterzeichnete König Hussein von Jordanien ein Militärabkommen mit Ägypten, obwohl Israel Jordanien gebeten hatte, sich aus dem Konflikt herauszuhalten. Die Großmächte ergriffen Partei, und eine schreckliche Konfrontation drohte. Die Israelis mußten sich Nassers leidenschaftliche Reden anhören, in denen er ihnen androhte, sie allesamt ins Meer zu treiben. Unvermeidlicherweise erwarteten die Israelis das Schlimmste und waren auf einen neuen Holocaust gefaßt.

Noch drei Wochen vor Ausbruch des Krieges hatte Westjerusalem einen schönen Tag erlebt, nachdem die Israelis beschlossen hatten, dort die Feierlichkeiten zum Unabhängigkeitstag abzuhalten. Es war ein besonderes Ereignis: Die Be-

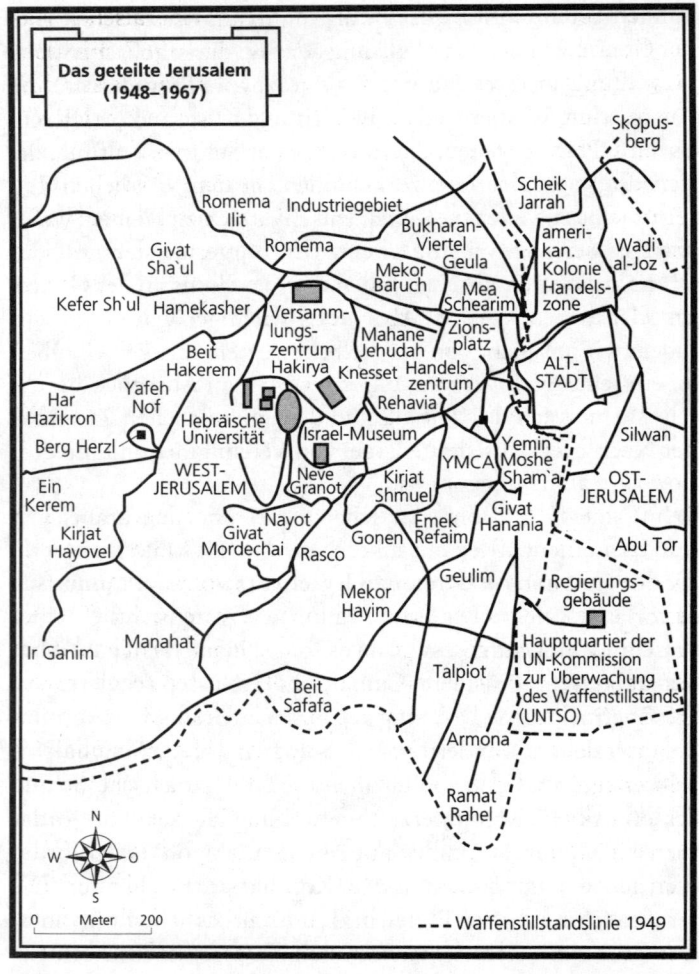

Das geteilte Jerusalem (1948–1967)

Skopus-berg

Scheik Jarrah

Romema Ilit
Industriegebiet

Bukharan-Viertel

ameri-kan. Kolonie

Wadi al-Joz

Givat Sha'ul

Romema

Geula

Handels-zone

Kefer Sh'ul
Hamekasher

Mekor Baruch

Mea Schearim

Versamm-lungs-zentrum Hakirya

Mahane Jehudah

Zions-platz

Beit Hakerem

Knesset

Handelszentrum

ALT-STADT

Har Hazikron

Yafeh Nof

Rehavia

Berg Herzl

Hebräische Universität

Israel-Museum

Silwan

Ein Kerem

Neve Granot

YMCA

Yemin Moshe Sham'a

OST-JERUSALEM

WEST-JERUSALEM

Kirjat Shmuel

Givat Hanania

Kirjat Hayovel

Nayot

Gonen

Emek Refaim

Abu Tor

Givat Mordechai

Rasco

Geulim

Regierungs-gebäude

Ir Ganim

Manahat

Mekor Hayim

Hauptquartier der UN-Kommission zur Überwachung des Waffenstillstands (UNTSO)

Beit Safafa

Talpiot

Armona

N
W O
S

Ramat Rahel

0 Meter 200

– – – Waffenstillstandslinie 1949

rechnung des Jahrestags erfolgte nach dem Hebräischen Kalender; daher traf es selten zu, daß er wie 1967 mit dem 14. Mai zusammenfiel. Es durfte keine Militärparade stattfinden, da die UN keine Waffen und Kriegsausrüstung in Jerusalem erlaubten. Statt dessen schlug Kollek vor, daß die Stadt bei der bekannten Dichterin Naomi Shemak ein Lied in Auftrag geben sollte. »Goldenes Jerusalem« wurde sofort ein Hit. Es war ein Liebeslied an eine leidgeprüfte Stadt, die »eine Mauer im Herzen hatte«, aber es enthüllte gleichzeitig auch den blinden Fleck im Gesichtsfeld der Israelis:

> Wie ausgetrocknet die Zisternen sind:
> Der Marktplatz ist leer,
> niemand besucht den Tempelberg in der Altstadt.

Der Ostteil der Stadt war jedoch keineswegs verlassen, der *suq* war voller Menschen, und dort wurden Luxusgüter verkauft, die den Israelis in Westjerusalem nicht zugänglich waren. Auf dem Haram wimmelte es von frommen Besuchern und Gläubigen. Das Lied ging wiederum davon aus, daß die Palästinenser des arabischen Jerusalem nicht existierten. In der Zwischenzeit hielt in Westjerusalem Rabbi Zwi Jehuda Kook, der Sohn des herausragenden Oberrabbiners von Jerusalem während der britischen Mandatszeit, die jährliche Predigt, um die Geburt des Staates Israel zu feiern. Plötzlich erhob sich seine Stimme, und seine Zuhörer glaubten, er sei von prophetischem Geist ergriffen worden. An einer Stelle schluchzte er laut auf und beklagte die Städte, die Israel vom lebendigen Leib gerissen worden seien: Jerusalem, der Tempelberg, Hebron, Sichem und Jericho – Orte und Städte, die dem jüdischen Volk heilig waren. Es sei eine Sünde, klagte der Rabbi, diese heiligen Stätten in den Händen der *gojjim* zu belassen.[24] Drei Wochen später wurde der Rabbi als wahrer Prophet Israels gepriesen, als die Panzer der israelischen Armee in diese Städte auf der Westbank einrollten und das jüdische Volk mit der Altstadt Jerusalems wiedervereinten.

18

Zion?

Der Holocaust, den 1967 so viele Israelis befürchtet hatten, fand natürlich nicht statt. Am 5. Juni führten die israelischen Streitkräfte einen Präventivschlag gegen die Vereinigte Arabische Republik und zerstörten fast die gesamte ägyptische Luftwaffe, die sich am Boden befand. Damit wurde unvermeidlich Jordanien in den Krieg einbezogen, obwohl Jerusalem von nur etwa fünftausend Mann ungenügend verteidigt wurde. Sie taten ihr Bestes – etwa zweihundert verloren bei der Verteidigung der Heiligen Stadt das Leben –, aber am 7. Juni umzingelten die israelischen Truppen die Altstadt und drangen schließlich durchs Löwentor in sie ein. Die meisten israelischen Zivilisten waren immer noch in ihren Luftschutzkellern, doch die Nachricht von der Eroberung des arabischen Jerusalem verbreitete sich rasch, und eine staunende Menge versammelte sich am Mandelbaumtor.

In der Zwischenzeit hatten die israelischen Soldaten und Offiziere nur ein Ziel: so schnell wie möglich zur Westmauer zu kommen. Die Männer rannten durch die engen Gassen, eilten über die Haramplattform, ohne den muslimischen Schreinen einen Blick zu schenken. Bald drängten sich siebenhundert Soldaten mit geschwärzten Gesichtern und blutbeschmierten Uniformen an dem engen Ort zusammen, der fast zwanzig Jahre lang den Juden unzugänglich gewesen war. Um elf Uhr vormittags trafen die Generäle ein, unter ihnen General Shlomo Goren, der Oberrabbiner der israelischen Verteidigungskräfte, der zum erstenmal seit 1929 den *schofar* an der Mauer blies. Ein Zugführer schickte einen Jeep los, um Rabbi

Zwi Jehuda Kook zur Mauer zu bringen. Für alle diese Männer, gleichgültig, ob gläubig oder nicht, war der Anblick der Mauer ein tiefes – sogar schockierendes – religiöses Erlebnis. Erst ein paar Tage zuvor hatte die Gefahr bestanden, vernichtet zu werden. Nun standen sie unerwartet an dem Ort, der inzwischen als der heiligste der ganzen jüdischen Welt galt. Nichtreligiöse junge Fallschirmjäger klammerten sich an die Steine und weinten; andere befanden sich in einem Schockzustand und konnten sich nicht rühren. Als Rabbi Goren den *schofar* blies und die Psalmen anzustimmen begann, umarmten sich atheistische Offiziere, und ein junger Soldat erinnerte sich, daß ihm schwindlig wurde und sein ganzer Körper gebrannt habe. Es war eine dramatische und unerwartete Rückkehr, eine fast unheimliche Wiederholung der alten jüdischen Mythen. Wieder einmal war das jüdische Volk vor Vernichtung bewahrt worden, wieder einmal waren sie nach Hause gekommen. Das Ereignis rief all die bekannten Empfindungen hervor, die heilige Orte üblicherweise auslösen. Die Mauer war nicht nur ein historischer Ort, sondern auch ein Symbol, das jeden jüdischen Soldaten im Innersten berührte. Sie war sowohl »etwas Großes und Schreckliches und aus einer anderen Welt« Stammendes,[1] gleichzeitig zutiefst vertraut, »ein alter Freund, der nicht zu verkennen war«[2]. Sie war *schrecklich*, aber *faszinierend*, heilig und gleichzeitig ein Spiegelbild des jüdischen Selbst. Sie stand für Überleben und Kontinuität und versprach jene letztendliche Versöhnung, nach der die Menschheit sich sehnte. Als er die Steine küßte, spürte Abraham Davdevani, daß Vergangenheit, Gegenwart und Zukunft in eins gefallen waren: »Es wird keine Zerstörung mehr geben, und die Mauer wird nie mehr aufgegeben werden.«[3] Sie verkündete das Ende von Gewalt, Vernachlässigung und Teilung. Sie war das, was andere Generationen die Rückkehr ins Paradies genannt hätten.

Religiöse Juden, vor allem die Schüler von Rabbi Kook dem Jüngeren, glaubten, daß die Erlösung begonnen hatte. Sie erinnerten sich an die Worte ihres Rabbi, die er nur wenige Wochen zuvor gesprochen hatte, und waren überzeugt, er sei von Gott inspiriert gewesen. Am Tag des Sieges, vor der Mauer stehend, verkündete Rabbi Kook, daß das jüdische Volk »unter himmlischer Führung« heimgekehrt sei »in die Höhen der Heiligkeit und unsere Heilige Stadt«[4]. Einer seiner Schüler, Israel »Ariel« Stieglitz, verließ die Mauer und stieg auf die Haramplattform hinauf, ohne sich um Reinheitsvorschriften und verbotene Bereiche zu kümmern, blutbeschmiert und schmutzig, wie er war. »Ich stand an dem Ort, wo der Hohepriester einst einmal im Jahr eintrat, barfuß, nach fünf Eintauchungen im *miqwäh*«, erinnerte er sich später. »Aber ich war beschuht, bewaffnet und behelmt. Und ich sagte mir: ›So sieht die Generation der Eroberer aus.‹«[5] Der letzte Krieg war ausgefochten, und Israel war nun eine Nation von Priestern; alle Juden durften das Allerheiligste betreten. Wie Rabbi Kook wiederholt betonte, war die gesamte israelische Armee »heilig«, und ihre Soldaten durften kühn vor Gottes Auge treten.[6]

In Verbindung mit dem Holocaust kam Juden inzwischen sofort der Satz »Nie wieder!« auf die Lippen. Diese Tragödie war ein unauslöschlicher Bestandteil der Identität des neuen Staates geworden. Viele Juden sahen im Staat Israel den Versuch, angesichts dieses Leids ein neues Leben zu beginnen. In den Wochen vor dem Sechstagekrieg, als die Israelis die Haßtiraden Nassers über sich ergehen lassen mußten, waren zwangsläufig Erinnerungen an den Holocaust wach geworden. Nun, da sie an die Westmauer zurückgekehrt waren, kamen ihnen sofort die Worte »Nie wieder!« auf die Lippen. »Wir werden hier nie mehr weggehen«[7], hatte Rabbi Kook unmittelbar nach dem Sieg erklärt. General Moshe Dayan, ein Mann, der sich zum weltlichen Judentum bekannte, stand vor der Mauer und verkündete, daß die geteilte Stadt Jerusalem von der israelischen Armee »wiedervereint« worden sei: »Wir sind an unsere heiligsten Stätten zurückgekehrt; wir sind zurückgekehrt und werden sie nie mehr verlassen.«[8] Er gab Befehl, alle Stadttore zu öffnen und den Stacheldraht und die Minen im Niemandsland zu beseitigen. Ein Zurück war nicht mehr mög-

lich. Israels Anspruch auf die Stadt war fragwürdig. Am Ende
des Sechstagekriegs hatte Israel nicht nur Jerusalem, sondern
auch die West-Bank, den Gazastreifen, die Sinaihalbinsel und
die Golanhöhen besetzt (siehe Karte). Die Genfer Konvention
von 1949 berechtigte Israel nicht, dieses Territorium zu annek-
tieren: Nach internationalem Recht war die Annexion eroberten Landes nicht gestattet. Einige Israelis, einschließlich Ministerpräsident Levi Eschkol, waren bereit, als Gegenleistung für
den Frieden mit den arabischen Ländern die besetzten Gebiete
an Syrien, Ägypten und Jordanien abzutreten. Daß allerdings
die Altstadt von Jerusalem an die Araber zurückgegeben werden sollte, stand 1967 nie zur Debatte. Mit der Inbesitznahme
der Westmauer war in das Denken der Zionisten, die sich einst
so herausfordernd weltlich gegeben hatten, ein religiöses Mo-

ment getreten. Selbst die eingefleischtesten Atheisten hatten ihre Stadt als »heilig« erfahren – wie Abba Eban, der israelische Delegierte bei den UN, es ausdrückte: Jerusalem liege »jenseits und über, vor und nach allen politischen und weltlichen Überlegungen«[9]. Die Israelis konnten einfach die Angelegenheit nicht objektiv sehen, denn die Mauer symbolisierte die jüdische Seele.

Am Abend des Sieges verkündete Levi Eschkol, Jerusalem sei »die ewige Hauptstadt Israels«[10]. Die Eroberung der Stadt war ein so tiefgreifendes Erlebnis, daß sie vielen Juden als absolut »richtig« erschien. Sie rief all die Mythen und Legenden wieder wach, die Juden jahrhundertelang in der Diaspora aufrechterhalten hatten. Mit den Worten der Kabbalisten ausgedrückt: Nun, da Israel wieder in Zion war, war alles in der Welt und im Kosmos an seinen rechten Platz zurückgekehrt. Mit dieser Sicht der Dinge konnten sich die Araber allerdings kaum einverstanden erklären.[11] Die israelische Eroberung war für sie keine »Wiedervereinigung« der Stadt, sondern eine Besetzung durch eine feindliche Macht. Die Leichen von etwa zweihundert Soldaten der Arabischen Liga lagen in den Straßen; auch arabische Zivilisten waren getötet worden. Die israelischen Reserveeinheiten durchsuchten die Häuser nach Waffen und verhafteten einige hundert Palästinenser, deren Namen auf einer vorbereiteten Liste standen. Die Männer wurden von ihren Familien getrennt, überzeugt, in den Tod zu gehen. Als sie am Abend zurückkehren durften, wurden sie unter Tränen begrüßt, als wären sie dem Hades entronnen. Den Truppen waren Plünderer gefolgt: Einige Moscheen wurden ausgeraubt, und aus dem Archäologischen Museum Palästinas verschwanden die Schriftrollen vom Toten Meer. Die palästinensischen Einwohner der Altstadt und Ostjerusalems schlossen sich ängstlich in ihre Häuser ein, bis Bürgermeister al-Khatib mit einem israelischen Offizier durch die Straßen ging und sie überredete, herauszukommen und die Geschäfte wieder zu öffnen, damit die Leute Nahrungsmittel kaufen konnten. Am Morgen des 9. Juni meldete sich die Hälfte der arabischen städtischen Arbeiter zum Dienst, und unter Leitung des Bürgermeisters und seines Stellvertreters begannen sie, die Toten zu begraben und die Wasserleitung zu reparieren. Später schlossen sich ihnen israelische städtische Arbeiter an.

Aber diese Zusammenarbeit war nicht von Dauer. Am Tag der Eroberung wandte sich Teddy Kollek an Dayan und versprach, er würde persönlich die Räumungsarbeiten im Niemandsland überwachen, eine Aufgabe, die sehr gefährlich und schwierig war. Wie Dayan erkannte er die Wichtigkeit, »Fakten zu schaffen« und sich auf eine Weise in der Heiligen Stadt festzusetzen, die es unmöglich machen sollte, sie auf Geheiß der internationalen Gemeinschaft wieder zu räumen. In der Nacht zum 10. Juni, nachdem der Waffenstillstand unterzeichnet war, hatten die sechshundertneunzehn Einwohner des maghrebinischen Viertels drei Stunden Zeit, ihre Häuser zu räumen. Dann kamen die Bulldozer und planierten dieses historische Viertel ein, das eines der ältesten in Jerusalem war. Dieser Akt, der der Genfer Konvention widersprach, wurde von Teddy Kollek überwacht, denn es sollte ein genügend großer Platz geschaffen werden, um die vielen tausend Juden aufzunehmen, die zur Westmauer strömen würden. Dies war nur der Anfang eines langen und andauernden Prozesses der »Stadterneuerung«, einer Erneuerung, die die Vernichtung des alten arabischen Jerusalem bedeutete und das Erscheinungsbild und den Charakter der Stadt vollkommen verändern sollte.

Am 29. Juni annektierte die israelische Knesset die Altstadt und Ostjerusalem in einem formalen Akt und erklärte beides zu Bestandteilen des Staates Israel. Dies stand in direktem Widerspruch zu der Genfer Konvention, und arabische Länder, die Sowjetunion und der ganze kommunistische Block hatten bereits gefordert, Israel solle sich aus dem arabischen Jerusalem zurückziehen. Großbritannien hatte Israel erklärt, es solle die Eroberung der Stadt nicht als dauerhaften Zustand betrachten. Sogar die Vereinigten Staaten, die sich Israel gegenüber immer wohlwollend gezeigt hatten, warnten davor, die Änderung des Status quo festzuschreiben, da dies nicht im Einklang mit internationalem Recht stehe. Bei dem neuen Gesetz- und Verwaltungserlaß der Knesset vom 28. Juni wurde der Begriff »Annexion« sorgfältig vermieden. Die Israelis bevorzugten den positiveren Begriff »Vereinigung«. Gleichzeitig weitete die Knesset die Grenzen des Jerusalemer Stadtbezirks aus. Die neuen Grenzen verliefen im Zickzack um Gebiete mit großer arabischer Bevölkerung und schlossen viel freies Land für neue israelische Siedlungen ein (siehe Karte). Damit wurde sichergestellt, daß die wahlberechtigte Stadtbevölkerung mehrheitlich jüdisch blieb. Schließlich wurde am Tag nach der Annexion die arabische Stadtregierung aufgelöst, und Bürgermeister al-Khatib und sein Stadtrat wurden in einer beleidigenden Zeremonie entlassen.[12] Einige der Regierungsmitglieder waren der Ansicht gewesen, daß die arabische Stadtregierung erhalten bleiben und auf bestimmte Weise mit − oder unter − der Stadtregierung Westjerusalems arbeiten sollte. Teddy Kollek war mit beidem nicht einverstanden. Die Araber würden ihm »bei der Arbeit im Weg stehen«, behauptete er. »Jerusalem ist *eine* Stadt«, erklärte er der Presse, »und wird *eine* Stadtverwaltung haben.«[13]

Am Mittag des 29. Juni wurden die Barrieren entfernt, die die Stadt teilten, und Araber und Israelis durchquerten das Niemandsland, um die »andere Seite« zu besuchen. Die Israelis, die Eroberer, stürmten jubelnd in die Altstadt, kauften alles, was ihnen im *suq* vor Augen kam, und waren schockiert, als sie feststellten, daß sich die Araber Delikatessen und Auslandswaren leisten konnten, die in Westjerusalem nicht erhältlich waren. Die Araber waren zurückhaltender. Einige nahmen die Schlüssel ihrer alten Häuser in Katamon und Ba'ka, die sie seit 1948 aufbewahrt hatten, und zogen vor ihre früheren Wohnungen. Einigen Juden war es peinlich, wenn Araber an ihre Tür klopften und höflich baten, einen Blick hineinwerfen zu dürfen. Doch es kam zu keinen Gewalttätigkeiten, und am Ende des Tages glaubten die Israelis, die Araber würden sich mit der »Wiedervereinigung« der Stadt abfinden. Wie die

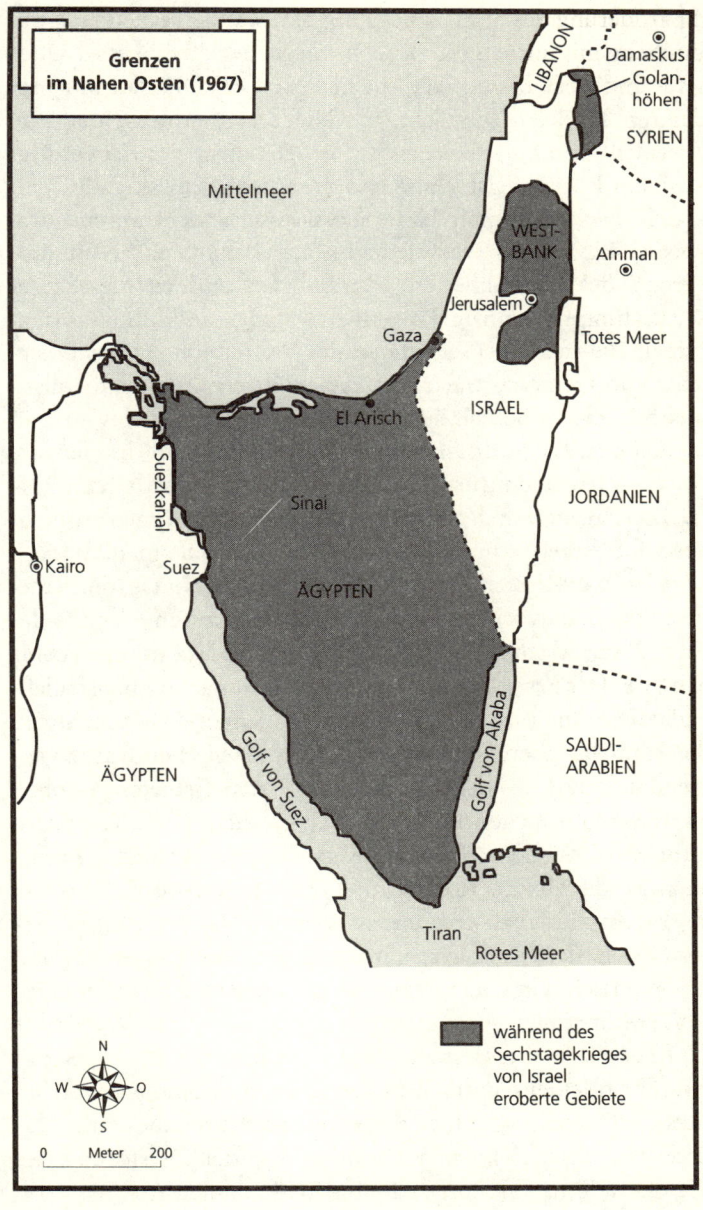

Grenzen im Nahen Osten (1967)

Mittelmeer

LIBANON

Damaskus
Golan-
höhen

SYRIEN

WEST-
BANK

Amman

Jerusalem

Gaza

Totes Meer

El Arisch

ISRAEL

JORDANIEN

Suezkanal

Sinai

Kairo

Suez

ÄGYPTEN

Golf von Suez

Golf von Akaba

SAUDI-
ARABIEN

ÄGYPTEN

Tiran

Rotes Meer

N
W   O
S

0   Meter   200

während des
Sechstagekrieges
von Israel
eroberte Gebiete

späteren Ereignisse allerdings zeigten, standen sie einfach unter Schock. An ein Sichabfinden war nicht zu denken. Al-Quds war auch für die Araber ein heiliger Ort. Die Palästinenser hatten 1948 eine vernichtende Niederlage erlitten, und nun wurden sie allmählich auch aus Jerusalem vertrieben. Der frühere Bürgermeister al-Khatib schätzte, daß sich 1967 als Folge der Kriege mit Israel etwa hundertsechstausend arabische Einwohner Jerusalems im Exil befanden.[14] Nun, aufgrund der manipulierten Wahlbezirke, würden die Araber etwa fünfundzwanzig Prozent der Stadtbevölkerung ausmachen. Die Palästinenser litten unter Vertreibung, Heimatlosigkeit und Trennung. Sie hatten keinen Anteil an dem kabbalistischen Traum: Soweit sie betroffen waren, war alles am falschen Ort. Diese Erfahrung der Vertreibung und des Verlusts machte Jerusalem für die Araber nur um so kostbarer.

Die internationale Öffentlichkeit war gleichermaßen nicht gewillt, Israels Annexion Jerusalems hinzunehmen. Im Juli 1967 verabschiedeten die UN zwei Resolutionen, die Israel aufriefen, diese »Vereinigung« aufzuheben und von jeder Handlung Abstand zu nehmen, die den Status quo Jerusalems ändere. Der Krieg und dessen Nachwirkungen hatten schließlich die Aufmerksamkeit der Welt auf die Not der entrechteten palästinensischen Flüchtlinge gelenkt. Inzwischen waren weitere Tausende aus den von Israel besetzten Gebieten geflohen und darbten in den Lagern der arabischen Anrainerstaaten. Am 22. November 1967 schließlich verabschiedete der Sicherheitsrat der UN die Resolution 242: Israel müsse sich aus den Gebieten zurückziehen, die es während des Sechstagekriegs erobert hatte. Die Souveränität, die territoriale Integrität und die politische Unabhängigkeit aller Staaten in der Region müßten gewahrt bleiben.

Aber die meisten Israelis und viele Juden in der Diaspora waren so leidenschaftlich in den alten Vorstellungen von sakralen Räumen verstrickt, daß sie die Gültigkeit dieser Resolutionen nicht anerkennen konnten. Seit der Zerstörung des Tempels 70 n. Chr. hatten die Juden allmählich Abschied von

ihrem Jerusalem genommen. Der heilige Raum war verinnerlicht worden, so daß nun viele Orthodoxe der Ansicht waren,
die Bildung des Staates Israel sei eine gottlose Tat. Aber mit den
dramatischen Ereignissen des 7. Juni begann eine Änderung
einzutreten, ähnlich wie bei den Christen zur Zeit Konstantins.
Wie die Juden waren auch die Christen zu der Überzeugung
gelangt, daß heilige Orte für ihre Religion nicht mehr ausschlaggebend seien, aber die unvermutete Entdeckung des
Grabes Jesu hatte sehr schnell zur erneuten Verehrung Jerusalems als eines heiligen Symbols geführt. Wie die Juden hatten
auch die Christen des 4. Jahrhunderts n. Chr. eine Periode
schrecklicher Verfolgung hinter sich. Und ebenso wie die Juden hatten auch sie gerade einen vollkommen neuen politischen Status in der Welt gewonnen. Die nationalsozialistische
Katastrophe hatte allerdings eine Wunde geschlagen, die zu
tief war, um verstandesmäßig bewältigt zu werden. Die alten
Mythen – eine frühe Form der Psychologie – sprachen tiefere,
der Ratio unzugängliche Schichten der Seele an. Die neue
Begeisterung der Juden für die Heiligkeit Jerusalems konnte
weder durch Direktiven der UN noch durch logische Argumente gebremst werden. Sie war nicht deshalb so mächtig, weil
sie legal oder vernünftig gewesen wäre, sondern deshalb, weil
sie ein Mythos war.

In Konstantins Zeit war während einer der ersten belegten
archäologischen Ausgrabungen in der Geschichte das Heilige
Grab entdeckt worden. Allein der Akt des Eindringens in den
Bereich bislang unzugänglicher Heiligkeit war bereits ein
mächtiges Symbol für die Suche nach Seelenheil. Die Christen
des 4. Jahrhunderts n. Chr., die keine verfolgte, hilflose Minderheit mehr darstellten, mußten ihre Religion einer Neube-
wertung unterziehen und in ihrem oft schmerzhaften Kampf
um eine neue christliche Identität eine Quelle der Kraft finden.
Freud hatte schon früh die Verbindung zwischen Archäologie
und Psychoanalyse erkannt. Auch in Israel war die Archäologie, wie der israelische Schriftsteller Amos Elon so hellsichtig
feststellte, zu einer gleichsam religiösen Leidenschaft gewor-

den. Wie die Bodenbestellung für die Siedler war sie eine Möglichkeit, sich mit dem Land vertraut zu machen. Wenn sie aus der Vorzeit stammende Beweise für jüdisches Leben in Palästina fanden, werteten sie das als neuen Beweis, Anrecht auf das Land zu haben. Wie Moshe Dayan, der bekannteste unter Israels Amateurarchäologen, in einem Interview feststellte, entdeckten die Israelis ihre »religiösen Werte« bei den Ausgrabungen: »Sie erfahren, daß ihre Vorväter vor dreitausend Jahren in diesem Land gelebt haben. Dies ist ein Wert . . . Dadurch kämpfen sie, dadurch leben sie.«[15] Beim Betreiben dieser patriotischen Archäologie, sagte Elon, »läßt sich feststellen – sei es aufgrund von Glauben oder aufgrund von freudianischer Analyse –, daß eine Heilung eintritt; die Menschen überwinden ihre Zweifel und Ängste und fühlen sich durch die Enthüllung der wirklichen oder angenommenen, aber immer verborgenen Ursprünge neu belebt«[16].

Die Ausstellungshalle, die erbaut wurde, um die Schriftrollen vom Toten Meer unterzubringen, die im Sechstagekrieg erobert worden waren, zeigt, wie vollkommen die Israelis die alten Symbole des heiligen Raums an ihre Bedürfnisse angepaßt haben. Die weiße Kuppel ist einer der markantesten Punkte im jüdischen Jerusalem, und gegenüber der Knesset gelegen, tritt sie in Wettstreit mit den christlichen und muslimischen Domen, die in der Vergangenheit erbaut worden waren, um konkurrierende Ansprüche auf die Heilige Stadt deutlich zu machen. Wie Elon betont, neigen die Israelis dazu, die Schriftrollen als Besitzurkunde für das umkämpfte Land anzusehen. Ihre Entdeckung im Jahr 1947 fiel fast genau mit der Geburtsstunde des jüdischen Staates zusammen und schien gerade zum richtigen Zeitpunkt erfolgt zu sein, um die frühere Existenz Israels in Palästina zu demonstrieren. Die Ausstellungshalle wird als »Schrein des Buches« bezeichnet, ein Name, die auf die sakrale Bedeutung hinweist. Das schoßartige Innere des Schreins, das man durch einen dunklen, engen Gang betritt, ist ein Symbol für die Rückkehr zu jenem uranfänglichen Frieden und der Harmonie, die in der säkularen Gesell-

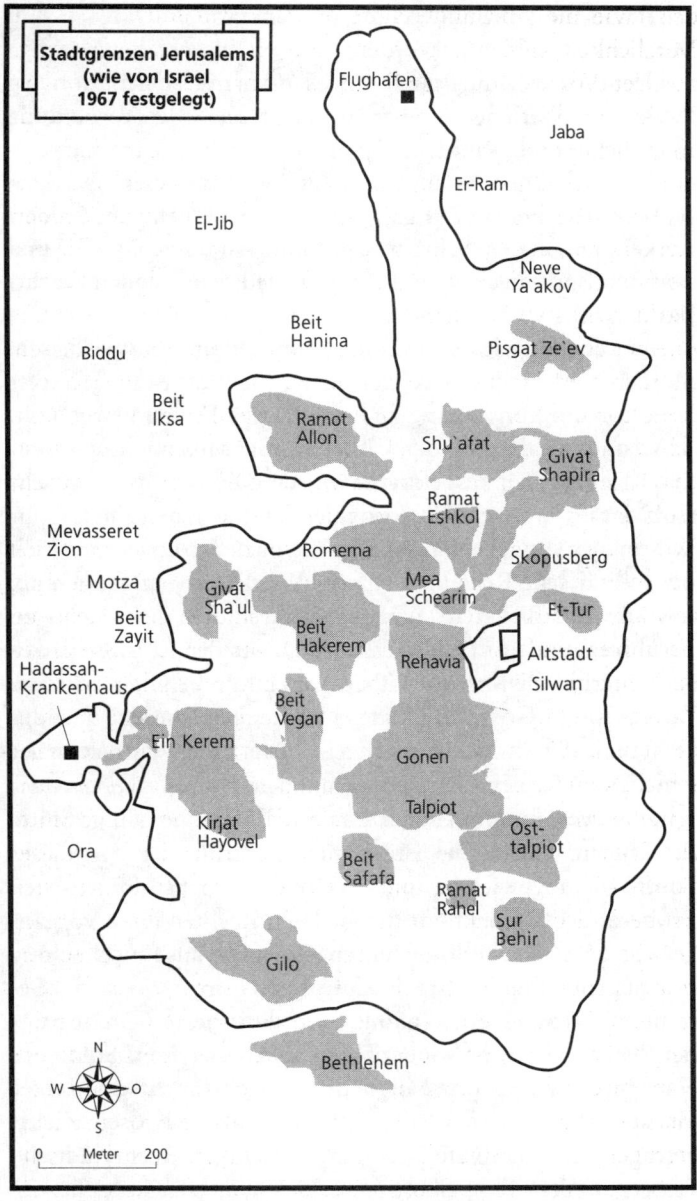

**Stadtgrenzen Jerusalems
(wie von Israel
1967 festgelegt)**

Flughafen

Jaba

Er-Ram

El-Jib

Neve
Ya`akov

Biddu

Beit
Hanina

Pisgat Ze`ev

Beit
Iksa

Ramot
Allon

Shu`afat

Givat
Shapira

Ramat
Eshkol

Mevasseret
Zion

Romema

Skopusberg

Motza

Givat
Sha`ul

Mea
Schearim

Beit
Zayit

Beit
Hakerem

Et-Tur

Hadassah-
Krankenhaus

Rehavia

Altstadt

Beit
Vegan

Silwan

Ein Kerem

Gonen

Ora

Talpiot

Ost-
talpiot

Kirjat
Hayovel

Beit
Safafa

Ramat
Rahel

Sur
Behir

Gilo

Bethlehem

N
W — O
S

0   Meter   200

schaft des 20. Jahrhunderts oft mit dem pränatalen Erleben in Verbindung gebracht wurden. Die phallische, keulenartige Skulptur in der Mitte des Schreins demonstriert den nationalen Willen zu überleben – aber vielleicht auch die Verbindung männlicher und weiblicher Elemente, die häufig zur Charakterisierung des Lebens im verlorenen Paradies herangezogen wurden. Der heilige Ort galt seit alters als Quelle der Fruchtbarkeit, und in dem Schrein, sagt Elon, »sind Archäologie und Nationalismus in einem uralten und wiederbelebenden Fruchtbarkeitsritus verbunden«[17].

Aber ebenso wie der Theologie von Qumran haftet diesem Streben nach Heilung und nationaler Identität ein aggressiver Unterton an. Von Anfang an hatte Moshe Dayan klargestellt, daß Israel die Rechte der Christen und Muslime auf Erhalt ihrer Heiligtümer respektieren würde. Die Israelis seien sehr stolz darauf, während die Jordanier den Juden den Zugang zur Westmauer verwehrt hätten. Am Tag nach der Eroberung hielt der militärische Kommandeur der West-Bank ein Treffen ab, um alle christlichen Glaubensgemeinschaften Jerusalems zu beruhigen, und am 17. Juni erklärte Dayan den Muslimen, daß sie weiterhin die Kontrolle über den Haram behalten würden. Er ließ Rabbi Goren die Lade entfernen, die dieser am südlichen Ende der Plattform aufgestellt hatte. Juden wurde von der israelischen Regierung verboten, auf dem Haram zu beten oder religiöse Versammlungen abzuhalten, da er eine heilige Stätte der Muslime war. Die israelische Regierung ist von dieser Politik nie abgewichen, und dies zeigt, daß die zionistischen Eroberer den Respekt vor den heiligen Rechten ihrer Vorgänger nicht gänzlich verloren hatten. Doch Dayans Entscheidung brachte sofort einige Israelis auf. Eine Gruppe, die sich »Getreue des Tempelbergs« nannte, wurde in Jerusalem gegründet. Sie waren nicht sonderlich religiös. Gershom Solomon, einer ihrer Führer, war Mitglied von Begins rechtsgerichteter Herut-Partei und eher von nationalen als religiösen Zielen getragen. Er behauptete, Dayan habe nicht das Recht, jüdische Gebete auf dem Tempelberg zu verbieten, da das Gesetz bezüglich der heiligen Stätten allen Gläubigen freien Zugang zusichere. Im Gegenteil, da der Tempelberg sowohl das politische wie das religiöse Zentrum des alten Israel gewesen sei, sollten die Knesset, der Staatspräsident und andere Regierungsbehörden auf den Haram umziehen.[18] An großen jüdischen Festen begab sich die Gruppe zum Gebet auf den Haram und wurde regelmäßig von der Polizei vertrieben. Ähnliche Vorstellungen lagen der Zerstörung des maghrebinischen Viertels zugrunde: Aus Sicht israelischen Rechts beinhaltete die Rückkehr der Juden zu ihren heiligen Stätten die Zerstörung der dortigen muslimischen Bauten.

Dies wurde im August 1967 deutlich, als Rabbi Goren und einige Studenten des Talmuds am 9. Ab auf den Haram marschierten: Nachdem sie sich gegen die muslimischen Wachen und israelischen Polizisten durchgesetzt hatten, hielten sie dort eine religiöse Feier ab, die damit endete, daß Rabbi Goren den *schofar* blies. Im Heiligen Krieg gegen den Islam war das Gebet zu einer Waffe geworden. Dayan versuchte, die Muslime zu beruhigen, und schloß die Räume des Rabbinats, die Goren in einer der mamelukischen Medresen eingerichtet hatte. Doch gerade als sich die Aufregung zu legen begann, gab Zerah Wahrhaftig, der Minister für religiöse Angelegenheiten, ein Interview, in dem er behauptete, der Tempelberg habe Israel gehört, seit David den Ort von Aravna dem Jebusiter gekauft habe.[19] Israel habe daher das Recht, den Felsendom und die Aqsa-Moschee abzureißen, was der Minister allerdings nicht befürwortete, da das jüdische Gesetz gebot, nur der Messias dürfe den Dritten Tempel bauen.

Am Tag der Eroberung hatten viele Soldaten, die sich um die Westmauer drängten und sie küßten, den Eindruck gehabt, eine neue Ära des Friedens und der Harmonie sei angebrochen. Aber in Wirklichkeit war Zion, die Stadt des Friedens, wiederum zum Schauplatz von Haß und Mißstimmungen geworden. Die Rückkehr der Juden zu ihren heiligen Stätten hatte nicht nur zu neuen Konflikten mit den Muslimen geführt, sie hatte auch die tiefen Risse innerhalb der israelischen Gesellschaft aufgezeigt. Fast sofort wurde der Platz, der durch den Abriß des maghrebinischen Viertels geschaffen worden war, zum Gegenstand neuer Streitigkeiten unter den Juden. Kolleks hastige Aktion schien nicht nur unmenschlich, sondern auch in ästhetischer Hinsicht ein Fehler gewesen zu sein. Aufgrund der Enge war die Mauer größer erschienen, als sie tatsächlich war. Nun wirkte sie nur wenig höher als die Mauern der angrenzenden Tanziqiyya-Madrasa oder Suleimans Stadtmauer, die nun deutlich sichtbar war. »Ihre gigantischen Steine schienen geschrumpft zu sein, ihre Größe verringert«, bemerkte ein enttäuschter Besucher am Tag der Öffnung. Auf den ersten Blick schien die Mauer in »die Steine des Hauses auf der Linken überzugehen«. Die Intimität des früheren Gebetsorts war verschwunden. Der neue Platz erlaubte nicht mehr die »psychische Verbundenheit und das Gefühl, daß jeder, der hier herkommt, mit seinem Schöpfer allein ist«[20].

Bald entbrannte ein höchst unheiliger Streit zwischen religiösen und weltlichen Juden über die Leitung der Stätte.[21] Die Westmauer war eine Touristenattraktion geworden, und Besucher kamen nicht mehr allein zum Gebet dorthin. Der Minister für religiöse Angelegenheiten wollte daher direkt vor der Mauer ein Gebiet abzäunen, das allein dem Gebet vorbehalten war. Weltliche Israelis waren erzürnt: Wie konnte der Minister es wagen, anderen Juden den Zugang zur Mauer zu versperren? Er war genauso schlimm wie die Jordanier! Bald entstand unter den Rabbinern ein ebenso heftiger Streit über den tatsächlichen Umfang des heiligen Raums. Einige behaupteten, die ganze Westmauer sei heilig, ebenso der Platz davor. Man begann die Fundamente der Tanziqiyya-Madrasa auszugraben und eine Synagoge in einem der Kellerräume einzurichten, wobei jedes Gewölbe und jeder unterirdische Raum, der freigemacht wurde, als heilig erklärt wurde. Natürlich waren die Muslime der Ansicht, daß diese Form der religiösen Archäologie ihre heiligen Stätten zerstöre. Aber die Rabbiner versuchten auch, Jerusalem von jüdischen Nichtgläubigen freizuhalten, indem sie die Grenzen der Heiligkeit in den gottlosen Bereich des gesamten Stadtbezirks ausdehnten. Dieser Streit verschärfte sich, als der israelische Archäologe Benjamin Mazar am südlichen Ende des Haram mit Ausgrabungen begann. Dies alarmierte wiederum die Muslime, die befürchteten, die Fundamente der Aqsa-Moschee könnten beschädigt werden. Auch religiöse Juden waren aufgebracht über das unheilige Eindringen in sakrale Bereiche, vor allem als Mazar am Fuß der Westmauer bis zum Robinson-Bogen vordrang. Innerhalb weniger Monate nach der »Vereinigung« der Stadt gab es an der Westmauer eine neue »Trennung«. Das südliche Ende war nun eine historische »säkulare« Zone, der alte Gebetsbereich war die Domäne der Religiösen, und dazwischen lag ein Niemandsland, auf dem ein paar übriggebliebene arabische Häuser standen. Nachdem diese abgerissen waren, sah jede Seite begehrlich auf das dazwischenliegende Stück Grund. Zweimal im Sommer 1969 überwanden Gläubige tatsächlich die Stacheldrahtabsperrung, um diese neutrale Zone für Gott zu erobern.

Die israelische Regierung versuchte, an den heiligen Stätten Frieden zu bewahren, führte aber ihren eigenen Krieg um den Besitz Jerusalems, wobei sie auf die seit alters bekannte Waffe des Bauens zurückgriff.[22] Sehr schnell wurden Tatsachen geschaffen, um mehr Juden in Jerusalem anzusiedeln, und um Ostjerusalem wurde ein Sicherheitsgürtel aus Hochhäusern errichtet – auf dem französischen Hügel, auf Ramat Eshkol, Ramot, Osttalpiot, Neve Ya'akov und Gilo (siehe Karte). Einige Kilometer weiter östlich auf den Hängen, die zum Jordantal hinunterführen, wurde in Ma'alot Adumin ein äußerer Sicherheitsgürtel errichtet. Die Bautätigkeit wurde in rasender Eile fortgeführt, zumeist auf enteignetem arabischen Land. Strategisch wichtige Straßen verbanden eine Siedlung mit der anderen. Das Ergebnis war nicht nur ein städtebauliches Desaster – die Stadtsilhouette Jerusalems wurde durch diese häßlichen Wohnblocks für immer zerstört –, sondern bedeutete auch die nachhaltige Vernichtung angestammter arabischer Viertel. Während der ersten zehn Jahre nach der Annexion hatte die israelische Regierung den Arabern etwa fünfzehntausend

Hektar Land weggenommen – ein Akt der Eroberung und Zerstörung. Heute befinden sich nur noch 13,5 Prozent Ostjerusalems in arabischer Hand.[23] Die Stadt war tatsächlich »vereint« worden, da es zwischen jüdischem und arabischem Jerusalem keine klare Unterscheidung mehr gab, doch dies war nicht das vereinte Zion, nach dem die Propheten sich gesehnt hatten. Wie die israelischen Geographen Michael Romann und Alex Weingrod feststellten, enthüllt die militärische Begrifflichkeit der Planer, wenn sie von »einverleiben«, »Bresche schlagen«, »vordringen«, »territorialer Vorherrschaft« und »Kontrolle« sprechen, ihre feindseligen Absichten gegenüber der arabischen Bevölkerung.[24]

Da sie sich aus al-Quds verdrängt fühlten, mußten die Araber ihren Widerstand organisieren. Obwohl sie gegen diese Bauoffensive nichts unternehmen konnten, gelang es ihnen, der Regierung einige wichtige Zugeständnisse abzuringen. Im Juli 1967 etwa weigerten sie sich, das Gesetz der Kadis anzunehmen, das in Israel den muslimischen Vertretern auferlegt worden war. Die Kadis von Jerusalem änderten auch ihre Richtlinien nicht hinsichtlich Heirat, Scheidung, *waqf* und der Stellung der Frauen, um im Einklang mit israelischem Gesetz zu stehen. Am 24. Juli 1967 erklärten die *ulema*, daß sie den Muslimrat wiedereinrichten würden, da es islamischem Recht widerspreche, wenn Ungläubige über muslimische Religionsangelegenheiten bestimmten. Die Regierung wies daraufhin einige ihrer radikaleren muslimischen Widersacher aus, mußte aber am Ende, wenn auch nur stillschweigend, die Tatsache des Muslimrats anerkennen. Die Araber wehrten sich auch erfolgreich dagegen, daß ihnen das israelische Erziehungssystem in Jerusalem aufgezwungen wurde, da es ihre nationalen Ziele, ihre Sprache und Geschichte nicht berücksichtigte. Nur dreißig Stunden waren dem Koran vorbehalten, gegenüber hundertsechsundfünfzig Stunden Unterricht in Bibel, Mischna und Haggada. Schüler, die von solchen israelischen Schulen kamen, konnten sich nicht an arabischen Universitäten einschreiben. Schließlich mußte ein Kompromiß geschlossen und

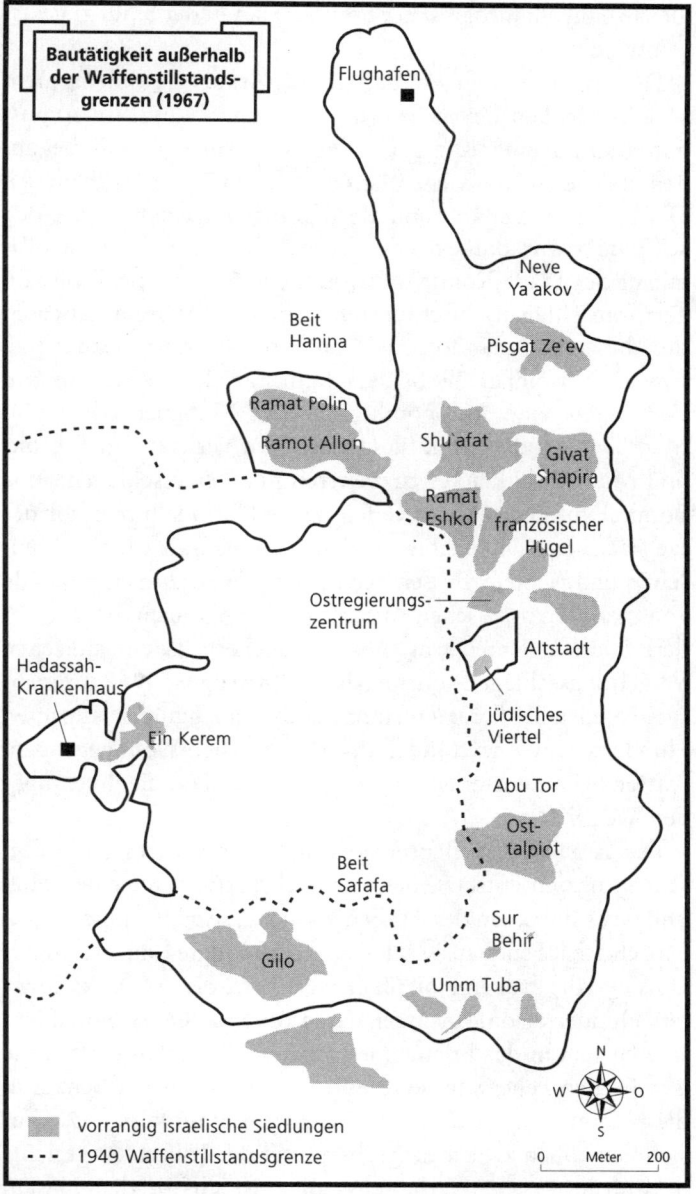

Bautätigkeit außerhalb der Waffenstillstandsgrenzen (1967)

Flughafen

Neve Ya`akov

Beit Hanina

Pisgat Ze`ev

Ramat Polin

Ramot Allon

Shu`afat

Givat Shapira

Ramat Eshkol

französischer Hügel

Ostregierungs- zentrum

Altstadt

Hadassah- Krankenhaus

Ein Kerem

jüdisches Viertel

Abu Tor

Ost- talpiot

Beit Safafa

Sur Behir

Gilo

Umm Tuba

vorrangig israelische Siedlungen

1949 Waffenstillstandsgrenze

N W O S

0   Meter   200

gleichzeitig ein jordanischer Stundenplan in der Stadt zugelassen werden.

Die Israelis stellten fest, daß sich die Araber Jerusalems nicht so leicht lenken ließen wie die im übrigen Land. Im August hatten sie mit einer Kampagne des zivilen Ungehorsams begonnen und riefen zum Generalstreik auf. Am 7. August schlossen alle Läden, Geschäfte und Restaurants für einen Tag. Noch schlimmer war, daß extremistische Anhänger von Arafats Fatah in der Stadt Kommandos gründeten und eine Serie von Terroranschlägen durchführten. Am 8. Oktober versuchten drei dieser Kommandos, das Zionkino in die Luft zu sprengen. Am 22. November 1968, dem Jahrestag der UN-Resolution 202, tötete eine Autobombe auf dem Mahanemarkt zwölf Menschen, und vierundfünfzig wurden verletzt. Im Februar und März 1969 kam es zu weiteren Bombenanschlägen: Eine Bombe explodierte in der Cafeteria der Nationalbibliothek der Hebräischen Universität, verletzte sechsundzwanzig Menschen und richtete großen Schaden an. Westjerusalem wurde von mehr terroristischen Anschlägen heimgesucht als jede andere Stadt in Israel, was unvermeidlicherweise zu jüdischen Vergeltungsschlägen führte. Als am 18. August 1968 an mehreren Stellen des Stadtzentrums Bomben hochgingen, stürmten Hunderte von jungen Juden in die arabischen Wohngegenden, warfen Schaufenster ein und prügelten Araber, die ihnen über den Weg liefen.

Die israelische Öffentlichkeit war von diesem antiarabischen Pogrom entsetzt. Sie war auch bestürzt über den Haß und das Mißtrauen der Araber, als am 21. August in der Aqsa-Moschee ein Feuer ausbrach, das die berühmte Kanzel Nur ad-Dins und die großen Holzpfeiler zerstörte, die die Decke stützten. Hunderte von Muslimen eilten zur Moschee, weinten und warfen sich in das brennende Gebäude. Sie beschimpften die israelischen Feuerwehrleute und beschuldigten sie, Benzin in die Flammen zu sprühen. In der ganzen Stadt kam es zu Zusammenstößen zwischen Arabern und der Polizei. Angesichts des aufrührerischen Verhaltens einiger Israelis auf dem Haram

1974 werden die Umrisse Jerusalems von den neuen jüdischen Siedlungen dominiert, die wie einst die Burgen der Kreuzfahrer die Stadt umgeben. Wiederum war Jerusalem eine Festungsstadt geworden, die feindliche Nachbarn auf Abstand hält.

ist es nicht verwunderlich, daß die Muslime sofort annahmen, der Brandstifter sei ein Zionist gewesen. Tatsächlich war das Feuer jedoch von einem geistesgestörten jungen Christen, dem Australier David Rohan, gelegt worden, der die Moschee angezündet hatte, um damit die Wiederkunft Christi zu beschleunigen. Es dauerte Monate, bis es der Regierung gelang, die muslimischen Ängste zu zerstreuen; sie versicherte, daß Rohan tatsächlich ein Christ und kein jüdischer Agent war und daß Juden nicht die Absicht hatten, die Schreine auf dem Haram zu zerstören.

Während der nächsten vier Jahre senkte sich eine düstere Ruhe über Jerusalem. Es gab Anzeichen dafür, daß Israelis und Araber lernten, miteinander auszukommen. Nach dem Tod von Nasser im September 1970 erteilte die Regierung den Arabern von Jerusalem die Erlaubnis, für diesen Feind des Staates Israel eine Trauerprozession abzuhalten. Am Donnerstag, dem 1. Oktober, versammelte sich die gesamte arabische

Bevölkerung der Stadt und zog schweigend zum Haram. Wie vereinbart, befanden sich keine israelischen Polizeikräfte in den Straßen, und nirgends war ein antiisraelisches Transparent zu sehen. Doch die Palästinenser hatten während dieser Jahre des Friedens ihren Kampf nicht aufgegeben, wie manche Israelis hofften. Sie waren zur Politik des *sumud* (Beharrlichkeit) übergegangen, da sie erkannt hatten, daß ihre tatsächliche Gegenwart in der Stadt ihre Hauptwaffe war. Sie wollten die sozialen und ökonomischen Vorteile nutzen, die Israel ihnen so freizügig gewährte, und beabsichtigten, weiterhin mit ihrem Nachwuchs in Jerusalem zu leben. »Wir werden euch nicht den Vorwand liefern, uns rauszuwerfen«, sagte einer der palästinensischen Führer. »Durch die bloße Tatsache unserer Anwesenheit werden wir euch jeden Tag daran erinnern, daß das Problem Jerusalem gelöst werden muß.«[25]

Der Jom-Kippur-Krieg 1973, als Ägypten und Syrien einen Überraschungsangriff auf Israel führten, veränderte die Haltung auf beiden Seiten. Diesmal waren die Araber wesentlich erfolgreicher, und da die israelische Armee überrumpelt worden war, brauchte sie Tage, um zum Gegenangriff überzugehen. Die Moral der Palästinenser in Jerusalem besserte sich, und sie schöpften Hoffnung, die israelische Annexion von al-Quds sei nur vorübergehend. Die Erkenntnis, wie isoliert sie im Nahen Osten waren, schreckte die Israelis aus ihrer Selbstzufriedenheit auf. Ihre Ängste führten zu neuer Unversöhnlichkeit im Land, vor allem unter den religiösen Gruppierungen. Kurz nach dem Krieg gründeten die Schüler von Rabbi Kook den Gush Emunim, den »Block der Gläubigen«.[26] Ihre Loyalität zum israelischen Staat war beendet: Gott hatte Israel 1967 eine großartige Gelegenheit geboten, doch statt die besetzten Gebiete zu kolonisieren und der internationalen Gemeinschaft zu trotzen, hatte die Regierung nur versucht, die *gojjim* zu beschwichtigen. Der Jom-Kippur-Krieg war Gottes Strafe und eine heilsame Erinnerung gewesen. Der säkulare Zionismus war tot: Der Gush vertrat statt dessen den Zionismus der Erlösung und der Thora. Nach dem Krieg begannen dessen

Mitglieder, in den besetzten Gebieten Siedlungen zu gründen, überzeugt, daß diese heilige Kolonisation das Kommen des Messias beschleunigen würde. Die Hauptaufmerksamkeit des Gush galt nicht Jerusalem, sondern Hebron, wo Rabbi Moshe Levinger, eines der Gründungsmitglieder, die israelische Regierung so geschickt zu beeinflussen vermochte, daß in der Nähe Hebrons, in Kirjat Arba, eine neue Stadt gegründet wurde. Dort kämpften die Siedler um mehr Gebetszeit in der Machpelahöhle, in der Juden nur zu bestimmten Zeiten Andacht halten durften. Aber Levinger war auch entschlossen, in Hebron selbst einen jüdischen Standort zu etablieren und das Massaker an Juden zu rächen, das während der Aufstände 1929 stattgefunden hatte. Bald wurde der Ort, an dem Abraham angeblich Gott in menschlicher Gestalt begegnet war, die gewalttätigste und haßerfüllteste Stadt in ganz Israel.

Als Menachem Begins Likud-Partei 1977 die Linksregierung ablöste, erhielten die Rechten Auftrieb, vor allem nachdem die neue Regierung ein großes Siedlungsprogramm auf der West-Bank befürwortete. Doch dann begann zu ihrem Entsetzen ausgerechnet Begin, mit der arabischen Welt Frieden zu schließen. Am 20. Dezember stattete der ägyptische Präsident Anwar as-Sadat Jerusalem seinen historischen Besuch ab, und im Jahr darauf unterzeichneten Ministerpräsident Begin und er das Camp-David-Abkommen. Ägypten erkannte den Staat Israel an, und als Gegenleistung versprach Begin, sich aus dem Sinai zurückzuziehen. Dies brachte ihn in offenen Konflikt mit den israelischen Siedlern, die die jüdische Stadt Yamit auf dem Sinai erbaut hatten und bis zum Letzten kämpften, um deren Abriß zu verhindern. Neue rechtsgerichtete Gruppen formierten sich, um gegen das Abkommen und die Regierung zu kämpfen.

In Jerusalem konzentrierten sich die Aktivitäten der extremen Rechten zunehmend auf den Tempelberg. 1978 gründete Rabbi Shlomo Aviner die Ateret Kohanim, zusätzlich zu Rabbi Kooks Merkaz Harav. Eines ihrer Ziele bestand darin, die Altstadt in ein jüdisches Viertel zu verwandeln. Nach der

Eroberung von 1967 hatte die Regierung das alte jüdische Viertel restauriert, das während der jordanischen Zeit ein Flüchtlingslager gewesen war. Die entweihten Synagogen wurden wiederhergestellt, die alten beschädigten Häuser abgerissen und neue Häuser, Läden und Geschäftsarkaden gebaut. In den Augen der Ateret Kohanim war das nicht genug. Hauptsächlich mit amerikanischem Geld begann diese *jesibah*, arabischen Besitz im muslimischen Viertel zu erwerben, und hatte innerhalb von zehn Jahren mehr als siebzig Häuser aufgekauft.[27]

Die Hauptarbeit der neuen *jesibah* bestand jedoch darin, die religiöse Bedeutung des Tempels zu studieren.[28] Rabbi Aviner selbst war nicht der Ansicht, daß die Juden den Dritten Tempel bauen sollten, da dies dem Messias vorbehalten war, aber sein Stellvertreter Rabbi Menachem Fruman wollte, daß seine Schüler bereit waren, die Arbeit am Tempel aufzunehmen, wenn der Messias kam – eine Möglichkeit, die er in naher Zukunft vermutete. Er begann, die Regeln und die Handhabung der Opferung zu studieren, und unterwies seine Schüler in dieser Kunst. Rabbi David Elboim begann, die Kleider der Priester zu weben, wobei er aufs genaueste den – oftmals geheimnisvollen – Anweisungen der Thora folgte.

Andere hielten ein entschiedeneres Vorgehen für notwendig. Kurz nach Sadats Besuch begannen zwei Mitglieder des Gush, Jehuda Etzion und Menachem Livni, geheime Treffen mit einem Jerusalemer Kabbalisten namens Ben Shoshan abzuhalten. Allmählich bildete sich eine Untergrundbewegung, deren Hauptziel darin bestand, den Felsendom in die Luft zu sprengen. Dies würde sicherlich den Friedensprozeß stoppen und gleichzeitig die Juden der ganzen Welt an ihre religiöse Verantwortung erinnern. Diese spirituelle Revolution, so glaubten sie, würde Gott zwingen, den Messias zu schicken, und damit die endgültige Erlösung herbeiführen. Livni, der ein Experte für Sprengungen war, schätzte, man würde achtundzwanzig Präzisionsbomben brauchen, um den Dom zu zerstören, ohne die umliegenden Gebäude zu beschädigen. Sie horteten riesige

Mengen explosiven Materials, das aus einer Militärniederlassung auf den Golanhöhen stammte. Doch als 1982 der entscheidende Moment kam, konnte die Gruppe keinen Rabbiner finden, der ihr Unternehmen abgesegnet hätte, und da nur Etzion und Ben Shoshan bereit waren, ohne rabbinische Zustimmung vorzugehen, wurde der Plan aufgegeben.

In Jerusalem hatte sich inzwischen ein religiöser Geist herausgebildet, der nicht Barmherzigkeit, sondern mörderischen Haß erzeugte. 1980 war Etzions Gruppe für den Plan verantwortlich, fünf arabische Bürgermeister auf der West-Bank zu verstümmeln, um den Mord an sechs Studenten der *jesibah* in Hebron zu rächen. Der Plan führte aber nur teilweise zum Erfolg, da dabei »nur« zwei Bürgermeister entsetzlich verkrüppelt wurden. Der bekannteste Vertreter dieses neuen Judentums des Hasses jedoch war Rabbi Meir Kahane. Er hatte seine Laufbahn in New York begonnen, wo er die Jüdische Verteidigungsliga gegründet hatte, um Angriffe schwarzer Jugendlicher auf Juden zu rächen. Nachdem er nach Israel gekommen war, organisierte Kahane aus Protest gegen die Aktivitäten christlicher Missionare Demonstrationen in Jerusalem: Seine Taten waren seiner Meinung nach durch Äußerungen von Rabbinern bezüglich der Anwesenheit von *gojjim* im Heiligen Land gerechtfertigt. 1975 zog Kahane schließlich nach Kirjat Arba um und gab seiner Organisation den Namen Kach (»So ist es!«). Sein Hauptziel bestand nun darin, die Araber aus dem Staat Israel zu vertreiben. 1980 kam er kurzzeitig ins Gefängnis, da er plante, den Felsendom mittels einer Landstreckenrakete zu zerstören.

Die Menschen, die sich diesen ultrarechten Gruppierungen anschlossen, waren keineswegs primitiv oder ungebildet. Joel Lerner, der 1982 in Haft kam, weil er eine Bombe in der Aqsa-Moschee deponierte, hatte am Massachusetts Institute of Technology graduiert und war zugleich Professor für Linguistik. Nach seiner Freilassung begann sich Lerner dafür einzusetzen, den Sanhedrin wieder auf den Tempelberg einzurichten. Insgesamt hatten diese Aktivitäten eine äußerst gefährliche Wirkung. Eine zunehmende Anzahl von Leuten wurde in diese schändlichen Handlungen verwickelt, einige von ihnen waren sogar Inhaber offizieller Ämter. Ende März 1983 wurde Rabbi Israel »Ariel« mit achtunddreißig *jesibah*-Studenten auf dem Weg zum Haram verhaftet. Ihre Absicht war, mit Hilfe eines Tunnels zu den Überresten des Ersten Tempels unter der herodianischen Plattform vorzudringen, um dort das Passafest zu feiern und möglicherweise eine unterirdische Behausung anzulegen. Das Ziel war, die Muslime zu zwingen, die Juden eine Synagoge auf dem Haram errichten zu lassen. Rabbi Meir Jehuda Getz, der die Aufsicht über die Westmauer hatte, leitete ebenfalls geheime Untersuchungen in den Gewölben des Haram und forderte eine Synagoge auf der Plattform. Bis 1984, als das Etzion-Komplott, den Felsendom zu sprengen, aufgedeckt wurde, war die Idee, einen Dritten Tempel zu bauen, ein Tabu gewesen. Genausowenig wie man den Namen Gottes aussprechen durfte, war es gefährlich, darüber zu reden oder Pläne bezüglich des Baus zu äußern. Doch dieses Tabu war allmählich aufgegeben worden, und die Menschen gewöhnten sich daran, die Idee als realisierbar anzusehen. 1984 gründete »Ariel« die Zeitschrift »Tzifia« (Vorwärts schauen), um die Frage des Dritten Tempels öffentlich zu diskutieren. 1986 öffnete er ein Tempelmuseum in der Altstadt, wo Besuchern Gerätschaften, Musikinstrumente und Priestergewänder gezeigt wurden, die bereits fertiggestellt waren. Nach diesem Besuch hatten viele den Eindruck, die Juden seien entschlossen, den Plan durchzusetzen: Sobald die muslimischen Schreine auf dem Haram beseitigt wären, ob auf gewaltsame oder nicht gewaltsame Weise, wären sie bereit, den Berg Zion in Besitz zu nehmen und das gesamte alte Ritual wiedereinzuführen.

Die Folgen wären fürchterlich gewesen. Amerikanische Beobachter meinten, Etzions Plan, den Felsendom zu sprengen, hätte den Dritten Weltkrieg auslösen können. Zion, die Stadt des Friedens, wäre dann für die Vernichtung der Welt verantwortlich gewesen. Auf beiden Seiten verstärkten sich die Haßgefühle. Am 9. Dezember 1987, genau siebzig Jahre nach Allenbys Eroberung Jerusalems, brach der arabische Aufstand, die Intifada, aus. Ein paar Tage später bezog der wenig kompromißbereite General Ariel Sharon seine neue Wohnung im muslimischen Viertel der Altstadt. Mitte Januar brach die Intifada im arabischen Jerusalem aus: Israelische Truppen setzten auf dem Haram Tränengas ein, um die Demonstranten zu zerstreuen. Obwohl die Intifada in Jerusalem weniger heftig war als im übrigen besetzten Gebiet, kam es zu Unruhen und Streiks, und die Israelis mußten zur Kenntnis nehmen, daß zwanzig Jahre nach der Annexion Jerusalems die Bewohner der Heiligen Stadt mit den Rebellen in den besetzten Gebieten völlig im Einklang standen.

Die Intifada erzielte verblüffende Erfolge. Innerhalb eines Jahres gab Jordanien seine Rolle als Vertreter der Palästinenser auf, und die PLO erkannte das Existenzrecht Israels an. Am 15. November 1988 wurde mit der Palästinensischen Unabhängigkeitserklärung »die Errichtung des Staates Palästina auf unserem palästinensischen Gebiet« verkündet, »mit der Hauptstadt Jerusalem (al-Quds al-Scharif)«. 1993 unterzeichneten Israel und die PLO die Osloer Verträge, wodurch der Gazastreifen und Teile der West-Bank unter palästinensische Verwaltung kamen. Die Diskussion über die Zukunft Jerusalems jedoch sollte bis zum Mai 1996 aufgeschoben werden – eine stillschweigende Übereinkunft, da dies die schwierigste Hürde überhaupt darstellen würde.

Wie schwierig die Frage war, zeigte sich 1993 bei den Jerusalemer Stadtratswahlen, als Teddy Kollek von dem konservativen Likud-Mitglied Ehud Olmert geschlagen wurde. Trotz seiner Rolle bei der Zerstörung des maghrebinischen Viertels und der Zerschlagung der arabischen Stadtregierung 1967 galt Kollek als Liberaler. Er setzte sich mit den Problemen der Araber in Jerusalem auseinander und ergriff zuweilen sogar ihre Partei. Er bestand darauf, daß alles getan werden mußte, um die arabische Lebensweise in Jerusalem zu erhalten. Dennoch vertrat Kollek die Idee der »Wiedervereinigung« der Stadt. In der ganzen Welt begeisterte er sein Publikum mit der

Vision einer vereinten Stadt, immer von der Furcht vor »Teilung« und stacheldrahtbewehrten Grenzen verfolgt. Doch die Einheit von Kolleks Jerusalem bedeutete keine Gleichheit. Eine jüngst veröffentlichte Studie von B'Tselem, einer israelischen Menschenrechtsorganisation, zeigt, daß von den vierundsechzigtausendachthundertachtzig Wohnungen, die in Jerusalem seit 1967 gebaut wurden, nur achttausendachthundert für Palästinenser waren. Von den neunhundert im Sanitärbereich beschäftigten Angestellten waren nur vierzehn in Ostjerusalem eingesetzt. Es wurden keine neuen Straßen gebaut, um die älteren arabischen Viertel miteinander zu verbinden.[29] Selbst das Wohlwollen eines »liberalen« Israelis hatte seine Grenzen. Der neue Bürgermeister Olmert hält es nicht für notwendig, sich liberal zu geben. Er ist der Ansicht, Jerusalem solle sich weiter nach Osten ausdehnen und sich die verbliebenen arabischen Gebiete einverleiben.

Olmert braucht keine israelischen Liberalen in Jerusalem zu umwerben. Er kam durch ein Bündnis mit den ultraorthodoxen Juden der Stadt an die Macht, deren Zahl in den vergangenen Jahren rasch angewachsen ist. Sie sind nicht mehr auf das Ghetto von Mea Schearim beschränkt, sondern haben die meisten nördlichen Viertel der Stadt übernommen. 1994 stammten in Jerusalem zweiundfünfzig Prozent der jüdischen Kinder unter zehn Jahren aus ultraorthodoxen Familien. Sie haben kein Interesse, mit den Arabern in Frieden zusammenzuleben. Ihr Ziel ist, Jerusalem zu einer stärker von Religion geprägten Stadt zu machen und die nichtreligiösen Juden bei der Stange zu halten. Sie möchten, daß am Sabbat weniger nichtkoschere Restaurants, weniger Theater und Vergnügungsstätten geöffnet sind. Olmerts Anhänger sind gegen jegliche Machtbeteiligung der Palästinenser. Für die Ultraorthodoxen wie für die extreme Rechte bedeutet Machtbeteiligung Teilung, und ein geteiltes Jerusalem ist für sie ein totes Jerusalem.

Wiederholt haben israelische Regierungen betont, daß Jerusalem die ewige und unteilbare Hauptstadt des jüdischen Staates sei und daß eine Teilung der Souveränität nicht zur Debatte stehe. Die Regierung erklärt den Palästinensern weiterhin, daß ihre Hauptstadt niemals al-Haram al-Scharif sein wird. Doch die Stimmung wandelt sich. Seit der Intifada ist die Stadt erneut von einer Trennungslinie durchzogen. Es gibt zwar keinen Stacheldraht in Jerusalem, aber inzwischen auch wenige Orte, an denen sich Araber und Juden unter normalen Bedingungen begegnen. Das Hauptgeschäftsviertel in Westjerusalem ist fast vollkommen jüdisch, die Altstadt fast ausschließlich arabisch. Der einzige Berührungspunkt ist der Ring der israelischen Siedlungen in Ostjerusalem. Die Israelis sind allerdings zunehmend bereit, dies als Lebenstatsache hinzunehmen. Welchen Sinn soll es haben, fragen einige, ein Gebiet zu kontrollieren, das man nur mit einer bewaffneten Eskorte betreten kann? Eine Meinungsumfrage, die im Mai 1995 für das Israelisch-Palästinensische Zentrum für Wissenschaft und Information durchgeführt wurde, zeigte, daß sich erstaunlicherweise achtundzwanzig Prozent der israelischen Juden eine Form von geteilter Souveränität vorstellen können, vorausgesetzt, Israel behält die Kontrolle über die jüdischen Viertel.

Am 13. Mai 1995 hielt Feisal Husseini, der PLO-Vertreter in Jerusalem, eine Rede anläßlich einer Demonstration, die aus Protest gegen die Beschlagnahmung arabischen Landes abgehalten wurde. Unterhalb der Mauern der Altstadt stehend, wo sich einst das Niemandsland befunden hatte, sagte Husseini: »Ich träume von dem Tag, an dem ein Palästinenser ›unser Jerusalem‹ sagen wird und damit Palästinenser und Israelis meint, und davon, daß ein Israeli ›unser Jerusalem‹ sagen wird und damit Israelis und Palästinenser meint.«[30] Als Erwiderung unterzeichneten siebenhundert prominente Israelis, darunter Schriftsteller, Kritiker, Künstler und frühere Knessetmitglieder, folgende gemeinsame Erklärung:

Jerusalem ist unser, es gehört Israelis und Palästinensern – Muslimen, Christen und Juden.
Unser Jerusalem ist ein Mosaik all dieser Kulturen und all dieser Religionen und all der Epochen, die die Stadt berei-

chert haben, angefangen von den frühesten Zeiten bis zum heutigen Tag – Kanaaniter, Jebusiter und Israeliten, Juden und Hellenen, Römer und Byzantiner, Christen und Muslime, Araber und Mameluken, Osmanen und Briten, Palästinenser und Israelis. Sie und all die anderen, die ihren Beitrag zu der Stadt geleistet haben, haben einen Platz in der geistigen und geographischen Landschaft Jerusalems.

Unser Jerusalem muß vereint werden, offen für alle, ein Eigentum aller seiner Einwohner, ohne Grenzen und Stacheldraht in seiner Mitte.

Unser Jerusalem muß die Hauptstadt der zwei Staaten sein, die Seite an Seite in diesem Land existieren werden – Westjerusalem die Hauptstadt des Staates Israel und Ostjerusalem die Hauptstadt des Staates Palästina.

Unser Jerusalem muß die Hauptstadt des Friedens sein.[31]

Wenn Zion tatsächlich die Stadt des Friedens statt die des Krieges und des Hasses sein soll, muß eine Form des Zusammenlebens gefunden werden. Eine Reihe von Lösungsvorschlägen wurde bereits gemacht: Jerusalem als international regiertes *corpus separatum* etwa oder israelische Oberhoheit und spezielle Privilegien für die palästinensischen Vertreter oder eine gemeinsame israelisch-palästinensische Verwaltung in einer ungeteilten Stadt, zwei getrennte Stadtverwaltungen oder eine mit zwei getrennten Exekutivkörperschaften? Darüber wird eifrig diskutiert. Aber solange die grundlegenden Prinzipien nicht geklärt sind, bleiben all diese Vorschläge utopisch.

Was kann uns die Geschichte über den Weg in die Zukunft lehren? Im Herbst 1995 eröffneten die Israelis ein einjähriges Festival, mit dem der dreitausendjährige Jahrestag der Eroberung der Stadt durch König David gefeiert wird. Die Palästinenser protestierten dagegen, da sie die Feier als Propaganda für ein rein jüdisches Jerusalem ansehen. Doch »Davids Eroberung« ist ihrer Sache vielleicht dienlicher, als die konservativer eingestellten Israelis annehmen mögen. Alle monotheistischen

Eroberer waren mit der Tatsache konfrontiert, daß Jerusalem bereits für Menschen vor ihnen heilig war. Da alle drei Glaubensrichtungen an den absoluten und heiligen Rechten des Individuums festhielten, mußte sich an der Behandlung der Besiegten die Aufrichtigkeit der Ideale der Sieger erweisen. Soweit wir aus den Quellen, die natürlich begrenzt sind, erschließen können, hält König David diesen Anforderungen stand. Er versuchte nicht, die jebusitischen Amtsträger aus Jerusalem zu verjagen: Die jebusitische Verwaltung blieb bestehen, und es gab keine Enteignung heiliger Stätten. Unter David blieb Jerusalem eine größtenteils jebusitische Stadt. Diesem Vorbild ist der Staat Israel nicht gerecht geworden. 1948 verloren dreißigtausend Palästinenser ihre Wohnungen in Westjerusalem, und seit der Eroberung 1967 gab es eine beständige Enteignung arabischen Landes, außerdem zunehmend beleidigende und gefährliche Angriffe auf den Haram al-Scharif. Die Israelis waren nicht die schlimmsten in der langen Reihe der Eroberer. Sie haben ihre Vorgänger nicht erschlagen, wie die Kreuzfahrer es taten, und sie haben sie auch nicht auf Dauer ausgeschlossen, wie die Byzantiner es taten, als sie die Juden aus der Stadt verbannten. Aber sie haben auch nicht die hohen Maßstäbe des Kalifen Omar erreicht. Ein Rückblick auf die Geschichte offenbart die traurige Ironie, daß es gerade die beiden islamischen Eroberungen waren, die es den Juden ermöglichten, in ihre heilige Stadt zurückzukehren. Sowohl Omar wie Saladin luden nach ihrem Sieg über die Christen die Juden ein, sich in Jerusalem anzusiedeln.

Die Eroberung von 1967 hatte tatsächlich mythischen Charakter, und ihre Symbolkraft war überwältigend. Endlich waren die Juden wahrhaftig nach Zion zurückgekehrt. Doch von Anfang an war Zion nicht nur ein reales Gebilde. Es war auch ein Ideal. Seit der Zeit der Jebusiter wurde Zion als Stadt des Friedens verehrt, ein irdisches Paradies der Harmonie und Integration. Auch die israelitischen Psalmisten und Propheten hatten diese Vision der Stadt. Doch das zionistische Jerusalem von heute wird diesem Ideal nicht gerecht. Seit den Kreuzzügen, die die Beziehungen zwischen den drei Religionen Abrahams auf Dauer geschädigt haben, herrschte in Jerusalem eine erregte, von Abwehrhaltung geprägte Atmosphäre. Gleichzeitig war es zunehmend zu einem Kampfschauplatz geworden. Nicht nur Juden, Christen und Muslime haben sich hier bekriegt, auch gewalttätiger Sekteneifer hat die drei Hauptgemeinden in sich bitter bekämpfende Parteien entzweit. Fast jede Entwicklung im Jerusalem des 19. Jahrhunderts verdankte sich zunehmender Rivalität innerhalb der Gemeinden. Noch heute bekämpfen sich die verschiedenen christlichen Bekenntnisse am Grab Jesu, und nicht lange nach der Eroberung der Stadt im Jahr 1967 standen die religiösen und nichtreligiösen Juden Israels wegen der Westmauer miteinander auf Kriegsfuß. Dies ist nicht das Zion, der Hafen der Ruhe, den König David errichtet hatte. Ständig betont Israel die überragende Bedeutung nationaler Sicherheit. Wo die Palästinenser Befreiung wollen, wünschen die israelischen Juden sichere Grenzen. Angesichts der Greuel, die die jüdische Geschichte kennzeichnen, ist dies nicht verwunderlich. Vor allem Sicherheit verlangten die Menschen von einer Stadt. Eine der wichtigsten Pflichten eines antiken Königs bestand darin, mächtige Befestigungsanlagen zu bauen, um den Menschen den Schutz zu geben, nach dem sie sich sehnten. Seit den frühesten Tagen sollte Zion ein solcher bewehrter Hort des Friedens sein, obwohl es seit den Zeiten Abdi-Chepas sowohl von inneren wie äußeren Feinden bedroht war. Heute ist Jerusalem erneut eine von Gegnern umringte Festungsstadt. Ihre Grenzen im Osten sind durch zwei riesige neue Siedlungen markiert, die sich um die Stadt schließen wie die alten Kreuzfahrerbefestigungen. Aber Mauern nützen nichts, wenn im Innern die Schwierigkeiten herrschen. Pessimistische Beobachter nehmen an, Jerusalem könnte eine genauso gefährliche und von Gewalt beherrschte Stadt werden wie Hebron, wenn keine gerechte Lösung gefunden wird.

Von frühester Zeit an war das Ideal sozialer Gerechtigkeit für die Heiligkeit Jerusalems ausschlaggebend. Vor allem aufgrund dieses Ideals glaubte ein antiker Herrscher, göttliche Ordnung in der Stadt herstellen zu müssen und sie damit in den Genuß des Friedens und unter den Schutz der Götter zu stellen. Dieses Ideal der sozialen Gerechtigkeit stand im Mittelpunkt des jebusitischen Baalskults in Jerusalem. Die Psalmisten und Propheten betonten, daß Zion ein Zufluchtsort für die Armen sein sollte: Vor allem die Propheten hoben nachdrücklich hervor, daß die Verehrung heiliger Orte sinnlos sei, wenn die Israeliten die Schwachen der Gesellschaft vernachlässigten. Im Mittelpunkt der Priesterschrift standen die Anteilnahme und Liebe gegenüber dem »Fremden«, den die Israeliten aufnehmen sollten. Auch im Koran steht das Ideal der sozialen Gerechtigkeit im Mittelpunkt, und zur Zeit der Aijubiden und Mameluken gehörte praktische Nächstenliebe wesentlich zur Islamisierung Jerusalems. Sie lag auch dem sozialistischen Zionismus der frühen Pioniere zugrunde. Doch die Palästinenser wurden im heutigen Zion nicht willkommen geheißen, nicht einmal unter Bürgermeister Teddy Kollek. Israelis halten oft dagegen, daß die Palästinenser in Jerusalem besser behandelt würden, als dies in einem arabischen Staat der Fall wäre. Das mag vielleicht zutreffen, aber die Palästinenser vergleichen sich nicht mit anderen Arabern, sondern mit ihren jüdischen Mitbürgern. Zu behaupten, die Stadt sei »heilig«, ohne daß jene Gerechtigkeit ausgeübt wird, die einen unveräußerlichen Bestandteil von Jerusalems Heiligkeit ausmacht, heißt einen gefährlichen Weg einschlagen.

Blickt man auf frühere Regime zurück, die zwar am Besitz der Stadt interessiert waren, aber die Pflicht der Nächstenliebe vernachlässigt haben, läßt sich erkennen, wie gefährlich ein solches Verhalten ist. Im hasmonäischen Jerusalem gab es wenig Barmherzigkeit. Nach einem heftigen Kampf, der die Einheit des jüdischen Jerusalem zum Ziel hatte, wurden die Hasmonäer Herren eines Königreichs, das sich kaum vom grausamen Despotismus der Hellenen unterschied, den sie bekämpft hatten. Durch ihr Vorgehen machten sie sich die Pharisäer zu Gegnern, die beständig den Vorrang von Nächstenliebe und Barmherzigkeit betonten. Bei verschiedenen Gelegenheiten baten die Pharisäer daher die Römer, die jüdischen Fürsten abzusetzen, denn Fremdherrschaft war dem Regime dieser schlechten Juden vorzuziehen.

Das christliche Jerusalem war ein besonders eklatantes Beispiel für die Gefahren, die Vernachlässigung von Nächstenliebe und mangelndem Respekt vor den Rechten anderer nach sich zieht. Im Neuen Testament wird ganz deutlich gesagt, daß Glaube ohne Nächstenliebe nichts wert ist. Doch diesem Ideal wurde im christlichen Jerusalem nie Genüge getan, vielleicht auch deswegen, weil die christliche Verehrung für die Stadt relativ spät einsetzte. Das byzantinische Jerusalem vermochte den Christen zwar eine eindrucksvolle Erfahrung des Göttlichen zu vermitteln, aber es war eine äußerst hartherzige Stadt. Hier bekämpften sich nicht nur die Christen untereinander, sondern sie waren gleichzeitig der Ansicht, daß die Vernichtung des Heidentums und der Ausschluß der Juden für die Heiligkeit und Einheit ihres neuen Jerusalem unabdingbar seien. Das Schicksal der Juden erweckte bei Christen Schadenfreude; gerade sehr strenge Mönchsorden, die sich in der Wüste Juda niedergelassen hatten, um der Heiligen Stadt nahe zu sein, waren entschieden antisemitisch eingestellt. Die intolerante Politik der christlichen Kaiser entfremdete ihnen Juden und »Häretiker« schließlich so sehr, daß auf ihrer Seite eine gefährliche Abkehr einsetzte. Begeistert begrüßten die Juden die persischen und muslimischen Eroberer Palästinas und ließen ihnen praktische Hilfe zukommen.

Das Jerusalem der Kreuzfahrer war eine noch grausamere Stadt. Es hatte mit Massenmord und Enteignung begonnen. Wie die heutigen Israelis hatten die Kreuzfahrer ein Königreich errichtet, das innerhalb der Länder des Nahen Osten einen Fremdkörper darstellte und von europäischer Hilfe abhängig war. Die ganze Geschichte dieses Kreuzfahrerreichs war ein Kampf ums Überleben. Wir haben gesehen, daß bei den Kreuzfahrern ebenso wie im heutigen Israel ein ausgeprägtes Streben nach Sicherheit vorherrschte – und das aus gutem Grund. Die

Folge davon war, daß es im fränkischen Jerusalem kaum echte Schöpferkraft gab, da Kunst und Literatur in einer so angespannten Atmosphäre kaum gedeihen. Es gab Franken in Jerusalem, die wie viele heutige Israelis feststellten, daß ihr Königreich nicht als westliches Ghetto überleben konnte. Es mußten normale Beziehungen zu den muslimischen Nachbarn hergestellt werden. Aber die Religion des Hasses war bei den Kreuzfahrern tief verwurzelt: Bei einer Gelegenheit griffen sie sogar ihren einzigen Verbündeten in der islamischen Welt an und befehdeten sich auch untereinander aufs heftigste. Sie standen am Rand eines selbstmörderischen Bürgerkriegs, als Saladin nahte, um ihr Territorium zu erobern. Die Religion des Hasses hat keinen Erfolg, denn sie schlägt nur allzu leicht in Selbstzerstörung um. Die Kreuzfahrer verloren ihren Staat. Die Unfruchtbarkeit eines Glaubens, der im Besitz eines heiligen Ortes sein höchstes Ziel erkennt und die wichtigere Pflicht der Nächstenliebe vernachlässigt, kommt auf höchst anschauliche Weise in dem endlosen Streit der christlichen Sekten um die Grabeskirche zum Ausdruck.

Aus monotheistischer Sicht ist es Götzenverehrung, in einem Schrein oder einer Stadt das höchste Ziel des Glaubens zu sehen. Wie wir gesehen haben, sind sie nur Symbole, die auf eine Realität hindeuten, die jenseits ihrer selbst liegt. Jerusalem und seine heiligen Stätten wurden als numinos erfahren. Sie haben Millionen von Juden, Christen und Muslimen das Göttliche nahegebracht. Für viele Gläubige wurden sie daher mit Gott selbst gleichgesetzt. Und da Gott nicht einfach eine transzendente Wirklichkeit »dort draußen« ist, sondern gleichzeitig auch in der Tiefe des Selbst verspürt wird, wurden heilige Orte auch als Teil der menschlichen Innenwelt empfunden. Angesichts eines Schreins erlebten Juden, Christen und Muslime oft verblüffende und bewegende Begegnungen mit sich selbst. Deshalb fällt es ihnen sehr schwer, Jerusalem und dessen Probleme sachlich zu sehen. Viele dieser Schwierigkeiten entstehen, wenn Religion in erster Linie als Identitätsfindung angesehen wird. Eine der Funktionen des Glaubens besteht zwar darin, uns zu helfen, Eigenständigkeit aufzubauen, zu erklären, woher wir kommen und warum unsere Traditionen unverwechselbar und spezifisch sind. Aber darin erschöpft sich die Aufgabe von Religion nicht. Alle großen Weltreligionen haben betont, daß das schwache und unersättliche Ego, das andere so oft herabsetzt und um Sicherheit bestrebt ist, überwunden werden müsse. Dieses Ego aufzugeben ist nicht nur ein mystisches Ziel; auch die Nächstenliebe gebietet, daß wir die Rechte anderer über unsere eigenen selbstsüchtigen Wünsche stellen.

Eines der wichtigsten Dinge, die wir aus der Geschichte Jerusalems lernen, ist, daß uns Leiden nicht zu besseren und edleren Menschen macht, trotz aller gegenteiligen romantischen Verklärungen. Nach dem babylonischen Exil, als das Volk Israel innerhalb einer vorwiegend heidnischen Welt eine klare Identität zu entwickeln begann, wurde Jerusalem erstmals eine Stadt, die andere ausschloß. Deuterojesaja hatte verkündet, daß mit der Rückkehr nach Zion eine neue Ära des Friedens anbrechen würde, aber die *golah* machte Jerusalem zum Ort des Haders, als sie die *am ha-aretz* verjagte. Die Erfahrung der Verfolgung durch die Römer erweckte in den Christen keine größere Anteilnahme gegenüber dem Leiden anderer, und der Islam wurde wesentlich feindseliger, nachdem die Muslime unter den Kreuzfahrern gelitten hatten. Daher ist es keineswegs verwunderlich, daß der Staat Israel, der kurz nach der Katastrophe des Holocaust gebildet wurde, nicht immer eine Politik des Ausgleichs und der Versöhnung verfolgt hat. Wir haben gesehen, daß die Furcht vor Zerstörung und Auslöschung eines der Hauptmotive war, das die Menschen in der Antike bewog, heilige Städte und Tempel zu bauen. Die Mythologie der alten Israeliten erzählte die Geschichte ihres Zuges durch das dämonische Reich der Wildnis – ein ödes und unbewohnbares Land – in den sicheren Hort des Gelobten Landes. In den Todeslagern war das jüdische Volk beispielloser Vernichtung ausgesetzt gewesen. Daher ist es nicht verwunderlich, daß die Israelis nach dem Sechstagekrieg durch die Rückkehr nach Zion zutiefst erschüttert waren und einige zu der Überzeugung kamen, eine neue Schöpfung, ein neuer Anfang habe stattgefunden.

Heute jedoch beginnen Israelis zunehmend über die Möglichkeit nachzudenken, ihre heilige Stadt zu teilen. Traurigerweise sind die meisten derjenigen, die sich um den Frieden bemühen, nicht religiös. Auf beiden Seiten der Konfliktparteien gibt sich die Religion zunehmend kämpferisch. Die apokalyptische Einstellung von Extremisten, die Selbstmordkommandos durchführen, heilige Stätten ihrer Gegner in die Luft sprengen oder sie aus ihren Häusern vertreiben, wird nur von einer Minderheit vertreten, ruft aber auf breiter Ebene Haß hervor. Nach einer Greueltat verhärten sich die Haltungen auf beiden Seiten, und der Frieden rückt in immer weitere Ferne. Es waren die Zeloten, die 66 n. Chr. gegen die Friedenspartei opponierten und damit hauptsächlich für die Zerstörung Jerusalems und seines Tempels verantwortlich waren; und es war Rainald von Chatillon, der glaubte, jeder Waffenstillstand mit den Ungläubigen sei Sünde, und damit das Ende des Königreichs der Kreuzfahrer herbeiführte. Die Religion des Hasses erweist sich oft als selbstzerstörerisch und kann Wirkungen zeitigen, die, gemessen an der Zahl derjenigen, die sie vertreten, vollkommen unverhältnismäßig sind. Auf beiden Seiten waren religiöse Extremisten für Greueltaten verantwortlich, die im Namen Gottes verübt wurden. Am 25. Februar 1994 erschoß Baruch Goldstein in der Machpelahöhle in Hebron mindestens achtundvierzig palästinensische Gläubige. Heute wird er von der extremen Rechten als Märtyrer Israels verehrt. Auch das junge weibliche Mitglied der islamischen Gruppe Hamas, das am 15. August 1995 bei einem Anschlag auf einen Jerusalemer Bus starb, wobei fünf Menschen getötet und hundertsieben verletzt wurden, gilt als Märtyrerin. Solche Aktionen sind ein Zerrbild von Religion, waren aber in der Geschichte Jerusalems häufig. Wenn der Besitz eines Landes oder einer Stadt zum alleinigen Ziel wird, gibt es keinen Grund mehr, vor Mord zurückzuschrecken. Sobald die oberste Pflicht

Ein Beispiel heutiger militanter Religiosität: Mitglieder der Hamas, der militanten islamischen Gruppierung, die die Osloer Verträge erbittert ablehnen, marschieren Knüppel und Ketten schwingend durch Gaza.

vergessen wird, nämlich die Göttlichkeit zu respektieren, die jedem menschlichen Wesen innewohnt, kann »Gott« zum Freibrief werden, Vorurteile und Eigensucht zu rechtfertigen. Dann wird Religion zur Brutstätte von Gewalttaten und Grausamkeit.

Die kabbalistischen Mythen lehrten, daß nach der Rückkehr der Juden nach Zion alles in der Welt wieder an seinen rechten Platz käme. Aber diese Mythologie durfte nicht wörtlich ausgelegt werden. Aufgrund der seit 1948 anhaltenden Rückkehrbewegung des jüdischen Volkes nach Zion wurden Tausende von Palästinensern vertrieben. Aus der Geschichte Jerusalems wissen wir, daß Exil als das Ende der Welt, als eine Verstümmelung und geistige Heimatlosigkeit erfahren wird. Ohne einen festen Punkt und die Orientierung an einem Zuhause wird alles bedeutungslos. Abgeschnitten von der Vergangenheit wird die Gegenwart zu einer Wüste und die Zukunft unvorstellbar. Sicherlich erfuhren die Juden das Exil als dämonisch und zerstörerisch. Diese Bürde des Leids hat der Staat Israel nun den Palästinensern auferlegt, was immer ursprünglich auch die Absichten gewesen sein mochten. Es ist kaum verwunderlich, daß sich die Palästinenser beim Kampf ums Überleben nicht immer rücksichtsvoll benahmen. Aber es gibt auch Palästinenser, die erkennen, daß ein Kompromiß geschlossen werden muß, wenn sie wenigstens einen Teil ihrer Heimat wiedergewinnen wollen. Für sie war es ein harter Weg bis zu den Osloer Verträgen: Daß Palästinenser den Staat Israel offiziell anerkennen würden, wäre einst undenkbar erschienen. Im Exil war Zion den Juden zum Inbegriff der Erlösung und Versöhnung geworden. Es ist verständlich, daß den Palästinensern in ihrem Exil al-Quds noch kostbarer wurde. Zwei Völker, die beide entsetzliches Leid ertragen mußten, suchen nun Heil in derselben heiligen Stadt.

Erlösung – in weltlichem oder religiösem Sinn – muß mehr bedeuten als den bloßen Besitz einer Stadt. Es bedarf auch eines gewissen Maßes an innerem Wachstum und innerer Befreiung. Eines lehrt uns die Geschichte Jerusalems: Nichts ist unumkehrbar. Die Bewohner Jerusalems haben nicht nur wiederholt erleben müssen, daß ihre Stadt zerstört wurde, auch deren Wiederaufbau geschah oftmals auf eine Weise, die ihnen Abscheu einjagte. Angesichts der Zerstörung ihrer heiligen Stadt – zuerst durch Hadrian und dann durch Konstantin – müssen die Juden geglaubt haben, sie sei unwiederbringlich verloren für sie. Die Muslime mußten zusehen, wie die Kreuzfahrer, die damals unbesiegbar erschienen, den Haram entweihten. Mit Hilfe all dieser Bauprogramme sollten Fakten geschaffen werden, aber es zeigte sich, daß Steine und Mörtel allein dafür nicht ausreichten. Die Muslime bekamen ihre Stadt zurück, weil sich die Kreuzfahrer von Haß und Intoleranz leiten ließen. In unseren Tagen sind die Juden allen Widerständen zum Trotz nach Zion zurückgekehrt und haben mittels der Siedlungen um Jerusalem eigene Fakten geschaffen. Aber wie die lange und tragische Geschichte Jerusalems zeigt, ist nichts von Dauer, und nichts ist garantiert. Die Gesellschaften, die in der Heiligen

Ein Palästinenser betet vor einem futuristischen Apartmenthaus in Nordjerusalem, das von ultraorthodoxen Juden bewohnt wird. Werden Bauprogramme auch in Zukunft als Mittel des Ausschlusses dienen, oder kann Jerusalem wirklich Zion, die Stadt des Friedens, werden, in der Juden und Araber gemeinsam das Heilige erfahren können?

Stadt am längsten überlebt haben, waren gewöhnlich diejenigen, die zu einer bestimmten Art von Toleranz und Koexistenz bereit waren. Auf diese Weise, und nicht in Form eines unfruchtbaren und unnachgiebigen Kampfes um Souveränität, muß heutzutage die Heiligkeit Jerusalems gefeiert werden.

Danksagung

Danken möchte ich meinen Agenten Felicity Bryan, Peter Ginsburg und Andrew Nurnberg, ebenso den Herausgebern Jane Garrett und Stuart Proffit für ihre Unterstützung und Ermutigung. Mein Dank gilt auch Roger Boase, Juliet Brightmore, Jonathan Magonet und Toby Mundy für ihre fachliche Beratung und Hilfe.

Anmerkungen

1. Zion

1 Kathleen Kenyon, *Digging Up Jerusalem* (London 1974), S. 78

2 *The New York Times,* 8. September 1994

3 »Tyropöon« ist mit »Käsemacher« übersetzt worden: Zur Zeit Flavius Josephus' war der Name wohl in Vergessenheit geraten.

4 Benjamin Mazar, *The Mountain of the Lord* (New York 1975), S. 45 f.; Gosta W. Ahlström, *The History of Ancient Palestine* (Minneapolis 1993), S. 169–172

5 Mazar, *The Mountain of the Lord,* S. 11

6 Mircea Eliade, *The Sacred and the Profane,* New York 1959, S. 21

7 Ebenda, passim; siehe auch Eliade, *Patterns in Comparative Religion* (übers. v. Rosemary Sheed, London 1958), S. 1–37, 367–388; *Images and Symbols, Studies in Religious Symbolism* (übers. v. Philip Mairet, Princeton 1991), S. 37–56

8 Eliade, *The Sacred and the Profane,* S. 50–54, 64

9 Eliade, *Patterns in Comparative Religion,* S. 19

10 Ebenda, S. 99 ff.; R. E. Clements, *God and Temple* (Oxford 1965), S. 2–6; Richard J. Clifford, *The Cosmic Mountain in Canaan and the Old Testament* (Cambridge, Mass., 1972), S. 4–10

11 Clifford, *The Cosmic Mountain,* S. 4

12 Eliade, *The Sacred and the Profane,* S. 33

13 Eliade, *Patterns in Comparative Religion,* S. 382–385

14 Ahlström, *The History of Ancient Palestine,* S. 248 ff.

15 J. B. Pritchard (Hg.), *Ancient Near Eastern Texts Relating to the Old Testament* (Princeton 1969), S. 483 ff.

16 Ahlström, *The History of Ancient Palestine,* S. 279 ff.

17 Ronald de Vaux, *The Early History of Palestine* (2 Bde., übers. v. David Smith, London 1978), I, S. 6 f.

18 H. J. Franken, »Jerusalem in the Bronze Age: 3000–1000 BC«, in: K. J. Asali (Hg.), *Jerusalem in History* (New York 1990), S. 39

19 Kenyon, *Digging Up Jerusalem*, S. 95
20 Ebenda, S. 100
21 Pritchard, *Ancient Near Eastern Texts*, S. 483
22 Clifford, *The Cosmic Mountain*, S. 57 ff.
23 John C. L. Gibson, *Canaanite Myths and Legends* (Edinburgh 1978), S. 66
24 Ebenda, S. 50
25 Clifford, *The Cosmic Mountain*, S. 57–68; vgl. Psalm 47
26 Ebenda, S. 68
27 Ebenda, S. 77
28 Ebenda, S. 72
29 Zit. nach Albert Schott, *Das Gilgamesch-Epos* (Stuttgart 1958)
30 Pritchard, *Ancient Near Eastern Texts*, S. 164
31 Ebenda, S. 178
32 Gibson, *Canaanite Myths*, S. 102–107
33 John Gray, »Sacral Kingship in Ugarit«, in: *Ugaritica*, 6, Paris 1969, S. 295–298
34 Clifford, *The Cosmic Mountain*, passim; Clements, *God and Temple*, S. 47; Ben C. Ollenburger, *Zion, The City of the Great King. A Theological Symbol of the Jerusalem Cult* (Sheffield 1987), S. 14 ff.; Margaret Barker, *The Gate of Heaven. The History and Symbolism of the Temple in Jerusalem* (London 1991), S. 64; Hans-Joachim Kraus, *Worship in Israel. A Cultic History of the Old Testament* (Oxford 1966), S. 201–204

2. Israel

1 Josua 10,40. Den Bibelzitaten liegt folgende Ausgabe zugrunde: *Die Heilige Schrift,* nach der deutschen Übersetzung von Martin Luther, hrsg. v. C. I. Scofiled (Oxford 1967).
2 Josua 15,63; vgl. Richter 1,21
3 Robin Lane Fox, *The Unauthorized Version. Truth and Fiction in the Bible* (London 1991), S. 225–233
4 Josua 17,11–18; Richter 1,27–36
5 J. Alberto Soggin, *A History of Israel. From the Beginnings to the Bar Kokhba Revolt AD 135* (übers. v. John Bowden, London 1984), S. 141 ff.; Gosta W. Ahlström, *The History of Ancient Palestine* (Minneapolis 1993), S. 347 f.
6 Ahlström, *The History of Ancient Palestine*, S. 234 f., 247 f.; Amnon Ben Tor (Hg.), *The Archeology of Ancient Israel* (übers. v. R. Greenberg, New Haven/London 1992), S. 213

7 G. E. Mendenhall, *The Tenth Generation* (Baltimore 1973); N. P. Lemche, *Early Israel. Anthropological and Historical Studies on the Israelite Society before the Monarchy* (Leiden 1985); D. C. Hopkins, *The Highlands of Canaan* (Sheffield 1985); R. B. Coote/K. W. Whitelam, *The Emergence of Early Israel in Historical Perspective* (Sheffield 1987); James D. Martin, »Israel as a Tribal Society«, in: R. E. Clements (Hg.), *The World of Ancient Israel. Sociological, Anthropological and Political Perspectives* (Cambridge 1989), S. 94–114; H. G. M. Williamson, in: ebenda, S. 141 f.

8 Vgl. hierzu die traditionelle Unterscheidung zwischen den Rachel- und Leastämmen

9 1 Mose 12,1

10 1 Mose 23,5

11 1 Mose 12,7

12 Üblicherweise wird der Name von *'aqeb* (Ferse) hergeleitet, aber in 1 Mose 27,36 bedeutet er »der Hinterlistige« *('aqab)*. Jakob bedeutet wahrscheinlich »Möge Gott Schutz verleihen«.

13 2 Mose 6,3 (Quelle: Priesterschrift)

14 1 Mose 28,11–17

15 1 Mose 18,1–15

16 1 Mose 22,2

17 2 Chronik 3,1

18 1 Mose 22,14

19 1 Mose 14,19

20 Harold H. Rowley, *Worship in Ancient Israel. Its Forms and Meaning* (London 1967), S. 17 ff., zählt die wichtigsten Argumente auf; andere vorgeschlagene Örtlichkeiten: Sichem, Berg Tabor, Berg Garizim.

21 Benjamin Mazar, *The Mountain of the Lord* (New York 1975), S. 157

22 Flavius Josephus, *Jüdische Altertümer,* I § 40

23 Psalm 110,4

24 R. E. Clements, *God and Temple* (Oxford 1965), S. 43

25 Ebenda, S. 44–47

26 Jonathan Z. Smith, »Earth and Gods«, in: *Map Is Not Territory. Studies in the History of Religions* (Leiden 1973), S. 110

27 Mircea Eliade, *Patterns in Comparative Religion* (übers. v. Rosemary Sheed, London 1958), S. 118–226

28 Jonathan Z. Smith, a.a.O., S. 109

29 5 Mose 32,10

30 Jeremia 2,2; Hiob 38,26; Jesaja 34,12

31 Jesaja 34,11; Jeremia 4,25

32 5 Mose 10,1–8; 2 Mose 25,10–22
33 4 Mose 10,35– 36
34 1 Samuel 7,4
35 Richter 5,4–5; 5 Mose 33,2; Psalm 68,8–11. Siehe auch Richard J. Clifford, *The Cosmic Mountain in Canaan and the Old Testament* (Cambridge, Mass., 1972), S. 114–123
36 Clements, *God and Temple,* S. 25–28
37 1 Samuel 7,2–8,22; 10,11–27; 12
38 Keith W. Whitelaw, »Israelite Kingship. The Royal Ideology and its Opponents«, in: Clements (Hg.), *The World of Ancient Israel,* S. 119–126
39 1 Samuel 4,1–11; 5; 6,1–7,1
40 2 Samuel 1,23
41 Die genaue Lage von Ziklag ist unklar; manche setzen es mit dem achtundvierzig Kilometer von Beerseba entfernten Tel as-Sahara gleich.

3. Die Stadt Davids

1 2 Samuel 5,6
2 Nach Meinung des israelischen Archäologen Yigal Yadin ist diese Begebenheit der Grund dafür, warum später Blinden und Lahmen der Zutritt zum Tempel verboten wurde.
3 2 Samuel 5,8; 1 Chronik 11,4–7
4 2 Samuel 5,9
5 2 Samuel 5,8; 1 Chronik 11,5
6 Josua 15,8
7 Siehe R. E. Clements, *Abraham and David* (London 1967)
8 1 Könige 4,3
9 G. E. Mendenhall, »Jerusalem from 1000–63 BC«, in: K. J. Asali (Hg.), *Jerusalem in History* (New York 1990), S. 45
10 1 Chronik 21,9; vgl. Gosta W. Ahlström, *The History of Ancient Palestine* (Minneapolis 1993), S. 504 f.
11 Gosta W. Ahlström, »Der Prophet Nathan und der Tempelbau«, in: *Vetus Testamentum,* 11, 1961; R. E. Clements, *God and Temple* (Oxford 1965), S. 58
12 Harold H. Rowley, *Worship in Ancient Israel. Its Forms and Meaning* (London 1967), S. 73; Clements, *God and Temple,* S. 42 f.; vgl. Roland de Vaux, *Ancient Israel. Its Life and Institutions* (übers. v. John McHugh, New York/London 1961), S. 114, 311
13 1 Chronik 6

14 2 Samuel 6
15 2 Samuel 7,6–16
16 1 Chronik 28,11–19
17 2 Samuel 24
18 Benjamin Mazar, *The Mountain of the Lord* (New York 1975), S. 52; Clements, *God and Temple*, S. 61 f.; Ahlström, *The History of Ancient Palestine*, S. 471; Hans-Joachim Kraus, *Worship in Israel. A Cultic History of the Old Testament* (Oxford 1966), S. 186
19 1 Chronik 28,11–19
20 1 Chronik 28,19
21 Für den Tempelbau wurden acht Jahre benötigt, für den Palast dreizehn Jahre.
22 David Ussishkin, »King Solomon's Palaces«, in: *The Biblical Archeologist*, 36, 1973
23 1 Könige 6,1–14; 2 Chronik 3,1–7
24 4 Mose 21,8–9; 2 Könige 18,14
25 Die Bedeutung von »Jachin« und »Boaz« ist unklar. Vielleicht sind die einleitenden Worte zweier Benediktionen gemeint, die sie mit dem Geschlecht Davids verbinden: *Jachin JHWH er-kisse David le dam war'ed* (»Der Herr wird den Thron Davids für immer errichten«) und *Boaz Jahwe* (»durch die Macht Jahwes«). Boaz war auch ein entfernter Vorfahr König Davids im Buch Ruth. Oder »Jachin« und »Boaz« sind vielleicht »kosmische« Säulen gewesen, die ein Tor für den Sonneneinfall auf das Tempelgelände bei Einbruch der Dunkelheit bildeten.
26 1 Könige 6,15–38; 2 Chronik 3,8–13
27 Margaret Barker, *The Gate of Heaven. The History and Symbolism of the Temple in Jerusalem* (London 1991), S. 26–29; Clements, *God and Temple*, S. 65
28 1 Mose 2; 3
29 Clements, *God and Temple*, S. 64, 69–72; Norman Cohn, *Cosmos, Chaos and the World to Come. The Ancient Roots of Apocalyptic Faith* (New Haven/London 1993), S. 138; Richard J. Clifford, *The Cosmic Mountain in Canaan and the Old Testament* (Cambridge, Mass., 1972), S. 177 f.
30 Psalm 72,4
31 Psalm 9,10.16
32 Psalm 2,6–12
33 Cohn, *Cosmos, Chaos and the World to Come*, S. 139
34 Psalm 48,1–8
35 1 Könige 11,4–8
36 1 Könige 4,18–19

37 1 Könige 8,15–24
38 1 Könige 11,26–40

4. Die Stadt Judas

1 1 Könige 12,11
2 Jesaja 27,1; Hiob 3,12; 26,13; Psalm 74,14
3 Hiob 38,10
4 Psalm 89,10
5 Psalm 48,1–3
6 Psalm 14
7 Psalm 46,5.9
8 Psalm 46,3
9 Psalm 99
10 Psalm 47,5–6
11 Psalm 97,2–6; Jesaja 6,4
12 Psalm 47,2; 99,1–4
13 Psalm 97,9
14 Psalm 84,5–7
15 Psalm 84,4
16 2 Samuel 7,10–12
17 Psalm 84,1–2
18 Psalm 84,11
19 Die Regierungszeit König Ussias sowie anderer jüdischer Könige wird vom Deuteronomisten und Chronisten unterschiedlich angegeben. Besonders schwierig ist die genaue Datierung bei Ussia, da sein Sohn Jotam bereits König wurde, als der Vater dahinsiechte.
20 Jesaja 6,3
21 Jesaja 2,2–3
22 Jesaja 11,6–9
23 Jesaja 1,11–12
24 Jesaja 1,16–17
25 Amos 5,25–27
26 Amos 1,2
27 Psalm 9,10–13; 10. Siehe hierzu Ben C. Ollenburger, *Zion, The City of the Great King. A Theological Symbol of the Jerusalem Cult* (Sheffield 1987), S. 58–69
28 Jesaja 7,14–17
29 2 Chronik 29,30
30 Micha 3,12
31 2 Könige 29,34

32 2 Chronik 32,21
33 2 Könige 21,1–18; 2 Chronik 33,1–10
34 1 Könige 8,27
35 5 Mose 16,13–15
36 Dies kommt im jüdischen Glaubensbekenntnis zum Ausdruck: »Höre, Israel, der Herr ist unser Gott, der Herr allein« (5 Mose 6,4).
37 5 Mose 12,1–4. Vgl. E. Nielsen, *Shechem* (London 1955), S. 45, 85
38 2 Könige 22; 2 Chronik 34,8–28
39 2 Könige 23,10–14
40 Jeremia 7,3–7
41 Es gibt unterschiedliche Angaben in den verschiedenen Berichten über die tatsächliche Anzahl der Deportierten. Jeremia sagt, nur dreitausenddreiundzwanzig Menschen seien nach Babylon deportiert worden. Aber sie könnten Juda in drei Schüben verlassen haben.
42 2 Makkabäer 2,4–5; B. Yoma 42B; Horayot 12A; J. Shekalim 6,1
43 Jeremia 29,5–19
44 Jeremia 3,16
45 Jeremia 32,44

5. Exil und Rückkehr

 1 Jeremia 4,23–26
 2 Psalm 74,3–7
 3 Psalm 137,9
 4 Psalm 79,4
 5 Jeremia 41,4–6
 6 Klagelieder Jeremias 4,5–10
 7 Klagelieder Jeremias 1,8–9
 8 2 Könige 25,27–30
 9 Esra 2
10 Elias J. Bickerman, *The Jews in the Greek Age* (Cambridge, Mass./London 1988), S. 47 f.
11 Hesekiel 1,26–28
12 Hesekiel 43,1–6
13 Hesekiel 31,34–36
14 Hesekiel 40,2; 48,35
15 Hesekiel 47,11–12
16 Hesekiel 40,48–41,4
17 Hesekiel 40,17–19.28–31
18 Hesekiel 47,13–23
19 Hesekiel 48,9–29

20 Hesekiel 43,11

21 Mary Douglas, *Purity and Danger* (London 1966)

22 3 Mose 19,11–18

23 3 Mose 19,33–34

24 Hesekiel 44,11–16

25 Jesaja 40,3–4; 41,19–20; 44,20

26 Jesaja 52,10

27 Jesaja 46,1

28 Jesaja 45,14

29 Jesaja 54,13–15

30 Esra 2,64

31 Haggai 2,6–9

32 Esra 3,12–13

33 Haggai 2,6–9; 20,3

34 Sacharja 2,9; 4,14; 8,3

35 Esra 4,1–3

36 Esra 4,4

37 Jesaja 66,1

38 Jesaja 66,2

39 Jesaja 65,16–25

40 Jesaja 56,9–12; 65,1–10

41 Jesaja 56,7

42 Nehemia 1,3–2,8

43 Nehemia rügt alle früheren Statthalter Jerusalems, und es ist undenkbar, daß er Esra in seine Kritik einbezogen hat; bei Esras Ankunft war die Stadt bereits im Wiederaufbau begriffen – ein Zustand, dessen sie sich nur nach Nehemias Pionierarbeit erfreut haben konnte.

44 Nehemia 2,3

45 Nehemia 4,11–12

46 Nehemia 7,4–5

47 Nehemia 5

48 Seth Kunin, »Judaism«, in: Jean Holm/John Bowker (Hg.), *Sacred Place* (London 1994), S. 121 f.

49 Esra 7,6

50 Esra 7,14

51 Esra 7,21–26; Bickerman, *The Jews in the Greek Age,* S. 154

52 Nehemia 8

53 Esra 10

54 Jesaja 63,16

6. Antiochia in Judäa

1 Flavius Josephus, *Jüdische Altertümer*, XI § 7

2 Ebenda, XII §§ 175–185

3 Ben Sira 50,5–12

4 Ben Sira 45,17

5 Ben Sira 45,7

6 Ben Sira 50,1–4

7 Ben Sira 13,20–27

8 Ben Sira, Einleitung, S. 12

9 Die Begriffe, die im Buch Daniel verwendet werden, um auf die »Greuel« anzuspielen, sind alle Verdrehungen von Baal (»Herr«) und Schemesch (»Himmel«).

10 Martin Hengel, *Judaism and Hellenism. Studies in their Encounter in Palestine during the Early Hellenistic Period* (2 Bde., übers. v. John Bowden, London 1974), I, S. 294–300; Elias J. Bickerman, *From Ezra to the Last of the Maccabees* (New York 1962), S. 286–289; *The Jews in the Greek Age* (Cambridge, Mass./London 1988), S. 294 ff.

11 Corpus Hermeticum 16,2, in: A. J. Festugiere, *La Revelation d'Hermes Trismegiste* (4 Bde., Paris 1950–1954), I, S. 26

12 Hai Gaon (939–1038 n. Chr.) in Louis Jacobs (Übs. u. Hg.), *The Jewish Mystics* (Jerusalem 1076/London 1990), S. 23

13 1 Henoch 4

14 2 Makkabäer 5,27

15 1 Makkabäer 2,44–48

16 1 Makkabäer 4,36–61

17 1 Makkabäer 8,17–32

18 1 Makkabäer 10,17–21

19 1 Makkabäer 13,49–53

20 Josephus, *Jüdische Altertümer*, II § 190

21 Historia de Legis Divinae Tanstatione 5 in: *Palestine Pilgrims' Texts Society* (PPTS), XI, S. 2

22 Flavius Josephus, *Der jüdische Krieg*, I §§ 67–69

23 Josephus, *Jüdische Altertümer*, XIII § 372

24 Josephus, *Jüdische Altertümer*, XIII § 38; *Der jüdische Krieg*, I § 97

25 Josephus, *Jüdische Altertümer*, XIII § 401

26 Josephus, *Der jüdische Krieg*, I § 148

27 Latinisiert für »Philistia«

7. Zerstörung

1 Flavius Josephus, *Der jüdische Krieg*, V § 146
2 Sukkot 51B
3 Josephus, *Der jüdische Krieg*, V § 210
4 Flavius Josephus, *Jüdische Altertümer*, XV § 396
5 Josephus, *Der jüdische Krieg*, V §§ 224–225
6 B. Batria 3B
7 Josephus, *Der jüdische Krieg*, V §§ 211–217
8 Philo von Alexandria, *Über die Einzelgesetze*, I, 66
9 Philo, *Kommentar zum Exodus*, II, 95
10 Josephus, *Der jüdische Krieg*, V § 19
11 Philo, *Über die Einzelgesetze*, I, 96 f.
12 E. P. Sanders, *Judaism: Practice and Belief, 63 BCE to 66 CE* (London/Philadelphia 1992), S. 128
13 Josephus, *Jüdische Altertümer*, IV § 205; Philo, *Über die Einzelgesetze*, I, 70
14 Raphael Patai, *Man and Temple in Ancient Jewish Myth and Ritual* (London 1967), Kap. 3
15 Die Ursprünge der Synagoge liegen im dunkeln und sind umstritten. Sie sind in der Diaspora zu suchen, wenn auch der genaue Zeitpunkt unsicher ist: Sie waren eine einzigartige Einrichtung in der Antike und scheinen mehr eine Schule der Philosophie als ein religiöses Gebäude gewesen zu sein. Sie waren eher ein Ort des Studiums und des Gebets als der Opferliturgie. Seit dem 1. Jahrhundert v. Chr. gab es mehrere Synagogen in Jerusalem; einige wurden von bestimmten Diasporagemeinden errichtet.
16 Siehe z. B. Avot 1,12–13; Sifra 109B; B. Batria 9A, B; Avot de Rabbi Nathan 7,17A, B; B. Tanhuma Noah 16A
17 Sanders, *Judaism: Practice and Belief*, S. 441
18 II QPS 22, übers. in: Geza Vermes, *The Dead Sea Scrolls in English* (London 1987), S. 212
19 Josephus, *Der jüdische Krieg*, I §§ 650–652
20 Josephus, *Jüdische Altertümer*, XVII §§ 206–218
21 Ebenda, VIII § 3
22 Markus 11,15–18; vgl. Jesaja 56,7; Jeremia 7,11
23 Markus 13,1–2
24 Lukas 22,28–30
25 Apostelgeschichte 5,34–40
26 Apostelgeschichte 2,44–47; Matthäus 5,25–34. Matthäus schrieb sein Evangelium für Judenchristen, und es ist eine Quelle ihrer Gedanken.

27 Brief an die Galater 2,9

28 Matthäus 5,17–42

29 Apostelgeschichte 6,1

30 Apostelgeschichte 7,1–49

31 Apostelgeschichte 8,1

32 Apostelgeschichte 11,26

33 Römer 7,14–20; Brief an die Galater 3,10–22

34 Jonathan Z. Smith, »The Temple and the Magician«, in: *Map Is Not Territory. Studies in the History of Religions* (Leiden 1978)

35 Brief an die Philipper 2,5–11

36 Mircea Eliade, *Patterns in Comparative Religion* (übers. v. Rosemary Sheed, London 1958), S. 26 ff.

37 Brief an die Galater 2,10; Brief an die Römer 15,25–27

38 Apostelgeschichte 21,26–40

39 Brief an die Epheser 2,14–21

40 Brief an die Hebräer 5,17; 12,22–23

41 Josephus, *Jüdische Altertümer*, XVIII §§ 261–272

42 Josephus, *Der jüdische Krieg*, VI § 98

43 Dio Cassius, *Historia*, LXVI, 6

44 Josephus, *Der jüdische Krieg*, VI § 98

45 Lamentations Rabbah 1,50

8. Aelia Capitolina

1 Benjamin Mazar, *The Mountain of the Lord* (New York 1975), S. 113

2 Antoine Duprez, *Jesus et les Dieux Guerisseurs a la propos de Jean V* (Paris 1970)

3 Zit. in: F. E. Peters, *Jerusalem. The Holy City in the Eyes of Chroniclers, Visitors, Pilgrims and Prophets from the Days of Abraham to the Beginnings of Modern Times* (Princeton 1985), S. 125

4 Eusebius von Caesarea, *Kirchengeschichte*, IV, 5

5 Origines erwähnt diese Legende in seiner Predigt zu Ehren Matthäus, 12B.

6 2 Baruch 10

7 Yalkut Song of Songs 1,2

8 Avot de Rabbi Nathan 6

9 Sifre on Leviticus 19,8

10 Mekhilta on Exodus 21,73

11 Sanhedrin 4,5

12 Baba Metzia 58B

13 M. Berakoth 4,5
14 Achtzehngebet, zit. nach S. Bamberger, *Sidur Sefat Emet* (Basel 1964), S. 44
15 Yalkut on I Kings 8
16 Pesikta de Rabbi Kahana 103A
17 2 Baruch 4
18 4 Henoch 7,26
19 4 Henoch 8,5; 2–3
20 Offenbarung des Johannes 2,10
21 Offenbarung des Johannes 22,1–2
22 Lukas 24,52
23 Lukas 24,47
24 Matthäus 24,1–3
25 Johannes 1,1–5.14
26 Siehe Johannes 7,38–39, wo Jesus während des Sukkotfestes im Tempel das »Trinken« auf sich selbst bezieht. W. D. Davies weist darauf hin, daß die Terminologie »Trinken« und »Ströme lebendigen Wassers« im Rahmen des Sukkotfestes auf die Schechinah anspielen könnte (*The Gospel and the Land. Early Christianity and Jewish Territorial Doctrine,* Berkeley 1974, S. 294 f.).
27 Johannes 2,19–21
28 Johannes 4,20–24
29 Johannes 8,57. Siehe FN 26. Wenn Jesus den Tempel verläßt, entspricht dies dem Weichen der Schechinah von diesem Ort (Davies, *The Gospel and the Land,* S. 295).
30 Dio Cassius, *Historia,* LXIX, 12
31 Ebenda
32 Siehe Vergil, *Aeneis,* V, 785–786
33 Micha 3,12
34 Siehe hierzu John Wilkinson, »Jerusalem under Rome and Byzantium 63 BC to 637 AD«, in: K. J. Asali (Hg.), *Jerusalem in History* (New York 1990), S. 82
35 J. Berakoth 1,4A, Zeile 27; B. Keuboth 17A
36 T. Avodah Zarah 1,19
37 Genesis Rabbah a,18
38 T. B. Megillah 29A
39 Mekhilta Visha 14
40 T. B. Berakoth 6A; Numbers Rabbah 11,2
41 Numbers Rabbah 1,3
42 Song of Songs Rabbah 8,12
43 M. Kelim 1,6–9
44 Pirqe Rabi Eliezer 31

45 J. Berakoth 9,3, 13D
46 Michael Avi-Yonah, *The Jews of Palestine. A Political History from the Bar Kokhba War to the Arab Conquest* (Oxford 1976), S. 80 f.
47 Robert L. Wilken, *The Land Called Holy. Palestine in Christian History and Thought* (New Haven/London 1992), S. 106
48 Eusebius, *Kirchengeschichte*, IV, 6
49 Eusebius von Caesarea, *Onomastikon*, XIV, 19–25
50 Melito von Sardes, Osterpredigt
51 Eusebius von Caesarea, *Demonstratio evangelica*, VI, 18,23
52 Melito, Osterpredigt
53 Irenäus von Lyon, *Adversus haereticos*, V, 35,2; Justin der Märtyrer, *Dialogus cum Tryphone Iudaeo*, LXXX, 5; Origines, *De principiis*, IV, 2,1
54 Origines, *Contra Celsum*, III, 34; VII, 35
55 Origines, *De principiis*, IV, 2,1
56 Eusebius, *Demonstratio evangelica*, I, 1,2; III, 2,47; VII, 2,1
57 Matthäus 24,3
58 Origines, *De principiis*, IV, 1,3
59 Eusebius, *Demonstratio evangelica*, VI, 18,23
60 Ebenda, III, 2,10

9. Das neue Jerusalem

1 Eusebius von Caesarea, *Kirchengeschichte*, IX, 9
2 Ebenda, I, 4; *Demonstratio evangelica*, I, 6,42
3 Ebenda, I, 6,42
4 Ebenda, VIII, 3,11–12
5 Ebenda, V; Einleitung XXIX
6 Ebenda, I, 6,40
7 Ebenda, 406 B–C
8 Sprüche 8,22
9 Brief an die Philipper 2,8–11
10 Eusebius, *Demonstratio evangelica*, VI; Einleitung I
11 Ebenda, V; Einleitung II
12 Eusebius von Caesarea, *Das Leben Konstantins*, III, 27
13 Ebenda, III, 28; III, 30,1
14 Ebenda, III, 36
15 Ebenda, III, 28
16 Ebenda, III, 26
17 Eusebius von Caesarea, *Theophanie*, III, 61
18 Eusebius, *Das Leben Konstantins*, III, 28

19 Eusebius von Caesarea, Predigt über Psalm 87
20 Eusebius, *Das Leben Konstantins,* IV, 33
21 Ebenda, III, 53
22 2 Chronik 24,19–22
23 *Itinerary from Bordeaux to Jerusalem* (übers. v. Aubrey Stewart), in: *Palestine Pilgrims' Texts Society* (PPTS), I (London 1887), S. 22
24 Matthäus 4,5
25 *Itinerary,* S. 23
26 Ebenda, S. 23 f.
27 Cyrill von Jerusalem, *Katechesen,* III, 7; XVII, 13
28 Ebenda, XIII, 30; XIX, 22
29 Ebenda, XIV, 16
30 Ebenda, XVI, 26; XII, 16
31 Ebenda, XIII, 22
32 Johannes Chrysostomos, *Contra Iudaios,* V, 11
33 Michael Avi-Yonah, *The Jews of Palestine. A Political History from the Bar Kokhba War to the Arab Conquest* (Oxford 1976), S. 176
34 A. Hayman (Hg.), *Disputation of Sergius the Stylite against a Jew* (Louvain 1973), S. 67

10. Die christliche Heilige Stadt

1 Johannes Chrysostomos, *Contra Iudaios,* V, 11
2 Zit. bei Yohan (Hans) Lewy, »Julian the Apostate and the Building of the Temple«, in: L. I. Levine (Hg.), *The Jerusalem Cathedra. Studies in the History, Geography and Ethnography of the Land of Israel* (3 Bde., Jerusalem 1921–1983), III, S. 86. Siehe auch Michael Avi-Yonah, *The Jews of Palestine. A Political History from the Bar Kokhba War to the Arab Conquest* (Oxford 1976), S. 185–204
3 Rufinus, *Kirchengeschichte,* X, 38
4 Es gibt praktisch keine Hinweise auf Julians Plan im Talmud.
5 Ammianus Macellinus, *Rerum Gestarum,* XXVIII, 1–2
6 Lamentations Rabbah, I,17–19A
7 Hieronymus, Kommentar zu Zephanja 1,15
8 Ebenda, 31,38–40
9 Hieronymus, *Epistulae,* XLVI, 10; CVIII, 33
10 Ebenda, LIV, 12,5
11 Ebenda, LVIII, 4,4
12 *The Pilgrimage of St Silvia of Aquitania to the Holy Places* (übers. u. hrsg. v. John H. Bernard, London 1891), in: *Palestine Pilgrims' Texts Society* (PPTS), I

13 Ebenda, S. 62
14 Hieronymus, *Epistulae,* CVIII, 6
15 Ebenda, XLIX, 402
16 Gregor von Nyssa, Lobrede auf den heiligen Theodor
17 Hieronymus, *Epistulae,* III, 4
18 Hieronymus, *Contra Vigilantium,* V
19 Avi-Yonah, *The Jews of Palestine,* S. 225–229
20 Johannes von Jerusalem, Brief an Lucian, 8
21 Peter Brown, *The Cult of the Saints. Its Rise and Function in Classical Antiquity* (London 1981), S. 81 f.
22 Gemeint ist Iberien in Nordarmenien
23 Cyrill von Skythopolis, *Das Leben der Mönche,* XXIV f.
24 Ebenda, XC, 5–10
25 F. Nau, »Deux episodes de l'histoire juive sous Theodose II (423 et 438) D'apres de vie de Barsauma le Syrien«, in: *Revue des etudes juives,* 83, 1927
26 Es ist behauptet worden, daß diese »Mauern« tatsächlich Eudokias Kirchengebäude seien; in diesem Fall würde die Verwirrung einem Zitat entspringen, das verwendet wurde, um der Kaiserin zu schmeicheln: »Tu wohl an Zion nach deiner Gnade *(eudokia),* baue die Mauern zu Jerusalem« (Psalm 51,20).
27 Papst Leo der Große, Briefe 113,123
28 Michael Avi-Yonah, *The Madaba Mosaic Map With Introduction and Commentary* (Jerusalem 1954)
29 Cyrill von Jerusalem, Streitgespräch über *theotokos*
30 Robert L. Wilken, *The Land Called Holy. Palestine in Christian History and Thought* (New Haven/London 1992), S. 168 f.
31 Antoninus Martyr, *On the Holy Places Visited* (übers. v. Aubrey Stewart u. hrsg. C. W. Wilson, London 1896), in: PPTS, II, S. 23
32 Theodosius, *On the Topography of the Holy Land* (übers. v. J. H. Bernard, London 1893), in: PPTS, II, S. 45
33 Antoninus, *On the Holy Places,* S. 24, 27
34 Cyril Mango, *The Art of the Byzantine Empire, 312–1453. Sources and Documents* (Englewood Cliffs 1972), S. 173
35 *The Breviary or Short Description of Jerusalem c. 530* (übers. v. Aubrey Stewart mit Anmerkungen v. C. W. Wilson, London 1890), in: PPTS, II, S. 14 f.; Theodosius, *Topography,* S. 40; Antoninus, *On the Holy Places,* S. 19
36 Strategos, *Die Eroberung Jerusalems,* XIV, 14–16
37 Buch des Serubbabel, 11,67–71; Mishna Geula, LXXVIII, 1,69
38 *Anacreontics,* Canto 20 (PPTS, XI), S. 30

11. Beit al-Maqdis

1 Koran 3,65–68. Alle Verse aus dem Koran werden zitiert nach der Übersetzung von Max Henning (Stuttgart 1960).

2 Koran 29,46

3 Siehe z. B. Koran 2,129–132; 35,22; 61,6

4 Koran 2,30–37

5 Koran 2,125

6 Koran 6,159.161–163

7 Koran 17,1

8 Clinton Bennet, »Islam«, in: Jean Holm/John Bowker (Hg.), Sacred Place (London 1994), S. 88 f.

9 Das genaue Datum der Eroberung ist nicht bekannt.

10 Eutyches, Annalen, S. 16 ff.

11 Zit. in Guy le Strange, Palestine Under the Moslems. A Description of Syria and the Holy Land from AD 650 to 1500 (London 1890), S. 141

12 Muthir al-Chiran, 5; Shams ad-Din Suyuti; Überlieferungen zit. bei le Strange, Palestine Under the Moslems, S. 139–143

13 Hisham al-Amor; Überlieferung zit. ebenda, S. 142

14 Adamnan, The Pilgrimage of Arculfus in the Holy Land (übers. u. hrsg. v. James Rose Macpherson, in: Palestine Pilgrims' Texts Society [PPTS], III, London 1895/New York 1971, S. 4 f.)

15 Tabari, Ta'rikh ar-Rusul wa'l-Muluk, I, 2405

16 Moshe Gil, A History of Palestine, 634–1099 (übers. v. Ethel Broido, Cambridge 1992), S. 143–148

17 Historia, III, 226; zit. in: Joshua Prawer, The Latin Kingdom of Jerusalem. European Colonialism in the Middle Ages (London 1972), S. 216

18 Robert L. Wilken, The Land Called Holy. Palestine in Christian History and Thought (New Haven/London 1992), S. 241–249

19 »Sarazenen« ist vom griechischen sarakenoi (»die in den Zelten wohnen«) abgeleitet.

20 Die Verwendung von al-haram al-scharif (»Prächtiges Heiligtum«) dürfte nicht allgemein üblich gewesen sein, um den gesamten Bezirk bis zur osmanischen Zeit zu beschreiben. Bis dahin war der gesamte heilige Bereich als al-masjid al-aqsa (»Entfernte Moschee«) bekannt. Aber um Verwirrung zu vermeiden, habe ich obigen Begriff im heutigen Sinn benutzt.

21 Gil, A History of Palestine, S. 70 ff., 636 ff.

22 Ebenda, S. 72

23 F. E. Peters, Jerusalem. The Holy City in the Eyes of Chroniclers,

Visitors, *Pilgrims and Prophets from the Days of Abraham to the Beginnings of Modern Times* (Princeton 1985), S. 192

24 »Book of Commandments«, in: Gil, *A History of Palestine*, S. 71

25 Isaac Hasson, »Muslim Literature in Praise of Jerusalem«, in: L. I. Levine (Hg.), *The Jerusalem Cathedra. Studies in the History, Geography and Ethnography of the Land of Israel* (3 Bde; Jerusalem 1981–1983), I, S. 170

26 Muqdassi, *Description of Syria, Including Palestine* (übers. u. hrsg. v. Guy le Strange, in: PPTS, III, London 1896/New York 1971), S. 22 f.

27 Adamnan, *The Pilgrimage of Arculfus*, S. 24

28 Gil, *A History of Palestine*, S. 92

29 F. E. Peters, »Who Built the Dome of the Rock?«, in: *Graeco-Arabica* 2 (1983); Meir Ben Dov, *The Western Wall* (Jerusalem 1983), S. 57

30 Koran 4,171; siehe auch 4,172; 19,34–37

31 Oleg Grabar, »The Umayyad Dome of the Rock in Jerusalem«, in: *Ars Orientalis*, 3,33, 1959; *The Formation of Islamic Art* (New Haven/London 1973), S. 49–74

32 Bernard Lewis, »An Apocalyptic Vision of Islamic History«, in: *Bulletin of the School of Oriental and African Studies*, 13, 1950. Der erwähnte Kalif ist Mu'awija, der tatsächlich den Felsendom ursprünglich geplant haben könnte.

33 Ya'qubi, *Historia*, II, 311

34 Bennet, »Islam«, a. a. O., S. 106 f.

35 Meir Kister, »A Comment on the Antiquity of Traditions Praising Jerusalem«, in: Levine, *Jerusalem Cathedra*, I, S. 185 f.

36 F. E. Peters, *The Distant Shrine. The Islamic Centuries in Jerusalem* (New York 1993), S. 60

37 Mujir al-Din, *Histoire de Jerusalem et d'Hebron. Fragments of the Chronicle of Mujir al-Din* (übers. u. hrsg. v. Henry Sauvaire, Paris 1876), S. 57

12. Al-Quds

1 Muqdassi, *Description of Syria, Including Palestine* (übers. u. hrsg. v. Guy le Strange, in: *Palestine Pilgrims' Texts Society* [PPTS], III, London 1896/New York 1971), S. 41

2 Koran 17,1

3 Diese kleinen Schreine sind in Texten des frühen 10. Jahrhunderts n. Chr. als heilige Stätten verbürgt. Wir können sie auf dem Haram nicht mit absoluter Sicherheit lokalisieren: Sie dürften sich nicht an

denselben Orten befunden haben wie die gleichnamigen Schreine heute. Diese Veränderung ist sicher auf die Zeit der Kreuzzüge zurückzuführen.

4 Koran 3,35–38

5 Koran 57,13

6 Notker, *De Carolo Magno*, in: Einhard/Notker der Stammler, *Two Lives of Charlemagne* (übers. u. hrsg. v. Lewis Thorpe, London 1969), S. 148

7 William Archbishop of Tyre, *A History of Deeds Done Beyond the Sea* (2 Bde., übers. v. E. A. Babcock u. A. C. Krey, New York 1943), I, S. 65

8 F. E. Peters, *Jerusalem. The Holy City in the Eyes of Chroniclers, Visitors, Pilgrims and Prophets from the Days of Abraham to the Beginnings of Modern Times* (Princeton 1985), S. 261

9 Mujir al-Din, *Histoire de Jerusalem et d'Hebron. Fragments of the Chronicle of Mujir al-Din* (übers. u. hrsg. v. Henry Sauvaire, Paris 1876), S. 689

10 Moshe Gil, *A History of Palestine, 634–1099* (übers. v. Ethel Broido, Cambridge 1992), S. 618

11 Ebenda, S. 325

12 Ebenda, S. 326

13 Muqdassi, *Description of Syria*, S. 37

14 Ebenda

15 Ebenda, S. 67 f.

16 Ibn al-Qalanisi, *Continuation of the Chronicle of Damascus: The Damascus Chronicle of the Crusades* (übers. u. hrsg. v. H. A. R. Gibb, London 1932), S. 66

17 Ebenda

18 Charles Coüsnon O. P., *The Church of the Holy Sepulchre in Jerusalem* (London 1974), S. 19

19 Gil, *A History of Palestine*, S. 167

20 Muqdassi, *Description of Syria*, S. 36

21 Gil, *A History of Palestine*, S. 151

22 Isaac Hasson, »Muslim Literature in Praise of Jerusalem«, in: L. I. Levine (Hg.), *The Jerusalem Cathedra. Studies in the History, Geography and Ethnography of the Land of Israel* (3 Bde; Jerusalem 1981 f.), I, S. 182

23 Guy le Strange, *Palestine Under the Moslems. A Description of Syria and the Holy Land from AD 650 to 1500* (London 1890), S. 164 f.

24 William von Tyros, *Historia*, I, S. 406 ff.

25 Raoul Glaber, *Historia*, III, 1

26 Offenbarung des Johannes 20,1–3

27 Glaber, *Historia,* IV, 6
28 Gil, *A History of Palestine,* S. 400
29 Ebenda, S. 627
30 *Rihla,* 66–67; zit. bei Mustafa A. Hiyari, »Crusader Jerusalem, 1099–1187 AD«, in: K. J. Asali (Hg.), *Jerusalem in History* (New York 1990), S. 131

13. Die Kreuzzüge

1 Steven Runciman, *Der erste Kreuzzug* (München 1981)
2 Zit. nach Hans Wollschläger, *Die bewaffneten Wallfahrten gen Jerusalem* (Zürich 1973)
3 Ebenda
4 Ebenda
5 Ebenda
6 Robert der Mönch, zit. in: *The First Crusade and the Idea of Crusading* (London 1987), S. 143
7 Balderich von Dol in ebenda
8 Ebenda, S. 140
9 August C. Krey, *The First Crusade,* S. 38
10 William Archbishop of Tyre, *A History of Deeds Done Beyond the Sea* (2 Bde., übers. v. E. A. Babcock u. A. C. Krey, New York 1943), I, S. 368
11 Fulcher von Chartres, *Historia,* I, S. 33
12 F. E. Peters, *Jerusalem. The Holy City in the Eyes of Chroniclers, Visitors, Pilgrims and Prophets from the Days of Abraham to the Beginnings of Modern Times* (Princeton 1985), S. 292
13 William von Tyros, *Historia,* I, S. 507
14 Joshua Prawer, »The Settlement of the Latins in Jerusalem«, in: *Speculum,* 27, 1952
15 Joshua Prawer, *The Latin Kingdom of Jerusalem. European Colonialism in the Middle Ages* (London 1972), S. 214
16 Daimbert wurde 1102 n. Chr. wegen Simonie abgesetzt.
17 Siehe dazu Prawer, *The Latin Kingdom,* S. 253–279; Jonathan Riley-Smith, *The Knights of St John in Jerusalem and Cyprus, 1050–1310* (London 1967)
18 Jonathan Riley-Smith, »Crusading as an Act of Love«, in: *History,* 65, 1980
19 Sylvia Schein, »Between Mount Moriah and the Holy Sepulchre: the Changing Traditions of the Temple Mount in the Central Middle Ages«, in: *Traditio,* 40, 1984

20 Fulcher von Chartres, *Historia*, III, 307

21 Theoderich, *Description of the Holy Places* (übers. u. hrsg. v. Aubrey Stewart, in: *Palestine Pilgrims' Texts Society* [PPTS], V, London 1896/New York 1971), S. 44

22 Der Name der Kapelle rührt daher, daß der auferstandene Christus den Frauen gesagt haben soll, er werde seinen Jüngern in Galiläa erscheinen (Matthäus 28,7)

23 Peters, *Jerusalem. The Holy City*, S. 330

24 Zit. nach: *Streifzüge durch das Mittelalter* (München 1991)

25 Koran 22,40–42

26 William von Tyros, *Historia*, II, S. 240 f.

27 Wollschläger, *Die bewaffneten Wallfahrten*

28 Imad ad-Din al-Isfahani, »al-Fath al-qussi fi l'Fath al-qudsi«, in: Amin Maalouf, *The Crusades Through Arab Eyes* (London 1973), S. 200

14. Djihad

1 Imad ad-Din al-Isfahani, »al-Fath al-qussi fi l'Fath al-qudsi«, in: Francesco Gabrieli (Übs. u. Hg.), *Arab Historians of the Crusades* (übers. aus dem Italienischen v. E. J. Costello, London 1969), S. 182

2 M. Schwab, »Al-Harizi et ses peregrinations en Terre Sainte vers 1217«, in: *Archives de l'Orient Latin* (hrsg. v. Ernest Leroux, 2 Bde., Paris 1881 u. 1884), II, S. 239

3 Ibn Wasil, »Mufarrij al-Kurub fi akhbar Bani Ayyub«, in: Gabrieli, *Arab Historians of the Crusades*, S. 271

4 Friedrich hatte Jolanda, die Thronerbin des Königreichs Akkon, geheiratet; so hatte er das Recht, in Jerusalem gekrönt zu werden.

5 Al-Maqrizi, *History*, S. 272, bei Donald P. Little, »Jerusalem under the Ayyubids and the Mamluks, 1187–1516«, in: K. J. Asali, *Jerusalem in History* (New York 1990), S. 185

6 F. Kobler (Hg.), *Letters of Jews through the Ages from Biblical Times to the Middle of the Eighteenth Century* (2 Bde., New York 1978), II, S. 227

7 Joshua Prawer, *The Latin Kingdom of Jerusalem. European Colonialism in the Middle Ages* (London 1972), S. 247 f.

8 Eliezer Schweid, *The Land of Israel: National Home or Land of Destiny?* (übers. v. Deborah Greniman, London/Toronto 1985), S. 71–81

9 Michael Hamilton Burgoyne/D. S. Richards, *Mamluk Jerusalem. An Architectural Survey* (London 1987)

10 *L'Islam et la Croisade. Ideologie et propagande dans les reactions musulmans aux Croisades* (Paris 1968), S. 118. Diese Sprüche wurden wahrscheinlich in der Zeit nach 1244 n. Chr. verfaßt.

11 P. Durrien, »Proces-verbale du martyre du quartre freres Mineures in 1391«, in: *Archives de L'Orient Latin,* 1

12 Zu weiteren »Selbstmordkommandos« im maurischen Spanien und Nordafrika siehe Benjamin K. Kedar, *Crusade and Mission: European Approaches towards the Muslims* (Princeton 1984), S. 125 f.

13 Felix Fabri, *The Book of the Wanderings of Brother Felix Fabri* (übers. u. hrsg. v. A. Stewart, in: *Palestine Pilgrims' Texts Society* [PPTS], VII–X, London 1887–1897/New York 1971), S. 304 f.

14 Ebenda, S. 224

15 Ebenda, S. 283

16 Ebenda, S. 299

17 Ebenda, S. 304, 408–416

18 Ebenda, S. 384–391

19 E. N. Adler, *Jewish Travellers. A Treasury of Travelogues from Nine Centuries* (New York 1966), S. 240

15. Die osmanische Stadt

1 F. E. Peters, *Jerusalem. The Holy City in the Eyes of Chroniclers, Visitors, Pilgrims and Prophets from the Days of Abraham to the Beginnings of Modern Times* (Princeton 1985), S. 484

2 Amnon Cohen, *Jewish Life Under Islam. Jerusalem in the Sixteenth Century* (Cambridge, Mass./London 1984), S. 119, 123 ff.

3 K. Wilhelm, *Roads to Zion: Four Centuries of Travellers' Reports* (New York 1946), S. 50 f.

4 E. N. Adler, *Jewish Travellers. A Treasury of Travelogues from Nine Centuries* (New York 1966), S. 21

5 Zur Entstehung der Westmauer im 16. Jahrhundert n. Chr. siehe F. E. Peters, *Jerusalem and Mecca. The Typology of the Holy City in the Near East* (New York/London 1986), S. 126–131; Meir Ben Dov, *The Western Wall* (Jerusalem 1983), S. 33–36, 60

6 Ebenda, S. 108

7 Song of Songs Rabbah 2,9

8 Ben Dov, *The Western Wall,* S. 69

9 Ebenda

10 Cohen, *Jewish Life Under Islam,* S. 75–85

11 F. E. Peters, *The Distant Shrine. The Islamic Centuries in Jerusalem* (New York 1993), S. 223

12 Peters, *Jerusalem. The Holy City*, S. 483

13 *Siyahatneumesi*, XIII, 253

14 Ebenda, VIII, 156

15 Gershom Scholem, *Zur Kabbala und ihrer Symbolik* (Zürich 1960), S. 194

16 Ebenda, S. 149

17 Ebenda, S. 149 f.

18 Gershom Scholem, *Sabbetai Sevi* (Princeton 1931)

19 John Milton, *Das verlorene Paradies* (übers. v. Bernhard Schuhmann, München 1966)

20 John Sanderson, *The Travels of John Sanderson in the Levant* (hrsg. v. W. Forster, London 1931), S. 107

21 Henry Maundrell, *A Journey from Aleppo to Jerusalem in 1697* (mit einer Einleitung v. David Howell, Beirut 1963), S. 127–130

22 Ebenda, S. 94

23 Ebenda

24 Amnon Cohen, *Palestine in the Eighteenth Century. Patterns of Government and Administration* (Jerusalem 1973), S. 169

25 Peters, *Jerusalem. The Holy City*, S. 532 ff.

26 C. F. Volney, *Travels through Syria and Egypt in the years 1783, 1784 and 1785* (2 Bde., London 1787), II, S. 302 f.

27 Ebenda, S. 305

28 T. Chaplin MD, »The Fevers of Jerusalem«, in: *The Lancet, 2*, 1864

29 K. J. Asali, »Jerusalem under the Ottomans«, in: Asali (Hg.), *Jerusalem in History* (New York 1990), S. 219

16. Wiederbelebung

1 W. H. Dixon, *The Holy Land* (London 1865), S. 238 ff.

2 Y. Ben-Arieh, »The Growth of Jerusalem in the Nineteenth Century«, in: *Annals of the Association of American Geographers, 65*, 1975, S. 262

3 Martin Gilbert, *Jerusalem. Rebirth of a City* (London 1985), S. 65

4 Neil Asher Silberman, *Digging for God and Country. Exploration, Archeology and the Secret Struggle for the Holy Land 1799–1917* (New York 1982), S. 42

5 Gilbert, *Jerusalem*, S. 166 f., 182

6 Alexander Scholch, *Palestine in Transformation 1856–1882. Studies in Social, Economic and Political Development* (übers. v. William C. Young u. Michael C. Gerrity, Washington, D. C., 1986), S. 241–252

7 Ebenda, S. 60

8 Albert M. Hyamson, *British Projects for the Restoration of the Jews* (Leeds 1917), S. 22–36

9 Silberman, *Digging for God and Country*, S. 86

10 Ebenda, S. 155–158

11 Ebenda, S. 185

12 Arthur Hertzberg, *The Zionist Idea* (New York 1969), S. 106

13 Heinrich Graetz, *Die Geschichte der Juden von den ältesten Zeiten bis auf die Gegenwart* (Leipzig 1896–1923)

14 Ebenda

15 Conor Cruise O'Brien, *The Seige: The Saga of Israel and Zionism* (London 1986), S. 78

16 Theodor Herzl, *Tagebücher* (Berlin 1895–1904)

17 Ebenda

18 Meir Ben Dov, *The Western Wall* (Jerusalem 1983), S. 73

19 Ebenda

20 Amos Elon, *The Israelis: Founders and Sons* (London/Tel Aviv 1981), S. 134

21 Gilbert, *Jerusalem*, S. 214

22 Elon, *The Israelis,* S. 77 f.

23 Ebenda, S. 156

17. Israel

1 Friedrich Schreiber/Michael Wolffsohn, *Nahost. Geschichte eines Konflikts* (Opladen 1987)

2 Walter Canger, *Der Weg zum Staat Israel. Geschichte des Zionismus* (Wien 1972)

3 H. Eugene Bovis, *The Jerusalem Question 1916–1968* (Stanford 1971), S. 7

4 E. Sivan, *Modern Arab Historiography of the Crusades* (Tel Aviv 1973)

5 Sykes, *Crossroads to Israel,* S. 71

6 B. S. Vester, *Our Jerusalem. An American Family in the Holy City* (Garden City, NY, 1950), S. 318

7 Zu A. B. Gordon siehe Eliezer Schweid, *The Land of Israel: National Home or Land of Destiny?* (übers. v. Deborah Greniman, London/ Toronto 1985), S. 142–145, 156–170; Sholmo Avineri, *The Making of Modern Zionism. The Intellectual Origins of the Jewish State* (London 1981), S. 152 ff.

8 Arthur Hertzberg, *The Zionist Idea* (New York 1969), S. 377

9 Ebenda, S. 423

10 Schweid, *The Land of Israel*, S. 181 f.

11 Bovis, *The Jerusalem Question*, S. 24

12 Michael Palumbo, *The Palestinian Catastrophe. The 1948 Expulsion of a People from their Homeland* (London 1987), S. 1–4

13 Joel L. Kraemer (Hg.), *Jerusalem: Problems and Perspectives* (New York 1980), S. 88–94; Meron Benvenisti, *Jerusalem. The Torn City* (Jerusalem 1975), S. 22–60; Michael C. Hudson, »The Transformation of Jerusalem, 1917–1987«, in: K. J. Asali, *Jerusalem in History* (New York 1990), S. 263–267

14 Benvenisti, *Jerusalem*, S. 11 f.

15 Ebenda, Kapitel 3; Teddy Kollek, *For Jerusalem. A Life* (mit Amos Kollek, London 1978), S. 182

16 Ebenda, S. 182

17 Amos Oz, *Mein Michael* (Düsseldorf 1979)

18 Ebenda

19 Ebenda

20 Ebenda

21 Benvenisti, *Jerusalem*, S. 50 ff., 36 f.

22 Ebenda, S. 39 f.

23 Kollek, *For Jerusalem*, S. 183

24 Raphael Mergui/Philippe Simonnot, *Israel's Ayatollahs: Meir Kahane and the Far Right in Israel* (London 1987), S. 125

18. Zion?

1 Meir Ben Dov, *The Western Wall* (Jerusalem 1983), S. 146

2 Ebenda, S. 148

3 Ebenda

4 Ehud Sprinzak, *The Ascendancy of Israel's Radical Right* (Oxford/New York 1991), S. 44

5 Ebenda, S. 262

6 Ebenda, S. 46

7 Ebenda, S. 44

8 Meron Benvenisti, *Jerusalem*, S. 84

9 Ebenda, S. 119

10 Ebenda, S. 81

11 Ebenda, S. 86 ff.

12 Ebenda, S. 104 f.

13 Ebenda, S. 115

14 David Hirst, *The Gun and Olive Branch* (London 1977), S. 237

15 Amos Elon, *The Israelis. Founders and Sons* (London/Tel Aviv 1981), S. 281
16 Ebenda, S. 282
17 Ebenda, S. 286
18 Sprinzak, *Israel's Radical Right*, S. 280 f.
19 Benvenisti, *Jerusalem*, S. 288 f.
20 Ebenda, S. 306 f.
21 Ebenda, S. 308–315
22 Ebenda, S. 239–255; Michael Romann/Alex Weingrod, *Living Together Separately. Arabs and Jews in Contemporary Jerusalem* (Princeton 1991), S. 32–61
23 Paul Goldberger, »Whose Jerusalem Is It?«, in: *The New York Times*, 10. September 1995
24 Romann/Weingrod, *Living Together Separately*, S. 56
25 Benvenisti, *Jerusalem*, S. 253 f.
26 Sprinzak, *Israel's Radical Right*, S. 47, 60–99; Gideon Aron, »Jewish Zionist Fundamentalism«, in: Martin E. Marty/R. Scott Appleby, *Fundamentalisms Observed* (Chicago 1991), S. 265–345
27. Robert Friedman in *The Washington Post*, 2. Juni 1987
28. Zur Begeisterung über einen dritten Tempel siehe Sprinzak, *Israel's Radical Right*, S. 94–99, 253–271, 279–288
29. Goldberger, »Whose Jerusalem Is It?«
30. *The Other Israel*, August/September 1995, Nr. 67–68, S. 24
31. Ebenda

Weiterführende Literatur

Über die in den Fußnoten genannten bibliographischen Angaben hinaus sind zum vertiefenden Verständnis folgende Titel zu empfehlen:

Adler, E. N.: *Jewish Travellers: A Treasury of Travelogues from Nine Centuries*, New York 1966.

Anati, E: *Palestine Before the Hebrews: A History from the Earliest Arrival of Man to the Conquest of Canaan*, New York 1963.

Avi-Yonah, M.: *Geschichte des Heiligen Landes*, o. O. o. J.

Avi-Yonah, M.: *The Madaba Mosaic Map with Introduction and Commentary*, Jerusalem 1954.

Beek, M. A.: *Geschichte Israels*, Stuttgart ⁵1983.

Collins, L./Lapierre, D.: *O Jerusalem*, München 1993.

Creswell, K. A. C.: *Early Muslim Architecture*, Oxford 1969.

Eisenman, R./Wise, M.: *Jesus und die Urchristen. Die Qumran-Rollen entschlüsselt*, München ³1992.

Fleckenstein, K. H./Müller, W. (Ill.): *Jerusalem. Die heilige Stadt der Juden, Christen und Muslime*, Freiburg ²1989.

Fohrer, G.: *Geschichte Israels. Von den Anfängen bis zur Gegenwart*, Stuttgart ⁶1995.

Gabrieli, F.: *Muhammad and the Conquest of Islam*, London 1968.

Gidal, N. T.: *Jerusalem in 3000 Jahren*, Köln 1995.

Gradenwitz, P. (Hg.): *Das Heilige Land in Augenzeugenberichten. Aus Reiseberichten deutscher Pilger, Kaufleute und Abenteurer vom 10. bis 19. Jahrhundert*, o. O. 1984.

Hamidullah, M.: *Der Islam. Geschichte, Religion, Kultur*, Aachen 1995.

Hamilton, B.: *The Latin Church in the Crusader States*, London 1980.

Hengel, M.: *Die Zeloten. Untersuchungen zur jüdischen Freiheitsbewegung in der Zeit des Herodes I. bis 70 n. Chr.*, Leiden 1978.

Jerusalem – Stadt des Friedens. Ein Streifzug durch 3000 Jahre, Hrsg. v. Körner, I./Paffenholz A., Solothurn 1996.

Jerusalem. Stadt dreier Weltreligionen und Zentrum des modernen Staates Israel, Frankfurt a. M.² 1995.

Kampmann, W.: *Israel. Gesellschaft und Staat*, o. O. 1973.

Kollek, T./Eisner, S.: *Jerusalem. Der Bürgermeister führt durch seine Stadt*, Frankfurt a. M. 1990.

Konzelmann, G.: *König Davids Erbe. 3000 Jahre Jerusalem*, München 1996.

Kroll, G.: *Auf den Spuren Jesu*, Stuttgart ¹⁰1988.

Kroyanker, D.: *Die Architektur Jerusalems. 3000 Jahre Heilige Stadt*, Stuttgart 1994.

Lerch, W. G./Dornhege, H.: *Jerusalem. Stadt der Weltreligionen*, Solothurn 1992.

Lewis, B.: *The Jews of Islam*, New York/London 1982.

Lings, M.: *Muhammad: His Life Based on the Earliest Sources*, London 1983.

Maier, J.: *Das Judentum. Von der Biblischen Zeit bis zur Moderne*, München 1988.

Otto, E.: *Jerusalem. Die Geschichte der Heiligen Stadt*, Stuttgart 1980.

Pernoud, R. (Hg.): *Die Kreuzzüge in Augenzeugenberichten*, München 1980.
Rupprecht, K.: *Der Tempel von Jerusalem. Gründung Salomos oder jebusitisches Erbe?* Berlin 1977.
Schimmel, A.: *And Muhammad Is His Messenger: The Veneration of the Prophet in Islamic Piety*, Chapel Hill, N.C./London 1985.
Sedlmeier, F.: *Jerusalem – Jahwes Bau*, Würzburg 1996.
Tuchman, B.: *Bibel und Schwert. Palästina und der Westen vom frühen Mittelalter bis zur Balfour-Declaration 1917*, Frankfurt a. M. 1983.
Vermes, G.: *The Dead Sea Scrolls in English*, London 1987.
Wolf-Crome, E. (Hg.): *Pilger und Forscher im Heiligen Land. Reiseberichte aus Palästina, Syrien und Mesopotamien vom 11. bis 20. Jahrhundert in Briefen und Tagebüchern*, Lollar 1977.
Wolffsohn, M.: *Wem gehört das Heilige Land?*, München 1992.
Zaidman, L. B./Schmitt Pantel, P.: *Religion in the Ancient Greek City*, Cambridge 1994.

BILDNACHWEIS

Abbas/Magnum Photos New York: 129, 291, 316. Archives Nationales, Paris: 404. Associated Press: 552. Micha Bar-Am/Magnum Photos New York: 59, 77, 101, 279, 533. René Burri/Magnum Photos New York: 458. Cornell Capa/Magnum Photos New York: 579. Raymond Depardon/Magnum Photos New York: 44, 595. Stuart Franklin/Magnum Photos New York: 409. Leonard Freed/Magnum Photos New York: 62, 88, 211, 469. Israel Museum, Jerusalem: 236. Mansell Collection, London: 109, 473, 516. Peter Marlow/Magnum Photos New York: 614. Inge Morath/Magnum Photos New York: 265, 450. Fred Mayer/Magnum Photos New York: 14, 155, 169, 184, 194, 243, 303, 340, 345, 377, 456. James Nachtway/Magnum Photos New York: 539. Chris Steele-Perkins/Magnum Photos New York: 8, 357. Larry Towell/Magnum Photos New York: 612. Private Collections: 40, 547.

Farbiger Bildteil: British Library: Add Mss 28681 folio 9, Seite 1; Or Mss 2265 folio 195 recto, Seite 3. J. P. Laffont/Sygma: Seite 4/5. Fred Mayer/Magnum Photos New York: Seite 2 oben; 6 oben; 7. James Nachtway/Magnum Photos New York: Seite 6 unten. Chris Steele-Perkins/Magnum Photos New York: Seite 2 unten.

Bildrecherche: Juliette Brightmore, London.

Register

643

Orts- und Sachregister

651

652

653